Svenja Hausener, Hans Jecht, Gerhard Kühn, Peter Limpke, Peter Möhlmann

Herausgeberin: Svenja Hausener

Unter Mitarbeit von: Thomas Berndt

Automobilkaufleute

3. Ausbildungsjahr

1. Auflage

Bestellnummer 00744

Bildungsverlag EINS
westermann

Die in diesem Produkt gemachten Angaben zu Unternehmen (Namen, Internet- und E-Mail-Adressen, Handelsregistereintragungen, Bankverbindungen, Steuer-, Telefon- und Faxnummern und alle weiteren Angaben) sind i. d. R. fiktiv, d. h., sie stehen in keinem Zusammenhang mit einem real existierenden Unternehmen in der dargestellten oder einer ähnlichen Form. Dies gilt auch für alle Kunden, Lieferanten und sonstigen Geschäftspartner der Unternehmen wie z. B. Kreditinstitute, Versicherungsunternehmen und andere Dienstleistungsunternehmen. Ausschließlich zum Zwecke der Authentizität werden die Namen real existierender Unternehmen und z. B. im Fall von Kreditinstituten auch deren IBANs und BICs verwendet.

Die in diesem Werk aufgeführten Internetadressen sind auf dem Stand zum Zeitpunkt der Drucklegung. Die ständige Aktualität der Adressen kann vonseiten des Verlages nicht gewährleistet werden. Darüber hinaus übernimmt der Verlag keine Verantwortung für die Inhalte dieser Seiten.

service@bv-1.de
www.bildungsverlag1.de

Bildungsverlag EINS GmbH
Ettore-Bugatti-Straße 6-14, 51149 Köln

ISBN 978-3-427-**00744**-9

westermann GRUPPE

Vorwort

Die Unterrichtsreihe für den Ausbildungsberuf „Automobilkaufmann und Automobilkauffrau“ orientiert sich am neuen Lehrplan, ab dem Schuljahr 2017/2018. Die Bände sind in Jahrgangsbände gegliedert:

- Band 1 umfasst die Lernfelder 1 bis 4,
- Band 2 umfasst die Lernfelder 5 bis 8,
- Band 3 umfasst die Lernfelder 9 bis 12.

Zusätzlich wird in allen Bänden ein Englisch-Teil angeboten, um die Fremdsprachen-Kompetenz der Schülerinnen und Schüler gemäß den Vorgaben im Lehrplan zu fördern. Bei der Konzeption der Unterrichtsreihe steht die lernfeldübergreifende Kompetenzentwicklung im Vordergrund. Umfassende berufsbezogene und berufsübergreifende Handlungskompetenz wird gefördert und vermittelt. Dadurch sind die Schülerinnen und Schüler in der Lage, sachgerecht und durchdacht zu agieren und sich in beruflichen, gesellschaftlichen und privaten Situationen individuell und sozial richtig zu verhalten.

Damit der geforderte Bezug zur Praxis sowie die Vorgaben aus dem Lehrplan hergestellt sind, wird durchgängig mit dem Modellunternehmen „Autohaus Köppel GmbH“ gearbeitet. Berufstypische Ausgangssituationen bzw. Einstiegssituationen und Aufgabenstellungen leiten die Schülerinnen und Schüler zum selbstständigen Handeln an. Sie erkennen Probleme und entwickeln Lösungen. Auf eine Reflexion des gewählten Weges und die gefundenen Lösungen sowie das Geben von konstruktivem Feedback wird ebenfalls großen Wert gelegt.

Struktur der Bücher – in Anlehnung an das Modell der vollständigen Handlung (Informieren, Planen, Entscheiden, Durchführen, Bewerten, Reflektieren/Feedback üben)

- Ausgangssituation (Lernsituation) mit Arbeitsaufträgen zu Beginn jedes Kapitels
- Einstiegssituation zu jedem Unterkapitel mit Bezug zur Ausgangssituation
- Informationstexte
- Zusammenfassung jedes Kapitels
- Aufgaben zu jedem Kapitel

Zusätzlich zu den Schülerbüchern werden Arbeitsbücher angeboten, mit welchen das Wissen der Schülerinnen und Schüler vertieft werden kann. Eine optimale Prüfungsvorbereitung für die Abschlussprüfungen (gestreckter Teil 1 und Teil 2 sowie die mündliche Prüfung) ist durch die Konzeption der Bücher gegeben.

Erläuterung der im Buch stehenden Symbole:

Zu diesen Inhalten stehen Online-Ergänzungen zur Verfügung. Weitere Informationen finden Sie auf der Innenseite des Umschlags.

Dieses Zeichen deutet auf inhaltliche Parallelen zu anderen Lernfeldern des Lehrplans hin.

Inhaltsverzeichnis

LERNFELD 11

Wirtschaftliche Einflüsse auf unternehmerische Entscheidungen beurteilen und danach handeln

Einleitung

Modellunternehmen Autohaus Köppel GmbH

Firmengeschichte

Als Geburtsstunde unseres Unternehmens kann man den 19.08.1982 bezeichnen. An diesem Tag haben wir den Mietvertrag für unsere ersten Räumlichkeiten in der Franz-Georg-Straße in Trier unterschrieben. Nach einigen Renovierungsarbeiten und Umbauten feierten wir am 13.10.1982 die Eröffnung unseres Autohauses. Unser Personal bestand zum damaligen Zeitpunkt aus sechs Mitarbeitern.

Im Laufe der Jahre wurden unser Kundenstamm sowie unsere Produktpalette immer größer und wir entschieden uns, einen modernen Neubau in der Diedenhofener Straße in Trier zu errichten, der über eine großzügige Ausstellungsfläche, ansprechende Büroräume, einen voll ausgestatteten Werkstatt- sowie Lagerbereich, eine eigene lackschonende Waschstraße und weitere Betriebsanlagen verfügt.

Am 01.12.1999 feierten wir mit mittlerweile 18 Mitarbeiterinnen und Mitarbeitern die Neueröffnung unser heutigen Geschäftsräume.

Nach und nach wurden weitere Betriebszweige erschlossen. Dabei stand vor allem das Motto „Die Umwelt lacht" im Vordergrund. So z. B. wird der von uns benötigte Strom zum Betreiben der Waschstraße sowie einer neuen Lackieranlage zu 90 % aus erneuerbaren Energien gewonnen. Außerdem bereiten wir das Wasser unserer Waschstraße wieder neu auf und verwenden es nochmals.

Neben der persönlichen Kundenberatung bieten wir unsere Fahrzeuge selbstverständlich auch über Onlineplattformen zum Kauf an.

Um das Bewusstsein für die Umwelt bei Autofahrern zu „wecken und zu stärken", bieten wir in Zusammenarbeit mit einer hiesigen Fahrschule kostenlose ECO-Trainings an und stellen einen Teil unseres Betriebsgeländes für Fahrsicherheitstrainings zur Verfügung.

Seit 2010 ist auch die „zweite Generation" in Form von Nora Köppel, Tochter von Matti Köppel, als Geschäftsführerin beim Autohaus Köppel GmbH tätig. Unter anderem leitet sie den Bereich Verwaltung und ist für das Personal sowie das Marketing des Autohauses zuständig.

Kundenzufriedenheit, faire Preise sowie eine kompetente Beratung zeichnen uns aus. Wir arbeiten stets daran, neue Technologien zu präsentieren und uns in den Bereichen der Automobilbranche weiterzubilden.

Für Anregungen, Verbesserungsvorschläge und Lob sind wir jederzeit offen.

Ihre Familie Köppel und das gesamte Team

Firmenphilosophie

„Wir stehen für die Zufriedenheit der Kunden und den nachhaltigen Umgang mit Ressourcen“

Autohaus	Importeur	Hersteller
Autohaus Köppel GmbH Diedenhofener Str. 6 54294 Trier Tel.: 0651 7155-0 Fax: 0651 7155-23 E-Mail: info@autohaus-koeppel.de Homepage: www.autohaus-koeppel.de	**Michaelis Import GmbH** Dr. Gottfried-Cremer Allee 77 b 50226 Frechen Tel.: 02234 12335-0 Fax: 02234 12335-1 Zuständiger Sachbearbeiter: Stephan Breidt E-Mail: stephan.breidt@michaelis.de	**Cars Best Ltd.** 15010 Northeast, 32th Street, Redmond WA 98052 – Vereinigte Staaten Tel.: +1 350-710-4711 Fax: +1 350-710-4712 E-Mail: info@carsbest.us
Bankverbindung Sparkasse Trier IBAN: DE01 5855 0130 3011 2222 15 BIC: TRISDE55XXX	**Bankverbindung** Pax Bank eG IBAN: DE03 3706 0193 1505 0515 01 BIC: GENODE1PAX	
HRB 33345 **UmsatzsteuerID-Nr.** DE000111339	**HRB** 66779 **UmsatzsteuerID-Nr.** DE112226688	

Unser Sortiment

Modelle (jeweils mit Ausstattungspaket 1)	UPE brutto	UPE netto	Händlerrabatt	Einkaufspreis netto
Maximo-Limousine, 3-türig, 145 PS, Benziner	29 000,00 €	24 369,75 €	12 %	21 445,38 €
Maximo-Limousine, 5-türig, 180 PS, Benziner	32 000,00 €	26 890,76 €	10 %	24 201,68 €
Maximo-Kombi „Sports Tourer“, 160 PS, Benziner	36 200,00 €	30 420,17 €	13 %	26 465,55 €
Maximo-Kombi „Sports Tourer“, 170 PS, Diesel	39 000,00 €	32 773,11 €	12 %	28 840,34 €
Phantasia-Limousine, 3-türig, 125 PS, Diesel	19 500,00 €	16 386,55 €	11 %	14 584,03 €
Phantasia-Limousine, 5-türig, 150 PS, Diesel	21 500,00 €	18 067,23 €	11 %	16 079,83 €

Modelle (jeweils mit Ausstattungspaket 1)	UPE brutto	UPE netto	Händlerrabatt	Einkaufspreis netto
Phantasia-Kombi „Sports Tourer“, 170 PS, Diesel	26 900,00 €	22 605,04 €	15 %	19 214,29 €
Luxor-Limousine, 5-türig, 220 PS, Benziner	34 000,00 €	28 571,43 €	14 %	24 571,43 €
Big Bag-SUV, 5-türig, 250 PS, Benziner	49 000,00 €	41 176,47 €	12 %	36 235,29 €
Big Bag Plus-SUV, 5-türig, 300 PS, Diesel	55 000,00 €	46 218,49 €	12 %	40 672,27 €
Spiders-Cabrio, 3-türig, 220 PS, Benziner	31 500,00 €	26 470,59 €	13 %	23 029,41 €
Best Circle-electric car, 3-türig, 90 PS, Elektromotor	31 501,00 €	26 471,43 €	12 %	23 294,86 €
Best Circle-Hybrid 3-türig 140 PS Benziner, 40 PS Elektromotor = 180 PS	40 000,00 €	33 613,45 €	11 %	29 915,97 €
Big House-Großraumlimousine, 5-türig, 170 PS, Diesel	50 000,00 €	42 016,81 €	15 %	35 714,29 €

Ausstattungspaket 1:	Ausstattungspaket 2: 2 090,00 € Aufpreis
• elektrische Fensterheber vorne • Klimaanlage • Zentralverriegelung • Teppichpaket „Velour“	• elektrische Fensterheber vorne und hinten • Klimaautomatik – Fahrer und Beifahrer getrennt regelbar • Zentralverriegelung • Schiebedach • Nebelscheinwerfer • Xenon-Scheinwerfer

Ausstattungspaket 3: 4 490,00 € Aufpreis	
• elektrische Fensterheber vorne und hinten • Klimaautomatik – Fahrer und Beifahrer getrennt regelbar • Sitzheizung, Fahrersitz und Beifahrersitz • Fahrersitz und Beifahrersitz elektrisch einstellbar • Geschwindigkeitsregel-Anlage (GRA) – Tempomat • Einparksensoren vorne und hinten – akustisch und optisch	• Xenon-Scheinwerfer • Zentralverriegelung • Schiebedach • Nebelscheinwerfer

Unsere Kunden

Kunde	Name und Anschrift	Bemerkung
Privatkunde	Herrn Jörn Kolz, Trierer Str. 128, 54295 Trier, Tel: 0651 7965, E-Mail joern.kolz@tonline.de	
Privatkunde	Familie Neuhaus, Ansprechpartner Peter Neuhaus, Hermeskeiler Str. 1, 54295 Trier-Olewig, Tel.: 0176 62233554, E-Mail: peter.neuhaus@gmx.de	an einem SUV interessiert, 3 Kinder
Geschäftskunde	Ehni GmbH & Co. KG, Ansprechpartner Andrea Ehni, Luxemburger Str. 11, 54294 Trier, Tel: 0651 100-44, E-Mail: andrea.ehni@ehnigmbh.de	Flotte „Maximo Limousine, 5-türig, Ausstattungspaket 2–8 Fahrzeuge, Leasingverträge immer auf 4 Jahre bzw. 160 000 km
Geschäftskunde	Gabelstapler GmbH, Ansprechpartner: Max Frisch, Weinbergstr. 1, 54441 Wellen, E-Mail: gabelstapler@wellen.de	Flotte „Phantasia Kombi – Sports Tourer, Ausstattungspaket 3–5 Fahrzeuge, Leasingverträge immer auf 4 Jahre bzw. 160 000 km
Geschäftskunde	Schuhhaus „Lofti“, Ansprechpartner Luca Schara, Schulstr. 80, 54411 Hermeskeil, Tel.: 06503 800879, E-Mail: Luca.schara@lofti.de	Spiders Cabrio, 2 Fahrzeuge – Sonderaufdruck „Lofti Schuhhaus“ Leasingverträge auf 3 Jahre bzw. 120 000 km, Ausstattungspaket 3
Privatkunde	Frau Marion Dillerle, Kornhausgasse 10, 54329 Konz, Tel.: 06501 1001	
Privatkunde	Herrn Björn Löser, Hermeskeiler Str. 1, 54413 Gusenburg, E-Mail: loesers@t-online.de	hat an SUV Interesse
Privatkunde	Herrn Alexander Grau, Tulpenweg 22, 54317 Osburg, 06500 301140	
Privatkunde	Herrn Thomas Oleniza, 54344 Kenn, Bahnhofstr. 33, Tel.: 06502 40012	Führerscheinneuling
Geschäftskunde	Mr. Paul Smith, US-Botschaft, Giessener Str. 30, 60435 Frankfurt am Main, Tel.: 069 7534-1212	Mitarbeiter der US-Botschaft, zahlt meist per Kreditkarte
Privatkunde	Dr. med. Kolz, Hunsrückstr. 25, 54295 Trier, Tel.: 0651 1122-0	

Unsere Lieferanten

Name	Produkte/Leistungen
Gumeros AG Herr Künkel Industriepark 22-2 12380 Berlin	Dichtungen, Gummi, Scheibenwischer, Schmierstoffe, Öle
Zahn & Rad GmbH Gattinger Str. 123 97076 Würzburg Tel.: 0931 1011-0	Reifen
Glasoform OHG Frau Anna Eberhard Grethe-Weiser-Weg 43 12380 Berlin	Scheiben, Glas, Spiegel
Eberhard OHG Herr Eberhard Willi-Hörter-Platz 1 56068 Koblenz Tel.: 0261 1284-0 E-Mail: eberhard@ohg.de	Autoradio, Tuning
Elektro Köhler GmbH & Co. KG Ravenestr. 22 56812 Cochem Tel.: 02671 3434-0 Fax: 02671 3434-12 Ansprechpartner: Chiara Werle	Autoelektrik, Batterien
Boxengasse KG Herrn Francesco Sacci Pfauengasse 7 89073 Ulm Tel.: 0731 1616-0 Fax: 0731 1616-100	Werkstatt-Ausstattungen und Zubehör
Rieth KG Herrn Alexander Rieth Kornhausplatz 1 89073 Ulm Tel: 0731 5667-0	Trägersysteme, Behälter

Organigramm der Autohaus Köppel GmbH

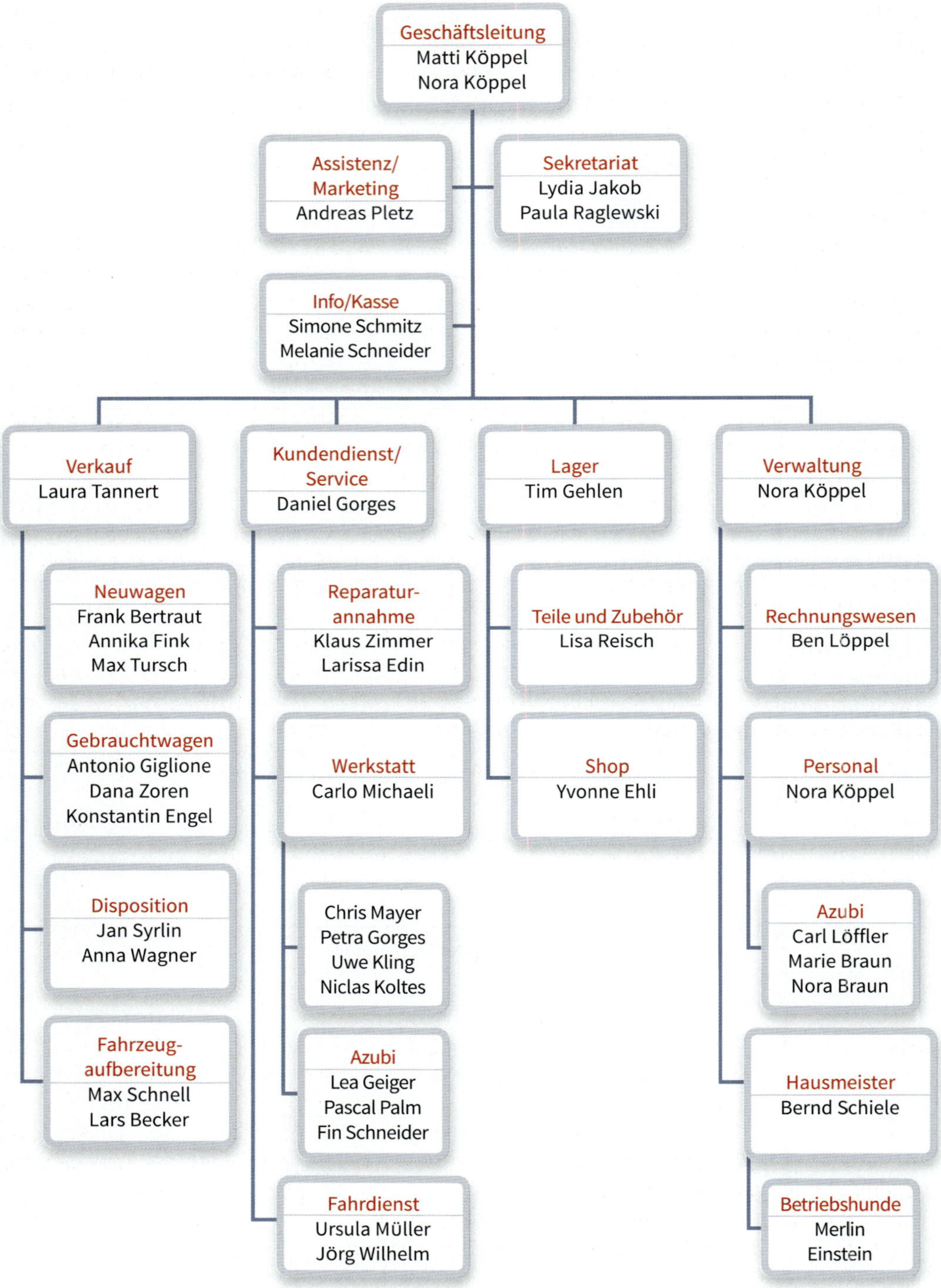

Prozessübersicht

Der stationäre Handel mit Kraftfahrzeugen findet meist in spezialisierten Handelseinrichtungen statt, den sogenannten Autohäusern. Im Vergleich zu anderen Unternehmen, z. B. einem Stahlwerk, erscheinen Unternehmen des Automobilhandels auf den ersten Blick einfacher und übersichtlicher. Bei näherer Betrachtung zeigt sich jedoch, dass auch in einem solchen Handelsunternehmen eine Reihe komplexer Prozesse reibungslos ablaufen müssen, wenn das Unternehmen langfristig überleben soll.

Bedingt durch den wachsenden Wettbewerb, gestiegene Kundenanforderungen und immer kürzere Produktlebenszyklen sind alle Unternehmen gezwungen, sich an schnell wechselnde Marktbedingungen anzupassen. Wichtige Aspekte sind dabei einerseits eine genaue Kenntnis der eigenen Arbeitsabläufe, mit dem Ziel diese so effizient wie möglich zu gestalten, und auf der anderen Seite die Fokussierung auf die Kundenbedürfnisse. Zur Lösung dieser anspruchsvollen Aufgaben haben sich in der jüngeren Vergangenheit neue Managementansätze entwickelt und weitgehend in der Wirtschaft durchgesetzt. Einer dieser Ansätze ist ein umfassendes **Qualitätsmanagement**. Dabei geht es u. a. um die Vermeidung von Kosten durch Mängel in den Arbeitsabläufen und um die Bedienung gestiegener Kundenanforderungen an Produkte und Leistungen in gesättigten Märkten. Ein Weg dazu ist eine stärkere Auseinandersetzung mit den Arbeitsabläufen und nicht mehr nur mit der Qualität der eingesetzten Arbeitsmittel, Rohstoffe usw. Infolgedessen haben sich die Darstellung, Analyse und Optimierung von Prozessen als Managementwerkzeuge unter der Bezeichnung **Prozessmanagement** in vielen Bereichen etabliert. Stark vereinfacht werden Arbeitsabläufe als Prozesse verstanden.

Mit der Darstellung und Analyse von Prozessen entsteht auch mehr Transparenz. Transparenz schafft eine bessere Übersicht über das Geschehen im Unternehmen. Dies soll hier genutzt werden, um die innere Logik der Arbeit in einem Autohaus besser verständlich zu machen. Zudem zeigt eine solche Prozesslandkarte die Zusammenhänge zwischen Teilprozessen. Üblich ist dabei eine Unterscheidung zwischen Führungs-, Kern- und Unterstützungsprozessen.

Kernprozesse umfassen alle direkt auf den Kunden gerichteten Aktivitäten, die die Kernkompetenz des Unternehmens darstellen und über die es sich vom Wettbewerb differenziert. Im Autohaus sind dies Beschaffungs-, Werkstatt- und Absatzprozesse.

Unterstützungsprozesse erbringen Dienstleistungen für die Sicherstellung der Kernprozesse. Es handelt sich dabei meist um auf unternehmensinterne Nutzer ausgerichtete Abläufe, wie z. B. Informations- und Logistikprozesse.

Jede Organisation bedarf der Koordinierung. Folglich sind **Führungsprozesse** erforderlich, die zur Planung, Organisation und Kontrolle dienen.

Nicht alle diese Prozesse betreffen einen Auszubildenden in gleichem Maße. Die Prozesslandkarte verdeutlicht dies mit der Zuordnung der Lernfelder. Mit der Nennung ausgewählter weiterer Wissensgebiete wird zudem deutlich, dass ein zukünftiger Mitarbeiter im Automobilhandel über weitere Kompetenzen verfügen muss, die nicht explizit im Lehrplan ausgewiesen sind, bzw. gesonderte Lehrgebiete betreffen (**Basiswissen**).

Prozesslandkarte Autohaus

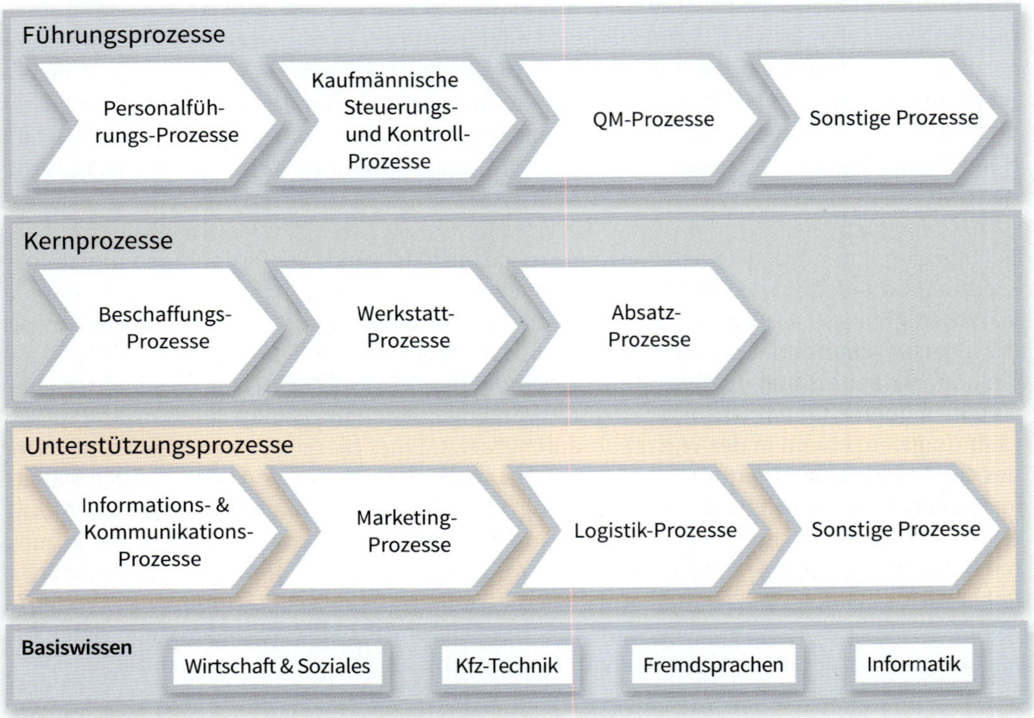

Kernprozesse im Autohaus

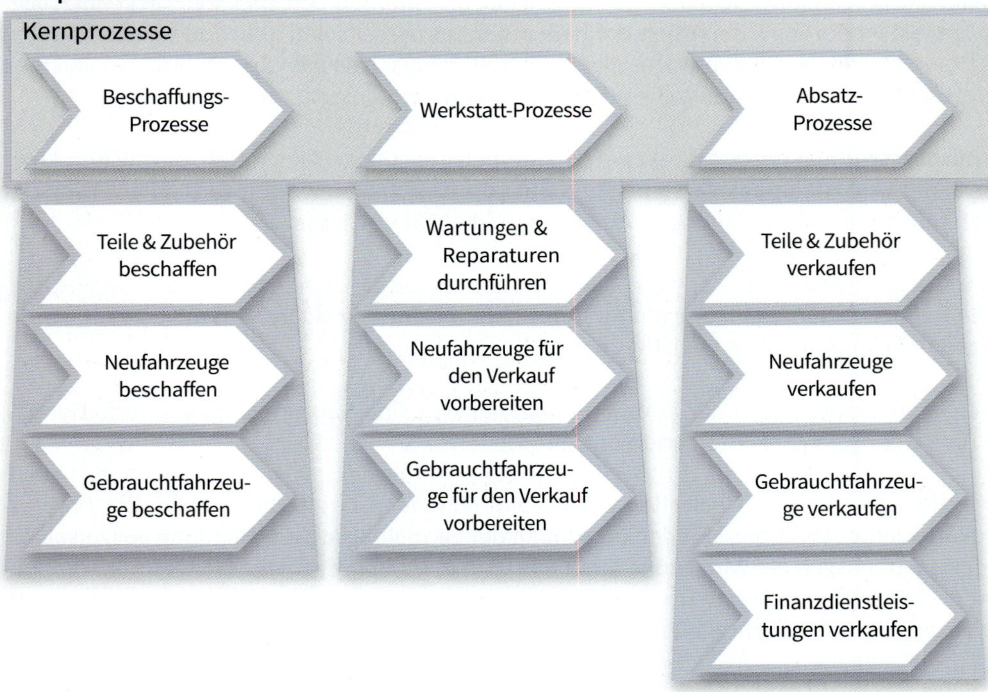

Lernfeld 9

Personalwirtschaftliche Aufgaben wahrnehmen

1 Personalbeschaffung – vom Bedarf bis zum Vertragsabschluss

AUSGANGSSITUATION

Die beiden Auszubildenden der Autohaus Köppel GmbH, Nora und Marie Braun, sind zurzeit in der Personalabteilung des Autohauses eingesetzt. Die Personalleiterin, Frau Köppel, überreicht beiden einen Auszug aus dem Protokoll der letzten Sitzung des Führungsteams mit der Bitte, sich Gedanken zu machen, weshalb zusätzliches Personal erforderlich ist. Sie sollen sich außerdem mit den Begrifflichkeiten „ausbalancierte Altersstruktur, Inklusion und Migration auseinandersetzen".

Autohaus Köppel GmbH

Ergebnisprotokoll

Thema: Strategiesitzung des Führungsteams

Termin:	15.03.20..	**Ort, Raum:**	Sitzungssaal
Beginn:	08:30 Uhr	**Ende:**	11:30 Uhr

Sitzungsleitung: Matti Köppel (Geschäftsleitung)
Teilnehmende Personen: Daniel Gorges (Kundendienst), Nora Köppel (Verwaltung), Laura Tannert (Verkauf), Tim Gehlen (Lager)

Besprechungsergebnisse:

...

Für das kommende Jahr sollen aufgrund des einsetzenden Konjunkturaufschwungs die Verkaufszahlen um 10 % gesteigert werden.

Laut Herrn Gorges und Frau Köppel ist zusätzliches Personal erforderlich, um die von den Kunden sehr geschätzte Servicebereitschaft aufrecht zu erhalten. Frau Köppel ermittelt den zukünftigen Personalbedarf und organisiert die notwendige Personalbeschaffung bis zum Abschluss von Arbeitsverträgen. Sie achtet auf eine ausbalancierte Altersstruktur der Belegschaft und auf Aspekte der Inklusion und Migration entsprechend unseres Leitbildes.

...

Frau Köppel bittet Sie, für das nächste Ausbildungsgespräch ein Plakat mit den Ablaufschritten der Personalbeschaffung von der Ermittlung des Personalbedarfs bis zum Abschluss des Arbeitsvertrags anzufertigen und eine Tischvorlage mit folgenden Gliederungspunkten zu erstellen:

1. Personalbedarfsplanung
2. Personalwerbung
3. Verfahren der Bewerberauswahl
4. Abschluss des Arbeitsvertrags

ARBEITSAUFTRÄGE

1. Analysieren Sie den Personalbestand und informieren Sie sich über Richtgrößen und Methoden der Personalbedarfsplanung und Möglichkeiten der Personalwerbung, Verfahren der Bewerberauswahl, Eingruppierung, Abschluss des Arbeitsvertrags und Rechte des Betriebsrats bei der Personalbeschaffung.
   Tipps: Bilden Sie thementeilige Arbeitsgruppen und lesen Sie die folgenden Kapitel im Lehrbuch.
2. Planen Sie den quantitativen und qualitativen Personalbedarf und berücksichtigen Sie dabei betriebswirtschaftliche Ziele und gesellschaftliche Faktoren wie Demografie, Inklusion, Migration und Gleichstellung. Entscheiden Sie über geeignete Wege der internen und externen Personalbeschaffung und formulieren Sie Stellenanzeigen auf der Grundlage von Stellenbeschreibungen. Organisieren Sie das Auswahl- und Einstellungsverfahren und beachten Sie dabei arbeits- und mitbestimmungsrechtliche Vorschriften. Wirken Sie beim Abschluss von Arbeits- und Ausbildungsverträgen mit. Erstellen Sie eine PowerPoint-Präsentation mit den gewünschten Gliederungspunkten mit zugehöriger Tischvorlage sowie das Plakat mit den Ablaufschritten der Personalbeschaffung.
   Tipps: Wählen Sie für die Darstellung Ihrer Ergebnisse geeignete Präsentationsformen und Medien aus, z. B. Protokolle, Handouts, Plakatwände, Excel, PowerPoint. Dabei beachten Sie die entsprechenden Präsentationsregeln. Einen Methoden- und Präsentationspool finden Sie unter BuchPlusWeb.
   Web
3. Tragen Sie Ihre PowerPoint-Präsentation zunächst im Klassenverband vor. Stellen Sie ebenso Ihr Plakat vor und reagieren Sie auf Fragen und Anmerkungen aus dem Zuhörerkreis.
4. Bewerten Sie Ihren Vortrag gemeinsam mit Ihrer Lehrkraft und den anderen Auszubildenden anhand des in Lernfeld 1 (Band 1) erstellten Kriterienkatalogs für Präsentationen. Nehmen Sie Kritikpunkte zur Vollständigkeit und inhaltlichen Richtigkeit auf, ergänzen Sie Ihre Ausarbeitungen und korrigieren Sie Fehler. Beurteilen Sie außerdem den Personalbeschaffungsprozess und zeigen Sie Möglichkeiten zur Optimierung auf.
5. Reflektieren Sie über Ihr Verhalten hinsichtlich Sorgfalt, Vertraulichkeit (z. B. Regeln des Datenschutzes) und Objektivität und überlegen Sie, wie Sie Ihre Vorgehensweisen verbessern könnten.
6. Reflektieren Sie darüber, welche gesellschaftliche Rolle Ihr Unternehmen auf dem Arbeitsmarkt hinsichtlich der Sicherung von Arbeitsplätzen und der Integration behinderter Menschen und ausländischer Arbeitnehmer/-innen einnimmt.

Überblick über die Aufgaben der Personalwirtschaft

Personalbeschaffung

- Personalbedarfsplanung
- Personalwerbung und -auswahl
- Abschluss des Arbeitsvertrags

Personalverwaltung

- An-/Abmeldungen
- Personalakte und Datenschutz
- Entgeltabrechnung
- soziale Sicherung und private Vorsorge
- Einkommensteuererklärung

Personaleinsatz, -entwicklung und -freisetzung

- Personaleinsatzplanung und Arbeitszeit
- Personalförderung und Fortbildung
- Beendigung von Arbeitsverhältnissen

1.1 Personalbedarfsplanung

EINSTIEGSSITUATION

Altersverteilung der Belegschaft und Altersrisiken (Demografie-Ampel)

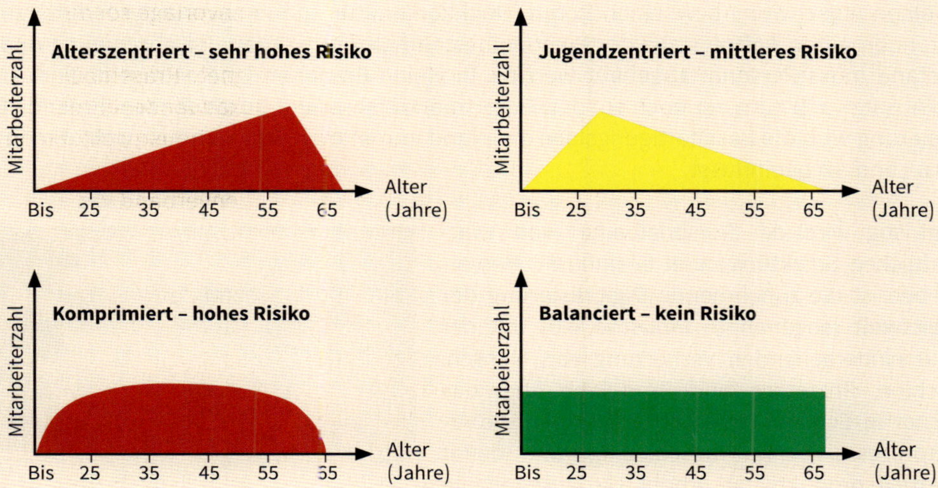

1. Bestimmen Sie anhand der Demografie-Ampel die Risiken, die mit einer ungünstigen Altersverteilung der Belegschaft verbunden sind.
2. Machen Sie Vorschläge, wie ein Betrieb demografischen Fehlentwicklungen in seiner Belegschaftsstruktur entgegenwirken kann.

Die Personalbedarfsplanung ermittelt den zukünftigen Personalbedarf nach der Zahl (quantitativer Personalbedarf), der Qualifikation (qualitativer Personalbedarf), dem Einsatzort (Wo wird das Personal benötigt?) und dem Bedarfszeitpunkt (Wann wird das Personal benötigt?).

Wie jede gedankliche Vorwegnahme zukünftigen Handelns ist auch die Personalbedarfsplanung mit einem gewissen Maß an Unsicherheit verbunden. Je mehr außer- und innerbetriebliche Richtgrößen dabei beachtet werden, desto aussagekräftiger ist sie.

1.1.1 Richtgrößen der Personalbedarfsplanung

Außerbetriebliche Richtgrößen der Personalbedarfsplanung

Wichtige außerbetriebliche Richtgrößen sind

- wirtschaftliche Entwicklungen auf relevanten einheimischen und ausländischen Märkten;
- geplante wirtschaftspolitische Maßnahmen und Förderprogramme;
- technologische Trends wie Sharing Economy, Digitalisierung;
- gesellschaftliche Faktoren wie Demografie, Inklusion, Migration, Gleichstellung;
- rechtliche Rahmenbedingungen im Sozial-, Tarif- und Arbeitsrecht usw.

LF 11 Kap. 3.1.1

Kurzfristig wird der Personalbedarf von der erwarteten **Konjunkturphase** (Aufschwung, Hochkonjunktur, Abschwung oder Tiefstand) beeinflusst. Erwarten die Konjunkturprognosen einen Aufschwung bzw. einen Boom (Hochkonjunktur), dann muss aufgrund der zu erwartenden guten Auftragslage der Personalbestand erhöht werden. Im Abschwung und im Tiefstand muss Personal abgebaut werden. In vielen Branchen (z. B. Automobilindustrie) wird Absatzwachstum nur noch auf den Exportmärkten erzeugt. Durch die zunehmende Globalisierung wird die Beschäftigungslage im Inland immer mehr von den Konjunkturen in anderen Ländern beeinflusst.

Langfristig wird der Personalbedarf vom wirtschaftlichen **Strukturwandel** beeinflusst. Hervorzuheben ist die zunehmende **Digitalisierung der Arbeitswelt** (sogenannte Industrie 4.0) mit der damit einhergehenden Vernetzung von Mensch, Maschine, Prozessen und Produkten über das Internet in Echtzeit (Internet der Dinge). Die Arbeitsprozesse werden beschleunigt und damit die Arbeitsproduktivität[1] erhöht. Gut ausgebildete Fachkräfte werden stärker, gering Qualifizierte weniger nachgefragt. Die weiter anhaltende **Entwicklung zur Dienstleistungsgesellschaft** begünstigt die Zunahme der Teilzeitarbeit und der befristeten und geringfügigen Beschäftigung (sogenannte **prekäre Arbeitsverhältnisse**).

1 **Produktivität** ist das Verhältnis zwischen einem Output und dem dazu notwendigen Input, z. B. Umsatz pro Mitarbeiter.

westermann

Döbl · Faßbender-Busch · Schauer

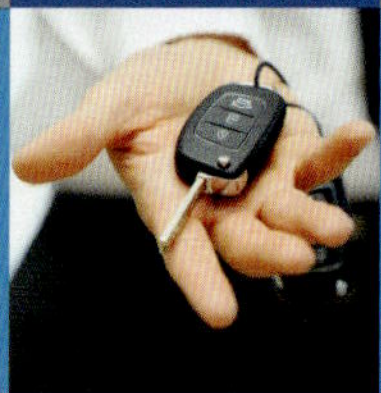

Clever vorbereiten und bestehen

Autohaus Schmidt GmbH

Prüfungsvorbereitung zur
Gestreckten Abschlussprüfung Teil 1
Automobilkauffrau/Automobilkaufmann

Prüfungsvorbereitung nach neuem Lehrplan für Automobilkaufleute

BERUFLICHE BILDUNG

2018

Bildungsverlag EINS · Winklers · westermann

Die Arbeit wird flexibler und durch die Einbindung sozialer Medien zunehmend unabhängig von Raum und Zeit. Die Anforderungsprofile der Arbeitsplätze ändern sich immer schneller. Lebenslanges Lernen wird somit wichtiger.

Die Ökologisierung des Verkehrs mit dem Ziel, bis 2020 durch Kaufprämien und verbesserte Ladeinfrastruktur eine Million **Elektroautos** auf die Straße zu bringen, die Entwicklung **selbstfahrender Autos** und der Trend zum **Carsharing** verändern die Anforderungen an das Werkstatt- und Verkaufspersonal in den Autohäusern. Das **Auftreten neuer Wettbewerber** am Standort bzw. im Internet beeinflusst ebenfalls den Personalbedarf.

Ungünstige **demografische Entwicklungen**, wie Geburtenrückgang (schrumpfende Bevölkerung) bei gleichzeitig **steigender Lebenserwartung** bzw. zunehmender **Alterung** der Bevölkerung, belasten die sozialen Sicherungssysteme, erhöhen die Arbeitskosten und verringern das Erwerbspersonenpotenzial. Zudem wird es für Unternehmen immer schwieriger, Auszubildende und Fachkräfte zu finden.

Grenzüberschreitende **Bevölkerungswanderungen (Migration**[1]**)** gleichen zunehmend die negativen Auswirkungen des demografischen Wandels aus, da sich über 80 % der Zugewanderten im erwerbsfähigen Alter (20 bis 64 Jahre) befinden. In Deutschland hat jeder fünfte Einwohner einen Migrationshintergrund[2], bei Kindern unter zehn Jahren liegt dieser Anteil bereits bei etwa einem Drittel. Der Arbeitgeber muss sich vergewissern, ob der/die Geflüchtete bzw. Zugewanderte beschäftigt werden kann. Dies ist auf der elektronischen Aufenthaltskarte vermerkt. Nach Ablauf der dreimonatigen Wartefrist kann der/die Zuwanderer/-in eine Beschäftigungserlaubnis bei seiner/ihrer Ausländerbehörde beantragen. Nach 15 Monaten entfällt die Vorrangprüfung durch die Bundesagentur für Arbeit. Nach vier Jahren legalen Aufenthalts entfällt die Zustimmung der Bundesagentur für Arbeit. Jeder Arbeitgeber sollte sich bewusst sein, dass ein Arbeitsplatz für das Gelingen der Integration von Zuwanderern von zentraler Bedeutung ist.

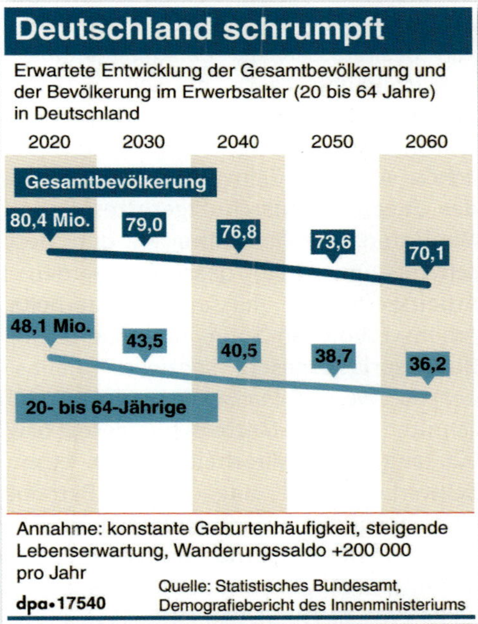

1 Von **Migration** spricht man, wenn eine Person ihren Lebensmittelpunkt räumlich verlegt, von internationaler Migration, wenn dies über Staatsgrenzen hinweg geschieht. Zuwanderung liegt vor, wenn eine Person ihren üblichen Aufenthaltsort für mindestens ein Jahr ins Zielland verlegt. Asylbewerber werden grundsätzlich als Zuwanderer betrachtet.

2 Zu den **Menschen mit Migrationshintergrund** (im weiteren Sinn) zählen alle nach 1949 auf das heutige Gebiet der Bundesrepublik Deutschland Zugewanderten, sowie alle in Deutschland geborenen Ausländer und alle in Deutschland als Deutsche Geborenen mit zumindest einem zugewanderten oder als Ausländer in Deutschland geborenen Elternteil.

Im Rahmen der **Integration und Inklusion von Menschen mit Behinderung**[1] müssen Arbeitgeber prüfen, ob freie Arbeitsplätze mit schwerbehinderten Menschen (diese haben einen Grad der Behinderung [GdB] von mindestens 50 %) besetzt werden können. Arbeitgeber mit jahresdurchschnittlich mindestens 20 Arbeitsplätzen haben auf wenigstens **5 % der Arbeitsplätze** schwerbehinderte Menschen zu beschäftigen (§ 71 SGB IX). Dabei sind schwerbehinderte Frauen besonders zu berücksichtigen[2]. Jeden unbesetzten Pflichtarbeitsplatz muss der Arbeitgeber dem zuständigen Integrationsamt anzeigen (§ 80 SGB IX). Gleichzeitig ist eine **Ausgleichsabgabe** abzuführen (§ 77 SGB IX). Die Ausgleichsabgabe hebt die Pflicht zur Beschäftigung schwerbehinderter Menschen nicht auf.

Unter bestimmten Voraussetzungen können von der Agentur für Arbeit auch Personen den schwerbehinderten Menschen **gleichgestellt** werden, bei denen der Grad der Behinderung unter 50 %, aber mindestens 30 % beträgt. Die Rechtsgrundlage für die Gleichstellung ist § 2 Abs. 3 SGB IX in Verbindung mit § 68 Abs. 2 und 3 SGB IX. Nach der Rechtsprechung geht die **Gleichstellung** soweit, dass Frauen, die die gleiche Eignung und Befähigung aufweisen wie vergleichbare Männer, bevorzugt behandelt werden dürfen, wenn die Gruppe der Frauen in dem jeweiligen Bereich unterrepräsentiert ist.

Zahlreiche weitere gesetzliche Rahmenbedingungen beeinflussen die Personalplanung. Nach dem **Berufsbildungsgesetz** müssen Auszubildende zur Berufsschule freigestellt werden (§ 15 BBiG) und stehen in dieser Zeit nicht zur Verfügung. Bei jugendlichen Arbeitnehmern müssen die Bestimmungen des **Jugendarbeitsschutzgesetzes** für Arbeitszeiten, Mindesturlaub, Mindestfreizeit und besondere Beschäftigungsverbote beachten werden Nach dem **Arbeitszeitgesetz** müssen Höchstarbeitszeiten und Arbeitsverbote an Sonn- und Feiertagen, nach dem **Bundesurlaubsgesetz** spezielle Urlaubsvorschriften beachtet werden. Für Schwangere und Mütter bzw. Väter gelten zahlreiche Arbeitsschutzvorschriften aus dem **Mutterschutzgesetz bzw. Bundeselterngeld- und Elternzeitgesetz** (BEEG). Für **langjährige Mitarbeiter** gelten besondere Kündigungsfristen. Datenschutzbeauftrage, Schwerbehinderte, Mitglieder des Betriebsrats und der JAV sowie Auszubildende genießen einen **besonderen Kündigungsschutz,** wenn der Arbeitgeber mehr als zehn Beschäftigte hat. Nach dem **Betriebsverfassungsgesetz** sind ab einer bestimmten Betriebsgröße eine bestimmte Zahl von **Mitgliedern des Betriebsrats** von ihrer beruflichen Tätigkeit ganz freizustellen (§ 38 BetrVG). Ein Betriebsratsmitglied ist freizustellen in Betrieben mit in der Regel 200 bis 500

LF 1 Kap. 2.2

1 Der Begriff **Integration** geht von einer vorgegebenen Gesellschaft aus, in die integriert werden kann und soll. Der Begriff **Inklusion** geht weiter und fordert, dass gesellschaftliche Verhältnisse, die bestimmte gesellschaftliche Gruppen von der Teilhabe ausschließen, überwunden werden. Nach der UN-Behindertenrechtskonvention von 2009 soll jeder Mensch gleichberechtigt und vollständig an allen gesellschaftlichen Vorgängen teilhaben, unabhängig von individuellen Fähigkeiten, ethnischer und sozialer Herkunft, Geschlecht und Alter.

2 Abweichend davon haben Arbeitgeber mit jahresdurchschnittlich monatlich weniger als 40 (60) Arbeitsplätzen jahresdurchschnittlich je Monat einen (zwei) schwerbehinderten (schwerbehinderte) Menschen, zu beschäftigen.

Arbeitnehmern, zwei Betriebsratsmitglieder in Betrieben mit in der Regel 501 bis 900 Arbeitnehmern usw. Nach dem **Gesetz über Teilzeitarbeit und befristete Arbeitsverträge** hat der Arbeitgeber den Arbeitnehmern, auch in leitenden Positionen, Teilzeitarbeit zu ermöglichen (§ 6 TzBfG), wenn er mehr als 15 Arbeitnehmer beschäftigt. Weitere rechtliche Einflussfaktoren für die Personalplanung sind die **Rente mit 67, die Rente mit 63, die Familienpflegezeit** usw.

Das Bundesamt für Wirtschaft und Ausfuhrkontrolle (BAFA) unterstützt kleine und mittlere Unternehmen (KMU) bei der Sicherung ihres zukünftigen Fachkräftebedarfs durch das **Förderprogramm „Passgenaue Vermittlung Auszubildender"**. Fachleute beraten und besuchen die Unternehmen, ermitteln den Personalbedarf der Betriebe, erstellen Bewerberprofile, suchen nach noch nicht vermittelten Jugendlichen und unterbreiten dem Betrieb einen passgenauen Vorschlag. Im Wege der **gewerblichen Wirtschaftsförderung** erhalten KMU Zuwendungen, Beratungsleistungen oder zinsgünstige Darlehen, wenn sie arbeitsplatzschaffende Investitionen tätigen. Mit dem **Bundesprogramm für arbeitsmarktferne Langzeitarbeitslose** ohne Berufsabschluss soll dieser Personenkreis für den allgemeinen Arbeitsmarkt vermittelbar gemacht werden. Dies geschieht durch gezielte Ansprache und Beratung von Arbeitgebern, Arbeitnehmercoaching nach der Beschäftigungsaufnahme sowie durch den Ausgleich der Minderleistung durch Lohnkostenzuschüsse.

Innerbetriebliche Richtgrößen der Personalbedarfsplanung

Der Einsatz menschlicher Arbeitskraft geschieht nicht um ihrer selbst willen, sondern zur Erreichung bestimmter **betrieblicher Ziele.** Es gilt die Leistungsbereitschaft des Betriebs zu sichern, gleichzeitig das Leitbild umzusetzen und die ökonomischen, ökologischen und sozialen Ziele zu erreichen. Gerade bei der Personalplanung kann die im Leitbild angestrebte **gesellschaftliche Verantwortung** des Betriebs in die Tat umgesetzt werden. Schwerbehinderte, Migranten und andere benachteiligte Personen müssen gleiche Einstellungschancen haben. **Diversity Management** versucht die Verschiedenheit (engl.: diversity) der Mitarbeiter/-innen für den Unternehmenserfolg nutzbar zu machen. Die Vielfalt besteht in äußerlich wahrnehmbaren (objektiven) Unterschieden (z. B Geschlecht, Ethnie, Alter oder Behinderung) und in verhaltensbezogenen (subjektiven) Unterschieden wie der sexuellen Orientierung, der Religion und dem Lebensstil.

Grundlage der betrieblichen Personalbedarfsplanung sind die **Personalbedarfsmeldungen** der Abteilungsleitungen der einzelnen Abteilungen. Diese müssen zusammengeführt werden und anschließend mit den fachlichen Teilplänen (z. B. Absatz-, Kostenplan) der Fachbereiche Verkauf, Kundendienst, Einkauf und Verwaltung abgestimmt werden.

Solche **fachlichen Teilpläne** sind z. B. der

- Umsatz-, Absatz- bzw. Auftragsplan, z. B. zu erwartende Neu-, Gebrauchtwagen- und Ersatzteilverkäufe und Reparaturaufträge, Kundendienstverträge bei Firmenfahrzeugen, Expansionswünsche des Händlers, Modellpolitik des Importeurs bzw. Herstellers, eigene Sonderaktionen;
- Investitions- bzw. Kapazitätsplan (Ersatz-, Erweiterungs-, Umweltschutzinvestitionen, angestrebte Werkstattleistung, eingesetzte Technik);
- Kostenplan (z. B. erwartete Entgeltsteigerungen, Arbeitgeberanteile zu den Sozialversicherungszweigen, geplante Kosteneinsparungen);
- Finanzplan mit den kurz-, mittel- und langfristig erwarteten Zahlungseingängen und Zahlungsausgängen.

Weitere innerbetriebliche Richtgrößen für den künftigen Personalbedarf sind die Ergebnisse aus der **Analyse des vorhandenen Personalbestandes**[1], die vorhandene bzw. anzustrebende **Personalstruktur** (z. B. Altersstruktur) und die anzustrebenden **Fehlzeiten**[2] und **Personalveränderungen** (z. B. Fluktuation).

$$\textbf{Fehlzeitenquote} = \frac{\textbf{Fehlzeiten}}{\textbf{Soll-Arbeitszeit}} \cdot 100$$

$$\textbf{Fluktuationsquote}^{3} = \frac{\textbf{Personalabgänge}}{\textbf{Ø Personalbestand}} \cdot 100$$

Beispiel

Personalstruktur des Autohauses Köppel GmbH im Jahres- und Branchenvergleich

Kennzahl	Berechnungsweise	Aktuelles Jahr	1. Planjahr	2. Planjahr	Ø der Branche
Personalstand		38	41	43	12
Frauenquote	$\frac{\text{Frauen} \cdot 100}{\text{Personalstand}}$	42 %	43 %	44 %	40 %
Männerquote	$\frac{\text{Männer} \cdot 100}{\text{Personalstand}}$	58 %	57 %	56 %	60 %
Vollzeitquote	$\frac{\text{Vollzeitkräfte} \cdot 100}{\text{Personalstand}}$	44 %	47 %	49 %	44 %
Teilzeitquote	$\frac{\text{Teilzeitkräfte} \cdot 100}{\text{Personalstand}}$	37 %	37 %	36 %	37 %
Niedriglöhner[4]	$\frac{\text{Niedriglöhner} \cdot 100}{\text{Personalstand}}$	19 %	16 %	15 %	19 %

1 Um Teil- und Vollzeitmitarbeiter/-innen vergleichbar zu machen, werden zur Ermittlung des Personalbestandes die unterschiedlichen vertraglichen Arbeitszeiten auf **Vollzeitäquivalente** umgerechnet. Arbeiten von den 25 Mitarbeitern/Mitarbeiterinnen z. B. zehn nur halbtags, dann beträgt der Personalstand nicht 25 Mitarbeiter/-innen sondern 20 Vollzeitäquivalente.

2 Der Begriff **Fehlzeiten** wird nicht einheitlich verwendet. Viele Betriebe zählen nur die Krankheits- und Verspätungszeiten zu den Fehlzeiten, manche alle Ausfallzeiten, z. B. auch Urlaubstage, Feiertage, Mutterschutz, Elternzeit, Streiktage, Betriebsversammlungen und Fortbildungen während der Arbeitszeit, Gleittage, Zeitschulden und Freischichten.

3 Formel der Bundesvereinigung der Arbeitgeberverbände (**BDA-Formel**). Manche Betriebe verwenden die **Schlüterformel** mit dem Nenner „Personalbestand zu Beginn + Zugänge". Der Zentralverband Elektrotechnik- und Elektronikindustrie (ZVEI) berücksichtigt im Zähler nur die „ersetzten Abgänge" (**ZVEI-Formel**).

Fluktuationsquote i. e. S. = arbeitnehmerseitige Kündigungen · 100 : Ø Personalbestand

Fluktuationsquote i. w. S. = alle Personalabgänge · 100 : Ø Personalbestand

4 Hierzu zählen **kurzfristige Beschäftigungen**, die auf nicht mehr als zwei Monate bzw. 50 Arbeitstage im Kalenderjahr begrenzt sind (z. B. Krankheitsvertretungen, Saisontätigkeiten, Ferienjobs), **geringfügig entlohnte Beschäftigungen (Minijobs)** bis zu 450,00 € Monatsentgelt im Jahresdurchschnitt und **Beschäftigungen in der Gleitzone (Midijobs)** zwischen 450,01 € und 850,00 € Monatsentgelt im Jahresdurchschnitt.

Kennzahl	Berechnungsweise	Aktuelles Jahr	1. Planjahr	2. Planjahr	Ø der Branche
Unbefristete	$\frac{\text{Unbefristete} \cdot 100}{\text{Personalstand}}$	74 %	67 %	67 %	60 %
Befristete	$\frac{\text{Befristete} \cdot 100}{\text{Personalstand}}$	26 %	33 %	33 %	40 %
Anteil Qualifizierte	$\frac{\text{Qualifizierte} \cdot 100}{\text{Personalstand}}$	59 %	60 %	64 %	60 %
Ausbildungsquote	$\frac{\text{Auszubildende} \cdot 100}{\text{Personalstand}}$	13 %	13 %	14 %	10 %
Quote bis 35-Jährige	$\frac{\text{Jüngere} \cdot 100}{\text{Personalstand}}$	26 %	30 %	30 %	26 %
Quote über 45-Jährige	$\frac{\text{Ältere} \cdot 100}{\text{Personalstand}}$	48 %	43 %	39 %	31 %
Schwerbehindertenquote[1]	$\frac{\text{Schwerbehinderte} \cdot 100}{\text{Personalstand}}$	5 %	7 %	7 %	5 %
Migrantenquote[2]	$\frac{\text{Migranten} \cdot 100}{\text{Personalstand}}$	5 %	7 %	9 %	5 %
Arbeitsproduktivität	$\frac{\text{Umsatz} \cdot 100}{\text{Ø Personalstand}}$	367 000,00 €	372 000,00 €	383 000,00 €	395 000,00 €
Fehlzeitquote	$\frac{\text{Fehlzeiten} \cdot 100}{\text{Soll-Stunden}}$	5 %	5 %	5 %	5 %
Fluktuationsquote	$\frac{\text{Personalabgänge} \cdot 100}{\text{Ø Personalstand}}$	8 %	10 %	8 %	8 %
Unfallquote[3]	$\frac{\text{Zahl der Unfälle} \cdot 100}{\text{Ø Personalstand}}$	3 %	2 %	2 %	2 %

Aufgrund des demografischen Wandels mit der damit verbundenen Überalterung der Bevölkerung sollte jeder Betrieb seine **Altersstruktur** überprüfen (siehe hierzu die Demografie-Ampel auf Seite 19). So kann er Fehlentwicklungen rechtzeitig erkennen und Über- und Unterbesetzungen in bestimmten Altersgruppen entgegenwirken. Andernfalls entstehen

1 Arbeitgeber mit mindestens 20 Arbeitsplätzen haben auf mindestens 5 % der Arbeitsplätze schwerbehinderte Menschen zu beschäftigen (§ 71 SGB IX), siehe Seite 22.

2 **Zum** Begriff „Migration“ siehe Fußnote auf Seite 21.

3 **Unfälle** sind plötzliche, unabwendbare Ereignisse, die im Betrieb, auf Dienstgängen und Dienstreisen, auf dem direkten Weg zum Arbeitsplatz und vom Arbeitsplatz nach Hause geschehen. Freizeitunfälle werden bei dieser Unfallquote nicht berücksichtigt.

Wettbewerbsnachteile oder Mehrarbeit für die übrige Belegschaft, wenn viele Mitarbeiter/-innen zeitgleich in den Ruhestand gehen. Es gilt, rechtzeitig Nachfolger zu finden und einzuarbeiten und dafür zu sorgen, dass (Erfahrungs-)Wissen im Betrieb bleibt.

1.1.2 Quantitative Personalbedarfsplanung

Im Folgenden soll der Personalbedarf nach der Stellenplanmethode ermittelt werden. Die **Stellenplanmethode** setzt einen kompletten Stellenbesetzungsplan (Organisationsplan) mit genehmigten Planstellen voraus. Die genehmigten Planstellen können besetzt oder noch unbesetzt (N. N.)[1] sein. Die im Berichtsjahr nicht besetzten Planstellen müssen im Planjahr neu beantragt werden, sonst fallen sie weg.

In einer ersten Planungsrunde melden die Abteilungsleitungen der Personalabteilung, wenn sie neue Planstellen benötigen oder Planstellen abbauen wollen. Die Personalabteilung stimmt diese Bedarfsmeldungen der Abteilungen mit den inner- und außerbetrieblichen Richtgrößen ab und macht vor der Genehmigung ggf. Korrekturvorschläge. Durch den Abgleich dieses zukünftigen Planstellenbestands mit dem tatsächlich vorhandenen Personalbestand entsteht der **Bruttopersonalbedarf**. Der Bruttopersonalbedarf wird im Planjahr um die zu ersetzenden Personalabgänge erhöht und um die feststehenden Personalzugänge vermindert. Das Ergebnis ist der **Nettopersonalbedarf**. Ist dieser positiv, dann liegt eine **Personalunterdeckung** (Zusatzbedarf) vor. Ist der Nettopersonalbedarf negativ, dann liegt eine **Personalüberdeckung** (Freisetzungsbedarf) vor, die durch Kündigungen bzw. nicht ersetzte Personalabgänge abgebaut werden kann.

Gründe für Personalveränderungen

	Zugänge	Abgänge
Autonome Personalveränderungen	Rückkehrer aus Elternzeit, Pflegezeit, Sabbatjahr	arbeitnehmerseitige Kündigungen (Fluktuation i. e. S.), Ruhestand, Elternzeit, Pflegezeit, unbezahlte Beurlaubung, Sabbatjahr, Invalidität, Todesfälle
Initiierte Personalveränderungen	geplante Versetzungen bzw. Beförderungen von anderen Abteilungen, Einstellungszusagen, Übernahme von Auszubildenden und Praktikanten	geplante Versetzungen bzw. Beförderungen in andere Abteilungen, arbeitgeberseitige Kündigungen, Abordnungen zu Auslandsaufenthalten und Langzeit-Fortbildungsmaßnahmen, nicht übernommene Auszubildende

Fluktuation und Fehlzeiten führen zu einem Mehrbedarf an Personal und sind wie zu ersetzende Abgänge zu behandeln.

Geplante Personalbewegungen durch Versetzungen und Beförderungen zwischen den Abteilungen verändern zwar nicht den Gesamt-Personalstand, führen aber zu einem Ersatzbedarf bei den abgebenden Abteilungen und zu feststehenden Zugängen bei den empfangenden Abteilungen.

1 N. N. bedeutet **Nomen Nominandum** (lateinisch für „[noch] zu nennender Name").

Beispiel: Personalbedarfsplanung nach der Stellenplanmethode bei der Köppel GmbH

1. Schritt: Stellenplan einschließlich Auszubildende

Planstellen	Aktuelles Jahr	1. Planjahr	2. Planjahr
Abteilung Verkauf	11	12	13
Abteilung Kundendienst	12	13	14
Teilelager	3	4	4
Abteilung Verwaltung	5	5	5
Abteilung Geschäftsleitung	2	2	2
Abteilung Assistenz	5	5	5
= Planstellenbestand insgesamt	**38**	**41**	**43**

2. Schritt: Ermittlung des Bruttopersonalbedarfs

	Aktuelles Jahr	1. Planjahr	2. Planjahr
Planstellenbestand (Stand 01.01.)	38	38	41
+ neu einzurichtende Planstellen – abzubauende Planstellen	– –	3 –	2 –
= Planstellenbestand (Stand 31.12.)	38	41	43
– aktueller Personalbestand (besetzte Planstellen)	38	38	41
= Bruttopersonalbedarf	**–**	**3**	**2**

3. Schritt: Ermittlung des Nettopersonalbedarfs

	Aktuelles Jahr	1. Planjahr	2. Planjahr
Bruttopersonalbedarf	–	3	2
+ **zu ersetzende Personalabgänge** (z. B. wegen Ruhestand, Elternzeit, Kündigung, Fluktuation, allgemeinen Fehlzeiten, Familienpflegezeit, Bundesfreiwilligendienst, Reha, Sabbatical, Tod)	–	+ 2	+ 1
– **feststehende Personalzugänge** (z. B. Rückkehrer aus Elternzeit, Reha, Familienpflegezeit, Bundesfreiwilligendienst, Sabbatical)	–	– 1	– 2
= Nettopersonalbedarf	**–**	**4**	**1**

1.1.3 Qualitative Personalbedarfsplanung

Der quantitativen Personalbedarfsplanung muss im zweiten Schritt die qualitative Personalbedarfsplanung folgen. Bei der Ermittlung des Neubedarfs haben die Abteilungsleitungen bereits bestimmte Vorstellungen über das Aufgabengebiet (Stelle) ihrer neuen Mitarbeiter/-innen. Die erforderlichen Qualifikationen können dann im Einzelnen den zugehörigen **Stellenbeschreibungen** entnommen werden. Diese enthalten ein aktuelles **Anforderungsprofil** der entsprechenden Stelle. Die Anforderungen sollten auch mit den Interessen und Bedürfnissen der Stelleninhaber/-innen übereinstimmen.

Inhalte einer Stellenbeschreibung im Überblick

Inhalte	Beschreibung
Stellenbezeichnung	Organisationsnummer und Namen der Stelle
Instanzenbild	• Einordnung der Stelle in die Unternehmenshierarchie (über- bzw. untergeordnete Stellen) • Unterschriftsbefugnisse (Zeichnungsvollmacht, z. B. i. V., ppa.)
Aufgabenbild	• Zielsetzung der Stelle • Aufgaben der Stelle (der/die Stelleninhaber/-in plant und führt aus, entscheidet über, berät und informiert usw.)
Leistungsbild	• Anforderungsprofil wie Vorbildung, wesentliche Kenntnisse (Wissen, Fachkompetenz), Fertigkeiten (Können, Methoden-, Sprachkompetenz), Erfahrungen (z. B. Auslands-, Führungserfahrung), Persönlichkeitsmerkmale (soziale, kommunikative Kompetenz, Selbstkompetenz) • Ausstattungsliste des konkreten Arbeitsplatzes (Arbeitsmittel, Arbeitsraum, Umgebungseinflüsse und Umweltfaktoren)

Stellenbeschreibung und Anforderungsprofil bilden die Grundlage für die Stellenausschreibung und die Bewerberauswahl. Bei der Festlegung jedes Anforderungsmerkmals muss überprüft werden, ob es eine **Diskriminierung** darstellt. Benachteiligungen aus Gründen der Rasse oder wegen der ethnischen Herkunft, des Geschlechts, der Religion oder Weltanschauung, einer Behinderung, des Alters oder der sexuellen Identität müssen verhindert oder beseitigt werden (§ 1 AGG). Ausnahmen sind nach § 8 AGG zulässig, wenn z. B. die Muskelkraft oder die Geschicklichkeit eine entscheidende berufliche Anforderung darstellt und die Arbeit deswegen von einem behinderten Menschen selbst mit Hilfsmitteln nicht ordnungsgemäß ausgeführt werden kann.

Beispiel: Stellenbeschreibung für die Stelle „Sachbearbeitung im Bestellwesen“

Stellenbeschreibung Nr. 14		
Bezeichnung der Stelle		**Sachbearbeitung Bestelwesen**
Instanzenbild	**Einordnung der Stelle**	• übergeordnete Abteilung/en *Einkauf, Bestellwesen* • untergeordnete Stelle/n *keine* • Zeichnungsvollmacht *i. V.*
	Vertretungsregelung	• Der Stelleninhaber wird vertreten durch *Leitung der Abteilung Bestellwesen* • Der Stelleninhaber vertritt *Leitung der Abteilung Bestellwesen*
Aufgabenbild	**Aufgaben der Stelle**	• Zielsetzung *Der Stelleninhaber soll den Bestellvorgang für Sachgüter und Dienstleistungen abwickeln.* • Der Stelleninhaber führt aus bzw. entscheidet über – *den Schriftverkehr im Zusammenhang mit der Bestellung;* – *die Überwachnung der Liefertermine in Zusammenarbeit mit der Einkaufsplanung und der Warenannahme;* – *die Vorgehensweise bei Schlechtleistung und Nicht-Rechtzeitig-Lieferung in Zusammenarbeit mit der Einkaufsleitung.* • Der Stelleninhaber berät bzw. Informiert seinen Vorgesetzten über – *die Veränderung von Einkaufskonditionen und AGB der Lieferanten;* – *drohende Lieferengpässe.*
Leistungsbild	**Anforderungen an den Stelleninhaber**	• Vorbildung *Kaufmännische Ausbildung* • wesentliche Kenntnisse *Schwerpunkt Beschaffung und Logistik* • Persönlichkeitsmerkmale *aufgeschlossen, kontaktfreudig, teamfähig, dynamisch, kreativ, selbstständig*
	Ausstattungsliste	• vernetzter Personal Computer mit notwendiger Peripherie • betriebsübliche Software • gängige Kommunikationsmittel (z. B. Fax, Mobilfunkgerät) • Arbeitsraum mit gängiger Möblierung

1.2 Maßnahmen der Personalbeschaffung – intern und extern

EINSTIEGSSITUATION

Wege der Personalbeschaffung geordnet nach der Erfolgsquote

Wege der Personalbeschaffung	Suchwege (in %)	Tatsächliche Einstellungen (in %)	Erfolgsquote (in %)
Vermittlung durch Betriebsangehörige	39,7	24,9	**62,7**
eigene Stellenanzeigen	42,1	23,5	**55,9**
Auswahl aus Leiharbeitnehmern	2,8	1,4	**50,7**
Auswahl aus Praktikanten	2,8	1,2	**42,0**
private Arbeitsvermittlung	7,6	2,8	**36,3**
Vermittlung durch Agentur für Arbeit	42,8	15,3	**35,8**
Initiativbewerbungen	29,3	9,8	**33,5**
Stellenangebote im Internet	42,4	14,1	**33,3**
Auswahl aus eigenen Auszubildenden	2,8	0,8	**27,7**
interne Stellenausschreibung	22,6	3,2	**14,4**
Inserate Arbeitssuchender	5,6	0,7	**12,6**

(Quelle: Gerlach, Katharina; Dr. Fornahl, Dirk; Richter, Lutz: Soziale Netzwerkanalyse als Instrument der erfolgreichen Personalauswahl, in: PERSONALquarterly 02/14, S. 24)

1. Unterscheiden Sie anhand obiger Tabelle interne und externe Beschaffungswege.
2. Suchen Sie nach Gründen für die unterschiedlichen Erfolgsquoten der einzelnen Beschaffungswege.

Personalbeschaffung bzw. Personalwerbung umfasst die Suche, Auswahl und Bereitstellung von Personal zur Deckung des Nettopersonalbedarfs (Ersatz- und Zusatzbedarf).

Die kurzfristige Gewinnung (Akquirierung, Rekrutierung) qualifizierten Personals ist nur eine Seite der Personalwerbung. In Zeiten des Fachkräftemangels wird die Personalwerbung immer mehr ein Teil der Öffentlichkeitsarbeit des Unternehmens. Dabei geht es darum, ein Arbeitgeberimage (**Employer Branding**) aufzubauen, das die langfristige Erschließung von inner- und außerbetrieblichen Mitarbeiterpotenzialen erleichtert.

1.2.1 Wege der Personalbeschaffung – immer öfter online

Die Personalwerbung richtet sich an den innerbetrieblichen (internen) und an den außerbetrieblichen (externen) Arbeitsmarkt. Der Betriebsrat kann verlangen, dass Stellen vor ihrer Besetzung innerhalb des Betriebs ausgeschrieben werden (§ 93 BetrVG).

Überblick über die Möglichkeiten der Personalbeschaffung	
Interne Beschaffungswege	• innerbetriebliche Stellenausschreibung, z. B. Schwarzes Brett, Hausmitteilung bzw. Rundschreiben, Werkszeitung, Intranet • Beziehungsmanagement (direkte Ansprache), Stellenclearing (systematischer Informationsaustausch zwischen den Führungskräften und der Personalabteilung über innerbetriebliche Besetzung vakanter Stellen) • innerbetriebliche Versetzungsmaßnahmen[1] • systematische Nachwuchs- und Aufstiegsplanung • betriebliche Umschulungsmaßnahmen • Übernahme von Auszubildenden und/oder Praktikanten
Externe Beschaffungswege	• Arbeitsvermittlung, z. B. Vermittlung durch Betriebsangehörige, Agenturen für Arbeit, (private) Personalberatungen, Zeitarbeitsfirmen • Stellenanzeigen in Printmedien, z. B. Tages-, Wochenzeitungen, Publikums- und Fachzeitschriften, z. B. jobs.automobilwoche.de • Stellenanzeigen in audiovisuellen Medien, z. B. Rundfunk, TV, Kino, Plakate und Aushänge am Werkstor • E-Recruiting im Internet, z. B. auf der Homepage des Unternehmens, über Jobbörsen (z. B. StepStone, Monster), Banner, soziale Medien (z. B. LinkedIn, XING, Research Gate, Facebook) • Active Personal-Sourcing (aktive Personalbeschaffung), z. B. Auswertung von Initiativ-, Blindbewerbungen und Stellengesuchen und Profilen in sozialen Medien, Kontakte mit Bildungseinrichtungen, Betriebsführungen, Fach-, Bildungsmessen

Viele Unternehmen ergänzen das eher passive „Post and Pray“ (Stellenanzeige schalten und hoffen, dass sich die richtigen Bewerber melden) durch das „Active Personal Sourcing“.

Vor- und Nachteile der Beschaffungswege

Die **innerbetriebliche Personalbeschaffung** mittels interner Stellenausschreibung hat aufgrund der damit verbundenen **Aufstiegschancen eine Motivationswirkung** auf die Mitarbeiter/-innen. Das **Auswahlrisiko ist gering**, da das Eignungsprofil der eigenen Mitarbeiter/-innen aufgrund vorliegender Beurteilungen bekannt ist. Das **Lohn- und Gehaltsgefüge** wird nicht gestört, was sich positiv auf das **Betriebsklima** auswirkt. Die **Einarbeitungszeiten sind kurz**, da der/die interne Bewerber/-in die organisatorischen Besonderheiten und die Kollegen/Kolleginnen kennt. Der interne Beschaffungsprozess ist

1 **Versetzung** ist die Zuweisung eines anderen Arbeitsbereichs, die voraussichtlich die Dauer von einem Monat überschreitet oder die mit einer erheblichen Änderung der Umstände verbunden ist, unter denen die Arbeit zu leisten ist (§ 95 BetrVG).

kostengünstig und läuft vergleichsweise **schnell** ab, sodass die freie Stelle zügig besetzt werden kann.

Auf der anderen Seite bietet die innerbetriebliche Personalbeschaffung aufgrund der geringeren Bewerberzahl **weniger Auswahlmöglichkeiten**. Es kann zu **Rivalitäten** unter den Mitarbeitern/Mitarbeiterinnen kommen, wodurch das Betriebsklima leiden könnte. Unzufriedenheit und **Frustration** kann entstehen, wenn Mitarbeiter/-innen abgelehnt werden müssen. Ist mit der internen Stellenbesetzung ein Aufstieg des Mitarbeiters/der Mitarbeiterin verbunden, kann **Missgunst, mangelnde Anerkennung** durch die Kollegen/Kolleginnen und **fehlende Führungserfahrung** die Einarbeitungszeit verlängern und das Betriebsklima belasten. Eventuell entstehen **zusätzliche Personalentwicklungskosten**, um die Mitarbeiter/-innen auf höherwertige Stellen vorzubereiten. Weil die Stelle des erfolgreichen internen Bewerbers wieder besetzt werden muss, wird das Beschaffungsproblem lediglich auf eine andere Abteilung verlagert. Dadurch wird ein **Versetzungskarussell** („Stühlerücken") ausgelöst. Die vorrangige Stellenbesetzung mit eigenen Mitarbeitern/Mitarbeiterinnen erhöht die Gefahr der **Betriebsblindheit** und kann aufgrund des Beförderungsautomatismus auf Dauer zu **nachlassenden Leistungen** und nachlassender Mitarbeiterinitiative führen.

Grundsätzlich kehren sich die Vor- und Nachteile der internen Beschaffung in Nach- und Vorteile der externen Personalbeschaffung um.

Die **außerbetriebliche Personalbeschaffung** verursacht relativ **hohe Beschaffungskosten** (z. B. Inserate, Ersatz der Fahrt- und Übernachtungskosten der Bewerber/-innen, Kosten für die Durchführung des Schriftverkehrs und des Auswahlprozesses) und **blockiert mögliche Aufstiegschancen** der eigenen Mitarbeiter/-innen. **Betriebsklima und Motivation verschlechtern sich**, wenn sich das Stammpersonal übergangen fühlt. Das **Risiko einer Fehlbesetzung** (Auswahlrisiko) ist trotz aufwendiger Auswahlverfahren relativ hoch. Das **Lohn- und Gehaltsgefüge** wird möglicherweise gestört, die **Einarbeitungszeiten sind relativ lang**.

Die außerbetriebliche Personalbeschaffung bietet eine relativ **große Auswahl,** sie führt bei Internetbewerbungen manchmal zu einer wahren Bewerberflut. Neue Mitarbeiter/-innen bringen **neue Impulse** und Ideen („neue Besen kehren gut") und **Führungserfahrung** mit. Sie müssen nicht aufwendig durch Personalentwicklungsmaßnamen auf ihren Job vorbereitet werden, sondern sind bereits fertig. Ein **Versetzungskarussell** kann nicht ausgelöst werden.

Internetjobbörsen gleichen die Fähigkeitsprofile der Bewerber und die Anforderungsprofile der Stellenangebote der Unternehmen ab (Matching-Prozess). Liegt ein passendes Stellenangebot vor, wird der Bewerber per E-Mail benachrichtigt. Wenn sich der Bewerber einverstanden erklärt, erhält das betreffende Unternehmen ein Zugriffsrecht auf die elektronische Akte des Bewerbers.

1.2.2 Stellenanzeige – fließend oder gestaltet

Stellenanzeigen gehören zu den effizientesten Beschaffungswegen. Vor ihrer Schaltung müssen Entscheidungen bezüglich des Trägers, des Termins, der Art und der Gestaltung der Stellenanzeige getroffen werden.

Träger, Termin und Art der Stellenanzeige

Der **Träger der Stellenanzeige** sollte zum gesuchten Qualifikationsniveau des/der Mitarbeiters/Mitarbeiterin passen. Werden Mitarbeiter/-innen der unteren und mittleren Hierarchieebene gesucht, dann kommen regionale Tageszeitungen und (Werbe-)Wochenblätter in Betracht. Überregionale Tages- und Wochenzeitungen (z. B. Süddeutsche Zeitung, Frankfurter Allgemeine Zeitung, Die Zeit) eignen sich für höhere Hierarchieebenen. Werden Spezialisten und Mitarbeiter/-innen im technischen Bereich gesucht, dann eignen sich Fachzeitschriften.

Der **Termin der Stellenanzeige** richtet sich nach der Dauer des Auswahl- und Einstellungsverfahrens, den Kündigungsfristen der potenziellen Bewerber und der Aufmerksamkeitswirkung. Der Anzeigenteil der Tageszeitung lenkt mittwochs und samstags mehr Aufmerksamkeit auf sich als an den übrigen Wochentagen. Erfahrungsgemäß sollten in der Urlaubszeit und an den sogenannten Brückentagen keine Stellenanzeigen geschaltet werden.

Nach der **Art der Stellenanzeige** ist die **offene Stellenanzeige** (der Name des suchenden Unternehmens wird genannt) am häufigsten. **Chiffreanzeigen**[1] (ohne Angabe des inserierenden Unternehmens) sollten nur aufgegeben werden, wenn der Arbeitsplatz noch besetzt ist und der Personalbedarf unerwünschten Interessenten oder der Konkurrenz nicht bekannt werden soll. Bei Chiffreanzeigen und **Anzeigen über einen Personalberater** kann der Bewerber einen **Sperrvermerk** auf dem Briefumschlag anbringen, um zu verhindern, dass er sich bei seinem eigenen Betrieb bewirbt. Sogenannte **Klein-, Wort- oder Fließsatzanzeigen** sind abträglich für das Unternehmensimage und entfalten keinerlei Werbewirkung, im Gegensatz zu mehrspaltigen, **gestalteten Stellenanzeigen.**

Beispiel: Fließsatzanzeige

Zuverlässige, erfahrene **Reinigungskraft**, stundenweise gesucht,
Dorfner KG, 01234 Niederdorf, ☎ 0162 44456798

Merkmale einer gestalteten Stellenanzeige

Die richtig gestaltete Stellenanzeige orientiert sich bei der Aufmachung (Layout[2]), dem Aufbau und Inhalt an den Ansprüchen der Zielgruppe. Klare Aussagen über das Unternehmen,

1 Chiffre (franz.) = Ziffer, Geheimzeichen, Kennwort
2 Format, Text- und Bildanordnung, Bild-, Schriftgröße, Schriftart für Überschrift und Text, Verhältnis Text zu Bild

die zu besetzende Stelle und das Anforderungsprofil verhindern, dass sich ungeeignete Bewerber/-innen melden. Jede Stelle muss frei von Diskriminierungen im Sinne von § 1 AGG, insbesondere geschlechtsneutral, und auch als Teilzeitarbeitsplatz ausgeschrieben werden, wenn sie sich hierfür eignet (§ 7 TzBfG).

Inhalte einer offenen Stellenanzeige	
Unser Profil	Vorstellung des Betriebs (Firma, Logo, Branche, Standort, Größe)
Wir suchen	Bezeichnung der freien Stelle, Ausschreibungsgrund
Ihr Tätigkeitsfeld	Anforderungsprofil der zu besetzenden Stelle (Stellung in der Hierarchie, Aufgabenbeschreibung, Entwicklungschancen, Teamarbeit, Einstellungstermin)
Ihr Profil	gewünschtes Fähigkeitsprofil des Stelleninhabers (Ausbildung, Berufsbezeichnung, Berufserfahrung, geforderte Kompetenzen)
Wir bieten	Leistungen des Unternehmens (z. B. Vergütungsgruppe, Sozialleistungen, Arbeitszeit, Auslandsaufenthalt, Geschäftswagen)
Wir bitten um	einzureichende Bewerbungsunterlagen mit Bewerbungstermin (z. B. Lebenslauf, Zeugnisse, Lichtbild, Referenzen), Bewerbungsfrist (spätester Einreichungstermin)
Kontakt	Kontaktdaten (Ansprechpartner; Kontaktadressen wie Anschrift, Telefon, Homepage, E-Mail), ggf. QR-Code[1], Onlinebewerbungen: Hinweis auf die spezielle Homepage und auf einen auszufüllenden Bewerberfragebogen

Wer einen Arbeitsplatz sucht, liest eine Stellenanzeige nach der anderen. Viele Berufseinsteiger/-innen sind aber sehr unzufrieden damit, wie Unternehmen sich und die freien Positionen in Inseraten beschreiben:

Was Berufsstarter/-innen kritisieren:

- „Arbeitgeber vermitteln kein authentisches Bild von sich" sagen 89 %
- austauschbare Phrasen stören 85 %
- „Anforderungen an Bewerber/-innen sind zu hoch" sagen 77 %

Was Berufsstarter/-innen wünschen:

- Link zur Karrierewebsite des Arbeitgebers wollen 82 %
- Bilder aus dem Arbeitsumfeld wünschen sich 32 %
- Social-Media-Links vermissen 29 %

(Quelle: https://www.jobnet.de/presse/geny-beklagt-stellenanzeigen-von-der-stange, „Studie: GenY beklagt Stellenanzeigen von der Stange", in: ABSOLVENTA Jobnet, 2016)

Bei Onlinebewerbungen muss der Bewerber im Vorfeld meist ein Bewerberformular ausfüllen. Das Anschreiben wird durch eine E-Mail ersetzt. Die Bewerbungsunterlagen werden gescannt und in gängigen Dateiformaten (z. B. docx, pdf) der E-Mail angehängt. Die Anlagen kann der Bewerber auch über einen Link mit Passwort in seiner E-Mail zu seiner eigenen

1 **QR-Code** (englisch Quick Response = „schnelle Antwort"): Er besteht aus einer quadratischen Matrix aus schwarzen und weißen Punkten, die die kodierten Daten binär darstellen.

Homepage abrufbereit halten. Onlinebewerbungen müssen frühestens nach Abschluss des Beschaffungsprozesses gelöscht werden.

Beispiel: Stellenanzeige der Köppel GmbH für einen/eine Sachbearbeiter/-in im Bestellwesen

Autohaus Köppel GmbH

Rund ums Auto

Autohaus Köppel GmbH
Diedenhofener Str. 6
54294 Trier

Wir sind
ein modernes, mittelständisches Unternehmen und gehören zu den führenden Autohäusern der Region. Seit über 30 Jahren sind wir einer der innovativsten Betriebe in der Region und haben über 40 Mitarbeiter/-innen.

Wir suchen
zur Verstärkung unseres Einkaufsteams einen/eine

Sachbearbeiter/-in für das Bestellwesen

Ihr Aufgabenbereich
erstreckt sich auf die Abwicklung des Bestellvorgangs, die Überwachung der Liefertermine in Zusammenarbeit mit der Einkaufsplanung und der Lagerhaltung und die sachgerechte Vorgehensweise im Falle von Lieferstörungen in Zusammenarbeit mit der Einkaufsleitung.

Ihre Qualifikation:
Nach Abschluss Ihrer Ausbildung zur Automobilkauffrau/zum Automobilkaufmann haben Sie bereits Berufserfahrung in ähnlicher Position sammeln können. Sie beherrschen die MS-Office-Tools, sind teamfähig, kontakt- und entscheidungsfreudig und arbeiten eigenverantwortlich. Englischkenntnisse in Wort und Schrift wären hilfreich.

Unser Angebot:
Wir bieten Ihnen eine abwechslungsreiche, herausfordernde und verantwortungsvolle Tätigkeit in einem kollegialen und hoch motivierten Team sowie aktive Unterstützung für Ihre persönliche und fachliche Weiterentwicklung. Ein leistungsgerechtes Einkommen mit individuellen Sozialleistungen ist für uns selbstverständlich.

Wenn Sie in dieser Tätigkeit Ihre berufliche Herausforderung erkennen, dann freuen wir uns auf Ihre vollständigen Bewerbungsunterlagen mit Gehaltsvorstellung und frühestem Eintrittstermin. Auf Ihre **Bewerbung bis 10.08.20..** , auch online, freuen wir uns.

Autohaus Köppel GmbH

Diedenhofener Straße 6, 54294 Trier
Ansprechpartnerin: Frau Köppel
☏ +49 0651 7155-12
Onlinebewerbung: www.autohaus-koeppel.de
E-Mail: koeppel-careers@autohaus-koeppel.de

1.2.3 Auswahlverfahren und Auswahlentscheidung

Nach Eingang der Bewerbungen beginnt die **Erfassung und Auswertung der Bewerbungsunterlagen**. Viele Unternehmen schicken den Stellenbewerbern nach Eingang der Bewerbung einen **Personalfragebogen,** der die weitere Bearbeitung und Kontrolle erleichtert.

Vollständige Bewerbungsunterlagen	
Übliche Bewerbungsunterlagen	**Mögliche zusätzliche Unterlagen**
• Deckblatt mit Foto und Kontaktdaten • Bewerbungsschreiben • Lebenslauf (Curriculum Vitae, Skills Resume) • letztes Schulzeugnis • letztes Arbeitszeugnis	• Personalfragebogen • Referenzen (Auskunftspersonen) • Nachweis über besuchte Kurse, Zertifikate • polizeiliches Führungszeugnis (bei Beamten) • Gesundheitszeugnis (bei Beamten)

Die Qualität der Bewerbungsunterlagen ist maßgebend für die **Grobauswahl** der Bewerber/-innen.

Bewerbungsschreiben mit Lebenslauf und Lichtbild

Während Bewerber/-innen beim Zusammenstellen der Bewerbungsunterlagen kaum nennenswerte Fehler machen, wird das **Bewerbungsschreiben** häufig zur eigentlichen Hürde, an der alles scheitert. Wer seine Chancen bei der Kandidatenkür wahren will, sollte sachlich, unaufdringlich und präzise auf die konkrete Stellenausschreibung eingehen. Das Anschreiben sollte möglichst kreativ gestaltet sein. Die Gliederung nach dem Elf-Punkte-System erleichtert die Auswertung.

Gliederung **eines Bewerbungsschreibens nach der Elf-Punkte-Checkliste**:

1. Absenderangaben mit Kommunikationsdaten (Telefon, Mobilfunk, Fax, E-Mail)
2. Anschrift des Unternehmens
3. Datum und Anrede (möglichst persönliche Anrede mit Namen)
4. Betreff (möglichst originell; nicht „Ihre Stellenanzeige ...“)
5. Einstieg (Gründe für die Bewerbung bzw. gewünschte Ausbildung)
6. Werbung (Ausbildung, Berufsweg, Qualifikationen, besondere Kenntnisse)
7. Eintrittstermin
8. Gehaltsvorstellung (Spielraum lassen) – nicht bei Berufsanfängern/-anfängerinnen
9. Schlusssatz (möglichst originell!)
10. Grußformel und Unterschrift
11. Anlagen (z. B. Bewerbungsmappe)

Aussehen, Inhalt und Stil des **Bewerbungsschreibens** geben Hinweise auf die Eignung eines Bewerbers. Die Fähigkeit, die gestellte Aufgabe (hier: Anforderungen der Stellenanzeige) mit der nötigen Sorgfalt zu erfüllen, wird damit nachgewiesen. Wenn der Bewerber seiner Bewerbung unaufgefordert ein aktuelles **Lichtbild** beifügt, dann sollte es nicht in die Bewertung der Unterlagen eingehen. Es besteht sonst die Gefahr, dass sich der Betrieb dem Vorwurf der Benachteiligung (Diskriminierung) des Bewerbers nach dem § 1 AGG aussetzt.

Der **Lebenslauf** gibt dem Adressaten einen ersten Überblick über den Werdegang des/der Bewerbers/Bewerberin. Er sollte tabellarisch aufgebaut sein und folgende Gliederungspunkte enthalten:

1. **Überschrift** mit ggf. Lichtbild
2. **persönliche Daten:** Name, Geburtsdatum mit -ort, aktuelle Anschrift, Familienstand, ggf. Staatsangehörigkeit, Kommunikationsdaten (Telefon, E-Mail)
3. **schulische Ausbildung** mit Schulabschlüssen (Mittlere Reife, Hochschulreife mit Note)
4. **berufliche Ausbildung** mit Fachrichtung und Abschluss mit Note
5. **Studium mit Fachrichtung,** Vertiefungsfächer und Abschluss mit Note
6. **beruflicher Werdegang** in der Zeitfolge von der Gegenwart zur Vergangenheit
7. **Sprachkenntnisse** mit erreichtem Niveau (Muttersprache, gute Kenntnisse, Grundkenntnisse)
8. **sonstige für die ausgeschriebene Stelle relevante Kenntnisse** und Fähigkeiten, z. B. Softwaretools (Word, Excel, PowerPoint, Lexware, Navision usw.), ausgeübte Sportart, Trainerschein, Führerschein, Ehrenämter, Praktika und Auslandserfahrungen
9. **Ort, Datum und Unterschrift**

Der Lebenslauf wird einer **Zeitfolge-, Positions-, Branchen-, Betriebs- und Entwicklungsanalyse** unterzogen. Zeitliche Lücken im Lebenslauf werden negativ bewertet. Häufige Stellenwechsel und Wechsel des Arbeitsgebiets und des Betriebes werden nur positiv bewertet, wenn sie mit einem Aufstieg verbunden sind. Die Liste der bisherigen Arbeitgeber geben Rückschlüsse auf die Branchenkenntnisse des Bewerbers. War der Arbeitnehmer in Kleinbetrieben beschäftigt, dann ist er eher ein „Allrounder“, der ein breites Aufgabenfeld gewohnt ist, während Arbeitnehmer in Großbetrieben nur in einem engen spezialisierten Aufgabengebiet tätig sind. Die Entwicklungs- bzw. Kontinuitätsanalyse lässt Aussagen über die Zielstrebigkeit, Stetigkeit und Geradlinigkeit des Bewerbers in seinem Berufsweg zu. In einem glatten Lebenslauf mit wohlklingenden Praktikumsstationen und Auslandsaufenthalten fehlt jedoch eine wichtige Anforderung – echte Lebenserfahrung einschließlich aller Irrwege.

Arbeitszeugnisse – die Kunst, zwischen den Zeilen zu lesen

Arbeitszeugnisse geben Auskunft über das Aufgabengebiet, Leistungs- und Sozialverhalten des/der Bewerbers/Bewerberin. Sind wichtige Aufgabengebiete, Leistungs- und Verhaltensmerkmale nur kurz beschrieben (**Knappheitstechnik**), sind weniger wichtige vor wichtigen Aussagen platziert (**Reihenfolgetechnik**) oder fehlen Beispiele oder übliche Aussagen (**Leerstellentechnik**), dann signalisiert der Verfasser, dass er mit seinem/seiner Mitarbeiter/-in unzufrieden war. Für bewusst falsche Angaben im Zeugnis und bei sonstigen Auskünften (z. B. Referenzen) haftet der bisherige Arbeitgeber (BGH, Az.: VI ZR 230/76). Zeugnisse sollten Bewerber/-innen niemals als Originale verschicken.

Die Ausstellung eines **Zwischenzeugnisses** gehört zur allgemeinen Fürsorgepflicht des Arbeitgebers. Der Arbeitnehmer kann sie nach der Probezeit jederzeit während des Bestehens des Beschäftigungsverhältnisses verlangen, wenn er ein berechtigtes Interesse nachweist. Dies ist der Fall, wenn er sich um eine neue Arbeitsstelle bemüht. Zwischenzeugnisse sind in der Gegenwartsform zu formulieren.

Arbeitszeugnisse müssen der **Wahrheit entsprechen**, gleichzeitig aber von **verständigem Wohlwollen** gegenüber dem Arbeitnehmer getragen sein, damit ihm das weitere Fortkommen nicht ungerechtfertigt erschwert wird (BGH, Urteil vom 26.11.1963, Az.: VI ZR 221/62). Dieses Urteil ist Ursache dafür, dass sich seitdem eine verschlüsselte Zeugnissprache **(Zeugniscode)** entwickelt hat.

Aufbau eines vollständigen Arbeitszeugnisses (sieben Bestandteile)	
1. Überschrift	Arbeitszeugnis, Dienstzeugnis, Zwischenzeugnis, Ausbildungszeugnis
2. Eingangssatz	Titel, Vorname, Name (Geburtsname), Geburtsdatum (Geburtsort), Wohnadresse, Tätigkeitsbezeichnung, Eintritts- und ggf. Austrittsdatum
3. Aufgabenbeschreibung	Unternehmen und Branche, hierarchische Einordnung der Position, Stellvertretung und Vollmachten, Haupt- und Sonderaufgaben
4. Beurteilung der Leistung	• Leistungsbereitschaft, z. B. Engagement, Initiative, Mehrarbeit • Leistungsfähigkeit, z. B. Belastbarkeit, Ausdauer, Flexibilität • Fachwissen und Weiterbildung, z. B. Zertifikate, Nutzen • Arbeitsstil, z. B. Selbstständigkeit, Methodik, Planung, Sorgfalt • Arbeitserfolg, z. B. Zielerreichung, Arbeitsqualität, -menge, -tempo • Führungsleistung, z. B. Leitungsspanne, Mitarbeiterzufriedenheit • konkrete herausragende Erfolge
	zusammenfassende Zufriedenheitsaussage
5. Beurteilung des Sozialverhaltens	• Verhalten gegenüber Vorgesetzten und Kollegen, z. B. Vorbildlichkeit, Hilfsbereitschaft, Wertschätzung • Verhalten gegenüber Externen (Kunden, Lieferanten, Behörden), z. B. Auftreten, Kontaktfähigkeit, Gesprächsverhalten, Verhandlungsgeschick • soziale Kompetenz, z. B. Teamfähigkeit, Überzeugungskraft, Integrität
	zusammenfassende Zufriedenheitsaussage
6. Schlussabsatz	• Beendigungsformel, ggf. mit Begründung • Dankes-Bedauern-Formel mit Empfehlung, Verständnis • Zukunftswünsche, Erfolgswünsche
7. Datum und Unterschrift	Ausstellungsort und -datum Unterschrift(en) der Personalleitung oder eines Vorgesetzten

Beispiel: Zusammenfassende Zufriedenheitsaussagen für ausgewählte Anforderungsmerkmale

Merkmal / Note	Leistung	Arbeitserfolg	Verhalten
Sehr gut	... hat die übertragenen Aufgaben **stets** zur **vollsten** Zufriedenheit erledigt.	... fand und realisierte **stets sehr gute**, kostengünstige Lösungen.	... Verhalten gegenüber Führungskräften und Kollegen war **stets vorbildlich.**

Merkmal / Note	Leistung	Arbeitserfolg	Verhalten
Gut	… hat die übertragenen Aufgaben **stets** zu unserer **vollen Zufriedenheit** erledigt.	… fand und realisierte **sehr gute**, kostengünstige Lösungen.	… Verhalten gegenüber Führungskräften und Kollegen war **vorbildlich**.
Befriedigend	… hat die übertragenen Aufgaben zu unserer **vollen** Zufriedenheit erledigt.	… fand und realisierte **gute**, kostengünstige Lösungen.	… Verhalten gegenüber Führungskräften und Kollegen war **gut**.
Ausreichend	… hat die übertragenen Aufgaben zu unserer **Zufriedenheit** erledigt.	… fand und realisierte **stets zufriedenstellende** Lösungen.	… Verhalten gegenüber Führungskräften und Kollegen war **stets befriedigend**.
Mangelhaft	… hat die übertragenen Aufgaben **meist** zu unserer **Zufriedenheit** erledigt.	… fand und realisierte **meist zufriedenstellende** Lösungen.	… Verhalten gegenüber Führungskräften und Kollegen war **angemessen**.

Die Qualität der Bewerbungsunterlagen ist maßgebend für die **Grobauswahl** der Bewerber.

Übersicht über häufige Gründe für das Ausscheiden von Bewerbern bei der Grobauswahl	
Äußere Form	unvollständige Unterlagen, falsche Reihenfolge der Unterlagen, billiger Schnellhefter und billiges Papier, schlampiges Erscheinungsbild (Eselsohren; verknitterte, verschmutzte, gefaltete Ausdrucke)
Personalfragebogen	Widersprüche im Vergleich zum Lebenslauf, widersprüchliche Kreuze bei den Auswahlfeldern, zu wenige „Kann-Felder" (Angaben zu sonstigen Kenntnissen, Erfahrungen und sozialem Engagement) ausgefüllt (deutet auf mangelndes Interesse hin), Rechtschreib-, Grammatikfehler
Bewerbungsschreiben	mangelnder Bezug zur ausgeschriebenen Stelle bzw. zum Unternehmen, Form-, Ausdrucks-, Grammatik-, Rechtschreib-, Trennfehler, unbeholfener Satzbau, immer derselbe Satzanfang
Lebenslauf	Lücken in der Zeitfolge, zu häufige unvorteilhafte Stellenwechsel deuten auf eine schwierige Persönlichkeit, Arbeitgeber aus anderen Branchen
Arbeitszeugnis	mittelmäßige Beurteilung des Leistungs- und Sozialverhaltens, zu knappe Aufgabenbeschreibung ohne Hervorhebung besonderer Erfolge, Widersprüche im Vergleich zum Lebenslauf

Nach der Grobauswahl müssen den ausgeschiedenen Bewerbern **Absagen** und den verbliebenen Bewerbern **Einladungen** zu Einstellungstests und Vorstellungsgesprächen zugesandt werden. Immer öfter werden vorher datenschutzrechtlich (§§ 4a, 28, 32 BDSG) bedenkliche **Bewerber-Screenings** (Bewerberüberprüfungen) mittels Internetsuchmaschinen oder Profilen und Kontakten in den sozialen Netzwerken durchgeführt. Diese Vorselektion wird oft ergänzt durch kurze Bewerbergespräche per Telefon oder Internet (mit Einsatz einer Webcam mit Bild und Ton). Neuerdings werden auch **Job Castings**[1] oder **Job Speeddatings** durchgeführt.

Einstellungstests und Assessment-Center

Es gilt nicht, den besten Bewerber („Weltmeister") auszuwählen, sondern den Bewerber, dessen Eignungsprofil am besten zum Anforderungsprofil der ausgeschriebenen Stelle passt. Tests ermöglichen es, die Arbeitsweise und den Arbeitserfolg des Bewerbers zu beobachten, wenn er unter Zeitdruck Aufgaben lösen muss. Tests messen auch Persönlichkeitsmerkmale und Wertvorstellungen des Bewerbers. In jedem Fall muss sich der Bewerber damit einverstanden erklären.

Überblick über verbreitete Testverfahren[2]	
Intelligenztest	Feststellung des logischen Denk- und räumlichen Vorstellungsvermögens, der Merkfähigkeit, der Kombinationsgabe usw., die für die konkrete Berufsausübung nötig sind. Bloße IQ-Tests sind unzulässig (IQ = Intelligenzquotient), da sie gegen das Persönlichkeitsrecht nach Art. 2 GG verstoßen.
Leistungstest	Feststellung der körperlichen und geistigen Belastbarkeit, Schnelligkeit und Ausdauer durch **Konzentrationstests**. Überprüfung der Allgemeinbildung (Kenntnisse der Rechtschreibung, Grundrechenarten, Geografie, Biologie usw.) durch **Kenntnistests**. **Berufsbezogene Eignungstests** (z. B. allgemeiner Büroarbeitstest, Hör-, Seh- und Geschicklichkeitstests) stellen die Eignung für bestimmte Berufsrichtungen fest.
Persönlichkeitstest	Feststellung der Leistungsbereitschaft, des Temperaments (extro- oder introvertierter Persönlichkeitstyp), der allgemeinen Lebenseinstellung, der besonderen Charaktereigenschaften usw.

Weitverbreitet sind sogenannte **Assessment-Center**[3]. In einer ein- bis dreitägigen Veranstaltung bewältigen die Teilnehmer eine Reihe von Tests, Interviews, situativen Rollenspielen, Einzel- und Gruppenübungen. Die Bewerber werden dabei von Führungskräften aus dem Betrieb, geschulten Personalfachleuten und externen Psychologen (Assessoren) beobachtet. Sie erhalten in einer Vorselektionsphase bzw. am Ende der Veranstaltung ein ausführliches Feedback von diesen Fachleuten.

Für bestimmte Berufsgruppen eignen sich **Arbeitsproben**. Sie geben einen unmittelbaren Einblick in die Qualifikation des Bewerbers, z. B. Veröffentlichungen, Texte, Reportagen, Bilder. Sie können auch unter Aufsicht erstellt werden (z. B. Phonodiktat, Übersetzungen, Bearbeitung von Werkstücken).

Bewerber, die diese vorletzte Hürde genommen haben, werden zu Vorstellungsgesprächen eingeladen.

---

1 to cast (engl.) = angeln, fischen, jemanden für eine Rolle vorsehen
2 Die DIN-Norm 33430 legt bestimmte Qualitätsmerkmale für Eignungstestverfahren fest. Private und öffentliche Arbeitsvermittler können auf normgerechte Einstellungsverfahren bestehen.
3 Abkürzung: AC, assessment (engl.) = Einschätzung, Beurteilung

Vorstellungsgespräch – Bluffen ist zwecklos

Mit Bewerbern, die in die engere Wahl gekommen sind, werden Vorstellungsgespräche geführt. Für jedes Bewerbungsgespräch sollten ein ruhiger Raum und ausreichend Zeit reserviert werden. Das Telefon sollte umgeleitet und das Smartphone ausgeschaltet sein. Soll der Arbeitsplatz gezeigt werden, müssen die Kollegen informiert sein. Ebenso sollten die Reisekostenabrechnungen und ggf. die Give-aways für die Bewerber vorbereitet sein.

Die wesentlichen Gesprächsinhalte und der grobe Verlauf des Gesprächs sollten vorgeplant werden (**strukturiertes Gespräch**). Die Fragen sollten arbeitsrechtlich zulässig sein. Die unwahre Beantwortung zulässiger Fragen kann den anschließenden Arbeitsvertrag anfechtbar machen und ggf. Schadenersatzansprüche des Arbeitgebers auslösen. Arbeitsrechtlich unzulässige Fragen dürfen von den Bewerbern dagegen unwahr oder unvollständig beantwortet werden.

Arbeitsrechtlich bedenkliche Fragen und ihre Zulässigkeit	
Frühere Gehaltshöhe	wenn es sich bei der neuen Stelle um eine vergleichbare Tätigkeit handelt und das frühere Gehalt damit Bedeutung für das künftige Gehalt hat
Schwerbehinderung	Wenn die Behinderung für die auszuübende Tätigkeit von Bedeutung ist (BAG AZ: 2 AZR 467/93). Es besteht kein „Recht auf Lüge“ (BAG AZ: 2 AZR 923/94).
Chronische Krankheiten	wenn an der Kenntnis der Krankheit ein Interesse besteht, entweder für das Unternehmen (Eignung für die vorgesehene Tätigkeit ist eingeschränkt) oder für die übrigen Arbeitnehmer (Gefährdung von Kollegen und Kunden durch Ansteckung)
Schwangerschaft	Generell unzulässig. Die Bewerberin kann die Unwahrheit sagen, ohne Nachteile befürchten zu müssen (EU-Gerichtshof [AZ: Rs. C-177/88], BAG AZ: 2 AZR 227/92).
Vermögensverhältnisse	bei Mitarbeitern der höheren und hohen Hierarchieebene und Mitarbeitern, die in einem besonderen Vertrauensverhältnis zum Arbeitgeber stehen
Vorstrafen	wenn sie etwas mit der künftigen Arbeit zu tun haben, d. h., wenn und soweit die zu besetzende Arbeitsstelle oder die zu leistende Arbeit dies erfordert

Typischer Verlauf eines Vorstellungsgesprächs	
Verlaufsphasen	**Erläuterung**
1. Einleitung des Gesprächs	Begrüßung, gegenseitige Vorstellung, Smalltalk (z. B. „Hatten Sie eine gute Anreise?“), Überblick über weiteren Verlauf
2. Selbstdarstellung des Bewerbers	persönliche Situation (z. B. Herkunft, Familie, Wohnort, Freizeitaktivitäten), bisheriger Werdegang, Fort- und Weiterbildung, Tätigkeiten, Begründung der Berufswahl und der Bewerbung

Typischer Verlauf eines Vorstellungsgesprächs	
Verlaufsphasen	**Erläuterung**
3. Vorstellung des Unternehmens und der freien Stelle	Interviewer stellt die aktuelle Situation des Unternehmens, der Branche und der freien Stelle dar, ggf. wird der zuständige Abteilungsleiter hinzugezogen, ggf. Betriebsbegehung
4. Prüfung des Eignungsprofils des Bewerbers	Klärung von Lücken und Widersprüchen im Werdegang; Fragen zur Ausbildung, zur Branche, zur beruflichen Entwicklung, zum Unternehmen, zur ausgeschriebenen Stelle, zu den geforderten Kompetenzen; Unternehmen und freie Stelle aus Bewerbersicht (z. B. „Warum sollen wir Sie einstellen?“), ggf. situative Fragen (z. B. „Was machen Sie, wenn … ?“)
5. Gesprächsabschluss	Resümee des Gesprächs (z. B. Gründe, die für den Bewerber sprechen), Klärung von Fragen des Bewerbers (z. B. möglicher Eintrittstermin, Konditionen [z. B. Gehaltsvorstellungen, weitere Leistungen des Betriebs]), weitere Schritte, Dank und Verabschiedung Hinweis: Grundsätzlich sollte der Betrieb seine Entscheidung offen halten, da diese erst nach der Auswertung des ganzen Auswahlverfahrens endgültig getroffen werden kann.
6. Protokollerstellung	Um Verwechslungen auszuschließen, sollte der Interviewer unmittelbar im Anschluss an das Gespräch ein Gedächtnisprotokoll anfertigen. Ein **einheitlicher Bewertungsbogen** für alle Bewerber erleichtert und objektiviert die spätere Bewerberauswahl.

Die Reihenfolge der Phasen zwei bis fünf kann je nach Gesprächsverlauf verändert werden. Die **Vorstellungskosten** (Anfahrt, ggf. Übernachtung, Verpflegung) müssen in angemessener Höhe erstattet werden, wenn der Arbeitgeber ausdrücklich zum Gespräch eingeladen hat.

Auswahlentscheidung mithilfe einer Entscheidungsbewertungstabelle

Im letzten Schritt erfolgt die **Auswahlentscheidung.** Aufgrund der Auswertungen der Bewerbungsunterlagen, Eignungstests und des Vorstellungsgesprächs wird über die Einstellung entschieden. Personalleitung und anfordernde Stelle müssen sich auf einen Bewerber einigen. Die Eignungsprofile aller verbliebenen Bewerber stimmen mit den Anforderungsprofilen überein, sodass der Eindruck aus dem Vorstellungsgespräch ausschlaggebend ist. Hier bietet sich, ähnlich der Lieferantenauswahl, die Erstellung einer Vergleichstabelle mit anschließender **Entscheidungsbewertungstabelle** (Nutzwertanalyse, Scoringverfahren) an. Die für die freie Stelle wichtigsten Anforderungsmerkmale werden gewichtet und die Bewerber nach diesen Kriterien benotet. Der Bewerber mit der Höchstpunktzahl wird ausgewählt.

Beispiel: Auswahlentscheidung

Vergleichstabelle

Kriterien / Bewerber	Elsa Satici	Hanna Seitel	Luis Kneissl
Berufserfahrung	3 Jahre	5 Jahre	1 Jahr
Arbeitszeugnisnote	Gut	Sehr gut	Befriedigend

Kriterien / Bewerber	Elsa Satici	Hanna Seitel	Luis Kneissl
Ausbildung/Abschlussnote	Kaufmann im Einzelhandel/2	Automobilkauffrau/3	Automobilkaufmann/2
Auftreten im Vorstellungsgespräch	sicher	sicher	leichte Unsicherheiten
Englischkenntnisse	ja (Auslandsaufenthalt)	ja (Auslandsaufenthalt)	Schulkenntnisse

Entscheidungsbewertungstabelle

Summe der Gewichtungsfaktoren = 100 %
Bewertungsskala von 1 (nicht erfüllt) bis 5 (in vollem Maße erfüllt)

Kriterien / Bewerber		Elsa Satici		Hanna Seitel		Luis Kneissl	
Auswahlkriterien	Gewichtung	Bewertung	Punkte	Bewertung	Punkte	Bewertung	Punkte
Berufserfahrung	10 %	3	30	5	50	1	10
Arbeitszeugnisnote	25 %	4	100	5	125	3	75
Ausbildung/ Abschlussnote	15 %	3	45	4	60	5	75
Auftreten im Vorstellungsgespräch	40 %	4	160	4	160	3	120
Englischkenntnisse	10 %	5	50	5	50	3	30
Summe	100 %		**385**		**445**		**310**

Entscheidung: Die Bewerberin Hanna Seitel erhält eine Zusage, da sie die meisten Punkte erreicht hat.

Gerade bei Einstellungen kann die im Leitbild angestrebte **gesellschaftliche Verantwortung** des Betriebs in die Tat umgesetzt werden. Schwerbehinderte, Migranten und andere benachteiligte Personen müssen gleiche Einstellungschancen haben. **Diversity Management** versucht die Verschiedenheit (engl.: diversity) der Mitarbeiter für den Unternehmenserfolg nutzbar zu machen. Die Vielfalt besteht in äußerlich wahrnehmbaren (objektiven) Unterschieden (z. B Geschlecht, Ethnie, Alter und Behinderung) und in verhaltensbezogenen (subjektiven) Unterschieden wie der sexuellen Orientierung, der Religion und dem Lebensstil.

Die ausgeschiedenen Bewerber erhalten möglichst persönlich, höflich und ermunternd formulierte Absagen. Die Bewerbungsunterlagen sind zurückzugeben. Arbeitgeber müssen mit Schadenersatzklagen rechnen, wenn sie einem abgelehnten Stellenbewerber nicht die **Gründe für die Absage** erläutern. Der Europäische Gerichtshof (EuGH) hat zwar entschieden, dass Unternehmen nicht zu Auskünften verpflichtet sind, wer stattdessen eingestellt wurde und nach welchen Kriterien. Die Weigerung könne jedoch darauf hindeuten, dass der Stellensuchende diskriminiert wurde (EuGH, Az.: C-415/10).

1.2.4 Eingruppierung und Abschluss des Arbeitsvertrags

Um die **Höhe des Arbeitsentgelts** festzulegen, muss die neue Arbeitskraft eingruppiert werden. Maßgebend für die **Eingruppierung** sind die Tätigkeitsbeschreibungen des gültigen Entgeltrahmentarifvertrags und des Entgelttarifvertrags sowie die Anforderungen der Stellenbeschreibung des zu besetzenden Arbeitsplatzes.

LF 9 Kap. 1.3

Mit dem künftigen Mitarbeiter wird ein **Arbeitsvertrag** geschlossen. Die Inhalte des Arbeitsvertrags sind spätestens einen Monat nach Arbeitsbeginn **schriftlich niederzulegen** (§ 2 NachwG). Die elektronische Form (z. B. E-Mail, Fax, Telefon) ist ausgeschlossen.

1.2.5 Rechte des Betriebsrats bei der Personalbeschaffung

LF 1 Kap. 2.5

Der Betriebsrat soll die gegensätzlichen Interessen der Arbeitnehmer und des Arbeitgebers ausgleichen und dabei die **Rechte der Arbeitnehmer wahren.** Der Betriebsrat hat nach § 80 BetrVG unter anderem die Durchsetzung der tatsächlichen Gleichstellung von Frauen und Männern, insbesondere bei der Einstellung und dem beruflichen Aufstieg, zu fördern, ebenso die Eingliederung Schwerbehinderter und sonstiger besonders schutzbedürftiger Personen, die Beschäftigung älterer Arbeitnehmer und die Integration ausländischer Arbeitnehmer.

Arbeitgeber und Betriebsrat müssen Benachteiligungen aus Gründen der Rasse oder wegen der ethnischen Herkunft, des Geschlechts, der Religion oder Weltanschauung, einer Behinderung, des Alters oder der sexuellen Identität verhindern oder beseitigen (§ 75 BetrVG, § 1 AGG). Dieses **Benachteiligungsverbot** gilt beim Zugang zu einem Arbeitsplatz (z. B. in Stellenanzeigen, Bewerbergesprächen), bei den Arbeitsbedingungen (z. B. Entgelt, Arbeitszeit) und beim beruflichen Aufstieg (z. B. Beförderungen). Eine unterschiedliche Behandlung ist zulässig, wenn dies aufgrund der Art der auszuübenden Tätigkeit eine entscheidende berufliche Anforderung darstellt (§ 8 AGG).

Arbeitgeber haben den Betriebsrat über die **Personalplanung,** insbesondere über den gegenwärtigen und künftigen Personalbedarf sowie über die sich daraus ergebenden personellen Maßnahmen und Maßnahmen der Berufsbildung anhand von Unterlagen rechtzeitig und umfassend zu unterrichten (§ 92 BetrVG). Der Betriebsrat kann dem Arbeitgeber Vorschläge für die Einführung einer Personalplanung und ihre Durchführung machen.

Der Betriebsrat kann verlangen, dass freie Arbeitsplätze vor ihrer Besetzung innerhalb des Betriebs ausgeschrieben werden (§ 93 BetrVG, **interne Stellenausschreibung). Personalfragebogen** bedürfen der Zustimmung des Betriebsrats. Kommt eine Einigung über ihren Inhalt nicht zustande, so entscheidet die Einigungsstelle[1] (§ 94 BetrVG).

1 Die **Einigungsstelle** besteht aus einer gleichen Anzahl von Beisitzern, die vom Arbeitgeber und vom Betriebsrat bestellt werden, und einem unparteiischen Vorsitzenden, auf dessen Person sich beide Seiten einigen müssen (§ 76 BetrVG).

Richtlinien über die fachlichen, persönlichen Voraussetzungen und sozialen Gesichtspunkte für die personelle Auswahl bei Einstellungen, Versetzungen, Umgruppierungen und Kündigungen bedürfen der Zustimmung des Betriebsrats. Kommt eine Einigung nicht zustande, entscheidet auf Antrag des Arbeitgebers die Einigungsstelle (§ 95 BetrVG, **Auswahlrichtlinien**). In Betrieben mit mehr als 500 Arbeitnehmern kann der Betriebsrat die Aufstellung solcher Richtlinien verlangen.

Der Arbeitgeber muss den Betriebsrat vor jeder **Einstellung, Eingruppierung, Umgruppierung und Versetzung** unterrichten, ihm die erforderlichen Bewerbungsunterlagen vorlegen und Auskunft über die Person der Beteiligten geben. Bei Einstellungen und Versetzungen hat der Arbeitgeber insbesondere den in Aussicht genommenen Arbeitsplatz und die vorgesehene Eingruppierung mitzuteilen (§ 99 BetrVG). Verweigert der Betriebsrat seine Zustimmung, so hat er dies unter Angabe von Gründen **innerhalb einer Woche nach der Unterrichtung** schriftlich mitzuteilen. Der Arbeitgeber kann beim Arbeitsgericht beantragen, die Zustimmung zu ersetzen. Wenn dies aus sachlichen Gründen dringend erforderlich ist, kann der Arbeitgeber die personelle Maßnahme vorläufig durchführen, bevor der Betriebsrat sich geäußert oder wenn er die Zustimmung verweigert hat. Er muss den betroffenen Arbeitnehmer über die Sachlage aufklären (§ 100 BetrVG, **vorläufige personelle Maßnahme**).

1.3 Abschluss des Arbeitsvertrags

EINSTIEGSSITUATION

Sie sind zurzeit im Personalteam eingesetzt. Ihre Teamleiterin, Frau Köppel, überreicht Ihnen einen Standard-Arbeitsvertrag und bittet Sie, sich Notizen über dessen rechtliche Grundlagen und wesentliche Inhalte zu machen.

Arbeitsvertrag

zwischen dem Arbeitgeber:	Autohaus Köppel GmbH, Diedenhofener Straße 6, 54294 Trier, vertreten durch die Geschäftsführerin Nora Köppel
und dem Arbeitnehmer:	.... (im folgenden Mitarbeiter genannt)

1. **Beginn des Arbeitsverhältnisses**

   Das Arbeitsverhältnis beginnt am .... und besteht auf unbestimmte Dauer.
   Die ersten vier Monate gelten als Probezeit. Während dieser Zeit können die Vertragsparteien das Arbeitsverhältnis mit einer Kündigungsfrist von zwei Wochen kündigen.

2. Tätigkeit

Herr/Frau .... wird in der Abteilung ....
beschäftigt. Er/Sie übt in dieser Abteilung folgende Aufgaben aus:

....

Das Autohaus Köppel GmbH behält sich vor, dem Mitarbeiter andere zumutbare Arbeiten im Betrieb zuzuweisen, die seinen Vorkenntnissen entsprechen. Tritt dieser Fall ein, so wird die bisherige Vergütung weitergezahlt. Der Mitarbeiter verpflichtet sich, alle ihm übertragenen Aufgaben sorgfältig auszuführen und auch andere als die vorgesehenen Aufgaben, sofern erforderlich, zeitweise bis maximal vier Wochen zu übernehmen.

3. Arbeitszeit
Die wöchentliche Arbeitszeit ist im Tarifvertrag festgelegt. Die Arbeitszeit ist pünktlich einzuhalten. Persönliche Angelegenheiten sind grundsätzlich außerhalb der Arbeitszeit zu erledigen. Beginn und Ende der Arbeitszeit und die Pausenregelung sind in der Betriebsordnung geregelt.

4. Arbeitsunfähigkeit
Eine Verhinderung der Arbeitsleistung durch Arbeitsunfähigkeit ist unverzüglich anzuzeigen. Die ärztliche Bescheinigung über die Arbeitsunfähigkeit muss spätestens am vierten Krankheitstage vorliegen, wenn die Arbeitsunfähigkeit länger als drei Kalendertage dauert.

5. Vergütung
Der Mitarbeiter erhält für seine Tätigkeit ein monatliches Bruttogehalt von .... €. Es wird entsprechend dem jeweils gültigen Gehaltstarifvertrag der Metallindustrie (vergleichbare Tarifgruppe) erhöht. Die Vergütung ist jeweils am Letzten eines Monats fällig. Das Unternehmen gewährt vermögenswirksame Leistungen nach dem Vermögensbildungsgesetz. Die Vergütung erfolgt bargeldlos und wird auf das vom Mitarbeiter genannte Konto überwiesen. Am Ende des Kalenderjahres wird ein 13. Monatsgehalt ausgezahlt. Diese Sonderzahlung erfolgt im freien Ermessen des Arbeitgebers und begründet keinen Rechtsanspruch.

6. Gehaltsfortzahlung im Krankheitsfall
Ist der Mitarbeiter infolge Krankheit an der Arbeitsleistung verhindert, so erhält er Gehaltsfortzahlung nach den gesetzlichen Bestimmungen.

7. Erholungsurlaub
Der Mitarbeiter erhält kalenderjährlich einen um zwei Arbeitstage über den Bestimmungen des Manteltarifvertrags der Metallindustrie liegenden Erholungsurlaub. Bei Urlaubsantritt erhält der Mitarbeiter das im o. g. Manteltarifvertrag ausgewiesene Urlaubsgeld.

8. **Verschwiegenheitspflicht**
   Der Mitarbeiter verpflichtet sich, über alle vertraulichen Angelegenheiten und Vorgänge, die ihm im Rahmen der Tätigkeit zur Kenntnis gelangen, auch nach dem Ausscheiden Stillschweigen zu bewahren.

9. **Nebenbeschäftigung**
   Der Mitarbeiter darf eine Nebenbeschäftigung während des Bestandes des Arbeitsverhältnisses nur mit vorheriger schriftlicher Zustimmung des Autohauses Köppel GmbH annehmen. Ansonsten gelten die Verbotsbestimmungen der §§ 60, 61 HGB.

10. **Beendigung des Arbeitsverhältnisses**
    Das Arbeitsverhältnis endet mit dem Ablauf des Monats in dem der Mitarbeiter das 67. Lebensjahr vollendet. Die Kündigung bedarf der Schriftform. Die Kündigungsfrist richtet sich nach den gesetzlichen Bestimmungen. Die Vereinbarung eines vertraglichen Wettbewerbsverbots nach den Bestimmungen des § 74 HGB steht im Ermessen des Autohauses Köppel GmbH.

11. **Qualifiziertes Zeugnis**
    Im Falle einer ordentlichen Kündigung hat das Autohaus Köppel GmbH die Pflicht, dem Mitarbeiter bis spätestens 14 Tage vor dem Ausscheiden ein qualifiziertes Zeugnis nach § 630 BGB zu erstellen.

Ort, Datum
Autohaus Köppel GmbH

Unterschrift des Arbeitgebers **Unterschrift des Arbeitnehmers**

1.3.1 Rechtliche Grundlagen und Mindestinhalte des Arbeitsvertrags

Wichtigste Grundlage jedes Arbeitsverhältnisses ist der **Arbeitsvertrag** zwischen dem einzelnen Arbeitgeber und dem einzelnen Arbeitnehmer. Der Arbeitsvertrag ist darauf gerichtet, dass der Arbeitnehmer entgeltlich, unselbstständig und abhängig für den Arbeitgeber tätig ist. Abschluss, Inhalt und Form des Arbeitsvertrags können frei vereinbart werden, soweit nicht zwingende gesetzliche Vorschriften, Bestimmungen eines anwendbaren Tarifvertrags oder einer Betriebsvereinbarung entgegenstehen (§ 105 GewO). Zu den **rechtlichen Grundlagen** des Arbeitsverhältnisses gehören EU-Richtlinien, deutsches Verfassungsrecht, Gesetze, Tarifverträge, Betriebsvereinbarungen und (individuelle) arbeitsvertragliche Vereinbarungen.

Diese Rechtsquellen stehen in einer **Rangordnung**. Die Regelung einer höherrangigen Rechtsquelle hat Vorrang gegenüber der entsprechenden Regelung einer nachrangigen Rechtsquelle. Widersprechen sich diese Regelungen, dann gilt das **Günstigkeitsprinzip**, nach dem die für den Arbeitnehmer günstigere Regelung die ungünstigere Regelung verdrängt (Unabdingbarkeit der günstigeren Regelung). Dies gilt nicht, wenn die höherrangige Rechtsquelle die ungünstigere Regelung ausdrücklich zulässt, z. B. Öffnungsklausel in einem Tarifvertrag aus Gründen der Beschäftigungssicherung.

Rechtliche Grundlagen des Arbeitsverhältnisses nach ihrer Rangordnung

zwingendes **EU-Recht** (z. B. EU-Richtlinie) und deutsches **Grundgesetz (GG)**

▼ **gehen vor**

zwingende **gesetzliche Regelung** (z. B. BGB, HGB, Arbeitsschutzgesetzgebung)

▼ **geht vor**

zwingende Regelung des anwendbaren **Tarifvertrags** zwischen den Tarifpartnern (Gewerkschaft und Arbeitgeber[verband]) der Branche bzw. Berufssparte

▼ **geht vor**

zwingende Regelung einer **Betriebsvereinbarung** zwischen dem Betriebsrat eines Unternehmens und dem einzelnen Arbeitgeber

▼ **geht vor**

Regelung des **Einzelarbeitsvertrags** zwischen einzelnem Arbeitnehmer und einzelnem Arbeitgeber

Nach § 2 Nachweisgesetz hat der Arbeitgeber spätestens einen Monat nach dem vereinbarten Beginn des Arbeitsverhältnisses die *wesentlichen Vertragsbedingungen schriftlich niederzulegen*, die Niederschrift zu unterzeichnen und dem Arbeitnehmer auszuhändigen.

In die Niederschrift (elektronische Form ist ausgeschlossen) sind mindestens aufzunehmen:

1. der Name und die Anschrift der Vertragsparteien
2. der Zeitpunkt des Beginns des Arbeitsverhältnisses
3. bei befristeten Arbeitsverhältnissen die vorhersehbare Dauer des Arbeitsverhältnisses
4. der Arbeitsort oder, falls der Arbeitnehmer nicht nur an einem bestimmten Arbeitsort tätig sein soll, ein Hinweis darauf, dass der Arbeitnehmer an verschiedenen Orten beschäftigt werden kann
5. eine kurze Charakterisierung oder Beschreibung der vom Arbeitnehmer zu leistenden Tätigkeit
6. die Zusammensetzung und die Höhe des Arbeitsentgelts einschließlich der Zuschläge, der Zulagen, Prämien und Sonderzahlungen sowie anderer Bestandteile des Arbeitsentgelts und deren Fälligkeit
7. die vereinbarte Arbeitszeit
8. die Dauer des jährlichen Erholungsurlaubs
9. die Fristen für die Kündigung des Arbeitsverhältnisses
10. ein in allgemeiner Form gehaltener Hinweis auf die Tarifverträge, Betriebs- oder Dienstvereinbarungen, die auf das Arbeitsverhältnis anzuwenden sind

Die Angaben 1. bis 9. können ersetzt werden durch einen Hinweis auf die einschlägigen Tarifverträge (**Tarifbindung**), Betriebs- oder Dienstvereinbarungen und ähnliche Regelungen, die für das Arbeitsverhältnis gelten. Ist in den Fällen 8. und 9. die jeweilige gesetzliche Regelung maßgebend, so kann hierauf verwiesen werden.

Soll der Arbeitnehmer seine Arbeitsleistung (länger als einen Monat) im Ausland erbringen, dann muss ihm die Niederschrift vor der Abreise ausgehändigt werden (§ 2 NachwG). Diese muss zusätzlich folgende Angaben enthalten:

- die Dauer der im Ausland auszuübenden Tätigkeit
- die Währung, in der das Arbeitsentgelt ausgezahlt wird
- ein zusätzliches mit dem Auslandsaufenthalt verbundenes Arbeitsentgelt
- die vereinbarten Bedingungen für die Rückkehr des Arbeitnehmers

1.3.2 Rechte und Pflichten aus dem Arbeitsvertrag

Die Rechte des einen Vertragspartners sind die Pflichten des anderen und umgekehrt. Rechtsquellen dafür finden sich für alle Arbeitnehmer im BGB (§§ 611, 630), für die Angestellten („Handlungsgehilfen“) im HGB (§§ 59–83) und für gewerbliche Arbeitnehmer in der Gewerbeordnung (§§ 105–110).

Rechte des Arbeitnehmers im Überblick	
Beschäftigung (Art. 1 und 2 GG)	Der Beschäftigungsanspruch leitet sich aus dem **Persönlichkeitsrecht** des Arbeitnehmers ab. Dieses beinhaltet auch, dass sich der Arbeitnehmer an seinem Arbeitsplatz u. a. **entfalten und entwickeln** kann. Der Arbeitnehmer kann verlangen, **entsprechend der vereinbarten Tätigkeit** vom Arbeitgeber beschäftigt zu werden. Dazu gehört auch das Recht auf Beschäftigung an einem bestimmten Arbeitsplatz. Wenn jemand als Lagerleiter eingestellt wurde, kann er nicht als einfacher Lagerarbeiter eingesetzt werden. Eine Freistellung (Suspendierung) ist nur in Ausnahmefällen erlaubt (z. B. Auftragsmangel, Betriebsstörung) und wenn der Arbeitgeber die Bezüge fortzahlt.
Vergütung (§ 611 BGB, § 64 HGB, § 107 GewO)	Zahlung des Gehalts am **Schluss jedes Monats** in Euro. Eine Vereinbarung, nach der die Zahlung des Gehalts später erfolgen soll, ist nichtig. Soll der Handlungsgehilfe für Geschäfte, die von ihm geschlossen oder vermittelt werden, **Provision** erhalten, so sind die für die Handelsvertreter geltenden Vorschriften von § 87 ff. HGB einzuhalten. Arbeitgeber und Arbeitnehmer können **Sachbezüge als Teil des Arbeitsentgelts** vereinbaren, wenn dies dem Interesse des Arbeitnehmers oder der Eigenart des Arbeitsverhältnisses entspricht. Erhält der Arbeitnehmer von Dritten (z. B. Kunden) ein Trinkgeld, dann kann die Zahlung des regelmäßigen Arbeitsentgelts deswegen nicht ausgeschlossen werden. **Trinkgeld** ist ein Geldbetrag, den ein Dritter ohne rechtliche Verpflichtung **zusätzlich** zu einer dem Arbeitgeber geschuldeten Leistung zahlt.

Rechte des Arbeitnehmers im Überblick	
Gleichbehandlung (§§ 1, 7 AGG, § 5 TzBfG)	Beschäftigte dürfen nicht aus Gründen der Rasse oder wegen der ethnischen Herkunft, des Geschlechts, der Religion oder der Weltanschauung, einer Behinderung, des Alters oder der sexuellen Identität benachteiligt werden. Ebenso ist die **Benachteiligung** wegen Inanspruchnahme von Rechten aus dem Teilzeit- und Befristungsgesetz unzulässig.
Fürsorge (§ 62 HGB)	Der Arbeitgeber (Prinzipal) hat die Geschäftsräume und die Arbeitsmittel so einzurichten und zu unterhalten und die Arbeitszeit so zu regeln, dass die **Gesundheit** des Handlungsgehilfen nicht gefährdet ist, soweit es die Natur des Betriebs gestattet. Ebenso hat der Arbeitgeber für die Aufrechterhaltung der **guten Sitten und des Anstands** zu sorgen. Die allgemeine Fürsorgepflicht beinhaltet **Schutz-, Sorgfalts- und Auskunftspflichten**. Dazu gehören die Aufklärungspflicht über Gefahren, Maßnahmen zur Unfallverhütung und die Stellung von Schutzausrüstungen.
Urlaub (§ 19 JArbschG, § 3 BUrlG)	Arbeitnehmer haben mindestens folgende gesetzliche **Urlaubsansprüche:** **JArbschG:** 30 Werktage, wer am 1. Januar noch nicht 16 Jahre alt ist, 27 Werktage, wer am 1. Januar noch nicht 17 Jahre alt ist, 25 Werktage, wer am 1. Januar noch nicht 18 Jahre alt ist. **BUrlG:** 24 Werktage, wer am 1. Januar 18 Jahre alt oder älter ist.
Zeugniserteilung (§ 630 BGB, § 73 HGB, § 109 GewO)	Bei der Beendigung eines unbefristeten Dienstverhältnisses kann der Arbeitnehmer ein schriftliches Zeugnis über Art und Dauer seiner Tätigkeit (**einfaches Zeugnis**) verlangen. Auf Verlangen des Arbeitnehmers muss das Zeugnis darüber hinaus eine Beurteilung des Verhaltens und der Leistungen beinhalten (**qualifiziertes Zeugnis**). Es darf keine Merkmale oder Formulierungen enthalten, die den Zweck haben, eine andere als aus dem Wortlaut ersichtliche Aussage über den Arbeitnehmer zu treffen.

Pflichten des Arbeitnehmers im Überblick	
Arbeitspflicht (§ 611 BGB, § 59 HGB)	Alle im Rahmen seines Arbeitsvertrags anfallenden Arbeiten muss der Arbeitnehmer sorgfältig nach bestem Wissen und Können ausführen. Die vereinbarte Arbeit ist **persönlich** zu leisten.
Weisungsbefolgung (§ 106 GewO)	Der Arbeitgeber kann **Inhalt, Ort und Zeit der Arbeitsleistung** nach seinem Ermessen näher bestimmen, soweit diese Arbeitsbedingungen nicht durch den Arbeitsvertrag festgelegt sind. Dies gilt auch hinsichtlich der Ordnung und des **Verhaltens** der Arbeitnehmer im Betrieb, z. B. Alkohol-, Rauchverbot. Bei der Ausübung des Ermessens hat der Arbeitgeber auch auf Behinderungen des Arbeitnehmers Rücksicht zu nehmen.
Sorgfaltspflicht (§ 241 Abs. 2 BGB)	Der Arbeitnehmer hat die ihm übertragene **Arbeit sorgfältig auszuführen.** Er hat Maschinen, Arbeitsgeräte und technische Einrichtungen sowie Fahrzeuge des Arbeitgebers **fachgerecht zu bedienen** und sorgfältig zu behandeln. Dies gilt auch für das zur Verfügung gestellte Material.

Pflichten des Arbeitnehmers im Überblick	
Treuepflicht (§ 241 Abs. 2 BGB)	Der Arbeitnehmer hat auf die **schutzwürdigen Interessen des Arbeitgebers** Rücksicht zu nehmen. Zur Treuepflicht gehört z. B. **rufschädigende Äußerungen zu unterlassen, Betriebs- und Geschäftsgeheimnisse zu** wahren, zumutbare **Mehrarbeit zu leisten**, aus betrieblichen Erfordernissen den **Urlaub zu ändern** bzw. verschieben, das **Schmiergeldverbot**[1] einzuhalten, die **Mitteilungs- und Anzeigepflicht** bei drohenden Schäden (z. B. Fehler am Arbeitsmaterial, an Maschinen oder Werkzeugen) oder von Straftaten anderer Arbeitnehmer und die Einhaltung des Wettbewerbsverbotes. Der arbeitsunfähig krankgeschriebene Arbeitnehmer hat alles zu unterlassen, was seine Genesung verzögern könnte.
Gesetzliches Wettbewerbsverbot **(Konkurrenzverbot)** (§ 60 HGB)	Solange das Arbeitsverhältnis besteht, darf der Arbeitnehmer nebenher **ohne Einwilligung im Geschäftszweig des Arbeitgebers** weder ein Handelsgewerbe betreiben noch Geschäfte für eigene oder fremde Rechnung machen. Der Arbeitnehmer kann in einer fremden Branche ohne Einwilligung des Arbeitgebers selbstständig tätig sein, wenn dies nicht zulasten seiner Arbeitspflicht geht (siehe Treuepflicht).
Vertragliches Wettbewerbsverbot **(Konkurrenzklausel)** (§§ 74–75 f. HGB)	Damit der Arbeitnehmer **nach Ausscheiden** aus dem Arbeitsverhältnis seinem bisherigen Arbeitgeber keine Konkurrenz macht, kann ein Wettbewerbsverbot für längstens **zwei Jahre in Schriftform vereinbart** werden. Es darf aber das berufliche Fortkommen und die neue Arbeitsplatzwahl nicht wesentlich erschweren. Außerdem muss eine angemessene Entschädigung für Minderverdienst bezahlt werden (mindestens die Hälfte der vom Arbeitnehmer zuletzt bezogenen vertragsgemäßen Leistungen). Das vertragliche Wettbewerbsverbot wird **unwirksam**, wenn der Arbeitnehmer wegen eines wichtigen Grundes kündigt oder der Arbeitgeber eine ordentliche Kündigung ausspricht.

1.3.3 Probezeit und Entgeltfortzahlung

Probezeit bei befristeten und unbefristeten Arbeitsverträgen

Bei neu eingestellten Mitarbeitern ist die Vereinbarung einer **Probezeit** sinnvoll, um sich gegenseitig kennenzulernen, die fachliche Qualifikation des Neuen prüfen zu können und um festzustellen, ob der Neue in die Betriebsgemeinschaft passt.

Eine Probezeit kann auf zwei verschiedene Arten vereinbart werden.

1 **Schmiergeld** = Zuwendungen von geldwerten Geschenken oder anderen Vorteilen, durch die der Arbeitnehmer zu einem pflichtwidrigen Tun veranlasst werden soll.

Befristeter Probearbeitsvertrag	Unbefristeter Arbeitsvertrag mit vorgeschalteter Probezeit
Mit dem Arbeitnehmer wird ein **befristeter Probearbeitsvertrag** in Schriftform geschlossen. Die Erprobung eines Arbeitnehmers ist ein anerkannter sachlicher Grund für eine Zweckbefristung (§ 14 Abs. 1 TzBfG). In diesem Falle endet das Arbeitsverhältnis automatisch nach Ablauf der Probezeit, ohne dass es einer Kündigung bedarf. Kündigungsbeschränkungen des Mutterschutz- und Schwerbehindertenrechts greifen nicht. Bei Probezeiten von mehr als sechs Monaten sollte der Arbeitgeber aufgrund seiner Fürsorgepflicht den Arbeitnehmer darauf hinweisen, dass eine Verlängerung des Arbeitsverhältnisses nicht beabsichtigt ist („Nichtverlängerungsanzeige"). Wird das Probearbeitsverhältnis nach Ablauf der Befristung fortgesetzt, kommt in der Regel ein unbefristetes Arbeitsverhältnis zustande (§ 15 Abs. 5 TzBfG).	Mit dem Arbeitnehmer wird ein **unbefristeter Arbeitsvertrag** geschlossen, bei dem eine Probezeitvereinbarung vorgeschaltet ist. Die Dauer der Probezeit richtet sich nach der Art der Tätigkeit und sollte sechs Monate nicht überschreiten (**Grundsatz der Verhältnismäßigkeit**). Denn in Unternehmen, die regelmäßig mehr als zehn Arbeitnehmer beschäftigen, greift nach sechs Monaten der allgemeine Kündigungsschutz des Arbeitnehmers (§ 1 KSchG). Ebenso greifen die Kündigungsbeschränkungen des Mutterschutz- und Schwerbehindertenrechts. Während der Probezeit (mit einer Dauer von längstens sechs Monaten) kann das Arbeitsverhältnis mit einer Frist von zwei Wochen ausdrücklich schriftlich gekündigt werden (§ 622 Abs. 3 BGB).[1] **Beispiel:** Die vorgeschaltete Probezeit läuft vom 01.04. bis 30.09. Wenn die Kündigung am 15.04. erfolgt, dann endet die Probezeit und damit das Arbeitsverhältnis am 29.04.

Arbeitgebern werden die Kosten für eine **befristete Probebeschäftigung behinderter, schwerbehinderter Menschen** und ihnen Gleichgestellter im Sinne des § 2 SGB IX bis zu einer Dauer von drei Monaten erstattet, wenn dadurch die Möglichkeit einer Teilhabe am Arbeitsleben verbessert wird oder eine vollständige und dauerhafte Teilhabe am Arbeitsleben zu erreichen ist (§ 46 SGB III).

Wird ein Auszubildender in ein unbefristetes Arbeitsverhältnis übernommen, dann kann der Betrieb auf eine erneute Probezeit nach § 622 Abs. 3 BGB bestehen. Der allgemeine Kündigungsschutz des „neuen" Beschäftigten setzt jedoch sofort ein. Nach § 3 Abs. 3 Entgeltfortzahlungsgesetz entsteht der Anspruch auf Entgeltfortzahlung erst nach vierwöchiger nicht unterbrochener Beschäftigung. Auch hier sind beide Arbeitsverhältnisse als Einheit zu betrachten und die Entgeltfortzahlung bleibt ohne Unterbrechung bestehen.

Regelungen zur Entgeltfortzahlung

Für Arbeitszeit, die infolge eines **gesetzlichen Feiertages** ausfällt, hat der Arbeitgeber dem Arbeitnehmer das Arbeitsentgelt zu zahlen, das er ohne den Arbeitsausfall erhalten hätte. Arbeitnehmer, die am letzten Arbeitstag vor oder am ersten Arbeitstag nach Feiertagen unentschuldigt der Arbeit fernbleiben, haben keinen Anspruch auf Bezahlung für diese Feiertage (§ 2 EntgFG).

1 Auch bei einer Kündigung in der Probezeit muss der Betriebsrat ordnungsgemäß angehört werden, d. h., es muss ein Kündigungsgrund genannt werden.

Wird ein Arbeitnehmer durch Arbeitsunfähigkeit infolge Krankheit an seiner Arbeitsleistung verhindert, hat er Anspruch auf **Entgeltfortzahlung im Krankheitsfall** durch den Arbeitgeber **bis zu einer Dauer von sechs Wochen**. Dieser Anspruch entsteht nach vierwöchiger ununterbrochener Dauer des Arbeitsverhältnisses (§ 3 EntgFG). Maßgebend ist das regelmäßige Arbeitsentgelt ohne Überstunden. Bei einer leistungsabhängigen Vergütung ist der in der regelmäßigen Arbeitszeit erzielbare Durchschnittsverdienst zugrunde zu legen (§ 4 EntgFG). Durch Tarifvertrag kann eine abweichende Bemessungsgrundlage des fortzuzahlenden Arbeitsentgelts festgelegt werden.

Im Krankheitsfall ist der Arbeitnehmer verpflichtet, dem Arbeitgeber die Arbeitsunfähigkeit und deren voraussichtliche Dauer **unverzüglich** mitzuteilen (**Anzeigepflicht**). Dauert die Arbeitsunfähigkeit länger als drei Kalendertage, hat der Arbeitnehmer eine **ärztliche Bescheinigung** über das Bestehen der Arbeitsunfähigkeit sowie deren voraussichtliche Dauer **spätestens an dem darauffolgenden Arbeitstag** vorzulegen (**Nachweispflicht**). Der Arbeitgeber ist berechtigt, die Vorlage der ärztlichen Bescheinigung früher zu verlangen. Dauert die Arbeitsunfähigkeit länger als in der Bescheinigung angegeben, ist der Arbeitnehmer verpflichtet, eine neue ärztliche Bescheinigung vorzulegen (§ 5 EntgFG).

Der Arbeitgeber ist berechtigt, die Fortzahlung des Arbeitsentgelts zu verweigern, solange der Arbeitnehmer die ärztliche Bescheinigung nicht vorlegt (§ 7 EntgFG, **Leistungsverweigerungsrecht**).

1.3.4 Arten von Arbeitsverträgen

Arten von Arbeitsverträgen im Überblick	
Nach der Dauer:	unbefristete und befristete Arbeitsverträge
Nach dem zeitlichen Umfang:	Vollzeit- und Teilzeitbeschäftigungen

Unbefristeter oder befristeter Einzelarbeitsvertrag

Gewöhnlich wird zwischen Arbeitgeber und Arbeitnehmer ein **unbefristeter Arbeitsvertrag** abgeschlossen. Dieser gilt üblicherweise so lange, bis einer der beiden Vertragspartner kündigt oder beide Vertragspartner ihn einvernehmlich aufheben. Mit solchen **Dauerarbeitsverhältnissen** wollen Arbeitgeber qualifizierte Fachkräfte an sich binden und ein gutes entspanntes Betriebsklima fördern. Arbeitnehmer schätzen das sichere Arbeitsverhältnis, das ihnen die individuelle Lebensplanung ermöglicht.

Nach dem Teilzeit und Befristungsgesetz (TzBfG) liegt ein **befristeter Arbeitsvertrag** vor, wenn seine Dauer kalendermäßig bestimmt ist (**kalendermäßige Befristung**) oder sich aus Art, Zweck oder Beschaffenheit der Arbeitsleistung ergibt (**Zweckbefristung**). Der Arbeitgeber kann damit kurzfristige Personalengpässe relativ unbürokratisch überbrücken, da Kündigung und Kündigungsschutz entfallen. Gleichzeitig bietet eine solche flexible Beschäftigung dem Arbeitnehmer eine Brücke zu einem unbefristeten Arbeitsverhältnis. Befristete Arbeitsverträge bedürfen der **Schriftform** (§ 14 TzBfG).

Die Befristung eines Arbeitsvertrags ist zulässig, wenn es dafür einen sachlichen Grund gibt (**Zweckbefristung**). Ein **sachlicher Grund** liegt z. B. in folgenden Fällen vor (§ 14 TzBfG):

- Bedarf an der Arbeitsleistung ist nur vorübergehend (z. B. Erntesaison, Inbetriebnahme einer neuen technischen Anlage)
- Anschlussbeschäftigung von Auszubildenden und Hochschulabsolventen soll erleichtert werden
- Vertretung eines anderen Arbeitnehmers (z. B. bei Beurlaubung, Sabbatjahr, Krankheit)
- Eigenart der Arbeitsleistung (z. B. bei Schauspielern, Sängern, Tänzern)
- Person des Arbeitnehmers (z. B. Nichtverlängerung der Aufenthaltserlaubnis, Überbrückung der Zeit bis zum Beginn einer bereits feststehenden anderen Tätigkeit)
- Erprobung der fachlichen und persönlichen Eignung; die Probezeit darf sechs Monate nicht überschreiten, weil dann der allgemeine Kündigungsschutz greift (§ 1 KSchG).

Die **kalendermäßige Befristung** eines Arbeitsvertrags bedarf keines sachlichen Grundes, wenn der Arbeitsvertrag oder seine höchstens **dreimalige Verlängerung**[1] die Gesamtdauer von insgesamt **zwei Jahren** nicht überschreitet. Eine Befristung ist nicht zulässig, wenn mit demselben Arbeitgeber bereits zuvor ein befristetes oder unbefristetes Arbeitsverhältnis bestanden hat (**Verbot von Kettenverträgen**).

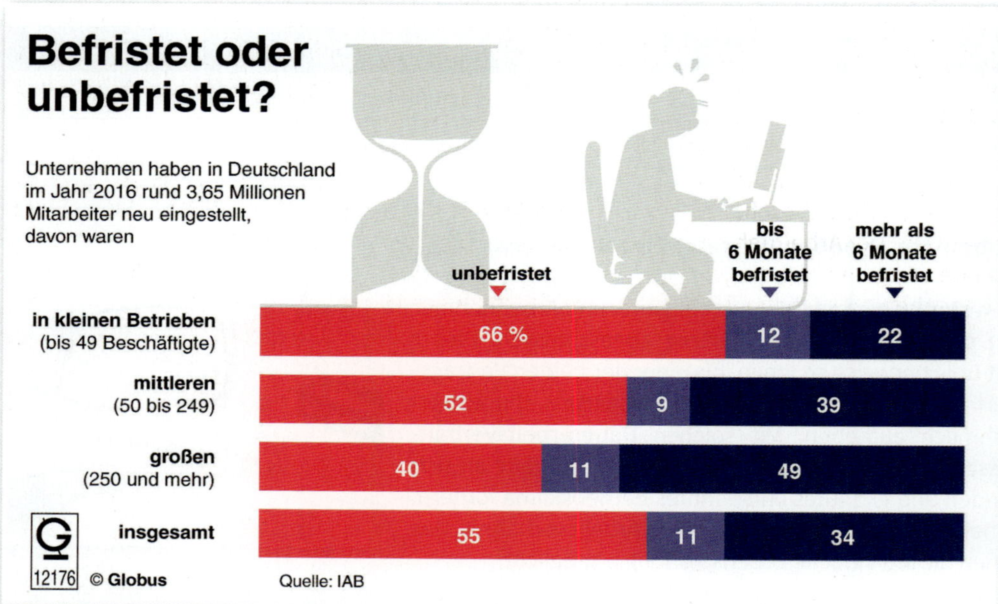

1 Bei einer **Verlängerung** darf grundsätzlich **nur die Vertragsdauer** geändert werden, nicht aber die übrigen Arbeitsbedingungen. Dies gilt auch, wenn die geänderten Arbeitsbedingungen für den Arbeitnehmer günstiger sind (z. B. erhöhtes Arbeitsentgelt). Beachten Sie aktuelle Gesetzesänderungen.

In den ersten vier Jahren nach der Gründung eines Unternehmens ist die **mehrfache Verlängerung** einer kalendermäßigen Befristung bis zur Gesamtdauer von **vier Jahren** zulässig. Wenn der Arbeitnehmer bei Beginn des befristeten Arbeitsverhältnisses das 52. Lebensjahr vollendet hat, ist die **mehrfache Verlängerung** einer kalendermäßigen Befristung ohne sachlichen Grund bis zu einer Dauer von **fünf Jahren** zulässig (§ 14 TzBfG).

Ein kalendermäßig befristeter Arbeitsvertrag endet mit Ablauf der vereinbarten Zeit. Ein zweckbefristeter Arbeitsvertrag endet mit Erreichen des Zwecks, frühestens **jedoch zwei Wochen nach Zugang der schriftlichen Unterrichtung** des Arbeitnehmers (§ 15 TzBfG). Wird das befristete Arbeitsverhältnis nach Ablauf der Zeit oder nach Zweckerreichung mit Wissen des Arbeitgebers fortgesetzt, so gilt es als auf unbestimmte Zeit verlängert, wenn der Arbeitgeber nicht unverzüglich widerspricht oder dem Arbeitnehmer die Zweckerreichung nicht unverzüglich mitteilt.

Vollzeit- oder Teilzeitbeschäftigung

Nach dem zeitlichen Umfang werden Vollzeit- und Teilzeitbeschäftigung unterschieden. **Vollzeitbeschäftigte** haben meist nur eine Arbeitsstelle und arbeiten je nach anzuwendendem Tarifvertrag 35 bis 40 Wochenstunden. Nach § 3 Arbeitszeitgesetz darf die werktägliche Arbeitszeit der Arbeitnehmer acht Stunden nicht überschreiten. Sie kann auf bis zu zehn Stunden verlängert werden, wenn innerhalb von sechs Kalendermonaten oder innerhalb von 24 Wochen im Durchschnitt acht Stunden werktäglich nicht überschritten werden.
Rund 90 % aller Arbeitnehmer haben einen Vollzeitjob, jedoch nur rund 50 % der Arbeitnehmerinnen. Von allen berufstätigen Eltern haben rund 70 % der Mütter und 6 % der Väter eine Teilzeitstelle. **Teilzeitbeschäftigte** sind Arbeitnehmer, deren regelmäßige Wochenarbeitszeit kürzer ist als die eines vergleichbaren vollzeitbeschäftigten Arbeitnehmers (§ 2 TzBfG).

Nach § 6 TzBfG haben Arbeitnehmer in Betrieben mit mehr als 15 Mitarbeitern einen **Anspruch auf Teilzeitbeschäftigung**, wenn ihr Arbeitsverhältnis seit mindestens sechs Monaten besteht. Der Arbeitnehmer muss den Umfang der Arbeitszeitverringerung spätestens drei Monate vor deren Beginn geltend machen und dabei die gewünschte Verteilung der Arbeitszeit angeben. Der Arbeitgeber hat diesen Wünschen zuzustimmen (§ 8 TzBfG).

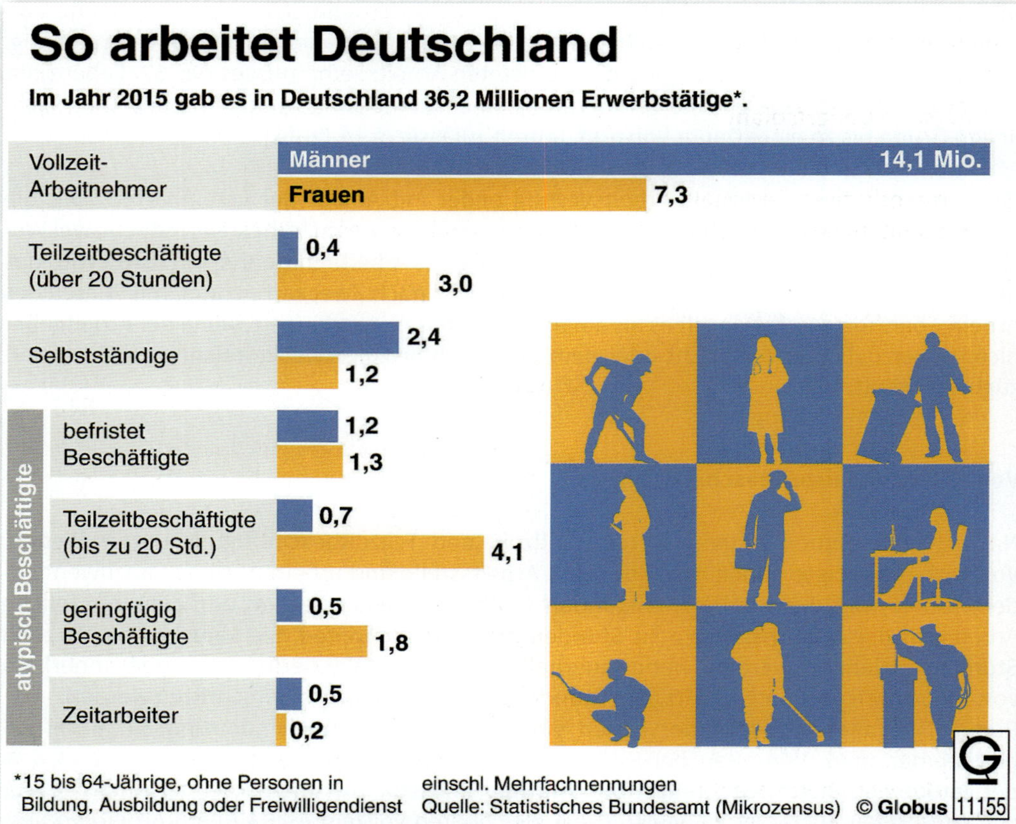
So arbeitet Deutschland
Im Jahr 2015 gab es in Deutschland 36,2 Millionen Erwerbstätige*.
Vollzeit-Arbeitnehmer
Männer
14,1 Mio.
Frauen
7,3
Teilzeitbeschäftigte (über 20 Stunden)
0,4
3,0
Selbstständige
2,4
1,2
atypisch Beschäftigte
befristet Beschäftigte
1,2
1,3
Teilzeitbeschäftigte (bis zu 20 Std.)
0,7
4,1
geringfügig Beschäftigte
0,5
1,8
Zeitarbeiter
0,5
0,2
*15 bis 64-Jährige, ohne Personen in Bildung, Ausbildung oder Freiwilligendienst
einschl. Mehrfachnennungen
Quelle: Statistisches Bundesamt (Mikrozensus)
© Globus 11155

Zusammenfassung

Vom Personalbedarf zum Abschluss des Arbeitsvertrags

Personalbedarfsplanung

- externe und interne Richtgrößen beachten
- quantitativen Personalbedarf ermitteln (Stellenplanmethode)
- qualitativen Personalbedarf ermitteln (Stellenbeschreibung)

↓

Personalbeschaffung

- interne und externe Beschaffungswege auswählen
- Personalwerbung (z. B. Stellenanzeige) durchführen
- Bewerbungsunterlagen auswerten (Bewerbungsschreiben, Lebenslauf, Zeugnisse) und Grobauswahl vornehmen
- Einstellungstests bzw. Assessment-Center durchführen und Feinauswahl vornehmen
- Vorstellungsgespräche organisieren
- Auswahlentscheidung treffen mithilfe einer Entscheidungsbewertungstabelle
- Eingruppierung und Arbeitsvertrag abschließen

↓

Arbeits- bzw. Ausbildungsvertrag abschließen

- Mindestinhalte beachten
- Rechte und Pflichten und Probezeit vereinbaren
- befristeten oder unbefristeten Arbeitsvertrag abschließen
- Vollzeit- oder Teilzeitbeschäftigung vereinbaren

Aufgaben

Personalbedarfsplanung

1. Ergänzen Sie Ihre Lernkartei um das Themengebiet „Personalbedarfsplanung“.
   a) Schreiben Sie jeden der folgenden Begriffe auf die Kopfzeile eines DIN-A6-Kärtchens:

   Personalbedarfsplanung (Aufgabe), außer-, innerbetriebliche Richtgrößen für den Personalbedarf, Migration (Begriff), schwerbehinderte Person (Begriff, Quote, Ausgleichsabgabe), Integration, Inklusion, Fehlzeitenquote, Fluktuationsquote, Stellenplanmethode, Bruttopersonalbedarf, feststehende Personalzugänge (Gründe), zu ersetzende Personalabgänge (Gründe), Nettopersonalbedarf, Personalüberdeckung, Personalunterdeckung, Arbeitsproduktivität, Stellenbeschreibung (Inhalte)

b) Sortieren Sie die Begriffskärtchen nach den Kriterien „weiß ich“ oder „weiß ich nicht“. Bilden Sie mit ihren Mitschülern/Mitschülerinnen Kleingruppen und erklären sie sich gegenseitig die „Weiß-ich-nicht“-Kärtchen. Schlagen Sie die ungeklärten Begriffe im Lehrbuch nach. Schreiben Sie die Begriffserklärungen auf die Rückseite des entsprechenden Kärtchens und ordnen Sie diese unter der Leitkarte „Personalbedarfsplanung“ alphabetisch in Ihren Lernkartei-Behälter ein.

2. Sie werden zurzeit in der Personalabteilung der Karl Abt KG eingesetzt und sollen den Nettopersonalbedarf für das nächste Jahr nach der Stellenplanmethode ermitteln. Ihre aussagefähige Aufstellung soll alle notwendigen Fachbegriffe enthalten.

Ihnen liegt folgender Auszug aus dem Ergebnisprotokoll der letzten Sitzung der Personalabteilung vor. Es ging um die Personalplanung für das nächste Jahr.

...

Die Karl Abt KG hat zurzeit 110 genehmigte Planstellen. Der aktuelle Personalstand beträgt 100 Mitarbeiter.

Nach Rücksprache mit der Produktions-, Vertriebs- und Einkaufsleitung sollen im nächsten Jahr zehn Planstellen abgebaut werden. Für eine Filiale in Leipzig sind 14 neue Planstellen notwendig.

Außerdem sind folgende Personalveränderungen zu beachten:

Vier externen Stellenbewerbern wurde bereits eine Einstellungszusage erteilt.
Sieben Arbeitskräfte werden in den Ruhestand treten (davon sollen nur fünf Mitarbeiter ersetzt werden), vier Mitarbeiterinnen kehren aus der Elternzeit zurück.

Für das nächste Jahr werden eine Fehlzeitquote von 8 % und eine Fluktuationsquote von 4 % erwartet.

...

3. Planen Sie jeweils den Nettopersonalbedarf und erstellen Sie dazu übersichtliche Tabellen zur Ermittlung des künftigen Nettopersonalbedarfs.

a) **Informationen der Personalabteilung:**

Aktueller Personalbestand: 50 Mitarbeiter.

Der Planstellenbestand beträgt zurzeit 52 Planstellen. Er soll aufgrund wachsender Umsätze im Planjahr um zehn Stellen erhöht werden. Die Abteilung „Zentrales Schreibbüro“ (sechs Planstellen) soll geschlossen werden.

Im Planjahr sollen alle vier Auszubildenden übernommen werden (sie sind im aktuellen Personalbestand enthalten).

Zwei Mitarbeiterinnen kommen aus der Elternzeit zurück. Acht Mitarbeiter werden im Planjahr in den Ruhestand treten; davon sollen nur sechs ersetzt werden.

Die durchschnittliche Fehlzeitquote beträgt 5 %, die Fluktuationsquote 10 %.

b) Informationen der Personalabteilung:

Der Betrieb hat zurzeit 132 genehmigte Planstellen. Der aktuelle Personalstand beträgt 130 Mitarbeiter.

Nach Rücksprache mit den Fachabteilungen sollen im nächsten Jahr fünf Planstellen abgebaut werden. Für eine neue Filiale sind zehn neue Planstellen notwendig.

Außerdem sind folgende Vorgaben zu beachten: Ein Mitarbeiter und sieben Mitarbeiterinnen kehren aus der Elternzeit zurück, zehn Arbeitskräfte werden in den Ruhestand treten (davon sollen nur sechs Mitarbeiter ersetzt werden), drei externen Stellenbewerbern wurde für das nächste Jahr bereits eine Einstellungszusage erteilt.

Für Kündigungen von Mitarbeitern soll eine Fluktuationsquote von 5 % berücksichtigt werden. Die durchschnittliche Fehlzeitenquote beträgt 6 %.

4. Marion Höfer wird nach ihrer Ausbildung in der Personalabteilung ihres Ausbildungsbetriebs, der Autohaus Sayler GmbH, eingesetzt. Marion gehört zum Personalverwaltungsteam, das für das Personalcontrolling zuständig ist. Marion befasst sich mit der Erstellung eines Kennzahlenspiegels, den sie auf der Betriebsversammlung in der kommenden Woche präsentieren und kommentieren soll.

Marion liegen folgende Daten vor:

Jahr	Vorjahr	Berichtsjahr	
Kennzahl	**Ist**	**Plan**	**Ist**
Umsatz	5 000 000,00 €	6 000 000,00 €	6 000 000,00 €
Gesamtkosten	3 000 000,00 €	3 500 000,00 €	3 600 000,00 €
Ø Personalkosten pro Kopf	20 000,00 €	21 000,00 €	22 000,00 €
Mitarbeiterzahl (Personalstand)	100	110	105
Ø Personalabgänge (ohne Ruhestand)	5	8	10
Ø Sollarbeitszeit pro Mitarbeiter	1 200 Std.	1 320 Std.	1 320 Std.
Ø Fehlstunden pro Mitarbeiter	80 Std.	60 Std.	110 Std.

Bereiten Sie diese Daten auf, indem Sie folgende Kennzahlen berechnen:

Jahr	Vorjahr	Berichtsjahr	
Kennzahl	**Ist**	**Plan**	**Ist**
Arbeitsproduktivität			
Lohn-/Gehaltsquote in %			
Fehlzeitquote in %			
Fluktuationsquote in %			

a) Ziehen Sie Schlussfolgerungen aus den berechneten Kennzahlen.
b) Weshalb sind überdurchschnittliche Fehlzeiten für den Betrieb problematisch?
c) Erläutern Sie einige Ursachen (Gründe) für Fehlzeiten.
d) Machen Sie Vorschläge, wie Fehlzeiten gesenkt werden können.

5. Stellen Sie anhand der Personaldatei die Altersverteilung der Belegschaft Ihres Ausbildungsbetriebs fest, bereiten Sie diese grafisch auf und ordnen Sie die Altersverteilung in die Demografie-Ampel (siehe auf Seite 19) ein.

Personalbeschaffung

6. Ergänzen Sie Ihre Lernkartei um das Themengebiet „Personalbeschaffung".
   a) Schreiben Sie jeden der folgenden Begriffe auf die Kopfzeile eines DIN-A6-Kärtchens:

   Employer Branding, Personalbeschaffungswege, interne Personalbeschaffung (Vor-, Nachteile), externe Personalbeschaffung (Vor-, Nachteile), Internetjobbörse, Stellenanzeige (Arten), Stellenanzeige (sieben Inhaltspunkte), Bewerbungsunterlagen, Bewerbungsschreiben (Elf-Punkte-System), Lebenslauf (neun Gliederungspunkte), Lebenslauf (Analyse), Onlinebewerbung, Arbeitszeugnis (sieben Bestandteile, Zeugniscode), Grobauswahl (Kriterien), Bewerber-Screening, Testverfahren (Arten), Assessment-Center, Vorstellungsgespräch (sechs Phasen), Diversity Management, Auswahl- und Einstellungsverfahren (sechs Schritte), Entscheidungsbewertungstabelle (Vorgehensweise), Eingruppierung, Mitwirkungsrechte der Arbeitnehmervertretung (Überblick)

   b) Sortieren Sie die Begriffskärtchen nach den Kriterien „weiß ich" oder „weiß ich nicht". Bilden Sie mit ihren Mitschülern/Mitschülerinnen Kleingruppen und erklären sie sich gegenseitig die „Weiß-ich-nicht"-Kärtchen. Schlagen Sie die ungeklärten Begriffe im Lehrbuch nach. Schreiben Sie die Begriffserklärungen auf die Rückseite des entsprechenden Kärtchens und ordnen Sie diese unter der Leitkarte „Personalbeschaffung" alphabetisch in Ihren Lernkartei-Behälter ein.

7. Ein Arbeitszeugnis muss man „zwischen den Zeilen" lesen.
   a) Sie wollen das Verhalten und die Leistung eines Mitarbeiters mit der Note 4 bewerten. Verwenden Sie die entsprechenden Formulierungen.
   b) Äußern Sie Ihre Meinung zu folgenden Zeugnisaussagen:

      1. „Herr G. bemühte sich stets, die ihm gestellte Aufgabe effektiv zu erfüllen. Er hat den Anforderungen in jeder Hinsicht entsprochen."

      2. „Herr G. war stets pünktlich und nutzte die Arbeitszeit korrekt aus."

      3. „Sie engagierte sich in unserem Fachverband und galt dort als Expertin."

      4. „Sie engagierte sich in diesem Projekt und zeigte dabei ihr organisatorisches Talent."

5. „Er war für die Beschaffung von Büromaterial, Werkzeugen, Ersatzteilen und Autozubehör zuständig."

6. „Wir bestätigen, dass Frau X unsere Anforderungen stets in bester Weise erfüllt hat."

8. Gregor Propov will sich bei einem Betrieb in seiner Nachbarschaft bewerben. Er erhält ein Zwischenzeugnis von seinem aktuellen Arbeitgeber.
   a) Prüfen Sie das Arbeitszeugnis auf Vollständigkeit (sieben Inhaltspunkte).
   b) Bewerten Sie jeweils die Leistung und das Verhalten von Gregor Propov mit einer Note zwischen „Sehr gut" und „Mangelhaft".

Zwischenzeugnis

Herr Gregor Propov, geboren am 03.05.1988 in Köln, ist zurzeit in der Abteilung Einkauf eingesetzt.

Sein Tätigkeitsbereich erstreckt sich auf die Beschaffung von Büromaterial, die Bearbeitung der Fehlermeldungen aus dem Wareneingang, die Lieferantenanalyse und die Betreuung der Praktikanten. Er erledigt die ihm übertragenen Arbeiten zu unserer vollen Zufriedenheit.

Er ist stets um Freundlichkeit gegenüber den Lieferanten bemüht. Sein Verhalten gegenüber Kolleginnen und Kollegen ist einwandfrei.

Wir wünschen ihm viel Erfolg für den weiteren Berufsweg.

Köln, 14.07.20..

Autohaus Meyer GmbH

ppa. *Bernd Schuster*

9. Das Autohaus Car4U KG ist ein expandierendes mittelständisches Unternehmen mit über 800 Mitarbeitern. Die Geschäftsleitung hat beschlossen, ihr Sortiment um das Zukunftsprodukt „Elektro-Stadtauto" zu ergänzen. Um den Markt möglichst schnell zu erschließen, sollen die Elektro-Stadtautos zunächst komplett zugekauft werden.

   Sie befinden sich im letzten Ausbildungsjahr zur/zum Automobilkauffrau/-mann und sind in Ihrem letzten Ausbildungsabschnitt in der Personalabteilung eingesetzt. Sie unterstützen Frau Mirela Basic bei der Personalplanung. Zur Umsetzung des Qualitätsmanagementsystems ist Frau Basic damit beschäftigt, für ihr Aufgabengebiet ein QM-Handbuch zu erstellen. Sie ist von der Geschäftsleitung gebeten worden, alle wesentlichen Inhalte und Abläufe möglichst in Checklisten-Form zu dokumentieren.
   a) Frau Basic wurde gerade beauftragt, ein neues Teammitglied für den Verkauf der Elektro-Stadtautos zu suchen. Ihr liegt die Personalanforderung der Verkaufsabteilung (Anlage 1) mit Stellenbeschreibung (Anlage 2) vor.

1. Entwerfen Sie daraus eine offene Stellenanzeige für die ausgeschriebene Stelle.
2. Erstellen Sie für das QM-Handbuch Leerformulare für eine Personalanforderung und eine Stellenbeschreibung.
3. Erstellen Sie ebenso eine Checkliste mit den wichtigsten Inhaltspunkten für eine Stellenanzeige. Überprüfen Sie Ihre eigene Stellenanzeige anhand dieser Checkliste.

b) Inzwischen sind zwei Bewerbungen eingegangen. Frau Basic sichtet gerade deren Arbeitszeugnisse (Anlage 3).
Erstellen Sie eine Prüfliste, mit der Sie die Vollständigkeit von Arbeitszeugnissen feststellen können. Überprüfen Sie die vorliegenden Arbeitszeugnisse anhand Ihrer Checkliste, bewerten Sie die beiden Arbeitszeugnisse und treffen Sie eine Vorauswahl.

c) Frau Basic möchte beide Bewerber/-innen zu einem Vorstellungsgespräch einladen.

1. Formulieren Sie die entsprechenden Einladungsschreiben.
2. Erstellen Sie für das QM-Handbuch zwei Checklisten zur Vorbereitung eines Vorstellungsgespräches und zum Ablauf eines Vorstellungsgespräches.

d) Führen Sie jeweils ein Vorstellungsgespräch (als Rollenspiel) mit den Bewerbern.
Tipps: Zwei Schüler/-innen führen das Rollenspiel in einem Innenkreis durch. Die übrigen Schüler/-innen im Außenkreis bewerten das Vorstellungsgespräch und ergänzen dazu den Beobachtungsbogen. Regeln zum Rollenspiel finden Sie unter BuchPlusWeb.

Web

Beobachtungsbogen			
Kriterien	**Bewerber 1**	**Bewerber 2**	**Personalleitung**
Name	Maria Zurlo	Lothar Gerber	
Auftreten	...	...	...
...	...	...	...

e) Entwickeln Sie allgemeine Regeln für ein Rollenspiel.

f) Erstellen Sie eine Gesamtübersicht für ein Ausbildungsgespräch mit allen wesentlichen Prozessschritten der Personalbeschaffung und des Auswahl- und Einstellungsverfahrens.

g) Auf der anstehenden Betriebsversammlung will Frau Basic einen Vortrag zum Thema „anonymisierte Bewerbungsverfahren“ halten. Helfen Sie ihr, indem Sie ihr ein Handout mit den wichtigsten Inhaltspunkten (Gründe, Merkmale, Verfahren, Vorteile, Umgang mit Initiativbewerbungen, Einhaltung gesetzlicher Vorgaben) anfertigen. Führen Sie dazu eine Internetrecherche durch.

Anlage 1: Personalanforderung

Autohaus Car4U KG			
Personalanforderung			
Stelle: Teammitglied Verkauf (Produktmanagement)		**Anzahl: 1**	**Abteilung:** Verkauf
Qualifikation:	*Siehe beiliegende Stellenbeschreibung.*		
	Ersatzbedarf		
X	**Zusatzbedarf** wegen Aufnahme des neuen Produkts „Elektro-Stadtauto“		
	Reservebedarf		
Einstellungsdatum: sofort		**Unterschrift Fachabteilung:** Raabe	
Genehmigt: Unterschrift Geschäftsführung: Dr. Gentner			
Betriebsrat wurde unterrichtet am (Datum): 01.07.20..		**Unterschrift Personalabteilung:** Basic	

Anlage 2: Stellenbeschreibung

Autohaus Car4U KG	
Stellenbeschreibung Nr. 0034	
Bezeichnung	Verkäufer/Verkäuferin
Einordnung	Übergeordnete Abteilung/-en: *Verkaufsleitung* Untergeordnete Stelle/-n: – Zeichnungsvollmacht: *i. V.*

Vertretungsregelung	Der Stelleninhaber wird vertreten durch: *Verkaufsleitung* Der Stelleninhaber vertritt: *Verkäufer anderer Sachgebiete*
Aufgaben	Zielsetzung: ***Der Stelleninhaber soll den Verkauf der Produkte seines Sachgebiets zu möglichst günstigen Konditionen durchführen und laufend neue Kunden- und Zielgruppen erschließen.*** Der Stelleninhaber führt aus bzw. entscheidet über: • *Erstellung von Angeboten innerhalb des Sachgebiets* • *Akquise neuer Kunden und Zielgruppen* • *Vorbereitung und Durchführung der Verkaufsverhandlungen* • *Führung der Kundendatei* • *Auftragsabwicklung und -überwachung innerhalb des Sachgebiets* • *Behandlung von Kundenbeschwerden* • *Durchsetzung von Rechten aus Nicht-rechtzeitig-Zahlungen* Der Stelleninhaber berät bzw. informiert seinen Vorgesetzten über: • *Vertragsabschlüsse, die 20 000,00 € übersteigen* • *Ergebnisse seiner Analysen des Absatzmarktes (z. B. Messebesuche, Besuche einzelner Kunden, Marktsituation)* • *Maßnahmen zur Verbesserung der Produktqualität und der Nachhaltigkeit im Absatzbereich*
Anforderungen	Vorbildung: *kaufmännische Ausbildung* Wesentliche Kenntnisse: *Branchenkenntnisse, technisches Verständnis, Englisch in Wort und Schrift, MS-Office-Programme, Navision* Persönlichkeitsmerkmale: *aufgeschlossen, kontaktfreudig, teamfähig, dynamisch, kreativ, selbstständig*

Anlage 3: Auszüge aus den Arbeitszeugnissen der Bewerber

Autohaus-Linder GmbH & Co. KG – Import und Export

Mathildenstraße 12, 50679 Köln-Deutz

Zwischenzeugnis

Frau Maria Zurlo, geboren am ..., trat am 1. September 2011 als Auszubildende zur Automobilkauffrau in unser Unternehmen ein.

Im Anschluss an ihre Ausbildung übernahm Frau Zurlo am 1. August 2013 in der Exportabteilung den Aufgabenbereich Zoll- und Zahlungsabwicklung. Sie ist allein verantwortlich für alle Verkaufsgüter ins Ausland.

Die ihr übertragenen Aufgaben erledigt Frau Zurlo zu unserer Zufriedenheit. Bei Bedarf ist sie zur Mehrarbeit bereit. Durch ihre ruhige und unaufdringliche Art ist sie in allen Abteilungen gerne gesehen. Ihr Verhalten gegenüber Kollegen, Außenstehenden und Vorgesetzten ist stets befriedigend.

Frau Zurlo möchte uns aus eigenem Wunsch verlassen, um eine Aufgabe zu übernehmen, die ihren Neigungen eher entspricht. Für die Zukunft wünschen wir ihr alles Gute und weiterhin viel Erfolg.

...

Liebermann & Partner KG – Autozubehörhandlung

Harmoniestraße 33, 47119 Duisburg

Zwischenzeugnis

Herr Lothar Gerber, geboren am 17.07.1984, ist seit dem 1. März 2005 für unser Unternehmen als Verkaufssachbearbeiter tätig.

Zu seinem Aufgabengebiet gehört die Marktbeobachtung und Marktanalyse von Trends. Er führt selbstständig Verkaufsverhandlungen mit Lieferanten aus Europa und Fernost und ist für die Termin- und Qualitätsüberwachung aller Verkaufsgüter zuständig.

Herr Gerber ist ein zuverlässiger und gewissenhafter Mitarbeiter und führt die ihm übertragenen Arbeiten zu unserer vollen Zufriedenheit aus. Stets findet er gute und kostengünstige Lösungen.

Sein Verhalten im Team ist vorbildlich. Zu seinen Vorgesetzten hatte er stets ein gutes Verhältnis.

Da wir Herrn Gerber auf absehbare Zeit keine Aufstiegschancen bieten können, möchte er uns aus eigenem Wunsch verlassen. Unsere besten Wünsche begleiten ihn.

...

10. Die Autozubehör International KG, Leipzig, sucht für ihren Geschäftsbereich „Ersatzteile" einen/eine Einkäufer/-in. Sie stellt eine Stellenanzeige ins Internet (siehe Anlage 1).
    a) Notieren Sie sich Argumente für und gegen eine Stellenanzeige im Internet.
    b) Prüfen Sie die Inhaltspunkte und beurteilen Sie die Aufmachung der Stellenanzeige.
    c) Treffen Sie die Feinauswahl aus den in die engere Wahl gekommenen Bewerbern/Bewerberinnen. Beachten Sie die Auszüge aus den Lebensläufen (Anlage 2), den Arbeitszeugnissen (Anlage 3), und den Stichwortprotokollen aus den Bewerbungsgesprächen (Anlage 4).
    Ergänzen Sie die Vergleichstabelle (Anlage 5) um fünf weitere Kriterien, die für die ausgeschriebene Stelle wichtig sind. Berücksichtigen Sie dabei die Anforderungen aus der Stellenanzeige. Vervollständigen Sie auf dieser Grundlage die vorbereitete Entscheidungsbewertungstabelle (Anlage 6) und gewichten Sie die Beurteilungskriterien so, dass die Summe 100 % ergibt.
    d) Formulieren Sie Absagen an die abgelehnten Bewerber/-innen.

Anlage 1: Stellenanzeige

Autozubehör International KG ist der Begriff für hochwertige Autoteile aller Art. Mit weltweit 1 200 Mitarbeitern an zehn Standorten in allen Erdteilen gehören wir zu den bedeutendsten Autozubehör-Großhändlern. Innovation, fachliche Kompetenz und höchste Produktqualität machen uns zum Technologieführer.

Innerhalb unseres Geschäftsbereichs „Ersatzteile" suchen wir zur Ergänzung unseres Einkaufsteams eine/einen

Einkäuferin/Einkäufer.

Das Aufgabengebiet umfasst das Beschaffungsmarketing, die Einkaufsplanung und Einkaufsabwicklung für das Ersatzteilgeschäft von der Marktbeobachtung über die Suche nach neuen Beschaffungsquellen bis hin zu Verhandlungen mit Lieferanten und deren Auditierung.

Sie haben Ihre kaufmännische Ausbildung erfolgreich abgeschlossen und bringen Erfahrungen aus der Fahrzeugindustrie mit. Sie beherrschen die englische Sprache und sprechen idealerweise auch Französisch.

Teamfähigkeit, Flexibilität und Einsatzbereitschaft, verbunden mit dem für den Einkauf notwendigen Verhandlungsgeschick, zeichnen Sie aus. Verhandlungstechniken wie Visualisierung, Moderation und Coaching sind Ihnen bestens vertraut. Sie kennen das Arbeiten in größeren Teams und behalten auch in schwierigen Situationen Ruhe und Ausgeglichenheit. Ihre Kommunikationsfreude, Ihre überzeugende und offene Art, nicht zuletzt auch Ihre Selbstständigkeit und Eigeninitiative werden Sie für uns unersetzlich machen.

Es erwartet Sie ein sicherer und zukunftsorientierter Arbeitsplatz in einem dynamischen Einkaufsteam. Sie erhalten von Anfang an ein überdurchschnittliches Einkommen.

Ihre vollständigen Bewerbungsunterlagen mit Gehaltsvorstellung und frühestem Eintrittstermin richten Sie bitte an unsere Frau Landowski.

Wir freuen uns auf Ihre Bewerbung.

Autozubehör International KG
Personal Recruiting
Hopfenweg 3–5
04329 Leipzig

Ansprechpartner: Frau Landowski
☏ +49 0341 666333-12
Onlinebewerbung: www.spare4u.de
E-Mail: recruiting@az-international.de

Anlage 2: Auszüge aus den Lebensläufen

Name	Tim Michalik
...	...
Familienstand:	ledig
Schulbildung:	..., ..., Wirtschaftsgymnasium mit Abitur (Note 2)
Berufsausbildung:	Ausbildung zum Industriekaufmann bei Maschinenbau Ott GmbH, Torgau, Abschlussprüfung Note „Befriedigend“
Berufstätigkeit:	2 Jahre Einkäufer beim ausbildenden Betrieb; 2 Jahre Sachbearbeiter Auftragsbearbeitung, Partz Apparatebau; 1 Jahr Einkaufssachbearbeiter INEMO Industrieanlagen, Gotha; Seit 01.01.2012: Einkäufer Hörmann Fahrzeugtechnik, Zwickau
Sonstige Kenntnisse:	Lehrgänge SAP, Office (Word, Excel, Outlook)

Name	Nicole Graf
...	...
Familienstand:	ledig
Schulbildung:	... Kaufmännisches Berufskolleg (Note 3)
Berufsausbildung:	2 Jahre Ausbildung zur Großhandelskauffrau bei Samfy Elektrotechnik GmbH, Berlin, Abschlussprüfung Note „Sehr gut“
Berufstätigkeit:	4 Jahre Einkäuferin bei Samfy Elektrotechnik GmbH; Seit 01.07.2010 bis heute: Einkäuferin bei ULMAN Autodichtungstechnik GmbH, Potsdam
Sonstige Kenntnisse:	Volkshochschulkurse in Französisch

Name	Alexander Gros
...	...
Familienstand:	verheiratet, 2 Kinder
Schulbildung:	... Pestalozzi Realschule Hannover, Abschluss Mittlere Reife (Note 1)
Berufsausbildung:	3 Jahre Ausbildung zum Automobilkaufmann bei Carl Schlösser GmbH, Autohandel und -ersatzteile, Hannover, Abschlussprüfung Note „Gut“

Name	Alexander Gros
Berufstätigkeit:	13 Jahre Sachbearbeiter Auftragsbearbeitung bei Schlösser GmbH; Seit 01.04.2014 bis heute: Einkäufer bei Autohandel Import und Export GmbH, Hannover
Sonstige Kenntnisse:	Lehrgang Microsoft Dynamics NAV, VHS-Kurs Französisch

Name	Romina Grimaldi
…	…
Familienstand:	ledig
Schulbildung:	… Goethe Gymnasium Stuttgart (Note 3)
Berufsausbildung:	2 Jahre Ausbildung zur Industriekauffrau bei Autodichtungstechnik Scheer, Ulm, Abschlussprüfung Note „Gut"
Berufstätigkeit:	seit 01.07.2008 Einkäuferin bei Autodichtungstechnik Scheer
Sonstige Kenntnisse:	VHS-Kurs Spanisch

Anlage 3: Auszüge aus den Arbeitszeugnissen

Zwischenzeugnis

Herr Tim Michalik, geboren am …, ist seit 01.01.2012 in unserem Unternehmen als Einkäufer beschäftigt.

Sein Arbeitsgebiet umfasst den Einkauf von Roh-, Hilfs- und Betriebsstoffen sowie Fremdbauteilen, die Überwachung der Liefertermine und die Zahlungsabwicklung.

Herr Tim Michalik hat die ihm übertragenen Aufgaben mit Engagement zu unserer Zufriedenheit erledigt. Sein persönliches Verhalten war stets korrekt.

Wir wünschen Herrn Tim Michalik für die Zukunft alles Gute.

…

Zwischenzeugnis

Frau Nicole Graf, geboren am …, ist seit 01.07.2010 in unserem Betrieb als Sachbearbeiterin in der Einkaufsabteilung beschäftigt.

Neben der Bestellung von Material für die Produktion obliegt ihr die Überwachung der Liefertermine sowie der Qualität der gelieferten Materialien. Preisverhandlungen mit den Lieferanten und die Zahlungsabwicklung gehören ebenfalls zu ihrem Aufgabengebiet.

Wir waren während der gesamten Beschäftigungszeit mit den Leistungen von Frau Nicole Graf voll und ganz zufrieden. Es gelang ihr, ein vertrauensvolles Verhältnis zu unseren Lieferanten aufzubauen. In ihrer Abteilung trug sie wesentlich zu einem positiven Betriebsklima bei. Ihr Verhalten war jederzeit einwandfrei. Zu Beanstandungen gab sie niemals Anlass.

Wir bedauern das Ausscheiden von Frau Nicole Graf sehr und wünschen ihr für die Zukunft alles Gute.

…

Zwischenzeugnis

Herr Alexander Gros, geboren am ..., ist seit 01.04.2009 in unserem Betrieb als Einkäufer tätig.

Er ist mit der kompletten Einkaufsabwicklung für den Bereich Autoersatzteile betraut. Die Suche nach neuen Lieferanten und deren Bewertung gehört ebenso zu seinem Aufgabengebiet wie der ständige Kontakt zu unserer Verkaufsabteilung zur Sicherung und Verbesserung unserer Qualitätsstandards.

Wir waren mit den Leistungen von Herrn Alexander Gros in jeder Hinsicht zufrieden. Er bewies immer großes Verhandlungsgeschick mit unseren Lieferanten. Seine Einsatzbereitschaft war groß und er konnte im Team arbeiten. Seine Führung gab uns zu Beanstandungen keinen Anlass.

Herr Alexander Gros verlässt uns auf eigenen Wunsch. Wir wünschen ihm viel Erfolg.

...

Zwischenzeugnis

Frau Romina Grimaldi, geboren am ..., ist seit 01.09.2006 in unserem Betrieb tätig.

Sie absolvierte zunächst eine zweijährige Ausbildung als Industriekauffrau. Seit 01.07.2008 ist sie als Einkäuferin bei uns tätig. Neben der Abwicklung von Bestellvorgängen gehört es zu ihrem Aufgabengebiet, Kontakte zu den von ihr betreuten Lieferanten im In- und Ausland intensiv zu pflegen und deren Produkte mit unseren Bedürfnissen optimal abzustimmen.

Mit den Leistungen von Frau Romina Grimaldi sind wir zufrieden. Sie verfügt neben Verhandlungsgeschick auch über Durchsetzungsvermögen. Zu den Lieferanten konnte sie ein vertrauensvolles Verhältnis aufbauen. Sie arbeitete im Team. Ihr Verhalten bot uns keinen Anlass zur Beanstandung.

Frau Romina Grimaldi verlässt uns auf eigenen Wunsch.

...

Anlage 4: Stichwort-Protokolle aus den Bewerbungsgesprächen

Tim Michalik

Herr Tim Michalik war sportlich modisch gekleidet; gepflegtes Äußeres; arbeitete bei seinen bisherigen Arbeitsstellen in Teams; Auftreten betont locker; etwas undeutliche Aussprache; formuliert nicht immer ganze Sätze; berufliches Ziel Abteilungsleiter; Grundkenntnisse Moderation und Präsentation vorhanden; Englischkenntnisse mäßig (jedoch bereit zur Weiterbildung); nur geringe Kenntnisse über die Autozubehör International KG; keine besonderen Wünsche für ein spezielles Aufgabengebiet; gute fachliche Kenntnisse; Hobbys: Fußballspielen (aktiver Vereinsspieler) und Fallschirmspringen; ist beim Surfen im Internet zufällig auf die Stellenanzeige gestoßen.

Nicole Graf

Frau Nicole Graf war sehr modisch gekleidet; trug einen Ring im Ohr und in der Nase; rote Haare; kann sich schnell verständlich machen; sieht den internationalen Markt als Herausforderung; neben guten Englischkenntnissen Grundkenntnisse in Französisch; konnte ihre Nervosität nicht ganz ablegen; klare Ausdrucksweise; offene Grundhaltung; freundlich; Präsentations- und Moderationstechniken sind bekannt; weiß über die Autozubehör International KG Bescheid; sehr guter Überblick über den Markt für Autodichtungen; möchte sich gerne weiterentwickeln; Hobby: Sängerin in einer regional bekannten Rockband; hat von einem Vertreter von der Stelle gehört.

Alexander Gros

Herr Alexander Gros war sehr korrekt gekleidet; gepflegte Erscheinung; ruhiges und sicheres Auftreten; freundlich distanziert; solide Fachkenntnisse; war bei seiner letzten Arbeitsstelle maßgeblich an einer Reorganisation der Einkaufsabteilung beteiligt; möchte unbedingt zur Autozubehör International KG, um seine Kenntnisse auf dem Autozubehörmarkt einzubringen; würde gerne berufliche Chancen nutzen, wenn sie sich bieten; erst seit kurzem Erfahrung mit Teamarbeit und Präsentationstechnik; offene Haltung gegenüber neuen Entwicklungen; fortbildungswillig; formuliert manchmal etwas umständlich, stellt Zusammenhänge aber klar dar; Hobbys: Wandern, Obstbau, sehr engagiert beim DRK-Rettungsdienst; ein Freund hat ihn auf die Stellenanzeige aufmerksam gemacht.

Romina Grimaldi

Frau Romina Grimaldi ist modisch, jedoch nicht übertrieben, gekleidet; vielleicht etwas zu lebhaft; freundlich; sehr gute Ausdrucksfähigkeit; würde gerne Ihre Fremdsprachenkenntnisse im internationalen Umfeld anwenden; offen für alle Einsatzbereiche; möchte wegen des positiven Unternehmensleitbildes gerne für die Autozubehör International KG arbeiten; Präsentations- und Moderationstechniken sind geläufig; kennt die Eigenheiten auf dem Dichtungssektor; möchte beruflich weiterkommen, wenn sie sich bewährt hat; Hobbys: Reisen, andere Leute kennenlernen; sie hat gezielt nach einer Stelle im Internet gesucht; Bewerbungsschreiben erreichte die Firma per E-Mail.

Anlage 5: Vergleichstabelle

Bewerber / Kriterien	Tim Michalik	Nicole Graf	Alexander Gros	Romina Grimaldi
Berufserfahrung	6 Jahre	9 Jahre	ein Jahr	7 Jahre
?	?	?	?	?
?	?	?	?	?
?	?	?	?	?
?	?	?	?	?
?	?	?	?	?

Anlage 6: Entscheidungsbewertungstabelle

Summe der Gewichtungsfaktoren = 100 %
Bewertungsskala von 1 (nicht erfüllt) bis 5 (in vollem Maße erfüllt)

Bewerber / Kriterien		Tim Michalik		Nicole Graf		Alexander Gros		Romina Grimaldi	
Auswahlkriterien	Gewichtung	Bewertung	Punkte	Bewertung	Punkte	Bewertung	Punkte	Bewertung	Punkte
Berufserfahrung	10 %	3	**30**	5	**50**	1	**10**	4	**40**
?		?	?	?	?	?	?	?	?
?		?	?	?	?	?	?	?	?
?		?	?	?	?	?	?	?	?
?		?	?	?	?	?	?	?	?
?		?	?	?	?	?	?	?	?
Summe	100 %	X		X		X		X	

Arbeitsvertrag

11. Ergänzen Sie Ihre Lernkartei um das Themengebiet „Arbeitsvertrag“.

a) Schreiben Sie jeden der folgenden Begriffe auf die Kopfzeile eines DIN-A6-Kärtchens:

> Arbeitsvertrag (rechtliche Grundlagen, Mindestinhalt), Günstigkeitsprinzip, Arbeitsvertrag (Rechte und Pflichten des Arbeitnehmers), Trinkgeld, Arbeitszeugnis (einfaches, qualifiziertes), Schmiergeld, Wettbewerbsverbot (gesetzliches, vertragliches), Probezeit (Vereinbarungen, Dauer), Entgeltfortzahlung (Dauer, Höhe), Arbeitsunfähigkeit (Pflichten des Arbeitnehmers), Zweckbefristung (sachliche Gründe), kalendermäßige Befristung (Vorschriften), Teilzeitbeschäftigung (Begriff, Vorschriften)

b) Sortieren Sie die Begriffskärtchen nach den Kriterien „weiß ich“ oder „weiß ich nicht“. Bilden Sie mit ihren Mitschülern/Mitschülerinnen Kleingruppen und erklären sie sich gegenseitig die „Weiß-ich-nicht“-Kärtchen. Schlagen Sie dabei die ungeklärten Begriffe im Lehrbuch nach. Schreiben Sie die Begriffserklärungen auf die Rückseite des entsprechenden Kärtchens und ordnen Sie diese unter der Leitkarte „Arbeitsvertrag“ alphabetisch in Ihren Lernkartei-Behälter ein.

12. Überprüfen Sie den Muster-Arbeitsvertrag auf Seite 45 ff. auf die Mindestinhalte nach § 2 Nachweisgesetz.

13. Vergleichen Sie Arbeitsvertrag und Berufsausbildungsvertrag hinsichtlich Formvorschriften, rechtlichen Grundlagen, Vertragspartnern, Pflichten der Vertragspartner, Probezeit. Erstellen Sie dazu eine Vergleichstabelle.

14. Sie werden zurzeit in der Personalabteilung der Karl Abt KG, Jahnstraße 2, 04288 Leipzig, eingesetzt. Sie finden heute folgende Notiz der Teamleitung auf Ihrem Schreibtisch.

Datum: 04.10.20..

Bitte Arbeitsvertrag zur Unterschrift vorbereiten!

Cornelia Ludkowski, Körnerstraße 5, 04107 Leipzig
Mündliche Einstellungszusage erfolgte am 28.08.20.. mit folgenden Vereinbarungen:
- Arbeitsbeginn 01.10.20.. (unbefristet, sechs Monate Probezeit)
- Reisende im Außendienst für den Bezirk Sachsen
- Monatliches Grundgehalt: 2 188,00 €
- 5 % Verkaufsprovision vom Bezirksumsatz
- 30 Werktage Urlaub
- Saison-Teilzeit (neun Monate 40 Stunden, drei Monate frei)
- Datum des Arbeitsvertrags: 05.10.20..

a) Besorgen Sie sich den Vordruck eines Arbeitsvertrags und füllen Sie diesen aus.
b) Prüfen Sie, ob Ihr Arbeitsvertrag alle erforderlichen Angaben nach § 2 Nachweisgesetz enthält.
c) Begründen Sie, bis wann (genaues Datum) der Arbeitsvertrag Frau Ludkowski spätestens ausgehändigt werden muss und wann (genaues Datum) er zustande gekommen ist.
d) Erstellen Sie ein Merkblatt für ein Ausbildungsgespräch, in dem Sie die Fürsorgepflicht des Arbeitgebers und die Treuepflicht des Arbeitnehmers erläutern.

15. Beurteilen Sie die folgenden Situationen, indem Sie nachstehende Fragen beantworten:

- Welches Recht bzw. welche Pflicht aus dem Arbeitsvertrag ist betroffen?
- Liegt eine Rechts- bzw. Pflichtverletzung vor?
- Welche rechtlich einwandfreie Lösung ist zu empfehlen?

a) Die Chefin bittet ihre Sekretärin, für sie einige private Einkäufe zu tätigen und Kaffee zu kochen, was diese aber ablehnt.
b) Der Geselle Wenzel gibt einem Kunden den Tipp, dass es für ihn billiger käme, wenn er die Reparatur in seiner privaten „Heimwerkstatt“ durchführen lässt.
c) Ein Verkaufsberater verlässt seinen Arbeitsplatz mit den Worten: „Macht euren Mist doch alleine!“ Er kehrt nach zwei Tagen wieder an seinen Arbeitsplatz zurück. Die Verkaufsleitung kündigt dem Verkäufer und verlangt Schadenersatz wegen Vertragsbruchs.

d) Eine kaufmännische Angestellte hat über das Wochenende kräftig gefeiert und fühlt sich deshalb am Montag äußerst unwohl. Sie setzt in vielen Kaufverträgen falsche Beträge ein. Bei der Ablage der Ausgangsrechnungen gerät einiges durcheinander. Eine Flut von Rückfragen und tagelange Suchaktionen sind die Folge. Die Geschäftsleitung kürzt der kaufmännischen Angestellten daraufhin das Gehalt um 500,00 €.
e) Die Verkaufsberaterin Kissling ist seit vier Wochen krank. Die Geschäftsleitung stellt daraufhin die Gehaltszahlung ein.
f) Der Verkaufsberater Meinrad besorgt sich 20 Autokindersitze für 19,95 € und verkauft diese im Zubehörshop seines Arbeitgebers für 39,95 €. Die Geschäftsleitung bemerkt dies und verlangt die Herausgabe des Gewinns.
g) Schildern Sie eigene Erlebnisse aus Ihrer Berufspraxis.

2 Personalverwaltung – zahlreiche rechtliche Vorschriften

AUSGANGSSITUATION

Heute hat Frau Köppel eine besondere Aufgabe für die Auszubildenden Marie und Nora Braun vorbereitet und überreicht ihnen einen Auszug aus dem Protokoll der letzten Sitzung des Führungsteams mit dem Betriebsrat.

Die beiden Azubis sollen sich nun intensiv mit dem Themenbereich „Personalverwaltung“ auseinandersetzen.

Autohaus Köppel GmbH

Sitzungsprotokoll

Thema: Halbjahresgespräch des Führungsteams mit dem Betriebsrat

Termin:	15.06.20..	**Ort, Raum:**	Sitzungssaal
Beginn:	08:30 Uhr	**Ende:**	11:30 Uhr

Sitzungsleitung: Matti Köppel (Geschäftsleitung)
Teilnehmende Personen: Daniel Gorges (Kundendienst), Nora Köppel (Verwaltung), Laura Tannert (Verkauf), Tim Gehlen (Lager), Petra Gorges (Vorsitzende des Betriebsrats)

Wesentliche Anmerkungen und Vorschläge des Betriebsrats:
...
Frau Gorges weist das Führungsteam auf folgende Klagen aus der Belegschaft hin:

Es kommt gehäuft vor, dass Änderungen der persönlichen Verhältnisse (z. B. Familienstand, Kinderzahl) verspätet an die entsprechenden Stellen (Finanzamt, Sozialversicherungen) gemeldet und daher erst mit Verzögerung in der Lohnabrechnung berücksichtigt werden. Ausgeschiedene Mitarbeiter berichten, dass sie bei ihrem neuen Arbeitgeber die ungünstige Lohnsteuerklasse 6 erhalten würden, weil sie zu spät abgemeldet werden.

Es kam vor, dass Mitarbeitern die Einsicht in ihre Personalakte aus Datenschutzgründen verweigert wurde. Ein Mitarbeiter möchte, dass seine Abmahnung wegen eigenmächtiger Verlängerung des Urlaubs aus der Personalakte entfernt wird.

Immer mehr Mitarbeiter kontaktieren die Lohnbuchhaltung, weil sie einzelne Posten ihrer Entgeltabrechnung nicht nachvollziehen können. Ihnen ist auch der Sinn des alljährlichen Ausdrucks ihrer Lohnsteuerbescheinigung nicht klar.

Frau Köppel kümmert sich um die Beseitigung der vorgetragenen Missstände. Sie übernimmt die Federführung bei der Erstellung eines Merkblatts, in dem die einzelnen Posten der Entgeltabrechnung erklärt werden.
...

Frau Köppel bittet Sie, für das nächste Ausbildungsgespräch ein Plakat mit den wichtigsten Aufgaben der Personalverwaltung anzufertigen und eine Tischvorlage mit folgenden Gliederungspunkten zu erstellen:

1. notwendige Meldungen bei Einstellungen bzw. Entlassungen
2. Personalakte und Datenschutz
3. Entgeltbestandteile und Entgeltabrechnung
4. soziale Sicherung und private Vorsorge
5. wesentliche Inhalte einer Einkommensteuererklärung

ARBEITSAUFTRÄGE

1. Informieren Sie sich über die oben genannten Sachverhalte bzw. Themengebiete. **Tipp:** Bilden Sie thementeilige Arbeitsgruppen und lesen Sie die folgenden Kapitel im Lehrbuch.
2. Stellen Sie die notwendigen Arbeitspapiere und -unterlagen für neue Mitarbeiter zusammen und nehmen Sie die notwendigen Meldungen bei Einstellungen bzw. Entlassungen vor. Erstellen Sie eine Checkliste mit Regeln zur Führung der Personalakte unter besonderer Berücksichtigung des Datenschutzes. Führen Sie einfache Entgeltabrechnungen unter Beachtung vertraglicher, tariflicher und betrieblicher Ansprüche durch. Beziehen Sie dabei sozialversicherungsrechtliche und steuerliche Regelungen vor dem Hintergrund der sozialen Sicherung und der privaten Vorsorge mit ein. Erläutern Sie neuen Mitarbeitern den Zusammenhang von Lohn- und Einkommensteuer und die wesentlichen Inhalte einer Einkommensteuererklärung. Erstellen Sie eine PowerPoint-Präsentation mit den gewünschten Gliederungspunkten mit zugehöriger Tischvorlage und das Plakat mit den wichtigsten Aufgaben der Personalverwaltung.
   Tipps: Bilden Sie thementeilige Arbeitsgruppen. Einen Methodenpool finden Sie unter BuchPlusWeb. Web
3. Führen Sie ihr Plakat und die PowerPoint-Präsentation beim Ausbildungsgespräch bzw. im Klassenverband vor. Reagieren Sie auf Fragen und Anmerkungen aus dem Zuhörerkreis.
   Tipp: Regeln zur Präsentation finden Sie unter BuchPlusWeb. Web
4. Bewerten Sie Ihre Vorträge anhand des Kriterienkatalogs für Präsentationen. Nehmen Sie Kritikpunkte zur Vollständigkeit und inhaltlichen Richtigkeit auf, ergänzen Sie Ihre Ausarbeitungen und korrigieren sie Fehler.
   Tipp: Regeln zur Bewertung von Präsentationen finden Sie unter BuchPlusWeb. Web
5. Reflektieren Sie Ihr Verhalten hinsichtlich Sorgfalt, Vertraulichkeit (z. B. Regeln des Datenschutzes) und Objektivität und überlegen Sie, wie Sie Ihre Vorgehensweisen verbessern könnten.

Die **Personalverwaltung** nimmt sämtliche routinemäßigen Aufgaben des Personalbereichs wahr. Dazu zählen An- bzw. Abmeldungen von Mitarbeitern beim Finanzamt und den Sozialversicherungsträgern, die ordnungsgemäße Führung der Personalakte, die Entgeltabrechnung unter Beachtung arbeitsvertraglicher, tariflicher, betrieblicher Ansprüche und sozialversicherungsrechtlicher und steuerlicher Regelungen sowie der privaten Vorsorge der Arbeitnehmer.

2.1 Notwendige Meldungen bei Einstellungen bzw. Entlassungen

EINSTIEGSSITUATION

Sie unterstützen die Auszubildenden der Autohaus Köppel GmbH bei verschiedenen Aufgaben. Jede/-r neu angestellte Mitarbeiterin/Mitarbeiter muss beim zuständigen Finanzamt und der zuständigen Einzugsstelle zur Sozialversicherung angemeldet werden.

Auszüge aus dem Vierten Buch des Sozialgesetzbuchs (§ 28a SGB IV):

(1) Der Arbeitgeber [...] hat der Einzugsstelle für jeden in der Kranken-, Pflege-, Rentenversicherung oder nach dem Recht der Arbeitsförderung kraft Gesetzes Versicherten

1. bei Beginn der versicherungspflichtigen Beschäftigung,
2. bei Ende der versicherungspflichtigen Beschäftigung,

[...]

5. bei Änderungen in der Beitragspflicht,
6. bei Wechsel der Einzugsstelle,
7. bei Anträgen auf Altersrenten,
8. bei Unterbrechung der Entgeltzahlung,
9. bei Auflösung des Arbeitsverhältnisses,

[...]

12. bei einmalig gezahltem Arbeitsentgelt,
13. bei Beginn der Berufsausbildung,
14. bei Ende der Berufsausbildung,

[...]

eine Meldung zu erstatten. [...]

(2) Der Arbeitgeber hat jeden am 31. Dezember des Vorjahres Beschäftigten nach Absatz 1 zu melden (Jahresmeldung).

[...]

1. Der Arbeitgeber muss seine Beschäftigten bei der Einzugsstelle (das ist i. d. R. die zuständige gesetzliche Krankenkasse des Beschäftigten) melden. Notieren Sie einige Meldegründe und gehen Sie auf den Sinn solcher Meldungen (auch der Jahresmeldung) ein.
2. Suchen Sie mithilfe einer Kartenabfrage nach Gründen, weshalb verspätete An- und Abmeldungen (auch dem Finanzamt gegenüber) zu Nachteilen (siehe hierzu das Sitzungsprotokoll auf Seite 74) bei der Entgeltabrechnung des Arbeitnehmers führen können.

Web

2.1.1 Arbeitsunterlagen bei der Einstellung

Bei der Einstellung muss der/die neue Mitarbeiter/-in folgende Daten angeben bzw. **Arbeitsunterlagen** vorlegen:

- Name und Anschrift
- Steueridentifikationsnummer (vom Bundeszentralamt für Steuern vergeben)
- Sozialversicherungsausweis bzw. -nummer (vom Rentenversicherungsträger vergeben)

- Mitgliedsbescheinigung der Krankenkasse
- Urlaubsbescheinigung (über genommenen Urlaub) des früheren Arbeitgebers
- Schwerbehindertennachweis bei Schwerbehinderten
- Unterlagen über die Anlage vermögenswirksamer Leistungen, z. B. Bausparvertrag[1]
- Antrag auf Erlaubnis einer Beschäftigung bei ausländischen Arbeitnehmern[2]
- je nach Mitarbeiter/-in und Tätigkeit spezielle Unterlagen, wie z. B. Gesundheitsbescheinigung (bei Minderjährigen), Erstbelehrung nach dem Infektionsschutzgesetz, Führer-, Staplerschein

2.1.2 Anmeldung des/der neuen Arbeitnehmers/Arbeitnehmerin

Anmeldung beim Bundeszentralamt für Steuern

Für die **Anmeldung beim Finanzamt** benötigt der Arbeitgeber vom neuen Mitarbeiter das Geburtsdatum, die Steueridentifikationsnummer und Auskunft darüber, ob es sich um ein Haupt- oder Nebenarbeitsverhältnis handelt (§ 39e Abs. 4 EStG). Der Arbeitgeber übermittelt diese Daten an das Bundeszentralamt für Steuern und gibt dabei die Steuernummer seiner Betriebsstätte, sein Zertifikat[3] und das Datum des Beschäftigungsbeginns an. Erst dann kann der Arbeitsgeber die elektronischen Lohnsteuerabzugsmerkmale (**ELStAM**) des neuen Mitarbeiters (z. B. Lohnsteuerklasse, Kinder, eingetragene Lohnsteuerfreibeträge und Kirchensteuerabzugsmerkmale) beim Finanzamt abfragen und den Neuen über die Lohnabrechnungssoftware oder das Programm ELSTER[4] beim Finanzamt anmelden.

Nach erfolgter Anmeldung erhält der Arbeitgeber eine **Anmeldebestätigung mit den ELStAM des Arbeitnehmers**, die er ab dem Beschäftigungsbeginn (Referenzdatum) anzuwenden hat. Nur der Arbeitnehmer kann bei seinem zuständigen Finanzamt eine Änderung der ELStAM beantragen, z. B. bei Eheschließung, Scheidung, Geburt eines Kindes. Verwendet der Arbeitgeber ein Lohnabrechnungsprogramm, werden ihm Änderungen der ELStAM der angemeldeten Arbeitnehmer automatisch mitgeteilt (§ 39e Absatz 5 EStG).

Ein Minijobber (Bruttoentgelt bis 450,00 €), dessen Lohnsteuer pauschal berechnet und abgeführt wird, muss nicht beim Finanzamt angemeldet werden.

Anmeldung zur Sozialversicherung

Für die **Anmeldung zur Sozialversicherung** muss der Arbeitgeber den neuen Mitarbeiter sozialversicherungsrechtlich einordnen (Zuordnung einer Beitragsgruppe). Anzumelden ist jeder Mitarbeiter, der in der Kranken-, Pflege-, Renten- oder Arbeitslosenversicherung pflichtversichert ist (§ 28a SGB IV). Die Krankenkassen sind die zentralen Meldestellen für die Sozialversicherung. Sie ziehen die gesamten Sozialversicherungsbeiträge ein und leiten sie an die zuständigen Stellen, wie z. B. die Rentenversicherung, weiter.

---

1 Siehe hierzu auf Seite 93 f.

2 Siehe hierzu unter dem Stichwort „Migration“ auf Seite 21.

3 Das Zertifikat erhält der Arbeitgeber, wenn er sich über das ElsterOnline-Portal registriert hat. Nur so kann der Arbeitgeber eindeutig identifiziert werden

4 ELSTER = Elektronische Steuererklärung

Die Anmeldung eines neuen Mitarbeiters ist mit der ersten Entgeltabrechnung, spätestens innerhalb von sechs Wochen nach Beginn der Beschäftigung, vorzunehmen (§ 6 DEÜV[1]). Die Meldungen zur Sozialversicherung und das Anfertigen der Beitragsnachweise sind nur elektronisch über ein Lohnabrechnungsprogramm oder die Software „sv-net“ möglich. Dabei sind einschlägige Regeln des Datenschutzes und der Datensicherheit einzuhalten. So sind z. B. bei der Nutzung allgemein zugänglicher Netze Verschlüsselungsverfahren anzuwenden (§ 16 DEÜV).

Die Anmeldung enthält Namen und Anschrift des Arbeitnehmers, den Beschäftigungsbeginn, die Art der Tätigkeit, seine Versicherungsnummer, den **Beitragsgruppenschlüssel**, Staatsangehörigkeit sowie die Betriebsnummer (von der Agentur für Arbeit vergeben), das Zertifikat für die verschlüsselte Datenübertragung[2], die Unfallversicherungsmitgliedsnummer des Beschäftigungsbetriebs, die Betriebsnummer des zuständigen Unfallversicherungsträgers und den anzuwendenden Gefahrtarif.

Der Beitragsgruppenschlüssel besteht aus vier Ziffern:

1. Stelle	2. Stelle	3. Stelle	4. Stelle
Krankenversicherung	**Rentenversicherung**	**Arbeitslosenversicherung**	**Pflegeversicherung**
1 = voller Beitrag	1	1	1
0 = kein Beitrag	1	1	0
3 = ermäßigter Beitrag	3 = halber Beitrag	2 = halber Beitrag	2 = halber Beitrag

Beispiele

Beitragsgruppe 1111 = Der Arbeitnehmer ist in allen Sozialversicherungen mit vollem Beitrag versichert.
Beitragsgruppe 0110 = Der Arbeitnehmer ist in nur in der Renten- und Arbeitslosenversicherung versichert.

Bei der Anmeldung zur **Unfallversicherung** sind zu melden: Betriebsnummer des zuständigen Unfallversicherungsträgers, Unfallversicherungsmitgliedsnummer des Betriebs, anzuwendende Gefahrtarifstelle, beitragspflichtiges Arbeitsentgelt in Euro, geleistete Arbeitsstunden, Zeitraum, in dem das angegebene Arbeitsentgelt erzielt wurde.

Für Minijobber ist die **Minijob-Zentrale** bei der Bundesknappschaft zuständig. Zur Beurteilung, ob ein Minijob möglich ist, hilft ein Personalfragebogen, der die Angaben des Arbeitnehmers erfasst[3]. Bei der Anmeldung des Minijobbers ist anzugeben, ob er Eigenbeiträge zur Rentenversicherung abführt oder ob er einen Befreiungsantrag übergeben hat.

1 DEÜV = Datenerfassungs- und -übermittlungsverordnung
2 Das Zertifikat vergibt die informationstechnische Servicestelle der gesetzlichen Krankenversicherung.
3 Der Fragebogen kann abgerufen werden unter www.arbeitgeber.de/www/arbeitgeber.nsf/id/DE_Checkliste_Minijobs.

2.1.3 Abmeldungen und Entlassungspapiere des bisherigen Arbeitgebers

Abmeldung beim Bundeszentralamt für Steuern

Der Arbeitgeber ist verpflichtet, den entlassenen Arbeitnehmer beim **Bundeszentralamt für Steuern** abzumelden (§ 39e Abs. 4 Satz 5 EStG). Die Abmeldung muss unverzüglich am Tag der Beendigung des Dienstverhältnisses elektronisch erfolgen. Dabei sind folgende Daten zu übermitteln: Steueridentifikationsnummer des Arbeitnehmers, Geburtsdatum des Arbeitnehmers, Datum der Beendigung des Dienstverhältnisses sowie das sogenannte „Referenzdatum Arbeitgeber“ (dies ist identisch mit dem bei Anmeldung des Arbeitnehmers verwendeten Datum). Der Arbeitgeber erhält über seine abgemeldeten Arbeitnehmer eine Abmeldebestätigungsliste.

Erfolgt bei einem Wechsel des Arbeitgebers die Anmeldung durch den neuen Arbeitgeber bevor der bisherige Arbeitgeber die Abmeldung vorgenommen hat, erhält der neue Arbeitgeber die für das erste Dienstverhältnis gültigen ELStAM rückwirkend ab Beginn des Dienstverhältnisses. Der bisherige Arbeitgeber erhält mit Gültigkeit ab diesem Tag die ELStAM für die Steuerklasse VI, wenn er den Arbeitnehmer noch nicht abgemeldet hat. Dies gilt allerdings nur dann, wenn der Arbeitnehmer durch den neuen Arbeitgeber innerhalb von sechs Wochen nach Aufnahme der Beschäftigung angemeldet wird.

Beispiel: ELStAM bei Arbeitgeberwechsel

Ein Arbeitnehmer (Steuerklasse I/0) wird zum 30.06. von seinem Arbeitgeber entlassen. Am 01.07. tritt er eine Arbeitsstelle bei einem anderen Arbeitgeber an. Der neue Arbeitgeber meldet den Arbeitnehmer am 05.07. beim Bundeszentralamt für Steuern an. Der bisherige Arbeitgeber hat den Arbeitnehmer zu diesem Zeitpunkt noch nicht abgemeldet. Der neue Arbeitgeber erhält in der Anmeldebestätigungsliste die bisherige Steuerklasse (z. B. Steuerklasse I) rückwirkend zum Tag des Beschäftigungsbeginns (01.07.). Gleichzeitig erhält der bisherige Arbeitgeber eine Änderungsmitteilung, wonach er für den Arbeitnehmer ab 01.07. die Steuerklasse VI anzuwenden hat. Würde der neue Arbeitgeber diesen Arbeitnehmer außerhalb des 6-Wochen-Zeitraums anmelden, z. B. am 10.09., beginnt die bisherige Steuerklasse erst mit dem Tag der Anmeldung, also mit Wirkung zum 10.09. Für den Zeitraum davor gilt die Steuerklasse VI.

Abmeldung von der Sozialversicherung

Nach § 8 DEÜV muss der Arbeitgeber das Ende einer sozialversicherungspflichtigen Beschäftigung des entlassenen Arbeitnehmers mit der nächsten Lohn- und Gehaltsabrechnung, **spätestens innerhalb von sechs Wochen** nach Ende der Beschäftigung melden. Eine An- und eine Abmeldung können innerhalb dieser Frist zusammen erstattet werden, wenn bis zur Abmeldung noch keine Anmeldung bei einem anderen Arbeitgeber erfolgt ist. Abmeldungen können nur per Datenübertragung an die **zuständige Einzugsstelle** (dies ist die für den Arbeitnehmer zuständige Krankenkasse) mit dem Abgabegrund „30“ übermittelt werden. Bei befristeten Beschäftigungen, bei denen das Ende der Beschäftigung von vornherein feststeht, ist der Abgabegrund „40“ anzugeben.

Bei der Abmeldung zur **Unfallversicherung** sind zu melden: Betriebsnummer des zuständigen Unfallversicherungsträgers, Unfallversicherungsmitgliedsnummer des Betriebs, anzuwendende Gefahrtarifstelle, beitragspflichtiges Arbeitsentgelt in Euro, geleistete Arbeitsstunden, Zeitraum, in dem das angegebene Arbeitsentgelt erzielt wurde.

Entlassungspapiere

Der Arbeitgeber muss dem entlassenen Arbeitnehmer folgende Arbeitspapiere aushändigen:

- **Lohnsteuerbescheinigung:** Sie ist an das für den Arbeitnehmer zuständige Finanzamt zu übermitteln. Dem Mitarbeiter sind die übermittelten Werte auszuhändigen (§ 41b EStG).
- Kopie der **Abmeldebestätigung** des Bundeszentralamts für Steuern mit den geänderten elektronischen Lohnsteuerabzugsmerkmalen (ELStAM)
- **Abmeldebescheinigung** von der Sozialversicherung, **Sozialversicherungsausweis**
- **Arbeitszeugnis** nach § 109 Gewerbeordnung
- **Arbeitsbescheinigung** nach § 312 SGB III. Der Arbeitgeber hat auf Verlangen des Arbeitnehmers oder auf Verlangen der Agentur für Arbeit alle Tatsachen zu bescheinigen, die für die Entscheidung über den Anspruch auf Arbeitslosengeld oder Übergangsgeld erheblich sein können. Er muss den hierfür vorgesehenen Vordruck benutzen und insbesondere die Art der Tätigkeit des Arbeitnehmers, Beginn, Ende, Unterbrechung und Grund für die Beendigung des Beschäftigungsverhältnisses, und das Arbeitsentgelt und die sonstigen Geldleistungen, die der Arbeitnehmer erhalten oder zu beanspruchen hat, angeben.
- Unterlagen über die betriebliche Altersversorgung
- Unterlagen über vermögenswirksame Leistungen
- Erstbelehrung nach § 43 Infektionsschutzgesetz
- Gesundheitsbescheinigung (Erstuntersuchung bzw. Nachuntersuchung nach dem JArbSchG)
- Erlaubnis einer Beschäftigung (Arbeitsgenehmigung) bei Arbeitnehmern aus Nicht-EU-Staaten
- **Urlaubsbescheinigung** nach § 6 BUrlG über den im laufenden Kalenderjahr bereits gewährten oder abgegoltenen Urlaub

2.2 Personalakte – Datenschutz beachten

EINSTIEGSSITUATION

Frau Köppel liest einen interessanten Artikel in einer Fachzeitschrift und legt diesen den Auszubildenden der Autohaus Köppel GmbH vor. Mithilfe des Zeitungsartikels sollen verschiedene Fragen beantwortet werden.

Anspruch auf Entfernung der Abmahnung aus der Personalakte

Nach einem Urteil des Bundesarbeitsgerichts (BAG, 19.07.2012, 2 AZR 782/11) kann ein Arbeitnehmer die Entfernung einer zu Recht erteilten Abmahnung aus seiner Personalakte nur dann verlangen, wenn das gerügte Verhalten für das Arbeitsverhältnis in jeder Hinsicht bedeutungslos geworden ist. Auf die Revision des Beklagten (Arbeitgebers) wurde mit dieser Begründung das Urteil des Thüringer Landesarbeitsgerichts vom 23. November 2010 (7 Sa 427/09) aufgehoben und die Sache zur neuen Verhandlung und Entscheidung an das Landesarbeitsgericht zurückverwiesen.

Aus der Begründung des Urteils:

Das Landesarbeitsgericht hat auf Basis der bisherigen Feststellungen zu Unrecht angenommen, die Klägerin (Arbeitnehmer) habe einen Anspruch auf Rücknahme und Entfernung der Abmahnung aus ihrer Personalakte, da der Beklagte kein schutzwürdiges Interesse mehr daran habe, dass die Abmahnung in deren Personalakte verbleibe.

Personalakten sind eine Sammlung von Urkunden und Vorgängen, die die persönlichen und dienstlichen Verhältnisse eines Mitarbeiters betreffen und in einem inneren Zusammenhang mit dem Dienstverhältnis stehen Sie sollen ein möglichst vollständiges, wahrheitsgemäßes und sorgfältiges Bild über diese Verhältnisse geben. Ein Arbeitnehmer kann deshalb nur in Ausnahmefällen die Entfernung auch solcher Aktenvorgänge verlangen, die auf einer richtigen Sachverhaltsdarstellung beruhen.
Ein solcher Fall liegt vor, wenn eine Interessenabwägung im Einzelfall ergibt, dass die weitere Aufbewahrung zu unzumutbaren beruflichen Nachteilen für den Arbeitnehmer führen könnte, obwohl der beurkundete Vorgang für das Arbeitsverhältnis rechtlich bedeutungslos geworden ist. Diesen Maßstab hat das Landesarbeitsgericht verkannt.

Es hat angenommen, eine Abmahnung könne nach längerem einwandfreien Verhalten des Arbeitnehmers ihre Wirkung verlieren. Dies wäre der Fall, wenn die Abmahnung nur eine Warnfunktion für den Arbeitnehmer hätte. Das ist nicht der Fall, solange eine zu Recht erteilte Abmahnung etwa für eine zukünftige Entscheidung über eine Versetzung oder Beförderung und die entsprechende Eignung des Arbeitnehmers, für die spätere Beurteilung von Führung und Leistung in einem Zeugnis oder für die im Zusammenhang mit einer möglichen späteren Kündigung erforderlich werdende Interessenabwägung von Bedeutung sein kann. Darüber hinaus kann es im berechtigten Interesse des Arbeitgebers liegen, die Erteilung einer Rüge im Sinne einer Klarstellung der arbeitsvertraglichen Pflichten weiterhin dokumentieren zu können. Diese Voraussetzungen eines Entfernungsanspruches hat das Landesarbeitsgericht nicht sämtlich geprüft.

(Quelle: BAG: Abmahnung wegen Pflichtverletzung - Anspruch auf Entfernung der Abmahnung aus der Personalakte, Zugriff am 22.02.2016 unter: juris.bundesarbeitsgericht.de/cgi-bin/rechtsprechung/document.py?Gericht=bag&Art=en&nr=16336)

1. Äußern Sie sich zu diesem Urteil des Bundesarbeitsgerichts (BAG).
2. Wie definiert das BAG den Begriff „Personalakte“ und die drei Funktionen einer Abmahnung?

2.2.1 Aufgaben und Inhalte der Personalakte

In der **Personalakte** werden alle Urkunden und Vorgänge gesammelt, die die persönlichen und dienstlichen Verhältnisse eines Mitarbeiters/einer Mitarbeiterin betreffen. Die Unterlagen müssen das Arbeitsverhältnis betreffen oder damit im Zusammenhang stehen. Die Inhalte der

Personalakte sollen ein möglichst vollständiges, wahrheitsgemäßes und sorgfältiges Bild über die Person, die Tätigkeit und die Leistungen des Mitarbeiters/der Mitarbeiterin vermitteln.

Mögliche Ablagestruktur und Inhalte einer Personalakte	
Personalbezogene Unterlagen und Vertragsunterlagen	Bewerbungsschreiben des Mitarbeiters/der Mitarbeiterin, Kopien der bisherigen Arbeitszeugnisse, Schul- und Berufsabschlusszeugnisse, Lebenslauf und Passbild, amtliches Führungszeugnis (bei Vertrauenspositionen), Aufenthaltserlaubnis und Arbeitserlaubnis (soweit erforderlich), Arbeitsvertrag mit Stellenbeschreibung, Erklärung zu Nebenbeschäftigungen, Vereinbarungen über Sonderzahlungen
Sozialversicherungs- und Steuerunterlagen	Anmeldung zur Krankenkasse, Nachweis der monatlichen Krankenkassenbeiträge, Sozialversicherungsausweis/Ausweis zur Versicherungsnummer, Unterlagen zu Zusatzversorgungskassen (soweit existent), Nachweis zur Anlage vermögenswirksamer Leistungen, Nachweis für Kinderlose (Pflegeversicherung), Lohn- und Gehaltsbescheinigungen, Unterlagen zur Lohnsteuer, Heiratsurkunde, Geburtsurkunden der Kinder
Kopien amtlicher Urkunden	Kopie der Fahrerlaubnis (Führerschein), Schwerbehindertenausweis, Scheidungsurteil mit Bestätigung der Rechtskraft, Pfändungs- und Überweisungsbeschlüsse, Wehr- bzw. Zivildienstbescheinigung, Bescheinigung über abgeleisteten Bundesfreiwilligendienst
Sonstige Unterlagen	Personalbogen, Urlaubsliste und Fehlzeitenübersicht, Beurteilungen, Abmahnungen, Personalentwicklungsplan, Protokolle der jährlichen Mitarbeitergespräche (z. B. Zielgespräche), Bescheinigungen über ärztliche Untersuchungen im Rahmen der Arbeitssicherheit, Gesundheitsausweis (beim Umgang mit Lebensmitteln), Weiterbildungsnachweise, Nachweis Sicherheitsbeauftragter, Werkschutzunterlagen, Aushändigungen (z. B. Firmen-Pkw, Arbeitsmittel, Smartphone, Schlüssel, Bahncard, Miles & More, Firmenausweis, Parkplatz), Belehrungen (z. B. Datenschutz, Betriebsordnung, Sicherheitsbelehrung), Schriftverkehr mit dem Mitarbeiter

Personalakten werden zunehmend digital geführt (elektronische Akte), da so die Dokumente jederzeit und übersichtlich strukturiert zur Verfügung stehen. Ebenso sind automatische Erinnerungen möglich, z. B. Ende Probezeit, Ablauf der Vertragsbefristung oder Elternzeit.

2.2.2 Einsichts- und Datenschutzrechte des Arbeitnehmers/der Arbeitnehmerin

Der Arbeitnehmer hat ein **Einsichtsrecht** in seine Personalakte **(Recht auf Transparenz)**. Er kann dabei ein Mitglied des Betriebsrats bzw. der Schwerbehindertenvertretung hinzuziehen, Erklärungen zum Inhalt der Personalakte beifügen lassen (§ 83 BetrVG) und sich Notizen machen, Ausdrucke und Fotokopien erstellen lassen. Das Einsichtsrecht kann ohne Angabe von Gründen während der Arbeitszeit ausgeübt werden und umfasst das **Auskunftsrecht** bezüglich der Datenherkunft und Datenübermittlung an Dritte nach § 34 BDSG. Die Einzelheiten der Einsichtnahme, wie etwa die Häufigkeit, die Voranmeldung und der betriebliche Ort, an dem Einblick genommen werden kann, unterliegen der Mitbestimmung des Betriebsrats (§ 87 Abs. 1 BetrVG).

Das Auskunfts- bzw. Einsichtsrecht soll verhindern, dass unzutreffende oder unzulässige Informationen über Beschäftigte gesammelt werden. Der Arbeitnehmer kann nach § 35 BDSG unrichtige Personalaktendaten korrigieren lassen und verlangen, dass unzulässige Angaben entfernt werden (**Recht auf Berichtigung**). Vor der Aufnahme negativer Vorgänge, die ihn in seinem beruflichen Fortkommen behindern könnten, muss der betroffene Mitarbeiter angehört werden (**Anhörungsrecht**).

Ein Arbeitnehmer kann die Entfernung einer Abmahnung aus seiner Personalakte nur dann verlangen, wenn das gerügte Verhalten für das Arbeitsverhältnis in jeder Hinsicht bedeutungslos geworden ist. Das ist dann der Fall, wenn die Abmahnung einerseits ihre Warn- und Rügefunktion aufgrund des Zeitablaufs verloren hat und andererseits der Arbeitgeber kein sonstiges Interesse mehr an der Dokumentation dieser Pflichtverletzung hat. Es gibt keine festen Fristen, wie lange der Arbeitgeber aus einer Abmahnung noch Schlüsse ziehen darf.

Arbeitnehmer dürfen durch den Umgang mit ihren personenbezogenen Daten nicht in ihrem **Persönlichkeitsrecht** beeinträchtigt werden (§ 1 BDSG). Grundsätzlich gilt, dass alle Sachverhalte, die in einem Vorstellungsgespräch nicht erfragt werden dürfen (z. B. chronische Krankheiten, Vorstrafen, Vermögensverhältnisse) auch nicht in die Personalakte gehören.

Der Arbeitgeber ist verpflichtet, die Personalakten sorgfältig zu verwahren und die Informationen vertraulich zu behandeln (**Prinzip der Vertraulichkeit**). Er hat das Gebot der Zweckbindung[1] einzuhalten und muss die Sachbearbeiter/-innen entsprechend anweisen. Dabei ist der Kreis der mit Personalakten befassten Mitarbeiter/-innen möglichst klein zu halten. Den bei der Datenverarbeitung beschäftigten Personen ist untersagt, personenbezogene Daten unbefugt zu erheben, zu verarbeiten oder zu nutzen (**Datengeheimnis**, § 5 BDSG). Diese Personen sind vor der Aufnahme ihrer Tätigkeit auf das Datengeheimnis zu verpflichten. Das Datengeheimnis besteht auch nach Beendigung ihrer Tätigkeit fort.

Sensible Daten sind besonders vor Missbrauch zu schützen und ggf. getrennt zu speichern und zu verarbeiten. **Sensible Daten** sind nach § 3 Abs. 9 BDSG insbesondere die Angaben über die rassische und ethnische Herkunft, politische Meinung, religiöse oder philosophische Überzeugungen, Gewerkschaftszugehörigkeit, Gesundheit oder das Sexualleben.

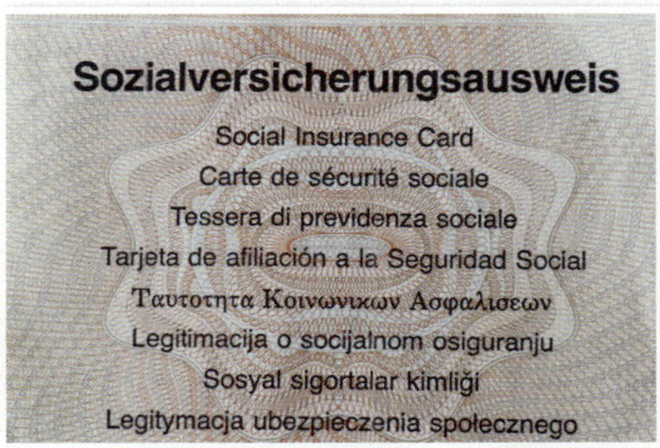

1 Der konkrete Zweck ist vor der Erhebung der Daten jeweils festzulegen (§ 28 Abs. 1 BDSG). Personalaktendaten dürfen nur für Zwecke der Personalwirtschaft verwendet werden.

Der Schutz der Daten ist durch technische und organisatorische Maßnahmen sicherzustellen (§ 9 BDSG). Personalakten sind so aufzubewahren, dass nur Berechtigte Zugang haben. Geeignet sind abschließbare Räume bzw. Schränke. Auskünfte über Inhalte und die Versendung von Inhalten aus Personalakten sind nur mit Einwilligung des Beschäftigten zulässig. Bei der Verarbeitung der Daten der Beschäftigten mittels Kommunikations- und Informationstechniken sind die Mitbestimmungsrechte des Betriebsrats zu beachten.

2.3 Entgeltbestandteile und Entgeltabrechnung

EINSTIEGSSITUATION

Nora Braun findet am heutigen Morgen diesen Zettel auf ihrem Platz. Pascal Palm kommt hinzu. Er möchte gerne den Unterschied zwischen dem Arbeitnehmerentgelt, das der Arbeitgeber aufwenden muss und dem Brutto- bzw. Nettoverdienst des Arbeitnehmers wissen.

Sie beantworten Herrn Palms Frage.

Verschiedene Perspektiven

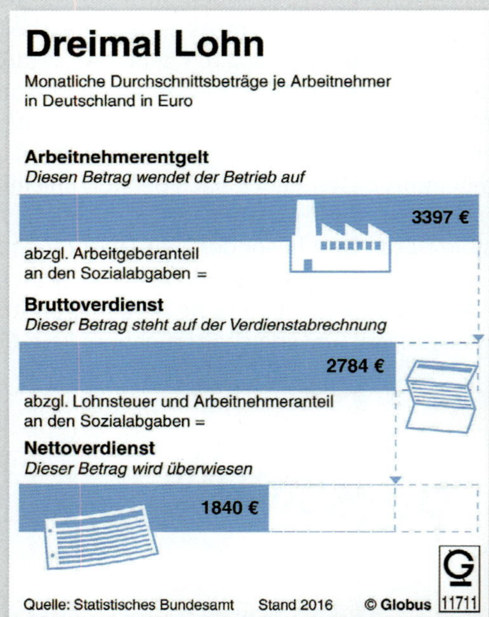

Wenn Chef und Mitarbeiter über Lohn und Gehalt reden, diskutieren sie oft aneinander vorbei. Der Arbeitgeber stöhnt über die hohen Lohnkosten, der Arbeitnehmer beklagt sein niedriges Nettoeinkommen. In der Tat: Vom Aufwand für Arbeit, wie ihn das Unternehmen in seiner Kostenrechnung kalkuliert, landet nur gut die Hälfte (54 Prozent) auf dem Konto des Arbeitnehmers. Durchschnittlich 3397 Euro im Monat mussten die Arbeitgeber im Jahr 2016 für jeden abhängig Beschäftigten kalkulieren. Davon sind nur 2784 Euro brutto auf der monatlichen Lohn- und Gehaltsabrechnung ausgewiesen. Unsichtbar für den Arbeitnehmer bleiben jene 613 Euro, die der Betrieb als Arbeitgeberbeiträge an die Sozialkassen abführt. Nach Abzug der Lohnsteuer und der Arbeitnehmerbeiträge zur Renten-, Arbeitslosen-, Kranken- und Pflegeversicherung bleiben dem Beschäftigten 1840 Euro netto im Monat. Fazit: Der Betrieb wendet 3397 Euro auf, der Beschäftigte erhält 1840 Euro. Den Unterschied zwischen Lohnkosten und Nettolohn – in diesem Beispiel 1557 Euro – kassieren der Staat und die Sozialversicherung.

(Copyright: dpa-infografik)

Der Arbeitgeber muss dem Arbeitnehmer bei Zahlung des Arbeitsentgelts eine Abrechnung **in Textform** erteilen. Die Abrechnung muss mindestens den Abrechnungszeitraum und die Zusammensetzung des Arbeitsentgelts enthalten, z. B. Art und Höhe der Zuschläge, Zulagen, sonstige Vergütungen, Art und Höhe der Abzüge, Abschlagszahlungen, Vorschüsse (§ 108 GewO).

2.3.1 Ermittlung des Bruttoentgelts

Mit der **Bruttoabrechnung** wird ausgewiesen, wie sich das Bruttoentgelt für einen Abrechnungszeitraum (in der Regel ein Monat) zusammensetzt. Grundlage für das Bruttoentgelt ist der Arbeitsvertrag. Dieser verweist i. d. R. auf den zurzeit gültigen Entgelt-Tarifvertrag und ergänzend hierzu auf vorhandene Betriebsvereinbarungen, in denen vor allem Zulagen (z. B. Belastungs-, Gefahrenzulagen), Urlaubs-, Weihnachtsgeld, Mehrarbeits-, Sonntags-, Feiertags-, Nachtarbeitszuschläge festgelegt sind und Prämien- und Provisionssysteme geregelt sind. Hinzu kommen freiwillige Leistungen des Arbeitgebers, wie Arbeitgeberzuschuss zu den vermögenswirksamen Leistungen des Arbeitnehmers (siehe auf Seite 93 f.) und Gewährung von geldwerten Vorteilen in Form von unentgeltlicher oder verbilligter Überlassung von Sachwerten oder Dienstleistungen (z. B. Personalrabatt, verbilligte Vermietung einer Werkswohnung, Essenszuschuss, private Nutzung eines Geschäftswagens).

Beispiel: Ermittlung des Bruttoentgelts für Dana Zoren (Verkauf Gebrauchtwagen)

Grundentgelt	**1 500,00 €**	**lt. Arbeitsvertrag**[1]
+ Verkaufsprovision	1 200,00 €	lt. Arbeitsvertrag bzw. Betriebsvereinbarung
+ Zulagen	0,00 €	lt. Tarifvertrag, z. B. Belastungs-, Gefahr-, Leistungs-, Funktionszulage (z. B für Ausbilder)
+ bezahlte Mehrarbeitsstunden	0,00 €	nach Genehmigung durch Vorgesetzte, Überstundenzuschlag gemäß Tarifvertrag bzw. Betriebsvereinbarung, z. B. 25 %
+ Urlaubsgeld		lt. Tarifvertrag bzw. Betriebsvereinbarung
+ Weihnachtsgeld		lt. Tarifvertrag bzw. Betriebsvereinbarung
+ Arbeitgeberzuschuss zu vermögenswirksamen Leistungen[2]	20,00 €	lt. Tarifvertrag bzw. Betriebsvereinbarung

1 Siehe hierzu Kap. 1.3 Abschluss des Arbeitsvertrags auf Seite 45 ff.

2 Siehe hierzu Exkurs: Vermögensw rksame Leistungen auf Seite 93 f.

+ steuerpflichtige Sachbezüge (geldwerte Vorteile)	480,00 €	private Nutzung eines Geschäftswagens[1], Zuschuss für Verpflegung bzw. Unterkunft bzw. Wohnung[2], Kost bzw. Jobticket bzw. Tankkarte über der Freigrenze[3] von 44,00 € pro Monat (§ 8 EStG), Waren über den Rabattfreibetrag von 1 080,00 € pro Jahr
= beitragspflichtiges Bruttoentgelt	**3 200,00 €**	**sozialversicherungspflichtig (Arbeitnehmeranteil)**
– persönlicher Lohnsteuerfreibetrag	200,00 €	lt. ELStAM
= steuerpflichtiges Bruttoentgelt	**3 000,00 €**	**Lohn-, Kirchensteuer, Solidaritätszuschlag**
+ steuer- bzw. beitragsfreie Zuschläge[4] (steuerfrei bis höchstens 50,00 € pro Stunde, sozialversicherungsfrei bis höchstens 25,00 € pro Stunde)	400,00 €	§ 3b EStG: 25 % Zuschlag für Nachtarbeit ab 20:00 bis 06:00 Uhr, 50 % für Sonntagsarbeit, 125 % Zuschlag für Arbeit an gesetzlichen Feiertagen und am 31.12. nach 14:00 Uhr, 150 % Zuschlag für Arbeit am 1. Mai, 24.12. nach 14:00 Uhr und am 25.12. und 26.12.
gesamtes Bruttoentgelt	**3 600,00 €**	

2.3.2 Ermittlung des Nettoentgelts und des Auszahlungsbetrags

Jeder Betrieb muss für seine Beschäftigten Lohn-, Kirchensteuer, den Solidaritätszuschlag und Sozialversicherungsbeiträge abziehen und an die Finanzkasse bzw. zuständige Berufsgenossenschaft bzw. Einzugsstelle der Krankenkasse abführen.

Ermittlung der Lohn-, Kirchensteuer und des Solidaritätszuschlags

Für die Ermittlung der Lohnsteuer muss der Arbeitgeber für jeden Arbeitnehmer ein **Lohnkonto** führen (§ 41 EStG, § 4 LStDV). Im Lohnkonto sind aufzuzeichnen: Vorname, Familienname, Tag der Geburt, Wohnort, Wohnung, Personalnummer, die vom Finanzamt ausgestellte

1 Die Privatnutzung des Geschäftswagens bringt Frau Zoren einen geldwerten Vorteil, weil sie kein eigenes Auto mehr braucht. Die Höhe dieses Sachbezugs wird mit monatlich pauschal 1 % des Bruttolistenneupreises angesetzt, z. B. 1 % von 48 000,00 € = 480,00 €, angesetzt (BFH, Urteil vom 07.03.2013, VI R 51/11). Wenn Frau Zoren ein Fahrtenbuch führen würde, könnte sie den privaten Anteil genau bestimmen und als geldwerten Vorteil ansetzen.

2 Siehe hierzu Sozialversicherungsentgeltverordnung (§ 2 SvEV).

3 Ist der Sachbezug höher als die **Freigrenze**, dann ist der gesamte geldwerte Vorteil zu versteuern und nicht nur der übersteigende Betrag. Die Freigrenze gilt pro Arbeitsverhältnis.

4 Ein gesetzlicher Anspruch auf Sonn- und Feiertagszuschläge lässt sich aus § 3b EStG und § 11 ArbZG nicht ableiten (BAG 5 AZR 97/ 05). Wenn ein Lohnzuschlag gewährt wird, ist er lediglich innerhalb bestimmter Grenzen steuer- und beitragsfrei.

Bescheinigung der elektronischen Lohnsteuerabzugsmerkmale (ELStAM), z. B. Lohnsteuerklasse, Kinderfreibetrag[1], Kirchensteuerabzugsmerkmale, eingetragener persönlicher Lohnsteuerfreibetrag[2]. Zusätzlich sind die Termine und Zeiträume der Lohnzahlung aufzuzeichnen. Der Zahlenteil aller Lohnkonten wird monatlich für alle Arbeitnehmer auf die **Lohnliste** übernommen. Die Lohnliste stellt den Buchungsbeleg dar.

Übersicht über die Lohnsteuerklassen nach § 38b und § 39b EStG

Steuerklasse	Personenkreis	Beim Lohnsteuerabzug berücksichtigter Grundfreibetrag und Pauschalen	2018 in € pro Jahr
I	ledige, verwitwete, geschiedene sowie verheiratete Arbeitnehmer/-innen, die **dauernd getrennt** leben	• Grundfreibetrag[3] • Arbeitnehmer-Pauschbetrag • Sonderausgaben-Pauschbetrag • Vorsorgepauschale[4]	9 000,00 1 000,00 36,00 1 900,00
II	alleinerziehende Arbeitnehmer/-innen der Steuerklasse I	• siehe Steuerklasse I • Entlastungsbetrag	s. o. 1 908,00[5]
III	verheiratete Arbeitnehmer/-innen, die nicht dauernd getrennt leben und deren Ehepartner/-in keinen Arbeitslohn bezieht **oder** auf gemeinsamen Antrag in Steuerklasse V eingestuft wird	• Grundfreibetrag • Arbeitnehmer-Pauschbetrag • Sonderausgaben-Pauschbetrag • Vorsorgepauschale	18 000,00 1 000,00 36,00 3 000,00
IV	Verheiratete, die **beide Arbeitslohn beziehen** und nicht dauernd getrennt leben	siehe Steuerklasse I	s. o.
V	Arbeitnehmer/-innen der Steuerklasse IV, wenn einer der Ehegatten **auf gemeinsamen Antrag** in die Steuerklasse III eingestuft wird	• Arbeitnehmer-Pauschbetrag • Sonderausgaben-Pauschbetrag • Vorsorgepauschale	1 000,00 36,00 1 900,00
VI	für ein zweites Arbeitsverhältnis und alle **weiteren Arbeitsverhältnisse** eines Arbeitnehmers	Vorsorgepauschale	1 900,00

1 Das Kindergeld wird auf Antrag von der zuständigen Familienkasse der Bundesagentur für Arbeit ausgezahlt. **Kinderfreibeträge** werden deshalb bei der Ermittlung der Lohnsteuer nicht mehr berücksichtigt. Sie erscheinen in den Steuertabellen, weil sie für den Abzug des Solidaritätszuschlages und der Kirchensteuer von Bedeutung sind.

2 Arbeitnehmer, deren jährliche Aufwendungen über den Arbeitnehmer-Pauschbetrag für Werbungskosten (zurzeit 1 000,00 €) übersteigen, erhalten einen **persönlichen Lohnsteuerfreibetrag** vom Finanzamt, wenn sie einen Antrag auf **Lohnsteuer-Ermäßigung** stellen. **Werbungskosten** sind alle Aufwendungen, die dem Arbeitnehmer zur Erwerbung und Sicherung seiner Arbeitsstelle entstehen, z. B. Fahrkosten zur Arbeitsstelle.

3 Der **Grundfreibetrag** stellt sicher, dass das zur Bestreitung des Existenzminimums nötige Einkommen nicht durch Steuern gemindert wird. Jeder Einkommensteuerpflichtige hat Anspruch auf einen steuerfreien Grundfreibetrag (§ 32a Abs. 1 EStG).

4 Die **Vorsorgepauschale** setzt sich nach § 39b Abs. 2 EStG im Wesentlichen aus den Teilbeträgen für die gesetzliche Renten-, Kranken- und soziale Pflegeversicherung zusammen.

5 für jedes weitere Kind zusätzlich 240,00 €

Anstelle der Steuerklassenkombination III/V können Eheleute die Steuerklassenkombination IV-Faktor/ IV-Faktor wählen (§ 39 f. EStG, individuelles Faktorverfahren). Damit wird erreicht, dass bei jedem Ehegatten der ihm persönlich zustehende Grundfreibetrag berücksichtigt wird.

Auszüge aus der Allgemeinen Monatslohnsteuertabelle[1] 2018 (Angaben in €)

			Ohne Kinderfreibetrag			Mit 1 Kinderfreibetrag[2]		
Monatsentgelt	Steuerklasse	Lohnsteuer	SolZ	Kirchensteuer		SolZ	Kirchensteuer	
			5,5%	8 %	9 %	5,5 %	8 %	9 %
500,00	I	–	–	–	–	–	–	–
	II	–	–	–	–	–	–	–
	III	–	–	–	–	–	–	–
	IV	–	–	–	–	–	–	–
	V	44,83	–	3,58	4,03	–	–	–
	VI	56,91	–	4,55	5,12	–	–	–
1 000,00	I	–	–	–	–	–	–	–
	II	–	–	–	–	–	–	–
	III	–	–	–	–	–	–	–
	IV	–	–	–	–	–	–	–
	V	101,83	4,16	8,14	9,16	–	–	–
	VI	113,91	6,26	9,11	10,28	–	–	–
1 500,00	I	76,75	–	6,14	6,90	–	–	–
	II	42,08	–	3,66	–	–	–	–
	III	–	–	–	–	–	–	–
	IV	76,75	–	6,14	6,90	–	1,18	1,32
	V	242,25	13,32	19,38	21,80	–	–	–
	VI	278,50	15,31	22,28	25,06	–	–	–
2 000,00	I	185,91	10,22	14,87	16,73	–	2,97	3,34
	II	144,83	–	–	–	–	0,75	0,84
	III	5,50	–	0,44	0,49	–	–	–
	IV	185,91	10,22	14,87	16,73	5,25	8,58	9,65
	V	417,50	22,96	33,40	37,57	–	–	–
	VI	447,83	24,63	35,82	40,30	–	–	–
2 500,00	I	300,75	16,54	24,06	27,06	7,41	10,78	12,13
	II	256,25	–	–	–	2,89	7,64	8,59
	III	84,33	–	6,74	7,58	–	–	–
	IV	300,75	16,54	24,06	27,06	11,83	17,22	19,37
	V	572,50	31,48	45,80	51,52	–	–	–
	VI	606,50	33,35	48,52	54,58	–	–	–

1 allgemeine Lohnsteuertabelle mit der vollen Vorsorgepauschale für sozialversicherungspflichtige Arbeitnehmer/-innen

2 In den Lohnsteuerklassen 5 und 6 kann kein Kinderfreibetrag geltend gemacht werden, da dieser bereits beim Ehegatten in Steuerklasse 3 bzw. im ersten Arbeitsverhältnis berücksichtigt wird.

Monatsentgelt	Steuerklasse	Lohnsteuer	Ohne Kinderfreibetrag			Mit 1 Kinderfreibetrag[1]		
			SolZ	Kirchensteuer		SolZ	Kirchensteuer	
			5,5%	8 %	9 %	5,5 %	8 %	9 %
3 000,00	I	424,91	23,37	33,99	38,24	13,48	19,62	22,07
	II	376,83	–	–	–	11,13	16,19	18,21
	III	182,16	4,03	14,57	16,39	–	3,97	4,46
	IV	424,91	23,37	33,99	38,24	18,29	26,60	29,93
	V	744,75	40,96	59,58	67,02	–	–	–
	VI	781,08	42,95	62,48	70,29	–	–	–
4 500,00	I	855,33	47,04	68,42	76,97	34,88	50,74	57,08
	II	796,66	–	–	–	31,94	46,46	52,26
	III	510,00	28,05	40,79	45,90	18,93	27,54	30,98
	IV	855,33	47,04	68,42	76,97	40,82	59,38	66,80
	V	1276,41	70,20	102,11	114,87	–	–	–
	VI	1312,66	72,19	105,01	118,13	–	–	–
8 000,00	I	2247,58	123,61	179,80	202,28	109,31	159,00	178,88
	II	2180,75	–	–	–	105,64	153,66	172,87
	III	1587,00	87,28	126,96	142,83	75,15	109,32	122,98
	IV	2247,58	123,61	179,80	202,28	116,46	169,40	190,58
	V	2689,03	147,89	215,12	242,01	–	–	–
	VI	2725,33	149,89	218,02	245,27	–	–	–

Die Lohnsteuer wird mithilfe eines Lohnabrechnungsprogramms oder (bei wenigen Arbeitnehmern) mit einem Lohnsteuerrechner berechnet bzw. aus der **Monatslohnsteuertabelle** abgelesen. Bemessungsgrundlage für den **Solidaritätszuschlag** in Höhe von 5,5 % ist die Lohnsteuer. Die **Kirchensteuer** für Konfessionen, die als öffentlich rechtliche Körperschaft anerkannt sind, errechnet sich ebenfalls aus der Lohnsteuer (8 % in Bayern und Baden-Württemberg bzw. 9 % in allen anderen Bunwdesländern).

Berechnung der Sozialversicherungsbeiträge[2]

Neben den Steuern muss der Arbeitgeber die Arbeitnehmeranteile zu den Sozialversicherungen einbehalten und zusammen mit seinem Arbeitgeberanteil an die zuständigen Krankenkassen abführen. Jeder Arbeitnehmer ist aufgrund der Vorschriften des Sozialgesetzbuchs (SGB) in folgenden Sozialversicherungszweigen pflichtversichert.

1 In den Lohnsteuerklassen 5 und 6 kann kein Kinderfreibetrag geltend gemacht werden, da dieser bereits beim Ehegatten in Steuerklasse 3 bzw. im ersten Arbeitsverhältnis berücksichtigt wird.

2 Siehe hierzu Kap. 2.1.2 Anmeldung des neuen Arbeitnehmers auf Seite 77 f.

Versicherungszweig	Beitragssatz[1]	Beitragsbemessungsgrenze[2]
Krankenversicherung	Gesamtbeitragssatz:14,6 %; Arbeitnehmer zahlt 7,3 % + Zusatzbeitrag (hier: + 1,0 %) bzw. abzüglich Bonus; Arbeitgeber zahlt 7,3 % (Festbeitrag)[3]	4 425,00 € pro Monat (West und Ost)
Pflegeversicherung	Gesamtbeitragssatz: 2,55 %; Arbeitnehmer zahlt die Hälfte[4]	s. Krankenversicherung
Rentenversicherung	Gesamtbeitragssatz: 18,6 %; Arbeitnehmer zahlt die Hälfte (9,3 %)	West: 6 500,00 € pro Monat Ost: 5 800,00 € pro Monat
Arbeitslosenversicherung	Gesamtbeitragssatz: 3,0 %; Arbeitnehmer zahlt die Hälfte (1,5 %)[5]	s. Rentenversicherung

Die Höhe des Sozialversicherungsbeitrages ist abhängig von

- der Beitragsgruppe in der Sozialversicherung (Beitragsgruppenschlüssel siehe auf Seite 78), Arbeitnehmer mit der Beitragsgruppe 1111 sind in allen Versicherungszweigen voll versichert;
- der Höhe des beitragspflichtigen Bruttoentgelts (im Regelfall entspricht dieses dem steuerpflichtigen Bruttoentgelt, jedoch ist der persönliche Lohnsteuerfreibetrag nicht beitragsfrei).

---

1 Stand: 2018

2 Stand: 2018; übersteigt das beitragspflichtige Bruttogehalt die **Beitragsbemessungsgrenze**, bleibt der Beitrag in Euro unverändert (gleichbleibender Höchstbeitrag). Aus der gesetzlichen Kranken- und Pflegeversicherung kann der Arbeitnehmer austreten, wenn sein regelmäßiges Bruttoentgelt die **Jahresarbeitsentgeltgrenze** bzw. **Versicherungspflichtgrenze** (2018: 59 400,00 € bzw. 4 950,00 € pro Monat) übersteigt. Er muss sich dann in einer privaten oder gesetzlichen Versicherung gegen Pflege und Krankheit absichern.

3 Ab 2019: AN und AG je zur Hälfte: 14,6 %/2 = 7,3 % + Zusatzbeitrag je zur Hälfte.

4 Um die Arbeitgeber für ihren 50-prozentigen Beitragsanteil zu entschädigen, wurde in allen Bundesländern (Ausnahme: Sachsen) der Buß- und Bettag als Feiertag abgeschafft. In **Sachsen** zahlen die Arbeitnehmer den vollen Beitrag für die ersten 1 %; an den restlichen 1,55 % beteiligen sich die Arbeitgeber zur Hälfte; dafür wurde hier kein Feiertag abgeschafft. Für Arbeitnehmer, die das 23. Lebensjahr vollendet und keine Kinder haben, erhöht sich der Beitragssatz um 0,25 Prozentpunkte auf 1,275 + 0,25 = 1,525 % (Sachsen: 1,00 + 0,775 + 0,25 = 2,025).

5 Geplant sind 2,7 % Gesamtbeitrag, davon AN und AG jeweils die Hälfte. (Stand 2018)

Beispiel: Ermittlung des Nettoentgelts für Dana Zoren

gesamtes Bruttoentgelt		**3 600,00 €**
steuerpflichtiges Bruttoentgelt	**3 000,00 €**	
– Lohnsteuer (Steuerklasse I)		– 424,91 €
– Solidaritätszuschlag (5,5 % von der Lohnsteuer)		– 23,37 €
– Kirchensteuer (8,0 % von der Lohnsteuer)		– 33,99 €
beitragspflichtiges Bruttoentgelt	**3 200,00 €**	
– Krankenversicherung (Arbeitnehmeranteil: 8,30%)		– 265,60 €
– Rentenversicherung (Arbeitnehmeranteil: 9,3 %)		– 297,60 €
– Arbeitslosenversicherung (Arbeitnehmeranteil: 1,50 %)		– 48,00 €
– Pflegeversicherung (Arbeitnehmeranteil 1,525 %)		– 48,80 €
Nettoentgelt		**2 457,73 €**

Das Nettoentgelt entspricht in der Regel nicht dem Betrag, den der Arbeitnehmer auf sein Konto gutgeschrieben bekommt.

Beispiel: Ermittlung des Auszahlungsbetrags für Dana Zoren

Nettoentgelt		**2 457,73 €**
– vermögenswirksame Anlage (Überweisungsbetrag)		– 40,00 €
– Sachbezüge (geldwerte Vorteile)[1]		– 480,00 €
– Gewerkschaftsbeitrag (1 % vom Bruttoentgelt)		– 36,00 €
– Miete für die Betriebswohnung		0,00 €
– Verrechnung eines gewährten Lohnvorschusses		0,00 €
– Entgeltpfändung (an Gläubiger des AN mit Pfandrechten)		0,00 €
Auszahlungsbetrag (Gutschrift auf das Bankkonto) + **Sachbezüge** (geldwerte Vorteile)		**1 901,73 €** **480,00 €**

1 Der geldwerte Vorteil (Sachbezug) muss vom Nettogehalt wieder abgezogen werden, da dieser nur deshalb dem Bruttoentgelt zugerechnet wird, um die Steuern und Beiträge zu berechnen. Würde der Abzug nicht vorgenommen, hätte der Arbeitnehmer den geldwerten Vorteil und zusätzlich den Geldbetrag vereinnahmt.

Der geschätzte **Gesamtsozialversicherungsbeitrag** (Arbeitgeber- und Arbeitnehmeranteil) wird am **drittletzten Bankarbeitstag** des laufenden Monats nach Verrechnung mit dem Restbeitrag bzw. Erstattungsanspruch aus dem Vormonat vorausgezahlt. **Am letzten Arbeitstag** des laufenden Monats wird der Auszahlungsbetrag auf die Girokonten der Arbeitnehmer überwiesen und die vermögenswirksamen Leistungen der Arbeitnehmer auf die Anlagekonten der Arbeitnehmer. Spätestens am **10. Kalendertag des Folgemonats** werden die Lohnsteuer, die Kirchensteuer und der Solidaritätsbeitrag an das Finanzamt abgeführt (§ 41a EStG). Dies geschieht mithilfe der **Lohnsteueranmeldung**.

Überblick über die Abführung der Steuern und Beiträge

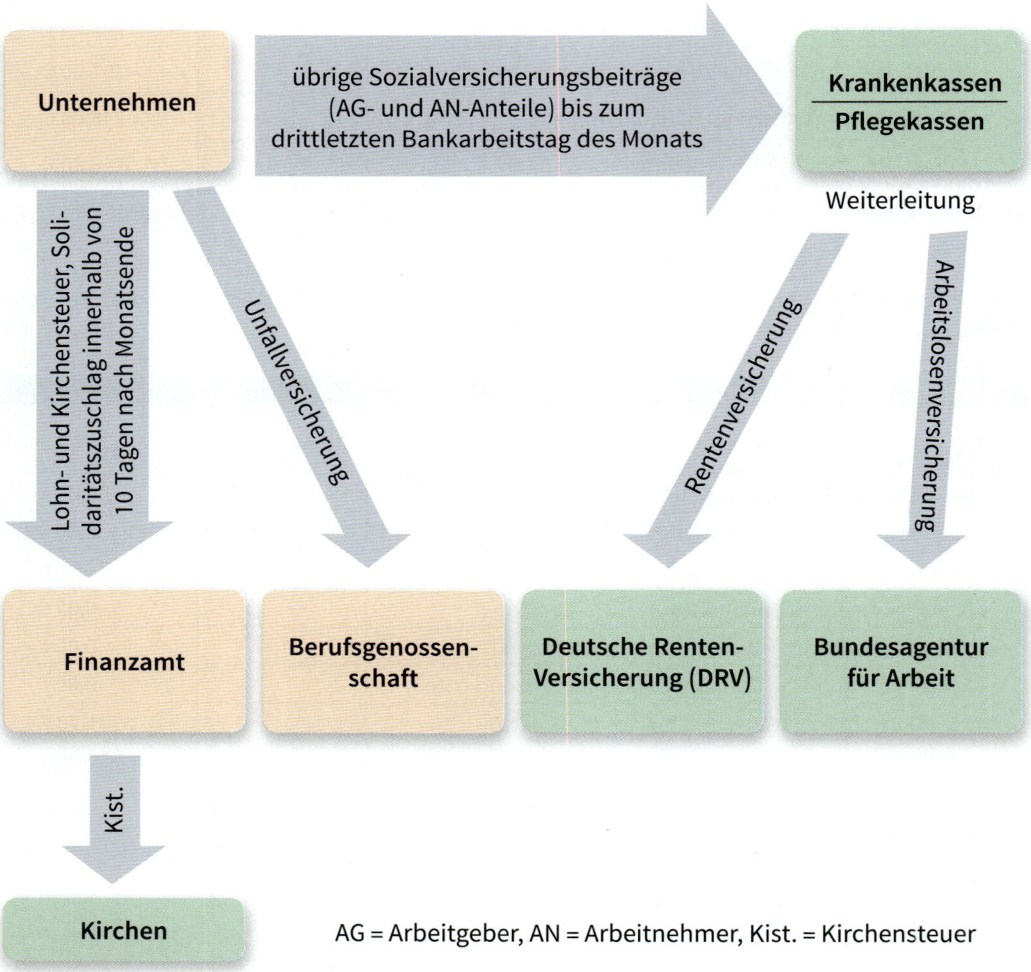

AG = Arbeitgeber, AN = Arbeitnehmer, Kist. = Kirchensteuer

Exkurs: Solidaritätszuschlag

Seit 1995 wird in den alten und neuen Bundesländern ein Solidaritätszuschlag erhoben, der helfen soll, den Aufbau der neuen Bundesländer zu beschleunigen. Der Solidaritätszuschlag betrug anfangs 7,5 % und wurde 1998 auf 5,5 % gesenkt. Er wird von der Lohn- bzw. Einkommen-, Kapitalertrag- und Körperschaftsteuer berechnet. Der Arbeitgeber muss beim Lohnsteuerabzug den Solidaritätszuschlag einbehalten und am Jahresende bescheinigen. Bis zu einer Jahreslohnsteuer von 972,00 € (Verheiratete: 1 944,00 €) wird der Solidaritätszuschlag nicht erhoben (§ 3 SolZG). Der Solidaritätszuschlag soll nach 2019 verfassungsgemäß auslaufen. Ab 2021 sollen mit einem ersten Schritt 90 % aller Zahler durch Einführung einer Freigrenze (mit Gleitzone) entlastet werden.

Exkurs: Vermögenswirksame Leistungen

Nach dem Fünften Vermögensbildungsgesetz erhalten Arbeitnehmer vom Finanzamt eine Arbeitnehmersparzulage, wenn sie Teile ihres Verdienstes in bestimmten geförderten Beteiligungsformen anlegen. Der Arbeitnehmer muss seinem Arbeitgeber die Daten seiner vermögenswirksamen Anlage mitteilen, sodass dieser die Sparbeiträge an die entsprechende Anlagegesellschaft überweisen kann. Die meisten Arbeitgeber gewähren einen Zuschuss zu diesen Sparbeiträgen.

Staatliche Förderung der Vermögensbildung

Grundlage	Geförderter Personenkreis	Art und Höhe der Förderung
Fünftes Vermögensbildungsgesetz (5. VermBG)	Personen mit jährlichen Einkünften aus nichtselbstständiger Arbeit bis 20 000,00 € pro Jahr (Verheiratete bis 40 000,00 €)	**Arbeitnehmersparzulage:** 20 % von höchstens 400,00 € pro Jahr für Sparbeiträge aufgrund eines Sparvertrags über Wertpapiere oder andere Vermögensbeteiligungen
	Personen mit jährlichen Einkünften aus nichtselbstständiger Arbeit bis 17 900,00 € pro Jahr (Verheiratete bis 35 800,00 €)	9 % von höchstens 470,00 € pro Jahr für Sparbeiträge in eine Anlage für wohnungswirtschaftliche Zwecke (z. B. Bausparvertrag)

Der Antrag auf **Arbeitnehmersparzulage** muss spätestens bis zum Ende des vierten Jahres nach dem Sparjahr beim Finanzamt gestellt werden (§ 14 Abs. 4 VermBG). Die Arbeitnehmersparzulage wird erst nach einer für die jeweilige Anlageform vorgeschriebenen Sperrfrist zur Auszahlung fällig.

Für Sparbeiträge in eine Anlage für wohnungswirtschaftliche Zwecke (z. B. Bausparvertrag) kann zusätzlich eine **Wohnungsbauprämie** bei der Bausparkasse beantragt werden.

Grundlage	Geförderter Personenkreis	Art und Höhe der Förderung
Wohnungsbau-Prämiengesetz (WoPG)	Personen ab dem 16. Lebensjahr mit einem jährlichen zu versteuernden Einkommen bis 25 600,00 € (Verheiratete 51 200,00 €)	**Wohnungsbauprämie:** 8,8 % von höchstens 512,00 € pro Jahr für Sparbeiträge in eine Anlage für wohnungswirtschaftliche Zwecke (z. B. Bausparvertrag)

Die **Wohnungsbauprämie** ist bis zum Ende des zweiten Kalenderjahres, das auf das Sparjahr folgt, bei der zuständigen Bausparkasse zu beantragen. Der Anspruch auf die Wohnungsbauprämie entsteht mit Ablauf des Sparjahres. Die entsprechenden Sparbeiträge dürfen nicht vermögenswirksame Leistungen mit Anspruch auf Arbeitnehmersparzulage darstellen (§ 1 WoPG). Wenn der Bausparer bei Vertragsabschluss das 25. Lebensjahr noch nicht vollendet hatte, dann kann er frühestens sieben Jahre nach Vertragsabschluss über die Bausparsumme frei verfügen (§ 2 WoPG).

2.4 Soziale Sicherung und private Vorsorge des Arbeitnehmers/der Arbeitnehmerin

EINSTIEGSSITUATION

Es geschah auf dem Weg zum Ausbildungsbetrieb. Eigentlich könnte Katja Müller mit diesem Mittwoch zufrieden sein: Bestes Wetter, das bevorstehende Wochenende fiel diesmal um zwei Tage länger aus, weil der Donnerstag ein Feiertag war und sie am Freitag einen Urlaubstag bekommen hat. Zudem hat Gulio, ihr Freund, auch Urlaub bekommen. Vergnügt tritt Katja in die Pedale ihres neu erworbenen Mountainbikes. Noch 50 Meter – dann links in die Industriestraße abbiegen. Ihr Ausbildungsbetrieb liegt auf der anderen Straßenseite. Endlich wieder Urlaub. Vier Tage Paris, Euro-Disneyland. Hoffentlich bekommt Gulio das Auto seiner Eltern. Da – ein kreischender Ton reißt sie aus ihren Gedanken. Bremsen quietschen. Beinahe wie im Traum, als sei sie gar nicht beteiligt, bemerkt Katja den Lastwagen unmittelbar vor ihr. Deutlich kann sie hinter der Windschutzscheibe das entsetzte Gesicht des Fahrers erkennen. Dann wird ihr schwarz vor Augen. Sie wacht erst wieder auf der Unfallstation auf. Ein Bein und einen Arm kann sie nicht bewegen; beide Körperteile sind komplett eingegipst.

Alle möglichen Fragen schießen Katja durch den Kopf.
Wer kommt für die Krankenhausbehandlung auf? Wie lange wird meine Ausbildungsvergütung weiterbezahlt? Was passiert mit meinem Ausbildungsplatz? Was geschieht, wenn ich für den Rest meines Lebens gehbehindert bin? Wer kommt für eine mögliche Umschulung auf?

Helfen Sie Katja Müller bei der Beantwortung dieser Fragen.

2.4.1 Geschichte der Sozialversicherung

Die deutsche Sozialversicherung blickt auf eine bewegte Geschichte zurück. Reichskanzler Otto von Bismarck hat sich Ende des 19. Jahrhunderts der sozialen Frage angenommen, um den innerstaatlichen Frieden zu retten. Bismarck hatte den politischen Zündstoff, der in der mangelnden sozialen Sicherung weiter Bevölkerungskreise lag, erkannt. Am 17. November 1881 verkündete er vor dem Reichstag die „Kaiserliche Botschaft" von Kaiser Wilhelm I: *„Geben Sie dem Arbeiter das Recht auf Arbeit, solange er gesund ist, sichern Sie ihm Pflege, wenn er krank ist, sichern Sie ihm Versorgung, wenn er alt ist."*

Gründungsjahr	Versicherungszweig	Versicherungsträger
1883	Gesetzliche Krankenversicherung	Allgemeine Ortskrankenkasse (AOK), Innungs-, Betriebskrankenkassen, Ersatzkassen (DAK-Gesundheit, KKH-Allianz, Barmer GEK usw.)
1884	Gesetzliche Unfallversicherung	Berufsgenossenschaften einzelner Branchen, Eigenunfallversicherungen (Bund, Länder, Gemeinden)
1889 bzw. 1911	Gesetzliche Rentenversicherung der Arbeiter bzw. Angestellten	Deutsche Rentenversicherung Bund (DRV) in Berlin mit Regionalträgern (z. B. DRV Schwaben, DRV Nordbayern, DRV Rheinland)
1927	Gesetzliche Arbeitslosenversicherung	Bundesagentur für Arbeit in Nürnberg mit Regionaldirektionen und örtlichen Agenturen für Arbeit
1995	Gesetzliche und private Pflegeversicherung	Pflegekassen der gesetzlichen Krankenkassen bzw. der privaten Krankenkassen

2.4.2 Wesentliche Leistungen der Sozialversicherung

Versicherungszweig	Versicherungspflicht	Beiträge[1]	Wesentliche Leistungen
Gesetzliche Krankenversicherung (§ 21 SGB I, SGB V)	Arbeitnehmer bis zur Versicherungspflichtgrenze, Rentner, Auszubildende	14,6 % des Bruttoentgelts, Arbeitnehmer 7,3 % + Zusatzbeitrag[1], Arbeitgeber 7,3 % (festgeschrieben)	Maßnahmen zur Früherkennung von Krankheiten, Krankenhilfe (ärztliche Behandlung durch Vertragsärzte, Arznei-, Verbands-, Heil-, Hilfsmittel, Zahn- und Krankenhausbehandlung), Krankengeld ab der 6. Krankheitswoche, kostenlose Familienhilfe für Angehörige des Versicherten ohne eigenes Einkommen usw.

1 Siehe hierzu www.gkv-zusatzbeitraege.de. Ab 2019 zahlen die AG auch die Hälfte des Zusatzbeitrags.

Versicherungszweig	Versicherungspflicht	Beiträge[1]	Wesentliche Leistungen
Gesetzliche Unfallversicherung (§ 22 SGB I, SGB VII)	Arbeitgeber muss seine Arbeitnehmer versichern lassen, ebenso unentgeltlich Hilfeleistende	je nach Gefahrenklasse des Betriebs, Arbeitgeber bringt Beiträge alleine auf (ca. 1 % der Entgeltsumme)	Maßnahmen zur Unfallverhütung, Heilbehandlung nach Arbeitsunfall (auch Wegeunfall auf Arbeitsweg) oder bei Berufskrankheiten, Rehabilitationsmaßnahmen (Kur, Umschulung, usw.), Verletzten-, Übergangsgeld, Unfallrente
Gesetzliche Rentenversicherung (§ 23 SGB I, SGB VI)	Arbeitnehmer, Auszubildende, unentgeltlich tätige häusliche Pflegekräfte	18,6 % des Bruttoentgelts, Arbeitnehmer und Arbeitgeber je zur Hälfte, Bundeszuschuss	Regelaltersrente[2] ab dem 67. Lebensjahr, Erwerbsminderungsrente bei eingeschränkter Arbeitskraft (Leistungsvermögen pro Tag weniger als 3 Stunden: volle Rente, weniger als 6 Stunden: halbe Rente) zunächst für maximal 3 Jahre, Rehabilitationsmaßnahmen
Gesetzliche und private Pflegeversicherung (§ 21a SGB I, SGB XI)	gesetzlich und privat Krankenversicherte	2,55 % des Bruttoentgelts Arbeitnehmer und Arbeitgeber[3] je zur Hälfte	Bei **häuslicher Pflege:** Pflegegeld (von Pflegegrad 2 mit 316,00 bis Pflegegrad 5 mit 901,00 €/Monat), Pflegesachleistungen (von Pflegegrad 2 mit 689,00 bis Pflegegrad 5 mit 1 995,00 €/Monat); Bei **stationärer Pflege:** pflegebedingte Aufwendungen (von Pflegegrad 2 mit 770,00 bis Pflegegrad 5 mit 2 005,00 €/Monat)[4]

1 Ab der **Beitragsbemessungsgrenze (BBG)** bleibt der Beitrag in € unverändert (Höchstbeitrag). 2018 beträgt die monatliche BBG in der gesetzlichen **Renten- und Arbeitslosenversicherung** 6 500,00 € (alte Bundesländer) bzw. 5 800,00 € (neue Bundesländer), in der **gesetzlichen Kranken- und Pflegeversicherung** 4 425,00 € (alte und neue Bundesländer). Aus der gesetzlichen Kranken- und Pflegeversicherung kann der Arbeitnehmer austreten, wenn sein durchschnittliches monatliches Bruttoentgelt die **Versicherungspflichtgrenze** (alte und neue Bundesländer 4 950,00 €) übersteigt.

2 Das Standardrentenniveau von etwa 70 % des Ø-Nettoentgelts erreichen Arbeitnehmer, wenn sie 45 Jahre lang Rentenbeiträge eingezahlt haben („**Eckrentner**"). Wer früher in Rente geht, muss Rentenabschläge von 0,3 % pro Monat des früheren Rentenbeginns in Kauf nehmen. Bis 2030 wird das allgemeine Rentenniveau auf rund 67 % abgesenkt. Das Renteneintrittsalter wird bis 2029 schrittweise auf 67 Jahre erhöht.

3 Wer keine Kinder hat und mindestens 23 Jahre alt ist, zahlt statt 1,275 % (Arbeitnehmeranteil) 1,525 % (Ausnahme Sachsen: 1,774 % bzw. 2,025 %). In Sachsen zahlen die Arbeitnehmer den vollen Beitrag für die ersten 1 % an den restlichen 1,55 % beteiligen sich die Arbeitgeber zur Hälfte (dafür wurde kein Feiertag abgeschafft).

4 Das Pflegestärkungsgesetz II (seit 2017 in Kraft) definiert die Pflegebedürftigkeit anhand von sechs Beeinträchtigungen der Selbstständigkeit (z. B. Mobilität, geistige und kommunikative Fähigkeiten) und unterscheidet die Leistungen nach fünf Pflegegraden (Pflegegrad 1 mit geringer Beeinträchtigung bis Pflegegrad 5 mit schwerster Beeinträchtigung). Pflegegrad 1 beinhaltet lediglich beratende Leistungen.

Versicherungszweig	Versicherungspflicht	Beiträge	Wesentliche Leistungen
Gesetzliche Arbeitslosenversicherung (§ 19 SGB I, SGB II, SGB III)	Arbeitnehmer, Auszubildende	3,0 % des Bruttoentgelts, Arbeitnehmer und Arbeitgeber je zur Hälfte, Arbeitslosengeld II wird aus Steuermitteln finanziert	Arbeitsvermittlung, Berufsberatung, Förderung der beruflichen Weiterbildung, Arbeitslosengeld je nach Beschäftigungsdauer und Lebensalter längstens für 24 Monate (ohne Kind: 60 %, mit Kind: 67 % des Nettoentgelts[1]), danach Arbeitslosengeld II (Regelsatz: 416,00 €), Insolvenzgeld (rückständiges Nettoentgelt der letzten drei Monate)

2.4.3 Grundprinzipien der Sozialversicherung

Nach Artikel 20 Grundgesetz ist die Bundesrepublik Deutschland ein demokratischer und sozialer Bundesstaat. Ein wesentlicher Baustein des vom Staat geknüpften sozialen Netzes ist die Sozialversicherung. Für jeden Beschäftigten besteht grundsätzliche **Versicherungspflicht.**

Als **Beschäftigung** gelten nach § 7 SGB IV

- die nichtselbstständige Arbeit, insbesondere in einem Arbeitsverhältnis. Anhaltspunkte für eine Beschäftigung sind eine Tätigkeit nach Weisungen und eine Eingliederung in die Arbeitsorganisation des Weisungsgebers;
- der Erwerb beruflicher Kenntnisse, Fertigkeiten oder Erfahrungen im Rahmen betrieblicher Berufsbildung;
- der Bezug von Krankengeld, Verletztengeld, Versorgungskrankengeld, Übergangsgeld oder Mutterschaftsgeld oder nach gesetzlichen Vorschriften Erziehungsgeld oder die Inanspruchnahme der Elternzeit oder die Leistung des Bundesfreiwilligendienstes während des Bestands eines Arbeitsverhältnisses.

Beiträge und Leistungen der Sozialversicherung sind nach dem Prinzip der **Solidargemeinschaft** („Einer für alle – alle für einen") aufgebaut. Der Bruttoverdienst jedes Arbeitnehmers wird bis zur Beitragsbemessungsgrenze mit dem gleichen prozentualen Beitragssatz belastet; d. h., dass die besser Verdienenden einen höheren Eurobetrag aufbringen. Auf der anderen Seite erhalten jedoch alle Versicherten die gleichen Leistungen.

Ein weiterer Grundsatz der Rentenversicherung ist der **Generationenvertrag.** Die Generation der Erwerbstätigen finanziert mit ihren Beiträgen die Renten der nicht mehr erwerbstätigen Generation. Dadurch erwerben die Jüngeren ihrerseits das Recht, im Alter von der nachfolgenden

1 Anspruch auf Arbeitslosengeld haben Arbeitnehmer, die die Regelaltersrente noch nicht erreicht haben, die arbeitslos sind, sich bei der Agentur für Arbeit arbeitslos gemeldet haben und die Anwartschaftszeit erfüllt haben. Die Anwartschaft hat erfüllt, wer in den letzten zwei Jahren (Rahmenfrist) mindestens zwölf Monate versicherungspflichtig beschäftigt war. Die Dauer des Anspruchs richtet sich nach der Dauer der versicherungspflichtigen Arbeitsverhältnisse und nach dem Lebensalter des Arbeitslosen (§§ 136–147 SGB III).

Generation versorgt zu werden (**Umlageverfahren**). Sozialer Friede und soziale Gerechtigkeit sind maßgeblich mit der Einhaltung dieses Generationenvertrags, der nirgendwo schriftlich festgehalten ist, verknüpft. Mit jährlichen Rentenanpassungen sollen die Rentner an der allgemeinen Erhöhung der Nettolöhne teilhaben (**Rentendynamisierung**). Die Rentenanpassung enthält jedoch einen **Nachhaltigkeitsfaktor**, der das Verhältnis zwischen Beitragszahlern und Rentnern berücksichtigt. Sinkt dieses Verhältnis z. B. um 0,7 % und erhöhen sich die Nettolöhne um 1,2 %, dann erhöhen sich die Renten nur um 0,5 %. Negative Rentenanpassungen sind ausgeschlossen (**Schutzklausel**, § 255e SGB VI).

Die künftige Rentenpolitik muss sich immer mehr an den Grundsätzen der **Demografiebeständigkeit**, der **Generationengerechtigkeit** und der **Chancen der Teilhabe auf dem Arbeitsmarkt** orientieren.

2.4.4 Probleme der Sozialversicherung und Lösungsvorschläge

Die gesetzliche Sozialversicherung, einst als Maßnahme zur Sicherung des sozialen Friedens eingeführt, wird zunehmend selbst zur Gefahr für den sozialen Frieden. Die **Überalterung** der Bevölkerung (Demografie-Problem) bei gleichzeitig anhaltend **hoher Arbeitslosigkeit** hat die gesetzliche Sozialversicherung in **Finanzierungsnöte** gebracht. Da die lohnabhängigen Beiträge bereits die Schmerzgrenze erreicht haben, blieb nichts anderes übrig, als durch **Reformen** die Leistungen zu kürzen. Der Generationenvertrag gerät in eine Schieflage, wenn immer weniger Beitragszahlern immer mehr Leistungsempfänger (z. B. Rentner, Arbeitslose) gegenüberstehen. Entscheidend für die nachhaltige Finanzierung der gesetzlichen Rentenversicherung ist der Abbau der Arbeitslosigkeit, wirtschaftliches Wachstum, der Aufbau neuer sozialversicherungspflichtiger Beschäftigung und die Förderung der privaten Eigenvorsorge und Eigenverantwortung.

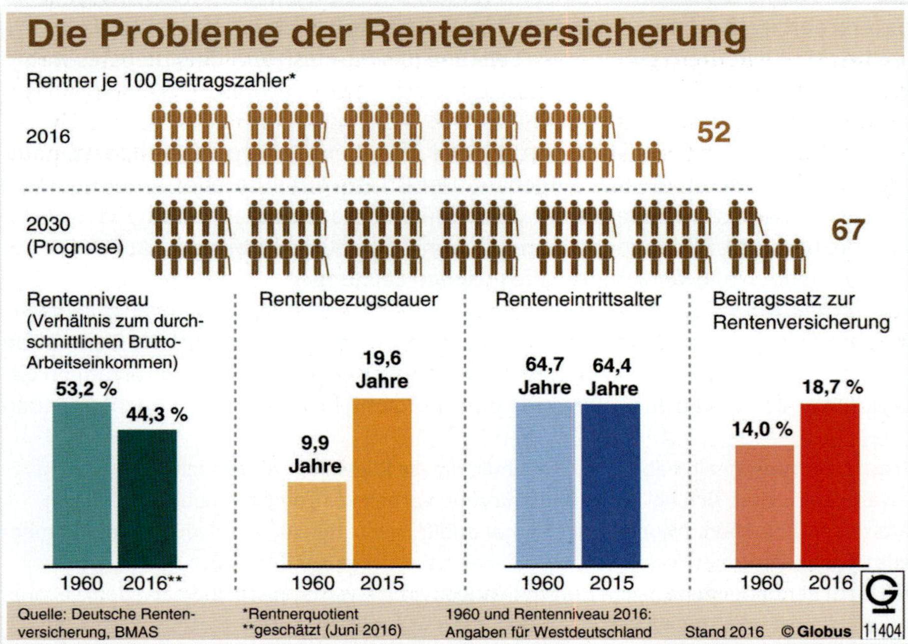

In Zeiten des globalen Wettbewerbs beeinträchtigen die hohen **Lohnnebenkosten** (vor allem durch die gesetzlich vorgeschriebenen Sozialleistungen, z. B. Arbeitgeberanteile zur gesetzlichen Sozialversicherung) die Wettbewerbsfähigkeit der deutschen Wirtschaft. Experten sehen in der **Abkoppelung der Sozialversicherungsbeiträge** von den Löhnen (z. B. Kopfpauschalen bei der Krankenversicherung) bzw. durch eine **Verbreiterung der Bemessungsgrundlage** (z. B. Krankenkassenbeiträge auch auf Zins- und Mieteinkünfte) eine Entlastungsmöglichkeit für die Arbeitgeber.

2.4.5 Dreischichtenmodell – Basis-, Zusatzversorgung und private Vorsorge

Die gesetzliche Rente allein wird in Zukunft keine ausreichende Versorgung mehr im Alter gewährleisten können. Je mehr ein Arbeitnehmer verdient, desto größer wird bei einer Erwerbsminderung oder im Alter seine **Versorgungslücke** (Unterschied zwischen dem letzten Nettoeinkommen und der Höhe der gesetzlichen Rente) und damit die Gefahr des sozialen Abstiegs. Zukünftig wird die gesetzliche Rente eines „Standardrentners“ nur noch rund 50 % seines letzten Nettoeinkommens betragen.

Um ihren Lebensstandard im Alter halten zu können, müssen Erwerbstätige dreifach vorsorgen (**Dreischichten-Modell**). Die **Basisversorgung** durch die gesetzliche Rente und die private Basisrente (1. Schicht) muss ergänzt werden durch eine **Zusatzversorgung** mit der Betriebs- und der Riesterrente (2. Schicht) und einer zusätzlichen **ergänzenden privaten Vorsorge** durch Versicherungen und andere Kapitalanlagen (3. Schicht).

Basisversorgung durch gesetzliche Rente und private Basisrente

Der Arbeitnehmer ergänzt seine Grundabsicherung durch die gesetzliche Rentenversicherung, indem er Beiträge an eine **private Rentenversicherung** zahlt. Die Beiträge sind steuerfrei, wenn die private Rentenversicherung dem Versicherten eine monatliche lebenslange **Leibrente** garantiert (**Rürup-Rente**[1]). Die Leistungen dürfen erst nach dem 62. Lebensjahr des Versicherten ausgezahlt werden. Ansprüche aus der Basisrente sind nur an engste Hinterbliebene (Ehepartner, kindergeldberechtigte Kinder) vererbbar. Sie sind **nicht übertragbar**, beleihbar, veräußerbar oder kapitalisierbar (d. h. in einem Betrag auszahlbar).

Zusatzversorgung – betriebliche Altersvorsorge und Riester-Rente

Verspricht der Arbeitgeber seinen Beschäftigten bei Erreichen des Renteneintrittsalters eine **Betriebsrente**, dann liegt eine betriebliche Altersvorsorge vor.

1 Bert Rürup war bis 2009 Mitglied des Sachverständigenrats (Rat der Wirtschaftsweisen).

Durchführungswege der betrieblichen Altersvorsorge

Interne Anlageformen	• **Betriebliche Direktzusage:** Der Arbeitgeber leistet keine laufenden Einzahlungen und zahlt die Betriebsrenten aus den laufenden Erträgen des Unternehmens. • **Betriebliche Unterstützungskasse:** Der Arbeitgeber zahlt in eine betriebseigene Pensionskasse ein und bringt die Betriebsrenten aus dieser Pensionskasse und laufenden Erträgen auf.
Externe Anlageformen	• **Betriebliche Direktversicherung:** Der Arbeitgeber zahlt für seine Beschäftigten Beiträge an eine private Lebens- bzw. Rentenversicherung (Direktversicherung). • **Betriebliche Pensionskasse:** Der Arbeitgeber zahlt für seine Beschäftigten Beiträge an ein berufsständisches Versorgungswerk (Pensionskasse). • **Betriebliche Pensionsfonds:** Der Arbeitgeber legt Kapitalbeträge für seine Beschäftigten bei einer Kapitalanlagegesellschaft an (Pensionsfonds).

Nur bei den externen Anlageformen kann der Arbeitnehmer beim Wechsel des Arbeitgebers sein Vorsorgeguthaben zum neuen Arbeitgeber mitnehmen. Daher werden nur diese steuerlich gefördert.

Um sich die sogenannte **Riester-Rente**[1] zu sichern, zahlt der Arbeitnehmer bis zu 4 % seines Nettoentgelts (maximal förderfähige Anlage) in einen **zertifizierten Altersvorsorgevertrag** ein. Dafür erhält er eine staatliche Zulage, die die Finanzämter nachträglich gutschreiben. Nach dem Altersvermögensgesetz (AVmG) gibt es die **Altersvorsorgezulage** (Grund- und Kinderzulage) nur dann in voller Höhe, wenn der Anleger den Mindesteigenbeitrag (4 % des Nettoentgelts abzüglich Zulagen) aufbringt. Es werden nur Anlagen gefördert, die bis zur Vollendung des 62. Lebensjahres des Anlegers gebunden sind. Bei Renteneintritt dürfen 30 % des Vorsorgekapitals sofort ausgezahlt werden.

Ein Durchschnittsverdiener mit monatlich rund 3 000,00 € Bruttoentgelt kann mithilfe dieser Riesterförderung nach 30 Beitragsjahren mit einer zusätzlichen monatlichen Rente in Höhe von 160,00 € rechnen.

Beispiel: Riesterförderung an drei Beispielen[2]

Geförderte Person	Single	Berufstätige Alleinerziehende mit einem Kind	Berufstätiges Ehepaar mit 2 Kindern
Bruttoeinkommen des Vorjahres	30 000,00 €	30 000,00 €	50 000,00 €
maximale förderfähige Anlage höchstens 2 100,00 € pro Jahr	**4 % p. a.** **1 200,00 €**	**4 % p. a.** **1 200,00 €**	**4 % p. a.** **2 000,00 €**
– maximale Grundzulage pro Jahr – maximale Kinderzulage pro Jahr[2]	– 175,00 € –	– 175,00 € – 300,00 €	– 350,00 € – 600,00 €
= rechnerischer Mindesteigenbeitrag (mindestens 60,00 €) **Zulagen in % vom Mindesteigenbeitrag**	**1 025,00 €** **17,07 %**	**725,00 €** **65,52 %**	**1 050,00 €** **90,48 %**

1 Walter Riester war von 1998 bis 2002 Bundesminister für Arbeit und Sozialordnung.
2 Für die vor dem 01.01.2008 geborenen Kinder: 185,00 € jährlich.

Ergänzende private Vorsorge – Versicherungen und Geldanlangen

Mit **Personenversicherungen** kann der Versicherungsnehmer seinen gesetzlichen Versicherungsschutz ergänzen und verbessern. Der Versicherungsschutz beginnt gründsätzlich mit der Zahlung des Beitrags.

Wichtige Personenversicherungen

Risikolebensversicherung	Sie dient dem Hinterbliebenenschutz (Ehepartner, Kinder) im **Todesfall**. Der Beitrag richtet sich nach der abgeschlossenen Versicherungssumme, dem Gesundheitszustand des Versicherten, dem Alter bei Versicherungsbeginn und der Vertragslaufzeit.
Kapitallebensversicherung	Hier wird die Versicherungssumme nach Ablauf der Versicherungsdauer (meist zwölf Jahre und mehr) oder Erreichen eines bestimmten Lebensalters fällig. Im **Erlebensfall** bekommt der Versicherte selbst die Versicherungssumme (Garantiesumme plus Überschussanteile) ausgezahlt. Stirbt der Versicherte während der Vertragslaufzeit, dann sind seine Hinterbliebenen bis zur Höhe der Versicherungssumme zzgl. i. d. R. Überschussanteile abgesichert.
Berufsunfähigkeitsversicherung[1]	Nach der **Pauschalregel** bekommen die Versicherten eine vereinbarte Rente erst ab einer Berufsunfähigkeit von mindestens 50 %. Nach der **Staffelregel** zahlen die Versicherer bereits ab einem Berufsunfähigkeitsgrad von 25 %, dann aber auch nur 25 % der vereinbarten Rente. Die Rentenhöhe wächst gleichmäßig mit dem Grad der Berufsunfähigkeit. Erst ab einer 75-prozentigen Berufsunfähigkeit wird die volle vereinbarte Rente ausgezahlt.
Private Rentenversicherung mit Kapitalwahlrecht	Das Altersvorsorgekapital kann bei Renteneintritt auf einmal oder in Form einer lebenslangen Monatsrente ausgezahlt werden. Wird der Auszahlungszeitraum begrenzt, dann ist die monatliche Rente höher („abgekürzte Leibrente“). Als **Einmalbeitragsversicherung** bezahlt der Versicherungsnehmer bei Vertragsabschluss die Versicherungssumme voll ein und erhält sofort („Sofortrente“) oder bei Eintritt in den Ruhestand eine Rente ausbezahlt.

Bei allen nach 2005 abgeschlossenen Rentenversicherungen mit Kapitalwahlrecht und Kapitallebensversicherungen ist die Hälfte des die Einzahlungsbeträge übersteigenden Auszahlungsbetrags steuerpflichtig.[2]

1 **Berufsunfähigkeit** liegt vor, wenn eine Person ihren **erlernten Beruf** wegen Krankheit oder Behinderung nicht mehr ausüben kann. Dabei muss die Erwerbsfähigkeit gegenüber einer gesunden Person, die den gleichen Beruf ausübt, um mindestens 50 % geschmälert sein.

2 Siehe Einkunftsart Kapitalvermögen auf Seite 104.

2.5 Einkommensteuererklärung eines Arbeitnehmers/einer Arbeitnehmerin

EINSTIEGSSITUATION

„Brav, Cäsar, brav! Schön knurr-knurr gemacht! Braver Hund!"

Matti Köppel eröffnet die heutige Azubi-Sitzung mit diesem Bild. Die Auszubildenden der Autohaus Köppel GmbH sollen dazu Stellung nehmen und überlegen, warum sich so viele Bundesbürger ihre zu viel bezahlte Lohnsteuer nicht zurückerstatten lassen.

Sie gehen auf diese Frage ein.

2.5.1 Einkommensteuerpflicht und Erhebungsformen

Natürliche Personen, die im Inland einen Wohnsitz oder ihren gewöhnlichen Aufenthalt haben, sind **unbeschränkt** einkommensteuerpflichtig (§ 1 EStG). Unbeschränkt heißt, dass sowohl die inländischen als auch die ausländischen Einkünfte der Einkommensteuer unterliegen. Personen mit ausländischem Wohnsitz sind nur mit ihren inländischen Einkünften (**beschränkt**) steuerpflichtig (§ 49 EStG).

Besondere Erhebungsformen der Einkommensteuer sind die **Lohnsteuer** und die **Kapitalertragsteuer** (seit 2009 als **Abgeltungsteuer** in Höhe von 25 %). Letztere sind **Abzugsteuern**, weil sie bereits an der Einkunftsquelle einbehalten und abgeführt werden. Zur Vermeidung einer Doppelbesteuerung werden diese Abzugsteuern auf Antrag auf die Einkommensteuerschuld des Steuerpflichtigen angerechnet.

Da die Lohnsteuerberechnung nicht alle individuellen Daten des Arbeitnehmers berücksichtigen kann (nur Pauschal-Freibeträge sind eingearbeitet), wird in der Regel zu viel Lohnsteuer einbehalten. Daher kann der Arbeitnehmer eine Einkommensteuererklärung abgeben. Für diese **Antragsveranlagung** (früher Lohnsteuerjahresausgleich genannt) kann er sich vier Jahre lang Zeit lassen. Die freiwillige Einkommensteuererklärung für das Jahr 2018 muss also spätestens am 31.12.2022 abgegeben werden.

Viele Arbeitnehmer unterliegen jedoch einer **Pflichtveranlagung**, wenn sie noch weitere Einkunftsarten haben (z. B. Einkünfte aus Vermietung und Verpachtung). Wer verpflichtet ist, eine Einkommensteuererklärung abzugeben, für den gilt nach § 149 Abgabenordnung als Abgabetermin grundsätzlich der 31.07. des folgenden Jahres.

Zum Antrag auf Einkommensteuerveranlagung gehören für Arbeitnehmer

- der vierseitige **Hauptvordruck ESt 1A** (für allgemeine Angaben, Sonderausgaben und außergewöhnliche Belastungen),
- die **Anlage N** (für Angaben zum Arbeitslohn, zu vermögenswirksamen Leistungen und zu den Werbungskosten),
- weitere Vordrucke für weitere Einkunftsarten.

Beispiel

Larissa Edin muss eine Pflichtveranlagung durchführen lassen, da sie mehr als eine Einkunftsart hat. Sie hätte auch freiwillig eine Einkommensteuererklärung abgegeben, da ihre Werbungskosten und Sonderausgaben über den Pauschalbeträgen liegen. Sie hat zwei Einkunftsarten und muss zum Hauptvordruck noch zwei Anlagen (Anlage S für ihre Einkünfte aus selbstständiger Arbeit, Anlage N für ihre Einkünfte aus nichtselbstständiger Arbeit) beim Finanzamt einreichen.

2.5.2 Ermittlung des zu versteuernden Einkommens

Die Bemessungsgrundlage für die Einkommensteuer ist das zu versteuernde Einkommen, das der Steuerpflichtige im Kalenderjahr bezogen hat. Nach § 2 EStG wird es stufenweise ermittelt.

Schema zur Berechnung des zu versteuernden Einkommens (stark vereinfacht):

1. Einkünfte aus Land- und Forstwirtschaft 2. Einkünfte aus Gewerbebetrieb 3. Einkünfte aus selbstständiger Arbeit	**Gewinneinkünfte**	Betriebseinnahmen – Betriebsausgaben = Gewinn
4. Einkünfte aus nichtselbstständiger Arbeit 5. Einkünfte aus Kapitalvermögen 6. Einkünfte aus Vermietung und Verpachtung 7. Sonstige Einkünfte	**Überschusseinkünfte**	Einnahmen – Werbungskosten = Überschuss
= Summe der Einkünfte – Altersentlastungsbetrag, Freibetrag für Land- und Forstwirtschaft, Entlastungsbetrag		
= Gesamtbetrag der Einkünfte – Sonderausgaben, außergewöhnliche Belastungen		
= Einkommen – Kinder-, Erziehungsfreibetrag (insgesamt 3 714,00 € pro Kind und Elternteil)[1]		
= zu versteuerndes Einkommen		

Im Folgenden werden die verwendeten Begriffe erläutert.

1 Stand 2018: Bei Bezug von Kindergeld nach § 6 Bundeskindergeldgesetz (erstes bis zweites Kind: je 194,00 €/Monat, drittes Kind: 200,00 €, ab dem 4. Kind 225,00 €/Monat) entfallen der Kinderfreibetrag (2 394,00 €/Jahr je Kind und Elternteil) und der Erziehungsfreibetrag 1 320,00 €/Jahr je Kind und Elternteil). Das Finanzamt führt eine Günstigerrechnung durch.

Einkunftsarten – sieben an der Zahl

Unter **Einkunft** ist der Reinertrag bzw. -verlust aus einer Einkunftsart zu verstehen. Dabei kann jede Einkunftsart mehrere **Einkunftsquellen** haben.

Gewinneinkünfte

Die Gewinneinkünfte im Überblick	
Einkunftsart	**Mögliche Einkunftsquellen**
Land- und Forstwirtschaft (§§ 13–14a EStG)	Einkünfte aus dem Betrieb von Land- und Forstwirtschaft, Weinbau, Gartenbau, Obstbau, Gemüsebau, Baumschulen; aus der Tierzucht, der Binnenfischerei, der Teichwirtschaft usw.
Gewerbebetrieb (§§ 15–17 EStG)	Einkünfte aus gewerblichen Unternehmen; Gewinnanteile der Gesellschafter einer OHG oder einer KG; Gewinne aus der Veräußerung eines Gewerbebetriebs oder eines Gesellschafteranteils
selbstständige Arbeit (§ 18 EStG)	Einkünfte aus freiberuflicher Tätigkeit (insbesondere die selbstständig ausgeübte wissenschaftliche, künstlerische, schriftstellerische, unterrichtende oder erzieherische Tätigkeit, die selbstständige Berufstätigkeit der Ärzte, Rechtsanwälte, Notare, Ingenieure, Architekten, Wirtschaftsprüfer, Steuerberater, Heilpraktiker, Journalisten, Dolmetscher usw.); Vergütungen für die Tätigkeit als Aufsichtsratsmitglied

Bei den Gewinneinkunftsarten werden die Einkünfte als Gewinn ermittelt.

Überschusseinkünfte

Die Überschusseinkünfte im Überblick	
Einkunftsart	Mögliche Einkunftsquellen
nichtselbstständige Arbeit (§ 19 EStG)	Gehälter, Löhne, Gratifikationen, Tantiemen und andere Bezüge und Vorteile, die für eine Beschäftigung im öffentlichen oder privaten Dienst gewährt werden; Wartegelder, Ruhegelder, Witwen- und Waisengelder und andere Bezüge und Vorteile aus früheren Dienstverträgen
Kapitalvermögen (§ 20 EStG)	Dividenden inländischer Gesellschaften, Investmenterträge (Zins- und Dividendenanteil), Einnahmen aus Zinsen jeglicher Art. Gewinne aus der Veräußerung von Wertpapieren, die nach dem 31.12.2008 erworben wurden. Bei Rentenversicherungen mit Kapitalwahlrecht und Lebensversicherungen für den Erlebensfall errechnet sich der Kapitalertrag aus dem Unterschiedsbetrag zwischen der Versicherungsleistung und der Summe der auf sie entrichteten Beiträge, soweit nicht die lebenslange Rentenzahlung gewählt und erbracht wird, und bei Kapitalversicherungen mit Sparanteil, wenn der Vertrag nach dem 31.12.2004 abgeschlossen worden ist. Wird die Versicherungsleistung nach Vollendung des 62. Lebensjahres des Steuerpflichtigen und nach Ablauf von zwölf Jahren seit dem Vertragsabschluss ausgezahlt, ist die Hälfte des Unterschiedsbetrags anzusetzen.
Vermietung und Verpachtung (§ 21 EStG)	Einkünfte aus Vermietung und Verpachtung von Grundstücken, Gebäuden und Wohnungen

Die Überschusseinkünfte im Überblick	
Einkunftsart	Mögliche Einkunftsquellen
sonstige Einkünfte (§§ 22–23 EStG)	Einkünfte aus wiederkehrenden Bezügen (insbesondere Renten); Einkünfte aus privaten Veräußerungsgeschäften (wenn Grundstücke erworben und innerhalb von zehn Jahren mit Gewinn veräußert werden); Einkünfte aus gelegentlichen Vermittlungen und aus der Vermietung beweglicher Gegenstände

Bei den Überschusseinkunftsarten ergeben sich die Einkünfte als Überschuss der Einnahmen über die Werbungskosten. Dies kann auch ein Verlust sein.

Abzugsfähige Aufwendungen

Werbungskosten

Werbungskosten sind alle Aufwendungen, die getätigt werden müssen, um Einnahmen zu erzielen, zu sichern und zu erhalten (§ 9 EStG).

Sie können nur bei den Überschusseinkunftsarten entstehen und sind bei der Einkunftsart abzusetzen, bei der sie entstanden sind. Gegenstände, die über mehrere Jahre hinweg genutzt werden und deren Anschaffungskosten mehr als 800,00 € (ohne Umsatzsteuer) betragen, sind auf die Nutzungsdauer zu verteilen (Lohnsteuerrichtlinien Abschnitt 44).

Beispiel: Werbungskosten bei der Einkunftsart „nichtselbstständige Arbeit"

Werbungskosten

Beruflich bedingte Fahrt- und Verpflegungskosten

- Fahrten zwischen Wohnung und Arbeitsstätte[1]
- Mehraufwand für doppelte Haushaltsführung
- Mehraufwand für Verpflegung bei längerer Abwesenheit
- Verpflegungsmehraufwand und Übernachtungskosten bei Dienstreisen u. a.

Arbeitsmittel für berufliche Aufgaben

- Einrichtungs- und Raumkosten eines beruflich notwendigen Arbeitszimmers[2]
- Anschaffung und Reinigung typischer Berufskleidung
- Fachbücher
- Fachzeitschriften u. a.

Andere Werbungskosten

- Beiträge zu Berufsverbänden
- Bewerbungskosten
- Umzugskosten, sofern sie beruflich veranlasst waren
- Kosten für Weiterbildung aus beruflichen Gründen

Beispiel

Larissa Edin hat ein eigenes Auto, mit dem sie fünfmal pro Woche zur Arbeit fährt (im Jahr sind das 250 Tage – 30 Urlaubstage = 220 Arbeitstage). Sie legt bis zu ihrer Arbeitsstelle 33 Entfernungskilometer zurück. Zusätzlich kann sie Gewerkschaftsbeiträge, Arbeitsmittel, Kosten des IHK-Kurses „Datenbanken und Datenschutz“ und Kontoführungsentgelt für ihr Gehaltskonto absetzen.

Es ergeben sich folgende Werbungskosten aus nichtselbstständiger Arbeit:

Fahrtkosten zur Arbeit	220 Tage · 0,30 €/km · 33 km	2 178,00 €
Gewerkschaftsbeiträge	etwa 1 % des Gehalts (27 000,00 €)	270,00 €
Arbeitsmittel	Fachbücher, -zeitschriften	336,00 €
Weiterbildungskosten	IHK-Kurs	200,00 €
Kontoführungsentgelt	für Gehaltskonto	16,00 €
Summe der Werbungskosten aus nichtselbstständiger Arbeit		**3 000,00 €**

Aus Gründen der Vereinfachung des Besteuerungsverfahrens sind folgende **Pauschbeträge** abzuziehen, wenn keine höheren Werbungskosten nachgewiesen werden (§ 9a EStG):

- Einnahmen aus nichtselbstständiger Arbeit: **Werbungskostenpauschbetrag für Arbeitnehmer** von 1 000,00 €
- Einnahmen aus Kapitalvermögen: **Sparerpauschbetrag** von 801,00 €
- Bei wiederkehrenden Bezügen, z. B. Leibrente (sonstige Einkünfte): **Pauschbetrag** von 102,00 €

Die Pauschbeträge dürfen jedoch **nicht zu einem Verlust** aus der betreffenden Einkunftsart führen.

Bei den einzelnen Einkunftsquellen bzw. Einkunftsarten können positive (Gewinne bzw. Überschüsse) oder negative Einkünfte (Verluste) erzielt werden. Alle Einkünfte ergeben zusammen die Summe der Einkünfte. Dies führt dazu, dass Verluste sowohl innerhalb der einzelnen Einkunftsart (bei mehreren Einkunftsquellen) als auch zwischen mehreren Einkunftsarten ausgeglichen werden können (**Verlustausgleich**[3]). Dabei ist zu beachten, dass die **Kosten der**

1 Für jeden vollen Kilometer der einfachen Entfernung zwischen Wohnung und Arbeitsstätte können 0,30 € bis zur Höchstgrenze von 4 500,00 € abgesetzt werden. Nutzer öffentlicher Verkehrsmittel müssen sich entweder für den Ansatz der **Entfernungspauschale** je Kilometer (**Kilometer-Pauschale**) oder für den Ansatz der Kosten für Bus- und Bahntickets entscheiden.

2 Unbeschränkt abzugsfähig, wenn das Arbeitszimmer den Mittelpunkt der gesamten betrieblichen und beruflichen Betätigung bildet. Beschränkt bis in Höhe von 1 250,00 € abzugsfähig, wenn für die betriebliche oder berufliche Tätigkeit kein anderer Arbeitsplatz zur Verfügung steht.

3 Von einem Kreditinstitut bescheinigte **Verluste aus Kapitaleinkünften** sind nicht mit Einkünften aus anderen Einkunftsarten verrechenbar. Sie können nur mit Kapitaleinkünften des laufenden Jahres bei anderen Banken oder mit Kapitaleinkünften der Folgejahre verrechnet werden (§ 20 Abs. 6 EStG). Verluste aus Aktienverkäufen können z. B. grundsätzlich nur mit Gewinnen aus Aktienverkäufen verrechnet werden.

privaten Lebensführung (z. B. für den Unterhalt der Familie, für Urlaubsreise) weder als Betriebsausgaben noch als Werbungskosten abziehbar sind.

Beispiel

Berechnung der Summe der Einkünfte und des Gesamtbetrags der Einkünfte: Larissa Edin hatte sowohl Gewinn- als auch Überschusseinkünfte erzielt. Sie gibt als Nebenbeschäftigung betriebsinterne Kurse für interessierte Mitarbeiter und hatte Einnahmen aus selbstständiger Arbeit (1 200,00 €). Um diese Kurse optimal vorzubereiten, hatte sie Aufwendungen in Höhe von 200,00 € (z. B. Fachliteratur). Larissa Edin hatte außerdem Einnahmen aus Kapitalvermögen in Höhe von 700,00 €.

Einkünfte aus selbstständiger Arbeit	Betriebseinnahmen – Betriebsausgaben	1 200,00 € 200,00 €	1 000,00 €
Einkünfte aus nichtselbstständiger Arbeit	Bruttolohn – Werbungskosten	27 000,00 € 3 000,00 €	24 000,00 €
Einkünfte aus Kapitalvermögen	Einnahmen – Sparerpauschbetrag	700,00 € 801,00 €	0,00 €[1]
Summe der Einkünfte			**25 000,00 €**
– Altersentlastungsbetrag, Freibetrag für Land- und Forstwirte			0,00 €
Gesamtbetrag der Einkünfte			**25 000,00 €**

Sonderausgaben

Sonderausgaben sind Aufwendungen der Lebensführung, die aus **sozial-, wirtschafts- oder finanzpolitischen Gründen** steuerlich begünstigt werden (§ 10 EStG). Sie sind weder Werbungskosten noch Betriebsausgaben.

Überblick über die Sonderausgaben	
Vorsorgeaufwendungen	Die Vorsorgeaufwendungen werden nach § 39b Abs. 2 Nr. 3 EStG bereits beim Lohnsteuerabzug berücksichtigt[2]. Sie setzen sich aus folgenden Teilbeträgen zusammen: • Teilbetrag für den **Arbeitnehmeranteil zur gesetzlichen Rentenversicherung** und Beiträge für eine nicht übertragbare private Rentenversicherung („Rürup-Rente“). Der jährliche Höchstbetrag beträgt hierfür insgesamt 20 000,00 € bzw. 40 000,00 € für Ehegatten (§ 10 Abs. 3 EStG). Siehe Fußnote auf Seite 109.

1 Der Sparerpauschbetrag darf nicht zu negativen Einkünften aus Kapitalvermögen führen.
2 Siehe Lohnsteuerklassen auf Seite 87.

Überblick über die Sonderausgaben	
	• Teilbetrag für den **Arbeitnehmeranteil zur Basisversorgung in der gesetzlichen Kranken- und Pflegeversicherung** (Krankengeld und Zusatztarife für Zahnersatz gehören nicht zur Basisversorgung). Der jährliche Höchstbetrag beträgt insgesamt 1 900,00 € (Verheiratete: 3 000,00 €). Ist die Basisversorgung jedoch teurer, dann sind mindestens die tatsächlich geleisteten Beiträge anzusetzen. Bringen Beschäftigte (z. B. Selbstständige) den Gesamtbeitrag allein auf, dann beträgt der Höchstbetrag 2 800,00 € (Verheiratete: 5 600,00 €). • Teilbetrag für die **Basisversorgung in der privaten Krankenversicherung bzw. privaten Pflegepflichtversicherung** bei Arbeitnehmern, die nicht Mitglied in der gesetzlichen Kranken- bzw. sozialen Pflegeversicherung sind (z. B. höher verdienende Arbeitnehmer, privat versicherte Beamte). Die Höhe der Basisversorgung wird vom Versicherungsunternehmen bescheinigt. Der Arbeitnehmer muss dies seinem Arbeitgeber mitteilen, sonst erhält er lediglich die **Mindestvorsorgepauschale** (12 % des Arbeitslohnes, höchstens jährlich 1 900,00 €). • **Sonstige Vorsorgeaufwendungen:** Beiträge zu einer Berufsunfähigkeits-, Haftpflicht- oder Unfallversicherung sind nur dann als Sonderausgaben abzugsfähig, wenn oben genannte Höchstbeträge noch nicht ausgeschöpft sind.
Übrige Sonderausgaben (§ 10 EStG)	Abzugsfähg ist mindestens der **Sonderausgabenpauschbetrag**: 36,00 €. • **Unbeschränkt abzugsfähig:** gezahlte Kirchensteuer, Versorgungsleistungen im Zusammenhang mit der Übertragung eines Mitunternehmeranteils oder eines Betriebs, Leistungen aufgrund eines schuldrechtlichen Versorgungsausgleichs • **Beschränkt abzugsfähig:** jährliche Aufwendungen für die eigene Berufsausbildung bis 6 000,00 €, jährliche Zuwendungen an politische Parteien bis insgesamt 1 650,00 €, Spenden und Mitgliedsbeiträge (siehe hierzu §§ 10b, 34g EStG), jährliche Unterhaltsleistungen an den geschiedenen oder dauernd getrennt lebenden Ehegatten bis zu 13 805,00 €, jährliche Kinderbetreuungskosten[1] bis 4 000,00 € pro Kind.

Beispiel

Larissa Edin wurden laut Lohnsteuerbescheinigung 3 500,00 € Lohnsteuer, 280,00 € Kirchensteuer, 192,50 € Solidaritätszuschlag, 2 437,50 € für die gesetzliche Rentenversicherung und 2 500,00 € für die gesetzliche Kranken- und Pflegeversicherung einbehalten. Für Berufsunfähigkeits- und Haftpflichtversicherungen hat sie insgesamt 1 000,00 € ausgegeben. Der Caritas und dem Roten Kreuz hat sie insgesamt 116,00 € gespendet.

Unbeschränkt abziehbar:	gezahlte Kirchensteuer	280,00 €
Beschränkt abziehbar:	Spenden	116,00 €
Übrige Sonderausgaben insgesamt:		396,00 €

1 Eltern (auch wenn nicht beide Elternteile berufstätig sind) können zwei Drittel der Betreuungskosten (höchstens 4 000,00 €) pro Kind und Jahr als Sonderausgaben absetzen. Dies gilt für alle Kinder bis 14 Jahren und bei körperlichen, geistigen oder seelischen Behinderungen zeitlich unbegrenzt.

Beispiel: Berechnung der abziehbaren Vorsorgeaufwendungen für Larissa Edin

	Teilbetrag für Rentenversicherung	
	AG- und AN-Anteil zur gesetzlichen Rentenversicherung	4 875,00 €
	höchstens sind abzugsfähig einschließlich Rürup-Rente jährlich	20 000,00 €
	höchstens 86 %[1] vom niedrigeren Betrag	4 192,50 €
	– Arbeitgeberanteil zur gesetzlichen Rentenversicherung	– 2 437,50 €
	= abzugsfähige Altersvorsorgeaufwendungen	**= 1 755,00 €**
+	**Teilbetrag für Kranken- und Pflegeversicherung** (bis 12 % des Arbeitslohnes)	
	AN-Anteile zur gesetzlichen Kranken- und Pflegeversicherung	2 500,00 €
	davon Basisversorgung (Beiträge abzüglich 4 % für Krankengeld)	2 400,00 €
	höchstens 1 900,00 €, mindestens der tatsächliche Basisbeitrag	**2 400,00 €**
+	**Sonstige Vorsorgeaufwendungen:** Beiträge zu einer weiteren privaten Berufsunfähigkeits-, Haftpflicht-, Zusatzkranken-, Lebens- oder Unfallversicherung bis in Höhe des noch nicht ausgeschöpften Teils des Höchstbetrags von 1 900,00 €	1 000,00 € **0,00 €**
	als Sonderausgaben abziehbare Vorsorgeaufwendungen	**4 155,00 €**

Das Bürgerentlastungsgesetz sieht für den Zeitraum 2010 bis 2019 eine sogenannte automatische Günstigerprüfung vor. Das bedeutet, dass in jedem Einzelfall geprüft wird, ob die frühere oder die aktuelle Rechtslage (seit 2010) für den Steuerpflichtigen günstiger ist. Hätte Larissa Edin nach der alten Rechtslage höhere Beiträge als Vorsorgeaufwendungen geltend machen können, dann kann sie den höheren Betrag unter den bereits genannten Voraussetzungen bis zum Jahr 2019 auch weiterhin absetzen.

Außergewöhnliche Belastungen

Neben den Sonderausgaben können **außergewöhnliche Belastungen** vom Gesamtbetrag der Einkünfte abgezogen werden.

Eine außergewöhnliche Belastung eines Steuerpflichtigen liegt dann vor, wenn er zwangsläufig größere Aufwendungen hat als die überwiegende Mehrzahl der Steuerpflichtigen gleicher Einkommens- und Vermögensverhältnisse und gleichen Familienstands (§ 33 EStG).

Absetzbar sind nur finanzielle Belastungen in angemessener Höhe.

1 Stand 2018, 2019: 88 %, danach jährlich bis 2025 um 2 Prozentpunkte ansteigend

Zwangsläufig sind Aufwendungen dann, wenn sich der Steuerpflichtige ihnen nicht entziehen kann aus

- rechtlichen Gründen (z. B. Unterhaltspflicht gegenüber seinen Eltern),
- tatsächlichen Gründen (z. B. nicht erstattete Krankheitskosten, Beerdigungskosten),
- sittlichen Gründen (z. B. Unterstützung eines bedürftigen Bruders)[1].

Steuerlich kann nur der Teil der allgemeinen außergewöhnlichen Aufwendungen abgesetzt werden, der die **zumutbare Belastung** übersteigt und nicht von anderen Stellen (z. B. Versicherungen) erstattet worden ist. Die zumutbare Belastung beträgt zwischen 1 % und 7 % des Gesamtbetrags der Einkünfte, je nach Familienstand, Kinderzahl und Höhe der Einkünfte (Berechnung s. u.).

Außergewöhnliche Belastungen	
„in besonderen Fällen“ (beschränkt abzugsfähig bis zu einem bestimmten Höchstbetrag oder als Pauschbetrag)	**„allgemeiner Art“** (zu kürzen um die sogenannte „zumutbare Belastung“)
• Behinderten-Pauschbetrag (wird dieser genutzt, können die typischen außergewöhnlichen Belastungen, die durch die Behinderung entstehen, nicht mehr geltend gemacht werden) • Hinterbliebenen-Pauschbetrag • Aufwendungen für die Unterstützung bedürftiger Personen • Ausbildungsfreibetrag • Aufwendungen für die Beschäftigung einer Haushaltshilfe bzw. Hausgehilfin • Aufwendungen für die Heim- oder Pflegeunterbringung • Freibetrag für besondere Fälle (z. B. Geflüchtete/-r, Vertriebener) • Pflege-Pauschbetrag für Personen mit Merkzeichen „H“ (für hilflos) im Schwerbehindertenausweis	Hier müssen bestimmte Voraussetzungen erfüllt werden. Abzugsfähig können z. B. sein: • von der Krankenversicherung nicht erstattete Krankheits-, Operations- und Kurkosten • Kosten der Ehescheidung • Beerdigungskosten • Aufwendungen zur Beseitigung gesundheitsschädlicher Stoffe in der Wohnung bzw. im Haus

Beispiel

Für eine aufwendige kieferorthopädische Zahnbehandlung erhielt Larissa Edin von ihrer Krankenversicherung nur zwei Drittel der Kosten erstattet. Den Restbetrag in Höhe von 1 000,00 € kann Larissa Edin als außergewöhnliche Belastung absetzen. Ihre zumutbare Belastung muss sie jedoch davon abziehen.

Gesamtbetrag der Einkünfte der Larissa Edin: 25 000,00 €
Außergewöhnliche Belastung: 1 000,00 €

1 Unterhaltsleistungen sind nur bei gesetzlicher Unterhaltspflicht steuerlich abzugsfähig. Für Lebensgemeinschaften und Geschwister gibt es eine Härteklausel (§ 33a EStG).

Berechnung der zumutbaren Belastung nach § 33 Abs. 3 EStG für Larissa Edin:

Gesamtbetrag der Einkünfte	%-Satz	Betrag
Bis 15 340 €	5 %	767,00 €
Über 15 340 € (hier: 9 660 €)	6 %	579,60 €
Über 51 130 € (hier: 0 €)	7 %	0,00 €
= Zumutbare Belastung		**1 346,60 €**

Ergebnis: Larissa Edin kann keine außergewöhnliche Belastung geltend machen.

2.5.3 Berechnung der Einkommensteuer

Zu versteuerndes Einkommen

Larissa Edin ermittelt ihre Erstattungs- bzw. Abschlusszahlung durch eine Selbstberechnung:[1]

Einkünfte aus selbstständiger Arbeit	Betriebseinnahmen – Betriebsausgaben	1 200,00 € – 200,00 €		– 1 000,00 €
Einkünfte aus nichtselbstständiger Arbeit	Bruttoentgelt – Werbungskosten	27 000,00 € – 3 000,00 €		24 000,00 €
Einkünfte aus Kapitalvermögen	Einnahmen – Sparerpauschbetrag	700,00 € – 801,00 €		0,00 €
Summe der Einkünfte				**25 000,00 €**
– Altersentlastungsbetrag, Freibetrag für Land- und Forstwirte, Entlastungsbetrag				0,00 €
Gesamtbetrag der Einkünfte				**25 000,00 €**
– Sonderausgaben	übrige Sonderausgaben Vorsorgeaufwendungen	396,00 € 4 155,00 €		4 551,00 €
– außergewöhnliche Belastungen				0,00 €
Einkommen				**20 449,00 €**
– Kinder-, Erziehungsfreibetrag[1]				0,00 €
zu versteuerndes Einkommen (zvE)				**20 449,00 €**
tarifliche Einkommensteuer (siehe Tarifformel auf Seite 112)				2 586,00 €
+ abzuführender Solidaritätszuschlag (5,5 %)			+	142,23 €
– vom Arbeitgeber einbehaltene Lohnsteuer			–	3 500,00 €
– anrechenbarer Solidaritätszuschlag (5,5 %)			–	192,50 €
– geleistete Einkommensteuervorauszahlungen				0,00 €
Erstattung (–) bzw. Abschlusszahlung (+)			–	964,27 €

Aufgrund der eingereichten Einkommensteuererklärung setzt das Finanzamt die Erstattungs- bzw. Abschlusszahlung fest. Darüber erhält der Steuerpflichtige einen **Einkommensteuerbescheid**, in dem auch ggf. die zu leistenden Einkommensteuervorauszahlungen angegeben

1 Bei Bezug von Kindergeld entfällt der Kinder- und Erziehungsfreibetrag. Das Finanzamt führt eine Günstigerrechnung durch.

sind. Die zu viel einbehaltene Kirchensteuer wird vom Kirchensteueramt erstattet, eine Nachzahlung entsprechend mittels des **Kirchensteuerbescheids** eingefordert.

Tarifformel und Tarifzonen

Seit 2004 gibt es keine amtliche Einkommensteuertabelle mit Stufentarif mehr. Die tarifliche Einkommensteuer wird genau berechnet (Formeltarif) und bemisst sich nach dem zu versteuernden Einkommen (zvE).

Tarifformel T2018 nach § 32a EStG

Tarifzone	Zu versteuerndes Einkommen (zvE)	Tarifformel
1	bis 9 000,00 € (Grundfreibetrag)	0
2	von 9 001,00 € bis 13 996,00 €	$(997{,}8 \cdot y + 1\,400{,}00) \cdot y$
3	von 13 997,00 € bis 54 949,00 €	$(220{,}13 \cdot z + 2\,397{,}00) \cdot z + 948{,}49$
4	von 54 950,00 € bis 260 532,00 €	$0{,}42 \cdot x - 8\,261{,}75$
5	von 260 533,00 € an	$0{,}45 \cdot x - 16\,437{,}70$

Dabei ist

- „y“ das 1/10 000 des 9 000,00 € übersteigenden Teils des auf einen vollen Eurobetrag abgerundeten zvE,
- „z“ das 1/10 000 des 13 996,00 € übersteigenden Teils des auf einen vollen Eurobetrag abgerundeten zvE,
- „x“ das auf einen vollen Eurobetrag abgerundete zvE.

Der sich ergebende Steuerbetrag ist auf den nächsten vollen Eurobetrag abzurunden.

Beispiel 1

Berechnung des Steuerbetrags für Larissa Edin
Das zvE der Larissa Edin (= 20 449,00 €) fällt in die **Tarifzone 3**.

Damit errechnet sich die Einkommensteuer wie folgt:

Nebenrechnung: $z = (20\,449 - 13\,996) : 10\,000 = 0{,}6453$
Einkommensteuer = $(220{,}13 \cdot 0{,}6453 + 2\,397) \cdot 0{,}6453 + 948{,}49 =$ **2 586,00 €**
Individueller Einkommensteuersatz der Stefanie Binder: $2\,586 \cdot 100 : 20\,449 = 12{,}65\,\%$

Beispiel 2

Berechnung des Steuerbetrags für das halbe zvE der Larissa Edin (10 273,00 €)
Dieses zvE fällt in die **Tarifzone 2.**

Damit errechnet sich die Einkommensteuer wie folgt:
Nebenrechnung: $y = (10\,224 - 9\,000) : 10\,000 = 0{,}1224$
Einkommensteuer = $(997{,}8 \cdot 0{,}1224 + 1\,400) \cdot 0{,}1224 =$ **186,00 €**
Individueller Einkommensteuersatz für diesen Fall: $186 \cdot 100 : 10\,224 = 1{,}82\,\%$

Wie hoch das zu versteuernde Einkommen (zvE) besteuert wird, ergibt sich aus dem Einkommensteuertarif (§ 32a EStG). Um sicherzustellen, dass der leistungsfähigere Steuerpflichtige auch stärker belastet wird, ist der Steuertarif in fünf Zonen unterteilt. Die Tarifzonen werden wie folgt unterschieden (für Verheiratete gelten die doppelten Beträge).

Tarifzonen der Einkommensteuer (Angaben in €)

Jahre Tarifzonen	2016 T2016	2017 T2017	2018 T2018
Freizone (Grundfreibetrag) bis zu einem zvE von beträgt der Steuersatz	8652 0,00 %	8820 0,00 %	9000 0,00 %
erste Progressionszone ab einem zvE von Eingangssteuersatz (danach ansteigend mit steigendem zvE)	8653 14,0 %	8821 14,0 %	9001 14,00 %
zweite Progressionszone ab einem zvE von anfänglicher Steuersatz (danach ansteigend mit steigendem zvE)	13670 23,97 %	13770 23,97 %	13996 23,97 %
erste Proportionalzone ab einem zvE von gleichbleibender Steuersatz	53665 42,0 %	54058 42,0 %	54949 42,00 %
zweite Proportionalzone ab einem zvE von gleichbleibender Höchst-/Spitzensteuersatz	254446 45,0 %	256304 45,0 %	260532 45,00 %

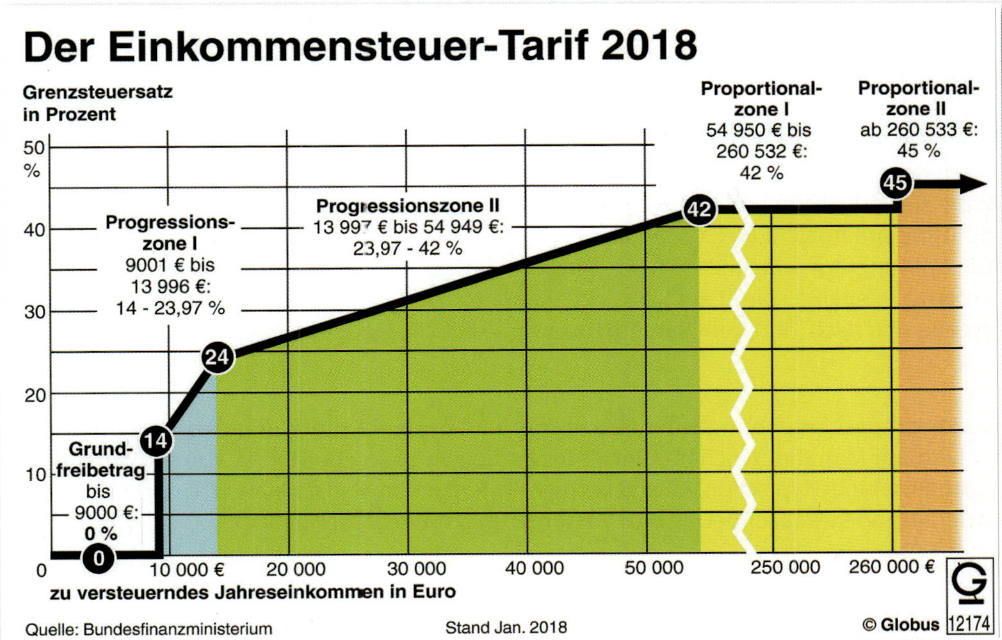

Grenzbelastung und Durchschnittsbelastung

Die **Grenzbelastung** (Grenzsteuer) gibt an, mit wie viel Prozent ein Einkommenszuwachs um 100 Euro besteuert wird. Die **Durchschnittsbelastung** (Durchschnittssteuer) gibt an, mit wie viel Prozent das gesamte zu versteuernde Einkommen (zvE) belastet wird.

Beispiel

Grenzbelastung der Larissa Edin nach T2018: etwa 27 % (abgelesen aus der obigen Grafik); Durchschnittsbelastung der Larissa Edin nach T2018: 2 586,00 (ESt.) · 100 : 20 449,00 = 12,65 %. Würde Larissa Edin einen Euro mehr verdienen, dann würde dieser letzte Euro mit 27 Cent besteuert. Durchschnittlich werden ihr von jedem Euro ihres Gesamtverdienstes 12,65 Cent Einkommensteuer abgezogen.

Grundtarif und Splittingtarif

Das Einkommensteuergesetz enthält die Tarifformel (§ 32a EStG), mit der sich die zu zahlende Einkommensteuer berechnen lässt.

Für Alleinstehende und einzeln veranlagte Verheiratete ist der Grundtarif, für Verheiratete, die die Zusammenveranlagung wählen, ist der Splittingtarif anzuwenden. Der Splittingtarif ist vom Grundtarif abgeleitet; dabei wird das zvE beider Ehegatten halbiert, die Einkommensteuer nach dem Grundtarif berechnet und verdoppelt.

Dadurch ergibt sich eine niedrigere Grenzbelastung. Dies führt zu einer erheblichen Steuerersparnis, wenn einer der zusammenveranlagten Ehegatten ein erheblich höheres zvE hat als der andere.

Beispiel

Nach dem Grundtarif T2018 beträgt die Einkommensteuer der Larissa Edin 2 586,00 €. Wäre sie verheiratet und das zvE ihres Ehegatten gleich null, dann müsste sie nach dem Splittingtarif nur 372,00 € versteuern.
Der Splittingtarif errechnet sich auf der Grundlage des halben zvE. Der ermittelte Steuerbetrag (siehe Beispiel 2 auf Seite 112) wird anschließend verdoppelt. Für Larissa Edin ergäbe sich nach T2018 ein Steuerbetrag von 186,00 €, verdoppelt sind das 372,00 €.

Die **Lohnsteuerberechnung** leitet sich wiederum aus dem Grund- und dem Splittingtarif ab und wird auf Monats-, Wochen- und Tagesverdienste zugeschnitten. Außerdem werden die für Arbeitnehmer typischen Abzugsbeträge in Form von Pauschalen (z. B. Arbeitnehmer-, Sonderausgaben-Pauschbetrag und Vorsorgepauschale) berücksichtigt.

Zusammenfassung

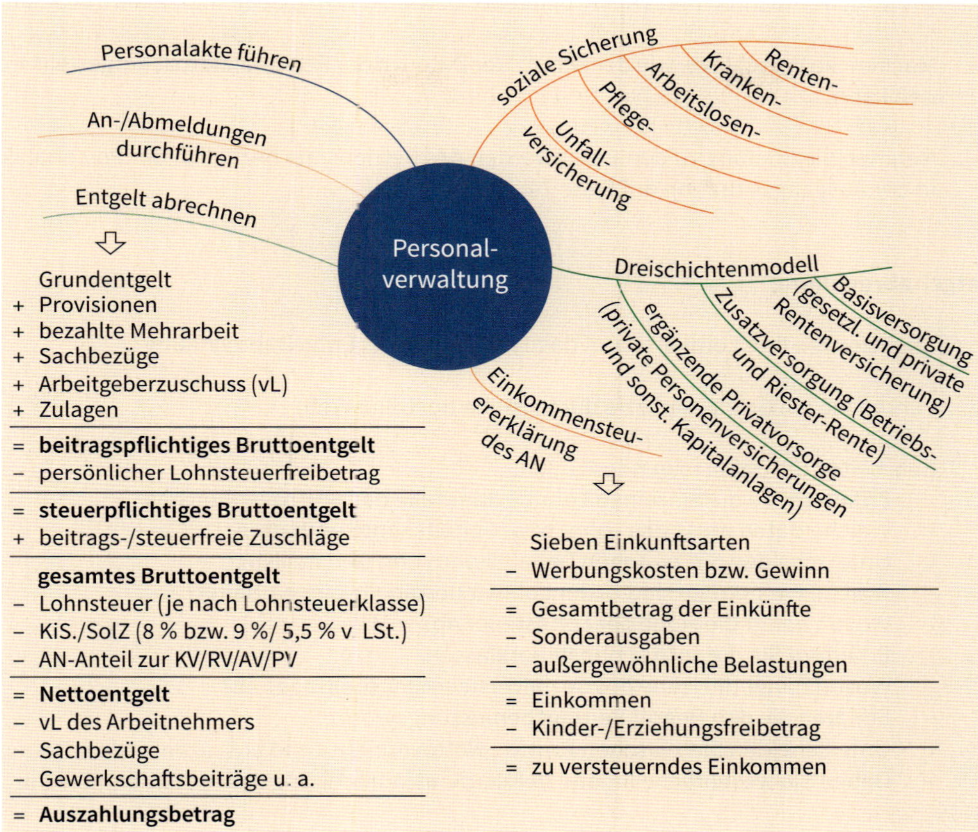

Aufgaben

Meldungen bei Einstellungen bzw. Entlassungen/Personalakte

1. Ergänzen Sie Ihre Lernkartei um das Themengebiet „Meldungen und Personalakte“.

2. Führen Sie ein Gruppenturnier durch (siehe BuchPlusWeb).

   Bearbeiten Sie dabei folgende Punkte:
   a) Geben Sie Beispiele für Arbeitsunterlagen.
   b) Erläutern Sie die notwendigen Meldungen bei Einstellungen bzw. Entlassungen.
   c) Nennen Sie einige Entlassungspapiere.
   d) Geben Sie einige Aufgaben der Personalakte an.
   e) Machen Sie einen Vorschlag für die Ablagestruktur einer Personalakte und ordnen Sie jeweils Beispiele zu.

f) Erläutern Sie die Rechte des Arbeitnehmers bezüglich seiner Personalakte.
g) Welche Pflichten muss der Arbeitgeber bei der Führung der Personalakte beachten?

3. Machen Sie Vorschläge, wie der Schutz der Daten in der Personalakte sichergestellt werden kann.

4. Nehmen Sie Stellung zu den Beschwerden des Betriebsrats bezüglich der Personalakte in der Ausgangssituation auf Seite 74.

Entgeltabrechnung

5. Ergänzen Sie Ihre Lernkartei um das Themengebiet „Entgeltabrechnung“.

Web

6. Führen Sie ein Gruppenpuzzle durch (siehe BuchPlusWeb).

   Bearbeiten Sie dabei folgende Punkte:
   a) Erläutern Sie die einzelnen Lohnbestandteile des Bruttoverdienstes.
   b) Welche Daten muss das Lohn- bzw. Gehaltskonto enthalten?
   c) Unterscheiden Sie zwischen Gehaltskonto und Gehaltsliste.
   d) Welche Freibeträge sind in der Lohnsteuertabelle eingearbeitet?
   e) Wovon hängt die Höhe der Lohnsteuer ab?
   f) Erläutern Sie die sechs Lohnsteuerklassen.
   g) Wovon hängt die Höhe des Sozialversicherungsbeitrages ab?
   h) Erklären Sie den Begriff Beitragsbemessungsgrenze.
   i) Unterscheiden Sie zwischen Brutto-, Nettoverdienst und auszuzahlendem Betrag.
   j) Geben Sie wesentliche Inhalte der Verdienstabrechnung des Arbeitnehmers an.

7. Berechnen Sie die einzelnen Beträge und die Summe der Arbeitnehmeranteile zu den Sozialversicherungen für folgende sozialversicherungspflichtige Bruttoentgelte:
   a) 1 500,00 €
   b) 2 000,00 €
   c) 3 500,00 €
   d) 4 700,00 €
   e) 8 000,00 €

8. Ordnen Sie folgenden Arbeitnehmern die richtige Lohnsteuerklasse zu.
   a) Frau Rogg, ledig, 40 Jahre alt, ein Kind
   b) Herr Dursun, ledig, 30 Jahre alt, verlobt
   c) Herr Tilkowski, verheiratet, 32 Jahre alt, zwei Kinder, seine Ehefrau ist Hausfrau
   d) Frau Özal, verheiratet, ein Kind, ihr Ehemann verdient etwa das Doppelte
   e) Herr Markovic, verheiratet, seine Frau verdient etwa die Hälfte
   f) Frau Demir, 50 Jahre alt, seit einem Jahr verwitwet, ein Kind, sie hat zwei Teilzeitjobs bei zwei verschiedenen Arbeitgebern

9. In der Personalabteilung der Rad & Roll GmbH ist Hektik ausgebrochen. Nach einem Update des Lohnabrechnungsprogramms sind die Entgeltabrechnungen fehlerhaft.

a) Frau Reisch, Leiterin des Personalteams, bittet Sie, einige Entgeltabrechnungen manuell nachzurechnen und das Brutto- und Nettoentgelt sowie den Auszahlungsbetrag mit den Ergebnissen des Lohnabrechnungsprogramms zu vergleichen.
Sie haben die lohnrelevanten Personaldaten folgender Mitarbeiter zusammengestellt:

Name	Frau Winter	Herr Dumitru	Frau Kraus
Alter	26	45	36
Familienstand	ledig	verheiratet	verheiratet
LSt.-Klasse Ehegatte	–	IV	V
Kinderzahl	–	1,0	1,0
Konfession	röm.-kath.	ev.	ev.
SV-Beitragsgruppenschlüssel	1111	1111	1111
Krankenkasse (AN-Anteil)	8,3 %	8,3 %	8,3 %
Grundentgelt	4 175,00 €	2 174,00 €	7 425,00 €
Bezahlte Mehrarbeit	300,00 €	200,00 €	300,00 €
Mehrarbeitszuschläge	75,00 €	50,00 €	75,00 €
Steuerfreie Zuschläge	150,00 €	100,00 €	100,00 €
Zulagen	–	50,00 €	–
Sachbezüge	–	–	500,00 €
Arbeitgeberzuschuss zu vL	–	26,00 €	–
Persönlicher LSt.-Freibetrag	400,00 €	–	300,00 €
Urlaubsgeld	200,00 €	–	–
Gratifikationen	–	–	–
vL-Anlage pro Monat	–	40,00 €	–
Zu verrechnender Vorschuss		400,00 €	

Verwenden Sie für die Berechnungen ein Tabellenkalkulationsprogramm.

b) Erläutern Sie, was mit den einbehaltenen Steuerabzügen und den einbehaltenen Sozialversicherungsbeiträgen geschieht.

Soziale Sicherung und private Vorsorge

10. Schreiben Sie jeden der folgenden Begriffe auf die Kopfzeile eines DIN-A6-Kärtchens:

> Sozialversicherungszweige und -träger, Sozialversicherung (Personenkreis), Sozialversicherung (Beiträge), Sozialversicherung (Grundprinzipien), Krankenversicherung (Leistungen), Rentenversicherung (Leistungen), Pflegeversicherung (Leistungen), Unfallversicherung (Leistungen), Arbeitslosenversicherung (Leistungen), Beitragsbemessungsgrenze, Versicherungspflichtgrenze, Eckrentner, Generationenvertrag, Nachhaltigkeitsfaktor, Beschäftigung (§ 7 SGB IV), Versorgungslücke, Dreischichten-Modell, Riester-Rente, zertifizierter Altersvorsorgevertrag, Rürup-Rente, Berufsunfähigkeit, Erwerbsunfähigkeit, Berufsunfähigkeitsversicherung.

Sortieren Sie die Begriffskärtchen nach den Kriterien „weiß ich“ oder „weiß ich nicht“. Bilden Sie Kleingruppen mit höchstens drei Mitgliedern. Erklären Sie sich gegenseitig die „Weiß-ich-nicht“-Kärtchen. Schlagen Sie dabei die ungeklärten Begriffe im Lehrbuch nach oder nehmen Sie Kontakt zu einer anderen Kleingruppe auf.
Schreiben Sie die Begriffserklärungen auf die Rückseite Ihrer Kärtchen und ordnen Sie die Kärtchen unter der Leitkarte „Soziale Sicherung“ alphabetisch in Ihren Lernkartei-Behälter ein.

11. Bilden Sie Teams mit jeweils drei Mitgliedern (Stammgruppen). Schreiben Sie jeden der Begriffe aus Aufgabe 10 auf ein extra Stück Papier und fügen Sie diese Papierkärtchen zu einer sinnvollen Struktur zusammen. Die Struktur kann durch Pfeile, Farben, Symbole, Texte (z. B. Überschriften), Bilder oder weitere Begriffe ergänzt werden.

12. Welcher Sozialversicherungszweig ist zuständig? Welche Leistungen kommen infrage?

a) Eva Kunz bringt ihr Kind zur Vorsorgeuntersuchung (U4).
b) Bernd Kast will etwas gegen seine Drogenabhängigkeit tun.
c) Fritz Birke verunglückt auf dem Weg zu seinem Arbeitsplatz und zieht sich ein Halswirbeltrauma zu. Er ist acht Wochen krankgeschrieben.
d) Frau Bader heiratet und kündigt kurz darauf ihre Arbeitsstelle.
e) Der leitende Angestellte Alex Fröhlich ist der Meinung, dass er nicht mehr der Sozialversicherungspflicht unterliegt. Sein Bruttogehalt beträgt monatlich 7 000,00 €.
f) Frau Winter pflegt unentgeltlich ihre schwer kranke hilflose Mutter. Sie hilft ihrer Mutter regelmäßig beim Aufstehen und begleitet sie auf die Toilette. Eines Tages rutscht Frau Winter aus, als sie ihrer Mutter aus dem Bett helfen will, und bricht sich dabei die Hand.
g) Ernst Kögel erleidet einen Skiunfall und ist acht Wochen arbeitsunfähig.
h) Wegen schlechter Auftragslage seines Betriebs erhält der Ausfahrer Martin Zeeb die Kündigung.

13. Vorschläge zur Senkung des Krankenkassenbeitrags:

Behandlungsstopp für Alte

... Es ist gerecht, bestimmte teure medizinische Leistungen ab einer bestimmten Altersgrenze nicht mehr vorzusehen, sondern sich dann auf eine Behandlung akuter Schmerzen zu beschränken. So sollten 85-Jährigen keine künstlichen Hüftgelenke mehr eingepflanzt werden. Gesundheitsökonomen fordern einen Operationsstopp für Menschen über 75 Jahre. ...

Ehepartner im Visier

... Die beitragsfreie Mitversicherung von Ehepartnern, die weder Kinder aufziehen noch Angehörige pflegen, sollte abgeschafft werden. ...

Wer gesund lebt, muss belohnt werden

... Wer selten zum Arzt geht, sich körperlich und geistig fit hält oder sparsam mit Medikamenten umgeht, sollte mit Beitragsrückerstattungen belohnt werden. ...

Freizeitunfälle aus dem Leistungskatalog streichen

... Versicherte sollten verpflichtet werden, sich gegen Unfälle im Haushalt, Verkehr und Sport privat zu versichern ...

a) Welche Vorschläge zur Kostensenkung im Gesundheitswesen werden gemacht?
b) Diskutieren Sie darüber.
c) Weshalb sind Einsparungen im Gesundheitswesen ein „zweischneidiges Schwert“?

14. Je höher das Einkommen, desto größer ist die Versorgungslücke.
Die Riester-Rente kann nur die beschlossene Rentensenkung von 70 % auf 67 % bei einem „Eckrentner“, den es nur in der Theorie gibt, ausgleichen. Der größere Teil der Versorgungslücke, nämlich die Absenkung des Niveaus von 70 % auf vielfach unter 50 %, kann mit der Riester-Rente nicht gedeckt werden.

Die Versorgungslücke wird größer

	Lücke vor Riester	Lücke nach Riester	Tatsächliche Lücke
100 %	nach 45 Beitragsjahren **70 %**	**67 %**	**40 %**
monatliches Nettoeinkommen	maximale Rente vor Reform	maximale Rente nach Reform	durchschnittliche Rente

a) Erläutern Sie den Begriff Versorgungslücke.
b) Stellen Sie die Höhe der Versorgungslücke anhand der Darstellung auf der Vorseite oder mithilfe eines Versorgungslückenrechners (z. B. www.biallo.de/versorgungsluecke-berechnen/) für verschiedene monatliche Nettoeinkommen fest (in % und in €).
c) Weshalb steigt die Versorgungslücke (in €) mit steigendem Einkommen?
d) Erklären Sie die Begriffe „Eckrentner“ und „Riester-Rente.“
e) Weshalb kann die Riester-Rente allein die Versorgungslücke nicht schließen?
f) Interpretieren Sie das Schaubild und nehmen Sie dazu Stellung.
g) Machen Sie Vorschläge, wie Sie Ihre Versorgungslücke schließen könnten.

15. a) Erläutern Sie die Grafik auf Seite 98.
b) Wodurch gerät der Generationenvertrag zunehmend in Gefahr? Welche Lösungsvorschläge werden diskutiert?
c) Sammeln Sie aktuelle Zeitungsartikel zum Thema „Rentenproblem“, und stellen Sie Lösungsvorschläge zusammen.

16. a) Welche Bedingungen muss ein Altersvorsorgevertrag nach dem AltZertG erfüllen, wenn er die staatliche Förderung erhalten soll?
b) Erläutern Sie die staatliche Förderung der privaten Eigenvorsorge. Vollziehen Sie hierzu das Berechnungsschema auf Seite 100 nach. Berechnen Sie die maximale staatliche Förderung für Ihr eigenes Einkommen.
c) Beschreiben Sie die (1) förderungsfähigen Anlageformen und (2) Förderwege der betrieblichen Altersvorsorge.

17. Holger Schneider, 26 Jahre alt, hatte einen guten Job als Kaufmann im Groß- und Außenhandel. 2 900,00 € brutto verdiente er im Monat – bis zu seinem schweren Skiunfall. Bleibende Gesundheitsschäden machen es ihm unmöglich, seinen bisherigen Beruf oder eine gleichwertige Tätigkeit weiter auszuüben.
a) Unterscheiden Sie zwischen Berufs- und Erwerbsunfähigkeit. Welche Art der Erwerbsminderung liegt im dargestellten Fall vor?
b) Erläutern Sie die Absicherung durch die gesetzliche Rentenversicherung im Falle der privat verschuldeten (1) Berufsunfähigkeit bzw. (2) Erwerbsunfähigkeit.
c) Wie ist die Absicherung im Falle einer beruflich verursachten Berufs- bzw. Erwerbsunfähigkeit? Erkundigen Sie sich bei der Berufsgenossenschaft am Ort.
d) Wie hoch ist die Versorgungslücke im Falle der (1) Berufs- bzw. (2) Erwerbsunfähigkeit?
e) Nennen Sie einige Ursachen für eine dauerhafte Erwerbsminderung.
f) Wie sollte sich eine junge berufstätige Person gegen Berufsunfähigkeit absichern?
g) Unterscheiden Sie zwischen Pauschal- und Staffelregel bei einer privaten Berufsunfähigkeitsversicherung.
h) Besorgen Sie Prospekte bei örtlichen Versicherungsgesellschaften bzw. -agenturen über Berufsunfähigkeitsversicherungen, vergleichen Sie die Bedingungen und Leistungen und nehmen Sie zu den Ergebnissen Stellung.
i) Erstellen Sie eine Checkliste für den Abschluss einer Berufsunfähigkeitsversicherung.

18.

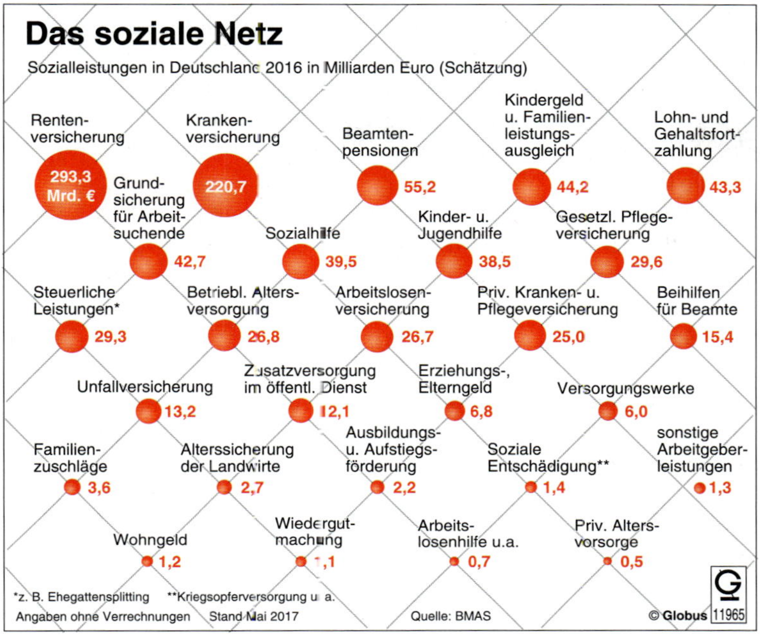

Betrachten Sie das Schaubild und nehmen Sie dazu Stellung.

Einkommensteuererklärung

19. Ergänzen Sie Ihre Lernkartei um das Themengebiet „Einkommensteuererklärung".

20. Bilden Sie drei **Arbeitsgruppen** A, B und C mit je sechs Mitgliedern. Die Gruppe A befasst sich mit den Fragen a) bis d), die Gruppe B mit e) bis h), die Gruppe C mit i) bis k). Tauschen Sie anschließend Ihre Informationen in sechs **Puzzle-Gruppen** aus. Die Puzzle-Gruppen bestehen aus je einem Mitglied jeder Arbeitsgruppe A, B und C; dieses berichtet jeweils über die Ergebnisse seiner Arbeitsgruppe. Anschließend beantworten zwei Puzzle-Gruppen im Wechsel die folgenden Aufgaben a) bis k) vor der Klasse und stellen sich der Kritik.

a) Unterscheiden Sie unbeschränkte und beschränkte Einkommensteuerpflicht.

b) Begründen Sie, warum Lohn-, Kapital-, Zinsabschlagsteuer besondere Erhebungsformen der Einkommensteuer sind.

c) Erläutern Sie die sieben Einkunftsarten kurz.

d) Unterscheiden Sie
- Einnahmen und Einkünfte,
- Gewinneinkünfte und Überschusseinkünfte,
- Werbungskosten und Sonderausgaben.

e) Erklären Sie das Schema zur Berechnung des zu versteuernden Einkommens.

f) Nennen Sie steuerbare Einnahmen, die von der Einkommensteuer befreit sind.

g) Nennen Sie Beispiele für
- Werbungskosten,
- Sonderausgaben,
- außergewöhnliche Belastungen.

h) Weshalb gewährt der Staat steuerliche Vorteile, wenn ein Steuerpflichtiger Haftpflicht- oder Lebensversicherungsbeiträge leistet?
i) Erläutern Sie, unter welchen Voraussetzungen ein Arbeitnehmer eine
   - Pflichtveranlagung durchführen lassen muss;
   - Antragsveranlagung durchführen lassen sollte.
j) Erklären Sie die Begriffe
   - Proportionalzone,
   - Progressionszone.
k) Unterscheiden Sie
   - Grenz- und Durchschnittsbelastung,
   - Grund- und Splittingtarif.

21. Zu welcher Einkunftsart gehören folgende Einnahmequellen?
   a) Gewinnanteil eines GmbH-Gesellschafters
   b) Gewinnanteil eines OHG-Gesellschafters
   c) Gehalt eines Buchhalters
   d) Besoldung eines Beamten
   e) Honorar eines Arztes
   f) Provision eines angestellten Handlungsreisenden
   g) Provision eines selbstständigen Handelsvertreters
   h) Ruhegeld eines Rentners

22. a) Abzugsfähig sind Werbungskosten, Sonderausgaben und außergewöhnliche Belastungen. Ordnen Sie die folgenden Aufwendungen der Sekretärin Helga Kirsten (25 Jahre alt) diesen drei Begriffen zu (Tabelle). Ermitteln Sie auch die entsprechenden abzugsfähigen Beträge.

		Aufwendungen im Jahr
1.	Arbeitnehmeranteil zur gesetzlichen Rentenversicherung	3 000,00 €
2.	Arbeitnehmeranteil zur gesetzlichen Kranken- und Pflegeversicherung	2 750,00 €
3.	gezahlte Kirchensteuer	336,00 €
4.	gezahlte Kraftfahrzeugsteuer	200,00 €
5.	Fahrtkosten zur Arbeitsstelle (32 km entfernt, 230 Arbeitstage)	? €
6.	von der Krankenkasse nicht erstatteter Teil der Kurkosten	515,00 €
7.	von der Krankenkasse nicht erstattete Zahnarztbehandlung	2 400,00 €
8.	Aufwendungen für Fachliteratur	70,00 €
9.	Beiträge zu ihrer Kraftfahrzeug-Vollkaskoversicherung	250,00 €
10.	Beiträge zu einer privaten Berufsunfähigkeitsversicherung	200,00 €
11.	Beiträge zu ihrer Kraftfahrzeug-Haftpflichtversicherung	210,00 €
12.	Kosten eines Volkshochschulkurses „Wie telefoniere ich richtig?“	60,00 €
13.	Kosten eines Englischkurses für Kaufleute bei der IHK	50,00 €

b) Berechnen Sie für Frau Kirsten den Betrag, den Sie nach § 33 Abs. 3 EStG als außergewöhnliche Belastung geltend machen kann.

c) Führen Sie für Helga Kirsten eine Einkommensteuerveranlagung durch. Ihr wurden laut Lohnsteuerbescheinigung 4 200,00 € Lohnsteuer und 231,00 € SolZ abgezogen. Ihr Jahresgehalt betrug 30 000,00 €.

1. Füllen Sie für Frau Kirsten die Einkommensteuererklärung aus.
2. Ermitteln Sie die Werbungskosten.
3. Berechnen Sie die abzugsfähigen Vorsorgeaufwendungen.
4. Berechnen Sie das zu versteuernde Einkommen.
5. Berechnen Sie die Einkommensteuer nach der Tarifformel (siehe Seite 112).
6. Ermitteln Sie den Erstattungsbetrag bzw. die Abschlusszahlung.

23. Welche Steuerersparnis bringen zusätzliche Werbungskosten (über den Pauschbetrag hinaus) von 1 000,00 € einem Steuerpflichtigen mit einem Durchschnittssteuersatz von 22 % und einer Grenzbelastung von 32 %?

a) 1 000,00 € c) 320,00 €
b) 220,00 € d) 780,00 €

24.

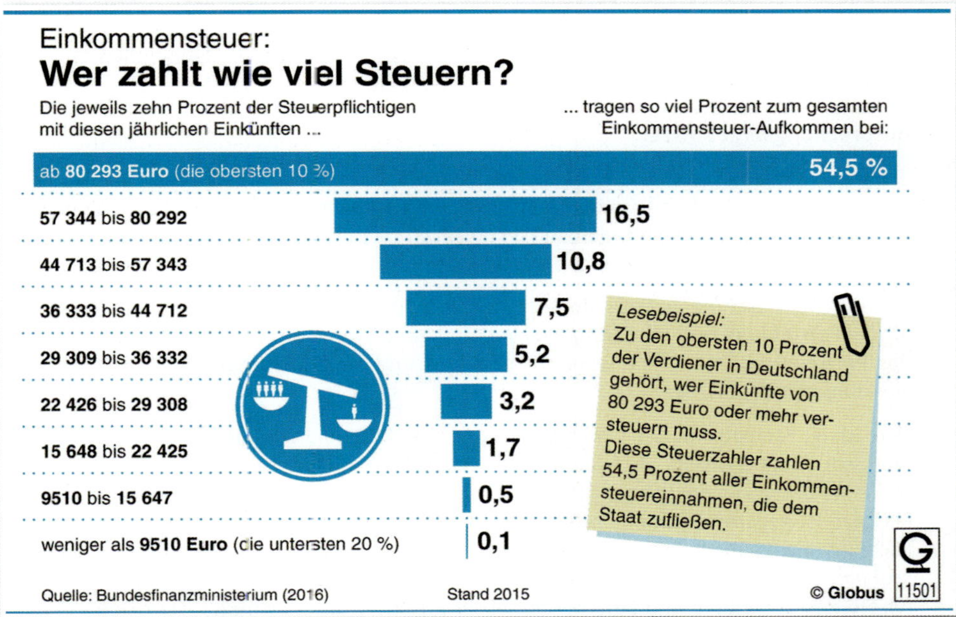

a) Nehmen Sie zu obiger Grafik Stellung.
b) Beschreiben Sie den Aufbau des Einkommensteuertarifs.
c) Diskutieren Sie über den Aufbau des Einkommensteuertarifs unter dem Gesichtspunkt der Steuergerechtigkeit.

3 Personaleinsatz, Personalförderung und Personalfreisetzung

AUSGANGSSITUATION

Nora Braun ist zurzeit in der Personalabteilung der Autohaus Köppel GmbH eingesetzt. Ihre Teamleiterin, Frau Köppel, überreicht ihr den Auszug aus einem Besprechungsprotokoll mit der Bitte, eine kurze Stellungnahme zu verfassen.

Autohaus Köppel GmbH

Ergebnisprotokoll

Teamsitzung: Verschiedene Personalangelegenheiten

Termin:	10.03.20..	**Ort, Raum:**	Besprechungsraum 002
Beginn:	08:30 Uhr	**Ende:**	10:00 Uhr

Sitzungsleitung: Frau Köppel (Geschäftsleitung und Personal)
Teilnehmende Personen: Frau Tannert (Verkauf), Herr Gorges (Kundendienst), Herr Michaeli (Werkstatt)

Besprechungsergebnisse:

...

Mitarbeiter im Verkauf und Kundendienst monieren, dass immer dieselben Leute bei Sonderaktionen an Sonn- und Feiertagen und an umsatzstarken Tagen eingeteilt werden. Hier sollte der Personaleinsatz sorgfältiger geplant werden. Frau Köppel kümmert sich darum.

Frau Köppel bittet die anwesenden Personen bis zur nächsten Teamsitzung um Vorschläge für die Fortbildung und Förderung des Verkaufs- und Werkstattpersonals. Sie möchte, dass das Personal vorbereitet ist, wenn Elektroautos und neue Mobilitätsdienstleistungen verstärkt nachgefragt werden.

Herr Kling, Fachkraft in der Werkstatt, wurde am 08.03.20.. bei einer Taschenkontrolle am Werkstor dabei erwischt, als er einen neuwertigen Gewindebohrer mit nach Hause nehmen wollte. Er bringt vor, dass der Bohrer bereits einige Tage in der Schrottkiste gelegen habe. Herr Michaeli ist gegen die Kündigung, weil er auf die ansonsten sehr tüchtige und qualifizierte Fachkraft nicht einfach verzichten kann – eine Abmahnung täte es auch. Frau Köppel weist darauf hin, dass der Betriebsrat eingeschaltet werden muss, und verweist auf die hohen Kosten für die Neueinstellung und Einarbeitung einer gleichwertigen Fachkraft. Herr Gorges meint, dass nur durch konsequentes Handeln weitere Gelegenheitsdiebstähle verhindert werden können. Frau Köppel trifft eine Entscheidung unter Beachtung des Kündigungstermins.

...

Frau Köppel bittet Nora für das nächste Ausbildungsgespräch jeweils ein Plakat mit den Ablaufschritten der Personaleinsatzplanung und einer Kündigung bis hin zur Kündigungsklage anzufertigen und eine PowerPoint-Präsentation mit folgenden Gliederungspunkten vorzubereiten:

1. Arbeitszeiterfassung und Abwesenheitszeiten
2. Personaleinsatzplanung unter Beachtung gesetzlicher Regelungen
3. Maßnahmen zur Personalentwicklung und -förderung
4. Anforderungen einer Abmahnung
5. Beendigung von Arbeitsverhältnissen
6. Erstellung von Arbeitszeugnissen

ARBEITSAUFTRÄGE

1. Informieren Sie sich über die Themenbereiche „Arbeitszeiterfassung und Abwesenheitszeiten, Personaleinsatzplanung, Personalentwicklung und -förderung, Abmahnungen, Beendigung von Arbeitsverhältnissen, und Erstellung von Arbeitszeugnissen".
   Tipp: Lesen Sie die folgenden Kapitel im Lehrbuch.
2. Entwickeln Sie ein Ablaufschema für die Personaleinsatzplanung und erstellen Sie bereichsbezogene Personaleinsatzpläne. Berücksichtigen Sie dabei Regelungen des Jugendarbeitsschutz-, Arbeitszeit-, Mutterschutz-, Bundeselterngeld- und Elternzeit-, Bundesurlaubsgesetzes und des Schwerbehindertenrechts. Ermitteln und dokumentieren Sie Arbeits- und Abwesenheitszeiten. Entwickeln Sie Ideen zur Personalentwicklung und Personalförderung. Verfassen Sie Abmahnungen und wirken Sie bei der Beendigung von Arbeitsverhältnissen und bei der Abfassung von Kündigungsschreiben und Arbeitszeugnissen mit. Beachten Sie dabei den Kündigungsschutz und die Mitbestimmung des Betriebsrats. Erstellen Sie die Plakate und die PowerPoint-Präsentation mit den gewünschten Gliederungspunkten.
   Tipps: Bilden Sie thementeilige Arbeitsgruppen. Einen Methodenpool finden Sie unter BuchPlusWeb. Web
3. Führen Sie Ihre Plakate und die PowerPoint-Präsentation beim Ausbildungsgespräch bzw. im Klassenverband vor. Reagieren Sie auf Fragen und Anmerkungen aus dem Zuhörerkreis.
   Tipp: Regeln zur Präsentation finden Sie unter BuchPlusWeb. Web
4. Bewerten Sie Ihre Vorträge anhand des Kriterienkatalogs für Präsentationen. Nehmen Sie Kritikpunkte zur Vollständigkeit und inhaltlichen Richtigkeit auf, ergänzen Sie Ihre Ausarbeitungen und korrigieren Sie Fehler.
   Tipp: Regeln zur Bewertung von Präsentationen finden Sie unter BuchPlusWeb. Web
5. Reflektieren Sie Ihr Verhalten in der Arbeitsgruppe. Nehmen Sie konstruktives Feedback an, ändern Sie ggf. Ihr Verhalten und ziehen Sie Schlüsse für die künftige Zusammenarbeit. Vergegenwärtigen Sie Ihre eigene Stellung als Arbeitnehmer/-in im Betrieb und hinterfragen Sie, inwieweit Sie auf Konfliktsituationen sachgerecht und rational reagieren. Erkennen Sie, dass bei personalwirtschaftlichen Maßnahmen im besonderen Maße Sorgfalt, Vertraulichkeit und Objektivität notwendig sind.
   Tipp: Regeln zum Feedback finden Sie unter BuchPlusWeb. Web

3.1 Personaleinsatzplanung – Personalengpässe vermeiden

EINSTIEGSSITUATION

In der Berufsschule beschäftigen sich die Auszubildenden der Autohaus Köppel GmbH mit dem Themengebiet „Personaleinsatzplanung“ und sollen die nachfolgenden Aufgaben mithilfe des Schaubilds bearbeiten. Sie unterstützen die Azubis dabei.

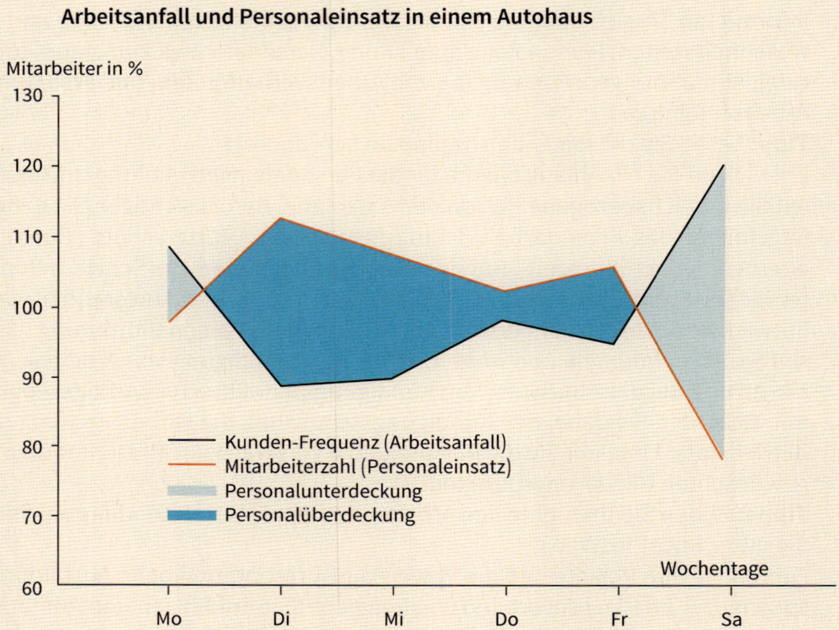

1. Sie beurteilen die dargestellte Personaleinsatzplanung.
2. Welche Aufgaben und Ziele verfolgt die Personaleinsatzplanung?
3. Weshalb müssen sich die Öffnungszeiten des Betriebs und die Arbeitszeit eines einzelnen Mitarbeiters nicht entsprechen?

3.1.1 Aufgaben und Ziele der Personaleinsatzplanung

Aufgabe der Personaleinsatzplanung ist die Verteilung der vorhandenen Mitarbeiter auf die verschiedenen Arbeitsplätze unter Berücksichtigung der quantitativen, qualitativen, zeitlichen und örtlichen Erfordernisse des Betriebs sowie der Neigungen und Interessen der Mitarbeiter.

Davon zu unterscheiden ist die Personaldisposition (Personaleinsatzsteuerung), die den kurzfristigen (täglichen oder stündlichen) Ausgleich zwischen Soll- und Ist-Personalbestand herstellen soll.

Die Personaleinsatzplanung verfolgt die **Ziele**, die Mitarbeiter so auf die Arbeitsplätze zu verteilen, dass Mitarbeiter und Betriebsmittel optimal ausgelastet und Leerlauf bzw. Hetze vermieden werden. Gleichzeitig sollen die Wartezeiten der Kunden bzw. Bearbeitungs- und Durchlaufzeiten so gering wie möglich gehalten werden. Zwischen diesen Zielen bestehen Zielkonflikte, da z. B. eine hohe Auslastung der Mitarbeiter höhere Durchlaufzeiten bzw. Wartezeiten bewirkt. Ein optimaler Personaleinsatzplan bringt diese Zielkonflikte auf wirtschaftliche Weise zum Ausgleich.

3.1.2 Arbeitszeiterfassung – Anwesenheits- und Abwesenheitszeiten

Voraussetzung eines optimalen Personaleinsatzes ist die zuverlässige Erfassung der Arbeitszeit der Mitarbeiter. Die An- und Abwesenheitszeiten der Mitarbeiter sollten möglichst manipulationssicher (objektiv) und fehlerfrei erfasst werden. Die Zeitdaten müssen möglichst schnell und ohne weitere manuelle Eingaben ausgewertet werden können. Die Zeitprotokolle sollten übersichtlich und für die Mitarbeiter leicht kontrollierbar sein. Einmalige und laufende Kosten sollten möglichst gering sein.

Herkömmliche Stechuhren werden diesen Anforderungen in Zeiten flexibler Arbeitszeitmodelle nicht mehr gerecht. Die Einführung und die Anwendung von technischen Einrichtungen, mit denen das Verhalten oder die Leistung der Arbeitnehmer überwacht werden können, sind von der Zustimmung des Betriebsrats abhängig (§ 87 Abs. 1 BetrVG).

Verfahren der Zeiterfassung im Überblick	
Handaufschreibung (Vertrauenszeit)	Jeder Mitarbeiter schreibt seine Zeiten selbst auf. Es entstehen keine Gerätekosten, dem Mitarbeiter wird Vertrauen entgegengebracht. Die Daten sind jedoch leicht manipulierbar, die manuelle Auswertung ist arbeitsintensiv und kostet Arbeitszeit.
Stempeluhr (Stechuhr)	Kommen- und Gehenzeiten werden auf eine Karte gestempelt (z. B. Uhrzeit-, Zeitsummenstempel). Zur maschinellen Auswertung müssen die Daten manuell erfasst werden, wodurch Übertragungsfehler auftreten können.
Zeitzähler	Sie befinden sich am Arbeitsplatz und schreiben die Anwesenheitszeiten kumulativ fort. Die Zeitsumme ist ohne Rechenaufwand ablesbar. Auswertungen der Arbeitszeitverteilung sind nicht möglich.
Zeiterfassungssysteme über Ausweisleser (Systemzeit)	Die Zeitdaten werden an Terminals bequem erfasst und entweder auf einen Datenzwischenträger gespeichert oder direkt (online) in das Datenverarbeitungssystem übernommen und ausgewertet. Weitergehende Auswertungen (z. B. Urlaubs-, Gleitzeitsalden, Überstunden) sind leicht möglich.

Computergestützte Zeiterfassungssysteme mit Funktechnik bieten neben der komfortablen, berührungslosen Erfassung der Kommen- und Gehenzeiten zusätzliche Funktionen bis hin zu einer Informationszentrale für die Mitarbeiter. Große Bildschirme erlauben beim Passieren des Zeitterminals individuelle Informationen, wie z. B. aktueller Arbeitszeit- und Urlaubssaldo, Besprechungstermine oder Änderungen im Schicht- bzw. Personaleinsatzplan – auch in einer vorher vereinbarten Fremdsprache. Die Zeitdaten werden automatisch an die Entgeltbuchhaltung weitergegeben und die Urlaubs-, Überstunden-, Lohn- und Gehaltskonten werden aktualisiert. Das schicke Design der Terminals vermeidet den Eindruck eines Kontrollinstruments und erhöht die Akzeptanz durch die Mitarbeiter.

Die erfassten Arbeitszeiten dienen als Grundlage für die Entgeltabrechnung. Als Arbeitszeit zählen auch **bezahlte Abwesenheitszeiten** wie bezahlte Urlaubs- und Feiertage, Entgeltfortzahlungstage, in Geld ausgeglichene Mehrarbeitsstunden, Mutterschutzfristen[1] mit Aufstockung des Arbeitsentgelts. Sofern sich Arbeitnehmer in einer flexiblen Arbeitszeitregelung befinden und Arbeitsentgelt für den Aufbau eines Wertguthabens nach § 7b SGB IV erzielen, müssen die entsprechenden Stunden dem Arbeitsentgelt zugerechnet werden.

Unbezahlte Abwesenheits- bzw. Fehlzeiten werden bei der Entgeltabrechnung nicht berücksichtigt, z. B. unbezahlte Freistellung wegen Krankheit bzw. Verletzung eines Kindes, unbezahlter Urlaub, Arbeitsunfähigkeit ohne Entgeltfortzahlung, Elternzeit (bis drei Jahre). Ist das Ende der Fehlzeit nicht bekannt, dann liegt eine **offene Fehlzeit** vor. Je Mitarbeiter ist nur eine offene Fehlzeit erlaubt.

3.1.3 Vorgehensweise der Personaleinsatzplanung

Es genügt nicht, lediglich eine durchschnittliche jährliche Personalbesetzung festzulegen, die dann für alle Arbeitstage gleich bleibt. Kurzfristige (tägliche, wöchentliche oder monatliche) Über- und Unterbesetzungen wären die Folge. Im Autohandel liegen z. B. die Umsatzspitzen im Frühjahr und Herbst. Die Verkaufsleitung ist jedoch bemüht, umsatzschwache Zeiten durch Verkaufs- und Werbeaktionen zu glätten.

Die Erstellung eines Personaleinsatzplans erfolgt in folgenden Schritten:

1. **Vorbereitende Tätigkeiten**, z. B. Planung und Analyse des Umsatzes, Ermittlung der Soll-Arbeitszeiten, ständige Beobachtung der Arbeitsproduktivität der Mitarbeiter
2. **Monatsgenaue Personaleinsatzplanung** anhand der monatsgenauen Umsatzverteilung bzw. des monatsgenauen Kundenaufkommens; so kann der Saisonverlauf mit umsatzstarken und -schwachen Monaten beim Personaleinsatz berücksichtigt werden.
3. **Wochengenaue Personaleinsatzplanung** anhand der wochengenauen Umsatzverteilung bzw. des wochengenauen Kundenaufkommens; so werden umsatzstarke und -schwache Wochen sichtbar.
4. **Tagesgenaue Personaleinsatzplanung** anhand der Verteilung des Umsatzes auf die unterschiedlichen Wochentage; so können umsatzstarke und -schwache Wochentage beim Personaleinsatz berücksichtigt werden.
5. **Stundengenauer Personaleinsatzplan für jeden Wochentag** anhand der Verteilung des Umsatzes auf die Tageszeiten; so können umsatzstarke und -schwache Tageszeiten beim Personaleinsatz berücksichtigt werden. Die Namen der Mitarbeiter werden zugeordnet und ihre individuellen Arbeitszeiten und Arbeitszeitwünsche berücksichtigt.

1 Sie hierzu auf Seite 131. Der Arbeitgeber stockt das Mutterschaftsgeld der Krankenkasse (maximal 13,00 € pro Arbeitstag) bis zur Höhe des Nettoentgelts auf (§ 14 MuSchG). Die Zuzahlung errechnet sich aus dem durchschnittlichen Nettogehalt der letzten drei Monate (einschließlich Überstunden) vor Beginn des Mutterschutzes, in denen die Frau abgabenpflichtig gearbeitet hat. Der Arbeitgeberzuschuss zum Mutterschaftsgeld ist steuer- und beitragsfrei.

Beispiel: Personaleinsatzplanung im Autohaus Köppel GmbH

Im ersten Planjahr sollen 495 Neuwagen verkauft werden, die prozentuale Verteilung des Absatzes orientiert sich an den entsprechenden Durchschnittswerten der beiden Vorjahre; bei einer Arbeitsproduktivität von 150 Neuwagen pro Verkaufskraft werden 3,3 Verkaufskräfte benötigt (495 NW : 150 NW pro Kopf = 3,3 Verkaufskräfte).

1. **Schritt: Monatsgenaue Personaleinsatzverteilung** für das Planjahr

Monatliche Verteilung des Absatzes und der Verkaufskräfte im Planjahr

	Jan	Feb	Mär	Apr	Mai	Jun	Jul	Aug	Sep	Okt	Nov	Dez	Summe	Ø
Absatz in %	5	10	10	15	10	10	5	5	10	10	5	5	100	8,33
Absatz in Stück	25	50	50	74	50	50	25	25	46	50	25	25	495	41,3
Verkaufskräfte	**2,0**	**4,0**	**4,0**	**5,9**	**4,0**	**4,0**	**2,0**	**2,0**	**3,7**	**4,0**	**2,0**	**2,0**	–	**3,3**

Rechenweg am Beispiel des Monats April:
3,3 Verkaufskräfte : Ø 8,33 % · 15 % = 5,9 Verkaufskräfte oder
3,3 Verkaufskräfte : Ø 41,3 NW · 74 NW = 5,9 Verkaufskräfte

Erläuterung des Ergebnisses:
In den umsatzstärksten Monaten Februar bis Juni und September bis Oktober sind überdurchschnittlich viele Mitarbeiter notwendig. Das Stammpersonal (3,3 Planstellen) reicht hierfür nicht aus (**Personalunterdeckung**), sodass Überstunden erforderlich sind bzw. Saison- und Aushilfskräfte eingesetzt werden müssen. In den umsatzschwächeren Monaten liegt eine **Personalüberdeckung** vor. Das deutet darauf hin, dass ein Teil der Stammkräfte in diesen Monaten Überstunden abbauen, ihren Urlaub nehmen oder auf Teilzeitbasis beschäftigt werden muss.

2. **Schritt: Wochen- und tagesgenaue Personaleinsatzverteilung** für den April im Planjahr

Da sich der Umsatz nicht gleichmäßig auf die Wochentage verteilt, muss der Personaleinsatz für jeden Wochentag geplant werden.

Verteilung des Absatzes und der Verkaufskräfte auf die Wochentage im Monat April

	Mo	Di	Mi	Do	Fr	Sa	So	Summe	Ø
Absatz in %	10	10	15	25	15	25	–	100	16,67
Verkaufskräfte	**3,5**	**3,5**	**5,3**	**8,8**	**5,3**	**8,8**	–	–	**5,9**

Rechenweg am Beispiel des Wochentags Montag im Monat April:
5,9 Verkaufskräfte : Ø 16,67 % · 10 % = 3,5 Verkaufskräfte

Erläuterung des Ergebnisses:
Die Wochentage Donnerstag und Samstag sind die umsatzstärksten Tage. Auch an den übrigen Wochentagen des Monats April besteht eine Personalunterdeckung, sodass das Stammpersonal (3,3 Mitarbeiter) entweder Überstunden machen muss oder Aushilfs- bzw. Saisonkräfte eingesetzt werden müssen.

3. Schritt: Stundengenaue Personaleinsatzverteilung für eine Aprilwoche im Planjahr

Auch der Tagesumsatz verteilt sich nicht gleichmäßig auf die Tageszeiten (z. B. Vor-, Nachmittag, Abend). Das Autohaus Köppel ist von Montag bis Freitag von 09:00 Uhr bis 20:00 Uhr und samstags von 09:00 Uhr bis 18:00 Uhr geöffnet. Da die betrieblichen Öffnungszeiten und die tariflichen bzw. gewünschten Arbeitszeiten des Personals voneinander abweichen, müssen wöchentliche und tägliche Einsatzpläne (manchmal als Schichtpläne bezeichnet) erstellt werden.

Stundengenaue Personaleinsatzplanung (Einsatzzeiten der Mitarbeiter) im April

Wochentag	**Montag**			**Dienstag**			**...**	
Umsatzprognose	schwach	mittel	stark	stark	mittel	schwach	...	
Mitarbeiterzahl	2	3	4	6	5	4	...	**Ø 5,9**
Arbeitszeit	9–13 Uhr	13–16 Uhr	16–20 Uhr	9–12 Uhr	12–16 Uhr	16–20 Uhr	...	**Std. gesamt**
Bertraut (Vollzeit)	xxxxx	xxxxx		xxxxx		xxxxx	...	40
Fink (Vollzeit)		xxxxx	xxxxx	xxxxx	xxxxx		...	40
Tursch (Vollzeit)	xxxxx		xxxxx	xxxxx	xxxxx		...	40
Aygün (Aushilfe)		xxxxx	xxxxx	xxxxx	xxxxx	xxxxx	...	20
...	...	...	...	...	...	...	...	...

Die Einsatzzeiten müssen Zeitreserven für Pausen und Abwesenheitsgründe wie z. B. Erholungs-, Bildungsurlaub, Feiertage, Krankheit, Kur, Unfall und Fortbildungen sowie für kurzfristige Umsatzspitzen durch Verkaufs- und Werbeaktionen oder vor Feiertagen berücksichtigen. Weiterhin müssen auch die schutzwürdigen familiären Belange der Arbeitnehmer (z. B. Betreuung von Kindern) beachtet werden, soweit nicht betriebliche Gründe oder berechtigte Belange anderer Beschäftigter entgegenstehen (BAG, 6 AZR 567/03). Alle Arbeitskräfte müssen entsprechend ihrer individuell vereinbarten Arbeitszeit eingesetzt werden.

3.1.4 Gesetzliche Regelungen zur Arbeitszeit

Die Arbeitszeiten der Mitarbeiter sind durch gesetzliche und tarifliche Regelungen begrenzt. **Arbeitszeit** ist die Zeit vom Beginn bis zum Ende der Arbeit ohne die Ruhepausen, wobei die Arbeitszeiten bei mehreren Arbeitgebern zusammenzurechnen sind (§ 2 ArbZG). Zu unterscheiden sind Werktage (sie umfassen auch den Samstag) und Arbeitstage (i. d. R. ohne den Samstag).

Arbeitszeitgesetz (ArbZG)

Das ArbZG gilt für alle volljährigen Arbeitnehmer.

Regelungen zur Arbeitszeit im Überblick	
Höchstarbeitszeit (§ 3 ArbZG)	• werktäglich höchstens acht Stunden • Verlängerung auf bis zehn Stunden mit Ausgleich innerhalb von sechs Monaten oder 24 Wochen auf durchschnittlich acht Stunden/Werktag • maximal 48 Stunden pro Woche
Mindestruhezeit und -pausen (§§ 4, 5 ArbZG)	• nach sechs bis neun Stunden Arbeitszeit → 30 Minuten Ruhepause • nach über neun Stunden Arbeitszeit → 45 Minuten Ruhepause • nach Ende der Arbeitszeit mindestens elf Stunden ununterbrochene Ruhezeit
Nacht- und Schichtarbeit (§ 6 ArbZG)	• Anspruch auf arbeitsmedizinische Untersuchung • Umsetzungsanspruch auf einen Tagesarbeitsplatz bei gesundheitlicher Gefährdung, Betreuung von Kindern unter zwölf Jahren
Sonn- und Feiertagsarbeit (§§ 9, 10, 11 ArbZG)	• grundsätzliches Beschäftigungsverbot (Ausnahmen siehe § 10 ArbZG) • Ausgleichsregelungen (siehe § 11 ArbZG), es müssen z. B. mindestens 15 Sonntage beschäftigungsfrei bleiben

Mutterschutzgesetz (MuSchG)

Das MuSchG gilt für alle Frauen, die in einem Arbeitsverhältnis stehen.

Regelungen zur Arbeitszeit im Überblick	
Höchstarbeitszeit (§ 8 MuSchG)	werktäglich höchstens acht Stunden oder 90 Stunden in der Doppelwoche
Mutterschutzfrist (§§ 3, 6 MuSchG)	• Beschäftigungsverbot für werdende Mütter in den letzten sechs Wochen vor der Entbindung • Beschäftigungsverbot von Müttern bis zum Ablauf von acht Wochen, bei Früh- und Mehrlingsgeburten bis zum Ablauf von zwölf Wochen nach der Entbindung • Die Frau kann sich in der Mutterschutzfrist zur Arbeitsleistung ausdrücklich bereit erklären, sie kann die Erklärung jederzeit widerrufen.
Weitere Beschäftigungsverbote (§§ 4, 6, 8 MuSchG)	• keine Beschäftigung werdender Mütter und Mütter mit schweren körperlichen, gefährlichen und gesundheitsgefährdenden Arbeiten, Akkord- und Fließarbeit mit vorgeschriebenem Arbeitstempo • Werdende und stillende Mütter dürfen nicht mit Mehrarbeit, nicht in der Nacht zwischen 20:00 Uhr und 06:00 Uhr und nicht an Sonn- und Feiertagen beschäftigt werden.

Regelungen zur Arbeitszeit im Bundeselterngeld- und Elternzeitgesetz

Nach dem Bundeselterngeld- und Elternzeitgesetz (BEEG) können erwerbstätige Mütter und Väter Elternzeit und Elterngeld beanspruchen, wenn sie mit ihrem Kind in einem Haushalt leben und es selbst betreuen und erziehen (§ 15 Abs. 1 BEEG).

Regelungen zur Arbeitszeit im Überblick	
Elternzeit (§§ 15 Abs. 2, 16 BEEG)	• Der Anspruch besteht bis zur Vollendung des dritten Lebensjahres eines Kindes. Die achtwöchige Mutterschutzfrist nach der Entbindung wird angerechnet. • Bis zu 24 Monate können zwischen dem dritten Geburtstag und dem achten Lebensjahr des Kindes beansprucht werden. • Bei mehreren Kindern besteht der Anspruch für jedes Kind, auch wenn sich die Zeiträume überschneiden. • Jeder Elternteil kann seine Elternzeit auf drei Zeitabschnitte verteilen. Den dritten Zeitabschnitt kann der Arbeitgeber aus dringenden betrieblichen Gründen ablehnen. Eine Verteilung auf weitere Zeitabschnitte ist nur mit Zustimmung des Arbeitgebers möglich.
Arbeitszeit (§ 15 Abs. 4, 5, 7 BEEG)	• Während der Elternzeit darf der/die Arbeitnehmer/-in höchstens 30 Wochenstunden im Durchschnitt des Monats erwerbstätig sein. • Eine vor der Elternzeit bestehende Teilzeitarbeit kann während der Elternzeit unverändert fortgesetzt werden • Die Arbeitszeit kann auf nicht weniger als 15 Wochenstunden im Monatsdurchschnitt verringert werden. Der Anspruch besteht gegenüber Arbeitgebern mit mehr als 15 Beschäftigten (ohne Auszubildende). Das Arbeitsverhältnis muss länger als sechs Monate bestehen.

Weitere gesetzliche Regelungen zur Arbeitszeit

Beschäftigte sind von der Arbeitsleistung für längstens 24 Monate teilweise freizustellen, wenn sie nahe Angehörige in häuslicher Umgebung pflegen und die verringerte Arbeitszeit wöchentlich mindestens 15 Stunden beträgt (§ 2 FPfZG – Familienpflegezeitgesetz). Der Anspruch besteht gegenüber Arbeitgebern mit mehr als 25 Beschäftigten (ohne Auszubildende).

Schwerbehinderte Menschen haben einen Anspruch auf Teilzeitbeschäftigung, wenn die kürzere Arbeitszeit wegen Art und Schwere der Behinderung notwendig ist. Menschen sind schwerbehindert, wenn bei ihnen ein Grad der Behinderung von wenigstens 50 % vorliegt (§ 2 SGB IX). Die Arbeitgeber fördern die Einrichtung geeigneter Teilzeitarbeitsplätze (§ 81 Abs. 5 SGB IX). Sie werden dabei von den Integrationsämtern unterstützt.

LF 1 Kap. 2.2

Weitere Vorschriften zur Arbeitszeit enthalten das Jugendarbeitsschutzgesetz (JArbSchG), das Teilzeit- und Befristungsgesetz (TzBfG)[1], das Flexi-Gesetz (§§ 7–7d, 23b SGB IV) usw.

1 Siehe hierzu Kap. 1.3.4 Arten von Arbeitsverträgen.

3.1.5 Modelle zur Flexibilisierung der Arbeitszeit

Je mehr Teilzeitkräfte eingesetzt werden und je flexibler die Arbeitszeiten in Betriebsvereinbarungen geregelt sind, desto genauer und flexibler lässt sich der Personaleinsatz in den verschiedenen Abteilungen planen. Je mehr Vollzeitkräfte beschäftigt werden, desto mehr Aushilfskräfte und Springer (Arbeitskräfte, die mehrere Aufgabengebiete beherrschen) sind erforderlich. Dadurch entsteht ein beträchtlicher organisatorischer Aufwand.

Der normale Achtstundenarbeitstag („Nine-to-Five“) mit festem Arbeitsbeginn und festem Arbeitsende ist heute eher eine Seltenheit. Die allgemeine Öffnungszeit des Betriebs (Betriebszeit) und die individuelle Arbeitszeit der Mitarbeiter (Arbeitszeit) sind heute durch flexible Arbeitszeiten weitgehend entkoppelt. Moderne Arbeitszeitkonzepte (Arbeitszeitmodelle) bringen die persönlichen Wünsche der Arbeitnehmer bezüglich Dauer, Lage und Verteilung der Arbeitszeit mit sozialen und betrieblichen Erfordernissen zum Ausgleich.

Arbeitszeitmodelle im Überblick	
Gleitzeit	Hier gibt es **Kernarbeitszeiten (Kommunikationszeiten)** mit Anwesenheitspflicht für die Beschäftigten (z. B. 08:30 Uhr bis 11:30 Uhr und 14:00 Uhr bis 15:30 Uhr). Außerhalb der Kernarbeitszeiten greift die Gleitzeit, in der die Beschäftigten ihre Arbeitszeit frei bestimmen können. Zeitguthaben und Zeitschulden können angesammelt und innerhalb eines Monats durch Gleittage bzw. Mehrarbeitszeit wieder ausgeglichen werden. Beim **Ampelkonto** werden Zeitguthaben und Zeitschulden in drei Phasen unterteilt: Innerhalb der **grünen Phase** (z. B. von –35 bis +35 Stunden) verwaltet der Mitarbeiter sein Arbeitszeitkonto selbst. In der **gelben Phase** (z. B. von –70 bis –35 sowie +35 bis +70 Stunden) muss der Vorgesetzte weitere Zeitguthaben bzw. Zeitschulden genehmigen. In der **roten Phase** (z. B. über –70 sowie über +70 Stunden) muss der Mitarbeiter mit seinem Vorgesetzten einen Plan zum Abbau des Zeitguthabens bzw. der Zeitschulden erstellen.
Flexible Teilzeit	Die wöchentliche Arbeitszeit wird auf zwei bis fünf Tage verteilt. Dabei kann auch die tägliche, wöchentliche oder monatliche Stundenanzahl variieren. So ist Teilzeit auch mit Vollzeit kombinierbar.
Jobsharing	Zwei Arbeitnehmer teilen sich eigenverantwortlich eine Stelle. Teilzeitmitarbeiter können somit auch Vollzeitprojekte übernehmen und verantwortlich leiten, wenn sie sich regelmäßig abstimmen und Informationen austauschen.
Langzeitarbeitszeitkonto	Gearbeitet wird unverändert Vollzeit – bezahlt wird Teilzeit. Die Differenz wird als Zeit- oder Wertguthaben auf einem Langzeitkonto angespart. Damit werden mehrmonatige Freizeitphasen (Sabbaticals[1]) oder langfristig sogar der vorgezogene Ruhestand möglich. Das Gehalt wird dabei jeweils weitergezahlt.
Team-Teilzeit	Arbeitgeber geben nur vor, wie viele Mitarbeiter in bestimmten Zeitabschnitten anwesend sein müssen. Im Team wird dann die jeweilige persönliche Arbeitszeit geplant und abgesprochen. Kurzfristige Änderungen sind jederzeit möglich.

1 Das Wort „**Sabbatical**“ (oder Sabbatjahr) geht auf das Alte Testament zurück. Es bedeutete damals das einjährige Ruhenlassen des Feldes nach sechs Jahren Bewirtschaftung.

Arbeitszeitmodelle im Überblick	
Saison-Teilzeit	Sie dient zum Ausgleich von Über- bzw. Unterauslastung in Saisonbetrieben. In Hochphasen werden Arbeitnehmer in Vollzeit beschäftigt. Bei niedriger Auslastung haben sie frei. Die Arbeitnehmer haben ein gleichbleibendes Grundgehalt und sind sozialversichert.
Telearbeit (Homeoffice)	Arbeitnehmer arbeiten zu Hause und sind via Intranet mit ihrem Betrieb verbunden. Vereinbarte Arbeitszeiten stellen die Erreichbarkeit sicher und erleichtern die Zusammenarbeit. Tägliche Leerlaufzeiten wie Hin- und Rückfahrten entfallen. Bei der alternierenden Telearbeit wechseln Telearbeit und Arbeitstage im Betrieb ab.
Schichtarbeit	Wenn eine Arbeitskraft nach einem bestimmten Zeitplan innerhalb eines bestimmten Zeitraums (z. B. Woche, Monat) zu unterschiedlichen Zeiten eingesetzt wird, liegt **Schichtarbeit** vor. Wird die Schichtarbeit an Wochenenden unterbrochen, liegt **teil- bzw. diskontinuierliche** Schichtarbeit vor. Bei der **vollkontinuierlichen** Schichtarbeit (VK, Vollkonti) wird auch an den Wochenenden durchgearbeitet.

Die flexibelste Form der Arbeitszeitgestaltung ist die **Vertrauensarbeitszeit**. Der Mitarbeiter entscheidet selbst, wann und wie lange er täglich arbeitet, natürlich unter der Maßgabe, dass er die aufgetragenen Arbeitsaufgaben erfüllt bzw. seine Projekte fristgerecht abschließt. Die Lage der Arbeitszeit ist nicht maßgeblich, sondern der Zeitraum bzw. Zeitpunkt, in dem bzw. bis zu dem eine bestimmte Arbeitsaufgabe erledigt sein muss. Der Betrieb vertraut darauf, dass der Mitarbeiter auch ohne Zeitkontrolle seine Arbeitsleistung erbringt. Meist wird ein Zeitrahmen festgelegt (z. B. werktäglich 07:00 Uhr bis 20:00 Uhr) innerhalb dessen der Mitarbeiter tätig sein kann. Nur so kann der Vorgesetzte sicherstellen, dass die tägliche Mindestruhezeit von elf Stunden und der gesetzliche Sonn- und Feiertagsschutz beachtet werden (§§ 5, 11 ArbZG).

Der Betriebsrat hat, soweit eine gesetzliche oder tarifliche Regelung nicht besteht, über Beginn und Ende der täglichen Arbeitszeit einschließlich der Pausen sowie die Verteilung der Arbeitszeit auf die einzelnen Wochentage mitzubestimmen (§ 87 BetrVG). Immer mehr Betriebe vereinbaren mit ihrem Betriebsrat Arbeitszeitmodelle für **mobile Arbeit**. Hier werden Arbeitszeiten innerhalb und außerhalb des Büros gleich honoriert. Die Mitarbeiter erfassen ihre Arbeitszeiten selbst und sprechen Anwesenheits- und Abwesenheitszeiten mit dem Vorgesetzten ab.

Nach einer Entscheidung des Bundesarbeitsgerichts (BAG, Az.: 6 AZR 567/03) kann der Arbeitgeber aufgrund seines Weisungsrechts die Lage der Arbeitszeit seiner Beschäftigten im Rahmen der gesetzlichen und tariflichen Vorschriften bestimmen. Er muss aber bei der Verteilung der Arbeitszeiten die beiderseitigen Interessen angemessen beachten. Insbesondere sind die familiären Belange des Arbeitnehmers (z. B. erforderliche Beaufsichtigung und Betreuung von Kindern) zu berücksichtigen, soweit nicht betriebliche Gründe oder berechtigte Belange anderer Beschäftigter entgegenstehen. Immer mehr Betriebe erkennen, dass sie mithilfe von flexiblen Arbeitszeitmodellen ihre Attraktivität steigern und so qualifizierte Arbeitnehmer/-innen an sich binden und leichter Fachkräfte gewinnen können.

3.1.6 Urlaubsvorschriften und Urlaubsplanung

LF 1 Kap. 1.3.2

Jeder Arbeitnehmer hat in jedem Kalenderjahr Anspruch auf **bezahlten Erholungsurlaub** (§ 1 BUrlG). Die Urlaubsdauer ist im Arbeitsvertrag geregelt. Darin wird meist auf den anzuwendenden Tarifvertrag verwiesen. Im Bundesurlaubsgesetz bzw. Jugendarbeitsschutzgesetz werden Untergrenzen für die Urlaubsdauer (Mindesturlaub) vorgeschrieben. Der **gesetzliche Mindesturlaub** beträgt für volljährige Mitarbeiter **24 Werktage** (§ 3 BUrlG). Als Werktage gelten alle Kalendertage außer Sonntage und gesetzliche Feiertage. Der volle Urlaubsanspruch wird nach sechsmonatigem Bestehen des Arbeitsverhältnisses erworben.

Beispiel: Auszug aus einem Arbeitsvertrag

...

Urlaub und Feiertage

Die Urlaubsdauer und das Urlaubsentgelt richten sich nach dem aktuell anzuwendenden Rahmentarifvertrag. Der Urlaubstermin kann nur im Einvernehmen mit dem zuständigen Vorgesetzten festgelegt werden. Als Urlaubstage gelten alle Kalendertage mit Ausnahme der Sonn- und gesetzlichen Wochenfeiertage. Für 30 Kalendertage des Bestehens des Arbeitsverhältnisses wird ein Zwölftel des Jahresurlaubs gewährt. Anspruch auf anteiligen Jahresurlaub hat jeder Arbeitnehmer, dessen Arbeitsverhältnis mindestens 30 Tage bestanden hat. Bei Anträgen auf unbezahlten Urlaub muss der Arbeitnehmer einen sachlichen Grund angeben.

...

Bei der zeitlichen Festlegung des Urlaubs sind die **Urlaubswünsche** des Arbeitnehmers zu berücksichtigen, wenn diese mit den betrieblichen Erfordernissen oder den Urlaubswünschen anderer Arbeitnehmer, die unter sozialen Gesichtspunkten Vorrang haben, vereinbar sind (§ 7 BUrlG). Arbeitnehmer mit schulpflichtigen Kindern haben in den Ferienzeiten immer Vorrang. Danach folgen Arbeitnehmer mit erwerbstätigem Ehepartner bzw. Auszubildende in den Berufsschulferien.

Der Urlaub ist **zusammenhängend** zu gewähren, außer wenn dringende betriebliche Erfordernisse oder persönliche Gründe der Arbeitnehmer eine Teilung erforderlich machen. Dabei muss einer der Urlaubsteile mindestens **zwölf aufeinanderfolgende Werktage** umfassen (§ 7 BUrlG). Urlaubsansprüche gelten nur **für das laufende Kalenderjahr** und können nur ausnahmsweise auf das folgende Kalenderjahr (spätestens bis zum 31.03.) übertragen werden, sonst erlischt der Urlaubsanspruch.

Für jedes Kalenderjahr erstellen die Betriebe einen **Urlaubsplan**. Dazu stellen die Abteilungsleitungen am Anfang des Jahres die Urlaubswünsche ihrer Mitarbeiter fest, z. B. durch Eintragung in eine Urlaubsliste. Danach werden die einzelnen Urlaubswünsche in einer zweiten Runde, unter Beachtung der sozialen Vorrangregeln, aufeinander abgestimmt.

Beispiel: Urlaubsplanung mithilfe eines Gantt-Diagramms[1]

In der Urlaubszeit soll folgende Mindestbesetzung aufrechterhalten werden: eine Führungskraft und ein Mitarbeiter.

Von den Mitarbeitern eingereichte Urlaubswünsche

Mitarbeiter	**Urlaubswoche von … bis … einschließlich**	**Urlaubsdauer in Wochen**
Abteilungsleiter A	26.–28.	3
Stellvertreter B	29.–32.	4
Mitarbeiter C	25.–27.	3
Mitarbeiter D	27.–29.	3
Mitarbeiter E	28.–30.	3

Urlaubsplan für die Mitarbeiter

Name	**Wochen**								
	25	**26**	**27**	**28**	**29**	**30**	**31**	**32**	**33**
A									
B									
C									
D									
E									

Der Betriebsrat hat, soweit eine gesetzliche oder tarifliche Regelung nicht besteht, über die Aufstellung allgemeiner Urlaubsgrundsätze und des Urlaubsplans sowie die Festsetzung der zeitlichen Lage des Urlaubs für einzelne Arbeitnehmer mitzubestimmen, wenn zwischen dem Arbeitgeber und den beteiligten Arbeitnehmern kein Einverständnis erzielt wird (§ 87 BetrVG). Erkrankt ein Arbeitnehmer während des Urlaubs, so werden die durch ärztliches Zeugnis nachgewiesenen Tage der Arbeitsunfähigkeit auf den Jahresurlaub nicht angerechnet.

1 Balkendiagramm mit versetzten Balken. Der Name geht auf den amerikanischen Unternehmensberater Henry Laurence Gantt zurück (1861–1919).

3.2 Personalentwicklung – Mitarbeiter/-innen fördern und fortbilden

EINSTIEGSSITUATION

Frau Köppel legt den Auszubildenden folgendes Schaubild vor. Diese sollen sich die Grafik gegenseitig erläutern. Sie unterstützen die Azubis dabei.

Erläutern Sie das dargestellte Personalentwicklungskonzept.

3.2.1 Aufgaben der Personalentwicklung

Die Personalentwicklung soll die gegenwärtigen Qualifikationen der Mitarbeiter/-innen an gegenwärtige und künftige Anforderungen anpassen und dabei die persönlichen Interessen sowie die individuellen Wünsche und Ziele der Mitarbeiter/-innen berücksichtigen.

Personalentwicklung beinhaltet sowohl die Weiterentwicklung des gesamten Unternehmens als auch die Förderung und Fortbildung des Personals. **Förderung** ist auf die betriebliche Position und die berufliche Entwicklung eines einzelnen Mitarbeiters gerichtet, **Fortbildung** auf die Vermittlung der dazu notwendigen Qualifikationen.

Nur durch lebenslanges berufsbegleitendes Lernen (Fortbildung) kann die berufliche Handlungskompetenz erhalten werden. Sogenannte **Hardskills** (Fachkompetenz) veralten immer schneller. Man spricht von Halbwertszeiten des Wissens. Danach ist das berufliches Wissen nach fünf Jahren, informationstechnisches Wissen schon nach einem Jahr, das Schulwissen nach 20 Jahren veraltet. Breiter angelegte Qualifikationen (z. B. Allgemeinwissen) und sogenannte **Softskills** wie Methoden-, Selbst- und Sozialkompetenz und die übergreifenden Kompetenzen (kommunikative Kompetenz, Methoden-, und Lernkompetenz) sind dauerhaft und werden in einer sich rasch wandelnden Arbeitswelt daher immer bedeutsamer.

3.2.2 Formen der Personalförderung

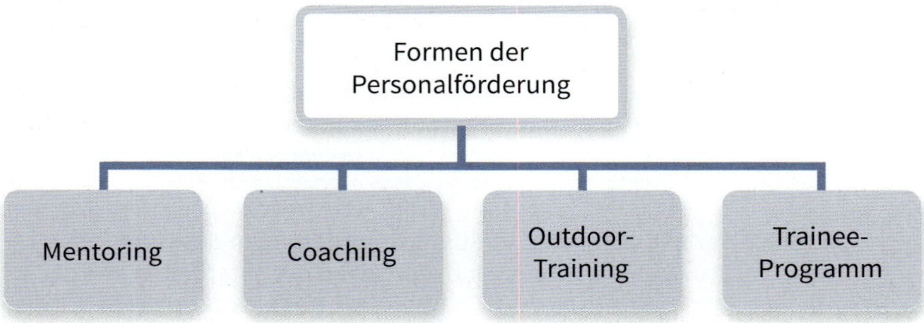

Unterstützt eine erfahrene Führungskraft (Mentor) über einen längeren Zeitraum (bis zwei Jahre) eine Nachwuchskraft (Mentee) bei ihrer weiteren beruflichen Entwicklung, dann handelt es sich um **Mentoring**. Der Mentor berät den Mentee, gibt ihm Feedback und stellt Kontakte zu seinem eigenen persönlichen inner- und außerbetrieblichen Netzwerk her. Durch das Mentoring werden Mitarbeiter/-innen mit Führungspotenzial in ihrem Lernprozess begleitet und angesehene Führungskräfte als Vorbilder und Vermittler von Erfahrungswissen und Werten der Unternehmenskultur (z. B. Leitbild) gezielt bei der Nachwuchsförderung eingebunden. Bei längeren Auslandseinsätzen seines Mentees hält der Mentor den Kontakt zum Mentee aufrecht, um seine Entwicklung zu fördern und ihn bei seiner Rückkehr zu unterstützen.

Wird eine Führungskraft in ihrer beruflichen Praxis durch einen Berater (Coach) begleitet, dann liegt **Coaching** vor. Der Coach entlastet seinen „Schützling" und unterstützt ihn bei der Bewältigung aktueller Problemstellungen durch angeleitetes Erarbeiten von Problemlösungsalternativen. Ziel ist die persönliche Weiterentwicklung durch konstruktives Feedback nach konkreten beruflichen Situationen. Im Idealfall ist der nächsthöhere Vorgesetzte der Coach, da dieser die Entwicklungsschritte der zu coachenden Person am besten einschätzen und rechtzeitig Hilfestellung geben kann. Es geht sowohl um die Ausweitung von Fach- und Methodenwissen („Hardskills") als auch des Verhaltensrepertoires („Softskills") der zu coachenden Person.

Sollen eine Verhaltensveränderung (z. B. Verbesserung des Teamverhaltens) bei den Mitarbeitern erreicht und neue Verhaltensweisen verinnerlicht werden, dann ist ein **Outdoortraining** zu empfehlen. Dabei handelt es sich um geleitete handlungsorientierte Trainings **in der freien Natur** auf der Basis von Erkenntnissen der Erlebnispädagogik. Outdoortrainings richten sich an alle Mitarbeiter/-innen eines Unternehmens oder einer Abteilung. Meist geht es um Veränderungen der Unternehmens- und Führungskultur. Die Teilnehmer erkennen, dass ein Team zu höheren Leistungen fähig ist, als eine Einzelperson. Das Gemeinschaftsverhalten wird gestärkt, z. B. durch den Bau einer Brücke über einen Fluss, Übungen in Seilgärten, Besteigen einer Kletterwand oder die Durchführung von Expeditionen. Dabei wird jeder Teilnehmer zeitweilig auch als Führer einer Gruppe eingesetzt.

Durchläuft eine Nachwuchskraft (Trainee) über einen längeren Entwicklungsprozess (bis zwei Jahre) unterschiedliche Abteilungen, Niederlassungen und Projektphasen, dann liegt ein **Traineeprogramm** vor. Der Trainee kann sich so ein breites Netzwerk im Unternehmen aufbauen und sich auf Führungsaufgaben vorbereiten sowie seine Persönlichkeit weiterentwickeln. Die meisten Traineeprogramme sehen vor, dass sich die Teilnehmer eines Programmdurchlaufs regelmäßig zwecks Erfahrungsaustauschs (Feedbacks) treffen können. Mentoren (das können auch zukünftige Vorgesetzte sein) unterstützen die Teilnehmer bei ihren Feedbacks und bei der Bestimmung ihrer persönlichen, fachlichen und beruflichen Ziele.

3.2.3 Maßnahmen und Lernorte der beruflichen Fortbildung

Die berufliche Bildung soll die berufliche Handlungsfähigkeit erhalten, anpassen oder erweitern, um beruflich aufzusteigen (§ 1 BBiG). Wird das in der Erstausbildung erworbene Wissen und Können aktualisiert und vertieft und durch den Erwerb zusätzlicher Kenntnisse, Fertigkeiten und Verhaltensweisen erweitert, dann handelt es ich um eine **Anpassungsfortbildung**. Ziel ist die Aufrechterhaltung der **horizontalen beruflichen Mobilität**, um den veränderten Anforderungen eines vorhandenen Arbeitsplatzes gewachsen zu sein.

Mit der **Aufstiegsfortbildung** soll die **vertikale berufliche Mobilität** erhöht werden, um durch die Entwicklung eines latent vorhandenen Potenzials den beruflichen Aufstieg durch Übernahme von Fach- und Führungsverantwortung zu ermöglichen.

Die meisten Absolventen von Fortbildungsmaßnahmen profitieren von einer höheren betrieblichen Position mit größerer Verantwortung und konnten sich finanziell verbessern. Fast alle Absolventen können bei gleicher Position die gestellten Aufgaben besser bewältigen und den

Arbeitsplatz dadurch sichern. Viele Absolventen konnten aufgrund ihrer Fortbildung einen Arbeitsplatz finden.

Wege zur Höherqualifizierung im Kraftfahrzeuggewerbe

Tätigkeitsbereiche:
z. B. Abteilungs-, Filial-, Geschäftsleitung, Assistent der Geschäftsführung, Fuhrparkmanager

Master of Business Administration, Master of Arts, Master of Science

Bachelor of Business Administration, Bachelor of Arts, Bachelor of Science

Universitätsstudium: bis zu fünf Jahre

Tätigkeitsbereiche:
z. B. Abteilungsleitung (Einkaufs-, Lager-, Verkaufs-, Marketing-, Rechnungswesen-, Personalleitung)

Betriebswirt im Kfz-Gewerbe (Berufsfachschule für Betriebswirtschaft im Kfz-Gewerbe [z. B. BFC Northeim]), Kammern

Weiterbildung: bis zu einem Jahr

Tätigkeitsbereiche:
z. B. geprüfter Automobilverkäufer, geprüfter Teile- und Zubehörverkäufer, geprüfter Automobilserviceberater, geprüfter Serviceassistent, Bilanzbuchhalter, Personalfachkaufmann, Logistikfachkaufmann

Fachkaufmann, Fachwirt (Kammern)

Fortbildung: bis zu zwei Jahren

Tätigkeitsbereiche:
z. B. Verkaufs-, Serviceberatung, Buchhaltung, Fahrzeug-, Teiledisposition, Lagerhaltung, Einkauf, Verwaltung, Rechnungswesen, Marketing

Automobilkaufmann/-frau

Ausbildung: bis zu drei Jahren

Abitur

Lernen kann beiläufig erfolgen, also im Alltag, auf Reisen, bei der Ausübung des Hobbys oder Ehrenamts usw. Dieses **informelle Lernen** erfolgt meist unbewusst und unstrukturiert und hat kein zertifiziertes Lernergebnis. **Formelles Lernen** findet üblicherweise in einer Bildungseinrichtung statt, ist strukturiert, aus der Sicht des Lernenden zielgerichtet und wird mit einem Zertifikat abgeschlossen.

Das Lernen kann am Arbeitsplatz oder außerhalb des Arbeitsplatzes stattfinden.

Lernen am Arbeitsplatz **(on the Job)**	Ausführen anspruchsvoller Arbeitsaufgaben, Übernahme von Projektaufgaben, Präsentationen auf Konferenzen, Leitung von Arbeitsgruppen, Vertretung von Kollegen und Vorgesetzten
Lernen außerhalb des Arbeitsplatzes **(off the Job)**	Lernen zu Hause mit computergestützten Lernprogrammen (CBT = Computer Based Training) oder online (WBT = Web Based Training), Lernen in **innerbetrieblichen Bildungszentren** mit firmeneigenen oder freien Dozenten, **überbetrieblichen Bildungseinrichtungen** (z. B. Kammern, Berufsfachschulen) oder **außerbetriebliche Bildungseinrichtungen** (z. B. Volkshochschulen, Akademien, Universitäten)

Grundsätzlich gilt es, die Stärken eines jeden Lernortes zu nutzen. Lernen und Arbeiten ergänzen sich gegenseitig. Die Lernenden steuern mittels Zielvereinbarungen mit ihrem Ausbilder bzw. ihrer Führungskraft oder speziellen Lernberatern (**Lerncoaches**) ihre Lernprozesse selbst. Hierbei spielen das Intranet des Betriebs und Internetlernplattformen eine immer größere Rolle. Erfolgreiches digitales Lernen geht nicht ohne persönlichen Austausch der Lernenden. Das sogenannte **Blended Learning**[1] kombiniert Online- und Offlinelernen.

Blended-Learning-Arrangement

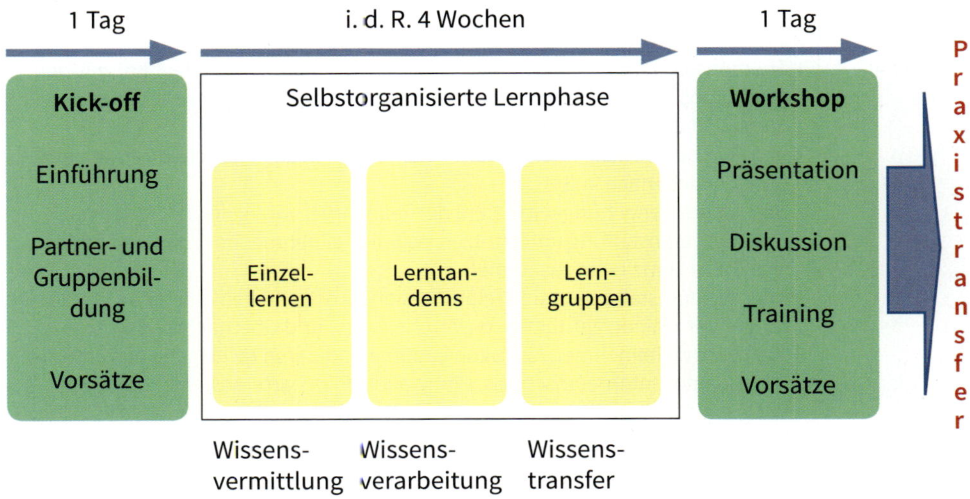

(Quelle: Sauter, Annette; Sauter, Werner; Bender, Harald: Blended Learning. Effiziente Integration von E-Learning und Präsenztraining, Neuwied, Luchterhand Verlag, 2004, Seite 68)

1 „blended" (engl.) = gemixt, gemischt

Blended Learning Systeme verknüpfen mehrwöchige Phasen des selbstgesteuerten Lernens mithilfe des Web-Based-Trainings (WBT) und die Onlinekommunikation mithilfe einer Lernplattform (LMS – Learning Management System).

Über ein Bewertungssystem erhalten die Lernenden laufend Rückmeldungen über ihren Wissensstand. Das Lernen wird zunehmend mit Lernprozessen am Arbeitsplatz und in Projekten verknüpft. Auf der Lernplattform wird das Erfahrungswissen am Arbeitsplatz dokumentiert und gemeinsam oder mit Unterstützung eines Tutors weiterentwickelt. Die Kommunikation über die Lernplattform erfolgt zeitversetzt in Foren oder zeitgleich in Chats.

Eine lernende Organisation fördert den Lernprozess aller Organisationsmitglieder und passt sich dadurch fortwährend neuen Herausforderungen an.

Lernen und damit der ständige Wandel gehören zum betrieblichen Alltag. Am Leben gehalten wird der Lernprozess durch die Bereitschaft aller Mitarbeiter, neues Wissen weiterzugeben und Erfahrungen mit anderen zu teilen. Manchmal wird der Lernprozess durch Lernberater (z. B. Coach, Mentor) unterstützt, die Lernprozesse lediglich anstoßen bzw. vorübergehend begleiten.

Die Vorteile der internen sind zugleich die Nachteile der externen Fortbildungsmaßnahmen. Die Vorteile der externen sind zugleich die Nachteile der internen Fortbildungsmaßnahmen.

Vorteile der internen Fortbildung	• Termine und Örtlichkeiten können frei bestimmt werden. • Themen und Inhalte können auf die betrieblichen Belange eingehen, was den Praxistransfer erleichtert und das Verständnis für die Situation des Unternehmens und anderer Unternehmensbereiche verbessert. • Sensible betriebliche Informationen können offen angesprochen werden und dringen nicht nach außen. • Das Zusammengehörigkeitsgefühl der Teilnehmer wird gefördert. Auch nach der Bildungsveranstaltung unterstützen sich die Teilnehmer im Alltag und finden sich oft zu Lernzirkeln zusammen. • Interne Veranstaltungen sind relativ kostengünstig. Kosten entstehen für die Honorare der Trainer, ggf. für Reise-, Verpflegungs- und Übernachtungskosten der Trainer bzw. Teilnehmer, für Tagungsräume und deren technische Ausstattung (z. B Beamer, Internetanschluss, Pinnwände, Flipcharts) sowie für die Vervielfältigung der Teilnehmerunterlagen. Zudem können vorhandene betriebliche Einrichtungen genutzt werden.
Vorteile der externen Fortbildung	• Der Erfahrungsaustausch mit Personen aus anderen Betrieben erweitert den persönlichen Kompetenz- und Wissenshorizont und beugt Betriebsblindheit vor. • Teilnehmer aus anderen Betrieben zeigen alternative Lösungswege für Probleme auf und können eigene Mitarbeiter neu motivieren. • Es gibt eine große Auswahl und Vielfalt von Fortbildungsangeboten. • Die Betriebe haben einen geringen organisatorischen Aufwand, da die Bildungsträger die Räume, Lehrmittel, Verpflegung und Übernachtung usw. bereitstellen.

3.3 Beendigung von Arbeitsverhältnissen – Abmahnung erforderlich?

EINSTIEGSSITUATION

Marie Braun liest heute einen interessanten Zeitungsartikel.

Bezeichnung als Kollegenschwein ist kein Kündigungsgrund

Köln (dpa/tmn) - Mitarbeiter können eine fristlose Kündigung erhalten, wenn sie den Arbeitgeber grob beleidigen. Allerdings muss der Arbeitgeber bei einem Rauswurf die Verhältnismäßigkeit wahren. Eine einmalige Beleidigung als Kollegenschwein im vertraulichen Gespräch reicht nicht aus. Darauf weist der Deutsche Anwaltverein hin. Er bezieht sich auf eine Entscheidung des Landesarbeitsgericht Köln (Az.: 11 Sa 905/13).

In dem verhandelten Fall litt ein technischer Angestellter unter gesundheitlichen Problemen. Er führte sie auf die Arbeitsbedingungen am Prüfstand zurück, an dem er tätig war. Ab Ende Oktober 2012 war er durchgehend arbeitsunfähig erkrankt. Im Februar 2013 fand ein Wiedereingliederungsgespräch statt. Der Mitarbeiter wollte die Versetzung in ein anderes Team erreichen. Er nannte seinen Teamleiter ein Kollegenschwein. Letzten Endes stimmte er dem Wiedereingliederungsplan des Arbeitgebers und damit der Beschäftigung im bisherigen Team aber zu.

Das Unternehmen kündigte dem Mitarbeiter dennoch, weil er seinen Vorgesetzten wiederholt in ehrverletzender Weise als Kollegenschwein bezeichnet habe. Die Kündigungsschutzklage des Mannes war erfolgreich. Zwar habe der Mitarbeiter seinen Arbeitskollegen grob beleidigt. Es sei jedoch zu berücksichtigen, dass es ein einmaliger Vorfall war. Außerdem habe der Mitarbeiter die Äußerung in einem vertraulichen Gespräch in Abwesenheit des Teamleiters gemacht. Die geeignete und angemessene Reaktion des Arbeitgebers wäre eine Abmahnung gewesen.

(Quelle: dpa/tmn: Bezeichnung als Kollegenschwein ist kein Kündigungsgrund, 07.09.2015. © dpa Deutsche Presse-Agentur GmbH)

Sie diskutiert das Urteil mit ihren Mitauszubildenden.

Nehmen Sie ebenfalls zu dem Urteil des Landesarbeitsgerichts Stellung.

3.3.1 Möglichkeiten der Beendigung im Überblick

Ein unbefristeter Arbeitsvertrag kann im **gegenseitigen Einvernehmen** durch den Abschluss eines **Aufhebungsvertrags (Auflösungsvertrag)** oder durch **Kündigung** beendet werden.

Ein kalendermäßig befristeter Arbeitsvertrag endet mit **Ablauf der vereinbarten Zeit**. Ein **zweckbefristeter Arbeitsvertrag** endet mit **Erreichen des Zwecks**, wenn der Arbeitgeber dem Arbeitnehmer diesen Zeitpunkt mindestens zwei Wochen vorher schriftlich mitgeteilt hat. Wird ein kalender- oder zweckbefristetes Arbeitsverhältnis mit Wissen des Arbeitgebers fortgesetzt, so gilt es als unbefristetes Arbeitsverhältnis, wenn der Arbeitgeber nicht unverzüglich widerspricht (§ 15 TzBfG).[1]

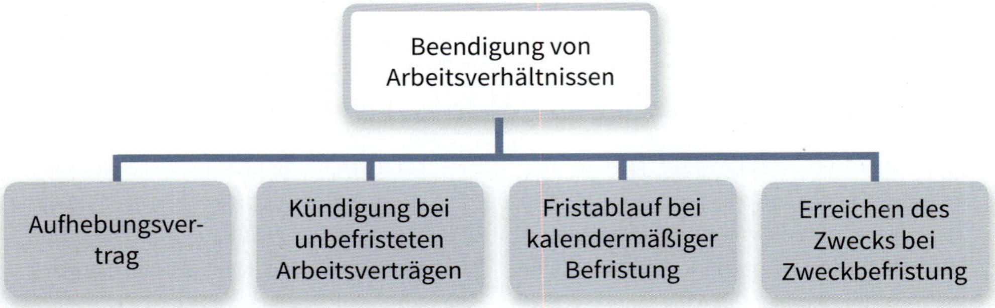

Die Beendigung von Arbeitsverhältnissen durch Kündigung oder Auflösungsvertrag bedarf zu ihrer Wirksamkeit der Schriftform; die elektronische Form ist ausgeschlossen (§ 623 BGB).

Die Kündigung ist eine empfangsbedürftige Willenserklärung, die erst zu dem Zeitpunkt wirksam wird, an dem sie dem Gekündigten ausgehändigt wird.

Eine Betriebsvereinbarung, wonach das Arbeitsverhältnis mit Ablauf des Kalendermonats endet, in dem der Arbeitnehmer die **Regelaltersgrenze** der gesetzlichen Rentenversicherung erreicht, verstößt nicht gegen das Verbot der Altersdiskriminierung (BAG, 1 AZR 417/12).

3.3.2 Ordentliche oder außerordentliche Kündigung

Eine ordentliche Kündigung ist an Fristen gebunden, die sich aus Gesetzen, dem Arbeitsvertrag oder dem Tarifvertrag ergeben. Ein befristetes Arbeitsverhältnis unterliegt nur dann der ordentlichen Kündigung, wenn dies einzelvertraglich oder im Tarifvertrag vereinbart ist (§ 15 TzBfG).

Die gesetzliche Grundkündigungsfrist beträgt für ein Arbeitsverhältnis vier Wochen (= 28 Kalendertage) zum Fünfzehnten oder zum Ende eines Kalendermonats (§ 622 Abs. 1 BGB).

1 Siehe hierzu Kap. 1.3.4 Arten von Einzelarbeitsverträgen auf Seite 53 ff. und Kap. 1.3.3 Probezeit und Entgeltfortzahlung auf Seite 51 ff.

Beispiele

1. Ein Arbeitnehmer kündigt am 13.05. Sein Arbeitsverhältnis endet am 15.06. (13.05. + 28 Kalendertage = 10.06. zum 15. des Monats Juni). Der Arbeitnehmer müsste spätestens am 18.05. kündigen, wenn er am 15.06. ausscheiden will.

2. Der Arbeitgeber kündigt am 20.05. Das Arbeitsverhältnis des Arbeitnehmers endet am 30.06. (20.05. + 28 Kalendertage = 17.06. zum 30. des Monats Juni), wenn das Arbeitsverhältnis weniger als zwei Jahre bestanden hat. Der Arbeitgeber müsste diesem Arbeitnehmer spätestens am 02.06. kündigen, wenn er am 30.06. ausscheiden soll.

Im Arbeitsvertrag können diese Grundkündigungsfristen verkürzt werden, wenn ein Arbeitnehmer zur vorübergehenden Aushilfe (bis drei Monate) eingestellt ist oder wenn der Arbeitgeber in der Regel nicht mehr als 20 Arbeitnehmer[1] ausschließlich der Auszubildenden beschäftigt und die Kündigungsfrist vier Wochen nicht unterschreitet (**einzelvertragliche Kündigung** nach § 622 Abs. 5 BGB).

Für eine **Kündigung durch den Arbeitgeber** verlängert sich die Kündigungsfrist mit der Dauer der Betriebszugehörigkeit des Arbeitnehmers (§ 622 Abs. 2 BGB).

Verlängerte Kündigungsfristen[2]

Wenn das Arbeitsverhältnis …	beträgt die Kündigungsfrist …
zwei Jahre bestanden hat	einen Monat zum Ende eines Kalendermonats
fünf Jahre bestanden hat	zwei Monate zum Ende eines Kalendermonats
acht Jahre bestanden hat	drei Monate zum Ende eines Kalendermonats
zehn Jahre bestanden hat	vier Monate zum Ende eines Kalendermonats
zwölf Jahre bestanden hat	fünf Monate zum Ende eines Kalendermonats
15 Jahre bestanden hat	sechs Monate zum Ende eines Kalendermonats
20 Jahre bestanden hat	sieben Monate zum Ende eines Kalendermonats

Beispiele: Wann endet das Arbeitsverhältnis?

1. Der Arbeitgeber kündigt einem Arbeitnehmer mit einem Jahr Betriebszugehörigkeit am 10. Mai. Das Arbeitsverhältnis endet am 15.06. (10.05. + 28 Tage = 12.06. zum 15. des Monats).
2. Der Arbeitgeber kündigt einem Arbeitnehmer mit zwei Jahren Betriebszugehörigkeit am 10.05. Das Arbeitsverhältnis endet am 30.06. (10.05. + ein Monat = 10.06. zum Ende des Monats).
3. Der Arbeitgeber kündigt einem Arbeitnehmer mit zehn Jahren Betriebszugehörigkeit am 10.05. Das Arbeitsverhältnis endet am 30.09. (10.05. + 4 Monate = 10.09. zum Ende des Monats).

1 Bei der Feststellung der Zahl der beschäftigten Arbeitnehmer sind teilzeitbeschäftigte Arbeitnehmer mit einer regelmäßigen wöchentlichen Arbeitszeit von nicht mehr als 20 Stunden mit 0,5 und von nicht mehr als 30 Stunden mit 0,75 zu berücksichtigen.

2 Die Regelung, dass Beschäftigungszeiten, die vor dem 25. Lebensjahr des Arbeitnehmers liegen, nicht berücksichtigt werden, ist wegen Altersdiskriminierung ausgesetzt worden (EuGH, Az.: C-555/07).

4. Ein Arbeitnehmer mit zehn Jahren Betriebszugehörigkeit kündigt am 04.06. Es gelten die Grundkündigungsfristen. Das Arbeitsverhältnis endet am 15.07. (04.06. + 28 Tage = 02.07. zum 15. des Monats). Die verlängerten Kündigungsfristen gelten nur, wenn der Arbeitgeber kündigt.

Die einzelvertragliche Vereinbarung längerer als der oben genannten Kündigungsfristen ist möglich, wenn für die Kündigung durch den Arbeitnehmer keine längere Frist vereinbart wird als für die Kündigung durch den Arbeitgeber (§ 622 Abs. 6 BGB). Abweichende Kündigungsfristen können auch durch Tarifvertrag vereinbart werden (§ 622 Abs. 4 BGB).

Ein Arbeitsverhältnis kann von jedem Vertragsteil aus wichtigem Grund ohne Einhaltung einer Kündigungsfrist gekündigt werden (**fristlose Kündigung**). Für eine solche **außerordentliche Kündigung** müssen Tatsachen vorliegen, die eine Fortsetzung des Dienstverhältnisses bis zum Ablauf der Kündigungsfrist oder bis zur vereinbarten Beendigung unzumutbar machen (§ 626 BGB). Die fristlose Kündigung kann nur **innerhalb von zwei Wochen** seit dem maßgebenden Vorfall erfolgen. Der Kündigende muss dem anderen Teil auf Verlangen den Kündigungsgrund unverzüglich schriftlich mitteilen. Gründe für eine fristlose Kündigung können strafbare Handlungen (z. B. Diebstahl, Tätlichkeiten, Bestechung), grobe Beleidigungen oder grobe Pflichtverletzungen (z. B. Arbeitsverweigerung) sein.

3.3.3 Allgemeiner oder besonderer Kündigungsschutz

Die Kündigung eines Arbeitnehmers, dessen Arbeitsverhältnis in demselben Betrieb ohne Unterbrechung länger als sechs Monate bestanden hat, ist ungültig, wenn sie sozial ungerechtfertigt ist (**allgemeiner Kündigungsschutz** nach § 1 KSchG).

Sozial ungerechtfertigt ist die Kündigung, wenn

- der Kündigungsgrund nicht in der Person oder im Verhalten des Arbeitnehmers liegt, oder nicht durch dringende betriebliche Erfordernisse, die einer Weiterbeschäftigung des Arbeitnehmers in diesem Betrieb entgegenstehen, bedingt ist;
- die Kündigung gegen Auswahlrichtlinien (z. B. § 95 BetrVG) verstößt;
- der Arbeitnehmer an einem anderen Arbeitsplatz in demselben Betrieb oder in einem anderen Betrieb des Unternehmens weiterbeschäftigt werden kann

und der Betriebsrat oder eine andere zuständige Vertretung der Arbeitnehmer der Kündigung innerhalb einer Woche schriftlich widersprochen hat (§ 102 BetrVG).

Dieser allgemeine Kündigungsschutz gilt für Betriebe, die mehr als zehn Arbeitnehmer[1] ausschließlich der Auszubildenden beschäftigen (§ 23 KSchG). Für die vor dem 01.01.2004 Beschäftigten greift der allgemeine Kündigungsschutz bereits ab dem sechsten Arbeitnehmer.

1 Bei der Feststellung der Zahl der beschäftigten Arbeitnehmer sind teilzeitbeschäftigte Arbeitnehmer mit einer regelmäßigen wöchentlichen Arbeitszeit von nicht mehr als 20 Stunden mit 0,5 und von nicht mehr als 30 Stunden mit 0,75 zu berücksichtigen.

Vor der Kündigung ist zu prüfen, ob eine Weiterbeschäftigung des Arbeitnehmers nach zumutbaren Umschulungs- oder Fortbildungsmaßnahmen oder unter geänderten Arbeitsbedingungen (**Änderungskündigung**) möglich ist.

Mögliche Kündigungsgründe nach dem KSchG	
Kündigung ist bedingt durch:	**Erläuterungen und Voraussetzungen**
die Person des Arbeitnehmers	Der Arbeitnehmer kann aufgrund seiner individuellen Eigenschaften und Fähigkeiten seine Arbeitsleistung nicht mehr erbringen (z. B. beschränkte Einsatzmöglichkeit und Leistungsfähigkeit durch häufige Kurzerkrankungen, lange Krankheit mit negativer Prognose, dauernde Arbeitsunfähigkeit durch Verlust des Führerscheins, Leistungsminderung wegen Alkohol- oder Drogenabhängigkeit, Entzug der Erlaubnis einer Beschäftigung (Arbeitserlaubnis), fehlende Gesundheitsbescheinigung). Vor der Kündigung muss der Arbeitgeber prüfen, ob der Betriebsablauf erheblich gestört ist und ob eine mildere Art der Konfliktlösung möglich ist. Zusätzlich muss durch eine Prognose festgestellt werden, dass sich am Zustand des Arbeitnehmers langfristig nichts ändert.
das Verhalten des Arbeitnehmers	Fehlhandlungen des Arbeitnehmers (z. B. beharrliche Arbeitsverweigerung, Verrat von Betriebsgeheimnissen, Verstoß gegen das Wettbewerbsverbot, Störung des Betriebsfriedens, wiederholte Unpünktlichkeit, Urlaubsüberschreitungen, wiederholter Verstoß gegen Rauch-, Alkoholverbot, Beleidigungen und andere strafbare Handlungen); Der Arbeitgeber muss nachweisen, dass er das Verhalten des Arbeitnehmers beanstandet hat, z. B. durch eine **Abmahnung**[1], in der er das Verhalten missbilligt und im Wiederholungsfall die Kündigung androht.
dringende betriebliche Erfordernisse[2]	Anpassung des Ist- an den zukünftigen Soll-Personalbestand. Der konkrete Arbeitsplatz muss tatsächlich wegfallen aufgrund **außerbetrieblicher Ursachen** (z. B. Auftragsrückgang, Umsatzeinbruch, Energie-, Rohstoffmangel) oder **innerbetrieblicher Ursachen** (z. B. Rationalisierungsmaßnahmen, organisatorische Veränderungen, Betriebsstilllegung). Die betriebsbedingte Kündigung ist sozial gerechtfertigt, wenn der Arbeitgeber bei der Auswahl des Arbeitnehmers die Dauer der Betriebszugehörigkeit, das Lebensalter, die Unterhaltspflichten und die Schwerbehinderung des Arbeitnehmers ausreichend berücksichtigt hat (**soziale Auswahl** nach § 1 Abs. 3 KSchG). In die soziale Auswahl sind Arbeitnehmer nicht einzubeziehen, deren Weiterbeschäftigung, insbesondere wegen ihrer Kenntnisse, Fähigkeiten und Leistungen oder zur Sicherung einer ausgewogenen Personalstruktur des Betriebs, im berechtigten betrieblichen Interesse liegt.

1 Siehe hierzu Kap. 3.3.4 Anforderungen und Formulierung einer Abmahnung auf Seite 149 f.

2 Bei einer betriebsbedingten Kündigung hat der Arbeitnehmer Anspruch auf Zahlung einer Abfindung (§ 1a KSchG). Die Höhe der Abfindung beträgt 0,5 Monatsverdienste für jedes Jahr des Bestehens des Arbeitsverhältnisses. Bei der Ermittlung der Dauer des Arbeitsverhältnisses ist ein Zeitraum von mehr als sechs Monaten auf ein volles Jahr aufzurunden. Nach § 10 KSchG sind als Abfindung bis zu zwölf Monatsverdienste festzusetzen. Die Abfindung erhöht sich ab dem 50. (bzw. 55.) Lebensjahr und einer Betriebszugehörigkeit von mindestens 15 (bzw. 20) Jahren auf 15 (bzw. 18) Monatsverdienste.

Für bestimmte Personenkreise gilt nach Ablauf der Probezeit ein **besonderer Kündigungsschutz** für den Fall einer **arbeitgeberseitigen Kündigung**. Kündigt der Arbeitnehmer, muss er sich lediglich an die ordentlichen Kündigungsfristen halten.

Personenkreise mit besonderem Kündigungsschutz		
Personenkreis	**Schutzbestimmungen**	**Gesetzliche Grundlage**
Auszubildende	Nach Ablauf der Probezeit ist nur noch eine außerordentliche Kündigung möglich. Siehe hierzu Band 1 Kap. 2.1.4.	§ 22 BBiG
langjährig Beschäftigte	besondere Kündigungsfristen je nach Beschäftigungsdauer (siehe auf Seite 145)	§ 622 Abs. 2 BGB
werdende Mütter bzw. Mütter in der Mutterschutzfrist bzw. Mütter/ Väter während der Elternzeit	keine Kündigung während der Schwangerschaft (sofern der Arbeitgeber von ihr Kenntnis hat oder innerhalb zwei Wochen nach der Kündigung davon Kenntnis erlangt), während vier Monaten nach der Entbindung und während der Elternzeit (auch nicht aus wichtigem Grund)	§ 9 MuSchG, § 18 BEEG
Schwerbehinderte (mindestens 50 % Erwerbsminderung)	Kündigung nur mit Zustimmung des Integrationsamts mit einer Kündigungsfrist von mindestens vier Wochen; eine außerordentliche Kündigung ist möglich.	§§ 85, 86 SGB IX
Datenschutzbeauftragte[1]	Während ihrer Amtszeit (drei bis fünf Jahre) und dem darauf folgenden Jahr ist nur eine außerordentliche Kündigung möglich.	§§ 4, 4f Abs. 3 BDSG
Mitglieder des Betriebsrats und der Jugend- und Auszubildendenvertretung	Während der Amtszeit und dem darauf folgenden Jahr ist nur eine außerordentliche Kündigung möglich. Verlangt ein Auszubildender, der Mitglied der JAV bzw. des Betriebsrats ist, innerhalb der letzten drei Monate vor Beendigung des Berufsausbildungsverhältnisses schriftlich die Weiterbeschäftigung, so gilt zwischen Auszubildendem und Arbeitgeber im Anschluss an das Berufsausbildungsverhältnis ein Arbeitsverhältnis auf unbestimmte Zeit als begründet (§ 78a BetrVG). Dies gilt auch, wenn das Berufsausbildungsverhältnis vor Ablauf eines Jahres nach Beendigung der Amtszeit endet.	§§ 78a, 103 BetrVG, § 15 KSchG

LF 1 Kap. 2.2.2

1 Ein **Datenschutzbeauftragter** muss bestellt werden, wenn personenbezogene Daten (z. B. Arbeitnehmerdaten in der Personalabteilung, Kundendaten) automatisiert verarbeitet werden und mehr als neun Personen mit der Verarbeitung dieser Daten beschäftigt sind oder Zugriff auf diese Daten haben.

3.3.4 Anforderungen und Formulierung einer Abmahnung

Bevor eine **verhaltensbedingte Kündigung** ausgesprochen werden kann, muss der Arbeitgeber durch eine oder zwei Abmahnungen auf eine Veränderung des Verhaltens hinwirken. Nach der Rechtsprechung der Arbeitsgerichte ist eine **Abmahnung** immer dann erforderlich, wenn

- ein **steuerbares (beeinflussbares) Verhalten** des Arbeitnehmers beanstandet wird,
- das **Vertrauen wiederhergestellt** werden kann, also eine positive Veränderung zu erwarten ist.

Wenn diese Voraussetzungen vorliegen, ist eine Abmahnung aufgrund ihrer Dokumentations-, Hinweis- und Warnfunktion unverzichtbar.

Funktionen und Anforderungen einer Abmahnung	
Dokumentationsfunktion	Das pflichtwidrige Verhalten muss schriftlich mit Zeit- und Ortsangaben und Angabe der Beweismittel (z. B. Zeugenaussagen) genau beschrieben werden. Die Abmahnung muss zeitnah, d. h. nicht später als 14 Tage nach dem Vorfall, erfolgen. Die Abmahnung ist dem Arbeitnehmer auszuhändigen, zu erläutern und in die Personalakte aufzunehmen.
Hinweisfunktion	Der Beschäftigte muss nachdrücklich darauf hingewiesen werden, dass das beanstandete Verhalten eine arbeitsvertragliche Pflichtverletzung darstellt. Die Abmahnung muss eine Aufforderung (Ermahnung) enthalten, dass der Arbeitnehmer sich künftig vertragsgemäß zu verhalten habe. Dafür muss ihm hinreichend Zeit und Gelegenheit gegeben werden. Abmahnung und Entlassung dürfen nicht kurz aufeinander folgen. Andererseits ist eine Abmahnung nicht mehr relevant, wenn sie länger als zwei Jahre zurückliegt und zwischenzeitlich keine neue Abmahnung erfolgt ist.
Warnfunktion	Dem Beschäftigten müssen mögliche Folgen (Sanktionen) seines vertragswidrigen Verhaltens angedroht werden, z. B. Versetzung, Kündigung. Er muss also vor nachteiligen Folgen gewarnt werden.

Beispiel: Abmahnung wegen unentschuldigten Fehlens

...

Abmahnung

Sehr geehrte Frau Müller,

Sie fehlen seit 11.05.20.. bis heute ohne ärztliche Arbeitsunfähigkeitsbescheinigung.

Sie sind verpflichtet, Ihre Arbeitsunfähigkeit und deren voraussichtliche Dauer unverzüglich mitzuteilen. Ihre Arbeitsunfähigkeit dauert schon länger als drei Kalendertage. Sie hätten uns spätestens am 12.05.20.. eine ärztliche Bescheinigung über das Bestehen der Arbeitsunfähigkeit sowie deren voraussichtliche Dauer vorlegen müssen.

Ihr Verhalten stellt eine arbeitsvertragliche Pflichtverletzung dar. Wir fordern Sie eindringlich auf, sofort nach Erhalt dieses Schreibens die Arbeit wieder aufzunehmen oder uns eine ärztliche Arbeitsunfähigkeitsbescheinigung vorzulegen. Sollten Sie sich auch weiterhin nicht vertragsgemäß verhalten, müssen Sie mit einer Kündigung rechnen.

Eine Durchschrift dieser Abmahnung haben wir zu Ihrer Personalakte genommen und den Betriebsrat davon in Kenntnis gesetzt.

Trier, 14.05.20..

Fachabteilungsleitung *Gorges* Personalabteilung *Köppel*

3.3.5 Anforderungen und Formulierung einer Kündigung

Vor jeder Kündigung ist der Betriebsrat bzw. Personalrat anzuhören, unabhängig davon, ob es sich um eine ordentliche, eine außerordentliche (fristlose) Kündigung oder eine Änderungskündigung handelt (§ 102 BetrVG).

Dazu sind dem Betriebsrat folgende Informationen zu geben: Name der zu kündigenden Person, Art der Kündigung, Kündigungsgrund, ggf. Kündigungstermin. Der Kündigungsgrund ist näher zu erläutern. Der Betriebsrat muss einer beabsichtigten ordentlichen Kündigung **innerhalb einer Woche** und einer außerordentlichen Kündigung **innerhalb von drei Tagen** schriftlich widersprechen. Äußert sich der Betriebsrat innerhalb dieser Fristen nicht, dann kann die Kündigung ausgesprochen werden.

Der Betriebsrat kann einer ordentlichen Kündigung aus folgenden Gründen widersprechen:

- Bei einer betriebsbedingten Kündigung wurden soziale Gesichtspunkte nicht oder nicht ausreichend berücksichtigt bzw. gegen Auswahlrichtlinien verstoßen.
- Bei einer betriebs- bzw. personenbedingten Kündigung ist die Beschäftigung an einem anderen Arbeitsplatz innerhalb des Betriebs möglich bzw. eine Weiterbeschäftigung nach zumutbaren Umschulungs- oder Fortbildungsmaßnahmen bzw. unter geänderten Vertragsbedingungen.
- Bei einer personenbedingten Kündigung ist eine dreistufige Prüfung nicht erfolgt: negative Prognose (z. B. keine Heilung möglich), Beeinträchtigung betrieblicher Interessen (z. B. Störung des Betriebsablaufs), Abwägung zwischen Betriebs- und Arbeitnehmerinteressen.
- Bei einer verhaltensbedingten Kündigung ist keine Abmahnung mit Androhung der Kündigung erfolgt.

Beispiel: Kündigung wegen unentschuldigten Fehlens

...

Kündigung

Sehr geehrte Frau Müller,

das mit Ihnen bestehende Arbeitsverhältnis kündigen wir fristgemäß zum 30.06.20.. .

Sie haben auf unsere Abmahnung vom 14.05.20.. nicht reagiert und fehlen seit 11.05.20.. bis heute, ohne eine ärztliche Arbeitsunfähigkeitsbescheinigung vorzulegen.

Die andauernde arbeitsvertragliche Pflichtverletzung können wir nicht weiter hinnehmen. Der Betriebsrat ist am 16.05.20.. angehört worden und hat der Kündigung nicht widersprochen.

Soweit noch Anspruch auf Urlaub besteht, verrechnen wir diesen mit Ihren Fehltagen und bitten Sie, den restlichen Urlaub innerhalb der Kündigungsfrist zu nehmen.

Eine Durchschrift dieser Kündigung haben wir zu Ihrer Personalakte genommen und an Ihrem letzten Arbeitstag am 30.06.20.. erhalten Sie die Endabrechnung, Ihre Entlassungspapiere und Ihr Arbeitszeugnis.

Zur Vermeidung einer Sperrzeit beim Arbeitslosengeld sind Sie verpflichtet, sich innerhalb von drei Tagen nach Erhalt dieser Kündigung persönlich bei der Arbeitsagentur arbeitssuchend zu melden und aktiv nach einer Beschäftigung zu suchen.

Trier, 24.05.20..
Fachabteilungsleitung *Gorges* Personalabteilung *Köppel*

Nach § 2 Abs. 2 SGB III muss der Arbeitgeber den Arbeitnehmer

- zur Beschäftigungssuche und Meldung beim Arbeitsamt freistellen,
- die Teilnahme an Qualifizierungsmaßnahmen ermöglichen,
- frühzeitig vor der Beendigung des Arbeitsverhältnisses über die Notwendigkeit eigener Aktivitäten bei der Suche nach einer anderen Beschäftigung schriftlich informieren,
- frühzeitig schriftlich darüber informieren, dass er verpflichtet ist, sich unverzüglich nach Kenntnis des Beendigungszeitpunktes persönlich bei der Agentur für Arbeit zu melden.

Hat der Arbeitnehmer seine Kenntnis von der Beendigung des Arbeitsverhältnisses nicht drei Monate vorher erhalten, muss er sich spätestens drei Tage nach seiner Kenntnis vom Beendigungszeitpunkt bei der Arbeitsagentur melden (§ 38 SGB III).

3.3.6 Kündigungsschutzklage – Fristen beachten

Hält der Arbeitnehmer eine Kündigung für sozial ungerechtfertigt, kann er wie folgt dagegen vorgehen:

1. **Er kann ein vertrauliches Gespräch** unmittelbar nach Aushändigung der Kündigung mit dem direkten Vorgesetzten bzw. einem Vertreter der Personalabteilung suchen, um die Kündigung doch noch abzuwenden.
2. **Er kann Einspruch beim Betriebsrat binnen einer Woche** (§ 3 KSchG) einlegen. Der Betriebsrat muss sich um eine Verständigung mit dem Arbeitgeber bemühen.
3. Er kann eine **Kündigungsschutzklage beim Arbeitsgericht binnen drei Wochen** nach Zugang der Kündigung erheben (§ 4 KSchG).

Im Falle einer sozial ungerechtfertigten Kündigung und wenn die Aufrechterhaltung des Arbeitsverhältnisses für einen der Vertragspartner nicht mehr zumutbar ist, kann einer der Vertragspartner einen Antrag auf Zahlung einer Abfindung stellen. Je nach Dauer der Betriebszugehörigkeit und Alter des Arbeitnehmers kann die Abfindung bis zu 18 Monatsentgelten betragen (§ 10 KSchG).

Im Falle der Kündigungsschutzklage ist das Arbeitsgericht zuständig, in dessen Bezirk der Arbeitnehmer gewöhnlich seine Arbeit verrichtet bzw. zuletzt verrichtet hat (§ 48 ArbGG, örtliche Zuständigkeit). Die streitenden Parteien können sich selbst vertreten oder durch Gewerkschaften oder Arbeitgebervereinigungen vertreten lassen.

Ablauf einer Kündigungsschutzklage vor dem Arbeitsgericht	
Klageerhebung	Kündigungsschutzklage beim Arbeitsgericht binnen drei Wochen nach Zugang der Kündigung (§ 4 KSchG)
Güteverhandlung	Das Arbeitsgerichtsverfahren beginnt mit der mündlichen Verhandlung und dem Versuch einer gütlichen Einigung. Diese Güteverhandlung findet vor dem Vorsitzenden der Arbeitsgerichtskammer statt und soll die Prozessdauer und damit die Prozesskosten verringern. Die Prozessparteien können sich gütlich einigen, indem der Kläger die Klage zurückzieht oder der Beklagte den Anspruch des Klägers anerkennt oder beide einen Vergleich (Kompromiss) schließen.
Streitige Verhandlung	Missglückt die Güteverhandlung, dann folgt die streitige Verhandlung, die mit einem Urteil endet (§ 54 ff. ArbGG).
Berufung	Die Landesarbeitsgerichte entscheiden im Berufungsverfahren über Urteile der Arbeitsgerichte u. a., wenn es um das Bestehen oder Nichtbestehen oder die Kündigung eines Arbeitsverhältnisses geht oder der Streitwert 600,00 € übersteigt (§ 87 ff. ArbGG).
Revision	Das Bundesarbeitsgericht (BAG) in Erfurt entscheidet im Revisionsverfahren über das Urteil eines Landesarbeitsgerichts (§ 72 ff. ArbGG). Beim Bundesarbeitsgericht muss sich jede Partei durch einen Rechtsanwalt vertreten lassen (Anwaltszwang).

3.3.7 Bewertung und Erstellung eines Arbeitszeugnisses

Arbeitszeugnisse müssen auf Firmenpapier schriftlich verfasst und unterschrieben werden (Übermittlung per E-Mail oder Fax ist unzulässig).

Ausführungen zur Unterscheidung von einfachen und qualifizierten Arbeitszeugnissen siehe im Kap. 1.3.2 Rechte und Pflichten aus dem Arbeitsvertrag auf Seite 49 ff.

Ausführungen zu den Bestandteilen und zur Beurteilung von Arbeitszeugnissen siehe im Kapitel 1.2.3 Auswahlverfahren und Auswahlentscheidung auf den Seiten 36 ff.

Beispiel: Arbeitszeugnis mit Anmerkungen des Bearbeiters

ZEUGNIS

Herr Fritz Müller, geboren am 14. August 1990,
war in der Zeit vom 1. März 2010 bis 31. August 2017
in der Finanzbuchhaltung ~~unseres~~ Hauses — wo genau?
beschäftigt. Während dieser Zeit hat er sich
an alle ihm gestellten Aufgaben mit großem — welche?
Eifer herangemacht und war erfolgreich. — Zeigte mangelhafte Leistungen
Herr Müller war stets pünktlich und ist mit — absolute Niete
seinen Vorgesetzten gut zurecht gekommen. — Mitläufer, der sich stets anpasst
Er verlässt unser Haus, um sich einen neuen
Wirkungskreis zu suchen.
○ — kein Wort des Bedauerns, dass dieser Mitarbeiter geht

Münchner Kabel GmbH
Personalabteilung

Leithamer

P. Leithammer

Zusammenfassung

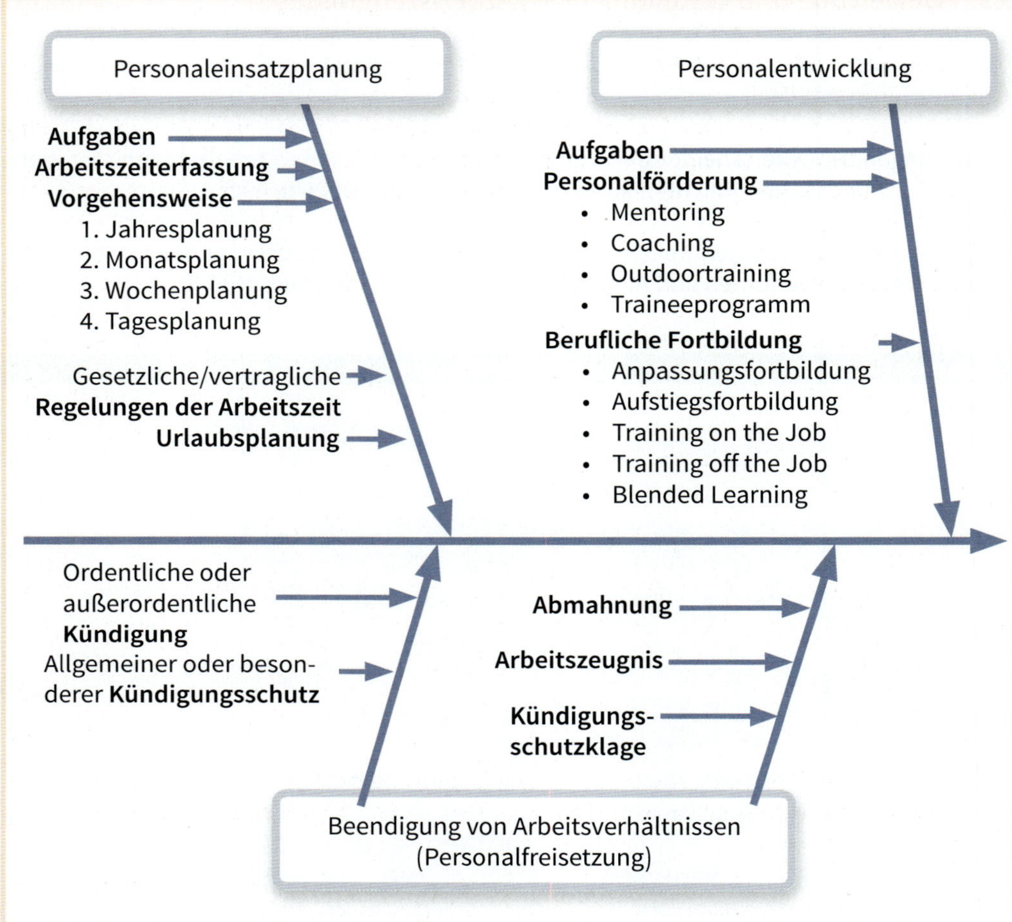

Aufgaben

Personaleinsatzplanung

1. Ergänzen Sie Ihre Lernkartei um das Themengebiet „Personaleinsatzplanung".

2. a) Stellen Sie die wesentlichen Merkmale des Arbeitszeiterfassungssystems Ihres Ausbildungsbetriebs auf einem Plakat dar. Präsentieren Sie Ihr Plakat vor dem Klassenplenum und gehen Sie auf kritische Bemerkungen Ihrer Mitschüler/-innen ein.
   b) Erstellen Sie aus allen Plakaten eine Wandzeitung. Stellen Sie mittels Einpunkt-Abfrage (siehe BuchPlusWeb) fest, welches Zeiterfassungssystem bei Ihren Mitschülern/Mitschülerinnen am besten ankommt.

3. Sie sind Auszubildende bzw. Auszubildender bei der Autohaus Sayler KG und zurzeit im Verkauf eingesetzt. Ihre Teamleiterin erteilt Ihnen folgende Aufträge für das Ausbildungsgespräch am Freitag:
   a) „Bitte machen Sie einen Vorschlag für den wochen- und tagesgenauen Personaleinsatz für die Verkaufsabteilung für den Monat Mai. Präsentieren Sie den Vorschlag mithilfe eines Tabellenkalkulationsprogramms."
   b) „Bitte erläutern Sie die Aufgaben, Ziele und Vorgehensweise der Personaleinsatzplanung in einer Tischvorlage."

Ihnen liegen die folgenden Unterlagen vor:

Monatliche Verteilung des Absatzes und der Verkaufskräfte im Planjahr														
	Jan	**Feb**	**Mär**	**Apr**	**Mai**	**Jun**	**Jul**	**Aug**	**Sep**	**Okt**	**Nov**	**Dez**	**Summe**	**Ø**
Absatz in %	3	5	7	10	15	20	5	5	20	5	3	2	100	8,33
Verkaufskräfte	?	?	?	?	?	?	?	?	?	?	?	?	–	**15**

Verteilung des Absatzes und der Verkaufskräfte auf die Wochentage im Monat Mai								
	Mo	**Di**	**Mi**	**Do**	**Fr**	**Sa**	**So**	**Summe**	**Ø**
Absatz in %	10	10	15	25	15	25	–	100	16,67
Verkaufskräfte	?	?	?	?	?	?	–	–	?

4. Ihre Aufgabe ist es, für die 40. Kalenderwoche den Personaleinsatzplan für die Personalabteilung der Autohaus Sayler GmbH zu erstellen. Erstellen Sie dazu eine Tabelle nach folgendem Muster.

Wochentag / Mitarbeiter	Mo	Di	Mi	Do	Fr	Sa	Stunden
Gut (AL)							
Schmied (s. AL)							
Müller							
Zürn							
Ulmer							

In der Personalabteilung sind beschäftigt: Abteilungsleiterin (AL) Tanja Gut, stellvertretender Abteilungsleiter (s. AL) Ulrich Schmied, die zwei Vollzeitkräfte Verena Müller und Mike Zürn, die Auszubildende Sabrina Ulmer.
Bei der Planung gelten folgende Rahmenbedingungen: 40-Stunden-Woche, 5-Tage-Woche, Frau Gut oder ihr Stellvertreter muss immer präsent sein. Montag bis Freitag sollen mindestens drei Arbeitskräfte, am Samstag vier Arbeitskräfte zur Kundenberatung anwesend sein.

Für die 40. Kalenderwoche gelten folgende Besonderheiten: Frau Gut hat ihren freien Tag am Montag und Herr Schmied am Mittwoch. Sabrina Ulmer ist montags den ganzen Tag in der Berufsschule und am Freitag von 08:00 Uhr bis 12:00 Uhr. Abteilungsleiterin Gut ist am Donnerstag den ganzen Tag auf einer Fortbildungsveranstaltung. Verkäuferin Müller nimmt am Donnerstagnachmittag einen Freizeitausgleich von vier Stunden. Herr Zürn hat am Freitag einen Zahnarzttermin und nimmt dafür einen ganzen Tag Urlaub.

5. Stellen Sie das Arbeitszeitmodell Ihres Betriebs auf einem Plakat dar. Vergleichen Sie Ihr Arbeitszeitmodell mit den Regelungen in anderen Betrieben mithilfe einer Wandzeitung.

6. Die Geschäftsleitung des Autohauses Werner & Co. KG plant die Einführung eines Gleitzeitsystems für den Innen- und Außendienst, um auf Kundenanfragen flexibler reagieren zu können. Die Wochenarbeitszeit beträgt 37 Stunden.

   Das vorhandene Arbeitszeitmodell sieht folgende feste Arbeitszeiten vor:

   Montag: 08:00 Uhr–16:00 Uhr; Dienstag und Mittwoch: 07:30 Uhr–16:00 Uhr;
   Donnerstag: 07:30 Uhr–16:30 Uhr (Notdienst bis 18:00 Uhr); Freitag: 07:30 Uhr–13:00 Uhr
   Sprechzeiten des Innendienstes: Montag–Freitag: 08:00 Uhr–13:00 Uhr

   Das künftige Arbeitszeitmodell ist ein Gleitzeitmodell mit Kernzeiten:

Kernzeiten:	Montag–Donnerstag: 09:30 Uhr–13:30 Uhr und 14:30 Uhr–15:30 Uhr Freitag: 09:30 Uhr–13:30 Uhr
Gleitzeiten:	Montag–Donnerstag: 07:30 Uhr–09:30 Uhr und 15:30 Uhr–18:00 Uhr Freitag: 07:30 Uhr–09:30 Uhr und 14:30 Uhr–15:30 Uhr
Pausenzeiten:	Montag–Freitag: 13:30 Uhr–14:30 Uhr
Sprechzeiten:	Montag–Freitag: 09:30 Uhr–13:30 Uhr, zusätzlich nach Vereinbarung

   a) Stellen Sie das **vorhandene Arbeitszeitmodell** als Gantt-Diagramm[1] dar. Verwenden Sie als Spaltenüberschriften die Arbeitszeiten von 07:00 Uhr bis 18:00 Uhr, als Zeilenüberschriften die Wochentage. Stellen Sie die Sprechzeiten mit einem eigenen Balken (Mo–Fr) dar. Wählen Sie für die Arbeitszeiten, den Notdienst und die Sprechzeiten unterschiedliche Farben für die entsprechenden Balken.
   b) Stellen Sie ebenso **das künftige Arbeitszeitmodell** dar und verwenden Sie dabei die gleichen Spaltenüberschriften. Als Zeilenüberschriften reichen Mo-Do und Fr. Stellen Sie die Sprechzeiten mit einem eigenen Balken (Mo–Fr) dar. Wählen Sie für die Gleitzeit, die Kernzeit, die Pausenzeiten und die Sprechzeiten unterschiedliche Farben für die entsprechenden Balken.

1 Balkendiagramm mit versetzten Balken (siehe z. B. auf Seite 136). Der Name geht auf den amerikanischen Unternehmensberater Henry Laurence Gantt zurück (1861–1919).

7. Sie sind Auszubildende bzw. Auszubildender der Autohaus Sayler KG und zurzeit in der Personalabteilung eingesetzt. Ihre Teamleiterin erteilt Ihnen folgende Aufträge für das Ausbildungsgespräch am Montag:
   a) „Bitte machen Sie einen Vorschlag für den Urlaubsplan der Lagerabteilung. Präsentieren Sie Ihren Vorschlag als Gantt-Diagramm. Stellen Sie sicher, dass mindestens ein leitender Angestellter und zwei Sachbearbeiter durchgehend anwesend sind und berücksichtigen Sie, dass die Mitarbeiter Arndt, Clement und Dauti schulpflichtige Kinder haben, deren Ferien von der 27. bis zur 32. Woche dauern."
   b) „Bitte erläutern Sie mithilfe einer PowerPoint-Präsentation wichtige Vorschriften im Zusammenhang mit dem Erholungsurlaub und die Ablaufschritte der Urlaubsplanung."
   c) „Bitte verfassen Sie ein Memo mit den Vor- und Nachteilen der Gantt-Technik."

Ihnen liegen die folgenden Unterlagen vor:

Urlaubswünsche der Mitarbeiter der Lagerabteilung für den Sommerurlaub		
Mitarbeiter	**Urlaubswoche von ... bis ... einschließlich**	**Urlaubsdauer in Wochen**
Arndt (Abteilungsleiter)	27.–30.	4
Babjic (Stellvertreter)	30.–33.	4
Clement	27.–30.	4
Dauti	28.–31.	4
Endress	30.–33.	4
Frank	31.–32.	2

Personalentwicklung

8. Ergänzen Sie Ihre Lernkartei um das Themengebiet „Personalentwicklung".

9. Die Personalleiterin Nora Köppel liest in einer Fachzeitschrift folgenden Artikel:

Experten sehen Notwendigkeit des lebenslangen Lernens

[...] Der Begriff Weiterbildung hat zwar Konjunktur, nicht aber seine Umsetzung als „vierter Bildungsbereich". Weiterbildung sei meist noch ein Privileg für Personen, die am Arbeitsmarkt ohnehin im Vorteil seien. So habe sich jeder dritte Hochschulabsolvent in den letzten Jahren beruflich weitergebildet. Bei den Personen mit Hauptschulabschluss dagegen nicht einmal jeder Zehnte [...] Da heute die Halbwertszeit des erlernten Wissens nur noch wenige Jahre betrage, sei lebenslanges Lernen notwendig.

   a) Weshalb sind berufliche Bildungsmaßnahmen notwendig?
   b) Begründen Sie die Notwendigkeit lebenslangen Lernens. Weshalb tritt dabei die Vermittlung reinen Fachwissens zunehmend hinter andere Kompetenzen zurück?

c) Diskutieren Sie über die Probleme der Erfolgskontrolle von Personalentwicklungsmaßnahmen.
d) Welchen Nutzen haben regelmäßige Beratungs- und Fördergespräche mit den Mitarbeitern?

10. Sie betrachten das Schaubild.
  a) Notieren Sie drei Gründe, warum Bildung vor Arbeitslosigkeit schützt.
  b) Vollziehen Sie die Weiterbildungsangebote der IHK nach der Berufsausbildung nach.
  c) Suchen Sie nach Beispielen für das Lernen „on the Job" und „off the Job".
  d) Beschreiben Sie Vorteile interner und externer Fortbildungsmaßnahmen.
  e) Erläutern Sie einige Ziele der Personalentwicklung aus der Sicht des Betriebs und aus der Sicht der Mitarbeiter.
  f) Die meisten größeren Ausbildungsbetriebe haben ein Nachwuchsförderprogramm eingeführt, das den Nachwuchs systematisch auf künftige Fach- und Führungsaufgaben vorbereiten soll. Sie stellen das Nachwuchsförderprogramm bzw. den Personalentwicklungsplan Ihres Ausbildungsbetriebs vor.

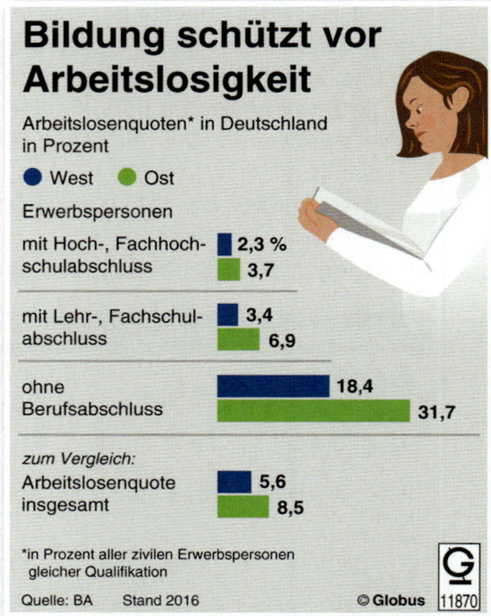

11. Erläutern Sie den Aussagegehalt:

Mit Weiterbildung gegen den Fachkräftemangel
Rechnerisch nahm jeder Beschäftigte gut 17 Stunden im Jahr an Weiterbildungsveranstaltungen teil. Die Unternehmen erhoffen sich von der Mitarbeiterqualifikation eine stärkere Motivation und Arbeitszufriedenheit. Auch soll die Qualifikation der Mitarbeiter mit Blick auf neue Technologien oder veränderte Arbeitsorganisation verbessert werden. Eine Steigerung der Produktivität und die Sicherung von Fachkräften werden von den Unternehmen ebenfalls als wichtige Motive genannt.

(Copyright: dpa-infografik)

Beendigung von Arbeitsverhältnissen

12. Ergänzen Sie Ihre Lernkartei um das Themengebiet „Personalfreisetzung“.

13. Bilden Sie mehrere Arbeitsgruppen. Schreiben Sie die Teilaufgaben a) bis j) auf Kärtchen (eine pro Kärtchen). Beantworten Sie in den Gruppen die Fragen und schreiben Sie die Lösungen auf das jeweilige Kärtchen. Veranstalten Sie in Ihrer Gruppe ein Frage-Antwort-Spiel (wer die meisten Kärtchen gewinnt, ist Gruppensieger). Die Gruppensieger können anschließend den Klassensieger des Gruppenturniers unter sich ausspielen.
    a) Nennen Sie drei Möglichkeiten, wie ein Arbeitsverhältnis aufgelöst werden kann.
    b) Erläutern Sie die gesetzlichen Grundkündigungsfristen.
    c) Weshalb darf der Arbeitnehmer bei einer vertraglichen Kündigung besser, aber nicht schlechter gestellt werden als der Arbeitgeber?
    d) Wodurch unterscheidet sich die ordentliche von der außerordentlichen Kündigung?
    e) Erläutern Sie einige Kündigungsgründe für eine ordentliche Kündigung.
    f) Nennen Sie einige Kündigungsgründe für eine außerordentliche Kündigung.
    g) Welcher Personenkreis unterliegt dem allgemeinen Kündigungsschutz?
    h) Welcher Personenkreis unterliegt dem besonderen Kündigungsschutz?
    i) Wann ist eine Kündigung sozial gerechtfertigt?
    j) Wie kann sich ein Arbeitnehmer gegen eine sozial ungerechtfertigte Kündigung wehren?

14. Geben Sie das Datum des letzten Arbeitstages an, wenn die Mitarbeiter an folgenden Terminen kündigen (es gelten die Grundkündigungsfristen):
    a) A. kündigt am 15.01.
    b) B. kündigt am 10.03. (seine Probezeit läuft vom 01.03. bis 31.05.).
    c) C. kündigt am 25.06.
    d) D. kündigt am 28.02. (kein Schaltjahr).

15. Berechnen Sie jeweils das späteste Datum, an dem die Kündigung ausgesprochen werden muss, wenn das neue Arbeitsverhältnis an folgenden Terminen beginnen soll:
    a) 01.05.
    b) 16.06.
    c) 01.12.

16. In einem Autohaus mit 50 Mitarbeitern müssen wegen anhaltend schlechter Auftragslage fünf Arbeitnehmer gekündigt werden.
    a) Klären Sie die Rechtslage und stellen Sie ggf. den spätesten Kündigungstermin und den letzten Arbeitstag fest (genaues Datum).
        1. Der 40-jährige Angestellte Fritz Fröhlich arbeitet seit sechs Jahren als Lagerleiter. Ihm wird am 25.10.20.. zum nächstmöglichen Termin gekündigt.
        2. Frau Kächele, 29 Jahre alt, will freiwillig zum 15.10.20.. ausscheiden. Sie ist seit zehn Jahren im Betrieb tätig.
        3. Sepp Maier, 37 Jahre alt, seit einem Jahr im Betrieb, soll zum 30.11.20.. gekündigt werden. Er ist schwerbehindert.
        4. Peter Müller, 17 Jahre alt, Auszubildender, soll zum 30.11.20.. gekündigt werden. Er befindet sich noch in der Probezeit.

5. Tamara Serbest, 28 Jahre alt, soll zum 15.01.20.. gekündigt werden. Sie gehört dem Betrieb seit fünf Jahren an und ist im fünften Monat schwanger. Der mutmaßliche Tag der Entbindung ist am 20.05.20.. .

b) Sie recherchieren die Rechte des Betriebsrats im Falle einer Kündigung.

17. Sie werden zurzeit in der Personalabteilung der Karl Abt KG, Jahnstraße 2, 04288 Leipzig, eingesetzt. Aufgrund lang anhaltender Umsatzrückgänge in der Filiale Merseburg sind Kündigungen nicht mehr zu vermeiden. Die folgenden Personen erhalten am 16.12. 20.. eine Kündigung.

a) Ermitteln Sie den letzten Arbeitstag dieser Mitarbeiter (genaues Datum).
   1. Maria Mugele, 25 Jahre alt, seit vier Monaten im Unternehmen, sechs Monate Probezeit
   2. Leonie Staudinger, 23 Jahre alt, verheiratet, seit zehn Monaten im Betrieb
   3. Thomas Timmler, 34 Jahre alt, verheiratet, ein Kind, seit fünf Jahren im Unternehmen
   4. Anna Bertsch, 55 Jahre alt, seit 15 Jahren im Unternehmen

b) Prüfen Sie anhand der Kriterien für die soziale Auswahl ob die obigen Kündigungen (siehe a) sozial gerechtfertigt sind.

c) Überprüfen Sie die Kündigung der Maria Mugele und der Leonie Staudinger für den Fall, dass sie im dritten Monat schwanger sind, und bestimmen den nächstmöglichen Kündigungstermin. Recherchieren Sie die Rechtslage im Falle eines befristeten Arbeitsvertrags.

d) Begründen Sie in einem kurzen Statement, weshalb für eine Kündigung durch den Arbeitnehmer keine längere Kündigungsfrist vereinbart werden darf als für die Kündigung durch den Arbeitgeber.

18. Die Brehm GmbH in Stuttgart handelt mit Autozubehör. Sie hat 300 Beschäftigte. Umsatzeinbußen und nicht ausgelastete Kapazitäten zwingen sie zu Rationalisierungsmaßnahmen im technischen und kaufmännischen Bereich. In der Einkaufsabteilung können aufgrund der Anschaffung eines modernen Warenwirtschaftssystems von den bisher vier Mitarbeitern nur noch drei weiterbeschäftigt werden.

In der Einkaufsabteilung sind derzeit folgende Personen beschäftigt:

1. Franz Mühleis, 53 Jahre alt, seit 17 Jahren im Betrieb, selten krank, verheiratet, drei Kinder (14, 18, 20 Jahre alt) in Ausbildung, durch Hausbau finanziell belastet, Ehefrau ist nicht berufstätig; seine Leistungen werden als zufriedenstellend beurteilt. Der für das Einkaufsteam zuständige Teamleiter ist der Auffassung, dass sich Herr Mühleis nicht in die Bedienung des neuen Warenwirtschaftssystems einarbeiten könne, zumal er auch nie an betrieblichen Schulungen teilgenommen habe. Bruttomonatslohn: durchschnittlich 2 500,00 €
2. Anton Salber, 24 Jahre alt, ledig, seit sieben Jahren im Betrieb, sehr gute Leistungsbeurteilungen; gelegentlich fehlt er wegen Sportverletzungen (aktiver Handballer). Bruttomonatslohn: durchschnittlich 1 800,00 €

3. Max Miehlich, 36 Jahre alt, verheiratet, ein Kind (12 Jahre), berufstätige Ehefrau, elf Jahre im Betrieb, kann jederzeit mit besonders schwierigen Aufgaben betraut werden. Bruttomonatslohn: durchschnittlich 3 000,00 €
4. Günter Sontowski, 28 Jahre alt, ledig, ein Jahr im Betrieb, hat Erfahrung im Umgang mit Computern; seine Leistungen werden durchgehend gut beurteilt. Bruttomonatslohn: durchschnittlich 2 000,00 €

a) Stellen Sie jeweils die gesetzlichen Kündigungsfristen fest.
b) Machen Sie einen Vorschlag, welchem der obigen Beschäftigten gekündigt werden soll.
c) Franz Mühleis wird gekündigt. Er hält die Kündigung für sozial ungerechtfertigt und wendet sich daher an den Betriebsrat, der der Personalabteilung folgende Stellungnahme zuleitet:

> Herr Mühleis ist zwar aufgrund der Beurteilungen aller Mitarbeiter der Einkaufsabteilung als der nach dem Leistungsvermögen Schwächste anzusehen, dennoch sprechen folgende Punkte für ihn: lange Betriebszugehörigkeit, geringe Fehlzeiten, Alleinverdiener mit drei Kindern in der Ausbildung, finanzielle Belastung durch einen Hausbau. Im Übrigen ist die Vermutung, Herr Mühleis wäre mit dem modernen Warenwirtschaftssystem überfordert, für die Kündigung nicht ausreichend. Herr Mühleis hat seine ausdrückliche Bereitschaft bekundet, sich in das neue Warenwirtschaftsprogramm einzuarbeiten. Nach Ansicht des Betriebsrats ist die bei Kündigungen aus dringenden betrieblichen Erfordernissen vorgeschriebene soziale Auswahl nicht ausreichend beachtet worden.

Entscheiden Sie unter Abwägung der vorgetragenen Argumente und im Hinblick auf mögliche Auswirkungen (Prozessrisiko, Prozesskosten, Einfluss auf Betriebsklima, evtl. Abfindung), ob die Brehm GmbH auf der ausgesprochenen Kündigung bestehen soll.

19. Sie sind Mitglied des Personalteams der Autohaus Köppel GmbH und erhalten folgenden Arbeitsauftrag Ihrer Teamleiterin, Frau Köppel. Sie nimmt Bezug auf das Ergebnisprotokoll vom 10.03. (siehe Ausgangssituation auf Seite 124).

Autohaus Köppel GmbH

Kurzmitteilung

Fristlose Kündigung des Herrn Kling

In einer Kurzbesprechung haben Herr Michaeli (Werkstattleiter), Herr Gorges (Kundendienstleiter) und ich (Frau Köppel, Personalleiterin) beschlossen, es im Falle des Diebstahls des Herrn Kling bei einer Abmahnung zu belassen.

Bitte erstellen Sie ein Handout, in dem Sie Funktionen und Anforderungen einer Abmahnung erläutern und verfassen Sie die Abmahnung an Herrn Kling unterschriftsreif entsprechend der rechtlichen Anforderungen.

...

20. Ihnen liegt folgendes Ausbildungszeugnis vor:

Möbelhaus Meyer GmbH

Ausbildungszeugnis

Frau Carola Weber, geboren am 08.08.1999 in Karlsruhe, war in der Zeit vom 01.09.2015 bis 14.07.2018 in unserem Unternehmen als Auszubildende im Beruf Kauffrau im Einzelhandel beschäftigt.

In diesem Zeitraum erstreckte sich ihr Tätigkeitsbereich gemäß Ausbildungsrahmenplan auf die Kundenberatung und den Verkauf, die Bearbeitung des Wareneingangs, die Verwaltung von Büromaterial und die Betreuung der Telefonzentrale. Zudem war sie für drei Monate im Servicebereich Kasse eingesetzt.

Frau Weber hat alle ihr gestellten Aufgaben zu unserer Zufriedenheit erledigt. Stets war sie um Freundlichkeit gegenüber Kunden und Mitarbeitern bemüht.

Sie verlässt unser Unternehmen auf eigenen Wunsch.

Karlsruhe, den 14.07.2018

Möbelhaus Meyer GmbH

ppa. Karl Schuster

a) Beurteilen Sie das vorliegende Zeugnis hinsichtlich der Vorschriften des BBiG zur Form und zum Inhalt eines Ausbildungszeugnisses.
b) Überprüfen Sie dieses Ausbildungszeugnis auf Vollständigkeit und bewerten Sie die Leistung und das Verhalten von Carola Weber.
c) Formulieren Sie dieses Ausbildungszeugnis so um, dass es mit der Note „Sehr gut“ bewertet wird.

21. Sie sind zurzeit Mitglied des Personalteams der Rad & Roll GmbH. Ihre Teamleiterin, Frau Reisch, übergibt Ihnen die folgende Abmahnung mit der Bitte, die Aufträge auf der angehefteten Notiz bis zur nächsten Teambesprechung auszuführen. Sie beachten die beiliegenden Unterlagen (Die bis zum Kündigungstermin noch nicht genommenen Urlaubstage werden ausgezahlt.).

Rad & Roll GmbH

Abmahnung

Sehr geehrter Herr Schuster,

Aufgrund von Kundenbeschwerden erteilen wir Ihnen hiermit eine Abmahnung.

Sie haben sich dem Kunden Bernd Laumann gegenüber am 10.06.20.. bei der Reparaturannahme seines Sportwagens in unverschämter Weise geäußert. Nach Angaben des Kunden fielen folgende Worte: „Wenn Sie nicht Autofahren können, dann müssen Sie es halt sein lassen!". Bei der Abholung seines Sportwagens am 11.06.20.. haben Sie den Kunden Laumann nochmal beleidigt. Es fielen die Worte: „Stellen Sie Ihr Auto in die Garage und steigen Sie auf ein Dreirad um!".

Ihr Verhalten verstößt gegen Ihre arbeitsvertraglichen Pflichten. Wir fordern Sie auf, Ihr geschäftsschädigendes und vertragswidriges Verhalten sofort zu unterlassen und unseren Kunden mit Respekt zu begegnen.

Eine Durchschrift dieser Abmahnung haben wir zu Ihren Personalakten genommen und dem Betriebsrat zur Kenntnis gegeben.

Stuttgart, 13.06.20..

Fachabteilungsleitung

Ferizi

Personalabteilung

Reisch

Verteiler
Betriebsrat
...

Notiz

Herr Schuster hat auch nach erfolgter Abmahnung am 20.06. und 22.06 weiterhin Kunden beleidigt. Verfassen Sie eine unterschriftsreife fristlose Kündigung und erstellen Sie entsprechend den beiliegenden Unterlagen das Arbeitszeugnis.

Beschreiben Sie mögliche Schritte, die Herr Schuster gegen diese Kündigung unternehmen könnte, und schildern Sie in einem Handout den möglichen Ablauf einer Kündigungsschutzklage des Herrn Schuster. Gehen Sie auch auf den sachlichen und örtlichen Gerichtsstand ein.

24.06.20.. Reisch

Auszüge aus den Personalunterlagen des Herrn Schuster

Auszug aus der Personaldatei	
Name, Vorname	Schuster, Bernd
Geburtsdatum	03.03.1985
Geburtsort	Trier
Wohnadresse	70563 Stuttgart, Stiller Winkel 12
Stellenbezeichnung	Reparaturen
Entgeltgruppe	EG 4
Urlaubstage gemäß Tarifvertrag davon genommene Urlaubstage davon ausgezahlte Urlaubstage	30 Werktage 10 Werktage [anteilig bis Kündigungstermin]
Eintrittsdatum	01.09.2011
Austrittsdatum	[siehe Kündigungstermin]

Auszug aus der Stellenbeschreibung	
Stellenbezeichnung:	Reparaturen
Übergeordnete Stelle: **Untergeordnete Stelle:**	Teamleitung Reparaturen keine
Stelleninhaber vertritt: **Stelleninhaber wird vertreten durch:**	Teamleitung Reparaturen Teamleitung Reparaturen
Aufgabenbeschreibung:	• Der Stelleninhaber führt alle anfallenden Reparaturen aus. • Der Stelleninhaber wirkt mit bei der Reparaturannahme und bei der fachlichen Beratung von Kunden. • Der Stelleninhaber berät das Verkaufspersonal bei technischen Fragen rund um das Auto.

Auszug aus der letzten Beurteilung

	Merkmale	Beurteilungsstufe				
		A	B	C	D	E
		Das Leistungsergebnis entspricht dem Ausgangsniveau der Arbeitsaufgabe.	Das Leistungsergebnis entspricht im Allgemeinen den Erwartungen.	Das Leistungsergebnis entspricht in vollem Umfang den Erwartungen.	Das Leistungsergebnis liegt über den Erwartungen.	Das Leistungsergebnis liegt weit über den Erwartungen.
1	**Effizienz** z. B. wirksame Arbeitsausführung; termingerechte Arbeitsergebnisse; rationelle Durchführung	~~0~~ (angekreuzt)	2	4	6	8
2	**Qualität** z. B. sorgfältige Durchführung von Aufgaben; Häufigkeit von Fehlern, Mängeln; Einhaltung von Zusagen, Absprachen; Ideenvielfalt	0	2	~~4~~ (angekreuzt)	6	8

	Merkmale	Beurteilungsstufe				
3	**Flexibilität** z. B. Erledigung wechselnder Aufgaben; Bewältigung veränderter Arbeitsbedingungen	0	1	2	3 (angekreuzt)	4
4	**Verantwortliches Handeln** z. B. Zielorientierung; Umgang mit Ressourcen; Selbstständigkeit; Übernahme von Verantwortung; Sauberkeit in der Arbeitsumgebung; Förderung von Arbeits- und Gesundheitsschutz	0 (angekreuzt)	1	2	3	4
5	**Kooperation** z. B. Zusammenarbeit bei gemeinsamer Erledigung von Arbeitsaufgaben; Zusammenarbeit mit anderen Stellen/Bereichen innerhalb der Arbeitsaufgabe; Weitergabe von Erfahrungen und Informationen zur Aufgabenerfüllung	0	1	2	3 (angekreuzt)	4

Lernfeld 10

Wertschöpfungsprozesse erfolgsorientiert steuern

1 Kosten- und Leistungsrechnung (KLR) im Autohaus

AUSGANGSSITUATION

Die Auszubildende Nora Braun fragt Frau Köppel: „Der Gewinn oder der Verlust des Autohauses Köppel wird in der GuV-Rechnung ermittelt. Woher weiß die Geschäftsführung jetzt aber, in welchen Abteilungen Gewinn oder Verlust gemacht wurde?“ Frau Köppel antwortet: „Dafür gibt es die Kostenrechnung im Autohaus, die genau nachweist, wo Gewinn oder Verlust erwirtschaftet wurde.“ Herr Köppel fügt hinzu: „In der Finanzbuchhaltung wird der Saldo des GuV-Kontos ermittelt. Welche Abteilung trägt mit welchem Anteil zum Gesamtergebnis bei? Wie kann die Finanzbuchhaltung mir das Ergebnis liefern?“

ARBEITSAUFTRÄGE

1. Informieren Sie sich über Ihren Themenbereich und notieren Sie wichtige Informationen stichpunktartig.
2. Erstellen Sie eine Mindmap, welche alle wichtigen Informationen zum Thema „KLR im Autohaus“ enthält.
3. Präsentieren Sie Ihre Ergebnisse.
4. Gehen Sie auf die Frage von Herrn Köppel ein.
5. Nutzen Sie Ihr neu gewonnenes Wissen für die Zukunft und wenden Sie dieses an.

Aufgaben der Kosten- und Leistungsrechnung

Die Finanzbuchhaltung stellt durch die Gegenüberstellung von Aufwendungen und Erträgen des Geschäftsjahres in der GuV das Gesamtergebnis des Unternehmens fest. Der scharfe Konkurrenzkampf im Kfz-Gewerbe fordert aber die Ergänzung der Finanzbuchhaltung durch eine leistungsfähige **Kosten- und Leistungsrechnung**, um zu verfeinerten Aussagen über die Ergebnisse einzelner Abteilungen zu gelangen.

Kosten

Der Begriff **Kosten** ist relativ einfach zu definieren:

Unter Kosten versteht man den in Geld bewerteten Verbrauch von Gütern und Dienstleistungen. Dieser Verbrauch muss durch die ordentliche betriebliche Tätigkeit hervorgerufen und in der laufenden Periode verursacht sein.

Beispiel

Das Autohaus Köppel hatte im letzten Halbjahr folgende Aufwendungen zu verzeichnen:

1. Fertigungslöhne für die Monteure
2. Energiekosten für die Werkstatt
3. Geldspende an das Rote Kreuz
4. Verlust eines nicht versicherten Diagnosecomputers durch einen Brandschaden
5. Gewerbesteuernachzahlung
6. Prozesskosten, die die im letzten Jahr dafür gebildeten Rückstellungen überschreiten

Unter den o. g. Positionen erfüllen lediglich die Fertigungslöhne (1.) und die Energiekosten (2.) alle Merkmale des Kostenbegriffs. Alle weiteren Positionen stellen **neutralen Aufwand** dar.

Betriebsfremder Aufwand steht in keinem Zusammenhang mit dem unmittelbaren Betriebszweck, dazu gehören die Spenden (3.).

Periodenfremder Aufwand steht zwar im Zusammenhang mit dem Betriebszweck, aber er erfolgte für die betriebliche Tätigkeit eines vorangegangenen Wirtschaftsjahres. Dazu gehören die Gewerbesteuernachzahlungen (5.) und die Prozesskosten (6.).

Außerordentlicher Aufwand gehört zwar in die laufende Periode und ist betrieblich verursacht, aber von außerordentlicher Art. Dazu gehört der Brandschaden des Diagnosecomputers (4.).

In der Finanzbuchhaltung werden die Kosten (Buchung in der Kontenklasse 4) von den neutralen Aufwendungen (Buchung in der Kontenklasse 2) bereits abgegrenzt.

Leistungen

Unter Leistungen versteht man das in Geld bewertete Ergebnis der betrieblichen Tätigkeit. Diese Leistung muss durch die ordentliche betriebliche Tätigkeit hervorgerufen und in der laufenden Periode verursacht sein. In einem Handelsunternehmen ist die betriebliche Leistung der Umsatz.

Beispiel

Das Autohaus Köppel verzeichnete im letzten Halbjahr folgende Erträge:

1. Erlöse aus dem Neufahrzeugverkauf
2. Erlöse aus dem Gebrauchtfahrzeugverkauf
3. Erlöse aus dem Teileverkauf
4. Erlöse aus Werkstattleistungen
5. Erträge aus dem Verkauf einer gebrauchten Auswuchtmaschine

6. Erträge aus der Rückerstattung von Versicherungsprämien für ein vorangegangenes Jahr
7. Erträge aus der Vermietung einer Wohnung

Unter den o. g. Positionen erfüllen nur die Erlöse aus dem Neufahrzeugverkauf (1.), Erlöse aus dem Gebrauchtfahrzeugverkauf (2.), Erlöse aus dem Teileverkauf (3.) und Erlöse aus Werkstattleistungen (4.) alle Merkmale des Leistungsbegriffs. Alle weiteren Positionen stellen **neutralen Ertrag** dar.

Betriebsfremder Ertrag steht in keinem direkten Zusammenhang mit der betrieblichen Leistung. Dazu gehört die Mieteinnahme (7.).
Periodenfremder Ertrag steht zwar im Zusammenhang mit dem Betriebszweck, aber er erfolgte für die betriebliche Tätigkeit eines vorangegangenen Wirtschaftsjahres. Dazu gehört die Rückerstattung von Versicherungsprämien (6.).

Außerordentlicher Ertrag gehört zwar in die laufende Periode und ist betrieblich verursacht, aber von außerordentlicher Art. Dazu gehört der Verkauf der Auswuchtmaschine (5.).

In der Finanzbuchhaltung werden die Erlöse (Buchung in der Kontenklasse 8) von den neutralen Erträgen (Buchung in der Kontenklasse 2) bereits abgegrenzt.

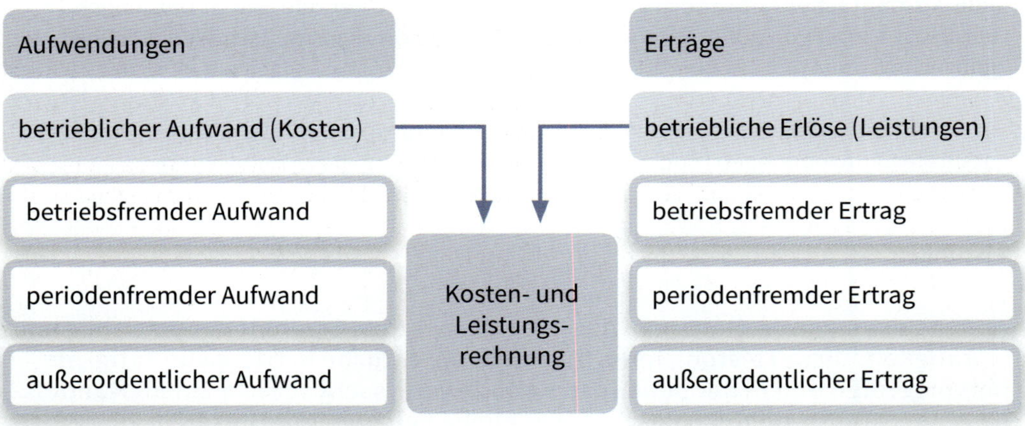

Kalkulatorische Kosten

Kalkulatorische Kosten sollen eine von der Rechtsform unabhängige Kalkulation ermöglichen. Durch die Erfassung des gesamten Verbrauchs von Gütern und Dienstleistungen nach betriebswirtschaftlichen Gesichtspunkten wird sichergestellt, dass alle Kosten in der Kosten- und Leistungsrechnung erfasst werden.

In einem Einzelunternehmen stellt der Unternehmer neben seiner Arbeitskraft auch noch Kapital und Gebäude zur Verfügung. Dafür erhält er von dem Unternehmen keine Gegenleistung. Würde er aber seine Arbeitskraft einem anderen Unternehmen zur Verfügung stellen, so bekäme er ein Gehalt; würde er sein eingesetztes Kapital zur Bank bringen, bekäme er dafür Zinsen, würde er sein Gebäude vermieten, bekäme er dafür Miete.

Kalkulatorischer Unternehmerlohn

Bei einer Kapitalgesellschaft (GmbH) bekommt der Geschäftsführer ein Gehalt. Dieses findet durch die Buchung in der Kontenklasse 4 als Kosten Eingang in die Kostenrechnung. Bei einem Einzelunternehmen ist dies nicht der Fall. Der Unternehmer bestreitet seine Aufwendungen für die private Lebensführung durch Privatentnahmen aus dem Unternehmen, d. h., die Entlohnung für die Geschäftsführung geht nicht in die Kostenrechnung ein. Aus diesem Grund ist hier der Ansatz eines kalkulatorischen Unternehmerlohnes notwendig. Es muss ein kalkulatorischer Unternehmerlohn angesetzt werden, den ein Geschäftsführer in einer vergleichbaren Tätigkeit erhält. Oftmals berechnet sich der kalkulatorische Unternehmerlohn in Abhängigkeit des Umsatzes. Die Hersteller/Importeure geben dazu Listen heraus, aus denen die Höhe des kalkulatorischen Unternehmerlohnes ersichtlich ist.

Beispiel

Umsatz in €	Prozentsatz des kalkulatorischen Unternehmerlohnes	Kalkulatorischer Unternehmerlohn
4,8 Mio	1,2 %	57 600,00 €

In die Kostenrechnung gehen 57 600,00 € als kalkulatorischer Unternehmerlohn ein.

Kalkulatorische Zinsen

Für ein aufgenommenes Darlehen müssen laut Darlehensvertrag Zinsen bezahlt werden. Für das Kapital, das der Unternehmer selbst dem Unternehmen zur Verfügung stellt, entfällt eine Zinszahlung, d. h., die zur Verfügungstellung von Eigenkapital geht nicht in die Kostenrechnung ein. Aus diesem Grund ist hier der Ansatz von kalkulatorischen Zinsen notwendig. Der Kfz-Betrieb muss nur das Kapital verzinsen, das er für die betriebliche Tätigkeit nutzt. Zur Berechnung wird das betriebsnotwendige Kapital ermittelt und mit einem banküblichen Zinssatz verzinst.

Beispiel: Berechnung von kalkulatorischen Zinsen

Summe des Vermögens (AKTIVA)			
(Restbuchwerte im Anlagevermögen)			
(Jahresdurchschnittswerte im Umlaufvermögen)			470 000,00 €
Kürzungen			
Gebäudewerte			
(berücksichtigt durch kalkulatorische Mieten)	112 000,00 €		
nicht betriebsnotwendige Vermögenswerte	9 900,00 €	–	121 900,00 €
Hinzurechnungen			
stille Reserven im Anlagevermögen		+	1 500,00 €
betriebsnotwendiges Vermögen		=	349 600,00 €
zinsfreies Kapital			
zinsfrei vom Hersteller/Importeur finanzierte			
Neufahrzeuge		–	120 000,00 €
betriebsnotwendiges Kapital		=	**229 600,00 €**

Formel:

$$\text{kalk. Zinsen} = \frac{\text{betriebsnotwendiges Kapital} \cdot \text{kalk. Zinssatz}}{100}$$

Der bankübliche Zinssatz beträgt z. B. 6,5 % p. a.

$$\text{kalk. Zinsen} = \frac{229\,600{,}00 \cdot 6{,}5}{100} = 14\,924{,}00\ €$$

In die Kostenrechnung gehen 14 924,00 € als kalkulatorische Zinsen ein.

Kalkulatorische Miete

Für gemietete Räume müssen Mieten bezahlt werden. Für die Gebäude, die der Unternehmer selbst dem Unternehmen zur Verfügung stellt, entfällt eine Mietzahlung, d. h., die zur Verfügungstellung von Räumlichkeiten geht nicht in die Kostenrechnung ein. Aus diesem Grund ist hier der Ansatz einer kalkulatorischen Miete notwendig. Der Kfz-Betrieb soll als Gegenleistung für die Nutzung mindestens den Betrag erwirtschaften, den eine Fremdvermietung erbringen würde. Aus diesem Grund ist hier die ortsübliche Miete für gewerbliche Räume anzusetzen.

Beispiel

Die ortsübliche Miete für die zur Verfügung gestellten Räumlichkeiten beträgt 18 600,00 € im Monat. Dementsprechend wird der Kfz-Betrieb mit 18 600,00 € kalkulatorischer Miete belastet.

Kalkulatorische Abschreibungen

Bilanzielle Abschreibungen werden in der Finanzbuchhaltung erfasst. Ihre Höhe orientiert sich am Herstell- oder Anschaffungswert. Sie beeinflussen über die GuV-Rechnung den Gewinn des Kfz-Unternehmens und somit die zu zahlenden Steuern. Aus diesem Grund wird die Höhe der bilanziellen Abschreibungen eher von der Unternehmenspolitik bezüglich Erfolgs- und Vermögensausweis beeinflusst als vom tatsächlichen Werteverzehr der Anlagen.

Darum sind die bilanziellen Abschreibungen für die KLR nicht geeignet. Für die KLR sind nur die Abschreibungen der Anlagen zu erfassen, die dem Betriebszweck dienen und darum betriebsnotwendig sind.

Die Berechnung der **kalkulatorischen Abschreibungen** erfolgt nach

- der betriebsindividuellen Nutzungsdauer,
- dem Wiederbeschaffungswert,
- der Abschreibungsmethode.

Die **betriebsindividuelle Nutzungsdauer** gibt die Zeit wieder, in der eine Anlage tatsächlich im Kfz-Betrieb genutzt wird. Wird sie beispielsweise zu kurz eingeschätzt, wird das Betriebsergebnis verfälscht, da den einzelnen Wirtschaftsperioden zu hohe Kosten angerechnet werden.

Der Anschaffungswert einer Anlage ist für die Ermittlung der kalkulatorischen Abschreibungen wenig geeignet, da er die zukünftigen (erhöhten) Wiederbeschaffungskosten nicht berücksichtigt. Durch die im Verkaufspreis berücksichtigten Abschreibungen sollen dem Kfz-Betrieb liquide Mittel zufließen, die es ermöglichen sollen, nach dem Ende der Nutzung einer Anlage eine Ersatzbeschaffung zu finanzieren. Durch die Kaufkraftentwertung und die allgemeine Preissteigerung wäre die Ansetzung von Abschreibungen aufgrund der Anschaffungskosten hierzu nicht angemessen, der Kfz-Betrieb würde an Substanz verlieren. Soll die Substanz erhalten werden, so muss eine kalkulatorische Abschreibung die erhöhten Wiederbeschaffungskosten als Grundlage der Berechnung heranziehen.

Da im Kfz-Betrieb die Nutzung der Anlagen nicht wesentlich von Rechnungsperiode zu Rechnungsperiode schwankt, wird die lineare Abschreibungsmethode für die Berechnung der kalkulatorischen Abschreibungen angewendet.

Beispiel

Das Autohaus Köppel kaufte am 22.03. dieses Jahres von der Czech KG einen neuen Diagnosecomputer für das Fahrzeugmodell Maximo-Limousine. Der Diagnosecomputer kostete 10 000,00 € netto. Die betriebsgewöhnliche Nutzungsdauer laut AfA-Liste beträgt fünf Jahre.

Für die Zwecke der KLR wird eine betriebsindividuelle Nutzungsdauer von acht Jahren angenommen. Der Wiederbeschaffungswert wird mit 14 000,00 € festgelegt und als Abschreibungsmethode die lineare Abschreibung angewendet.

$$\textbf{kalkulatorischer Abschreibungsbetrag} = \frac{\textbf{Wiederbeschaffungswert}}{\textbf{betriebsind. Nutzungsdauer}}$$

$$\frac{14\,000{,}00\ €}{8} = 1\,750{,}00\ €$$

In die Kostenrechnung gehen 1 750,00 € als kalkulatorische Abschreibung ein.

Zusammenfassung

- Unter Kosten versteht man den in Geld bewerteten Verbrauch von Gütern und Dienstleistungen. Dieser Verbrauch muss durch die ordentliche betriebliche Tätigkeit hervorgerufen und in der laufenden Periode verursacht sein.
- Unter Leistungen versteht man das in Geld bewertete Ergebnis der betrieblichen Tätigkeit. Diese Leistung muss durch die ordentliche betriebliche Tätigkeit hervorgerufen und in der laufenden Periode verursacht sein. In einem Handelsunternehmen ist die betriebliche Leistung der Umsatz.
- Kalkulatorische Kosten sollen eine von der Rechtsform unabhängige Kalkulation ermöglichen.

Aufgaben

1. Die Konten des Autohauses Köppel weisen u. a. folgende Salden auf:

VAK (gesamter Wareneinsatz)	100 002,00 €
Erlöse aus Gebrauchtfahrzeugverkäufen	163 500,00 €
Forderungen	6 500,00 €
Gehälter	27 000,00 €
Energiekosten	10 500,00 €
Wertpapiergewinne	19 200,00 €
Gewerbesteuern	6 200,00 €
Spenden	600,00 €
Minus-Kassendifferenzen	17,00 €
Verbindlichkeiten	27 550,00 €
Erlöse aus Neufahrzeugverkäufen	220 000,00 €
Mieteinnahmen	4 200,00 €
Vorschüsse an Mitarbeiter/-innen	850,00 €
Eigenkapital	300 000,00 €
Forderungsverluste	980,00 €
Kfz-Steuer	192,00 €
EDV-Kosten	430,00 €

Bestimmen Sie, in welchen Kontenklassen die Konten geführt werden.

2. Eine Richtbank, die für 45 000,00 € angeschafft wurde, ist in den ersten beiden Nutzungsjahren folgendermaßen abgeschrieben worden:

Bilanzielle Abschreibung: 20 % linear

Kalkulatorische Abschreibung: 10 % vom geschätzten Wiederbeschaffungswert in Höhe von 60 000,00 €

Ermitteln Sie den Buchwert am Ende des dritten Nutzungsjahres aufgrund der bilanziellen Abschreibung der Finanzbuchhaltung sowie die Höhe der kalkulatorischen Abschreibung in der Kostenrechnung.

3. Aus den folgenden Angaben sind die kalkulatorischen Zinsen in Höhe von 8 % zu ermitteln:

Anlagevermögen	300 000,00 €
davon verpachtetes Grundstück	20 000,00 €
davon eigenes Gebäude	60 000,00 €
Umlaufvermögen	700 000,00 €
Verbindlichkeiten Hersteller/Importeur	350 000,00 €

4. Ein Hersteller/Importeur berechnet den kalkulatorischen Unternehmerlohn nach dem Umsatz.

Umsatz in €	Prozentsatz des kalkulatorischen Unternehmerlohnes
bis 3,9 Mio.	1,1 %
4,0 bis 5,9 Mio.	1,3 %
ab 6,0 Mio.	1,4 %

Unternehmen A erzielte einen Jahresumsatz von 2,8 Mio. €, Unternehmen B erzielte einen Jahresumsatz von 4,6 Mio. € und Unternehmen C erzielte einen Jahresumsatz von 8,3 Mio. €.

Ermitteln Sie für jedes Unternehmen
a) die Höhe des jährlichen kalkulatorischen Unternehmerlohnes und
b) die maximalen monatlichen Privatentnahmen.

5. Ein Diagnosecomputer wurde am 02.01.2009 für 16 200,00 € netto angeschafft. Die betriebsgewöhnliche Nutzungsdauer beträgt laut AfA-Liste acht Jahre. Die betriebsindividuelle Nutzungsdauer wird mit zehn Jahren angenommen, die Wiederbeschaffungskosten werden auf 19 200,00 € geschätzt.

Ermitteln Sie
a) den linearen bilanziellen Abschreibungsbetrag,
b) den maximalen degressiven bilanziellen Abschreibungsbetrag für das erste Jahr,
c) den kalkulatorischen linearen Abschreibungsbetrag für das erste Jahr,
d) die kalkulatorischen Kosten, die monatlich in die Kostenrechnung eingehen.

6. Ein Kfz-Unternehmer stellt dem Betrieb folgende Räume zur Verfügung:

Verwaltungsgebäude	320,00 m^2
Neufahrzeugausstellungshalle	400,00 m^2
Werkstatt	300,00 m^2

Die ortsübliche Miete für gewerblich genutzte Büroräume beträgt 10,20 €/m^2, für andere gewerblich genutzte Räume 8,60 €/m^2.

Ermitteln Sie
a) die jährliche kalkulatorische Miete,
b) die kalkulatorische Miete, die monatlich in die Kostenrechnung eingeht.

2 Vollkostenrechnung

AUSGANGSSITUATION

Das unternehmerische Handeln ist auf eine Gewinnerzielung ausgerichtet.
Nora Braun überlegt wie der Geschäftsführer eines Autohauses, z. B. Herr Köppel, feststellen kann, was die einzelnen Abteilungen des Autohauses zum Betriebsergebnis beigetragen haben. Ihre Vorschläge hält sie stichpunktartig fest und findet geeignete Beispiele.

ARBEITSAUFTRÄGE

1. Informieren Sie sich über Ihren Themenbereich.
2. Notieren Sie wichtige Informationen stichpunktartig.
3. Überlegen Sie, wie Herr Köppel feststellen kann, was die einzelnen Abteilungen des Autohauses zum Betriebsergebnis beigetragen haben.
4. Präsentieren Sie Ihre Ergebnisse und diskutieren Sie im Plenum.
5. Geben Sie sich gegenseitig ein Feedback und nutzen Sie Ihr neu gewonnenes Wissen für die Zukunft.

2.1 Aufgaben der Vollkostenrechnung

EINSTIEGSSITUATION

Die Auszubildende Nora Braun erhält den Auftrag, mit der Anzeigenrechnung der örtlichen Zeitung für eine ganzseitige Imageanzeige in der letzten Wochenendausgabe zu den Abteilungsleitern der einzelnen Abteilungen zu gehen. Diese sollen die Aufteilung der Kosten auf ihre Abteilung abzeichnen. Nora ist darüber verwundert: „Die Rechnung ist doch bereits gebucht. Welchen Sinn ergibt eine Aufteilung der Kosten, das Unternehmensergebnis wird dadurch doch nicht verändert?“ Herr Löppel antwortet darauf: „Richtig ist, dass das Unternehmensergebnis durch eine Aufteilung der Kosten nicht verändert wird. Eine Aufgabe der Kosten- und Leistungsrechnung ist es, den Erfolg der einzelnen Abteilungen zu ermitteln, um so Grundlagen für zukünftige unternehmerische Entscheidungen zu schaffen. Dies können z. B. Preiskalkulationen oder Investitionen sein.“ Sie unterstützen Frau Braun.

Die Vollkostenrechnung bezieht alle im Betrieb anfallenden Kosten, d. h. variable und fixe Bestandteile, in die Analyse ein. Aufgaben der Vollkostenrechnung sind die

- Ermittlung der Selbstkosten,
- Kontrolle der Wirtschaftlichkeit,
- Ergebnisanalyse,
- Schaffung von Entscheidungs- und Planungsgrundlagen und
- Kalkulation von Verkaufspreisen.

Die Vollkostenrechnung stellt drei prinzipielle Fragen:

Frage	
Welche Kosten sind überhaupt entstanden?	Kosten**arten**rechnung
Wo (in welcher Abteilung) sind die Kosten verursacht worden?	Kosten**stellen**rechnung
Welche betriebliche Leistung muss die Kosten tragen?	Kosten**träger**rechnung

Kostenartenrechnung

Die **Kostenartenrechnung** unterscheidet in **Einzel-** und **Gemeinkosten**. Einzelkosten sind einem Kostenträger direkt zuzuordnen, beispielsweise der Einkaufspreis eines Zubehörteils oder die Fertigungslöhne. Gemeinkosten sind einem Kostenträger nur indirekt zuzuordnen, beispielsweise der Werkstattstrom oder die Abschreibungen von Maschinen. Können Gemeinkosten einer Abteilung vollständig zugeordnet werden, nennt man sie Kostenstelleneinzelkosten. Müssen Gemeinkosten auf mehrere Kostenstellen verteilt werden, nennt man sie Kostenstellengemeinkosten.

Kostenstellenrechnung

Die **Kostenstellenrechnung** unterscheidet in **Hauptkostenstellen** und **Hilfskostenstellen**. Hauptkostenstellen sind produktiv tätig; dies bedeutet im Kfz-Betrieb, es werden Umsätze erzielt. Das sind im Kfz-Betrieb der Neufahrzeugverkauf, der Gebrauchtfahrzeugverkauf, das Ersatzteillager und der Kundendienst. Hilfskostenstellen erzielen keine Umsätze. Sie sind aber notwendig, um die Hauptkostenstellen zu unterstützen. Das ist im Kfz-Betrieb die Abteilung Verwaltung.

Kostenträgerrechnung

Die **Kostenträgerrechnung** verrechnet die Kosten auf die einzelnen betrieblichen Leistungen. Das heißt, welche Kosten müssen z. B. mit dem Verkaufspreis eines Zubehörteils oder dem Stundenverrechnungssatz der Werkstatt abgedeckt werden?

In einem Autohaus ist die Vollkostenrechnung ein wichtiges Instrument zur Unternehmensführung. Mit ihr lässt sich feststellen, welche Abteilungen wirtschaftlich und welche Abteilungen unwirtschaftlich gearbeitet haben. Sie gibt damit der Unternehmensleitung wichtige Informationen für zukünftige Entscheidungen.

2.2 Der Betriebsabrechnungsbogen (BAB)

EINSTIEGSSITUATION

Nora Braun vermisst in der Kosten- und Leistungsrechnung das Buchen. Herr Löppel erklärt ihr: „In der Kosten- und Leistungsrechnung gibt es kein Buchen auf Konten. Wir ermitteln den Abteilungserfolg in einer Liste. Diese Liste ist der Betriebsabrechnungsbogen." Sie erläutern Frau Braun diesen Bogen.

Das organisatorische Instrument für die Ermittlung der Selbstkosten und der Wirtschaftlichkeitskontrolle der Abteilungen ist der **BAB**. Führt man sich die Struktur eines Autohauses vor Augen, so sieht man, dass es unterschiedliche Abteilungen gibt. Zum einen produktiv tätige (Umsatz) Abteilungen (Neufahrzeugverkauf, Gebrauchtfahrzeugverkauf, Werkstatt, Lager), zum anderen selbstständige Abteilungen (Verwaltung), in denen nicht produktiv (kein Umsatz) gearbeitet wird, aber andere Abteilungen unterstützt werden.

Lösung des Problems:

① Einteilung in Hilfskostenstellen und Hauptkostenstellen
② Übertragung der einzelnen Kostenarten und deren angefallenen Summen in den BAB
③ Übertragung der Einzelkosten und der Kostenstelleneinzelkosten auf die entsprechenden Kostenstellen
④ Verteilung der Kostenstellengemeinkosten nach den festgelegten Schlüsseln

Verteilung der Gemeinkosten

Nachdem die Kosten auf die Kostenstellen verteilt wurden, bleibt das Problem der Verteilung der Kosten von Hilfskostenstellen.

Vorgehensweise:

⑤ Man verteilt die Kosten der Hilfskostenstelle auf die restlichen Abteilungen oder Kostenstellen nach einem Schlüssel, der der Kostenverursachung entsprechen soll (**Kostenverursachungsprinzip**).
⑥ Man bildet die Summe der angefallenen Gemeinkosten je Hauptkostenstelle.

Berechnung von Gemeinkostenzuschlägen

Nachdem alle Kosten auf diejenigen Abteilungen verteilt wurden, die Umsatz erwirtschaften und direkt mit dem Kunden in Verbindung stehen, können jetzt die **Gemeinkostenzuschläge** ermittelt werden.

⑦ Da die entstandenen Gemeinkosten für die angefallenen Einzelkosten erbracht wurden, ergibt das Verhältnis beider Werte in Prozent ausgedrückt den Zuschlag, mit dem man hätte rechnen müssen, um alle Gemeinkosten zu decken.
⑧ Vergleicht man diesen Zuschlag, den **Soll-Zuschlag**, mit dem Durchschnitt der vergangenen drei, sechs oder zwölf Monate, also mit dem **Normal-Zuschlag**, zeigt die Abweichung die Unterdeckung oder die Überdeckung der Gemeinkosten. Der Kfz-Unternehmer muss nun entscheiden, ob diese Abweichung zu einer Neukalkulation führen muss.

Der **Normal-Zuschlag** ist der Zuschlagsatz, der für einen längeren Zeitraum als Durchschnittssatz angesetzt wurde.

Die Aufteilung der Gemeinkosten nach Verteilungsschlüsseln hat den wirtschaftlichen Vorteil, dass sie sehr einfach zu handhaben ist, aber den Nachteil, dass Ungerechtigkeiten bei der Verteilung der Gemeinkosten nicht ausgeschlossen werden können. Das bedeutet, dass einer Abteilung zu hohe, anderen Abteilungen hingegen zu niedrige Gemeinkosten zugeteilt werden. Aus diesem Grund müssen die Verteilungsschlüssel der Gemeinkosten sehr genau berechnet werden.

Einen Muster-BAB der Autohaus Köppel GmbH, der als Grundlage für die nächsten Berechnungen dient, finden Sie im Anhang dieses Lehrbuchs auf Seite 492 f. und im BuchPlusWeb als Excel Datei.

Web

2.3 Ermittlung der Selbstkosten der Abteilungen

EINSTIEGSSITUATION

Nora Braun analysiert den Betriebsabrechnungsbogen und sieht, das in der Werkstatt die produktiven Löhne aus der Kontenklasse 4 als Einzelkosten angesetzt werden, beim Neuwagenverkauf, Gebrauchtwagenverkauf und im Teilelager aber die VAK aus der Kontenklasse 7. „Ist das nicht unlogisch?“, fragt sie nach. „Nein“, antwortet Herr Löppel, „bei den produktiven Löhnen gibt es ja keine Entnahmebuchungen aus der Kontenklasse 3. Hier wird sozusagen der Einstandspreis der Arbeitsleistung der Monteure genommen, auf die dann der Gemeinkostenzuschlag aufgeschlagen wird.“
Sie erläutern Frau Braun diese Aussage.

Beispiel: Zusammensetzung der Selbstkosten der Autohaus Köppel GmbH

Die Selbstkosten setzen sich aus den Einzelkosten und den Gemeinkosten zusammen.

Abteilung	Entstandene Einzelkosten in €	Entstandene Gemeinkosten in €	Selbstkosten in €
NF-Verkauf	5 198 400,00	548 182,00	5 746 582,00
GF-Verkauf	5 503 680,00	449 940,00	5 953 620,00
Lager	516 953,00	166 940,00	683 893,00
Kundendienst	88 800,00	270 500,00	359 300,00

2.4 Die Überprüfung der Wirtschaftlichkeit

EINSTIEGSSITUATION

Nach der Ermittlung der Selbstkosten fragt sich Nora Braun, inwieweit die Abteilungen Gewinn erwirtschaftet haben. „Um das festzustellen, müssen wir herausfinden, wie viel Gemeinkosten wir den Kunden über die Ausgangsrechnungen in Rechnung gestellt haben“, erläutert Herr Löppel. „Das können wir sehr schnell im BAB ablesen.“
Sie unterstützen Frau Braun.

Für die Überprüfung der **Wirtschaftlichkeit** der einzelnen Abteilungen wird verglichen, welche Gemeinkosten angefallen sind und in welcher Höhe vom Kunden Gemeinkosten durch die

Verkaufspreise im letzten Jahr abgedeckt wurden. Wurden den Kunden höhere Gemeinkosten in Rechnung gestellt als tatsächlich angefallen sind, ergibt sich eine **Kostenüberdeckung** und die Abteilung arbeitete wirtschaftlich. Wurden den Kunden geringere Gemeinkosten in Rechnung gestellt als tatsächlich angefallen sind, so ergibt sich eine **Kostenunterdeckung** und die Abteilung arbeitete unwirtschaftlich.

Beispiel

Abteilung	Entstandene GMK in €	Den Kunden in Rechnung gestellte GMK in €	Aussage
NF-Verkauf	548 182,00	519 840,00	unwirtschaftlich gearbeitet
GF-Verkauf	449 940,00	550 368,00	wirtschaftlich gearbeitet
Lager	166 940,00	155 086,00	unwirtschaftlich gearbeitet
Kundendienst	270 500,00	248 640,00	unwirtschaftlich gearbeitet

Nur die Abteilung Gebrauchtfahrzeugverkauf arbeitete in diesem Beispiel wirtschaftlich. Es wurden den Kunden insgesamt 550 368,00 € Gemeinkosten in Rechnung gestellt, d. h., über die Verkaufspreise der Gebrauchtfahrzeuge wurden 100 428,00 € Erlöse über die geplante Gemeinkostenhöhe erzielt. Diese Kostenüberdeckung stellt zusätzlichen Gewinn der Abteilung Gebrauchtfahrzeugverkauf dar.

Der Geschäftsführer muss nun entscheiden, ob die Analyse der Wirtschaftlichkeit eine Neuberechnung der Gemeinkostenzuschläge der Abteilungen und somit der Verkaufspreise notwendig macht.

Ergebnisanalyse

Die Finanzbuchhaltung ermittelt nur das Gesamtergebnis des Kfz-Betriebs in der GuV-Rechnung. Mithilfe der Kostenrechnung kann ermittelt werden, in welcher Höhe die einzelnen Abteilungen zum Gesamtergebnis beigetragen haben. Für die **Ergebnisanalyse** wird jetzt noch der Umsatz der einzelnen Abteilungen benötigt. Diese Werte liefert die Finanzbuchhaltung in der Kontenklasse 8, Umsatzerlöse.

Erfolgsrechnung

Bezeichnung	Gesamtunternehmen	NF-Verkauf	GF-Verkauf	Lager	Kundendienst
Erlöse in € Selbstkosten in €	12 973 106,00 12 743 395,00	5 776 000,00 5 746 582,00	6 048 000,00 5 953 620,00	795 312,00 683 893,00	353 794,00 359 300,00
Gesamt- bzw. Abteilungsergebnis in €	229 711,00	29 418,00	94 380,00	111 419,00	– 5 506,00

Die Ergebnisanalyse zeigt, dass lediglich die Abteilung Kundendienst ein Minus erwirtschaftet hat. Alle anderen Abteilungen haben einen Gewinn erwirtschaftet. Dieser ist aber im

Neufahrzeugverkauf und im Lager niedriger als geplant, da die entstandenen Gemeinkosten im Vergleich zu den berechneten Gemeinkosten zu hoch waren und somit beide Abteilungen eine Kostenunterdeckung ausweisen.

Kostenrechnung als Entscheidungs- und Planungshilfe

Aufgrund der ermittelten Selbstkosten und der Ergebnisanalyse kommt die Geschäftsführung zu der Überlegung, dass die unwirtschaftlich arbeitenden Abteilungen Lager und Kundendienst überprüft werden müssen. Eine Kosteneinsparung ist allerdings kaum möglich, sodass die Verkaufspreise für das kommende Jahr neu kalkuliert werden müssen. Erst der BAB und die Ergebnisanalyse ermöglichen es, die **Schwachstellen im Autohaus** eindeutig zu bestimmen. Die Geschäftsführung sieht Handlungsbedarf im Lager und im Kundendienst und plant die neuen Verkaufspreise.

In einem Autohaus ist die Kostenrechnung ein Instrument zur Unternehmensführung. Die Vollkostenrechnung liefert der Geschäftsleitung Daten und Fakten. Auf dieser Basis müssen nun unternehmerische Entscheidungen getroffen werden. Keine Auskunft gibt die Kostenrechnung über die Durchsetzbarkeit von neu kalkulierten Verkaufspreisen am Markt. Hier spielen Faktoren wie die Konkurrenzsituation am Markt, das Kundenpotenzial im Marktgebiet und das Firmenimage eine wesentliche Rolle.

Erst wenn der Unternehmer alle Faktoren berücksichtigt, kann ein **marktgerechter Verkaufspreis** kalkuliert und am Markt auch durchgesetzt werden.

Ermittlung des Gemeinkostenzuschlagsätze für die Hauptkostenstellen

	Hauptkostenstellen			
	Neufahrzeugverkauf	Gebrauchtfahrzeugverkauf	Lager	Kundendienst
Einzelkosten (entsprechen 100 %)	Einzelkosten (VAK)	Einzelkosten (VAK)	Einzelkosten (VAK)	Einzelkosten (VAK)
Gemeinkosten der Hauptkostenstelle plus anteilige Gemeinkosten der Hilfskostenstellen (entsprechen ? Prozent)	Gemeinkosten	Gemeinkosten	Gemeinkosten	Gemeinkosten
Gemeinkostenzuschlag	$\frac{\text{Gemeinkosten}}{\text{Einzelkosten} \cdot 100}$	$\frac{\text{Gemeinkosten}}{\text{Einzelkosten} \cdot 100}$	$\frac{\text{Gemeinkosten}}{\text{Einzelkosten} \cdot 100}$	$\frac{\text{Gemeinkosten}}{\text{Einzelkosten} \cdot 100}$

2.5 Kalkulation der Verkaufspreise

EINSTIEGSSITUATION

Nora Braun hat die Kostenunterdeckungen und Kostenüberdeckungen mithilfe des BAB ermittelt und soll jetzt den neuen Verkaufspreis für einen Dachgepäckträger ermitteln. Sie unterstützen Frau Braun.

Die Kalkulation der Verkaufspreise im Ersatzteillager bezieht sich nur auf die frei bezogenen Teile und auf das Zubehör. Originalersatzteile vom Hersteller/Importeur haben eine unverbindliche Preisempfehlung (UPE), sodass hier die Verkaufskalkulation entfällt.

Der Verkaufspreis eines Zubehör- oder eines Ersatzteils muss folgende Positionen abdecken:

- den Wareneinstandspreis
- die anteiligen Gemeinkosten
- den Gewinn

Im letzten Jahr wurde im Lager mit einem Gemeinkostenzuschlag von 30 % kalkuliert. Auf den **Einstandspreis** kommen somit noch einmal 30 %, um die Kosten für die Bereitstellung der Vorräte am Markt abzudecken. Damit sind aber lediglich die Selbstkosten abgedeckt. Der Kfz-Unternehmer betreibt sein Geschäft aber wegen des Gewinns, sodass auf die Selbstkosten noch ein frei wählbarer (je nach Marktlage) **Gewinnzuschlag** kommt. Im letzten Jahr betrug dieser im Ersatzteillager 12 %.

Kalkulationsschema letztes Jahr

Beispiel

Ein Dachgepäckträger wurde für 89,00 € netto bezogen.

RO	Text	€
 +	Einstandspreis (VAK) Gemeinkostenzuschlag 30 %	89,00 26,70
=	Selbstkosten	115,70
+	Gewinnzuschlag 12 %	13,88
=	Netto-Verkaufspreis	129,58

Ermittlung der Gemeinkosten:

$$\frac{\text{Einstandspreis} \cdot \text{Gemeinkostenzuschlag}}{100}$$

$$\frac{89{,}00 \cdot 30}{100} = 26{,}70\ €$$

Ermittlung des Gewinnzuschlags:

$$\frac{\textbf{Selbstkosten} \cdot \textbf{Gewinnzuschlag}}{\textbf{100}}$$

$$\frac{115{,}70 \cdot 12}{100} = 13{,}88\ €$$

Im vergangenen Jahr wurde der Dachgepäckträger für 129,58 € netto verkauft.

Kalkulationsschema für das neue Jahr

Laut BAB hätte der Gemeinkostenzuschlag (Soll-Zuschlag) im letzten Jahr 32,29 % betragen müssen, um die Kosten zu decken. Für das neue Jahr beschließt die Geschäftsführung, den Gemeinkostenzuschlagsatz auf 35 % zu erhöhen, damit eventuelle Kostensteigerungen berücksichtigt werden.

RO	Text	€
	Einstandspreis (VAK)	89,00
+	Gemeinkostenzuschlag 35 %	31,15
=	Selbstkosten	120,15
+	Gewinnzuschlag 12 %	14,42
=	Netto-Verkaufspreis	134,57

Im neuen Jahr steigt der Netto-Verkaufspreis des Dachgepäckträgers auf 134,57 € netto.

Kostenträgerrechnung

In der Kostenträgerrechnung werden die Verkaufspreise einzelner Artikel kalkuliert. Mit dem Verkaufspreis müssen folgende Positionen abgedeckt werden:

- VAK (Bezugspreis = Einzelkosten)
- Anteil der Kosten des Betriebs (Aufteilung laut BAB = Gemeinkosten)
- Gewinn (Planwert der Geschäftsführung)
- eventuell gewährte Nachlässe (z. B. Mengenrabatt, Treuerabatt, Skonto)

Im Automobilgewerbe wird diese Kalkulation in der Regel für frei bezogene Artikel angewendet. Vom Hersteller/Importeur bezogene Neufahrzeuge und Originalersatzteile haben eine unverbindliche Preisempfehlung (UPE).

Preiskalkulationsschema		
100 %	Listeneinkaufspreis Automobilhändler erhält vom Lieferanten eine Preisliste mit den aktuellen Preisen	
- 25 %	- Lieferantenrabatt Automobilhändler erhält z. B. einen Mengenrabatt, bezogen auf den Listeneinkaufspreis	
=75 %	= Zieleinkaufspreis	100 %
	- Lieferantenskonto (z. B. 2 %)	-2 %
	= Bareinkaufspreis	= 98 %
	+ Bezugskosten (z. B. Transportkosten, Versicherungen)	
100 %	= Bezugspreis/Einstandspreis (=VAK)	
+ 36 %	+ Gemeinkosten (z. B. 36 %) Ermittlung erfolgt im BAB	
= 136 %	= Selbstkosten	100 %
	+ Gewinn (z. B. 15 %) da über die Kostendeckung hinaus ein Gewinn erzielt werden soll	+ 15 %
98 %	= Barverkaufspreis	= 115 %
+ 2 %	+ Kundenskonto (z. B. 2 %) hierdurch wird die Möglichkeit eines Preisnachlasses aufgrund von Barzahlung einkalkuliert. Damit dieses nicht zulasten des geplanten Gewinns geht, stellt hier der Zielverkaufspreis die Berechnungsgrundlage dar. Zielverkaufspreis = 100 %.	
= 100 %	= Zielverkaufspreis	95 %
	+ Kundenrabatt (z. B. 5 %) wie beim Skonto wird auch ein möglicher Kundenrabatt in die Kalkulation einbezogen. Dieser Kundenrabatt bezieht sich prozentual auf den Nettoverkaufspreis = 100 %	+ 5 %
100 %	= Nettoverkaufspreis	= 100 %
+ 19 %	+ Umsatzsteuer	
= 119 %	= Bruttoverkaufspreis	

2.6 Preiskalkulation

EINSTIEGSSITUATION

Nora Braun soll den Verkaufspreis für einen Satz Winterräder für die Service Marketing Aktion „Sicher durch den Winter“ kalkulieren. Andreas Pletz, verantwortlich für dasMarketing, benötigt diesen für den nächsten Kunden- Newsletter bzw. als Content für die Facebook-Seite.

Folgende Angaben liegen vor: Laut Preisliste der Zahn & Rad GmbH beträgt der Preis für einen Winterkomplettsatz 800,00 € netto. Die Autohaus Köppel GmbH erhält einen Lieferantenrabatt von 20 % sowie 2 % Lieferantenskonto bei Bezahlung innerhalb von 5 Tagen. Die Bezugskosten belaufen sich auf 2 % des Bareinkaufspreises. Laut BAB beträgt der Gemeinkostenzuschlag für die Kostenstelle Lager 55 %, der Gewinnzuschlag 12 %. Kunden des Hauses erhalten einen Loyalitätsrabatt von 10 %, Barzahler erhalten 2 % Skonto. Sie führen die Kalkulation durch.

Kalkulationsschema Vorwärtskalkulation

		Listeneinkaufspreis	100 %	800,00 €	
	–	Lieferantenrabatt	20 %	160,00 €	
Ermittlung des Zieleinkaufspreises: 100 % = 800,00 € 80 % = x $x = \frac{800{,}00 \cdot 80}{100} = 640{,}00$ €		Ermittlung Zieleinkaufspreis	80 %	640,00 €	100 %
	–	Lieferantenskonto		12,80 €	2 %
Ermittlung des Bareinkaufspreises: 100 % = 640,00 € 98 % = x $x = \frac{640{,}00 \cdot 98}{100} = 627{,}20$ €		Ermittlung Bareinkaufspreis	100 %	627,20 €	98 %
	+	Bezugskosten	2 %	12,54 €	
Ermittlung des Bezugspreises: 100 % = 627,20 € 102 % = x $x = \frac{627{,}20 \cdot 102}{100} = 639{,}74$ €		Ermittlung Bezugspreis	102 %	639,74 €	100 %
	+	Gemeinkosten		351,86 €	55 %
Ermittlung der Selbstkosten: 100 % = 639,74 € 155 % = x $x = \frac{639{,}74 \cdot 155}{100} = 991{,}60$ €		Ermittlung Selbstkosten	100 %	991,60 €	155 %
	+	Gewinnzuschlag	12 %	118,99 €	
Ermittlung des Barverkaufspreises: 100 % = 991,60 € 112 % = x $x = \frac{991{,}60 \cdot 112}{100} = 1\,110{,}59$ €		Ermittlung Barverkaufspreis	112 %	1 110,59 €	98 %
	+	Kundenskonto		22,67 €	2 %
Ermittlung des Zielverkaufspreises: 98 % = 1 110,59 € 100 % = x $x = \frac{1\,110{,}59 \cdot 100}{98} = 1\,133{,}26$ €		Ermittlung Zielverkaufspreis	90 %	1 133,26 €	100 %
	+	Kundenrabatt	10 %	125,92 €	

Ermittlung des Nettoverkaufspreises: 90 % = 1 133,26 € 100 % = x $x = \frac{1\,133{,}26 \cdot 1000}{90} = 1\,259{,}18$ €		Ermittlung Nettoverkaufspreis	100 %	1 259,18 €	100 %
	+	Umsatzsteuer		239,24 €	19 %
Ermittlung des Bruttoverkaufspreises: 100 % = 1 259,18 € 119 % = x $x = \frac{1\,259{,}18 \cdot 119}{100} = 1\,498{,}42$ €		Ermittlung Bruttoverkaufspreis		1 498,42 €	119 %

2.7 Kalkulationsfaktor

EINSTIEGSSITUATION

Nora Braun hat die Verkaufskalkulation für die Winterkompletträder durchgeführt und fragt nun Herrn Löppel, ob es nicht einen schnelleren Weg gibt, Verkaufspreise zu kalkulieren.
Sie beantworten diese Frage.

Der Kalkulationsfaktor wird durch die Division des einmal kalkulierten Bruttoverkaufspreises durch den Bezugspreis ermittelt. Multipliziert man den Bezugspreis mit dem Kalkulationsfaktor erhält man den Bruttoverkaufspreis.

$$\text{Kalkulationsfaktor} = \frac{\text{Bruttoverkaufspreis}}{\text{Bezugspreis}} = \frac{1\,498{,}42\text{ €}}{639{,}74\text{ €}} \approx 2{,}3422$$

2.8 Rückwärtskalkulation

EINSTIEGSSITUATION

Nora Braun sieht in der Tageszeitung eine Werbeanzeige eines Wettbewerbers, der den Satz Winterkompletträder günstiger anbietet. Sie fragt Herrn Löppel, ob das Autohaus Köppel die Winterkompletträder nicht auch zu diesem Preis anbieten kann. Herr Löppel antwortet: „Wir müssen nachrechnen, zu welchen Konditionen wir den Satz Winterkompletträder einkaufen müssen, um diesen Preis anbieten zu können. Unsere Zuschlagsätze sind nicht änderbar."
Nehmen Sie zu der Aussage von Frau Braun Stellung.

Beispiel

Der Wettbewerber bietet den Satz Winterkompletträder für 1 300,00 € brutto an. Zu welchem maximalen Bezugspreis muss das Autohaus Köppel den Satz Winterkompletträder beziehen, um den Preis des Wettbewerbes zu halten?
Die Zuschlagsätze der Autohaus Köppel GmbH sehen wie folgt aus:
Gemeinkostenzuschlag 55 %, Gewinnzuschlag 12 %, Kundenskonto 2 %, Kundenloyalitätsrabatt 10 %

Ermittlung des Bezugspreises: 155 % = 860,30 € 100 % = x $x = \frac{860{,}30 \cdot 100}{155} = 555{,}30$ €		Ermittlung Bezugspreis		555,03 €	100 %
Ermittlung der Selbstkosten: 112 % = 963,54 € 100 % = x $x = \frac{963{,}54 \cdot 100}{112} = 860{,}30$ €	+	Gemeinkosten			55 %
		Ermittlung Selbstkosten	100 %	860,30 €	155 %
Ermittlung des Barverkaufspreises: 100 % = 983,20 € 98 % = x $x = \frac{983{,}20 \cdot 98}{100} = 963{,}54$ €	+	Gewinnzuschlag	12 %		
		Ermittlung Barverkaufspreis	112 %	963,54 €	98 %
Ermittlung des Zielverkaufspreises: 100 % = 1 092,44 € 90 % = x $x = \frac{1\,092{,}44 \cdot 90}{100} = 983{,}20$ €	+	Kundenskonto			2 %
		Ermittlung Zielverkaufspreis	90 %	983,20 €	100 %
Ermittlung des Nettoverkaufspreises: 119 % = 1 300,00 € 100 % = x $x = \frac{1\,300{,}00 \cdot 100}{119} = 1\,092{,}44$ €	+	Kundenrabatt	10 %		
		Ermittlung Nettoverkaufspreis	100 %	1 092,44 €	100 %
	+	Umsatzsteuer			19 %
		Ermittlung Bruttoverkaufspreis		1 300,00 €	119 %

Das Autohaus Köppel muss durch Angebotsvergleiche ermitteln, ob der Satz Winterkompletträder für 555,03 € erhältlich ist. Ist dieser Bezugspreis nicht realisierbar, müssen die Zuschlagsätze im Autohaus Köppel vermindert werden (z. B. der Gewinnzuschlag). Wenn dies auch nicht ausreicht, kann das Autohaus Köppel den Preis des Wettbewerbers nicht halten.

2.9 Kalkulationsabschlag

EINSTIEGSSITUATION

Nora Braun fragt sich, ob es auch bei der Rückwärtskalkulation eine schnellere Methode gibt.
Sie beantworten ihre Frage.

Der Kalkulationsabschlag errechnet sich aus der Differenz zwischen dem Bruttoverkaufspreis und dem kalkulierten Bezugspreis, ausgedrückt in Prozent des Bruttoverkaufspreises.

$$\textbf{Kalkulationsabschlag in \%} = \frac{\textbf{(Bruttoverkaufspreis – Bezugspreis)} \cdot \textbf{100}}{\textbf{Bruttoverkaufspreis}}$$

Für das Beispiel der Autohaus Köppel GmbH ergibt sich folgender Kalkulationsabschlag:

$$\frac{(1\,300{,}00\,€ - 555{,}03\,€) \cdot 100}{1\,300{,}00\,€} \approx 57{,}3054\,\%$$

Kalkulationsabschlag in € = 1 300,00 € · 57,3054 % = 744,97 €

Bruttoverkaufspreis	1 300,00 €
– Kalkulationsabschlag	744,97 €
= Bezugspreis	555,03 €

Vom Bruttoverkaufspreis ausgehend können mit dem Kalkulationsabschlag für alle Artikel im Sortiment, die mit den gleichen Zuschlagsätzen kalkuliert werden, die Bezugspreise ermittelt werden.

2.10 Handelskostenspanne

EINSTIEGSSITUATION

Nora Braun hat in der Berufsschule den Begriff Handelskostenspanne gelernt und festgestellt, dass die Handelsspanne doch nur ein anderer Ausdruck für Bruttoertrag ist, wie er im Neuwagenverkauf gebräuchlich ist.
Sie prüfen diese Aussage auf Richtigkeit.

Die Handelskostenspanne ergibt sich aus der Differenz zwischen Nettoverkaufspreis und Bezugspreis (netto) ausgedrückt in Prozent des Nettoverkaufspreises.

$$\textbf{Handelskostenspanne} = \frac{\textbf{(Nettoverkaufspreis – Bezugspreis)} \cdot \textbf{100}}{\textbf{Nettoverkaufspreis}}$$

Für den Satz Winterkompletträder im Autohaus Köppel ergibt sich folgende Handelskostenspanne:

$$\text{Handelskostenspanne} = \frac{(1\,259{,}18\text{ €} - 639{,}74\text{ €}) \cdot 100}{1\,259{,}08\text{ €}} \approx 49{,}20\ \%$$

2.11 Differenzkalkulation

EINSTIEGSSITUATION

Nora Braun hat von einem neuen Lieferanten ein Angebot für Winterkompletträder bekommen und überlegt nun, diese in das Sortiment aufzunehmen.

Der Bezugspreis für den Satz beläuft sich auf 480,00 € netto. Das Autohaus Köppel rechnet mit einem Gemeinkostenzuschlag von 55 % und gewährt seinen Kunden 10 % Loyalitätsrabatt. Der Wettbewerb gibt einen Bruttoverkaufspreis von 1 000,00 € vor.

Die Autohaus Köppel GmbH muss nun entscheiden, ob der vom Markt vorgegebene Verkaufspreis bei festen Zuschlagsätzen und gegebenem Bezugspreis zu halten ist. Durch die Anwendung der Differenzkalkulation kann das Autohaus Köppel berechnen, wie hoch der verbleibende Gewinn ist.
Sie führen diese durch.

		Ermittlung Bezugspreis		480,00 €	100 %
	+	Gemeinkosten			55 %
Ermittlung der Selbstkosten: 100 % = 480,00 € 155 % = x $x = \frac{480{,}00 \cdot 155}{100} = 744{,}00$ €		Ermittlung Selbstkosten	100 %	744,00 €	155 %
Ermittlung des Gewinns: 744,00 € = 100 % 12,31 € = x $x = \frac{12{,}31 \cdot 100}{744{,}00} = 1{,}65\,\%$	+	Gewinnzuschlag	1,65 %	12,31 €	
Ermittlung des Barverkaufspreises: 100 % = 756,31 € 100 % = x $x = \frac{756{,}31 \cdot 100}{100} = 756{,}31$ €		Ermittlung Barverkaufspreis	101,65 %	756,31 €	100 %
	+	Kundenskonto			0 %
Ermittlung des Zielverkaufspreises: 100 % = 840,34 € 90 % = x $x = \frac{840{,}34 \cdot 90}{100} = 756{,}31$ €		Ermittlung Zielverkaufspreis	90 %	756,31 €	100 %
	+	Kundenrabatt	10 %		
Ermittlung des Nettoverkaufspreises: 119 % = 1 000,00 € 100 % = x $x = \frac{1\,000{,}00 \cdot 100}{119} = 840{,}34$ €		Ermittlung Nettoverkaufspreis	100 %	840,34 €	100 %
	+	Umsatzsteuer			19 %
		Ermittlung Bruttoverkaufspreis		1 000,00 €	119 %

Die Differenzkalkulation beginnt auf der Einkaufsseite mit dem Bezugspreis. Lieferantenrabatt und -skonto fallen in diesem Beispiel nicht an. Zum Bezugspreis werden die Gemeinkosten addiert und die Selbstkosten werden ermittelt. Auf der Verkaufsseite wird vom gegebenen Bruttoverkaufspreis zum Barverkaufspreis zurückgerechnet. Die Differenz zwischen Barverkaufspreis und Selbstkosten ist der Gewinn. In diesem Beispiel beträgt der Gewinn 12,31 € oder in

Prozent ausgedrückt 1,65 %. Dieser Wert liegt weit unterhalb der sonst realisierten Gewinne im Autohaus Köppel. Das Autohaus entscheidet sich gegen die Aufnahme dieser Winterkompletträder in das Sortiment.

Ermittlung der Selbstkosten

100 % = 480,00 €
155 % = x €

$$X\ € = \frac{480{,}00\ € \cdot 155}{100} = 744{,}00\ €$$

Ermittlung des Gewinns

744,00 € = 100 %
12,31 € = x %

$$X\ \% = \frac{12{,}31\ € \cdot 100}{744{,}00} = 1{,}65\ \%$$

Ermittlung Barverkaufspreis

100 % = 756,31 €
100 % = x €

$$X\ € = \frac{756{,}31 \cdot 100}{100} = 756{,}31\ €$$

Ermittlung Zielverkaufspreis

100 % = 840,34 €
90 % = x €

$$X\ € = \frac{840{,}34 \cdot 90}{100} = 756{,}31\ €$$

Ermittlung Nettoverkaufspreis

119 % = 1000,00 €
100 % = x €

$$X\ € = \frac{1000{,}00 \cdot 100}{119} = 840{,}34\ €$$

Ermittlung Bezugspreis		480,00 €	100 %
plus Gemeinkosten		264,00 €	55 %
Ermittlung Selbstkosten	100 %	744,00 €	155 %
plus Gewinnzuschlag	1,65 %	12,31 €	
Ermittlung Barverkaufspreis	101,65 %	756,31 €	100 %
plus Kundenskonto			0 %
Ermittlung Zielverkaufspreis	90 %	756,31 €	100 %
plus Kundenrabatt	10 %	80,03 €	
Ermittlung Nettoverkaufspreis	100 %	840,34 €	100 %
plus Umsatzsteuer		159,66 €	19 %
Bruttoverkaufspreis		1000,00 €	119 €

2.12 Kalkulation des Stundenverrechnungssatzes

EINSTIEGSSITUATION

In der Reparaturannahme hängt frei ersichtlich der aktuelle Stundenverrechnungssatz der Werkstatt aus. „Wie wird denn dieser ermittelt?", fragt Nora Braun. „Wir haben hier doch keine Anschaffungswerte wie bei den Zubehörteilen?" Herr Löppel erklärt ihr: „Das ist eine längere Kalkulation, da wir ermitteln müssen, wie viel produktive Kapazitäten wir in der Werkstatt haben und was diese kosten. Und dann müssen wir ja auch noch einen Gewinn erwirtschaften!" Sie beantworten Frau Brauns Frage.

Auch der Kundendienst hat im abgelaufenen Jahr nicht wirtschaftlich gearbeitet und sogar einen Verlust von 5 506,00 € erlitten. Damit das im nächsten Jahr nicht mehr vorkommt, beschließt die Geschäftsführung, den Stundenverrechnungssatz der Werkstatt neu zu kalkulieren.

Die Kalkulation des **Stundenverrechnungssatzes der Werkstatt** erfolgt in folgenden fünf Schritten:

1. Ermittlung der zukünftigen produktiven Stunden
2. Ermittlung der Lohnsummen
3. Ermittlung der zukünftigen, vom Kundendienst zu deckenden Gemeinkosten
4. Ermittlung des neuen Gemeinkostenzuschlagsatzes
5. Kalkulation des neuen Stundenverrechnungssatzes der Werkstatt mit Gewinnzuschlag

Folgende Angaben gelten für das Autohaus Köppel im neuen Jahr:

- Der durchschnittliche Stundenlohn der Monteure beträgt 12,00 €.
- Produktives Werkstattpersonal:

Produktives Werkstattpersonal:	ein Meister	Carlo Michaeli (80 % unproduktiv)
	vier Monteure	Petra Gorges
		Chris Mayer
		Niclas Koltes
		Uwe Kling
	eine Auszubildende 1. Lj.	Lea Geiger
	ein Auszubildender 2. Lj.	Pascal Palm
	ein Auszubildender 3. Lj.	Fin Schneider

Für das nächste Jahr plant Herr Löppel mit folgenden Angaben (Durchschnittswerte):

- 9 Feiertage
- 30 Urlaubstage
- 6 Krankheitstage
- 4 Schulungstage für die Monteure
- 10 Schulungstage für den Meister
- 365 Jahrestage (kein Schaltjahr)
- 37,5-Stunden-Woche
- unproduktive Anwesenheitszeit der Monteure 8,5 %
- Kostensteigerung 8 %
- Gewinnzuschlag 6,5 %

Ermittlung der zukünftigen produktiven Stunden

Für die Monteure gelten folgende Werte:

Aufteilung	Berechnung	Tage/Stunden
tägliche Arbeitszeit in Stunden (Durchschnitt)	37,5 : 5	7,5
Kalendertage		365
– Samstage und Sonntage		104
= mögliche Wochentage		261
– Feiertage		9
= mögliche Arbeitstage		252
– Urlaubstage (Durchschnitt)		30
– Krankheitstage (Durchschnitt)		6
– Schulungstage (Durchschnitt)		4
= mögliche Anwesenheitstage		212
– unproduktive Anwesenheit (Durchschnitt)	212 · 8,5 %	18
= mögliche produktive Tage pro Monteur		194
Gesamtheit unproduktive Tage pro Monteur	**261–194**	**67**

Die möglichen produktiven Stunden je Monteur ergeben sich aus folgender Multiplikation:

mögliche produktive Tage · tägliche Arbeitszeit in Stunden
194 · 7,5 = 1 455 produktive Stunden je Monteur

Die möglichen unproduktiven Stunden je Monteur ergeben sich aus folgender Multiplikation:

Gesamtheit unproduktive Tage · tägliche Arbeitszeit in Stunden
67 · 7,5 = 503 unproduktive Stunden je Monteur

Für den Meister gelten folgende Werte:

Aufteilung	Berechnung	Tage/Stunden
tägliche Arbeitszeit in Stunden (Durchschnitt)	37,5 : 5	7,5
Kalendertage		365
– Samstage und Sonntage		104
= mögliche Wochentage		261
– Feiertage		9
= mögliche Arbeitstage		252
– Urlaubstage (Durchschnitt)		30
– Krankheitstage (Durchschnitt)		6
– Schulungstage (Durchschnitt)		10
= mögliche Anwesenheitstage		206

Aufteilung	Berechnung	Tage/Stunden
– unproduktive Anwesenheit (Durchschnitt)	206 · 80 %	165
= mögliche produktive Tage		41
Gesamtheit unproduktive Tage	**261 – 41**	**220**

Die möglichen produktiven Stunden des Meisters ergeben sich aus folgender Multiplikation:

mögliche produktive Tage · tägliche Arbeitszeit in Stunden
41 · 7,5 = 308 produktive Stunden des Meisters

Die möglichen unproduktiven Stunden des Meisters ergeben sich aus folgender Multiplikation:

Gesamtheit unproduktive Tage · tägliche Arbeitszeit in Stunden
220 · 7,5 = 1 650 unproduktive Stunden des Meisters

Der hohe unproduktive Stundenanteil begründet sich mit der Leitungsfunktion des Meisters, der Ausbildung, der Reparaturannahme sowie weiteren administrativen Tätigkeiten.

Für die Auszubildenden gelten folgende Werte:

Aufteilung	1. Lehrjahr Lea Geiger	2. Lehrjahr Pascal Palm	3. Lehrjahr Fin Schneider
tägliche Arbeitszeit	7,5	7,5	7,5
mögliche Wochentage	261	261	261
mögliche Arbeitsstunden	(261 · 7,5) = 1 958	(261 · 7,5) = 1 958	(261 · 7,5) = 1 958
unproduktiver Stundenanteil in %	100 %	90 %	70 %
unproduktive Stunden	1 958	1 762	1 371
produktive Stunden	**0**	**196**	**587**

In der Angabe des unproduktiven Stundenanteils der Auszubildenden sind alle unproduktiven Zeiten wie Urlaub, Krankheit, Feiertage und Schulbesuch in einem Wert berücksichtigt.

Übersicht über die gesamten Stundenanteile der Werkstatt

Übersicht Stundenanteile	Anzahl Mitarbeiter	Produktive Stunden	Unproduktive Stunden	Stunden gesamt
Monteure	4	5 820	2 012	7 832
Meister	1	308	1 650	1 958
Azubi 1. Lehrjahr	1	0	1 958	1 958
Azubi 2. Lehrjahr	1	196	1 762	1 958
Azubi 3. Lehrjahr	1	587	1 371	1 958
Summe	**8**	**6 911**	**8 753**	**15 664**

Ermittlung der Lohnsummen

Für die Monteure
Die **produktive Lohnsumme** aller Monteure ergibt sich aus der Multiplikation der gesamten produktiven Stunden der Monteure und dem durchschnittlichen Stundenlohn der Monteure.

Durchschnittlicher Stundenlohn	Produktive Lohnsumme	Unproduktive Lohnsumme
12,00 €	(5 820 prod. Std. · 12,00 €) **69 840,00 €**	(2 012 unprod. Std. · 12,00 €) **24 144,00 €**

Für den Meister
Der produktive Lohnanteil des Meisters ergibt sich, wenn man das Jahresgehalt des Meisters auf eine Stunde herunterrechnet. Dieser Wert ist mit dem geplanten produktiven Stundenanteil zu multiplizieren.

Jahresgehalt	Gehalt pro Stunde	Produktive Lohnsumme	Unproduktive Lohnsumme
(laut Gehaltsliste) **27 300,00 €**	(27 300,00 : 1 958) **13,94 €**	(308 prod. Std. · 13,94 €) **4 294,00 €**	(27 300,00 – 4 294,00) **23 006,00 €**

Für die Auszubildenden
Der produktive Lohnanteil der Auszubildenden ergibt sich, wenn man das Jahresentgelt der Azubis mit dem geplanten produktiven Stundenanteil multipliziert.

Lehrjahr	Jahresentgelt laut Gehaltsliste	Produktive Lohnsumme	Unproduktive Lohnsumme
1. Lehrjahr	3 500,00 €	0,00 €	3 500,00 €
2. Lehrjahr	4 200,00 €	420,00 €	3 780,00 €
3. Lehrjahr	5 100,00 €	1 530,00 €	3 570,00 €
Summe	**12 800,00 €**	**1 950,00 €**	**10 850,00 €**

Übersichtstabelle produktive und unproduktive Lohnsummen

Mitarbeiter	Produktive Lohnsumme	Unproduktive Lohnsumme
Monteure	69 840,00 €	24 144,00 €
Meister	4 294,00 €	23 006,00 €
Auszubildende	1 950,00 €	10 850,00 €
Summe	**76 084,00 €**	**58 000,00 €**

Berechnung des Werkstattschnittlohnes
Der **Werkstattschnittlohn** ist ein Durchschnittswert, der den Fertigungslohn pro Stunde angibt, wobei die unterschiedliche Entlohnung der Monteure, des Meisters und der Auszubil-

denden anteilig berücksichtigt wird. Er errechnet sich durch Division der gesamten produktiven Lohnsumme durch die gesamten produktiven Stunden.

Produktive Lohnsumme	Produktive Stunden	Produktiver Schnittlohn
76 084,00 €	**6 911 Stunden**	(76 084,00 : 6 911) **11,00 €**

Ermittlung der zukünftigen vom Kundendienst zu tragenden Gemeinkosten

Um die zukünftigen vom Kundendienst zu tragenden **Gemeinkosten** zu ermitteln, muss man die im BAB ausgewiesenen Gemeinkosten betrachten. Herr Löppel plant mit einer allgemeinen Kostensteigerung von 8 % im Kundendienst. Diese Kostensteigerung bezieht sich auf alle Gemeinkosten der Werkstatt, mit Ausnahme der unproduktiven Lohnsumme, da diese konkret neu berechnet wurde.

Gesamtgemeinkosten Werkstatt

Für die Ermittlung der geplanten Gemeinkosten der Werkstatt wird die Summe „Gemeinkosten nach Umlage der Verwaltungskosten" aus dem BAB herangezogen (Zelle H33). Von dieser Summe muss die „alte unproduktive Lohnsumme" abgezogen werden (Zellen H9 und H10). Dieser ermittelte Wert unterliegt in unserem Beispiel einer Steigerung von 8,0 %. Der Wert wird mit der Steigerungsrate multipliziert und ergibt in der Addition mit der neuen konkret berechneten unproduktiven Lohnsumme die neuen geplanten Gemeinkosten der Werkstatt.

Gemeinkosten Planung	Laut BAB	Steigerung	Planwert
neue unproduktive Lohnsumme			58 000,00 €
sonstige Gemeinkosten (Summe Gemeinkosten – unproduktive Lohnsumme) (H33 – H9 – H10)	213 600,00 €	8,0 %	230 688,00 €
geplante Gesamtgemeinkosten Werkstatt			**288 688,00 €**

Ermittlung des neuen Gemeinkostenzuschlages

Der **Gemeinkostenzuschlag** bezieht sich auf die Einzelkosten, also stellen die Einzelkosten – die produktive Planlohnsumme – die Basis für die prozentuale Ermittlung des Gemeinkostenzuschlagsatzes dar.

Berechnung Gemeinkostenzuschlag	€	%
produktive Planlohnsumme	76 084,00	100,00
Plangesamtgemeinkosten	**288 688,00**	**379,43**

$$\text{Gemeinkostenzuschlag} = \frac{\text{Plangesamtgemeinkosten} \cdot 100}{\text{produktive Planlohnsumme}} = 379{,}43\,\%$$

Der neue Gemeinkostenzuschlag des Kundendienstes beträgt 379,43 %. Mit diesem Zuschlagsatz kann jetzt der neue Stundenverrechnungssatz der Werkstatt ermittelt werden.

Kalkulation des Stundenverrechnungssatzes

Die **Kalkulation des neuen Stundenverrechnungssatzes der Werkstatt** kann jetzt durchgeführt werden. Es fehlt lediglich noch der **Gewinnaufschlag**, den Herr Löppel aufgrund der Marktlage mit 6,5 % annimmt.

Stundenverrechnungssatzkalkulation	%	€
produktiver Werkstattschnittlohn	100,00	11,00
Gemeinkostenzuschlag	379,43	41,74
Selbstkosten Planung	100,00	52,74
Gewinnzuschlag	6,50	3,43
Stundenverrechnungssatz netto	100,00	**56,17**
Umsatzsteuer	19,00	10,67
Stundenverrechnungssatz brutto		66,84

Der neue Stundenverrechnungssatz der Werkstatt beträgt 56,17 € netto = 66,84 € brutto und wird nun im Kundendienstbüro, gut sichtbar für den Kunden, ausgehängt.

Die Kalkulation bezieht sich auf Vergangenheitswerte aus dem BAB. Herr Löppel versieht diese Werte mit einer möglichen zukünftigen Entwicklung der Kostenhöhe und kommt so zu konkreten Planwerten, die im neuen Jahr auf ihre Richtigkeit zu kontrollieren sind.

Bruttoertragsplanung

Der **Bruttoertrag** ist eine wichtige Kennzahl im Kfz-Betrieb. Sie sagt aus, wie viel vom erzielten Umsatz nach Abzug des Einstandspreises noch übrig bleibt, um alle weiteren Kosten abzudecken und darüber hinaus einen Gewinn zu erzielen. Praktiker bezeichnen den Bruttoertrag als ersten Wirtschaftlichkeitsparameter, der Auskunft über die Qualität der getätigten Geschäfte gibt.

Bruttoertrag = Erlöse – Einstandspreis

Planerlös oder Soll-Lohnerlöse (geplante prod. Std. · neuer Stundenverrechnungssatz) 6911 Std. · 56,17	388 191,00 €
produktive Planlohnsumme	76 084,00 €
Bruttoertrag Werkstatt	312 107,00 €
Bruttoertrag in % vom Planerlös $\frac{312\,107{,}00 \cdot 100}{388\,191{,}00}$	80,4 %

Der Planerlös, auch Soll-Lohnerlöse genannt, ergibt sich aus den geplanten produktiven Stunden multipliziert mit dem neuen Stundenverrechnungssatz.

Der geplante Bruttoertrag der Werkstatt beträgt 80,4 %. Ein guter Wert. Der Wert soll in der Kfz-Branche nicht unter 70 % fallen, da sonst kaum mit einem positiven Ergebnis im Kundendienst gerechnet werden kann.

Herr Löppel ist mit seiner Planung zufrieden und überlegt sich, die monatlichen Ergebnisse der Werkstatt anhand von Werkstattindexwerten zu beurteilen. Diese lassen sich leicht grafisch darstellen und ermöglichen so auf einen Blick eine Beurteilung des Werkstattgeschäfts.

Werkstattindexwerte

Die **Werkstattindexrechnung** bezieht sich auf zwei Indexpaare, zum einen die **Planwerte**, zum anderen die erreichten **Ist-Werte** der Monate.

Planindexwerte

Lohnindex (LI):
Der **Lohnindex** gibt an, wie viel Umsatz pro eingesetztem produktiven Euro erwirtschaftet werden muss, um die Selbstkosten abzudecken und den geplanten Gewinn (in diesem Beispiel von 6,5 %) zu erzielen.

$$\textbf{Lohnindex} = \frac{\textbf{neuer Stundenverrechnungssatz netto}}{\textbf{geplanter produktiver Werkstattschnittlohn}}$$

$$\textbf{Lohnindex (LI)} = \frac{56{,}17\ €}{11{,}00\ €} = 5{,}11$$

Ein Lohnindex von 5,11 bedeutet, dass pro eingesetztem produktiven Euro in der Werkstatt ein Umsatz von 5,11 € geplant ist, um die Selbstkosten abzudecken und einen Gewinn (in diesem Beispiel von 6,5 %) zu erwirtschaften.

Selbstkostenindex (SKI Plan):
Der **Selbstkostenindex** gibt an, wie viel Umsatz pro eingesetztem produktiven Euro erwirtschaftet werden muss, um die Selbstkosten abzudecken.

$$\text{Selbstkostenindex (SKI Plan)} = \frac{\text{geplante Selbstkosten}}{\text{geplanter produktiver Werkstattdurchschnittslohn}}$$

$$\text{Selbstkostenindex (SKI Plan)} = \frac{52{,}74\ €}{11{,}00\ €} = 4{,}79$$

Ein Selbstkostenindex von 4,79 bedeutet, dass pro eingesetztem produktiven Euro in der Werkstatt ein Umsatz von 4,79 € nötig ist, um die Selbstkosten abzudecken.

Der Lohnindex und der Selbstkostenindex gelten für den geplanten Zeitraum, in unserem Beispiel für ein Jahr.

Sollten im Planungszeitraum außergewöhnliche Umstände absehbar sein, z. B. eine Erweiterung der Werkstatt, müssen kürzere Planungszeiträume betrachtet werden.

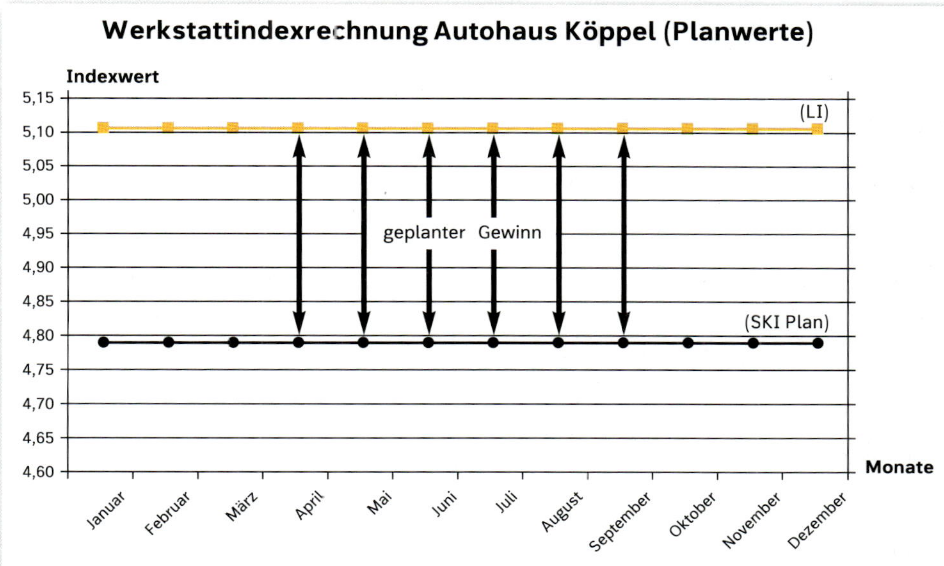

Die Fläche zwischen dem Lohnindex und dem Selbstkostenindex (Plan) stellt den **geplanten Gewinn** dar.

Die einzelnen Monatsergebnisse können jetzt mit den Planwerten verglichen und bewertet werden.

Ist-Indexwerte des Betrachtungszeitraums

Erlösindex (EI):
Der **Erlösindex (EI)** gibt an, wie viel Umsatz pro eingesetztem produktiven Euro im Betrachtungszeitraum (Monat) erwirtschaftet wurde.

$$\text{Erlösindex (EI)} = \frac{\text{Monatsumsatz}}{\text{gesamter produktiver Lohn des Monats}}$$

Selbstkostenindex (SKI Ist):
Der **Selbstkostenindex** gibt an, wie viel Umsatz pro eingesetztem produktiven Euro im Betrachtungszeitraum (Monat) benötigt wurde, um die Selbstkosten abzudecken.

$$\text{Selbstkostenindex (SKI Ist)} = \frac{\text{Selbstkosten des Monats}}{\text{gesamter produktiver Lohn des Monats}}$$

Ende Juni liegen folgende Ergebnisse für die ersten sechs Monate des neuen Jahres vor.

Tabelle der erreichten Monatswerte:

	Januar	Februar	März	April	Mai	Juni
Erlöse in €	28 951,00	29 556,00	30 916,00	26 888,00	28 454,00	28 556,00
prod. Lohn in €	5 790,00	6 158,00	6 050,00	5 721,00	6 052,00	5 711,00
Selbstkosten in €	27 792,00	28 943,00	28 980,00	26 888,00	27 839,00	27 127,00
EI	5,00	4,80	5,11	4,70	4,70	5,00
SKI (Ist)	4,80	4,70	4,79	4,70	4,60	4,75

$$\text{EI Januar} = \frac{\text{Erlöse (28 951,00 €)}}{\text{prod. Lohn (5 790,00 €)}} = 5{,}00$$

$$\text{SKI (Ist) Januar} = \frac{\text{Selbstkosten (27 792,00 €)}}{\text{prod. Lohn (5 790,00 €)}} = 4{,}80$$

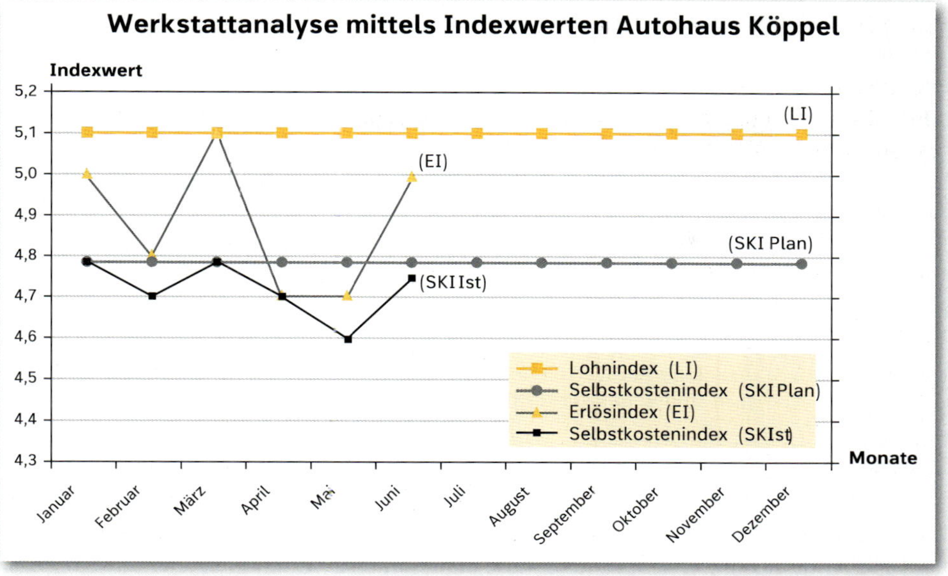

Die Grafik zeigt auf einen Blick, dass die Planwerte nur im Monat März erreicht wurden. In diesem Monat entsprechen sich LI und EI sowie SKI Plan und SKI Ist. Herr Löppel muss nun nach sechs Monaten entscheiden, ob seine Planwerte beibehalten werden oder ob eine neue Kalkulation durchgeführt werden muss.

Eine weitere Möglichkeit der Analyse des Werkstattergebnisses ist die **Durchschnittsbetrachtung** der sechs abgelaufenen Monate Januar bis Juni.

Erlöse Jan–Jun	173 260,00 €
Prod. Lohn Jan–Jun	35 482,00 €
Selbstkosten Jan–Jun	167 569,00 €
Durchschnittswerte EI Durchschnittswert SKI (Ist)	173 260,00 : 35 482,00 = 4,88 167 569,00 : 35 482,00 = 4,72

2.13 Kalkulation von Werkstattaufträgen

EINSTIEGSSITUATION

Nora Braun bekommt von Herrn Löppel die Aufgabe gestellt, die Vorgehensweise der Kalkulation von Werkstattaufträgen in einer Tabelle darzustellen.
Sie unterstützen die Auszubildende.

Ein Werkstattauftrag besteht in der Regel aus den Positionen Ersatzteile/Zubehör und Lohn.

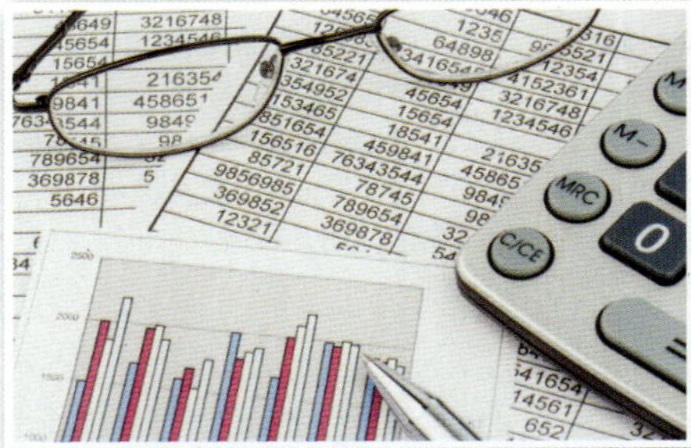

Die Verkaufskalkulation von Originalersatzteilen entfällt in der Regel, da es hier eine UPE seitens des Herstellers/Importeurs gibt, für frei bezogene Ersatzteile/Zubehör kommt das Kalkulationsschema zur Anwendung. Für den Lohnanteil wird der kalkulierte Stundenverrechnungssatz der Werkstatt herangezogen.

Die folgende Tabelle zeigt die Kalkulationsgrundlagen:

Position	Externer Wartungs- und Reparaturauftrag	Interner Wartungs- oder Instandsetzungsauftrag	Garantieauftrag
Originalersatzteile und Zubehör, vom Hersteller bezogen	UPE	UPE (unter Umständen mit Abschlägen)	UPE (unter Umständen mit Abschlägen)
frei bezogene Ersatzteile und Zubehör	Kalkulationsschema	Kalkulationsschema	entfällt
Lohnanteil	externer Stundenverrechnungssatz der Werkstatt	interner Stundenverrechnungssatz der Werkstatt	Garantie, Stundenverrechnungssatz der Werkstatt

Reparaturaufträge mit vom Hersteller bezogenen Ersatzteilen

In der Praxis entfällt in der Regel die Kalkulation eines externen Wartungs- und Reparaturauftrags mit Originalersatzteilen. Die Verkaufspreise der Originalersatzteile haben eine UPE und der Lohnanteil wird über den kalkulierten Stundenverrechnungssatz der Werkstatt ermittelt, wobei der Zeitbedarf für eine Reparatur oder Wartung über Zeitvorgaben festgelegt ist. Kundenskonto ist eher unüblich im KfZ-Gewerbe.

Beispiel: Erneuern der vorderen Bremsbeläge

Benötigte Originalersatzteile: UPE netto 118,00 €; externer Stundenverrechnungssatz der Werkstatt: 80,00 € netto; Zeitvorgabe 0,75 Stunden

Kalkulation	
Position	**€**
UPE Bremsbeläge	118,00
Lohnanteil laut Vorgabe 0,75 Std. · 80,00 €	60,00
Nettoverkaufspreis	178,00
19 % Umsatzsteuer	33,82
Bruttoverkaufspreis	211,82

Diesen Preis kann der Serviceannehmer dem Kunden bei Auftragserteilung bereits nennen, da die benötigten Angaben im EDV System hinterlegt sind. Eine Preisverhandlung findet in der Regel nicht statt.

Bei internen und Garantieaufträgen werden die Originalersatzteile i. d. R. nicht mit der vollen UPE, sondern mit Abschlägen berechnet, da bei internen Aufträgen der Gewinnzuschlag entfällt und bei Garantieaufträgen der Hersteller/Importeur eine Regelung vorgibt. Die internen und Garantiestundenverrechnungssätze der Werkstatt sind in der Regel ebenfalls niedriger als die externen Stundenverrechnungssätze der Werkstatt, da bei internen Aufträgen der Gewinnzuschlag entfällt und bei Garantieaufträgen der Hersteller/Importeur ebenfalls eine Regelung vorgibt.

Die dargestellte Vorgehensweise gilt auch für Reparaturen mit Austauschteilen.

Reparaturaufträge mit frei bezogenen Ersatzteilen und Zubehör

Vorwärtskalkulation

Beispiel

Ein Kunde möchte sein Fahrzeug mit einem Design Kit auszurüsten und fragt an, zu welchem Preis das Autohaus Köppel den Anbau anbieten kann. Der Bezugspreis des Design Kits beträgt 680,00 €. Der Gemeinkostenzuschlag für diese Artikelgruppe beträgt 40 %, der Gewinnzuschlag 25 %. Der Kunde erhält einen Kundenrabatt auf das Design Kit von 8 %. Für den Anbau werden 2,5 Stunden = 168,07 € netto kalkuliert.

	Bezugspreis Design Kit		680,00 €	100 %
+	Gemeinkosten			40 %
	Ermittlung Selbstkosten	100 %	952,00 €	140 %
+	Gewinnzuschlag	25 %		
	Ermittlung Bareinkaufspreis	125 %	1 190,00 €	100 %
+	Kundenskonto			0 %
	Ermittlung Zielverkaufspreis	92 %	1 190,00 €	100 %
+	Kundenrabatt	8 %		
	Ermittlung Nettoverkaufspreis	100 %	1 293,48 €	100 %
+	Umsatzsteuer			19 %
	Ermittlung Bruttoverkaufspreis		1 539,24 €	119 %

Kalkulation Anbau Design Kit

Position	€
Design Kit	1 293,48
Lohnanteil laut Vorgabe	168,07
Nettoverkaufspreis	1 461,55
19 % Umsatzsteuer	277,69
Bruttoverkaufspreis	1 739,24

Das Autohaus Köppel kann dem Kunden einen Preis von 1 739,24 € für den Anbau des Design Kits anbieten.

Rückwärtskalkulation

Beispiel

Ein Kunde wünscht den Einbau eines hochwertigen Soundsystems in sein Fahrzeug und ist bereit, dafür 900,00 € brutto zu zahlen. Der Einbau wird mit 1,5 Stunden = 120,00 € brutto kalkuliert. Somit muss mit einen Bruttoverkaufspreis von 780,00 € für das Soundsystem kalkuliert werden.

Es muss der maximale Bezugspreis für das Soundsystem im Rahmen der Rückwärtskalkulation ermittelt werden (Gemeinkostenzuschlag 55 %, Gewinnzuschlag 12 %).

	Ermittlung Bezugspreis Soundsystem		377,57 €	100 %
+	Gemeinkosten			55 %
	Ermittlung Selbstkosten	100 %	585,23 €	155 %
+	Gewinnzuschlag	12 %		
	Ermittlung Bareinkaufspreis	112 %	655,46 €	100 %
+	Kundenskonto			0 %
	Ermittlung Zielverkaufspreis	100 %	655,46 €	100 %
+	Kundenrabatt	0 %		
	Ermittlung Nettoverkaufspreis	100 %	655,46 €	100 %
+	Umsatzsteuer			19 %
	Ermittlung Bruttoverkaufspreis		780,00 €	119 %

Es ist nun am Markt zu prüfen, ob das Soundsystem für einen Preis von 377,57 € erhältlich ist. Wenn dies nicht der Fall ist, ist der Auftrag abzulehnen oder es sind die Zuschlagsätze (z. B. die Gewinnzuschläge) zu verringern.

Zusammenfassung

- Die Vollkostenrechnung bezieht alle im Betrieb anfallenden Kosten in die Analyse ein.
- Die Kostenartenrechnung unterscheidet in Einzel- und Gemeinkosten.
- Die Kostenstellenrechnung unterscheidet in Hauptkosten- und Hilfskostenstellen.
- Die Kostenträgerrechnung verrechnet die Kosten auf die einzelnen betrieblichen Leistungen.
- Das organisatorische Instrument für die Ermittlung der Selbstkosten und der Wirtschaftlichkeitskontrolle der Abteilungen ist der BAB.
- Die Selbstkosten setzen sich aus den Einzel- und den Gemeinkosten zusammen.
- Situation Kostenüberdeckung: Die Abteilung arbeitet wirtschaftlich.
- Situation Kostenunterdeckung: Die Abteilung arbeitet unwirtschaftlich.
- Kalkulationsschema der Verkaufspreise = Einzelkosten plus Gemeinkostenzuschlag = Selbstkosten plus Gewinnzuschlag

- Die Kalkulation des Stundenverrechnungssatzes der Werkstatt erfolgt in folgenden fünf Schritten:
  1. Ermittlung der zukünftigen produktiven Stunden
  2. Ermittlung der Lohnsummen
  3. Ermittlung der zukünftigen, vom Kundendienst zu deckenden Gemeinkosten
  4. Ermittlung des neuen Gemeinkostenzuschlagsatzes
  5. Kalkulation des neuen Stundenverrechnungssatzes der Werkstatt mit Gewinnzuschlag
- Die Werkstattindexrechnung bezieht sich auf zwei Indexpaare.
- Lohnindex (LI) und Selbstkostenindex (SKI Plan): Die Differenz entspricht dem geplanten Gewinn pro eingesetztem Euro.
- Erlösindex (EI) und Selbstkostenindex (SKI Ist): Die Differenz entspricht dem realisierten Gewinn oder Verlust pro eingesetztem Euro.
- Ein Werkstattauftrag besteht in der Regel aus den Positionen Ersatzteile/Zubehör und Lohn.
- Originalersatzeile haben eine UPE, somit entfällt die Preiskalkulation.
- Für interne Aufträge und Garantieaufträge gibt es in der Regel gesonderte Verkaufspreise der verwendeten Teile.
- Für externe, interne und Garantieaufträge gibt es in der Regel unterschiedliche Stundenverrechnungssätze der Werkstatt.

Aufgaben

1. Folgende Kosten sind in der abgelaufenen Wirtschaftsperiode angefallen:

Konto	Kostenart	Gesamt in €	Neufahrzeugverkauf	Gebrauchtfahrzeugverkauf	Lager	Kundendienst	Verwaltung
7000	Neufahrzeuge	4883912,00	100 %				
7040	Gebrauchtfahrzeuge	4442443,00		100 %			
7300	Teile und Zubehör	633556,00			100 %		
4101	produktive Löhne Summe Einzelkosten	102000,00				100 %	
4110	unprod. Löhne	34990,00				100 %	
4200	Gehalt/Fixa	318400,00	8 %	8 %	18 %	10 %	56 %
4300	Sozialaufwand ges.	61200,00	8 %	8 %	18 %	10 %	56 %
4500	Reparaturen/Instandhaltung	63000,00			2 %	95 %	3 %
4600	Hilfs- und Betriebsmittel	6200,00				100 %	
4401–4405	Heizung/Energie	26500,00	10 %	10 %	10 %	35 %	35 %

Konto	Kostenart	Gesamt in €	Neufahrzeugverkauf	Gebrauchtfahrzeugverkauf	Lager	Kundendienst	Verwaltung
4803	Büromaterial	21 440,00					100 %
4710	Gewerbesteuer	100 000,00	30 %	30 %	20 %	20 %	
4720	Beiträge	4 200 ,00					100 %
4730	Versicherungen	15 600,00	20 %	20 %	20 %	20 %	20 %
4805	Rechts- und Beratungskosten	8 700,00	30 %	30 %		30 %	10 %
4801–4802	Porto/Fax/Telefon	12 300,00	40 %	40 %			20 %
4825	Bewirtungskosten	2 800,00					100 %
4826	Reisekosten	17 200,00	25 %	25 %			50 %
4821	Werbekosten	220 000,00	60 %	20 %	10 %	10 %	
4811	sonstige Kosten	178 000,00	20 %	20 %	20 %	40 %	
4890–4893	kalkulatorische Kosten	120 000,00	10 %	10 %	30 %	50 %	
4921–4922	Verkaufsprovisionen	204 998,00	55 %	45 %			
4942	Ablieferungsdurchsicht	7 200,00	100 %				
4950–4951	Gewährleistungen/Sachmängelhaftung	69 500,00	70 %	30 %			
4965	Kulanzen	8 700,00	30 %	70 %			

a) Erstellen Sie mithilfe eines geeigneten EDV-Programms einen Betriebsabrechnungsbogen nach dem Muster des Autohauses Köppel.
b) Tragen Sie die Gesamtkosten in die Spalte „Gesamt in €" ein.
c) Verteilen Sie die Kosten gemäß den obigen Prozentangaben auf Hilfskosten- und Hauptkostenstellen.
d) Verteilen Sie die Verwaltungskosten mit folgendem Schlüssel auf die Hauptkostenstellen: NF-Verkauf 35 %, GF-Verkauf 30 %, Lager 15 %, Kundendienst 20 %.
e) Ermitteln Sie die Summe der Gemeinkosten je Hauptkostenstelle nach der Umlage der Verwaltungskosten.
f) Ermitteln Sie den Soll-Zuschlag.
g) Ermitteln Sie die Kostenüber- bzw. Kostenunterdeckung, wenn mit folgenden Normal-Zuschlägen gerechnet wurde: NF-Verkauf 10 %, GF-Verkauf 10 %, Lager 30 %, Kundendienst 300 %.

2. Ein Spoiler hat einen Einkaufspreis von 124,50 € netto. Sie wollen im neuen Jahr den Soll-Zuschlag im Lager aus dem BAB aus Aufgabe 1 für die Kalkulation der Verkaufspreise benutzen. Erstellen Sie mithilfe eines geeigneten EDV-Programms ein Kalkulationsschema.
   a) Wie hoch ist der neue Netto-Verkaufspreis, wenn ein Gewinnzuschlag von 8 % angenommen wird?
   b) Wie hoch war der alte Netto-Verkaufspreis, wenn ein Gewinnzuschlag von 8 % angenommen wurde?
   c) Um wie viel Euro hat sich der Netto-Verkaufspreis erhöht?

3. Sie wollen den Stundenverrechnungssatz der Werkstatt neu kalkulieren. Folgende Angaben sind dafür relevant:
Produktives Werkstattpersonal:

• ein Meister, 90 % unproduktiv	Jahresgehalt	31 900,00 €
• fünf Monteure	durchschnittlicher Stundenlohn	11,85 €
• ein Azubi 1. Lj., 100 % unproduktiv	Jahresentgelt	3 600,00 €
• ein Azubi 2. Lj., 90 % unproduktiv	Jahresentgelt	4 400,00 €
• ein Azubi 3. Lj., 70 % unproduktiv	Jahresentgelt	5,600,00 €

Für das nächste Jahr planen Sie mit folgenden Angaben (Durchschnittswerte):

- 8 Feiertage
- 30 Urlaubstage
- 10 Krankheitstage
- 4 Schulungstage für die Monteure
- 5 Schulungstage für den Meister
- 365 Jahrestage (kein Schaltjahr)
- 37,5-Stunden-Woche
- unproduktive Anwesenheitszeit der Monteure 8,5 %
- Kostensteigerung 4 %
- Gewinnzuschlag 6 %

Für den Gemeinkostenzuschlag sind die Werte aus dem BAB aus Aufgabe 1 maßgeblich.

4. Nehmen Sie die Werkstattplanung mittels der Indexrechnung vor. Maßgeblich sind die Werte aus Aufgabe 3.
   a) Ermitteln Sie den Lohnindex (LI).
   b) Ermitteln Sie den geplanten Selbstkostenindex (SKI Plan).
   c) Nehmen Sie die Umsatzplanung vor.
   d) Ermitteln Sie den geplanten Bruttoertrag in Euro und Prozent.
   e) Stellen Sie die Indexplanung mit geeigneter Software für ein Jahr grafisch dar.

5. Nehmen Sie eine Werkstattanalyse vor.
   a) Ermitteln Sie aus den folgenden Angaben den Erlösindex und den Selbstkostenindex für die Monate Januar bis Juni des neuen Jahres. Erstellen Sie mit geeigneter Software eine Ergebnistabelle.

	Januar	Februar	März	April	Mai	Juni
Erlöse in €	41 200,00	38 700,00	43 660,00	42 160,00	35 790,00	34 212,00
prod. Lohn in €	7 923,00	7 515,00	8 238,00	8 030,00	6 883,00	6 708,00
Selbstkosten in €	40 407,00	38 700,00	40 366,00	40 070,00	34 759,00	34 212,00

   b) Stellen Sie die Ist-Indexwerte mit geeigneter Software grafisch dar.
   c) Erstellen Sie eine Grafik mit den geplanten (LI und SKI Plan) aus Aufgabe 4 und den erreichten (EI und SKI Ist) Indexwerten.
   d) Beurteilen Sie die erzielten Ergebnisse.
   e) Interpretieren Sie die Kurvenverläufe.
   f) Interpretieren Sie sechs Ihrer Meinung nach markante Punkte der Kurven.

6. Nehmen Sie eine Werkstattanalyse vor. Der Lohnindex (LI) beträgt 5,15, der geplante Selbstkostenindex (SKI Plan) beträgt 4,95.
   a) Ermitteln Sie aus den folgenden Angaben den Erlösindex (EI) und den Selbstkostenindex (SKI Ist) für die Monate Januar bis Juni des neuen Jahres sowie den durchschnittlichen EI und SKI Ist.

	Januar	Februar	März	April	Mai	Juni
Erlöse in €	81 200,00	78 500,00	89 900,00	87 400,00	81 200,00	82 012,00
prod. Lohn in €	16 240,00	15 243,00	18 347,00	16 971,00	15 615,00	16 081,00
Selbstkosten in €	80 388,00	75 300,00	89 533,00	79 763,00	76 203,00	79 117,00

   b) Stellen Sie die Ist-Indexwerte mit geeigneter Software grafisch dar.
   c) Erstellen Sie eine Grafik mit den geplanten (LI und SKI Plan), den erreichten (EI und SKI Ist) und den durchschnittlichen Indexwerten.
   d) Beurteilen Sie die erzielten Ergebnisse.
   e) Interpretieren Sie die Kurvenverläufe.
   f) Interpretieren Sie sechs Ihrer Meinung nach markante Punkte der Kurven.
   g) Erläutern Sie drei Gründe, warum der EI den LI nicht erreicht.

7. Kalkulieren Sie aufgrund der folgenden Angaben den Stundenverrechnungssatz der Werkstatt neu.
   Produktives Werkstattpersonal:

• ein Meister 85 %, unproduktiv	Jahresgehalt	30 900,00 €
• fünf Monteure	durchschnittlicher Stundenlohn	12,01 €
• ein Azubi 1. Lj., 100 % unproduktiv	Jahresentgelt	3 800,00 €
• ein Azubi 2. Lj., 90 % unproduktiv	Jahresentgelt	4 500,00 €
• ein Azubi 3. Lj., 70 % unproduktiv	Jahresentgelt	5 650,00 €

   Für das nächste Jahr planen Sie mit folgenden Angaben (Durchschnittswerte):

   - 9 Feiertage
   - 30 Urlaubstage
   - 11 Krankheitstage
   - 6 Schulungstage für die Monteure
   - 10 Schulungstage für den Meister
   - 365 Jahrestage (kein Schaltjahr)
   - 37,5-Std.-Woche
   - unproduktive Anwesenheitszeit der Monteure 9,5 %
   - Gewinnzuschlag 6,2 %

   Die Kostenrechnung hat die Höhe der geplanten Gemeinkosten der Werkstatt ohne unproduktive Löhne mit 225 000,00 € ermittelt.

3 Teilkostenrechnung/Deckungsbeitragsrechnung

AUSGANGSSITUATION

Die Auszubildende Nora Braun hat das Prinzip der Vollkostenrechnung verstanden und wundert sich nun über Ausgangsrechnungen, die ihrer Meinung nach zu niedrig ausgefallen sind. Sie fragt Herrn Löppel: „Ist hier nicht ein Fehler passiert, die Rechnung ist doch viel zu niedrig?“ „Nein“, antwortet Herr Löppel, „manchmal ist es besser, einen Auftrag anzunehmen und einen kleineren Gewinn als den geplanten Gewinn zu erwirtschaften, anstatt einen Auftrag abzulehnen und keinen Gewinn zu erwirtschaften. Das muss im Einzelfall der Abteilungsleiter entscheiden.“

ARBEITSAUFTRAG

Überlegen Sie in welcher Situation es sinnvoll sein kann einen Werkstattauftrag anzunehmen, obwohl der geplante Gewinn nicht durch den vereinbarten Verkaufspreis erzielt werden kann. Diskutieren Sie in Dreiergruppen.

3.1 Mangel der Vollkostenrechnung

EINSTIEGSSITUATION

Ein Kunde möchte den Einbau eines Glashubdachs in seinen Pkw. Er hat sich bereits mehrere Angebote eingeholt und ist bereit, für den Einbau 320,00 € netto zu zahlen. Die Werkstatt des Autohauses Köppel ist nur zu 80 % ausgelastet.
Nehmen Sie Stellung.

Aufgabe des Rechnungswesens ist es, ständig Daten als Entscheidungshilfen zu liefern. Eine unternehmerische Entscheidung, ob ein neues Produkt vertrieben oder ein Auftrag angenommen wird, hängt davon ab, inwieweit sich dieses Geschäft für den Kfz-Betrieb lohnt.

Herr Löppel kalkuliert den Preis für obigen Werkstattauftrag wie folgt:

Einstandspreis des Glashubdaches	170,00 €
+ Gemeinkostenzuschlag 32,29 %	54,89 €
= Materialkosten	224,89 €

Für den Einbau benötigt der Monteur zwei Stunden (2 Std. Arbeitszeit · 56,17 € Stundenverrechnungssatz z = 112,34 €). Die Selbstkosten betragen für das Autohaus Köppel 337,23 €.

Herr Löppel lehnt diesen Auftrag ab, da er nach der Kalkulation der **Vollkostenrechnung** für das Autohaus Köppel unwirtschaftlich ist.

Hier hat das Rechnungswesen falsche Daten zur Entscheidungsfindung bereitgestellt.

In der Planung ging Herr Löppel davon aus, dass durch den zusätzlichen Auftrag auch die Gemeinkosten ansteigen. Dieses ist nicht der Fall, da viele Kostenarten umsatzunabhängig (fix) sind und durch den zusätzlichen Auftrag nicht erhöht werden.

3.2 Aufteilung der Kosten in fixe und variable Kosten

EINSTIEGSSITUATION

Nora Braun befasst sich mit der Systematik in der Teilkostenrechnung. Sie findet, dass fixe Kosten gar nicht fix sind, da sie unterschiedlich hoch sein können. „Das ist schon richtig so", antwortet Herr Löppel. „Die Angabe ‚fix' bezieht sich nicht auf die Höhe der Kosten, sondern auf die Art der Kosten."
Sie erläutern Frau Braun diese Aussage genauer.

Variable Kosten sind umsatzabhängige Kosten. Das sind z. B. der Fertigungslohn der Monteure, der Einstandspreis von Ersatzteilen und Zubehör, Neufahrzeugen und Gebrauchtfahrzeugen. Diese Kosten entstehen erst durch den Verkauf.

Fixe Kosten sind umsatzunabhängige Kosten. Das sind z. B. die Miete für Gebäude, die Heizkosten oder die Gehälter. Egal, ob das Autohaus einen Umsatz tätigt oder nicht, die genannten Kosten fallen trotzdem an.

Damit das Rechnungswesen für eine unternehmerische Entscheidung korrekte Plandaten zur Verfügung stellen kann, dürfen nur die Kostenanteile in die Entscheidung einbezogen werden, die durch die Entscheidung auch tatsächlich verändert werden. Man nennt dies **„Prinzip der Kostenrelevanz"**. Somit wird nur ein Teil aller anfallenden Kosten (Teilkostenrechnung) des Autohauses in die Entscheidung einbezogen, ob das Glashubdach für den geforderten Preis eingebaut wird.

In unserem Beispiel sind die relevanten Kosten die variablen Kosten:

- der Einstandspreis für das Glashubdach
- der Fertigungslohn des Monteurs

Variable Kosten:

Glashubdach		170,00 €
Fertigungslohn	2 Std. · 12,00 € Stundenlohn	+ 24,00 €
Summe der variablen Kosten		= 194,00 €

Weitere fixe Kosten werden durch den zusätzlichen Werkstattauftrag nicht wesentlich verändert. Die Heizkosten der Werkstatt fallen in gleicher Höhe an, die Gehälter und die Mieten müssen weiterhin in gleicher Höhe gezahlt werden.

3.3 Der Deckungsbeitrag

EINSTIEGSSITUATION

Nora Braun hat das Prinzip der Kostenrelevanz verstanden. „Es werden nur die Kosten für eine unternehmerische Entscheidung herangezogen, die durch diese Entscheidung auch tatsächlich verändert werden“, sagt sie Herrn Löppel. „Aber was passiert mit den anderen Kosten? Diese müssen doch auch bezahlt werden?!“ Herr Löppel erklärt: „Ja, das ist richtig. Letztlich müssen wir mehr Geld erwirtschaften, als wir Kosten haben, um einen Gewinn zu erzielen.“ Sie erklären dies Frau Braun genauer.

In der Teilkostenrechnung werden nicht alle Kosten in eine unternehmerische Entscheidung einbezogen. Somit kann der Unternehmer nicht mehr ermitteln, wie hoch seine Selbstkosten sind und eine Verkaufskalkulation ist ebenfalls nicht möglich. Die Teilkostenrechnung ermittelt lediglich den Differenzbetrag zwischen Erlös und variablen Kosten. Diese Differenz nennt man **Deckungsbeitrag**. Der Ausgangspunkt der unternehmerischen Entscheidung ist der Marktpreis.

Allgemeine Formel:

Deckungsbeitrag (DB) = Umsatzerlös – variable Kosten

Der Deckungsbeitrag des Werkstattauftrags „Einbau eines Glashubdachs“ lässt sich wie folgt berechnen:

Erlös	320,00 €
– variable Kosten	194,00 €
= Deckungsbeitrag	126,00 €

Durch die Annahme des Auftrags erzielt das Autohaus Köppel einen zusätzlichen Deckungsbeitrag in Höhe von 126,00 €. Dieser Deckungsbeitrag wird dazu genutzt, die ohnehin anfallenden fixen Kosten abzudecken. **Kurzfristig** ist jeder Auftrag wirtschaftlich, der einen positiven Deckungsbeitrag erwirtschaftet. **Langfristig** muss die Summe aller Deckungsbeiträge so hoch sein, dass die fixen Kosten abgedeckt werden und darüber hinaus ein Gewinn erwirtschaftet wird.

In unserem Beispiel ist es betriebswirtschaftlich sinnvoll, den Auftrag anzunehmen und das Glashubdach für 320,00 € einzubauen. Dies gilt allerdings nur bei Unterbeschäftigung. In unserem Beispiel ist die Werkstatt nur zu 80 % ausgelastet. Wäre sie zu 100 % ausgelastet, würde die Auftragsannahme den Verlust eines Werkstattauftrags mit einem höheren Deckungsbeitrag bedeuten.

Eine marktorientierte Unternehmensführung verlangt vom Kfz-Betrieb eine flexible Preisgestaltung in besonderen Marktsituationen, um Aufträge zu erhalten. Dabei muss auf die

Abdeckung eines Teils der Gesamtkosten verzichtet werden, die von der Kostenrechnung ermittelt wurden.

Die Teilkostenrechnung betrachtet ein Autohaus als ein Unternehmen, das ein Bündel von Leistungen anbietet (Fahrzeug-, Teileverkauf und Kundendienst). Die **Summe aller erwirtschafteten Deckungsbeiträge** muss die Gesamtkosten des Autohauses abdecken.

Beispiele: besondere Marktsituationen

- Mitkonkurrenten bieten Neufahrzeuge zu einem niedrigeren Preis an
- Ein „Fast Fitter“ (das ist ein Kettenbetrieb, der nur über ein eingeschränktes Werkstattangebot verfügt, i. d. R. Verschleißreparaturen) hat sich im Marktgebiet niedergelassen und wirbt mit sehr niedrigen Preisen für seine Werkstattleistungen.
- Sonderangebote zu verschiedenen Anlässen, z. B. Wintercheck, Sommercheck oder der Verkauf von Auslaufmodellen bei den Neufahrzeugen

In solchen Fällen stellt sich die Frage nach der **Preisuntergrenze**. Würde in diesen Fällen die Vollkostenrechnung angewendet werden, käme es zu Wettbewerbsnachteilen, da den einzelnen Produkten oder Leistungen Kosten angelastet würden, die zwar der Gesamtbetrieb, aber nicht direkt das einzelne Produkt oder die einzelne Leistung verursacht hat. Ein großer Teil der Gemeinkosten fällt auch dann an, wenn das einzelne Produkt oder die einzelne Leistung nicht angeboten werden würde.

3.4 Kostendeckungspunkt (Break-Even-Point)

EINSTIEGSSITUATION

Nora Braun überlegt, wie es möglich ist, mithilfe der Teilkostenrechnung eine Aussage über die Wirtschaftlichkeit einer Abteilung zu treffen. „Das ist nicht möglich“, sagt Herr Löppel. „Wir können lediglich den Break-Even-Point der Abteilungen ermitteln. Das ist der Umsatz, mit dem die fixen Kosten der jeweiligen Abteilung gedeckt sind.“
Sie unterstützen Frau Braun bei der Erarbeitung dieses Themas.

Die Teilkostenrechnung ermöglicht es, den **Kostendeckungspunkt** der einzelnen Abteilungen zu ermitteln. Durch die Unterteilung in fixe und variable Kosten können die Deckungsbeiträge der einzelnen Geschäfte ermittelt werden. Ist die Summe der erwirtschafteten Deckungsbeiträge so hoch wie die fixen Kosten der Abteilung, ist der Kostendeckungspunkt oder auch der **Break-Even-Point** der Abteilung erreicht.

Dieser Zusammenhang mit den fixen und variablen Kosten soll im Folgenden grafisch am Beispiel der Werkstatt dargestellt werden.

Die direkt der Werkstatt zurechenbaren fixen Kosten setzen sich im Autohaus Köppel aus den unproduktiven Löhnen der Monteure = 29 600,00 €, dem Gehalt des Werkstattmeisters = 27 300,00 €, dem gesetzlichen sozialen Aufwand 5 460,00 €, den Reparaturen 78 000,00 €, den Hilfsmitteln 5 800,00 € und der Werbung 10 000,00 € zusammen (siehe

BAB). Die Summe ergibt 156 160,00 €. Die fixen Kosten ändern sich in Abhängigkeit der produktiven Stunden nicht. Die grafische Darstellung ergibt eine Gerade.

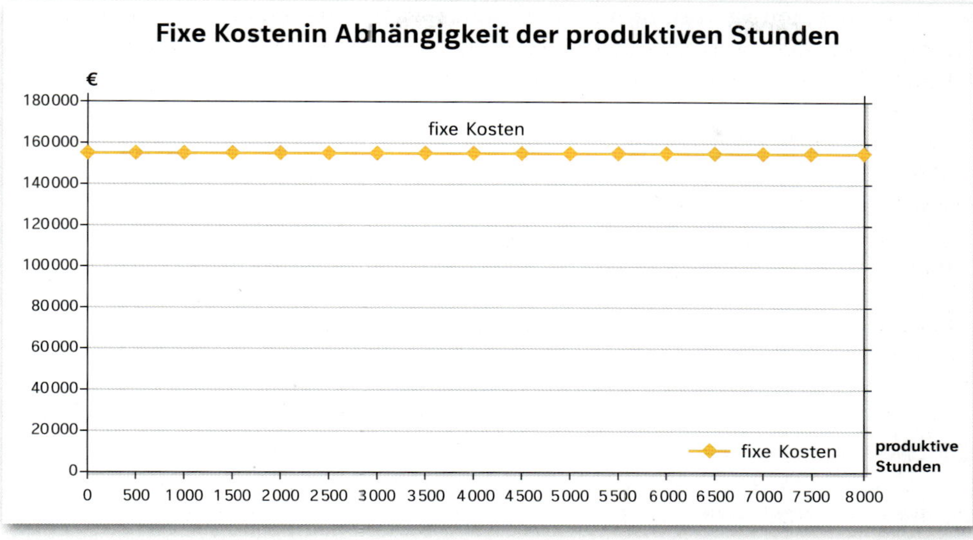

Die variablen Kosten erhöhen sich mit zunehmender Beschäftigung in der Werkstatt. Die Monteure erhalten 12,00 € pro Stunde. Multipliziert man den Stundenlohn mit der Anzahl der produktiven Stunden, erhält man die variablen Kosten.

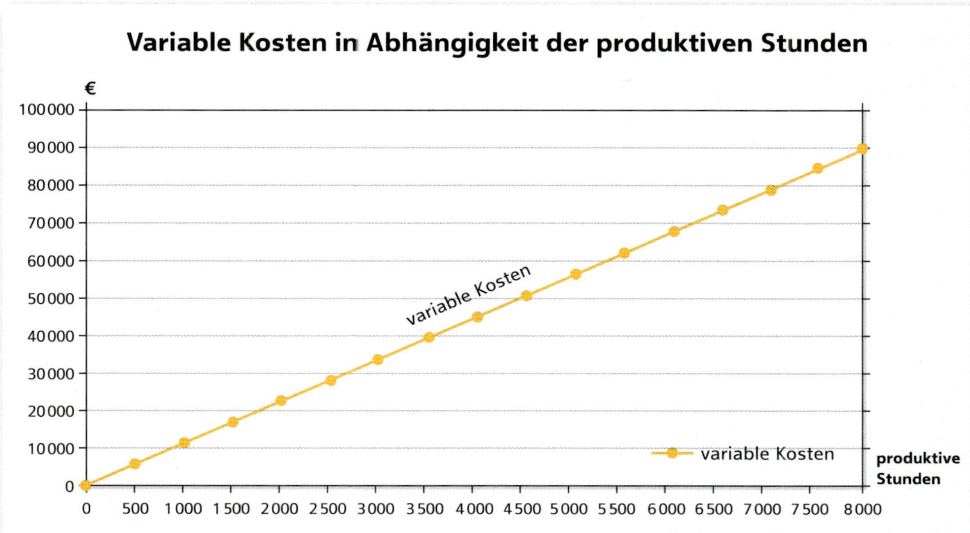

Die Gesamtkosten ergeben sich aus der Addition der fixen und der variablen Kosten.

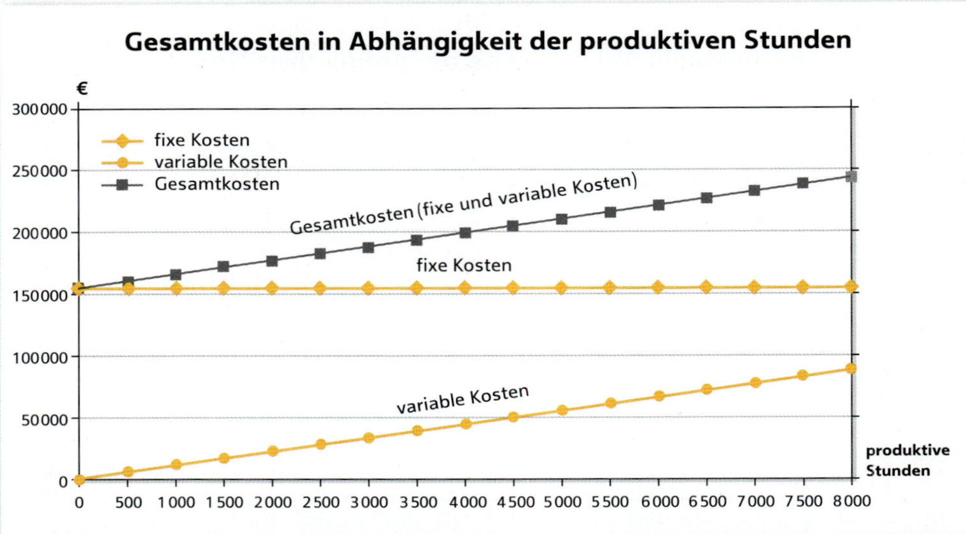

Die folgende Tabelle beinhaltet auch die Umsatzerlöse in Abhängigkeit der produktiven Stunden. Multipliziert man die produktiven Stunden mit dem Stundenverrechnungssatz von 47,81 €, erhält man die Umsatzerlöse in der Werkstatt.

Produktive Stunden	Fixe Kosten in €	Variable Kosten in €	Gesamtkosten in €	Umsatzerlöse in €
0	156 160,00	0,00	156 160,00	0,00
500	156 160,00	6 000,00	162 160,00	23 905,00
1 000	156 160,00	12 000,00	168 160,00	47 810,00
1 500	156 160,00	18 000,00	174 160,00	71 715,00
2 000	156 160,00	24 000,00	180 160,00	95 620,00
2 500	156 160,00	30 000,00	186 160,00	119 525,00
3 000	156 160,00	36 000,00	192 160,00	143 430,00
3 500	156 160,00	42 000,00	198 160,00	167 335,00
4 000	156 160,00	48 000,00	204 160,00	191 240,00
4 500	156 160,00	54 000,00	210 160,00	215 145,00
5 000	156 160,00	60 000,00	216 160,00	239 050,00

Produktive Stunden	Fixe Kosten in €	Variable Kosten in €	Gesamtkosten in €	Umsatzerlöse in €
5 500	156 160,00	66 000,00	222 160,00	262 955,00
6 000	156 160,00	72 000,00	228 160,00	286 860,00
6 500	156 160,00	78 000,00	234 160,00	310 765,00
7 000	156 160,00	84 000,00	240 160,00	334 670,00
7 500	156 160,00	90 000,00	246 160,00	358 575,00

Der **Break-Even-Point** ist erreicht, wenn die Umsatzgerade die Summe der fixen und variablen Kosten schneidet.

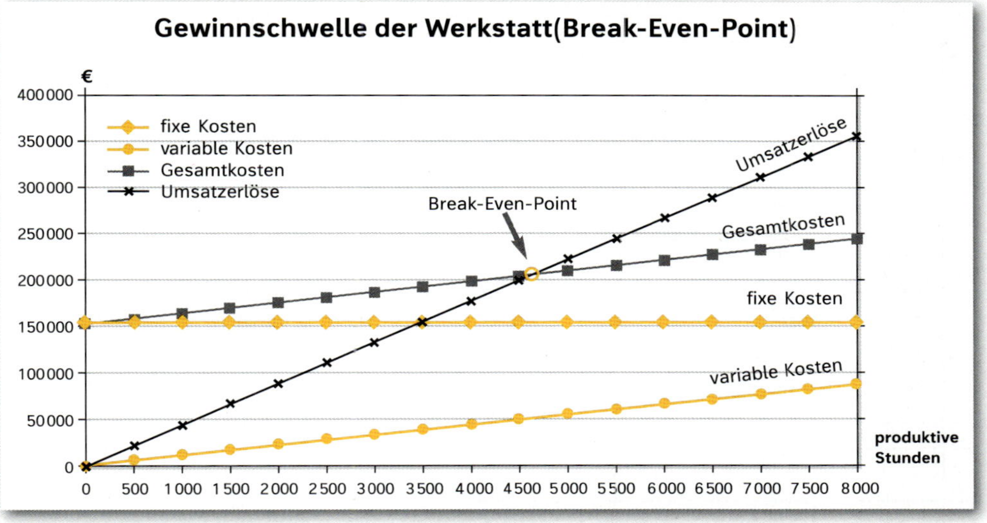

3.5 Kurzfristige Erfolgsrechnung

EINSTIEGSSITUATION

Nora Braun bekommt die nachfolgende kurzfristige Erfolgsrechnung zu sehen. Sie erläutern ihr diese.

	A	B	C	D	E	F	G
1 2	**Kurzfristige Erfolgsrechnung Autohaus Köppel GmbH** Monat März						
3	**Konto**	**Text**	**Gesamt**	**Neu-fahrzeug-verkauf**	**Gebraucht-fahrzeug-verkauf**	**Lager**	**Kunden-dienst**
4	8 ...	Umsatzerlöse	1 131 159	521 000	504 000	76 676	29 483
5	7000	Neufahrzeuge	443 000	443 000			
6	7040	Gebrauchtfahrzeuge	458 640		458 640		
7	7300	Teile und Zubehör	43 079			43 079	
8	4101	produktive Löhne	7 400				7 400
9		Bruttoertrag (Deckungsbeitrag 1)	179 040	78 000	45 360	33 597	22 083
10	4921–4922	Verkaufsprovisionen	16 300	9 800	6 500		
11	4941	Fertigmachen	612	612			
12	4950–4951	Gewährleistungen/ Sachmängelhaftung	8 070	4 200	3 870		0
13	4965	Kulanzen	752	420	332		
14		Deckungsbeitrag 2	153 306	62 968	34 658	33 597	22 083
15	4110	unproduktive Löhne	2 450				2 450
16	4200	Gehalt/Fixa	12 050	2 400	2 850	4 200	2 600
17	4300	Sozialaufwand gesetzlich	3 598	480	570	2 028	520
18	4500	Reparaturen/Instandh.	6 200				6 200
19	4600	Hilfsmittel/Betriebsm.	480				480
20	4821	Werbekosten	22 000	10 000	9 800	1 000	1 200
21		Deckungsbeitrag 3	106 528	50 088	21 438	26 369	8 633
22	4401–4405	Heizung/Energie	2 100				
23	4803	Büromaterial	1 800				
24	4710	Gewerbesteuer	10 000				
25	4720	Beiträge	580				
26	4730	Versicherungen	1 600				
27	4805	Rechts- u. Beratungskst.	1 260				
28	4801–4802	Porto/Fax/Telefon	1 120				
29	4825	Bewirtungskosten	580				
30	4826	Reisekosten	970				
31	4811	sonstige Kosten	18 700				
32		Summe indirekte fixe Kosten (Blockkosten)	38 710				
33		Betriebsergebnis vor kalkulatorischen Kosten	67 818				
34	4890–4893	kalkulatorische Kosten	10 000				
35		Betriebsergebnis	57 818				

Die Deckungsbeitragsrechnung wird durch die **„kurzfristige Erfolgsrechnung“** in die Praxis umgesetzt. Den markengebundenen Autohäusern stellen die Hersteller/Importeure die kurzfristige Erfolgsrechnung zur Verfügung. Für das Autohaus Köppel sieht die kurzfristige Erfolgsrechnung für den Monat März wie folgt aus.

Schema einer kurzfristigen Erfolgsrechnung

	Erlöse
–	variable Kosten (VAK und Fertigungslohn)
=	Bruttoertrag (Deckungsbeitrag 1)
–	weitere variable Kosten (Provisionen usw.)
=	Deckungsbeitrag 2
–	direkte fixe Kosten
=	Deckungsbeitrag 3
–	indirekte fixe Kosten (Blockkosten)
=	Betriebsergebnis vor kalkulatorischen Kosten
–	kalkulatorische Kosten
=	Betriebsergebnis

Die variablen Kosten werden den Abteilungen zugeordnet, in denen sie angefallen sind. Die direkten fixen Kosten sind alle umsatzunabhängigen Kosten, die einer Abteilung direkt ohne Schlüsselung zugeordnet werden konnten. Alle Kosten, die nicht direkt einer Abteilung zugeordnet werden konnten, gehen in die **indirekten fixen Kosten** ein.

Die Erfolgsrechnung hat drei Deckungsbeitragsebenen. In der Praxis gibt es bei den Herstellern/Importeuren davon abweichende Regelungen. Das obige Grundschema wird jedoch in allen Fällen eingehalten. Die direkte Zuordnung der Kosten hat den Nachteil, dass die Kostenkonten tief gegliedert sein müssen. Beispielsweise reicht dem Vollkostenrechner ein Konto „Werbung", während im System der Teilkostenrechnung hierfür vier Konten benötigt werden, für jede Abteilung eines. Würde man diese Unterteilung nicht vornehmen, müssten die Kosten für Werbemaßnahmen gänzlich in die **indirekten fixen Kosten** eingehen.

Die kurzfristige Erfolgsrechnung ermöglicht der Geschäftsführung, jeden Monat eine Analyse der getätigten Geschäfte vorzunehmen. Sollte es Schwachstellen im Kfz-Betrieb geben, kann die Geschäftsleitung kurzfristig darauf reagieren.

LF 10 Kap. 2.4

Den markengebundenen Autohäusern wird die kurzfristige Erfolgsrechnung vom Hersteller/ Importeur zur Verfügung gestellt. Sie enthält neben den Informationen zum abgelaufenen Monat weitere Vergleichszahlen. Dies sind z. B. die eigenen Ergebnisse des Vormonats, die eigenen kumulierten Jahreswerte, Durchschnittszahlen von Autohäusern der gleichen Marke mit vergleichbarer Größe und eventuell die Zahlen der Topgruppe (z. B. die Ergebnisse der besten zehn Händler) der Händler gleicher Marke und vergleichbarer Größe. Darüber hinaus werden die variablen und fixen Kosten sowie die unterschiedlichen Deckungsbeiträge stets auch in Prozentwerten des Umsatzes (= 100 %) ausgedrückt, damit eine bessere Vergleichbarkeit gegeben ist.

Rechnerische Ermittlung des Break-Even-Points

Für das Autohaus Köppel sieht die Jahresergebnisrechnung wie folgt aus:

	A	B	C	D	E	F	G
1 2	**Erfolgsrechnung Autohaus Köppel GmbH**						
3	**Konto**	**Text**	**Gesamt**	**Neu-fahrzeug-verkauf**	**Gebraucht-fahrzeug-verkauf**	**Lager**	**Kunden-dienst**
4	8 ...	Umsatzerlöse	12973106	5776000	6048000	795312	353794
5	7000	Neufahrzeuge	5198400	5198400			
6	7040	Gebrauchtfahrzeuge	5503680		5503680		
7	7300	Teile und Zubehör	516953			516953	
8	4101	produktive Löhne	88800				88800
9		Bruttoertrag (Deckungsbeitrag 1)	1665273	577600	544320	278359	264994
10	4921–4922	Verkaufsprovisionen	206268	103968	102300		
11	4941	Fertigmachen	6840	6840			
12	4950–4951	Gewährleistungen/ Sachmängelhaftung	78000	38000	30000		10000
13	4965	Kulanzen	6000	5200	800		
14		Deckungsbeitrag 2	1368165	423592	411220	278359	254994
15	4110	unproduktive Löhne	29600				29600
16	4200	Gehalt/Fixa	140400	28600	33800	50700	27300
17	4300	Sozialaufwand gesetzlich	69334	26514	27220	10140	5460
18	4500	Reparaturen/Instandh.	78000				78000
19	4600	Hilfsmittel/Betriebsm.	5800				5800
20	4821	Werbekosten	198000	120000	58000	10000	10000
21		Deckungsbeitrag 3	847031	248478	292200	207519	98834
22	4200	Gehalt, Fixa, Aushilfslohn	171600				
23	4300	Sozialaufwand gesetzlich	34320				
24	4401–4405	Heizung/Energie	26800				
25	4803	Büromaterial	23000				
26	4710	Gewerbesteuer	120000				
27	4720	Beiträge	6800				
28	4730	Versicherungen	19200				
29	4805	Rechts- u. Beratungskst.	15200				
30	4801–4802	Porto/Fax/Telefon	13600				
31	4825	Bewirtungskosten	6300				
32	4826	Reisekosten	8500				
33	4811	sonstige Kosten	52000				
34		Betriebsergebnis vor kalkulatorischen Kosten	349711				
35	4890–4893	kalkulatorische Kosten	120000				
36		Betriebsergebnis	229711				

Die Ermittlung des **Break-Even-Points** (ausgedrückt in Euro) ermöglicht es, den Punkt festzustellen, ab welchem Umsatz die einzelnen Abteilungen die eigenen direkten fixen Kosten abgedeckt haben. Ab dieser Umsatzhöhe erwirtschaftet die Abteilung Deckungsbeitragsmasse, die dafür benötigt wird, die anfallenden indirekten fixen Kosten (Blockkosten) abzudecken. Langfristig muss die Summe aller Deckungsbeiträge größer sein als die fixen Kosten. Erst dann erwirtschaftet der Kfz-Betrieb in der Betrachtung der Teilkostenrechnung einen Gewinn.

Das Autohaus Köppel erwirtschaftete in den Abteilungen Neufahrzeugverkauf, Gebrauchtfahrzeugverkauf, Lager und Kundendienst insgesamt einen Deckungsbeitrag 3 von 847 031,00 € (Zelle C21). Mit dieser **Deckungsbeitragsmasse** müssen die Blockkosten abgedeckt werden, um einen Gewinn zu erzielen. Die Summe der Blockkosten beträgt 497 320,00 €. Das Autohaus Köppel hat damit einen Gewinn von 349 711,00 € erwirtschaftet. Werden von diesem Gewinn noch die kalkulatorischen Kosten abgezogen, die den tatsächlichen Werteverzehr in der Kosten- und Leistungsrechnung wiedergeben, so hat das Autohaus Köppel im abgelaufenen Jahr insgesamt einen Gewinn von 229 711,00 € erwirtschaftet.

Allgemeine Formel für die Ermittlung des Break-Even-Points:

$$\mathbf{BEP} = \frac{\textbf{fixe Kosten}}{\mathbf{1-}\left(\frac{\textbf{variable Kosten}}{\textbf{Erlös}}\right)}$$

Für den Neufahrzeugverkauf:

$$\frac{175\,114}{1-\left(\frac{5\,352\,408}{5\,776\,000}\right)} = \frac{175\,114}{0{,}0733366}$$

$= 2\,387\,812{,}00$ €

Bei einem Umsatz im Neufahrzeugverkauf von 2 387 812,00 € waren im abgelaufenen Jahr die direkten fixen Kosten der Abteilung abgedeckt.

Für den Gebrauchtfahrzeugverkauf:

$$\frac{119\,020}{1-\left(\frac{5\,636\,780}{6\,048\,000}\right)} = \frac{119\,020}{0{,}0679927}$$

$= 1\,750\,482{,}00$ €

Bei einem Umsatz im Gebrauchtfahrzeugverkauf von 1 750 482,00 € waren im abgelaufenen Jahr die direkten fixen Kosten der Abteilung abgedeckt.

Für das Lager:

$$\frac{70\,840}{1-\left(\frac{516\,953}{795\,312}\right)} = \frac{70\,840}{0{,}3499997}$$

$= 202\,400{,}00$ €

Bei einem Umsatz im Lager von 202 400,00 € waren im abgelaufenen Jahr die direkten fixen Kosten der Abteilung abgedeckt.

Für den Kundendienst:

$$\frac{156\,160}{1-\left(\frac{98\,800}{353794}\right)} = \frac{156\,160}{0{,}7207414}$$

$= 216\,666{,}00$ €

Bei einem Umsatz im Kundendienst von 216 666,00 € waren im abgelaufenen Jahr die direkten fixen Kosten der Abteilung abgedeckt.

Sind die Kostenarten in der Buchführung nicht ausführlich genug in direkt zurechenbare fixe Kosten und indirekte fixe Kosten unterteilt, werden viele Kosten in die Blockkosten eingehen und die Break-Even-Points der Abteilungen schnell erreicht. Die Formel für die Ermittlung der Break-Even-Points kann nur die direkt zurechenbaren fixen Kosten berücksichtigen. Aus diesem Grund kann es in der Praxis zu Fehleinschätzungen kommen. Langfristig muss jeder Kfz-Betrieb seine gesamten fixen Kosten abdecken, um überleben zu können.

Zusammenfassung

- Die Teilkostenrechnung unterscheidet in variable (umsatzabhängige) und fixe (umsatzunabhängige) Kosten.
- Das Prinzip der Kostenrelevanz bedeutet, dass nur die Kostenteile in eine Entscheidung einbezogen werden, die durch die Entscheidung beeinflusst werden.
- Der Deckungsbeitrag ergibt sich aus dem Erlös minus der variablen Kosten.
- Eine Gewinnsituation liegt vor, wenn die Summe aller Deckungsbeiträge größer ist als die fixen Kosten des Autohauses.
- Der Break-Even-Point (Gewinnschwelle) gibt an, ab welchem Umsatz die fixen und variablen Kosten des Autohauses gedeckt sind.
- Die Deckungsbeitragsrechnung wird durch die „kurzfristige Erfolgsrechnung“ in die Praxis umgesetzt.
- Die variablen Kosten werden den Abteilungen zugeordnet, ebenso direkt einer Abteilung zurechenbare fixe Kosten.
- Fixe Kosten, die keiner Abteilung zugerechnet werden können, werden den indirekten fixen Kosten zugeordnet.
- Die Erfolgsrechnung hat drei Deckungsbeitragsebenen:
  - Deckungsbeitrag 1 = Bruttoertrag
  - Deckungsbeitrag 2 = Bruttoertrag abzüglich weitere variable Kosten der Abteilung
  - Deckungsbeitrag 3 = Summe der Deckungsbeiträge einer Abteilung zur Abdeckung der indirekten fixen Kosten

Aufgaben

1. Ein Kunde möchte den Anbau eines Spoilers an seinem Pkw. Er hat sich bereits mehrere Angebote eingeholt und ist bereit, für den Einbau 160,00 € netto zu zahlen. Die Werkstatt des Autohauses ist nur zu 90 % ausgelastet.
   a) Ermitteln Sie den Verkaufspreis nach der Vollkostenrechnung, wenn der Spoiler im Einkauf 102,00 € netto kostet, der Anbau in 1,5 Arbeitsstunden möglich ist und der Stundenverrechnungssatz 42,00 € netto beträgt. Der Gemeinkostenzuschlag des Lagers beträgt 32 %. Der Gewinnzuschlag beträgt 8 %.
   b) Ermitteln Sie nach der Teilkostenrechnung den Deckungsbeitrag dieses Auftrags, wenn der Stundenlohn der Monteure 10,80 € beträgt.
   c) Erläutern Sie Ihre Entscheidung, den Auftrag anzunehmen oder abzulehnen.

2. Folgende Angaben liegen vor:

fixe Kosten der Werkstatt	49 500,00 €
Stundenlohn der Monteure	11,50 €
Stundenverrechnungssatz (netto)	46,00 €

a) Erstellen Sie eine Tabelle, die die fixen, variablen und Gesamtkosten in Abhängigkeit der produktiven Stunden zeigt. Ergänzen Sie diese Tabelle mit den Erlösen in Abhängigkeit der produktiven Stunden.

b) Ermitteln Sie grafisch den Break-Even-Point der Werkstatt.
Benutzen Sie für die Lösung der Aufgabe ein geeignetes EDV-Programm.

3. Ermitteln Sie aus der kurzfristigen Erfolgsrechnung des Autohauses Köppel, Monat März (siehe S. 214), die Break-Even-Points der Abteilungen.

4. Folgende Salden liegen der Finanzbuchhaltung vor:

	Gesamt in €
Umsatzerlöse NF	5 880 000,00
Umsatzerlöse GF	3 455 000,00
Umsatzerlöse Teile/Zubehör	712 000,00
Umsatzerlöse Kundendienst	375 000,00
VAK NF	5 350 800,00
VAK GF	3 005 850,00
VAK Teile/Zubehör	484 160,00
produktive Löhne	93 750,00
Verkaufsprovisionen NF	105 000,00
Verkaufsprovisionen GF	92 000,00
Ablieferungsdurchsicht NF	6 200,00
Gewährleistungen/Sachmängelhaftung NF	43 000,00
Gewährleistungen/Sachmängelhaftung GF	28 000,00
Kulanzen NF	2 400,00
Kulanzen GF	1 200,00
unproduktive Löhne Werkstatt	31 200,00
Gehalt/Fixa NF	30 000,00
Gehalt/Fixa GF	25 000,00
Gehalt/Fixa Lager	35 000,00
Gehalt/Fixa Kundendienst	28 000,00
gesetzlicher Sozialaufwand NF	27 200,00
gesetzlicher Sozialaufwand GF	20 500,00

	Gesamt in €
gesetzlicher Sozialaufwand Lager	7 000,00
gesetzlicher Sozialaufwand Kundendienst	5 600,00
Reparaturen/Instandhaltung Kundendienst	6 500,00
Hilfsmittel/Betriebsmittel Kundendienst	4 200,00
Werbung NF	52 000,00
Werbung GF	31 000,00
Werbung Lager	0,00
Werbung Kundendienst	12 000,00
Heizung/Energie	23 000,00
Büromaterial	11 200,00
Gehälter Verwaltung	112 000,00
Gewerbesteuer	100 000,00
Beiträge	5 400,00
Versicherungen	6 800,00
Rechts- und Beratungskosten	9 800,00
Porto/Fax/Telefon	14 100,00
Bewirtungskosten	2 300,00
Reisekosten	3 600,00
sonstige Kosten	48 000,00
kalkulatorische Kosten	115 000,00

a) Erstellen Sie mithilfe geeigneter Software eine Erfolgsübersicht auf Basis der Teilkostenrechnung mit drei Deckungsbeitragsebenen (siehe Beispiel Autohaus Köppel).
b) Ermitteln Sie das Betriebsergebnis vor und nach den kalkulatorischen Kosten.
c) Ermitteln Sie die Gewinnschwellen der einzelnen Abteilungen.

5. Folgende Angaben der Werkstatt liegen vor:
- Die direkten fixen Kosten betragen 43 500,00 €.
- Der Werkstattschnittlohn beträgt 11,60 €.
- Der Stundenverrechnungssatz liegt bei 45,62 € netto.
- Die Werkstatterlöse betragen 180 062,00 €.

Ermitteln Sie:
a) die Anzahl der verkauften produktiven Stunden der Werkstatt
b) den BEP der Werkstatt grafisch und rechnerisch
c) den BEP der Werkstatt in verkauften produktiven Stunden
d) die erwirtschaftete Deckungsbeitragsmasse der Werkstatt zur Deckung der indirekten fixen Kosten

4 Controlling

AUSGANGSSITUATION

Nora Braun ist im Gespräch mit Andreas Pletz, dem Assistenten der Geschäftsleitung. Sie fragt ihn: „Was ist eigentlich die Aufgabe eines Assistenten der Geschäftsleitung?" Er antwortet: „Hauptaufgabe ist das Controlling." „Hat das etwas mit Kontrolle zu tun?", fragt Nora. „Das auch, aber nicht ausschließlich." „Wie wird man eigentlich Assistent/-in der Geschäftsleitung?", möchte Nora noch wissen. Herr Pletz antwortet: „Wenn du deine Ausbildung zur Automobilkauffrau erfolgreich abschließt, dann hast du die besten Voraussetzungen, in einem größeren Autohaus als Assistentin der Geschäftsleitung anzufangen."

ARBEITSAUFTRÄGE

1. Informieren Sie sich über Ihren Themenbereich und notieren Sie wichtige Informationen stichpunktartig.
2. Entwickeln Sie einen Katalog von Maßnahmen zur Überwachung und Kontrolle der Wirtschaftlichkeit der Abteilungen und einzelner Angebotssegmente. Betrachten Sie dabei insbesondere den Neufahrzeugverkauf.
3. Bereiten Sie sich auf die Präsentation vor.
4. Präsentieren Sie Ihre Ergebnisse und geben Sie sich gegenseitig ein Feedback.
5. Nutzen Sie Ihr neu gewonnenes Wissen für die Zukunft.

4.1 Aufgaben des Controllings

EINSTIEGSSITUATION

Die Auszubildende Nora Braun wird im Controlling eingesetzt und arbeitet mit dem Assistenten der Geschäftsleitung, Herrn Andreas Pletz, am monatlichen Berichtswesen. „Das ist ja spannend zu sehen, ob die erreichten Zahlen mit den geplanten Werten übereinstimmen", sagt sie zu Herrn Pletz. „Woher wissen wir eigentlich, ob der Monat gut oder schlecht war?" „Hierfür hat die Geschäftsleitung mehrere Vergleichswerte, die sie zur Beurteilung des Monatsergebnisses heranziehen kann", entgegnet Herr Pletz.
Sie erläutern Frau Braun die Aufgaben des Controllings genauer.

Die Übersetzung des Begriffs **„Controlling"** mit Kontrolle ist eine nicht weit genug reichende Definition. Controlling umfasst die Planung von Unternehmenszielen (Gewinn je Abteilung, Kostenhöhe je Abteilung), die Einleitung von Maßnahmen zur Erreichung von Unternehmenszielen (Mitarbeitergespräche über die maximale Nachlasshöhe bei Neufahrzeugverkäufen, Kostenbudgetplanung je Abteilung), Überwachung und Kontrolle der erreichten Ziele (durch Analyse der KER und anderer Vergleichszahlen) und die Kommunikation mit der Unternehmensführung (durch ein optimales Berichtswesen).

Während die Definition von Unternehmenszielen sowie die Einleitung von Maßnahmen zur Erreichung dieser Ziele Aufgabe der Unternehmensleitung ist, muss der **Controller** den Zielerreichungsgrad überwachen und diesen der Geschäftsleitung durch ein optimales **Berichtswesen** mitteilen.

Das Berichtswesen analysiert zum einen das **operative Geschäft** in den vier Geschäftsfeldern Neufahrzeugverkauf, Gebrauchtfahrzeugverkauf, Ersatzteillager und Kundendienst; zum anderen muss das Unternehmen als Ganzes einer Analyse unterzogen werden.

Damit die Analyse aussagekräftig ist, werden aus den absoluten Zahlen **Kennzahlen** des Kfz-Betriebs gebildet, die

- im Vergleich zu vorangegangenen Rechnungsperioden (Zeitvergleich),
- im Vergleich zu Betrieben derselben Branche (Betriebsvergleich),
- im Vergleich zur Planung (Soll-Ist-Vergleich)

zu interpretieren sind.

Operatives Controlling

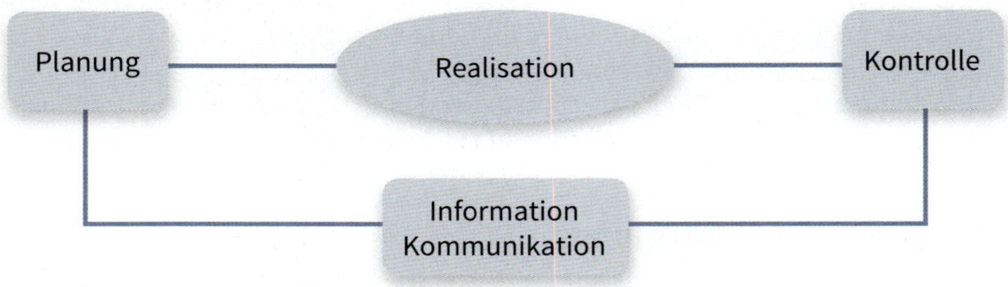

Beispiel: Aufbereitung betriebsinterner Daten im Neufahrzeugverkauf

Aufbereitung betriebsinterner Daten: Beispiel Neufahrzeugverkauf							
Jahr 20..							
	Jan	Feb	Mrz	Apr	Mai	Jun	Ø
verkaufte NW Einheiten Soll	23	25	29	34	34	28	29
verkaufte NW Einheiten Ist	18	22	27	32	30	20	25

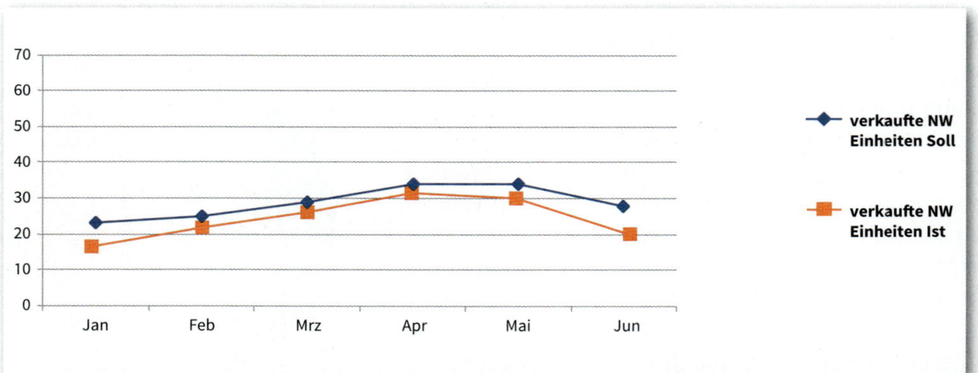

Jahr 20..							
	Jan	Feb	Mrz	Apr	Mai	Jun	Ø
Soll Bruttoertrag je verk. Einheit in €	3200	3200	3200	3200	3200	3200	3200
Ist Bruttoertrag je verk. Einheit in €	3100	3050	2900	2800	2800	2700	2892

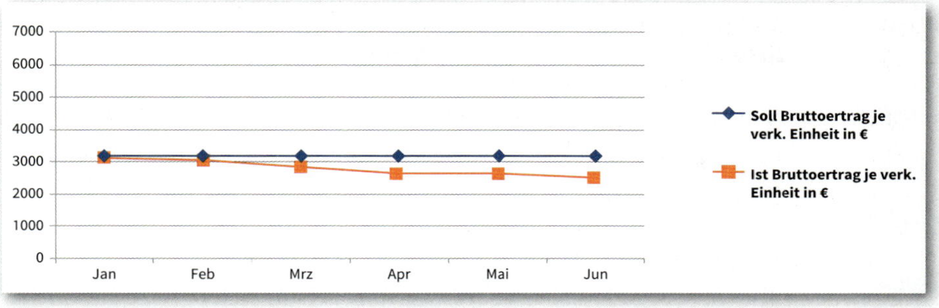

Jahr 20..							
	Jan	Feb	Mrz	Apr	Mai	Jun	Ø
Soll durchschnitliche Standtage NW	45	45	45	45	45	45	45
Ist durchschnitliche Standtage NW	68	63	58	52	47	45	56

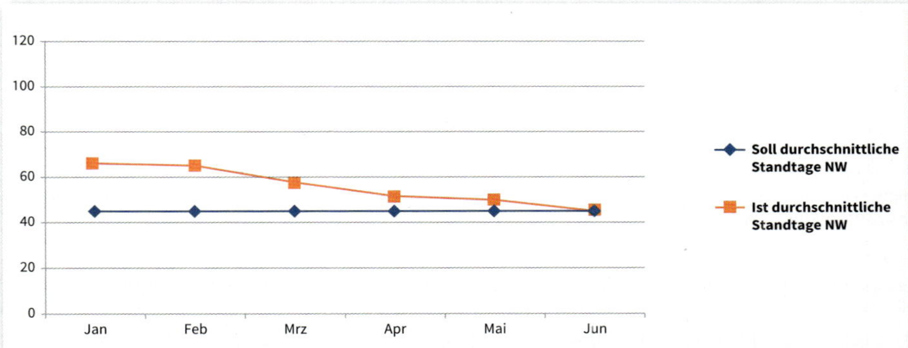

	Tannert	Bertraut	Fink	Tursch	Köppel	Gesamt	Zieler.
verkaufte Neufahrzeuge	27	30	62	14	16	149	86%

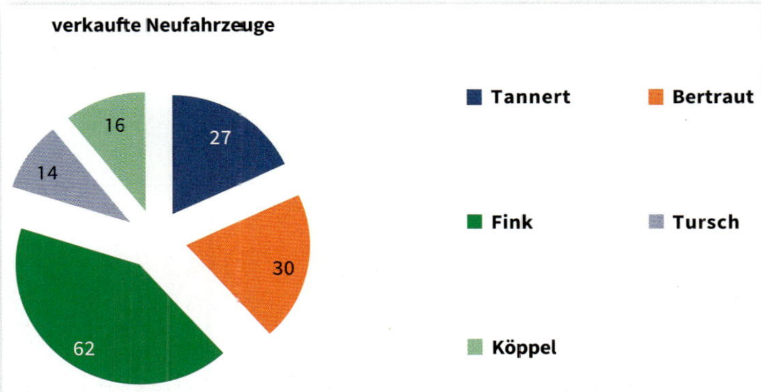

4.2 Controlling im Autohaus

EINSTIEGSSITUATION

Die Auszubildende Nora Braun hat den Monatsbericht zusammen mit dem Assistenten der Geschäftsleitung, Herrn Andreas Pletz, erstellt. Sie ist erstaunt darüber, dass die Kennzahlen in den Abteilungen so unterschiedlich hoch sind.
„Warum ist der Bruttoertrag in Prozent in den vier Abteilungen eines Autohauses so unterschiedlich hoch?“, fragt Herr Pletz. Sie beantworten diese Frage.

Kennzahlen Abteilung Neufahrzeugverkauf

Aufteilung	Bundesdurchschnitt	Händlerspitzengruppe
Anteil am Gesamtumsatz	47 %	42 %
NF-Absatz nach Abnehmergruppen • Verbraucher • Großkunden • angeschlossene Händler	 53 % 19 % 28 %	 63 % 17 % 20 %
Bruttoertrag der Abteilung	10,5 %	12,0 %
NF-Einheiten pro Verkäufer und Jahr	114	119
Bruttoertrag pro NF	1 609,00 €	1 696,00 €
Deckungsbeitrag pro NF und Jahr	497,00 €	762,00 €
Werbeaufwand pro NF	133,00 €	135,00 €

Beispiel: Kennzahlen des Autohauses Köppel (Neufahrzeugverkauf)

Herr Pletz vergleicht den Bundesdurchschnitt und die Händlerspitzengruppe mit den vom Autohaus Köppel erreichten Werten.

Im Autohaus Köppel wurden von vier Verkäufern im letzten Jahr 380 Neufahrzeuge verkauft.

Aufteilung	Werte der Abrechnungsperiode	Werte der vorangegangenen Abrechnungsperiode
Anteil am Gesamtumsatz	64 %	63 %
NF-Absatz nach Abnehmergruppen • Verbraucher • Großkunden • angeschlossene Händler	 78 % 22 % 0 %	 75 % 25 % 0 %
Bruttoertrag der Abteilung	10,0 %	9,1 %

Aufteilung	Werte der Abrechnungsperiode	Werte der vorangegangenen Abrechnungsperiode
NF-Einheiten pro Verkäufer und Jahr	95	88
Bruttoertrag pro NF	1 520,00 €	1 530,00 €
Deckungsbeitrag pro NF und Jahr	420,00 €	450,00 €
Werbeaufwand pro NF	315,00 €	295,00 €

Mithilfe des Berichtswesens ist Herr Köppel in der Lage, das Ergebnis seiner Abteilung Neufahrzeugverkauf zu analysieren. Die Zielsetzung für den Abrechnungszeitraum wurde von ihm wie folgt gesetzt: Das Autohaus Köppel soll im Abrechnungszeitraum die Branchensollwerte bzw. die Durchschnittswerte der Branche erreichen.

Analyse

Der Umsatzanteil des NF-Verkaufs am Gesamtumsatz liegt mit 64 % im Abrechnungszeitraum weit über dem Bundesdurchschnitt. Der Vergleich zum Vorjahr zeigt, dass der Umsatzanteil noch leicht um 1 % ausgeweitet wurde. Der Fokus im Autohaus Köppel liegt eher im Fahrzeugverkauf als im Werkstattbereich.

Der Absatz an unterschiedliche Abnehmergruppen weist die Besonderheit auf, dass Umsätze an angeschlossene Händler nicht ausgewiesen sind. Das Autohaus Köppel hat keine angeschlossenen Händler und damit auch keine Umsätze an diese Abnehmergruppe.

Der Bruttoertrag der Abteilung (1. Wirtschaftlichkeitsparameter) erreichte einen Wert von 10 % im Abrechnungszeitraum. Dies ist ein unterdurchschnittlicher Wert. Im Vergleich zum Vorjahr konnte der Bruttoertrag im NF-Geschäft von 9,1 % auf 10 % ausgeweitet werden, trotzdem ist der erreichte Wert betriebswirtschaftlich betrachtet unbefriedigend. Der Bruttoertrag gibt Auskunft über die Qualität der getätigten Geschäfte; je mehr Bruttoertrag erwirtschaftet wird, umso positiver wirken sich die getätigten Fahrzeugverkäufe auf das Abteilungsergebnis aus. Der Maximalwert des Bruttoertrags entspricht der Marge, die der Händler für den Verkauf von Neufahrzeugen vom Hersteller/Importeur erhält. Dieser Maximalwert ist nur erreichbar, wenn alle Neufahrzeuge zur unverbindlichen Preisempfehlung (UPE) verkauft werden. Eine Zielsetzung, die in der Markt- und Konkurrenzsituation des Kfz-Gewerbes zurzeit kaum realisierbar ist.

LF 11 Kap. 2.4

Die NF-Verkäufe pro Verkäufer liegen mit 95 Einheiten unter dem Bundesdurchschnitt und unter den Werten der Händlerspitzengruppe. Der Vergleich mit dem Vorjahr zeigt eine positive Entwicklung von 88 Einheiten auf 95 Einheiten. Die Verkäufer haben durch die konsequente Nutzung der EDV-Programme ihre verkaufsaktive Zeit optimiert und damit das Marktpotenzial besser ausgeschöpft.

Die bessere Ausschöpfung des Marktpotenzials ging allerdings zulasten der Qualität der getätigten Geschäfte. Der Bruttoertrag pro NF liegt mit 1 520,00 € leicht unter dem Bundesdurchschnitt. Begründung hierfür kann der Modellmix der verkauften NF sein. Die überdurchschnittlich hohe Verkaufszahl von Fahrzeugen des unteren Preissegmentes mit niedrigen Verkaufspreisen führt zu einem durchschnittlich geringeren Bruttoertrag in Euro. Ein weiterer Grund kann eine unterdurchschnittliche Qualifikation der Verkäufer sein, die zu einem hohen Nachlassverhalten oder zur Nichtberücksichtigung von aktuellen Verkaufsförderungsprogrammen der Hersteller/Importeure führt.

Der Deckungsbeitrag pro verkauftem NF liegt mit 420,00 € unter dem Bundesdurchschnitt und weit unter dem Wert der Händlerspitzengruppe. Der Deckungsbeitrag (2. Wirtschaftlichkeitsparameter) gibt an, wie viel Deckungsbeitragsmasse eine Abteilung erwirtschaftet hat, um die anfallenden indirekten Kosten (Blockkosten) des Unternehmens abzudecken. Neben der Qualität wird auch die Quantität der getätigten Geschäfte durch die Berücksichtigung der direkten fixen (umsatzunabhängigen) Kosten der Abteilung einbezogen. Da bereits der Bruttoertrag je NF unterdurchschnittlich ist, kommt im Abrechnungszeitraum auch noch eine ungünstige Kostenstruktur der Abteilung Neufahrzeugverkauf zum Tragen. Beide Faktoren bedingen den unterdurchschnittlichen Bruttoertrag je NF. Im Vergleich zum Vorjahr lässt sich ein negativer Trend ablesen.

Der Werbeaufwand ist im Autohaus Köppel mit 315,00 €/NF überdurchschnittlich hoch. Der Werbeaufwand hat den Bekanntheitsgrad des Autohauses Köppel erhöht und sich positiv auf die Anzahl der verkauften NF ausgewirkt. Im Vergleich zum Vorjahr nahm der Werbeaufwand pro NF noch um 20,00 € zu.

Die Analyse der Neufahrzeugabteilung zeigt akuten Handlungsbedarf. Der Geschäftsführer, Herr Köppel, ruft seine Mitarbeiter aus dem Neufahrzeugverkauf zu einem Meeting und teilt ihnen die seiner Meinung nach notwendigen Schritte für das kommende Jahr mit.

Das Autohaus Köppel hat keine angeschlossenen Händler, damit auch keine Umsätze an diese Abnehmergruppe. Das möchte Herr Köppel im nächsten Jahr ändern. Er hat bereits mit einem Händler Gespräche aufgenommen, um diesen als angeschlossenen Händler oder Agenten zu gewinnen und damit ein Kundenpotenzial zu erreichen, das vom Standort in Trier nicht bedient werden kann.

Der Bruttoertrag der getätigten Geschäfte liegt mit erreichten 10,0 % unter dem Bundesdurchschnitt. Herr Köppel ist mit den erreichten Werten unzufrieden und beschließt, die Verkäufer im nächsten Jahr vermehrt auf die vom Hersteller/Importeur angebotenen Schulungen zu schicken. Darüber hinaus wird er die Verkaufssteuerung mittels der EDV noch besser ausnutzen. Ein wichtiger Punkt für Herrn Köppel ist die Vereinbarung von Rabattvorgaben. Er wird im neuen Jahr diese Vorgaben den Verkäufern verbindlich mitteilen.

Die Zahl der verkauften Neufahrzeuge ist im Vergleich zum Vorjahr um acht Einheiten je NF-Verkäufer angestiegen. Der Bruttoertrag in Euro ist pro NF/Einheit gesunken. Die Verkäufer werden angehalten, den Kunden fach- und bedarfsgerechter zu beraten und nicht nur Fahrzeuge der Kompaktklasse mit geringeren Verkaufserlösen zu verkaufen. Für jeden Verkäufer wird für das kommende Jahr eine **Zielvereinbarung** getroffen. In dieser wird die Gesamtanzahl der zu vermarktenden Fahrzeuge nach Modellen aufgesplittet.

Beispiel: Verkäuferin Annika Fink

	Zu verkaufende NF-Einheiten
Zielvereinbarung kommendes Jahr	100
Davon:	
Modell Maximo	20
Modell Phantasia	20
Modell Big Bag Plus-SUV	30
Modell Luxor	15
Modell Spiders-Cabriolet	15

Der Deckungsbeitrag von 420,00 € pro verkauftem Fahrzeug ist unbefriedigend. Hier muss seitens der Geschäftsführung ein Kostenbudget für den Neufahrzeugverkauf geplant werden. Insbesondere die Werbekosten scheinen viel zu hoch zu sein. Herr Andreas Pletz wird damit beauftragt, die Kostensituation im Neufahrzeugverkauf mittels der Kostenrechnung zu analysieren und ein Kostenbudget zu planen.

In dieser Form werden in allen Abteilungen Analysegespräche geführt und zukünftige Planwerte und Ziele mit den Mitarbeitern vereinbart.

- Kern jedes Controllings sind permanente Soll-Ist-Vergleiche.
- Der Controller erfasst Ergebnisse, erläutert und erklärt diese, zeigt betriebswirtschaftliche Zusammenhänge auf und leitet in Absprache mit der Unternehmensleitung bei Bedarf Korrekturmaßnahmen ein.

In großen Autohäusern oder Werksniederlassungen übernehmen in der Regel die Assistenten der Geschäftsleitung die Aufgabe eines Controllers. Sie stehen außerhalb der Hierarchieebenen und arbeiten direkt der Geschäftsleitung zu. Ihnen obliegt die Aufgabe, Daten zu sammeln, zu sortieren und aufzubereiten.

Controlling im Gebrauchtfahrzeugverkauf

Kennzahlen der Abteilung Gebrauchtfahrzeugverkauf

Aufteilung	Bundesdurchschnitt	Händlerspitzengruppe
Anteil am Gesamtumsatz	30 %	33 %
Bruttoertrag der Abteilung	7,1 %	8,4 %
Bruttoertrag pro GF	580,00 €	710,00 €
Deckungsbeitrag pro GF	120,00 €	290,00 €
Werbeaufwand pro GF	40,00 €	30,00 €
durchschnittliche Standzeit in Tagen	125 Tage	113 Tage
Standzeitstruktur des GF-Bestandes in Einheiten • unter 60 Tage • 61 bis 120 Tage • 121 bis 180 Tage • über 180 Tage	 22 11 8 15	 19 8 5 10
durchschnittlicher GF-Verkaufspreis	8 200,00 €	8 500,00 €
Umschlag GF-Bestand pro Jahr	5	6

Die wichtigen Kennzahlen für das Gebrauchtfahrzeuggeschäft sind:

- Bruttoertrag je Gebrauchtfahrzeug
- Standzeit in Tagen je Gebrauchtfahrzeug
- Standkosten pro Tag

Gebrauchtfahrzeugkalkulation

LF 7 Kap. 4

Bevor ein Gebrauchtfahrzeug angekauft wird, muss es bewertet werden. Diese Bewertung geht vom voraussichtlichen Verkaufspreis ohne Umsatzsteuer aus. In diesem Zusammenhang müssen die Voraussetzungen der **Differenzbesteuerung** beachtet werden.

Vorkalkulation	€
Geschätzter Netto-Verkaufspreis laut DAT oder Schwacke-Liste	6 100,00
– Instandsetzungsaufwand laut Werkstattprüfprotokoll	150,00
– Aufbereitungskosten laut Werkstattprüfprotokoll	65,00
– verkaufsabhängige Kosten (Provisionen)	180,00
– anteilige Gemeinkosten laut BAB	300,00
– Standzeitkosten (30 Tage · 8,00 €)	240,00
– Gewinn	250,00
= kalkulierter Hereinnahmepreis	4 915,00

Wird dem Kunden ein höherer Preis als der kalkulierte **Hereinnahmepreis** für sein Gebrauchtfahrzeug gezahlt, so spricht man vom Eintauschüberwert.

Berechnung des Eintauschüberwertes:
Der **Eintauschüberwert** ist die Differenz zwischen dem kalkulierten Hereinnahmepreis und dem tatsächlich gezahlten Übernahmepreis.

kalkulierter Hereinnahmepreis	4 915,00 €
– tatsächlicher Übernahmepreis netto	5 000,00 €
= Eintauschüberwert	– 85,00 €

Nachkalkulation:
Auf eine **Nachkalkulation** eines getätigten Gebrauchtfahrzeuggeschäfts sollte in der Praxis nicht verzichtet werden. Erst die Nachkalkulation durch den Controller lässt eine Beurteilung der Qualität des getätigten Geschäfts zu.

erzielter Verkaufserlös	5 910,00 €
– tatsächlicher Übernahmepreis	5 000,00 €
= Bruttoertrag	910,00 €
– Instandsetzungsaufwand	160,00 €
– Aufbereitungskosten	70,00 €
– verkaufsabhängige Kosten (Provisionen)	180,00 €
– anteilige Gemeinkosten	320,00 €
– Standzeitkosten (60 Tage · 8,00 €)	480,00 €
= Gewinn/Verlust	– 300,00 €

Dieses Beispiel zeigt, dass erst durch die Nachkalkulation der Verlust dieses Geschäfts in Höhe von 300,00 € ermittelt werden konnte. Gründe für den Verlust sind der Eintauschüberwert, der niedrige Verkaufspreis und die hohe Standdauer von 60 Tagen.

Ermittlung der Standkosten:
Die Ermittlung der **Standkosten** von Gebrauchtfahrzeugen setzt eine funktionierende Kostenrechnung voraus. Die anzusetzenden Werte werden als Durchschnittswerte aus der Kostenrechnung ermittelt.

Standkostenermittlung	€	Berechnung (auf volle Euro gerundet)
monatliche Standplatzmiete	35,00	monatliche kalkulatorische Miete/Anzahl der Standplätze
+ sonstige monatliche Platzkosten	20,00	Jahreswert aus dem BAB/12 Monate
+ monatliche Werbekosten	4,00	1,0 % Jahreszins vom Übernahmepreis netto (Abhängig vom Kfz-Betrieb)
+ monatliche Kapitalverzinsung	42,00	10 % vom Übernahmepreis netto (banküblicher Zinssatz)
+ monatlicher Werteverlust	139,00	36 Monate Abschreibung (nach drei Jahren Standzeit hat das Fahrzeug keinen Verkaufswert mehr, Einschätzung des Kfz-Betriebs)
= monatliche Standkosten	240,00	
tägliche Standkosten	8,00	monatliche Standkosten/30

Das genannte Fahrzeug hatte eine Standdauer von 60 Tagen, somit fielen 60 · 8,00 € = 480,00 € Standkosten an.

Controlling im Ersatzteillager

Kennzahlen der Abteilung Teilelager

Aufteilung	Bundesdurchschnitt	Händlerspitzengruppe
Anteil am Gesamtumsatz	13 %	14 %
Teileumsatz • über die Werkstatt • über die Theke an Verbraucher • Handelsgeschäft	 52 % 5 % 43 %	 54 % 6 % 40 %
Teileumsatz zu VAK pro Lagerist und Jahr	270 000,00 €	300 000,00 €
Bruttoertrag in % vom Umsatz	26 %	26 %
Deckungsbeitrag in % vom Umsatz	15 %	16 %
Teileumschlag	5,5	6
Teilebestand	176 000,00 €	154 000,00 €

Im Kfz-Betrieb zeigen zwei betriebswirtschaftliche Grundsätze das wirtschaftliche Geheimnis im Ersatzteillager.

1. **Der kaufmännische Grundsatz: Im Einkauf liegt der halbe Gewinn.**
2. **Der Balanceakt: geringer Lagerbestand = geringe Kosten; hoher Lagerbestand = hohe Lieferbereitschaft**

Der Bruttoertrag liegt im Branchenschnitt bei 26 %. Haben Kfz-Betriebe eine große Anzahl rabattberechtigter Großabnehmer, bewegt sich dieser Wert weiter nach unten. Der Umsatz im Ersatzteillager wird zu 52 % bis 54 % vom Werkstattumsatz geprägt, daraus ergibt sich eine immense Bedeutung des Lohnumsatzes für das Ersatzteilgeschäft in der Werkstatt.

Umschlagshäufigkeit
Die Lagerumschlagshäufigkeit ist eine wichtige Kennzahl zur Beurteilung des Teilelagers.

Beispiel

Das Autohaus Köppel bevorratet Teile im Wert von 115 000,00 €. Dies bedeutet, dass das Autohaus Köppel in dieser Höhe Kapital bindet, das natürlich Zinsen kostet. Ein hoher Lagerbestand beinhaltet zudem ein Bestandsrisiko durch nicht mehr verkäufliche Teile. Aus dieser Sicht sollte der Lagerbestand möglichst gering gehalten werden. Auf der anderen Seite steht der Anspruch höchster Servicebereitschaft, der einen hohen Lagerbestand zur Voraussetzung hat. Das sind die beiden Extremlösungen. In der Praxis gibt es keine Ideallösung einer wirtschaftlichen Lagerführung. Damit man einem Optimum zumindest nahekommt, wird in der Praxis die **ABC-Analyse** durchgeführt.

LF 4

Die Formel lautet:

$$\text{Lagerumschlagshäufigkeit} = \frac{\text{Umsatz}}{\text{durchschnittlicher Lagerbestand}}$$

Die Umsatzzahlen des Teilelagers liefert die Finanzbuchhaltung. Der durchschnittliche Lagerbestand lässt sich wie folgt berechnen:

$$\frac{(\text{Anfangsbestand} + \text{Endbestand})}{2}$$

Der Umsatz ist zu Einstandspreisen (VAK Teile) zu bewerten, da auch der Warenwert so angesetzt wird. Der durchschnittliche Lagerbestand zeigt auch die Kapitalbindung im Lager an.

Beispiel

Das Autohaus Köppel hatte einen Anfangsbestand im Teilelager von 116 000,00 €, der Endbestand laut Inventur beträgt 114 000,00 €. Der durchschnittliche Lagerbestand beträgt (116 000,00 + 114 000,00) : 2 = 115 000,00 €.
Der Umsatz zu Einstandspreisen (VAK Teile) betrug 516 953,00 € laut Finanzbuchhaltung.

Die Lagerumschlagshäufigkeit beträgt:

$$\frac{516\,953}{115\,000} = 4,5$$

Die Lagerdauer der Teile berechnet sich nach der Formel:

$$\frac{\textbf{360 Tage}}{\textbf{Umschlagshäufigkeit}}$$

Die Lagerdauer der Teile beträgt im Durchschnitt 80 Tage.

Die **Lagerkennzahlen** dienen dem innerbetrieblichen Vergleich. Sie erlauben eine Kontrolle und Beurteilung des Lagerergebnisses. Es kann aber nur im jeweiligen Einzelfall eine Aussage darüber getroffen werden, ob die erreichten Werte für den Kfz-Betrieb akzeptabel sind oder nicht. Eine geringe Lagerumschlagshäufigkeit kann ihre Ursache auch darin haben, dass im Lager bewusst auch weniger gängige Teile bevorratet werden, um die Servicebereitschaft hoch zu halten.

Dies hat höhere Kapitalbindungskosten zur Folge. Kapitalbindungskosten sind Kosten für das im Unternehmen investierte Kapital. Unter der Kapitalbindung versteht man die Tatsache, dass in einem Unternehmen das Kapital nicht in Form von Geld vorliegt, sondern in Vermögensgegenständen, wie z. B. in einem hohen Lagerbestand, gebunden ist. Das für die Lagerbestände eingesetzte Kapital kann nicht anderweitig gewinnbringend verwandt werden. Die Kapitalbindungskosten berechnen sich vereinfacht als Produkt aus dem durchschnittlichen Lagerbestandswert und einem kalkulatorischen Zinssatz.

$$\textbf{Kapitalbindungskosten} = \frac{\textbf{durchschnittlicher Lagerbestand} \cdot \textbf{kalkulatorischer Zinssatz}}{\textbf{100}}$$

Beispiel

Der durchschnittliche Lagerbestand beläuft sich auf 115 000,00 €, der kalkulatorische Zinssatz beträgt 3,5.

$$\text{Kapitalbindungskosten} = \frac{115\,000{,}00 \cdot 3{,}5}{100} = 4\,025{,}00\ €$$

Der Servicegrad

Unter dem Servicegrad versteht man allgemein die Bereitschaft oder Fähigkeit eines Unternehmens, ab Lager zu liefern. Ausgedrückt wird die Lieferbereitschaft über die Kennzahl Lieferbereitschaftsgrad oder Servicegrad. Im Automobilhandel ist sie eine prozentuale Quote, die angibt, wie hoch der Anteil der vollständig ausgeführten Ersatzteilbestellungen an der Menge der gesamten Ersatzteilbestellungen ist, zu denen auch der Werkstattteileumsatz gehört.

$$\text{Servicegrad} = \frac{\text{Anzahl der vollständig ausgeführten Bestellungen} \cdot 100}{\text{Anzahl der gesamten Bestellungen}}$$

Beispiel

Im Autohaus Köppel wurden im Betrachtungszeitraum 160 Teilebestellungen entgegengenommen, davon konnten 144 sofort ab Lager bedient werden.

$$\text{Servicegrad} = \frac{144 \cdot 100}{160} = 90\,\%$$

Das Autohaus Köppel hat einen Servicegrad von 90 %. Vielen Unternehmen reicht ein Servicegrad in dieser Höhe aus, da das Erreichen eines höheren Wertes unverhältnismäßig hohe Kosten verursachen würde, da sich die Lagerhaltungskosten bei nur geringer Umsatzerhöhung deutlich erhöhen würden.

Controlling in der Werkstatt

Kennzahlen Abteilung Werkstatt

Aufteilung	Bundesdurchschnitt	Händlerspitzengruppe
Anteil am Gesamtumsatz	8,5 %	9,0 %
Lohnerlös nach Auftragsart		
• Kundenaufträge • Gewährleistungsaufträge • interne Aufträge	77 % 11 % 12 %	77 % 11 % 12 %
verkaufte Stunden pro Monteur	1 260	1 310
Lohnerlös pro Durchgang	100,00 €	100,00 €
Lohnerlös pro Monteur pro Jahr	67 000,00 €	67 000,00 €
Bruttoertrag in % vom Umsatz	65 %	66 %
Deckungsbeitrag in % vom Umsatz	17 %	21 %
Produktivität der Monteure	83 %	95 %
Leistungsgrad der Monteure	94 %	96 %
Betreuungsgrad	35 % bis 55 %	35 % bis 55 %

Eine wichtige Kennzahl der Werkstatt ist die **Anzahl der produktiven Stunden** und **der Umsatz pro Monteur**, der sich aus der Multiplikation „produktive Stunden je Monteur mal Stundenverrechnungssatz (netto)“ ergibt. Über 70 % des Stundenverrechnungssatzes werden durch die Werkstattpersonalkosten verursacht. Damit diese durch die Kräfte produktiv abgedeckt werden können, sollten pro Jahr und Monteur zwischen 1 340 und 1 370 Stunden abgerechnet werden.

Eine weitere Größe, die in diesem Zusammenhang zu nennen ist, ist der **Leistungsgrad** der Monteure. Liegt er über 100 %, so können mehr Stunden produktiv verkauft werden als produktiv geleistet wurden. Der Monteur erledigt seine Aufträge schneller als in der Vorgabezeit festgelegt wurde.

LF 5 Kap. 6.4

Sollte der Leistungsgrad unter 100 % sinken, wird der Umsatz nicht reichen, um kostendeckend zu arbeiten.

$$\textbf{Leistungsgrad der Monteure} = \frac{\textbf{verkaufte Stunden} \cdot 100}{\textbf{bezahlte Stunden}}$$

Beispiel

Ein Monteur erledigt an einem Tag Aufträge mit insgesamt acht zu berechnenden Stunden. Er war aber nur 7,4 Stunden anwesend.

$$\text{Leistungsgrad} = \frac{8 \cdot 100}{7{,}4} = 108{,}11\,\%$$

Eine weitere wichtige Kennzahl für das Werkstattgeschäft ist der **Betreuungsgrad**. Er gibt an, wie viele Fahrzeuge der vertriebenen Marke im Marktgebiet tatsächlich in der eigenen Werkstatt betreut werden. Dieser Kennzahl ist in Zukunft größere Aufmerksamkeit zu schenken, da eine hohe Werkstattauslastung zu einem immer größer werdenden Problem wird. Die Neufahrzeuge werden immer weniger reparaturanfällig und verlängerte Inspektionsintervalle führen zu immer weniger Werkstattdurchläufen.

$$\textbf{Betreuungsgrad} = \frac{\textbf{tatsächlich betreute Kundenfahrzeuge} \cdot 100}{\textbf{Bestandspotenzial der Marke im Gebiet}}$$

Die Anzahl der tatsächlich betreuten Kundenfahrzeuge ergibt sich aus der Kundendatei des Kfz-Betriebs. Das Bestandspotenzial der Marke im Gebiet ergibt sich aus den Zulassungsstatistiken des Kraftfahrzeugbundesamts.

Beispiel

Ein Kfz-Betrieb betreut laut Kundendatei 1 280 Kundenfahrzeuge seiner Marke. Das Bestandspotenzial im Marktgebiet beläuft sich auf 2 670 Fahrzeuge dieser Marke. Der Betreuungsgrad beträgt 48 %.

$$\frac{1\,280 \cdot 100}{2\,670} = 48\,\%$$

Sollte der Betreuungsgrad unter dem Durchschnitt der Marke liegen, so sind die Ursachen dafür zu erforschen. Ein schlechtes Firmenimage, hohe Werkstattpreise, schlechte Verkehrsanbindung und ein geringer Bekanntheitsgrad des Kfz-Unternehmens können Ursachen für einen geringen Betreuungsgrad sein.

Eine weitere Möglichkeit der Werkstattanalyse ist die **Werkstattindexrechnung**.

LF 5 Kap. 5.2

Die Werkstattanalyse wurde im Lernfeld 5 dargestellt.

Controlling im Gesamtunternehmen

Eine tief gegliederte Kostenrechnung auf Teilkostenbasis liefert eine unüberschaubare Fülle von Daten. Der Leiter eines Kfz-Betriebs wäre durch diese Datenfülle nicht in der Lage, einen Überblick über das Unternehmen zu gewinnen. Aus diesem Grund hat der Controller einen **Bericht** zu erstellen, aus dem in überschaubarer Form die Leistungs- und Kostendaten zur Unternehmensführung ersichtlich sind.

Beispiel: Die Ertragslage der Autohaus Köppel GmbH

	A	B	C	D	E	F	G	H	I
1–2	**Ertragslage Autohaus Köppel GmbH**								
3	**Abteilung**	**Erlöse**			**Bruttoertrag**			**Deckungsbeitrag III**	
4		T€	Anteil in %		T€	in % der Erlöse		T€	in %
5			**AH Köppel**	Branche	**AH Köppel**	**AH Köppel**	Branche		der Erlöse
6	Neufahrzeuge einschließlich Vorführfahrzeuge	5776,000	**44,52**	60,87	**577,600**	**10,00**	11,00	**248,478**	**4,30**
7	Gebraucht-fahrzeuge	6048,000	**46,62**	21,08	**544,320**	**9,00**	9,00	**292,200**	**4,83**
8	Ersatzteil/Zubehör	795,312	**6,13**	11,62	**278,359**	**35,00**	31,22	**207,519**	**26,09**
9	Werkstatt	353,794	**2,73**	6,43	**264,994**	**74,90**	50,16	**98,834**	**27,94**
10	Gesamtbetrieb	12973,106	**100,00**	100,00	**1665,273**	**12,84**	16,10	**847,031**	**6,53**
11					Unternehmens-Fixkosten (Blockkosten)			**617,320**	**4,76**
12					Betriebsergebnis			**229,711**	**1,77**

Absolute Zahlen besitzen eine zu geringe Aussagekraft für eine umfassende Beurteilung des Kfz-Betriebs. Erst durch das In-Beziehung-Setzen werden die ermittelten Werte aussagekräftig.

Die Spalte C zeigt die Anteile der einzelnen Abteilungen am Gesamtumsatz. Durch den Vergleich mit der Branche wird deutlich, in welchen Bereichen der Schwerpunkt des Autohauses Köppel liegt. Besonders auffällig ist der hohe Anteil des Gebrauchtfahrzeuggeschäfts.

Eine Analyse des **Bruttoertrags**, Spalten E bis G, zeigt den unterschiedlichen Bruttogewinn beim Fahrzeugverkauf, beim Ersatzteilverkauf und in der Werkstatt. Der **Branchenvergleich**, Spalten F und G, zeigt, dass dieser branchenüblich ist, wobei das Autohaus Köppel im Ersatzteillager und in der Werkstatt erheblich über dem Branchendurchschnitt liegt. Insgesamt gesehen ist aber die **Ertragslage** verbesserungswürdig, da der Bruttogewinnanteil der Branche bei 16,1 % liegt, das Autohaus Köppel aber nur einen Wert von 12,84 % erreicht.

Die Summe der **Deckungsbeiträge III** dient zur Abdeckung der fixen Kosten des Kfz-Betriebs. Im Autohaus Köppel zeigen sich das Ersatzteillager und die Werkstatt als beitragsstarke Umsatzbereiche. Im Lager werden pro 100,00 € Umsatz 26,09 € zur Abdeckung der fixen Unternehmenskosten beigesteuert, in der Werkstatt beträgt dieser Wert 27,09 €.

Diese Aussage in Verbindung mit dem relativ niedrigen Anteil des Teileerlöses und der Werkstatt am Gesamterlös, nur 6,13 % (Lager) bzw. 2,73 % (Werkstatt), sprechen für eine notwendige Intensivierung des Teile- und Werkstattgeschäfts. Diese relativ schwachen Unternehmensbereiche begründen auch den niedrigen Gesamtbruttoertrag von 12,84 %.

Die Beziehung zwischen **Betriebsergebnis** und **Umsatz** führt zu einer weiteren, sehr wichtigen Kennzahl im Kfz-Betrieb, der **Umsatzrentabilität**.

$$\text{Umsatzrentabilität} = \frac{\text{Betriebsergebnis} \cdot 100}{\text{Umsatz}}$$

Beispiel: Umsatzrentabilität des Autohauses Köppel

$$\frac{229\,711{,}00 \cdot 100}{12\,973\,106{,}00} = 1{,}77\,\%$$

Die **Umsatzrentabilität** zeigt an, wie viel Gewinn pro 100,00 € Umsatz erwirtschaftet wurde. Im Autohaus Köppel sind das 1,77 €; ein überdurchschnittlich guter Wert, wie die folgende Übersicht zeigt.

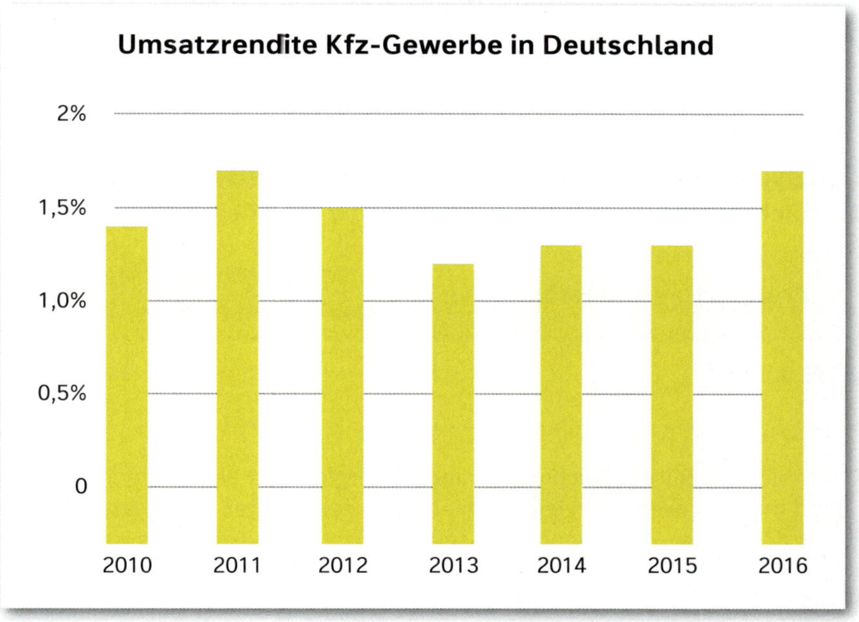

Im Autohaus Köppel können pro 100,00 € Umsatz 1,77 € für Ausschüttungen oder Investitionen im Autohaus verwendet werden.

In den Jahren 2010 bis 2016 bewegte sich die durchschnittliche Umsatzrendite im deutschen Kfz-Gewerbe immer unter der 2 %-Marke. Im Jahr 2016 konnten bundesweit alle drei Teilbereiche im Autohaus einen kräftigen Umsatzschub verzeichnen. Die Umsätze legten in 2016 im Vergleich zum Vorjahr um 9,9 % auf 172,0 Mrd. € zu. Auf den Umsatz bezogen legte die Branche kräftig zu, die durchschnittliche Rendite konnte davon allerdings nicht profitieren. Sie lag im Schnitt bei 1,7 % und damit weit entfernt von der vom ZDK mit 3 % bezifferten Mindestrendite. Diese ist notwendig, um erforderliche Investitionen in Mitarbeiter/-innen, moderne Werkstatttechnik und Immobilien zu tätigen.[1]

Es bleibt festzuhalten, dass die durchschnittliche Umsatzrentabilität im deutschen Kraftfahrzeuggewerbe im Vergleich zu anderen Gewerben sich auf einem sehr niedrigen Niveau bewegt.

Leistungskennzahlen des Gesamtbetriebs

Die Leistungsmöglichkeiten eines Kfz-Betriebs sind u. a. durch die Mitarbeiterzahl begrenzt. Inwieweit die Leistungsmöglichkeiten des Kfz-Betriebs ausgenutzt werden, zeigt das In-Beziehung-Setzen der Mitarbeiterzahl mit dem Umsatz und dem Bruttoertrag.

Beispiel 1

Für das Autohaus Köppel errechnet sich folgender Umsatz je Mitarbeiter/-in:

$$\textbf{Erlös je Mitarbeiter/-in} = \frac{\textbf{Gesamterlös}}{\textbf{Anzahl der Mitarbeiter/-innen}}$$

$$\frac{12\,973\,106{,}00}{27} = 480\,485{,}00\ €$$

Beispiel 2

Für das Autohaus Köppel errechnet sich folgender Bruttoertrag je Mitarbeiter/-in:

$$\textbf{Bruttoertrag je Mitarbeiter/-in} = \frac{\textbf{Gesamtbruttoertrag}}{\textbf{Anzahl der Mitarbeiter/-innen}}$$

$$\frac{1\,665\,273{,}00}{27} = 61\,677{,}00\ €$$

Beide Werte sind im **Zeitvergleich** und **Branchenvergleich** zu analysieren. Ein Zeitvergleich ist nur dann möglich, wenn Vergleichszahlen vorangegangener Wirtschaftsperioden vorliegen. Ist dies der Fall, so kann eine Verbesserung oder Verschlechterung der Werte ermittelt werden. Dieser **interne Vergleich** ist umso aussagekräftiger, je mehr Vergleichszahlen zur Verfügung stehen. Der Branchenvergleich führt nur bedingt zu einem aussagefähigen Ergebnis. Nicht jeder Kfz-Betrieb ist von der Umsatzstruktur her gleich; so weisen verkaufsorientierte Autohäuser einen höheren Umsatz pro Mitarbeite/-in aus, werkstatt- und serviceorientierte Autohäuser einen höheren Bruttoertrag je Mitarbeite/-in.

1 Vergleiche ZDK Jahresbericht 2015/2016, Bonn 2016, Seite 7 ff. /Vergleiche ZDK Zahlen Fakten 2016, Bonn 2017, Seite 11

Das **Berichtswesen** im Autohaus ist eine wichtige Informationsquelle für die Betriebsleitung. Aus den monatlichen Berichten kann diese einen schnellen Überblick über die Ertragslage des Unternehmens und seiner einzelnen Abteilungen gewinnen. Inwieweit Unternehmensziele erreicht oder verfehlt wurden, kann mithilfe einer funktionierenden Kostenrechnung und einer gezielten Aufbereitung der gewonnenen Daten durch den Controller festgestellt werden.

Für eine effiziente, marktorientierte Betriebsführung ist die kurzfristige Erfolgsrechnung auf Teilkostenbasis unerlässlich. Um den Anteil der einzelnen Abteilungen am Gesamtergebnis des Autohauses festzustellen, ist eine Kostenaufteilung im Rahmen der Vollkostenrechnung notwendig. Beide Kostenrechnungssysteme und ein effizientes Berichtswesen werden in Zukunft für die wirtschaftlich erfolgreiche Unternehmensführung eines Kfz-Betriebs unentbehrlich sein.

Zusammenfassung

- Controlling umfasst die Planung von Unternehmenszielen, die Einleitung von Maßnahmen zur Erreichung von Unternehmenszielen, die Überwachung und Kontrolle der erreichten Ziele und die Kommunikation mit der Unternehmensführung mittels eines Berichtswesens.
- Kennzahlen ermöglichen den Vergleich mit vorangegangenen Rechnungsperioden, zu Betrieben derselben Branche und zur Planung.

Aufgaben

1. Ein Kfz-Betrieb erreichte folgende Werte im NF-Verkauf:

Aufteilung	Werte der Abrechnungsperiode	Werte der vorangegangenen Abrechnungsperiode
Anteil am Gesamtumsatz	52 %	58 %
NF-Absatz nach Abnehmergruppen		
• Verbraucher	72 %	60 %
• Großkunden	18 %	25 %
• angeschlossene Händler	10 %	15 %
Bruttoertrag der Abteilung	9,5 %	8,1 %
NF-Einheiten pro Verkäufer und Jahr	118	125
Bruttoertrag pro NF	1 480,00 €	1 420,00 €
Deckungsbeitrag pro NF und Jahr	448,00 €	450,00 €
Werbeaufwand pro NF	121,00 €	65,00 €

a) Analysieren Sie die erreichten Werte anhand des Branchenschnitts, der Händlerspitzengruppe und des Zeitvergleichs.
b) Erläutern Sie mögliche Ursachen für die ermittelten Zahlen.
c) Welche Konsequenzen ziehen Sie aus der Analyse?
Lösungstipp: Nutzen Sie die Methode des **Rollenspieles** und führen Sie ein Analysegespräch.

d) Erläutern Sie realistische Zielvorgaben.
Lösungstipp: Nutzen Sie die Methode der **Kartenabfrage**, um realistische Maßnahmen zu erarbeiten.

2. Ein von einem Privatmann anzukaufendes Gebrauchtfahrzeug wird wie folgt bewertet:

Vorkalkulation	€
geschätzter Netto-Verkaufspreis laut DAT oder Schwacke-Liste	5 100,00
Instandsetzungsaufwand laut Werkstattprüfprotokoll	350,00
Aufbereitungskosten laut Werkstattprüfprotokoll	75,00
verkaufsabhängige Kosten (Provisionen)	120,00
anteilige Gemeinkosten laut BAB	150,00

a) Wie hoch ist der kalkulierte Hereinnahmepreis, wenn ein Gewinn von pauschal 200,00 € angenommen wird, die Standkosten pro Tag 7,50 € betragen und die durchschnittliche Standdauer mit 46 Tagen angenommen wird?
b) Wie hoch ist der Eintauschüberwert, wenn das Gebrauchtfahrzeug für 4 000,00 € netto angekauft wird?
c) Wie hoch ist der Gewinn/Verlust, wenn das Fahrzeug nach 60 Tagen Standzeit für 4 800,00 € verkauft wird?
d) Erstellen Sie mithilfe geeigneter Software einen GF-Einkaufskalkulationsbogen sowie ein Nachkalkulationsformular.

3. Das Autohaus Köppel erreichte folgende Werte im GF-Verkauf:

Aufteilung	Werte der Abrechnungsperiode	Werte der vorangegangenen Abrechnungsperiode
Anteil am Gesamtumsatz	36 %	42 %
Bruttoertrag der Abteilung	7,9 %	6,3 %
Bruttoertrag pro GF	671,00 €	651,00 €
Deckungsbeitrag pro GF	155,00 €	148,00 €
Werbeaufwand pro GF	42,00 €	22,00 €
durchschnittliche Standzeit in Tagen	125 Tage	80 Tage
Standzeitstruktur des GF-Bestandes in Einheiten		
• unter 60 Tage	16	9
• 61 bis 120 Tage	8	18
• 121 bis 180 Tage	8	9
• über 180 Tage	19	8
durchschnittlicher GF-Verkaufspreis	7 500,00 €	6 400,00 €
Umschlag GF-Bestand pro Jahr	4	5

a) Analysieren Sie die erreichten Werte anhand des Branchenschnitts, der Händlerspitzengruppe und des Zeitvergleichs.
b) Erläutern Sie mögliche Ursachen für die ermittelten Zahlen.
c) Welche Konsequenzen ziehen Sie aus der Analyse?
Lösungstipp: Nutzen Sie die Methode des **Rollenspieles** und führen Sie ein Analysegespräch.
d) Erläutern Sie realistische Möglichkeiten, die Standdauer des GF zu verkürzen. Erläutern Sie realistische Zielvorgaben.
Lösungstipp: Nutzen Sie die Methode der **Kartenabfrage**, um realistische Maßnahmen zu erarbeiten.
e) Präsentieren Sie Ihre Ergebnisse in ansprechender Form Ihren Mitschülern/Mitschülerinnen.

4. Das Autohaus Köppel erreichte folgende Werte im Teilebereich:

Aufteilung	Werte der Abrechnungsperiode	Werte der vorangegangenen Abrechnungsperiode
Anteil am Gesamtumsatz	10 %	12 %
Teileumsatz • über die Werkstatt • über die Theke an Verbraucher • Handelsgeschäft	 64 % 35 % 1 %	 70 % 28 % 2 %
Teileumsatz zu VAK pro Lagerist und Jahr	263 000,00 €	289 000,00 €
Bruttoertrag in % vom Umsatz	27 %	25 %
Deckungsbeitrag in % vom Umsatz	18 %	17 %
Teileumschlag	5,3	5,8
Teilebestand	182 000,00 €	158 000,00 €

a) Analysieren Sie die erreichten Werte anhand des Branchenschnitts, der Händlerspitzengruppe und des Zeitvergleichs.
b) Erläutern Sie mögliche Ursachen für die ermittelten Zahlen.
Lösungstipp: Nutzen Sie die Methode der Kartenabfrage.
c) Welche Konsequenzen ziehen Sie aus der Analyse?
Lösungstipp: Nutzen Sie die Methode des **Rollenspieles** und führen Sie ein Analysegespräch.
d) Präsentieren Sie Ihre Ergebnisse in ansprechender Form Ihren Mitschülern/Mitschülerinnen.

5. Das Autohaus Köppel erreichte folgende Werte in der Werkstatt:

Aufteilung	Werte der Abrechnungsperiode	Werte der vorangegangenen Abrechnungsperiode
Anteil am Gesamtumsatz	8,0 %	10 %
Lohnerlös nach Auftragsart • Kundenaufträge • Gewährleistungsaufträge • interne Aufträge	 84 % 7 % 9 %	 72 % 10 % 18 %
verkaufte Stunden pro Monteur	1 230	1 360
Lohnerlös pro Durchgang	92,00 €	83,00 €
Lohnerlös pro Monteur pro Jahr	61 500,00 €	70 720,00 €
Bruttoertrag in % vom Umsatz	65 %	61 %
Deckungsbeitrag in % vom Umsatz	21 %	18 %
Produktivität der Monteure	90 %	90 %
Leistungsgrad der Monteure	94 %	90 %
Betreuungsgrad	51 %	48 %

a) Analysieren Sie die erreichten Werte anhand des Branchenschnitts, der Händlerspitzengruppe und des Zeitvergleichs.

b) Erläutern Sie mögliche Ursachen für die ermittelten Zahlen.
Lösungstipp: Nutzen Sie die Methode der **Kartenabfrage**.

c) Welche Konsequenzen ziehen Sie aus der Analyse?
Lösungstipp: Nutzen Sie die Methode des **Rollenspieles** und führen Sie ein Analysegespräch.

d) Präsentieren Sie Ihre Ergebnisse in ansprechender Form Ihren Mitschülern/Mitschülerinnen.

5 Bilanzkennzahlen

AUSGANGSSITUATION

Die Auszubildende Nora Braun, mittlerweile im dritten Ausbildungsjahr, durfte an der monatlichen Ergebnisbesprechung im Autohaus Köppel teilnehmen. Dabei wurden auch Bilanzkennzahlen kurz besprochen. Nach der Besprechung kommt sie zum Assistenten der Geschäftsleitung, Herrn Andreas Pletz, und fragt: „Wird denn jetzt jeden Monat eine Bilanz erstellt, um die Bilanzkennzahlen zu ermitteln?“ „Nein“, antwortet Herr Pletz, „das wäre viel zu aufwendig. Das waren die Bilanzkennzahlen aus dem letzten Jahresabschluss.“

ARBEITSAUFTRAG

Überlegen Sie warum die Bilanzkennzahlen für das operative Geschäft von weniger Relevanz sind. Diskutieren Sie in Dreiergruppen.

Um die wirtschaftliche Lage eines Unternehmens beurteilen zu können, müssen zusätzlich Kennzahlen aus Bilanzwerten ermittelt werden.

Beispiel: Bilanzwerte des Autohauses Köppel

Aktiva in €	Bilanz		Passiva in €
Anlagevermögen		**Eigenkapital**	
Grundstücke	204 000,00	Kapital	718 000,00
Gebäude	468 000,00	Gewinn	229 711,00
Maschinen	51 500,00	Summe Eigenkapital	947 711,00
Betriebsausstattung	3 900,00	**Fremdkapital**	
Fuhrpark	53 000,00	**langfristiges Fremdkapital**	
Vorführfahrzeuge	285 000,00	langfristige Bankverbindlichkeiten	889 289,00
Summe Anlagevermögen	1 065 400,00	Summe langfristiges FK	889 289,00
Umlaufvermögen		**kurzfristiges Fremdkapital**	
Neufahrzeuge	908 000,00	kurzfristige Bankverbindlichkeiten	638 000,00
Gebrauchtfahrzeuge	584 900,00	Verbindlichkeiten a. LL.	822 000,00
Teile/Zubehör	279 000,00	sonstige Verbindlichkeiten	47 700,00
Forderungen	381 800,00	Summe kurzfristiges FK	1 507 700,00
Bankguthaben	115 000,00		
Kassenbestand	10 600,00		
Summe Umlaufvermögen	2 279 300,00	Summe Fremdkapital	2 396 989,00
Bilanzsumme	**3 344 700,00**	**Bilanzsumme**	**3 344 700,00**

Eigenkapitalanteil

$$\text{Eigenkapitalanteil} = \frac{\text{Eigenkapital}}{\text{Bilanzsumme}} \cdot 100$$

Hoch:	> 30 %	=	Stabilität und Unabhängigkeit des Unternehmens sind gewährleistet.
Niedrig:	< 20 %	=	Das Unternehmen ist zunehmend konjunkturanfällig.
	< 15 %	=	Eine betriebswirtschaftliche Beratung ist anzustreben.

Was Aussagen über die Sicherheit eines Betriebs betrifft, so gehört diese Kennzahl zu den wichtigsten. Der Wert vernünftiger Eigenkapitalausstattung wird gerade in einer Konjunkturschwächephase besonders deutlich und steht bei Bankgesprächen ganz oben. Die Kennzahl besagt, wie viel des bilanzierten Vermögens tatsächlich dem Betrieb gehört. Je weniger Fremdfinanzierung vorliegt, desto unabhängiger ist ein Unternehmen von Geldgebern und umso stabiler ist die Situation in konjunkturellen Krisenzeiten.

Eigenkapital bedingt keinen Liquiditätsabfluss durch Zinskosten. Die Stabilität des Unternehmens kann notfalls auch durch Eigenkapitalverzehr (= Verluste) gewährleistet werden. In der Analyse spielen die Betriebsgröße und der Branchenvergleich sowie das Alter des Betriebs eine Rolle.

Beispiel: Eigenkapitalanteil des Autohauses Köppel

$$\text{Eigenkapitalanteil} = \frac{947\,711{,}00 \cdot 100}{3\,344\,700{,}00} = 28{,}33\,\%$$

Liquiditätskennzahlen

$$\text{Liquidität 1. Grades} = \frac{(\text{Bank} + \text{Kassenbestand})}{\text{kurzfr. Fremdkapital}} \cdot 100$$

$$\text{Liquidität 2. Grades} = \frac{(\text{flüssige Mittel} + \text{Forderungen})}{\text{kurzfr. Fremdkapital}} \cdot 100$$

$$\text{Liquidität 3. Grades (Working Capital Ratio)} = \frac{\text{Umlaufvermögen}}{\text{kurzfr. Fremdkapital}} \cdot 100$$

Die **Liquidität 1. Grades** zeigt an, wie schnell durch bare Mittel die kurzfristigen Schulden beglichen werden können.

Die **Liquidität 2. Grades** zeigt an, wie schnell durch bare Mittel und Außenstände die kurzfristigen Schulden beglichen werden können.

Die **Liquidität 3. Grades** zeigt an, wie schnell durch das Umlaufvermögen die kurzfristigen Schulden beglichen werden können. Die Kennzahl ist von der Berechnung her gesehen mit der Working Capital Ratio identisch. Eine positive Working Capital Ratio, d. h. über 100 %, stellt eine gewisse Liquiditätsreserve dar, die bei Preiserhöhungen oder Konjunkturschwankungen überlebensnotwendig sein kann.

Da sich die Liquiditätskennzahlen aber nur auf den Bilanzstichtag beziehen, ist eine aussagefähige Beurteilung der Liquidität mit ihnen nicht möglich. Die Werte sind vergangenheitsorientiert. Die Liquidität ist aber für die Zukunft des Unternehmens von Interesse.

Die ermittelten Kennzahlen haben durchaus einen statistischen Wert.

Beispiel: Liquiditätskennzahlen des Autohauses Köppel

$$\text{Liquidität 1. Grades} = \frac{(115\,000{,}00 + 10\,600{,}00)}{1\,507\,700{,}00} \cdot 100 = 8{,}33\,\%$$

$$\text{Liquidität 2. Grades} = \frac{(125\,600{,}00 + 381\,800{,}00)}{1\,507\,700{,}00} \cdot 100 = 33{,}65\,\%$$

$$\text{Liquidität 3. Grades (Working Capital Ratio)} = \frac{2\,279\,300{,}00}{1\,507\,700{,}00} \cdot 100 = 151{,}18\,\%$$

Cashflow

Die Formel des Cashflows lautet (Basisversion):

Cashflow in Euro = Jahresgewinn + Abschreibungen

Der **Cashflow** ist eine wichtige Finanzkennzahl. Sie gibt denjenigen Ertrag an, der zur Eigenfinanzierung des Autohauses erwirtschaftet wird. Ferner gibt sie das Finanzierungspolster zur Tilgung von Schulden oder zur Finanzierung von Investitionen an. Dabei wird das Ergebnis des Wirtschaftsjahres um die nicht ausgabewirksamen Posten erweitert.

Dem Gedanken, mit dem Cashflow – vornehmlich unter Finanzierungsgesichtspunkten – zu fundierten Aussagen über die Ertrags- oder Selbstfinanzierungs- und Schuldentilgungskraft zu kommen, liegen folgende Überlegungen zugrunde: Über die Umsatzerlöse fließen dem Unternehmen Geldmittel zu. Andererseits werden für den betrieblichen Aufwand Mittel verwendet. Als Differenz verbleibt der Gewinn. Dabei werden mit den Abschreibungen Aufwendungen abgesetzt, die die Abnutzung als Wertminderung erfassen. Dies führt nicht zu Ausgaben in der Rechnungsperiode. Aus diesem Grund sind die Abschreibungen zum Jahresgewinn zu addieren.

Beispiel: Cashflow im Autohaus Köppel

Im Autohaus Köppel beliefen sich die Abschreibungen im vergangenen Jahr auf 80 000,00 €. Der Gewinn betrug 229 711,00 €.

Cashflow =	**229 711,00 €**	**Jahresgewinn**
	+ 80 000,00 €	**Abschreibungen**
	309 711,00 €	

Cashflow-Umsatzrate

Die Formel lautet:

$$\text{Cashflow-Umsatzrate} = \frac{\text{Cashflow}}{\text{Umsatz}} \cdot 100$$

Der Cashflow in Euro ausgedrückt ist wenig aussagekräftig. Durch das In-Beziehung-Setzen zur Betriebsleistung = Umsatz wird die Aussagekraft dieser Kennzahl wesentlich gesteigert. Die Cashflow-Umsatzrate gibt das Verhältnis vom Umsatz zum erwirtschafteten Cashflow wieder. Diese Kennzahl ermittelt, wie viel Prozent vom Umsatz zur Eigenfinanzierung bereitgestellt werden (Branchenschnitt derzeit 2 % bis 4,5 %).

Beispiel: Cashflow-Umsatzrate des Autohauses Köppel

Der Cashflow beträgt 309 711,00 €. Der Umsatz betrug 12 793 106,00 €.

$$\text{Cashflow-Umsatzrate} = \frac{309\,711{,}00}{12\,793\,106{,}00} \cdot 100 = 2{,}42\,\%$$

Rentabilitätskennzahlen

$$\text{Eigenkapitalrentabilität} = \frac{\text{Gewinn}}{\text{Eigenkapital}} \cdot 100$$

$$\text{Gesamtkapitalrentabilität} = \frac{(\text{Gewinn} + \text{Zinsaufwendungen})}{\text{Gesamtkapital}} \cdot 100$$

Die **Eigen**- bzw. **Gesamtkapitalrentabilität** zeigt eine Art Kapitalverzinsung auf.

Die Gesamtkapitalrentabilität drückt in der Analyse die **Insolvenzgefährdung** am besten aus. Wird eine sinkende Tendenz festgestellt, so ist eine Schwachstellenanalyse durchzuführen. Eine mangelnde Rentabilität kann in zu hohen Kosten oder zu geringen Verkaufserlösen begründet sein.

Beispiel: Rentabilitätskennzahlen des Autohauses Köppel

Der Gewinn betrug 229 711,00 €, das Eigenkapital 947 711,00 €, das Gesamtkapital 3 344 700,00 € und die Zinsaufwendungen 106 500,00 €.

$$\text{Eigenkapitalrentabilität} = \frac{229\,711{,}00}{947\,711{,}00} \cdot 100 \approx 24{,}24\,\%$$

$$\text{Gesamtkapitalrentabilität} = \frac{(229\,711{,}00 + 106\,500{,}00)}{3\,344\,700{,}00} \cdot 100 \approx 10{,}05\,\%$$

Umsatzentwicklung

$$\text{Umsatzentwicklung} = \frac{\text{Umsatzveränderung}}{\text{Umsatz des Vorjahres}} \cdot 100$$

Die **Umsatzentwicklung** zeigt an, wie stark sich der Umsatz gegenüber dem Vorjahr verändert hat. Eine steigende Tendenz lässt auf ein gutes Firmenimage schließen, wobei Preissteigerungen die Aussagekraft dieser Kennzahl vermindern können. Ist die Tendenz fallend, liegt somit ein Umsatzrückgang vor; dann ist eine Schwachstellenanalyse durchzuführen, um die Ursachen zu ergründen.

Beispiel: Umsatzentwicklung des Autohauses Köppel

Der Umsatz in diesem Jahr betrug 12 793 106,00 €, im letzten Jahr betrug der Umsatz 12 233 800,00 €. Die Umsatzänderung beträgt 12 793 106,00 € – 12 233 800,00 € = 559 306,00 €.

$$\text{Umsatzentwicklung} = \frac{559\,306{,}00}{12\,233\,800{,}00} \cdot 100 \approx 4{,}57\,\%$$

Zusammenfassung

- Eigenkapitalanteil: Die Kennzahl besagt, wie viel des bilanzierten Vermögens tatsächlich dem Betrieb gehört.
- Liquiditätskennzahlen geben an, wie schnell kurzfristige Schulden beglichen werden können, aber sie sind vergangenheitsbezogene Werte.
- Mithilfe des Cashflows können Aussagen über die Ertragskraft des Unternehmens getroffen werden.
- Die Eigen- bzw. Gesamtkapitalrentabilität zeigt eine Art Kapitalverzinsung auf.
- Die Umsatzentwicklung zeigt an, wie stark sich der Umsatz gegenüber dem Vorjahr verändert hat.

Aufgabe

Folgende Bilanzwerte liegen vor:

Aktiva in €		Bilanz	Passiva in €
Anlagevermögen		**Eigenkapital**	
Grundstücke	104 668,00	Kapital	302 000,00
Gebäude	372 000,00	Gewinn	48 000,00
Maschinen	38 998,00	Summe Eigenkapital	350 000,00
Betriebsausstattung	51 200,00	**Fremdkapital**	
Fuhrpark	28 000,00	**langfristiges Fremdkapital**	
Vorführfahrzeuge	153 000,00	langfristige Bankverbindlichkeiten	684 800,00
Summe Anlagevermögen	747 866,00	Summe langfristiges FK	684 800,00
Umlaufvermögen		**kurzfristiges Fremdkapital**	
Neufahrzeuge	724 000,00	kurzfristige Bankverbindlichkeiten	562 000,00
Gebrauchtfahrzeuge	384 000,00	Verbindlichkeiten a. LL.	739 000,00
Teile/Zubehör	156 000,00	sonstige Verbindlichkeiten	29 700,00
Forderungen	282 000,00	Summe kurzfristiges FK	1 330 700,00
Bankguthaben	63 264,00		
Kassenbestand	8 370,00		
Summe Umlaufvermögen	1 617 634,00	Summe Fremdkapital	2 015 500,00
Bilanzsumme	**2 365 500,00**	**Bilanzsumme**	**2 365 500,00**

Weitere Daten:

- Abschreibungen: 42 000,00 €
- Umsatz dieses Jahr: 8 900 000,00 €
- Umsatz letztes Jahr: 8 100 000,00 €
- Zinsaufwendungen: 81 000,00 €

a) Erstellen Sie mithilfe geeigneter EDV-Software eine Bilanztabelle nach obigem Muster mit allen Summenformeln.

b) Erstellen Sie eine Tabelle mit den weiteren Daten.

c) Ermitteln Sie unter Zuhilfenahme einer geeigneten EDV-Software folgende Kennzahlen:
- Eigenkapitalanteil
- Liquidität 1. Grades
- Liquidität 2. Grades
- Liquidität 3. Grades
- Cashflow in Euro
- Cashflow-Umsatzrate
- Eigenkapitalrentabilität
- Gesamtkapitalrentabilität
- Umsatzrentabilität
- Umsatzentwicklung

d) Interpretieren Sie die Werte. Lösen Sie die Aufgabe in **Gruppenarbeit**.

Lernfeld 11

Wirtschaftliche Einflüsse auf unternehmerische Entscheidungen beurteilen und danach handeln

1 Güter- und Geldströme in der Gesamtwirtschaft

AUSGANGSSITUATION

Die Auszubildende zur Automobilkauffrau Marie Braun und der Kfz-Mechatroniker Chris Mayer unterhalten sich im Pausenraum der Autohaus Köppel GmbH.

Herr Mayer: „Nun erzählen Sie mal, was Sie in der Berufsschule so machen."

Marie Braun: „Gestern haben wir besprochen, wie die Wirtschaft funktioniert."

Herr Mayer: „Hört, hört!"

Marie Braun: „Das ist ganz einfach. Von den Unternehmen bekommen wir die Konsumgüter, dafür müssen wir den ganzen Tag arbeiten. Einen Teil des Einkommens sparen wir bei den Banken, damit wir uns eines Tages ein Auto kaufen können. Die Banken geben das Geld als Kredite an die Unternehmen weiter, damit diese sich neue Maschinen kaufen können. Vom Staat bekommen wir später die Rente und vielleicht Kindergeld und Arbeitslosengeld, dafür müssen wir Steuern und Sozialversicherungsbeiträge abführen. Vom Ausland kaufen wir Rohstoffe und Smartphones, die wir gegen unsere Autos und Maschinen eintauschen."

Herr Mayer: „Das sollten Sie mal unserer Regierung erzählen. Die wollen schon wieder die Steuern und Beiträge erhöhen."

Marie Braun: „Die sollten sich das gut überlegen. Denn das hat ziemlich ungünstige Auswirkungen auf uns und auf die Wirtschaft insgesamt."

ARBEITSAUFTRÄGE

1. Informieren Sie sich über Ihren Themenbereich und notieren Sie wichtige Informationen stichpunktartig.
2. Benennen Sie die Teilnehmer der Gesamtwirtschaft, von denen Marie Braun gesprochen hat und halten Sie diese ebenfalls schriftlich fest.
3. Analysieren Sie die Zielsetzungen und das Zusammenwirken dieser Teilnehmer. **Tipp:** Bilden Sie thementeilige Arbeitsgruppen. Regeln für die Gruppenarbeit finden Sie unter BuchPlusWeb.
4. Bereiten Sie sich auf die Präsentation vor.
5. Präsentieren Sie Ihre Ergebnisse und prüfen Sie diese auf Vollständigkeit und Richtigkeit.

Web

6. Reflektieren Sie Ihr Verhalten in der Arbeitsgruppe.
   Tipp: Beachten Sie den „Fragebogen zur Einschätzung des Verhaltens in der Gruppe“ im BuchPlusWeb.
7. Nutzen Sie Ihr neu gewonnenes Wissen für die Zukunft.

1.1 Kreislaufmodell der Volkswirtschaft

EINSTIEGSSITUATION

Marie Braun bekommt von Herrn Köppel, der das Gespräch zwischen ihr und Herrn Mayer mitgehört hat, die nachfolgenden Aufgaben:

1. Erläutern Sie die Auswirkungen von Steuer- und Beitragserhöhungen auf die Teilnehmer im Wirtschaftskreislauf. Verfassen Sie dazu ein kurzes Statement.
2. Stellen Sie die wesentlichen Beziehungen der Teilnehmer der Gesamtwirtschaft in einem Kreislaufmodell dar. Verwenden Sie dazu das Präsentationstool PowerPoint.
3. Tragen Sie Ihre PowerPoint-Präsentation in der nächsten Azubisitzung vor und reagieren Sie auf Fragen und Anmerkungen aus dem Zuhörerkreis.

Sie unterstützen Frau Braun beim Lösen dieser Aufgabe unter Berücksichtigung des Tipps: Schlagen Sie im Band 1, LF 1, das Kapitel 1.1.4 „Stellung der Unternehmen im einfachen Wirtschaftskreislauf“ nach.

1.1.1 Wirtschaftssubjekte und Wirtschaftssektoren

Modelle dienen in der Wissenschaft dazu, die Wirklichkeit in vereinfachter Form darzustellen. Dadurch werden komplizierte Sachverhalte und Zusammenhänge verständlich gemacht. Durch weitere Ergänzungen kann das Ausgangsmodell schrittweise der Wirklichkeit angenähert und die Aussagekraft verbessert werden.

Im Kreislaufmodell werden die einzelnen **Wirtschaftssubjekte** (z. B. Unternehmen A, B, C usw.) zu Gruppen bzw. **Wirtschaftssektoren** (z. B Wirtschaftssektor Unternehmen) zusammengefasst (aggregiert). Die Tätigkeiten (z. B. Herstellung, Handel, Dienste) einzelner Unternehmen und ihre Beziehungen untereinander werden vernachlässigt. Aus der Sicht der Gesamtwirtschaft (Volkswirtschaft) bildet somit die Gesamtheit aller Unternehmen den Wirtschaftssektor **Unternehmen**.

Die Gesamtheit der Kreditinstitute bzw. Banken (**Vermögensänderungssektor**) bildet aufgrund ihrer besonderen Bedeutung als Drehscheibe für das Geld einer Volkswirtschaft (Kapitalsammelstelle) einen eigenen Wirtschaftssektor.

Wirtschaftssektor	Beschreibung und Zielsetzung
Unternehmen	Sie produzieren mithilfe der Produktionsfaktoren und Importgütern Güter und Dienstleistungen für die inländischen Haushalte und für den Export gegen mindestens kostendeckendes Entgelt (Erwerbscharakter).
Private Haushalte	Hierzu zählen neben den Single- und Familienhaushalten auch private Organisationen ohne Erwerbscharakter wie Kirchen, Gewerkschaften, Sportvereine usw. Sie stellen den Unternehmen die Produktionsfaktoren gegen Entgelt zur Verfügung, z. B. Arbeit gegen Löhne, Gewerbeflächen gegen Miete, Eigenkapital gegen Gewinnbeteiligung.
Vermögensänderung	Auch Kapitalsammelstellen bzw. kurz „Banken" genannt. Der Vermögensänderungssektor nimmt die Ersparnisse (Kapitalanlagen) der privaten Haushalte entgegen und gibt diese in Form von Fremdkapital (Krediten) an die anderen Wirtschaftssektoren weiter, die damit Investitionen in Form von Sachanlagen und Vorräten finanzieren.
Staat	Hier sind alle öffentlichen Haushalte wie Bund, Länder und Gemeinden sowie die Sozialversicherungsträger zusammengefasst. Sie finanzieren sich aus Steuern, Gebühren und Beiträgen der anderen Wirtschaftssektoren und stellen die Infrastruktur (Straßen, Leitungen, Entsorgung, Schulen, Kitas usw.) bereit und gewähren Subventionen und Sozialleistungen für die anderen Wirtschaftssektoren.
Ausland	Auch „übrige Welt" genannt. Hier sind alle Wirtschaftssektoren zusammengefasst, die ihren Sitz im Ausland haben. Das Ausland bietet Güter und Dienstleistungen (Importgüter) gegen Entgelt (Importausgaben) an und fragt Güter und Dienstleistungen (Exportgüter) gegen Entgelt (Exporteinnahmen) nach.

1.1.2 Modell des einfachen Wirtschaftskreislaufes mit Vermögensänderung

Die Haushalte verwenden nicht ihr gesamtes Einkommen (engl. yields = **Y**) für Konsumgüterkäufe (engl. consumption = **C**) sondern sie sparen einen Teil (engl. savings = **S**), um damit Vermögen zu bilden, mit dem sie sich in Zukunft einen höheren Lebensstandard leisten können. Auf der anderen Seite stellen die Unternehmen neben Konsumgütern auch Investitionsgüter (engl. investments = **I**) her, die nicht verkauft werden, sondern im Unternehmen verbleiben und künftige Produktionssteigerungen ermöglichen sollen. Dieser Vermögenszuwachs der Unternehmen wird in der Regel mit Fremdkapital (Krediten) finanziert.

LF 1 Kap. 1.1.4

Einfacher Wirtschaftskreislauf mit Vermögensänderungssektor

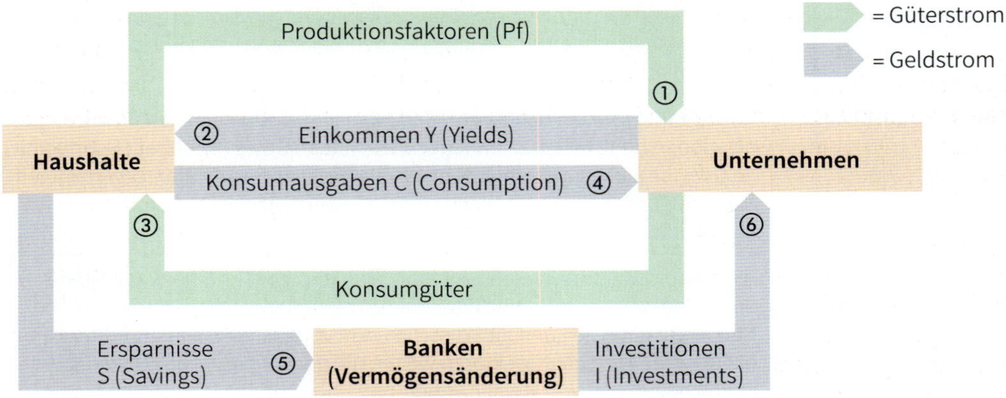

Die Summe der abfließenden Geldströme (= Ausgaben) und die Summe der zufließenden Geldströme (= Einnahmen) muss für jeden Wirtschaftssektor übereinstimmen.

Ausgaben und Einnahmen des Wirtschaftssektors **private Haushalte:**

Einkommensverwendungsgleichung

Ausgaben	=	Einnahmen
Konsumausgaben + Ersparnisse (C + S)	=	Einkommen (Y)

Sparen die privaten Haushalte, dann können die Unternehmen nicht alle produzierten Güter absetzen. Sie müssen einen Teil auf Lager nehmen, d. h., es werden sogenannte Vorratsinvestitionen gebildet.

Ausgaben und Einnahmen des Wirtschaftssektors **Unternehmen:**

Einkommensentstehungsgleichung

Ausgaben	=	Einnahmen
Einkommen (Y)	=	Konsumausgaben + Investitionen (C + I)

Aus der Sicht der Unternehmen entsprechen die Konsumausgaben der privaten Haushalte den Verkaufserlösen. Die Ersparnisse der privaten Haushalte entsprechen den Vorratsinvestitionen und den Kreditzusagen für Erweiterungsinvestitionen. Daraus ergibt sich, dass Ersparnisse und Investitionen im einfachen Kreislaufmodell immer übereinstimmen (**S = I**).

Die Ersparnisse der Haushalte, also ihr Konsumverzicht, sind die Voraussetzung für Investitionen und damit für eine wachsende Wirtschaft.

1.1.3 Modell des erweiterten Wirtschaftskreislaufes mit Staat und Ausland

Unternehmen und private Haushalte müssen einen Teil ihrer Einnahmen als **Abgaben** (engl. taxes = **T**) als Steuern und Sozialversicherungsbeiträge an den **Staat** abführen. Mit diesen Geldmitteln finanziert der Staat **Subventionen** (Zuschüsse = **Z**) für sozial benachteiligte Haushalte und zur Förderung von Unternehmen in Form von Finanzhilfen (z. B. Arbeitslosen-, Kinder-, Elterngeld, Zuschüsse für den Absatz erneuerbarer Energien, Boni für Elektroautos) und Steuervergünstigungen (z. B. geringere Ökosteuer für energieintensive Unternehmen).

In einer offenen Volkswirtschaft (Freihandel) beziehen Unternehmen viele Güter und Dienstleistungen aus dem **Ausland** (Importgüter, vor allem Rohstoffe). Dies führt zu **Importausgaben (Im)** an ausländische Unternehmen. Umgekehrt führen die Unternehmen einen Teil ihrer produzierten Güter und Dienstleistungen ins Ausland aus (Exportgüter, z. B. Automobile, Maschinen). Daraus erzielen sie **Exporteinnahmen (Ex)**.

Erweiterter Wirtschaftskreislauf mit Staat und Ausland

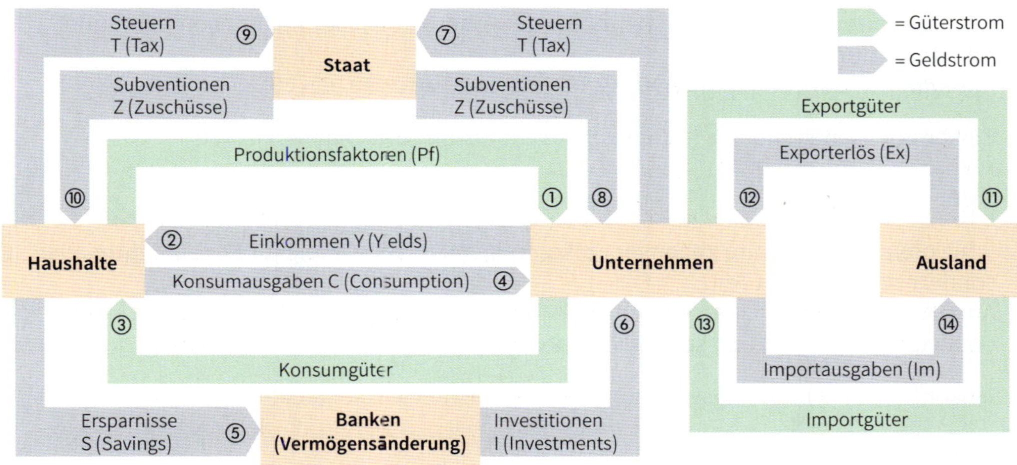

Ausgaben und Einnahmen des Wirtschaftssektors **private Haushalte:**

Ausgaben	=	Einnahmen
Konsumausgaben + Ersparnisse + Abgaben (C + S + T)	=	**Einkommen + Subventionen (Y + Z)**

Einkommensverwendungsgleichung

$$C + S + T - Z = Y$$

Ausgaben und Einnahmen des Wirtschaftssektors **Unternehmen:**

Ausgaben	=	Einnahmen
Einkommen + Abgaben + Importausgaben (Y + T + Im)	=	Konsumausgaben + Investitionen + Subventionen + Exporteinnahmen (C + I + Z + Ex)

Einkommensentstehungsgleichung

$$Y = C + I + (Z - T) + (Ex - Im)$$

Beispiel mit angenommenen Zahlen

1+ 2 Die **privaten Haushalte** stellen den Unternehmern Produktionsfaktoren zur Verfügung und erhalten dafür ein Entgelt.
Annahme: Den Haushalten fließen 20 Geldeinheiten zu (Y = 20).
3 + 4 Die **Unternehmen** erstellen mithilfe der Produktionsfaktoren Konsumgüter und erhalten dafür Verkaufserlöse.
Annahme: Den Unternehmern fließen 20 Geldeinheiten zu (C = 20).

Einkommensentstehungsgleichung beim einfachen Wirtschaftskreislauf:

Y	=	**C**
20	=	**20**

5 Die privaten Haushalte geben ihr Einkommen nicht vollständig für Konsumgüter aus, sondern sparen einen Teil.
Annahme: Den Haushalten fließen 20 Geldeinheiten zu (Y = 20); sie geben nur 15 Geldeinheiten aus (C = 15) und sparen 5 Geldeinheiten (S = 5).

Einkommensverwendungsgleichung beim einfachen Wirtschaftskreislauf:

Y	=	**C + S**
20	=	**15 + 5**

6 Der **Vermögensveränderungssektor** gibt die Ersparnisse den Unternehmen als Kredite weiter. Diese beschaffen dafür neue Maschinen, d. h., sie investieren.
Annahme: Die Unternehmen investieren 5 Geldeinheiten (I = 5).

Einkommensentstehungsgleichung beim einfachen Wirtschaftskreislauf mit Vermögensänderung:

Y	=	**C + I**
20	=	**15 + 5**

7 + 9 Die privaten Haushalte und Unternehmen müssen einen Teil ihrer Einnahmen an den **Staat** abführen.

8 + 10 Die privaten Haushalte und Unternehmen erhalten staatliche Subventionen (Zuschüsse).

Annahme: Von ihrem Einkommen (20 GE) führen die Haushalte Steuern in Höhe von 4 Geldeinheiten ab ($T_H = 4$). Sie erhalten staatliche Zuschüsse (z. B. Kindergeld) in Höhe von 3 Geldeinheiten ($Z_H = 3$) und bringen 4 Geldeinheiten als Ersparnisse zur Bank ($S = 4$). Den Rest verwenden die Haushalte für Konsumausgaben ($C = 15$).

Einkommensverwendungsgleichung beim erweiterten Wirtschaftskreislauf mit Staat:

$$Y = C + S + (T_H - Z_H)$$
$$20 = 15 + 4 + 4 - 3$$

Für die Unternehmen stellen die Konsumausgaben der Haushalte Verkaufserlöse dar. Auch die Unternehmen müssen Steuern an den Staat abführen ($T_U = 5$). Im Gegenzug erhalten sie staatliche Zuschüsse in Höhe von 4 Geldeinheiten ($Z_U = 4$).

Einkommensentstehungsgleichung beim erweiterten Wirtschaftskreislauf mit Staat:

$$Y = C + I + Z_U - T_U$$
$$18 = 15 + 4 + (4 - 5)$$

11 + 12 Die Unternehmen führen einen Teil der produzierten Konsumgüter ins **Ausland** aus und erhalten dafür Exporteinnahmen.
13 + 14 Die Unternehmen führen Rohstoffe oder Handelswaren aus dem Ausland ein und wenden dafür Importausgaben auf.
Annahme: Die Exporterlöse betragen 6 Geldeinheiten ($Ex = 6$), die Importausgaben betragen 4 Geldeinheiten ($Im = 4$).

Einkommensentstehungsgleichung beim erweiterten Wirtschaftskreislauf mit Staat und Ausland:

$$Y = C + I + (Z_U - T_U) + (Ex - Im)$$
$$20 = 15 + 4 + (4 - 5) + (6 - 4)$$

Die Geldströme lassen sich auch in Kontenform darstellen. Ähnlich wie im Rechnungswesen wird jeder Geldstrom doppelt gebucht. So wird der den privaten Haushalten zufließende Geldstrom (Einkommen Y) auf der Haben-Seite des (Einkommens-)**Kontos der privaten Haushalte** gebucht und gleichzeitig als abfließender Geldstrom (Entgelte für Produktionsfaktoren Y) auf der Soll-Seite des (Produktions-)**Kontos der Unternehmen.** Die Steuereinnahmen des Staates (T) stellen gleichzeitig Ausgaben für die Unternehmen (T_U) und die privaten Haushalte (T_H) dar.

Beispiele für die obigen Zahlenangaben

Einkommenskonto der privaten Haushalte mit Einnahmen und Ausgaben

Ausgaben	Private Haushalte (Einkommenskonto)		Einnahmen		
Konsumausgaben	C	15 GE	Einkommen	Y	20 GE
Sparen	S	4 GE	staatliche Zuschüsse	Z_H	3 GE
Steuern	T_H	4 GE			
		23 GE			23 GE

Produktionskonto der Unternehmen mit Einnahmen und Ausgaben

Ausgaben	Unternehmen (Produktionskonto)				Einnahmen
Entgelt für Pf	Y	20 GE	Verkaufserlöse	C	15 GE
Steuern	T_U	5 GE	Investitionen	I	4 GE
Importausgaben	Im	4 GE	staatliche Zuschüsse	Z_U	4 GE
			Exporteinnahmen	Ex	6 GE
		29 GE			29 GE

Der Wirtschaftskreislauf ist geschlossen, wenn jeder Wirtschaftssektor ein ausgeglichenes Konto aufweist und sich somit alle Ausgaben und Einnahmen wertmäßig entsprechen.

1.2 Volkswirtschaftliche Gesamtrechnung (VGR)

EINSTIEGSSITUATION

Den beiden Auszubildenden Nora und Marie Braun liegt folgendes Schaubild vor und sie sollen mithilfe der Grafik verschiedene Aufgaben bearbeiten.

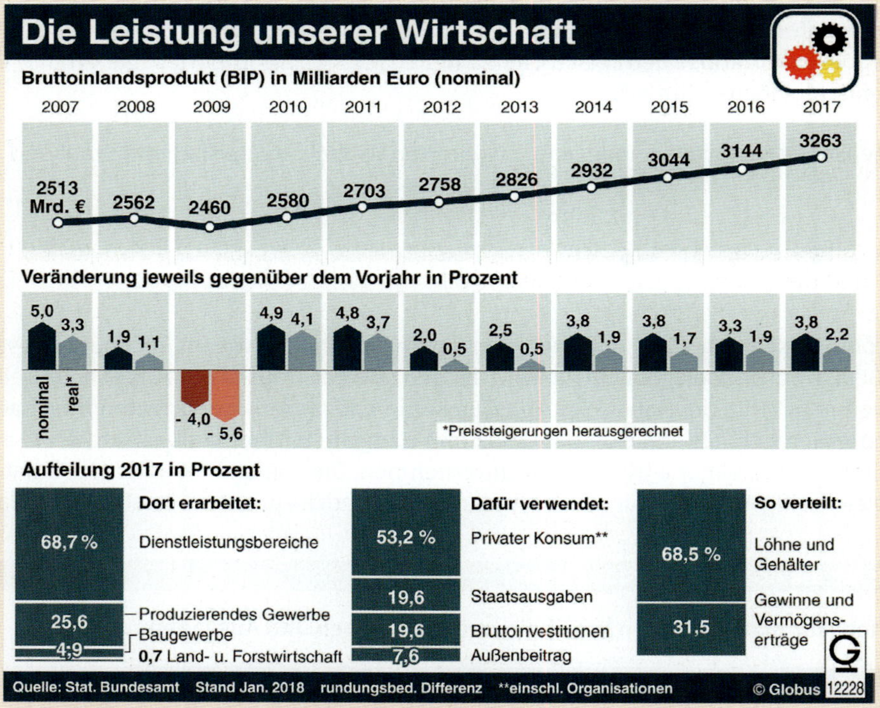

1. Erläutern Sie die obige Darstellung mit eigenen Worten.
2. Das Inlandsprodukt gilt als Maßstab für den Wohlstand eines Staates. Nehmen Sie dazu kritisch Stellung.

Sie unterstützen beide.

1.2.1 Entstehung, Verwendung und Verteilung des Inlandsprodukts

Grundbegriffe

Die volkswirtschaftliche Gesamtrechnung füllt den Wirtschaftskreislauf mit Zahlen. Die statistische Erfassung aller wesentlichen Geldströme einer Volkswirtschaft bezogen auf eine bestimmte Zeitperiode bezeichnet man als **Volkswirtschaftliche Gesamtrechnung (VGR).** Die VGR wird in allen EU-Staaten nach den einheitlichen Grundsätzen des **Europäischen Systems Volkswirtschaftlicher Gesamtrechnungen (ESVG)** erstellt.

Die wichtigste Größe der Volkswirtschaftlichen Gesamtrechnung ist das Bruttoinlandsprodukt. Das **Bruttoinlandsprodukt (BIP)** ergibt sich aus dem Marktwert aller Endprodukte und Dienstleistungen abzüglich Vorleistungen, der im Inland innerhalb einer bestimmten Periode (Quartal, Jahr) erwirtschaftet wurde.

Da in einer arbeitsteiligen Wirtschaft jedes Produkt verschiedene Produktionsstufen durchläuft, müssen Doppelzählungen vermieden werden. Zum Beispiel werden die Reifen, die ein Reifenhersteller an einen Autohersteller liefert, bei der Erfassung des Produktionswertes des Autoherstellers als Vorleistung herausgerechnet, da die Reifen bereits als Produktionswert des Reifenherstellers in der Gesamtleistung der Volkswirtschaft enthalten sind. In der Gesamtleistung ist also nur die hinzukommende Leistung des Autoherstellers enthalten. Die Wertsteigerung (Produktionswert abzüglich Vorleistungen), die ein Betrieb erwirtschaftet, bezeichnet man als **Wertschöpfung**.

LF 1 Kap. 1.1.3

Wertschöpfung eines Betriebs = Bruttoproduktionswert – Vorleistungen

Der **Bruttoproduktionswert** enthält die **Vorleistungen** (Wert der bezogenen Güter und Dienstleistungen) und die Kosten für die Produktionsfaktoren (Zinsen, Mieten, Pachten, Löhne, Gewinn) sowie die Wertminderungen der eingesetzten Produktionsmittel (= Abschreibungen).

Beispiel: Gesamtleistung als Summe der Wertschöpfungen

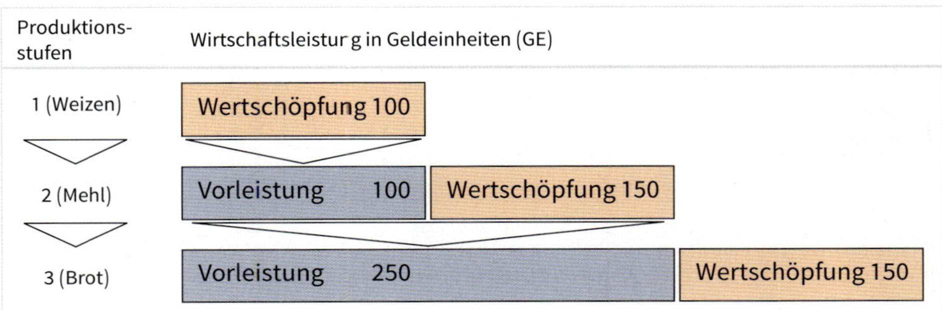

Produktionsstufe	Bruttoproduktionswert	Vorleistung	Wertschöpfung
1 Landwirtschaft (Weizen)	100	0	100
2 Mühle (Mehl)	250	100	150
3 Bäckerei (Brot)	400	250	150
Summen	**750**	**350**	**400**

Entstehung des Bruttoinlandsprodukts

Die **Entstehungsrechnung** zeigt, von welchen Wirtschaftsbereichen das Bruttoinlandsprodukt erwirtschaftet wurde. Es werden die **Wirtschaftsbereiche** Land- und Forstwirtschaft, Fischerei; produzierendes Gewerbe ohne Baugewerbe; Baugewerbe; Handel, Verkehr, Gastgewerbe; Information und Kommunikation; Finanz- und Versicherungsdienstleister; Grundstücks- und Wohnungswesen; Unternehmensdienstleister; öffentliche Dienstleister, Erziehung, Gesundheit und sonstige Dienstleister unterschieden. Die Summe der Wertschöpfungen aller Wirtschaftsbereiche Volkswirtschaft wird **Bruttowertschöpfung** genannt.

Das Bruttoinlandsprodukt entsteht aus der Bruttowertschöpfung zuzüglich **Gütersteuern** (Gewerbe-, Tabak-, Energie-, Mehrwertsteuer) abzüglich **Gütersubventionen** (z. B. Zuschüsse des Staates wie Lohnzuschüsse, Kurzarbeitergeld).

Der Begriff Bruttowertschöpfung verdeutlicht, dass die Wertminderungen (z. B. durch Verschleiß) der eingesetzten Produktionsmittel (= **Abschreibungen**) noch nicht abgezogen wurden.

Beispiel: Entstehungsrechnung für Deutschland[1]

	2014	2015	2016	2017
Wertschöpfung der Wirtschaftsbereiche				
• Land- und Forstwirtschaft	20,4	16,9	17,4	20,8
• produzierendes Gewerbe	685,1	711,7	728,6	755,0
• Baugewerbe	118,2	124,9	134,9	145,2
• Handel, Gastgewerbe, Verkehr	413,9	440,5	454,0	474,2
• Information und Kommunikation	125,4	129,1	134,3	138,5
• Finanzierung, Vermietung, Unternehmensdienstleister	685,6	712,3	733,0	752,3
• öffentliche und sonstige Dienstleister	582,7	604,8	629,7	655,1
Bruttowertschöpfung (kurz: BWS)	**2 631,3**	**2 740,2**	**2 831,9**	**2 941,0**
+ Gütersteuern – Gütersubventionen	292,6	303,5	312,2	322,4
Bruttoinlandsprodukt (nominal)	**2 923,9**	**3 043,7**	**3 144,1**	**3 263,4**

(Quelle: Statistisches Bundesamt: Inlandsproduktberechnung – Bruttowertschöpfung nach Wirtschaftsbereichen, Zugriff am 26.02.2018 unter: www.destatis.de/DE/ZahlenFakten/GesamtwirtschaftUmwelt/VGR/Inlandsprodukt/Tabellen/BWSBereichen.html (gekürzt). © Statistisches Bundesamt (Destatis), 2018)

1 Angaben in jeweiligen Preisen und in Mrd. €

Um das Wirtschaftswachstum auszuweisen, wird die Veränderungsrate des preisbereinigten Bruttoinlandsprodukts (= **reales Bruttoinlandsprodukt**) berechnet. Die Preisbereinigung (= Deflationierung) filtert die Preisveränderung aus dem Bruttoinlandsprodukt heraus, um die eigentlich interessante Größe, die Mengenänderung (reale bzw. wirkliche Veränderung), festzustellen[1]. Das geschieht mithilfe des **Kettenindex-Verfahrens**. Dabei bildet das nominale Bruttoinlandsprodukt der Vorperiode die Basis für die Preisveränderung, sodass die Berechnungsbasis jedes Jahr wechselt. Die großen Lücken zum Basisjahr (zurzeit 2010) werden dadurch überbrückt. Durch jährliche bzw. vierteljährliche Anpassungen wird somit ein möglichst aktuelles reales Bruttoinlandsprodukt ausgewiesen.

Entwicklung des nominalen und realen Bruttoinlandsprodukts

	2014	2015	2016	2017
nominales Bruttoinlandsprodukt (in Mrd. €)	**2 923,9**	**3 043,7**	**3 144,1**	**3 263,4**
nominelles Wachstum in %	3,5	4,1	3,3	3,8
reales Bruttoinlandsprodukt (Kettenindex)	**106,8**	**108,6**	**110,7**	**113,1**
reales Wirtschaftswachstum in %	**0,3**	**1,7**	**1,9**	**2,2**
Bevölkerungszahl in Mio.	80,6	81,7	82,3	82,7
Bruttoinlandsprodukt pro Kopf (in €)	**35 065**	**37 260**	**38 180**	**39 454**

(Quelle: https://www.destatis.de/DE/ZahlenFakten/GesamtwirtschaftUmwelt/VGR/Inlandsprodukt/Tabellen/Gesamtwirtschaft.html Abruf am 26.02.2018 (gekürzt). © Statistisches Bundesamt (Destatis), 2018)

Verwendung des Bruttoinlandsprodukts

Die **Verwendungsrechnung** zeigt, für welche Zwecke die Inlandsproduktion (Endprodukte und Dienstleistungen) und der Import zuletzt verwendet wurden. Diese letzte Verwendung wird in Konsumausgaben, Bruttoinvestitionen und Exporte aufgeteilt. Zur Berechnung des Bruttoinlandsprodukts werden Exporte und Importe saldiert als **Außenbeitrag** ausgewiesen.

Beispiel: Verwendungsrechnung für Deutschland[2]

Verwendungsgrößen	2014	2015	2016	2017
Konsumausgaben	**2 155,4**	**2 217,5**	**2 289,8**	**2 373,6**
• davon private Konsumausgaben	1 594,4	1 630,5	1 674,4	1 735,0
• davon Konsumausgaben des Staates	561,1	587,1	615,4	638,7
Bruttoinvestitionen	**577,8**	**582,8**	**603,6**	**641,4**
• davon Bruttoanlageinvestitionen	585,1	604,3	630,0	662,7
• davon Vorratsveränderungen	– 7,4	– 21,5	– 26,4	– 21,3
inländische Verwendung von Gütern	2 733,2	2 800,3	2 893,4	3 015,0

1 Steigt das nominale (wertmäßige) Bruttoinlandsprodukt z. B. um 3 % und steigen die Preise im gleichen Zeitraum um 2 %, dann ist das reale (mengenmäßige) Bruttoinlandsprodukt nur um 1 % gewachsen.

2 Angaben in jeweiligen Preisen und in Mrd. €

Verwendungsgrößen	2014	2015	2016	2017
Außenbeitrag (Exporte – Importe)	**190,7**	**243,3**	**250,6**	**248,3**
• davon Exporte	1 334,8	1 426,7	1 450,0	1 542,1
• davon Importe	1 144,1	1 183,4	1 199,4	1 293,7
Bruttoinlandsprodukt (nominal)	**2 923,9**	**3 043,7**	**3 144,1**	**3 263,4**

(Quelle: Statistisches Bundesamt: Inlandsproduktberechnung – Konsumausgaben, Investitionen und Außenbeitrag, Zugriff am 26.02.2018 unter: www.destatis.de/DE/ZahlenFakten/GesamtwirtschaftUmwelt/VGR/Inlandsprodukt/Tabellen/VerwendungBIP.html (gekürzt). © Statistisches Bundesamt (Destatis), 2018)

Die **privaten Konsumausgaben** enthalten den Wert aller Güter und Dienstleistungen, die vom Wirtschaftssektor private Haushalte (hier sind auch private Organisationen ohne Erwerbszweck wie Kirchen, Gewerkschaften, Parteien enthalten) **für eigene Zwecke** gekauft bzw. beansprucht werden. Die **Konsumausgaben des Staates** (Staatsverbrauch) beinhalten alle Aufwendungen des Staates, die nicht Investitionszwecken dienen, wie Sozialausgaben, Entgeltzahlungen an Beamte und sonstige Beschäftigte, Mietzahlungen, Energie-, Erhaltungsaufwendungen usw.

Beispiel: Konsumausgaben der privaten Haushalte in Deutschland[1]

Verwendungszwecke	2014	2015	2016	2017
Nahrungsmittel, Getränke, Tabakwaren	204,9	214,4	218,4	226,7
Bekleidung und Schuhe	73,1	69,9	70,7	74,9
Wohnung, Wasser, Strom, Gas und andere Brennstoffe	363,3	370,9	376,6	386,7
Einrichtungsgegenstände, Geräte für den Haushalt	97,9	104,6	107,4	110,1
Verkehr und Nachrichtenübermittlung	259,0	263,8	272,9	288,7
Freizeit, Unterhaltung und Kultur	132,8	138,9	143,8	149,5
Beherbergungs- und Gaststättendienstleistungen	78,3	81,6	84,6	88,7
übrige Verwendungszwecke	289,6	295,3	303,4	311,1
Konsumausgaben insgesamt	**1 499,0**	**1 539,2**	**1 577,8**	**1 636,4**

(Quelle: Statistisches Bundesamt: Inlandsproduktberechnung – Konsumausgaben der privaten Haushalte im Inland nach Verwendungszwecken, Zugriff am 26.02.2018 unter: www.destatis.de/DE/ZahlenFakten/GesamtwirtschaftUmwelt/VGR/Inlandsprodukt/Tabellen/KonsumausgabenVerwendung.html (gekürzt). © Statistisches Bundesamt (Destatis), 2018)

Die **Bruttoinvestitionen** umfassen alle Ausgaben, die in das Anlage- und Umlaufvermögen der Unternehmen und des Staates fließen. Dazu gehören die Anlageinvestitionen, die der Erweiterung, dem Ersatz und der Rationalisierung von **Ausrüstungen** (z. B. Maschinen,

1 Angaben in jeweiligen Preisen und in Mrd. €

Vorrichtungen, Fuhrpark), **Bauten und sonstigen Anlagen** (z. B. immaterielle Vermögensgegenstände wie Software, Urheberrechte) dienen, und die **Vorratsveränderungen** (z. B. Erhöhung und Verringerung von Vorräten bzw. Lagerbeständen bei Roh-, Hilfs- und Betriebsstoffen, unfertigen Erzeugnissen und Fertigerzeugnissen).

Werden die Ersatzinvestitionen (Abschreibungen) von den Bruttoinvestitionen abgezogen, so erhält man die **Nettoinvestitionen**.

	2014	2015	2016	2017
Bruttoinvestitionen in Mrd. €	**577,8**	**582,8**	**603,6**	**641,4**
– Ersatzinvestitionen (Abschreibungen) in Mrd. €	520,6	536,1	552,3	572,0
= **Nettoinvestitionen in Mrd. €**	**57,1**	**46,7**	**51,3**	**69,4**

Verteilung des Bruttoinlandsprodukts

Die **Verteilungsrechnung** zeigt, in welcher Höhe das Bruttoinlandsprodukt den einzelnen Wirtschaftssektoren zugeflossen ist.

Ein Großteil des Bruttoinlandsprodukts fließt als Volkseinkommen den **privaten Haushalten** in Form von Arbeitnehmerentgelten sowie Unternehmens- und Vermögenseinkommen zu. Die **Arbeitnehmerentgelte** enthalten die Bruttoverdienste der Arbeitnehmer und die gesetzlichen Arbeitgeberbeiträge zur Sozialversicherung. Die **Unternehmens- und Vermögenseinkommen** enthalten im Wesentlichen die Gewinne aus Kapitalbeteiligungen sowie Zins-, Miet-, Pacht-, Honorareinnahmen.

Als Maßstäbe für die Einkommensverteilung werden häufig die Lohnquote und die Gewinnquote herangezogen. Die **Lohnquote** errechnet sich als prozentualer Anteil der Arbeitnehmerentgelte am Volkseinkommen, die **Gewinnquote** als prozentualer Anteil der Unternehmens- und Vermögenseinkommen am Volkseinkommen.

	2014	2015	2016	2017
Arbeitnehmerentgelte (1) in Mrd. €	1 485,5	1 542,3	1 600,3	1 668,5
+ Unternehmens- und Vermögenseinkommen (2) in Mrd. €	694,0	722,6	737,7	765,9
= **Volkseinkommen** (3) in Mrd. €	**2 179,5**	**2 264,9**	**2 338,0**	**2 434,4**
Lohnquote in %: (1) · 100 : (3)	68,2	68,1	68,4	68,5
Gewinnquote in %: (2) · 100 : (3)	31,8	31,9	31,6	31,5

(Quelle: Deutsche Bundesbank, Monatsbericht, Januar 2018, Statistischer Teil, S. 65)

Bei der Interpretation der Begriffe Lohnquote und Gewinnquote ist Vorsicht geboten. Beide Kennzahlen sagen wenig über die Personen aus, denen die beiden Bestandteile des Volkseinkommens zugeflossen sind. Auch Arbeitnehmerhaushalte beziehen beträchtliche Vermögenseinkommen wie Mieten, Dividenden und Zinsen. So zählen die Zinseinkünfte eines Rentners zum Unternehmens- und Vermögenseinkommen wie die Dividenden der immer zahlreicher werdenden Aktionäre oder die Mieteinnahmen einer Rentnerin.

Weitere Teile des Bruttoinlandsprodukts gehen

- an den **Staat** in Form von **Produktions- und Importabgaben** (Kostensteuern, Zölle), wenn diese höher sind als die **Subventionen** des Staates.
- an die **Unternehmen** in Form von **Abschreibungen**. Abschreibungen erfassen die Wertminderung der eingesetzten Produktionsanlagen und dienen der Instandsetzung und Erneuerung der Produktionsanlagen. Sie entsprechen daher den Ersatzinvestitionen.
- an das **Ausland**, wenn der Saldo der Primäreinkommen aus der übrigen Welt negativ ist. Dies trifft zu, wenn mehr Primäreinkommen an die übrige Welt abgeflossen als aus der übrigen Welt zugeflossen ist. Dies ist der Fall, wenn die Einkommen der im Inland wohnhaften Ausländer höher waren als die den Inländern zugeflossenen Auslandseinkommen.

Beispiel: Verteilungsrechnung für Deutschland nach dem Inlandskonzept

Verteilungsrechnung (in Mrd. €)	2014	2015	2016	2017
Arbeitnehmerentgelte	1 485,5	1 542,3	1 600,3	1 668,5
+ Unternehmens- und Vermögenseinkommen	694,0	722,6	737,7	765,9
= Volkseinkommen **= Nettoinlandsprodukt zu Faktorkosten**	**2 179,5**	**2 264,9**	**2 338,0**	**2 434,4**
+ Produktions- und Importabgaben – Subventionen	288,8	298,8	307,0	317,1
= Nettonationaleinkommen (Primäreinkommen) **= Nettoinlandsprodukt zu Marktpreisen**	**2 468,3**	**2 563,7**	**2 645,0**	**2 751,5**
+ Abschreibungen (= Ersatzinvestitionen)	520,6	536,1	552,3	572,0
= Bruttonationaleinkommen (Bruttosozialprodukt) (von Inländern im In- und Ausland erwirtschaftet)	**2 988,9**	**3 099,8**	**3 197,2**	**3 323,5**
– Saldo der Primäreinkommen aus der übrigen Welt	65,0	56,1	53,1	60,1
= Bruttoinlandsprodukt zu Marktpreisen (von In- und Ausländern im Inland erwirtschaftet)	**2 923,2**	**3 043,7**	**3 144,1**	**3 263,4**

(Quelle: https://www.destatis.de/DE/ZahlenFakten/GesamtwirtschaftUmwelt/VGR/Inlandsprodukt/Tabellen/Einkommensverteilung.html Abruf am 26.02.2018 (gekürzt). © Statistisches Bundesamt (Destatis), 2018)

Das **Bruttonationaleinkommen (Bruttosozialprodukt)** wird nach dem **Inländerkonzept** ermittelt, da es alle Primäreinkommen erfasst, die von Inländern im Inland und im Ausland erzielt wurden. Als Inländer gelten alle Personen, die ihren Wohnsitz im Inland haben – die Staatsbürgerschaft spielt keine Rolle. Zum Beispiel erhöht das Einkommen, das eine in Deutschland lebende Schweizerin als Pendlerin in der Schweiz erzielt, das deutsche Bruttonationaleinkommen.

Das Einkommen dieser Schweizerin fließt jedoch nicht in das Bruttoinlandsprodukt, da dieses nach dem **Inlandskonzept** ermittelt wird. Das **Bruttoinlandsprodukt** umfasst alle Primäreinkommen, die im Inland von Inländern und Ausländern erzielt wurden. Zum Beispiel erhöht das Einkommen eines Schweizers mit Wohnsitz in der Schweiz, das er als Pendler in Deutschland erzielt, das deutsche Bruttoinlandsprodukt, nicht jedoch das Bruttonationaleinkommen.

Das Bruttonationaleinkommen („Inländerprodukt“) überstieg in den letzten Jahren das Bruttoinlandsprodukt („Inlandsprodukt“), da die Primäreinkommen, die Inländer im Ausland erzielt haben, höher waren als die Primäreinkommen, die Ausländer im Inland erzielt haben.

Nationales Produktionskonto

Die verschiedenen Größen der Volkswirtschaftlichen Gesamtrechnung können im **„Nationalen Produktionskonto“** dargestellt werden. Aus der Sichtweise der Unternehmen werden die Verteilungsrechnung des Bruttoinlandsprodukts auf der Ausgabenseite (Soll-Seite) und die Verwendungsrechnung auf der Einnahmenseite (Haben-Seite) ausgewiesen.

Beispiel: Nationales Produktionskonto mit den verschiedenen Größen der VGR

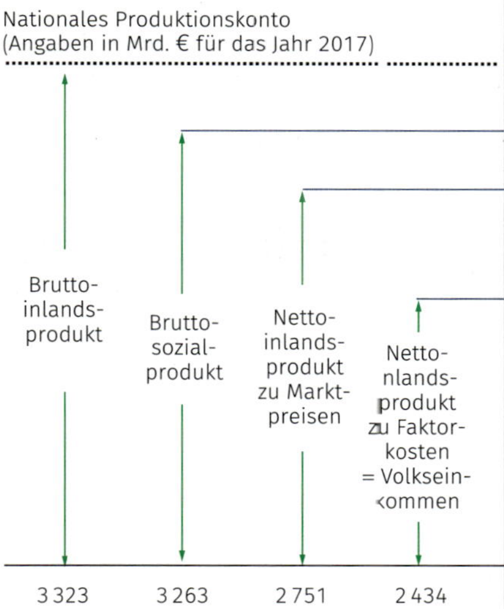

Ausgänge Ausgaben (Verteilung)		Nationales Produktionskonto	Einnahmen (Verwendung)
Einkommen an übrige Welt	– 60	Brutto-investitionen	641
Abschreibungen	572		
Steuern – Subventionen	317	Konsumausgaben	
Arbeitnehmerentgelt	1 668	· private Haushalte	1 735
		· Staat	639
Unternehmens- und Vermögenseinkommen	766	Außenbeitrag (Exporte > Importe)	248
BIP	3 263	BIP	3 263

1.2.2 Kritik an der traditionellen Volkswirtschaftlichen Gesamtrechnung

Kritiker der Volkswirtschaftlichen Gesamtrechnung weisen auf vier Schwachpunkte hin:

- statistische Probleme bei der Datenerfassung
- Lücken und Mängel bei der Ermittlung der Wertschöpfung
- mangelnde Eignung als Maßstab für den Wohlstand
- keine Aussage über die Verteilungsgerechtigkeit

Statistische Probleme bei der Datenerfassung

Die Zahlen der VGR werden überwiegend aus Statistiken übernommen, die ursprünglich für andere Fragestellungen konzipiert wurden. Daher weichen verwendete Definitionen und Abgrenzungen wichtiger Größen von denen in der VGR ab. Begriffsanpassungen (Revisionen) aufgrund internationaler Vereinbarungen erschweren Zeitvergleiche und damit Aussagen über die Entwicklung der volkswirtschaftlichen Größen.

So ergeben sich die Unternehmens- und Vermögenseinkommen nicht aus der Erhebung entsprechender Daten, sondern als Restgröße aus der Differenz zwischen dem Volkseinkommen und den aus der Lohnstatistik ermittelten Arbeitsentgelten. Wird z. B. die Zahl der statistisch erfassten Erwerbstätigen nach oben korrigiert, dann steigen die Arbeitnehmerentgelte und die Lohnquote. Bei unverändertem Volkseinkommen sinken die Unternehmens- und Vermögenseinkommen und damit die Gewinnquote, obwohl letztere Größen nicht von der Zahl der Erwerbstätigen abhängen.

Lücken und Mängel bei der Ermittlung der Wertschöpfung

In die Entstehungsrechnung der VGR gehen nur diejenigen Aktivitäten ein, die mit Herstellungskosten bzw. Marktpreisen bewertet werden können. Unentgeltlich geleistete Arbeit und illegale Aktivitäten werden daher nicht als Wertschöpfung erfasst. Der Begriff **Schattenwirtschaft** umfasst alle wirtschaftlichen Aktivitäten, die nicht statistisch erfasst werden.

Bereiche und Aktivitäten der Schattenwirtschaft

	Erlaubter (legaler) Bereich	Unerlaubter (illegaler) Bereich
Individuelle Aktivitäten	Eigenleistungen im privaten Haushalt (z. B. Garten-, Reinigungs-, Reparaturarbeiten, Erziehungs-, Pflegeaufgaben), abgabenfreie Tätigkeiten außerhalb des Haushalts (z. B. Nachbarschaftshilfe)	Schwarzarbeit (legale Tätigkeiten werden nicht oder falsch angegeben, um Steuern und Beiträge zu hinterziehen), Kriminalität mit wirtschaftlicher Zielsetzung (Diebstahl, Schmuggel, Hehlerei)
Organisierte Aktivitäten	Teilnahme an abgabefreien Märkten (z. B. Flohmarkt, Tauschbörse), unentgeltliche Tätigkeit in Institutionen und Vereinen (z. B. Ehrenämter, gemeinsamer Bau eines Vereinsheimes)	Unternehmenskriminalität (z. B. Subventionsbetrug, Schmiergelder, Preis- oder Gebietsabsprachen), organisiertes Verbrechen (z. B. illegaler Waffen-, Drogenhandel, Schutzgelderpressung)

Die legale Selbstversorgungswirtschaft wird auf 30 % bis 50 % der Bruttowertschöpfung geschätzt, die illegalen Aktivitäten je nach Wirtschaftsbereich auf 10 % bis 15 %. Das Statistische Bundesamt (Destatis) weist darauf hin, dass die in der Schattenwirtschaft erzielten Einkommen (zurzeit etwa rund eine Mrd. €) wieder ausgegeben werden und sich somit als Konsumausgaben im Bruttoinlandsprodukt niederschlagen. Das ändert jedoch nichts daran, dass das Nettonationaleinkommen (Primäreinkommen) zu niedrig ausgewiesen wird, was zu wirtschaftspolitischen Fehleinschätzungen führen kann.

Umgekehrt erhöht sich die Wertschöpfung, wenn z. B. Tätigkeiten aus dem privaten Haushalt auf Unternehmen und öffentliche Einrichtungen verlagert werden, z. B. die verstärkte Betreuung von Kindern in Kindertagesstätten, von alten und kranken Menschen in Pflegeeinrichtungen. Es entsteht Wachstum, obwohl sich an der Versorgungslage nichts verändert hat.

Bedenklich wird es, wenn sich die Wertschöpfung durch **Vernichtung von Werten** erhöht. So führen Massenkarambolagen auf Autobahnen, Großbrände, marode Brücken und Straßen, Gesundheitsschäden durch Tabakgenuss und Umweltkatastrophen dazu, dass Wertschöpfung entsteht. Es werden Versicherungsleistungen ausgezahlt, Umwelt- und Gesundheitsschäden durch den Einsatz von Produktionsfaktoren behoben. Solche Ersatzleistungen dürften nicht in die Wertschöpfung eingehen, da sie nur vernichtete Werte ersetzen und die Versorgungslage nicht verbessern. Auf den Punkt gebracht, trägt ein kranker Mensch mehr zur Wertschöpfung bei als ein gesunder Mensch. Durch den Gesundheitstrend verringert sich sogar die Wertschöpfung, da die Krankheitskosten sinken.

Mangelnde Eignung als Maßstab für den Wohlstand

Das Bruttoinlandsprodukt ist das gebräuchlichste Maß für den gesellschaftlichen Wohlstand. Schon aus der obigen Kritik wird deutlich, dass die Steigerung des Bruttoinlandsprodukts nicht zwangsläufig eine Steigerung des Wohlstandes bzw. eine Verbesserung der Versorgungs- und Lebenslage der Bevölkerung bedeutet. Wohlstand bzw. Wohlfahrt umfasst nicht nur die Versorgung mit materiellen Gütern, sondern im Sinne der Lebensqualität auch die Ausstattung mit **immateriellen Werten** wie intakte Natur, Freizeit, Bildung, soziale Sicherheit usw. Die VGR weist solche immateriellen Werte nicht aus, da sie i. d. R. nicht in Geld messbar sind. So bewirkt ein Wohlstandsgewinn durch mehr Freizeit keine Steigerung des Bruttoinlandsprodukts.

Sogenannte externe bzw. soziale Kosten und externe Nutzen bzw. Erlöse werden daher im BIP nur ungenügend erfasst, da sie nur ansatzweise in die Herstellkosten bzw. Marktpreise eingehen. **Externe Kosten** entstehen, wenn durch die Produktion oder den Konsum eines Gutes anderen Marktteilnehmern oder der Allgemeinheit Nachteile oder Kosten (= Wohlstandsverluste) erwachsen, die dem einzelnen Verursacher nicht direkt zugeordnet und belastet werden können.

Beispiel: Externe Kosten des Verkehrs (nach Schätzungen 40 Mrd. € bis 130 Mrd. €)

Jeder Verkehrsteilnehmer verursacht Landschaftsverbrauch für Verkehrswege und Parkplätze, Kosten für Lärmschutzmaßnahmen, Umwelt- und Gesundheitsschäden, Staus und Parkplatzsuchverkehr (Zeitverluste der anderen Verkehrsteilnehmer), trägt mit 23 % zu den klimaschädlichen CO_2-Abgasen bei, usw. Nach Berechnungen des Umweltbundesamts entstehen bei Fahrten mit dem Pkw knapp 3 Ct./km allein an Umweltkosten. Beim Lkw liegen die Kosten im Schnitt sogar bei 17 Cent. Nur ein kleiner Teil dieser externen Kosten kann den Verursachern in Form von strengeren Abgasnormen, Maut oder Energie- und Kraftfahrzeugsteuern belastet werden.

Ein **externer Nutzen** liegt vor, wenn durch die Produktion oder den Konsum eines Gutes anderen Marktteilnehmern oder der Allgemeinheit Vorteile oder Erlöse (= Wohlstandsgewinne) erwachsen, die dem einzelnen Verursacher nicht direkt zugeordnet und gutgeschrieben werden können. So erhält der Waldbesitzer kein Geld dafür, dass sein Wald zu sauberer Luft beiträgt und Spaziergängern einen Freizeitwert gibt. Ein Betrieb, der über Bedarf ausbildet, erhält von den anderen Betrieben, die diese Fachkräfte einstellen, keinen finanziellen Ausgleich.

Keine Aussage über die Verteilungsgerechtigkeit

Eine Steigerung des Bruttoinlandsprodukts wird mit einer Wohlstandssteigerung der gesamten Bevölkerung gleichgesetzt; sie zeigt nicht, welche Bevölkerungsgruppen vom Wohlstandsgewinn profitiert haben. Der Wohlstand einer Volkswirtschaft wächst jedoch nur dann, wenn die gesamten Wohlstandsgewinne so groß sind, dass davon noch etwas übrig bleibt, nachdem die Verlierer entschädigt worden sind. Statistiken zeigen jedoch, dass die Wohlstandsgewinne aus der Globalisierung (und demnächst aus der Digitalisierung) auch nach einer Umverteilung durch den Staat nur einer kleinen Schicht von vermögenden Personen und hochqualifizierten Arbeitnehmern zugutekommen.

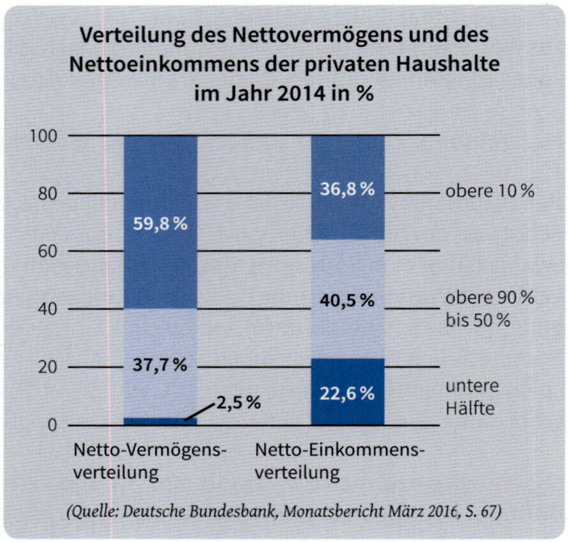

(Quelle: Deutsche Bundesbank, Monatsbericht März 2016, S. 67)

Aus einer Studie der staatlichen Förderbank KfW geht hervor, dass die Einkommen der wohlhabenden Haushalte in den letzten 15 Jahren um rund 40 % gestiegen sind während die Einkommen am unteren Ende lediglich um 6 % zugenommen haben. Den oberen 10 % der Bevölkerung sind 36,8 % der Einkommen, den unteren 50 % lediglich 22,6 % zugeflossen.

Noch deutlicher ist das Auseinanderdriften bei der Vermögensbeteiligung. So besitzen die oberen 10 % der Bevölkerung fast 60 % des gesamten Vermögens, die unteren 50 % der Bevölkerung insgesamt nur 2,5 % des Gesamtvermögens.

Hält dieser Trend an, dann wird ein erheblicher Teil der Bevölkerung dauerhaft vom wachsenden Wohlstand abgekoppelt werden. Schon heute gibt es mehr Wohlstandsverlierer als Wohlstandsgewinner. Die seit 2010 anhaltend gute Beschäftigungslage verbesserte die Einkommensungleichheit nicht. Nach wie vor verharren etwa 24 % der Beschäftigten im Niedriglohnsektor und sind armutsgefährdet. Als armutsgefährdet gelten alle Personen, die mit weniger als 60 % des mittleren Einkommens der Bevölkerung auskommen müssen. Oftmals reicht auch ein Vollzeitjob nicht mehr, um die Armutsgrenze zu überspringen.

1.2.3 Ergänzungen und Weiterentwicklung der VGR

Die Kritik an der traditionellen Volkswirtschaftlichen Gesamtrechnung hat dazu geführt, dass zusätzliche nicht-monetäre Messgrößen entwickelt wurden.

Das Statistische Bundesamt beschreibt in den **Umweltökonomischen Gesamtrechnungen** (UGR) 63 Nachhaltigkeitsindikatoren und ordnet diese den 17 UN-Nachhaltigkeitszielen[1] zu. In einem **Indikatorenbericht**[2] wird alle zwei Jahre der Grad der Zielerreichung dokumentiert.

Die 17 internationalen Entwicklungsziele im Einzelnen:

1. keine Armut
2. kein Hunger
3. Gesundheit und Wohlergehen
4. hochwertige Bildung
5. Geschlechtergleichstellung
6. sauberes Wasser und Sanitärversorgung
7. bezahlbare und saubere Energie
8. menschenwürdige Arbeit und Wirtschaftswachstum
9. Industrie, Innovation und Infrastruktur
10. weniger Ungleichheiten
11. nachhaltige Städte und Gemeinden
12. verantwortungsvolle Konsum- und Produktionsmuster
13. Maßnahmen zum Klimaschutz
14. Leben unter Wasser (Meere und Meeresressourcen schützen und nachhaltig nutzen)
15. Leben an Land (Artenvielfalt, Ökosysteme schützen, Entwaldungen vermeiden)
16. Frieden, Gerechtigkeit und starke Institutionen
17. Partnerschaften zur Erreichung der Ziele

Um einen schnellen Überblick über den Status eines Indikators zu ermöglichen, wird im Indikatorenbericht jedem Indikator, soweit möglich, eines von vier Wettersymbolen zugeordnet.

Bei Fortsetzung der Entwicklung beträgt die Abweichung vom Zielwert weniger als 5 % der Differenz zwischen Zielwert und aktuellem Wert;

Bei Fortsetzung der Entwicklung würde das Ziel voraussichtlich um mindestens 5 %, aber maximal um 20 % der Differenz zwischen Zielwert und aktuellem Wert verfehlt;

Der Indikator entwickelt sich zwar in die gewünschte Richtung auf das Ziel zu, bei Fortsetzung der Entwicklung würde das Ziel im Zieljahr aber um mehr als 20% verfehlt;

Der Indikator entwickelt sich nicht die gewünschte Richtung und somit vergrößert sich der Abstand zum Ziel.

(Quelle: Statistisches Bundesamt: Nachhaltige Entwicklung in Deutschland – Indikatorenbericht 2016, Januar 2017, S. 118 (verändert). © Statistisches Bundesamt (Destatis), 2018. © Statistisches Bundesamt (Destatis), 2018)

1 Diese 17 Ziele wurden auf der UN-Generalversammlung vom UN-Nachhaltigkeitsgipfel im September 2015 in der **Agenda 2030 für nachhaltige Entwicklung** verabschiedet.

2 Indikatorenbericht 2016 siehe unter www.destatis.de/DE/Publikationen/Thematisch/UmweltoekonomischeGesamtrechnungen/Umweltindikatoren/IndikatorenPDF_0230001.pdf?__blob=publicationFile.

Beispiel 1: Entwicklungsziel 3 – Gesundheit und Wohlergehen mit acht Indikatoren

Nr.	Indikatoren	Ziele	Bewertung in den Vorjahren			Aktuelle Bewertung
3 Gesundheit und Wohlergehen Gesundheit und Ernährung – *Länger gesund leben*						
3.1.a	Vorzeitige Sterblichkeit (Todesfälle pro 100 000 Einwohner unter 70 Jahren) Frauen	Rückgang auf 100 Fälle pro 100 000 bis 2030	2011	2012	2013	2014
3.1.b	Vorzeitige Sterblichkeit (Todesfälle pro 100 000 Einwohner unter 70 Jahren) Männer	Rückgang auf 190 Fälle pro 100 000 bis 2030	2011	2012	2013	2014
3.1.c	Raucherquote von Jugendlichen (12 bis 17 Jahre)	Absenkung auf unter 7 % bis 2030	2012	2013	2014	2015
3.1.d	Raucherquote von Erwachsenen (ab 15 Jahren)	Absenkung auf unter 19 % bis 2030	2010	2011	2012	2013
3.1.e	Adipositasquote von Jugendlichen (11 bis 17 Jahre)	Anteil der Jungendlichen mit Adipositas soll nicht weiter ansteigen	Keine Bewertung möglich			
3.1.f	Adipositasquote von Erwachsenen (ab 18 Jahren)	Anteil der Erwachsenen mit Adipositas soll nicht weiter ansteigen	2010	2011	2012	2013
Luftbelastung – *Gesunde Umwelt erhalten*						
3.2.a	Emissionen von Luftschadstoffen	Verringerung um 45 % gegenüber 2005 bis 2030	2011	2012	2013	2014
3.2.b	Anteil der Bevölkerung mit erhöhter PM_{10}-Feinstaubexposition	Richtwert von 20 µg pro m^3 Luft soll möglichst flächendeckend bis 2030 erreicht werden	2011	2012	2013	2014

(Quelle: Statistisches Bundesamt: Nachhaltige Entwicklung in Deutschland – Indikatorenbericht 2016, Januar 2017, S. 121 f. (verändert). © Statistisches Bundesamt (Destatis), 2018)

Beispiel 2: Entwicklungsziel 8 – Menschenwürdige Arbeit und Wirtschaftswachstum mit neun Indikatoren

Nr.	Indikatoren	Ziele	Bewertung in den Vorjahren			Aktuelle Bewertung
8	**Menschenwürdige Arbeit und Wirtschaftswachstum** Ressourcenschonung – *Ressourcen sparsam und effizient nutzen*					
8.1	Gesamtrohstoff-produktiviät	Beibehaltung des Trends der Jahre 2000–2010 bis 2030	2008 	2009 	2010 	2011 
Stattsverschuldung – *Staatsfinanzen konsolidieren – Generationengerechtigkeit schaffen*						
8.2.a	Staatsdefizit	jährliches Staatsdefizit kleiner als 3 % des BIP	2012 	2013 	2014 	2015 
8.2.b	Strukturelles Defizit	Strukturell ausgeglichener Staatshaushalt, gesamtstaatliches strukturelles Defizit von max. 0.5 % des BIP	2012 	2013 	2014 	2015 
8.2.c	Schuldenstand	Schuldenstandsquote max. 60 % des BIP	2012 	2013 	2014 	2015 
Wirtschaftliches Zukunftsvorsorge – *Gute Investitionsbedingungen schaffen – Wohlstand dauerhaft erhalten*						
8.3	Verhältnis der Bruttoanlage-investionen zum BIP	Angemessene Entwicklung des Anteils	2012 	2013 	2014 	2015 
Wirtschaftliche Leistungsfähigkeit – *Wirtschaftsleistung umwelt- und sozialverträglich steigern*						
8.4	Bruttoinlands-produkt je Einwohner	Stetiges und angemessenes Wirtschaftswachstum	2012 	2013 	2014 	2015 
Beschäftigung – *Beschäftigungsniveau steigern*						
8.5.a	Erwerbstätigenquote insgesamt (20 bis 64 Jahre)	Erhöhung auf 78 % bis 2030	2012 	2013 	2014 	2015 
8.5.b	Erwerbstätigenquote Ältere (60 bis 64 Jahre)	Erhöhung auf 60 % bis 2030	2012 	2013 	2014 	2015 
Globale Lieferketten – *Menschenwürdige Arbeit weltweit ermöglichen*						
8.6	Anzahl der Mitglieder des Texilbündnisses	Signifikante Steigerung bis 2030	Keine Bewertung möglich			

(Quelle: Statistisches Bundesamt: Nachhaltige Entwicklung in Deutschland – Indikatorenbericht 2016, Januar 2017, S. 125 (verändert). © Statistisches Bundesamt (Destatis), 2018)

1.3 Bedeutung der Automobilbranche

EINSTIEGSSITUATION

Matti Köppel eröffnet die heutige Azubisitzung mit folgendem Einstieg: „Gut 80 % aller Verkehrsleistungen im Personenverkehr werden in Deutschland mit dem Auto erbracht. Die meisten Autos auf der Straße fahren heute mit Verbrennungsmotoren (Otto, Diesel, Gas). Nach einem Urteil des Bundesverwaltungsgerichts in Leipzig vom 27.02.2018 (Az: 7 C 26.16 und 7 C 30.17) dürfen deutsche Städte im Falle eines Feinstaubalarms Fahrverbote für Diesel-Fahrzeuge verhängen. Für Dieselfahrzeuge der Schadstoffklassen Euro 1 bis 5 sind Fahrverbote ab sofort, bei Euro-6-Fahrzeugen ab September 2019 möglich. In Deutschland werden sehr wenige Neuwagen elektrisch angetrieben. Doch das wird sich spürbar ändern. Hybride[1] und Elektrofahrzeuge sind auf dem Vormarsch. Dazu habe ich Ihnen das nachfolgende Schaubild mitgebracht. Bitte bearbeiten Sie die Aufgaben, die unter dem Schaubild aufgeführt sind“.

Einsatzszenario der Antriebsarten weltweit

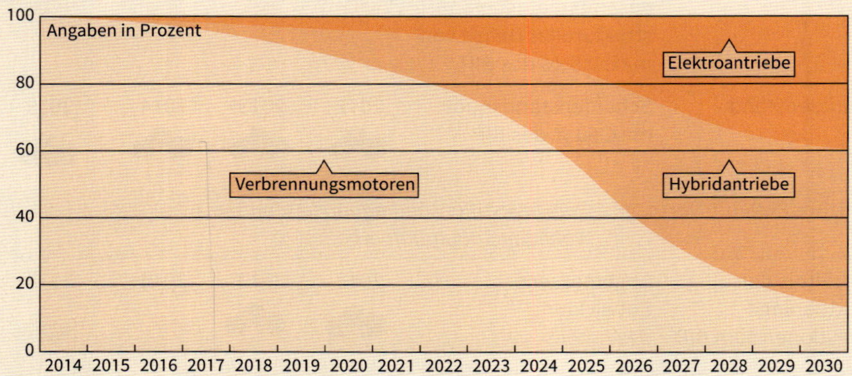

(Quelle: PwC/Automobilwoche Spezial: „Fakten Report 2016“. In: Automobilwoche Nr. 26, 12.12.2016, S. 11.)

1. Wie reagiert Ihr Autohaus auf den Vormarsch der Hybrid- und Elektrofahrzeuge?
2. Geben Sie kurze Statements ab zu dem oben dargestellten Szenario.

Sie unterstützen die Auszubildenden bei dem Beantworten der Fragen.

1.3.1 Volkswirtschaftliche Bedeutung des Automobils

Die Automobilindustrie (Hersteller und Zulieferer) ist in Deutschland eine Schlüsselindustrie. Nach Angaben des Verbandes der deutschen Automobilindustrie (VDA) wurden 2017 rund 3,3 Millionen Pkw neu zugelassen. Weltweit produzierte die deutsche Autoindustrie 2016 über 15 Millionen Fahrzeuge, davon rund sechs Millionen in Deutschland. Jedes fünfte Auto weltweit trägt einen deutschen Markennamen. Damit steht Deutschland im Ländervergleich nach China, den USA und Japan auf Platz vier der Autobauer. Die Branche ist Impulsgeber für viele weitere Wirtschaftszweige: Ein großes Netz an Zulieferern aus dem Bereich Maschinenbau, Metallverar-

1 Siehe hierzu auch Seite 274 ff.

beitung, der Textil- oder chemischen Industrie versorgt die Kraftfahrzeugindustrie und profitiert von ihrem hohen Auftragsvolumen. Der Markt für Autos wird sich weiter vergrößern. Die weltweite Produktion von derzeit über 80 Millionen Kraftfahrzeugen dürfte in naher Zukunft weiter wachsen.

Nahezu ein Drittel aller Aufwendungen der deutschen Industrie für **Forschung und Entwicklung** werden im Automobilbereich getätigt. Mit ihren Forschungstätigkeiten trägt die Automobilbranche dazu bei, die Zukunftsfähigkeit des Standortes zu sichern. Davon profitieren Unternehmen, Kunden und Mitarbeiter gleichermaßen.

Jeder siebte Arbeitsplatz in Deutschland hängt am Automobil. Rund 800 000 Menschen sind derzeit in der größten Industrie des Landes beschäftigt. Davon sind rund 500 000 Arbeitnehmerinnen und Arbeitnehmer unmittelbar am Bau von Kraftfahrzeugen beteiligt. Etwa 300 000 Beschäftigte sind bei Zulieferbetrieben der Autohersteller tätig. Ob Stoffe für die Autositze oder einzelne Kleinteile: Die Bandbreite der Produkte, die für den Autobau benötigt wird, ist groß. Hinzu kommen noch einmal rund 800 000 Beschäftigte in den Ingenieurbüros, im Autohandel, in den Reparaturwerkstätten und Tankstellen.

Umsatz und Beschäftigung[1] der deutschen Automobilindustrie

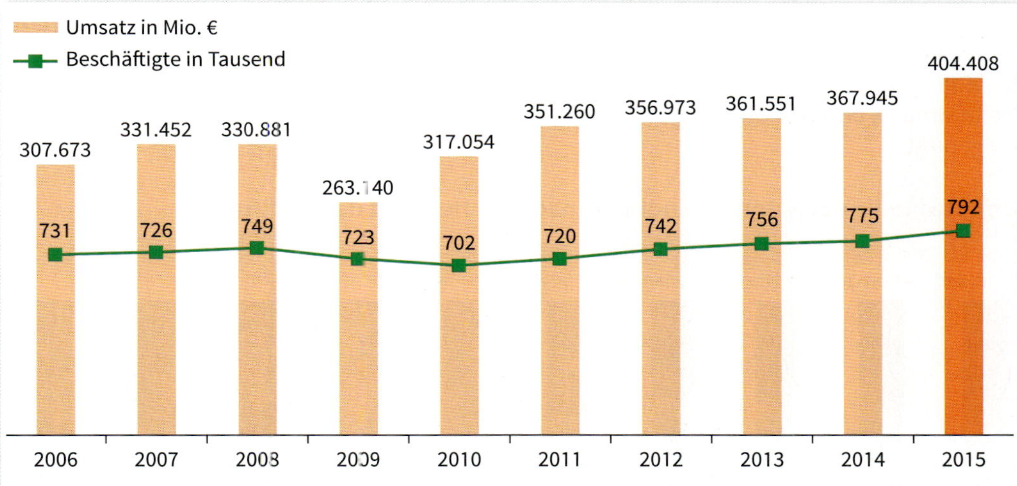

(Quelle: Fuß, Peter [Ernst & Young GmbH Wirtschaftsprüfungsgesellschaft]: Die Automobilindustrie in Deutschland 2006 bis 2015 – Umsatz- und Beschäftigungsentwicklung, März 2016, S. 3)

Die Automobilindustrie erwirtschaftete 2016 mit über 400 Mrd. € Umsatz abzüglich des Umsatzes der Zulieferer in Höhe von rund 80 Mrd. € eine Bruttowertschöpfung von rund 320 Mrd. €. Das sind über 40 % der Bruttowertschöpfung des produzierenden Gewerbes von rund 750 Mrd. € (siehe auf Seite 256) und rund 10 % des Bruttoinlandsprodukts von 3 263 Mrd. €.

Die meisten Autohersteller und -zulieferer haben ihren Standort im Süden Deutschlands (Daimler, BMW, Audi, Bosch usw.). In Bayern arbeiteten Mitte 2015 rund 250 000 Personen in der Automobilindustrie. Das waren 4,7 % aller Beschäftigten in Bayern. Baden-Württemberg und Niedersachsen folgen mit knapp 211 000 bzw. gut 136 000 Beschäftigten.

1 sozialversicherungspflichtig Beschäftigte im Jahresdurchschnitt

Beschäftigte in der Automobilindustrie nach Bundesländern

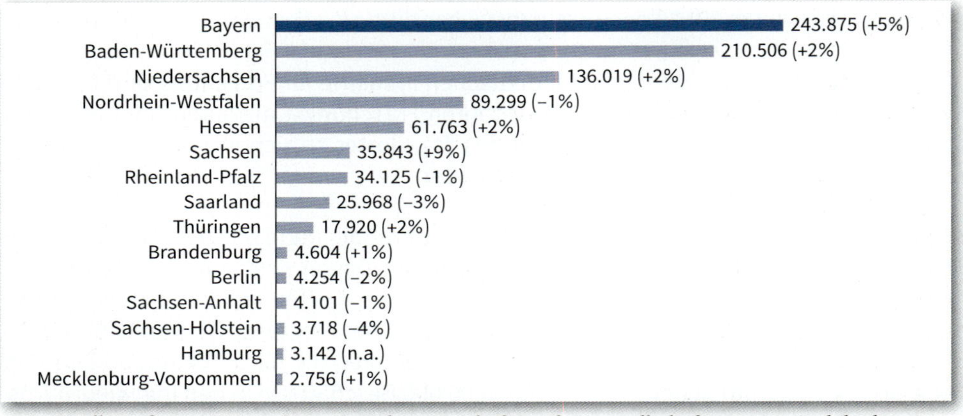

(Quelle: Fuß, Peter [Ernst & Young GmbH Wirtschaftsprüfungsgesellschaft]: Die Automobilindustrie in Deutschland 2006 bis 2015 – Umsatz- und Beschäftigungsentwicklung[1], März 2016, S. 9)

Die hohe Qualität deutscher Autos wird international geschätzt. Die deutschen Hersteller verkaufen einen Großteil ihrer Produkte ins Ausland. Im Jahr 2016 erwirtschafteten die deutschen Autohersteller und -zulieferer nur rund 35 % ihres Umsatzes im Inland, rund 65 % gingen ins Ausland. Fast 50 % des Umsatzes gingen in Nicht-EU-Staaten. Sowohl der Heimatmarkt als auch die übrige EU haben in den letzten Jahren deutlich an Umsatzanteilen eingebüßt.

Umsatzanteile der Automobilindustrie nach der Herkunft der Nachfrager

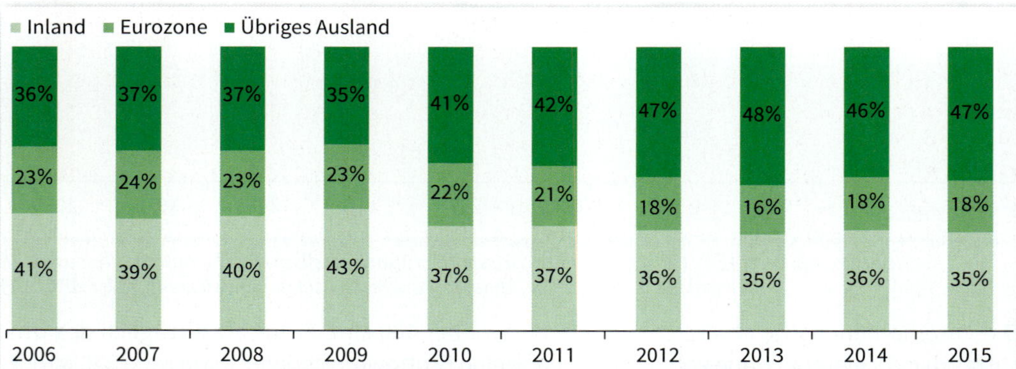

(Quelle: Fuß, Peter [Ernst & Young GmbH Wirtschaftsprüfungsgesellschaft]: Die Automobilindustrie in Deutschland 2006 bis 2015 – Umsatz- und Beschäftigungsentwicklung, März 2016, S. 6)

1 Gegenstand der Analyse sind Betriebe (= örtliche Niederlassungen) mit mindestens 50 tätigen Personen. Die tatsächlichen Umsatz- und Beschäftigungszahlen liegen also noch über den hier dargestellten.

Die wichtigsten Auslandsmärkte der deutschen Autoindustrie sind die USA und Großbritannien. Die Ausfuhren in diese beiden Länder wuchsen 2015 um 23 % bzw. 20 %. Schwach entwickelten sich hingegen die Exporte nach China, die – auch aufgrund des Aufbaus von Produktion vor Ort – um 16 % einbrachen, nachdem sie im Vorjahr noch um 20 % gestiegen waren.

Ausfuhren von Kraftwagen und Kraftwagenteilen in Millionen €

	2014	2015	Entwicklung
Vereinigte Staaten von Amerika	27.694	33.997	23%
Vereinigtes Königreich	24.141	29.052	20%
Volksrepublik China	21.644	18.210	–16%
Frankreich	12.841	13.988	9%
Italien	8.065	9.646	20%
Spanien	7.768	9.025	16%
Belgien	6.293	6.742	7%
Türkei	4.879	6.381	31%
Österreich	5.827	6.314	8%
Republik Korea	4.593	6.064	32%
Niederlande	4.874	5.857	20%
Polen	5.165	5.776	12%
Schweiz	4.514	5.322	18%
Japan	5.395	5.177	–4%
Tschechische Republik	4.409	4.994	13%
Schweden	4.125	4.523	10%
Ungarm	3.719	4.179	12%
Südafrika	2.911	3.544	22%
Russische Föderation	5.162	3.538	–31%

(Quelle: Fuß, Peter [Ernst & Young GmbH Wirtschaftsprüfungsgesellschaft]: Die Automobilindustrie in Deutschland 2006 bis 2015 – Umsatz- und Beschäftigungsentwicklung, März 2016, S. 10)

Die deutsche Automobilindustrie nutzt die Chancen der Globalisierung. Sie produziert nicht nur in Deutschland, sondern auch in anderen Ländern. Einzelne Komponenten lassen sich günstiger im Ausland herstellen. Rund 40 % der Wertschöpfung der aus Deutschland exportierten Autos stammt heute aus dem Import von Teilen und Vorleistungen. Dass der Standort Deutschland darunter nicht leidet, sondern profitiert, belegen die oben genannten Zahlen. Die Branche wächst und sichert dadurch qualifizierte Arbeitsplätze am Standort Deutschland.

1.3.2 Gesellschaftliche Bedeutung des Automobils

Deutschland und das Auto verbindet eine lange Geschichte. Das Jahr 1886 mit dem Benz Patent-Motorwagen Nummer 1 des Erfinders Carl Benz gilt als das Geburtsjahr des modernen Automobils. Die erste Fernfahrt mit einem verbesserten Modell unternahm seine Ehefrau Bertha Benz mit den beiden Söhnen im Jahre 1888 ohne sein Wissen.

Entwicklung des Autos vom öffentlichen Gut zum Individualgut

Nur langsam gewöhnte sich die Bevölkerung an den „Hexenkarren“, ob aus Akzeptanz oder Resignation bleibt offen. Den Durchbruch brachten die 1920er-Jahre, als Busse und Taxis den persönlichen Radius der Menschen vergrößerten und einen Geschmack von Freiheit gaben. Mit der erleichterten Handhabung und der Massenproduktion durch Fließbandarbeit wurde das Auto immer mehr zu einem bezahlbaren Individualgut.

Das Auto als Statussymbol und Freizeitwert

Das Auto ist nicht nur ein Gebrauchsgegenstand, mit dem man bequem und schnell von einem Ort zum anderen gelangen kann, sondern das Symbol eines gehobenen Lebensstils, das Wohlstand, Prestige und Sportlichkeit ausstrahlt. Das Auto verrät den Geschmack und bestimmte charakterliche Eigenschaften seines Besitzers, die Marke offenbart die gesellschaftliche Stellung und den beruflichen Erfolg. Es verleiht Individualität, Mobilität und Unabhängigkeit.

Die Identifikation mit dem eigenen Auto kann gesteigert werden, indem es individueller gestaltet wird. Das beginnt bei der Wahl der Innenausstattung und der Lackierung, reicht von Extras wie speziellen Felgen bis hin zu Zubehör wie Aufklebern oder Mediasystemen. Besonders die Restauration von Oldtimern ist zu einer beliebten Freizeitbeschäftigung geworden. Ein solcher Zweitwagen hebt den Besitzer aus der Masse heraus.

Die meistgenannten Gründe für den Autobesitz

Individuelle Mobilität/Freiheit	80 %
Bin darauf angewiesen (Wohnort, Beruf,	64 %
Bietet erhebliche Zeitersparnis	48 %
Komfortabler als öffentl. Verkehrsmittel	41 %
Freude am Autofahren	32 %
Kosten/Nutzen besser als bei öffentl. Verkehrsmitteln	20 %
Elementarer Teil des Lebens	16 %
Ausdruck von Lebensgefühl	9 %

(Quelle: DAT-Report 2016, Seite 7)

Egal, ob in Miniaturgröße in den Kinderzimmern oder in rasanten Rennen von Actionhelden auf der Kinoleinwand – das Automobil ist in jedem Lebensbereich allgegenwärtig. Auch in der Freizeit spielen Autos eine wichtige Rolle. Zu einer der populärsten Sportarten zählt der Automobilsport. Formel-1-Rennen erzielen höchste Einschaltquoten, und die Fahrer sind Spitzenverdiener und überall auf der Welt bekannt. Die neu entwickelten Rennwagen zählen zu den begehrtesten „Hightech-Produkten“ und sorgen bei Neuvorstellungen für große mediale Aufmerksamkeit.

Car- und Ridesharing – Wird Teilen das neue Haben?

Heute buchen die Konsumenten ihre Übernachtung via Onlineportal oder Airbnb im Internet, bald bestellen sie auch ihre Mobilität online. Vor allem in den Großstädten stellen immer mehr Konsumenten die bisherige Tatsache infrage, dass ein eigenes Auto für das Mobilsein notwendig sei. In den USA besitzen rund 30 % der 19-Jährigen keinen Führerschein mehr und nur noch 11 % der Neuwagenkäufe entfallen auf die Zielgruppe der 18- bis 34-Jährigen. Car- und Ridesharing bestimmen immer mehr das Mobilitätsverhalten in den Großstädten. Nach Angaben des Bundesverbands Carsharing sind aktuell über zwei Millionen Menschen bei den 165 Anbietern registriert. Die meisten Nutzer sind bei stationsunabhängigen Anbietern gemeldet.

Die Mobilitätskonzepte Car- und Ridesharing im Vergleich

Carsharing („Teile das Auto“)	Derzeit gibt es drei Varianten des Carsharings. • **Stationsbasiertes Carsharing:** Hier werden die Fahrzeuge an festen Standorten abgeholt und müssen nach der Fahrt wieder an diese Stationen zurückgebracht werden. Größter Anbieter ist zurzeit cambio. • **Fleetfloating:** Innerhalb eines abgesteckten Geschäftsgebiets (z. B. Großstadt) können Nutzer die Fahrzeuge abholen und nach der Fahrt innerhalb des Geschäftsgebiets an beliebigen Parkplätzen kostenlos abstellen. Die Fahrzeuge werden per GPS-Signal mithilfe des Smartphones geortet und gemietet. Größte Anbieter sind car2go (Daimler) und DriveNow (BMW/Sixt). • **Privates Carsharing:** Hier vermieten Privatpersonen ihr Fahrzeug an andere Privatpersonen, z. B. über die Portale Drivy oder Tamyca. Die Registrierung ist kostenlos. Vom Mieter verlangt das Portal 30 % Provision. Der Vermieter ist für die Mietzeit automatisch zusatzversichert.
Ridesharing („Teile die Fahrt“)	Hier sind Mitfahr- und Taxidienste mit privaten Fahrern gemeint (**Carpooling**), die Menschen von Haustür zu Haustür befördern. Die (Mit-) Fahrt wird über Onlineplattformen (Fahrzeugvermittler) gebucht. Marktführer in Deutschland ist BlaBlaCar. Die Autohersteller kooperieren mit weltweiten Plattformen, z. B. Daimler, Toyota und Volvo mit Uber, General Motors mit lyft, Volkswagen mit Gett. Ridesharing ist in Deutschland relativ wenig verbreitet, da die Fahrer versichert sein müssen und eine Erlaubnis für die Personenbeförderung nach § 2 PBefG benötigen.

Ein Automobilchef machte an folgender einfachen Rechnung deutlich, warum die neuen Mobilitätsangebote so reizvoll sind: Der weltweite Autoverkauf setzt rund 1,6 Billionen Dollar um. Betrachtet man dagegen die gefahrenen Meilen und setzt je Meile Kosten von einem Dollar an, kommt man auf 10 Billionen Dollar – das ist eine Versechsfachung des Autogeschäfts. Die neue Währung werden die Kilometer sein, die die Kunden zurücklegen.

Das selbstfahrende fahrerlose Auto (siehe auf Seite 276 f.) könnte den Car- und Ridesharing-Konzepten zum Durchbruch verhelfen, da sogenannte Roboterautos bzw. Robotertaxis ohne teuren Fahrer auskommen. Das Ende des Autos auszurufen wäre jedoch verfehlt: Es wird weiterhin Individualverkehr geben, denn die Werte Mobilität und Freiheit besitzen dauerhaft einen wichtigen Stellenwert für die Menschen. Doch der Zugang zu Mobilität wird günstiger, ressourcenschonender und letztlich auch bequemer.

1.3.3 Technologische Entwicklungen – Digitalisierung des Autos

Die Automobilindustrie steht vor einer Phase tiefgreifenden Wandels – „automobile Disruption“ genannt. Das Auto wird in naher Zukunft elektrifiziert, automatisiert und vernetzt sein.

Vom Otto- und Dieselmotor zum Elektro- und Hybridauto

Fast die Hälfte der in Deutschland neu zugelassenen Autos ist mit einem Dieselmotor ausgestattet. Aufgrund des höheren Drehmoments entfaltet der Dieselmotor schon bei niedrigen Drehzahlen eine höhere Leistung als der Benziner. Vor allem Vielfahrer schätzen den geringeren Verbrauch, den besseren Wirkungsgrad bei gleicher Leistung und den Preisvorteil des Dieselkraftstoffes. Diesel produzieren rund 20 % weniger CO_2 als vergleichbare Benziner. Dieselfahrzeuge sind jedoch teurer in der Anschaffung und verursachen höhere Stickoxid-Emissionen als Benziner. Der Rußausstoß wird durch Partikelfilter reduziert.

Gasfahrzeuge sind immer noch eine Randerscheinung. Sie werden mit „Autogas“ genanntem Flüssiggas (LPG – Liquefied Petroleum Gas) angetrieben oder mit Erdgas (CNG – Compressed Natural Gas). Die Hauptvorteile gegenüber Diesel- und Benzinautos sind die geringeren, steuerbegünstigten Kraftstoffkosten und die Umweltverträglichkeit. Kommt das zu 100 % synthetisch hergestellte Gas in den Tank, sind Autofahrer sogar CO_2-neutral unterwegs. Das schafft beim derzeitigen Strommix noch nicht einmal ein Elektroauto. LPG-Autos können an jeder zweiten Tankstelle betankt werden, CNG-Autos bundesweit nur an etwa 900 Tankstellen.

Pkw-Bestand nach Antriebsarten in Deutschland im Zweijahresvergleich

Jahr		Benzin	Diesel	Gas	Elektro	Hybrid	Gesamt
2012	in Tsd.	30 452	11 891	531	5	48	42 928
	Anteil in %	**70,9 %**	**27,7 %**	**1,2 %**	**0,01 %**	**0,11 %**	**100,0 %**
	Veränderung in %	0,0 %	+ 9,9 %	+ 21,3 %	+ 150,0 %	+ 65,5 %	+ 2,9 %
2014	in Tsd.	29 956	13 215	580	12	86	43 851
	Anteil in %	**68,3 %**	**30,1 %**	**1,3 %**	**0,03 %**	**0,20 %**	**100,0 %**
	Veränderung in %	– 1,6 %	+ ,1 %	+ 9,2 %	+ 140,0 %	+ 79,2 %	+ 2,2 %
2016	in Tsd.	29 825	14 532	556	26	130	45 071
	Anteil in %	**66,2 %**	**32,2 %**	**1,2 %**	**0,06 %**	**0,29 %**	**100,0 %**
	Veränderung in %	– 0,4 %	+ 10,0 %	– 4,1 %	+ 116,7 %	+ 51,2 %	+ 2,8 %

Jahr		Benzin	Diesel	Gas	Elektro	Hybrid	Gesamt
2017	in Tsd.	29 979	15 090	525	34	166	45 794
	Anteil in %	**65,46 %**	**32,95 %**	**1,15 %**	**0,07 %**	**0,36 %**	**100,00 %**
	Veränderung in %	0,5%	3,8%	– 5,6%	30,8%	27,7%	1,6%

(Quelle: Kraftfahrt-Bundesamt: Bestand an Pkw in den Jahren 2008 bis 2017 nach ausgewählten Kraftstoffarten, (Werte gerundet!) Zugriff am 26.02.2018 unter: https://www.kba.de/DE/Statistik/Fahrzeuge/Bestand/Umwelt/b_umwelt_z.html; jsessionid=B41705221D15EE42080DAD3B00B007C1.live11294?nn=663524)

Die größten Steigerungsraten weisen Elektro- und Hybridfahrzeuge auf. **Elektrofahrzeuge** unterscheiden sich in batterie-elektrisch und mit Brennstoffzellen betriebene Fahrzeuge. Zu bedenken ist, dass der Strom für die Elektroautos und zur Wasserstoffgewinnung zurzeit zu zwei Dritteln aus fossilen Energieträgern (Öl, Gas, Kohle) gewonnen wird.

Batterie-elektrisch betriebene Autos sind mit Elektromotor und Batterie ausgestattet, werden ausschließlich mit Strom geladen und fahren nur elektrisch mit Batterie. Probleme bereiten die hohen Anschaffungskosten der E-Autos, ihre geringe Reichweite (zurzeit maximal 500 km), noch nicht standardisierte Ladetechniken (Ladekabel und Stecker) an zu wenigen E-Tankstellen (bundesweit 6 500 gegenüber 14 000 normalen Tankstellen) mit überteuerten Tarifen für den Ladestrom und der zeitintensive Ladevorgang (drei bis fünf Stunden für eine Vollladung bzw. 30 Minuten mit einer Schnellladung für 150 km). Es kann auch zu Hause über eine 4,6-kW-Wallbox oder eine 2,3-kW-Steckdose Strom getankt werden.

Brennstoffzellenautos sind mit Elektromotor, Brennstoffzelle sowie Batterie ausgestattet. Aktuell treibt die Brennstoffzelle den Elektromotor nicht direkt an, sondern lädt zunächst eine Batterie als Zwischenspeicher auf. So dauert der Ladevorgang nur wenige Minuten. Bis 2023 sollen bundesweit 400 Wasserstofftankstellen gebaut werden. 1 000 Tankstellen braucht es für eine gute Abdeckung.

Hybridautos sind mit einem Verbrennungsmotor (Otto, Diesel bzw. Gas) samt Kraftstofftank und einem Elektromotor mit Batterie (Akkumulator) ausgestattet. Beim Bremsen wird die Bremsenergie in den Akkumulator zurückgeführt (Nutzbremse). Insbesondere im Stadtverkehr mindert diese Energierückgewinnung den Kraftstoffverbrauch um bis zu 60 %. Durch den möglichen Alleinbetrieb des Verbrennungsmotors sind auch bei leerer Batterie größere Fahrstrecken möglich. Werden die Akkumulatoren nur über den eingebauten Generator geladen, wird der Hybrid als autark bezeichnet, werden die Akkus vor der Fahrt am Stromnetz geladen (= Steckdosenhybrid), spricht man von einem Plug-in-Hybridauto (PHEV = Plug-in Hybrid Electric Vehicle). Plug-in-Hybride haben im reinen Elektrobetrieb eine Reichweite von bis zu 80 km. Über 80 % aller im Alltag gefahrenen Strecken liegen innerhalb dieser Battereireichweite.

Der Staat fördert den Kauf eines E-Autos mit verschiedenen Anreizen, um dem Ziel, bis 2020 eine Million Elektroautos auf die Straßen zu bringen, näher zu kommen. Damit sollen die Klimaschutzziele erreichbar und die Umwelt- und Gesundheitsschäden des Verkehrs vermindert werden. Für reine E-Autos gibt es eine **Kaufprämie (Umweltbonus)** von 4 000,00 €, für Plug-in-Hybride von 3 000,00 €, wovon die Autohersteller jeweils die Hälfte übernehmen, so lange, bis die Bundesmittel von 600 Mio. € aufgebraucht sind (längstens bis 30.06.2019). Weitere Maßnahmen, wie die 10-jährige Befreiung von der Kfz-Steuer (§ 3d KraftStG), kostenloses Parken und Nutzung von Busspuren (§ 3 EmoG) bis 31.12.2016 oder die steuerbefreite private Nutzung von betrieblichen Ladevorrichtungen (§ 3 Nr. 46 EStG) bis 31.12.2020 oder der Hausneubau nur mit Ladestation, sollen die Nachfrage weiter ankurbeln.

Von der Fahrerassistenz zum selbstfahrenden Auto – Lenkrad ade

Zum Auto von morgen gehören neben dem Einsatz neuer Antriebsarten leistungsfähige Sensoren, ultraschnelle Prozessoren und alle Formen künstlicher Intelligenz. Es geht um jene „Pferde-Intelligenz", die beim Übergang vom Fuhrwerk zur Motorkutsche verloren gegangen ist: „Auch wenn früher der Kutscher mal nicht aufpasste, trabte das Pferd brav die Straße entlang, mied den Graben, wich Hindernissen aus und prallte nie auf das Fuhrwerk vor ihm", so Dr. Ralf Bergholz, ehemaliger Forschungsleiter der Volkswagen AG.

Stufen des automatisierten Fahrens – Level 0 bis 5

Level 0: nur Fahrer (driver only) Der Fahrer führt alle Fahrmanöver selbst aus. Er lenkt, bremst und beschleunigt. Das Einkuppeln der Gänge kann ein Automatikgetriebe übernehmen.
Level 1: einfache Fahrassistenzsysteme Der Fahrer lenkt, bremst und beschleunigt. Einfache Systeme unterstützen den Fahrer, z. B. Tempomat, automatische Abstandsregelung (ACC), Antiblockiersystem (ABS), Scheinwerfer mit Kurven- und Tagfahrlicht , Scheinwerferreinigungsanlage, Rückfahrkamera.
Level 2: Teilautomatisierung Die Hände des Fahrers bleiben am Lenkrad. Fahrassistenzsysteme übernehmen Funktionen wie Spurhalten, Spurwechsel, automatisches Einparken, Notfallbremssystem, Warnung vor Querverkehr.
Level 3: Hochautomatisierung Das Fahrzeug fährt weitgehend autonom. Das Fahrzeug führt selbstständig Funktionen wie das Auslösen des Blinkers, Spurwechsel und Spurhalten durch. Der Fahrer darf die Hände vom Lenkrad nehmen, er muss die Fahrt nicht mehr dauerhaft überwachen. Er muss aber in der Lage sein, bei Bedarf innerhalb einer Vorwarnzeit vom System aufgefordert die Führung zu übernehmen.
Level 4: Vollautomatisierung Die Führung des Fahrzeugs wird dauerhaft vom System übernommen. Werden die Fahraufgaben vom System nicht mehr bewältigt, kann der Fahrer aufgefordert werden, die Führung zu übernehmen.
Level 5: fahrerlos Das Auto wird nur noch vom System gesteuert. Fahrer, Lenkrad und Pedale sind nicht mehr erforderlich. Der Fahrer wird zum Fahrgast, der das Fahrziel festlegt, das System startet und das Fahren dem Fahrzeug überlässt.

Wenn alle Fragen bezüglich des Haftungsrechts bei Unfällen geklärt sind, könnten Level 3-Fahrzeuge schon in naher Zukunft zugelassen werden.

Eine Blackbox klärt Verantwortung bei Unfall

Der Fahrer darf dem neuen [Straßenverkehrs-] Gesetz zufolge bei der hochautomatisierten Fahrt die Hände vom Lenker nehmen, um etwa im Internet zu surfen oder E-Mails zu checken. Eine Rückübernahme der Fahrzeugsteuerung durch den Fahrer ist nur dann vorgeschrieben, wenn das System ihn dazu auffordert. Gleiches gilt für den Fall eines geplatzten Reifens oder ähnlicher Zwischenfälle. Der Fahrer muss aber weiter am Lenkrad sitzen. Eine sogenannte Blackbox zeichnet auf, wann das System aktiv war, wann der Fahrer fuhr und wann das System den Fahrer aufforderte, zu übernehmen. Auch das ist wichtig bei der Frage, wer bei Unfällen haftet. Für Systemfehler ist dann der Autoproduzent in der Verantwortung.

(Quelle: Amann, Susanne: Gericht knöpft sich Media-Markt-Werbung vor. In: SPIEGEL ONLINE, veröffentlicht am 09.05.2007 unter: http://www.spiegel.de/wirtschaft/lockvogel-angebote-gericht-knoepft-sich-media-markt-werbung-vor-a-481788.html [08.05.2018].)

Vernetzte Mobilität – das Auto als dritter Lebensraum

Das Buchen von Hotels und Ferienwohnungen im Internet ist inzwischen zur Selbstverständlichkeit geworden. In naher Zukunft ist auch Mobilität online über entsprechende Portale buchbar. Der weltweite Markt für **vernetzte Mobilität** wird jährlich um 25 % wachsen. Das eigene Auto steht dann nicht mehr im Mittelpunkt, sondern der bequemste Weg zum Ziel. Hierfür muss sich das Auto mit öffentlichen Verkehrsmitteln und der städtischen Infrastruktur vernetzen. Die Fahrtroute wird dabei ständig neu berechnet. So schlägt eine App bei einem Stau auf der Fahrt in die Innenstadt eine Kombination aus U-Bahn und elektrischem Carsharing vor. Die neuen Fahrzeuge haben keine Instrumente mehr, sondern nur noch Computerbildschirme. Die mit untereinander vernetzten Fern-, Nahbereichs- (und Mehrbereichs-) Radaren, Stereo-Kameras, Infrarot-Video und Ultraschall-Sensoren vollgestopften Fahrzeuge fahren fahrerlos. Das Auto hängt an der Datenleine, es kann upgedatet werden und altert nicht so schnell. Der Autoindustrie steht ein ähnlicher Wandel bevor, wie ihn die Computerindustrie bereits erlebt hat: Die Hardware wird weniger wichtig, dafür rücken Software und Dienstleistungen in den Fokus.

Durch die Echtzeit-Datenkommunikation zwischen Autos und Infrastruktur werden Staus und Unfälle vermieden. Mit dem automatisierten und vernetzten Fahren kann die Kapazität der Straßen um bis zu 80 % erhöht werden. Gleichzeitig wird der größte volkswirtschaftliche Schaden, der Verkehrsstau, um 40 % reduziert. Die Unfallzahlen werden massiv zurückgehen, wenn man bedenkt, dass 90 % der Unfälle durch menschliches Fehlverhalten verursacht werden.

Der Trend geht zum vernetzten Auto, der Verknüpfung des Automobils mit anderen Lebenswelten, wie dem digitalen Zuhause, oder mit dem **Internet der Dinge** (Internet of Things, IoT). Damit lassen sich über eine App nicht nur Heizung und Rollläden von unterwegs steuern, per Videochat mit dem Postboten kann auch das Paket zum eigenen Auto gelotst werden. Das Auto wird neben Haus und Arbeitsplatz zum dritten Lebensraum. Das Fahren entwickelt sich vom reinen Transportzweck hin zu einem neuen, produktiven Zeitfenster.

Zusammenfassung

- **Kreislaufmodell der Wirtschaft:**

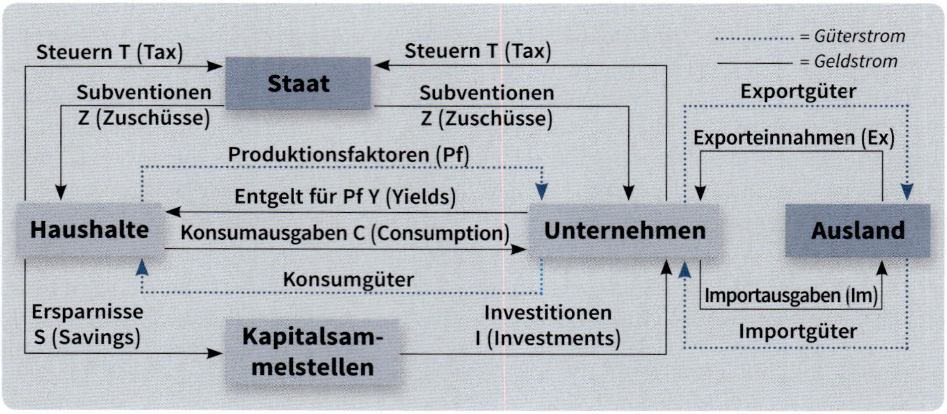

- **Entstehung, Verwendung und Verteilung des Bruttoinlandsprodukts:**

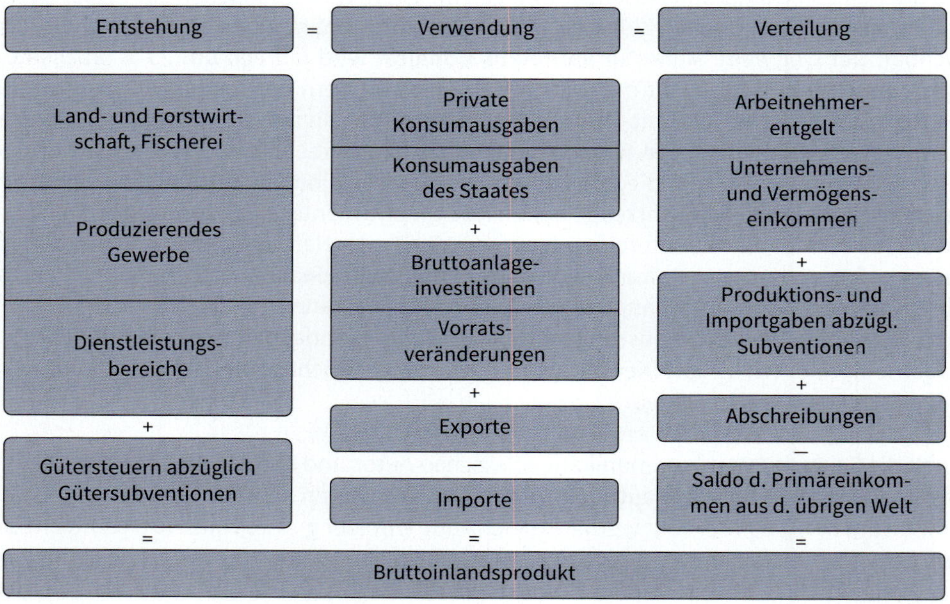

- **Kritiker** der Volkswirtschaftlichen Gesamtrechnung weisen auf statistische Probleme bei der Datenerfassung, Lücken und Mängel bei der Ermittlung der Wertschöpfung (es fehlt die Schattenwirtschaft), die mangelnde Eignung als Maßstab für den Wohlstand (es fehlen die externen Kosten und Nutzen) und fehlende Aussagen zur Verteilungsgerechtigkeit hin. Das Statistische Bundesamt beschreibt in den **Umweltökonomischen Gesamtrechnungen** (UGR) 63 Nachhaltigkeitsindikatoren und ordnet diese den 17 UN-Nachhaltigkeitszielen zu. In einem **Indikatorenbericht** wird alle zwei Jahre der Grad der Zielerreichung dokumentiert.

- Die **Automobilbranche** leistet einen erheblichen **volkswirtschaftlichen Beitrag** für Beschäftigung und Wachstum und einen **gesellschaftlichen Beitrag** zur Verbesserung der Mobilität der Bevölkerung durch Car- und Ridesharing-Konzepte und durch neue technologische Entwicklungen wie dem Elektroauto und dem automatisierten und vernetzten Fahren.

Aufgaben

Kreislaufmodell der Volkswirtschaft

1. Ergänzen Sie Ihre Lernkartei um die Begriffe des Themengebiets „Wirtschaftskreislauf".

2. Beschreiben Sie die Güter- und Geldströme im
   a) einfachen Wirtschaftskreislauf,
   b) einfachen Wirtschaftskreislauf mit Sparen und Investieren,
   c) erweiterten Wirtschaftskreislauf.

3. a) Skizzieren Sie einen einfachen Wirtschaftskreislauf. Nehmen Sie an, dass die privaten Haushalte keine Ersparnisse bilden und für Konsumgüter 1 000 Geldeinheiten ausgeben.
   b) Nehmen Sie an, dass die Haushalte 25 % ihres Einkommens sparen. Ergänzen Sie den oben skizzierten Geldkreislauf.

4. In einer Volkswirtschaft sind folgende Geldströme entstanden:

   - Konsumausgaben der Haushalte: 5 000 Geldeinheiten
   - Exporterlöse der Unternehmen: 2 000 Geldeinheiten
   - Staatliche Subventionen an die Haushalte: 1 000 Geldeinheiten
   - Importausgaben der Unternehmen: 1 000 Geldeinheiten
   - Einkommen der Haushalte: 8 000 Geldeinheiten
   - Abgaben (Steuern) der Haushalte: 2 000 Geldeinheiten

   a) Stellen Sie die Einkommensentstehungs- und Einkommensverwendungsgleichungen auf. Berechnen Sie die fehlenden Größe(n).
   b) Erstellen Sie das (Einkommens-) Konto der privaten Haushalte und das (Produktions-)Konto der Unternehmen.

5. In einer Volkswirtschaft sind folgende Geldströme entstanden:

   - Einkommen der Haushalte (Wertschöpfung): ? Geldeinheiten
   - Verkaufserlöse der Unternehmen: 1 500 Geldeinheiten
   - Investitionen der Unternehmen: 300 Geldeinheiten
   - Abgaben der Haushalte an den Staat: 300 Geldeinheiten
   - Abgaben der Unternehmen an den Staat: 100 Geldeinheiten
   - Subventionen der Haushalte vom Staat: 100 Geldeinheiten

- Staatliche Zuschüsse an die Unternehmen: 100 Geldeinheiten
- Exporterlöse der Unternehmen: 300 Geldeinheiten
- Importausgaben der Unternehmen: 100 Geldeinheiten

a) Skizzieren Sie aus den Angaben den erweiterten Wirtschaftskreislauf.

b) Stellen Sie die Einkommensentstehungs- und Einkommensverwendungsgleichungen auf. Berechnen Sie die fehlenden Größe(n) und prüfen Sie, ob der Kreislauf geschlossen ist.

c) Erstellen Sie das (Einkommens-) Konto der privaten Haushalte und das (Produktions-) Konto der Unternehmen.

d) Begründen Sie, warum auch der erweiterte Wirtschaftskreislauf immer noch eine starke Vereinfachung des Wirtschaftsgeschehens darstellt.

Volkswirtschaftliche Gesamtrechnung

6. Ergänzen Sie Ihre Lernkartei um die Begriffe des Themengebiets „Volkswirtschaftliche Gesamtrechnung“.

7. Eine kleine Volkswirtschaft besteht aus vier Unternehmen und den privaten Haushalten. Der Wirtschaftssektor Unternehmen besteht aus einem Landwirtschaftsbetrieb, einer Mühle, einer Bäckerei und einem Lebensmittelhandel. Ein Landwirt verkauft Weizen im Wert von 300 Geldeinheiten (GE) an eine Mühle. Von dem Erlös bezahlt er seinen Auszubildenden; der Rest ist Gewinn für seine Arbeit und seinen Kapitaleinsatz. In der Mühle wird das Korn gemahlen und das Mehl ausgesiebt. Das Mehl wird für 400 GE an eine Großbäckerei verkauft. Die dort produzierten Brötchen werden für 700 GE von einem Lebensmittelhändler gekauft und von diesem für 900 GE an seine Kunden verkauft.

   a) Stellen Sie den Güter- und Geldkreislauf dieser Volkswirtschaft dar.

   b) Berechnen Sie die Wertschöpfung auf den einzelnen Produktionsstufen.

   c) Wie hoch ist das Bruttoinlandsprodukt dieser Volkswirtschaft?

   d) Begründen Sie mithilfe des Beispieles, warum die folgende Aussage falsch ist: „Das Bruttoinlandsprodukt ist der Gesamtwert aller in einem Jahr produzierten Güter einer Volkswirtschaft.“

8. In einer Volkswirtschaft entstanden folgende Zahlungsströme:

	1. Produktionsstufe (Forstwirtschaft)	2. Produktionsstufe (Möbelfabriken)	3. Produktionsstufe (Möbelhandel)
Vorleistungen	0	→ 110	→ 300
Bruttoinvestitionen	10	40	20
Abschreibungen	5	20	10
T_U-Z_U (Steuern – Subventionen)	10	50	20
Gewinn	20	50	20
Löhne, Gehälter	85	130	40
Umsatzerlöse	110	300	?
Außenbeitrag	0	20	30

a) Ergänzen Sie die Tabelle.
b) Berechnen Sie folgende Größen für diese Volkswirtschaft:
   1. Bruttoproduktionswert
   2. Bruttoinlandsprodukt
   3. Nettoinlandsprodukt zu Marktpreisen
   4. Volkseinkommen
   5. Nettoinvestitionen
c) Wie werden die Vorleistungen in der VGR behandelt?
   Begründen Sie Ihre Feststellung.
d) Erstellen Sie das Nationale Produktionskonto für diese Volkswirtschaft.

9. Es liegt folgendes Nationales Produktionskonto vor:

Soll	Nationales Produktionskonto		Haben
Vorleistungen	2 000 GE	Verkaufserlöse (einschließlich Vorleistungen)	3 000 GE
Abschreibungen (Ab)	1 000 GE	Bruttoinvestitionen (I_{brutto})	1 400 GE
$T_U - Z_U$ (Steuern – Subventionen)	600 GE	Exporte – Importe (Ex – Im)	600 GE
Faktorkosten (Löhne …)	1 400 GE		

a) Berechnen Sie den Bruttoproduktionswert, das Bruttoinlandsprodukt zu Marktpreisen, das Nettoinlandsprodukt zu Marktpreisen, das Volkseinkommen, die Nettoinvestitionen.
b) Erklären Sie den Begriff Außenbeitrag.
c) Unterscheiden Sie zwischen Bruttonationaleinkommen (Inländerkonzept) und Bruttoinlandsprodukt (Inlandskonzept).

10. Grenzen Sie die folgenden Begriffe voneinander ab: nominales BIP, reales BIP, Nettoinlandsprodukt zu Marktpreisen, Nettoinlandsprodukt zu Faktorkosten, Bruttosozialprodukt.

11. a) Erläutern Sie kurz die Entstehungsrechnung, Verwendungsrechnung und Verteilungsrechnung des Bruttoinlandsprodukts.
b) Ermitteln Sie anhand der Statistik auf Seite 256 die Anteile der Wirtschaftsbereiche „Handel, Gastgewerbe und Verkehr“ und „produzierendes Gewerbe“ an der Bruttowertschöpfung für das Jahr 2017.
c) Vergleichen Sie anhand der Statistik auf Seite 260 die prozentuale jährliche Entwicklung der Arbeitnehmerentgelte und der Unternehmens-/Vermögenseinkommen und erläutern Sie die Zusammensetzung dieser Größen.
d) Erläutern Sie die Begriffe Lohn- und Gewinnquote und begründen Sie, weshalb bei der Interpretation dieser Größen Vorsicht geboten ist.
e) Nennen und erläutern Sie drei Kritikpunkte der traditionellen VGR.

12. a) Die Tabakindustrie setzt in Deutschland rund 22 Mrd. € um. Die Tabaksteuer beläuft sich auf rund 16 Mrd. €. Die Gesundheitskosten, die allein durch das Rauchen entstehen, werden auf rund 45 Mrd. € geschätzt. Wie gehen diese Werte in die VGR ein?

b) Die Kraftfahrtversicherung ist die größte Sparte in der Schaden- und Unfallversicherung. Nach aktuellen Zahlen des Verbandes DGV (Die Deutschen Versicherer) gibt es 112 Mio. Kfz-Versicherungsverträge. Es wurden 21,9 Mrd. € Leistungen ausbezahlt und 25,2 Mrd. € Beiträge eingenommen (siehe hierzu http://www.gdv.de/zahlen-fakten/). Wie gehen diese Werte in die VGR ein?

c) In Deutschland passierten 2017 nach Angaben des Statistischen Bundesamts etwa 2,6 Mio. polizeilich registrierte Verkehrsunfälle[1]. Nehmen Sie an, dass nur solche Unfälle registriert werden, bei denen der Schaden mindestens 1 500,00 € beträgt. Welchen Einfluss hat dies auf die VGR?

d) Wie beurteilen Sie vor diesem Hintergrund das BIP als Wohlstandsindikator?

13. Führen Sie Beispiele an, wie das BIP wachsen oder schrumpfen kann, ohne dass in der Volkswirtschaft mehr oder weniger produziert wird.

Web

14. Suchen Sie im Internet den „Nachhaltigkeitsbericht 2017“ der Bundesregierung und beschreiben Sie einige der 17 UN-Entwicklungsziele anhand der zugeordneten Nachhaltigkeitsindikatoren. Gehen Sie dabei auf den Grad der Zielerreichung in den letzten Jahren ein.
Tipp: Bilden Sie thementeilige Arbeitsgruppen.

Bedeutung der Automobilbranche

15. Ergänzen Sie Ihre Lernkartei um die Begriffe des Themengebiets „Bedeutung der Automobilbranche“. Definieren Sie insbesondere die Begriffe Carsharing, Ridesharing, Elektroauto, Hybridauto, selbstfahrendes Auto.

Web

16. Erläutern Sie die Bedeutung der Automobilbranche für die Volkswirtschaft, die Gesellschaft als Ganzes und für die technogische Entwicklung und Digitalisierung.
Tipp: Bilden Sie thementeilige Gruppen.

17. Die Elektromobilität wird durch verschiedene staatliche Maßnahmen gefördert. Erläutern Sie einige Regelungen zur Förderung der Elektromobilität im Straßenverkehr.

Web

18. Diskutieren Sie über Vor- und Nachteile des autonomen Fahrens. Gehen Sie dabei auch auf die Stufen (Level 1–5) des autonomen Fahrens ein.

1 Vergleiche www.destatis.de/DE/ZahlenFakten/Wirtschaftsbereiche/TransportVerkehr/Verkehrsunfaelle/Verkehrsunfaelle.html.

2 Preisbildung und Beeinflussung des Wettbewerbs

AUSGANGSSITUATION

Carl Löffler, Auszubildender zum Automobilkaufmann der Autohaus Köppel GmbH, liest folgenden Zeitungsartikel:

Autopreise / Immer mehr Premium

Autos in Deutschland sind so teuer wie nie zuvor. Der Durchschnittspreis für Neuwagen ist 2016 um gut zwei Prozent auf 31 400 Euro gestiegen. Zu diesem Ergebnis kommt eine aktuelle Untersuchung des Center Automotive Research (CAR) an der Universität Duisburg-Essen. Verantwortlich für diesen Preisanstieg ist in erster Linie der anhaltende Trend zum Kauf teurer Premiummodelle wie etwa von BMW, Audi und Mercedes. Der Anteil aller Premiummarken an den Neuwagenverkäufen liegt inzwischen bei 30 Prozent, im Jahr 2010 waren es noch zwei Prozentpunkte weniger. „Mit dem höheren Anteil der Premiummarken steigt der Durchschnittspreis“, erläuterte Ferdinand Dudenhöffer, Leiter des CAR-Instituts. Premiumkäufer geben für ihr neues Auto durchschnittlich 45 700 Euro aus und liegen damit deutlich über dem Niveau des gesamten Automarktes. Automobilprofessor Dudenhöffer erwartet, dass sich der Trend zur Premiummarke auch in den kommenden Jahren fortsetzt.

Der zweite Grund für steigende Neuwagenpreise ist der unverändert hohe Dieselanteil bei den Neuzulassungen - trotz der Abgasaffäre bei Volkswagen. Ein Dieselfahrzeug steht im Durchschnitt mit 38 000 Euro in der Preisliste, beim Benziner sind es 25 600 Euro. Die Dieselmotoren finden besonders starke Verwendung in größeren und schwereren Fahrzeugen wie Geländewagen (SUV) oder Oberklassenmodelle.

Der Durchschnittspreis von batteriegetriebenen Fahrzeugen liegt bei 40 300 Euro. Marktführer sind Renault und BMW, gefolgt von Tesla auf dem dritten Platz. Bleibt die Hochpreismarke Tesla ausgeklammert, liegt der Durchschnittspreis der Elektroautos bei 30 900 Euro, also unter dem Durchschnitt des gesamten Automarktes. Für Autoprofessor Dudenhöffer steht fest, dass die Elektroautos zumindest in Bezug auf den Preis wettbewerbsfähig werden. Unbefriedigend seien hingegen Reichweite und Ladeinfrastruktur. „Wenn die Autohersteller höhere Reichweiten anbieten und die Ladeinfrastruktur in Gang kommt, dann schaffen wir mit dem Elektroauto den Anschluss“, erwartet der Hochschullehrer.

(Quelle: Menzel, Stefan: Autopreise / Immer mehr Premium. In: Handelsblatt vom 28.12.2016, Seite 17.

ARBEITSAUFTRÄGE

1. Informieren Sie sich über den Inhalt des Zeitungsartikels.
2. Fassen Sie die wesentlichen Aussagen dieses Zeitungsartikels zusammen.
   Tipp: Regeln zur Textanalyse finden Sie unter BuchPlusWeb.
3. Verfassen Sie Kurzreferate zu den Themen
   - Markt und Preisbildung,
   - Merkmale der Sozialen Marktwirtschaft,
   - Beeinflussung des Wettbewerbs und Wettbewerbsrecht.

   Tipps: Bilden Sie thementeilige Arbeitsgruppen und lesen Sie die folgenden Kapitel im Buch. Einen Methoden- und Präsentationspool sowie wichtige Hinweise zur Projektarbeit finden Sie unter BuchPlusWeb.

Web

Web

4. Wählen Sie für die Darstellung Ihrer Ergebnisse geeignete Präsentationsformen und Medien aus, z. B. Protokolle, Handouts, Plakatwände, PowerPoint. Beachten Sie dabei die von Ihnen bei anderen Präsentationen erarbeiteten Präsentationsregeln.
5. Präsentieren Sie Ihre Ausarbeitungen im Klassenverband und reagieren Sie dabei auf Fragen und Anmerkungen Ihrer Mitschüler/-innen.
6. Nehmen Sie Kritikpunkte zur Vorgehensweise, Vollständigkeit und inhaltlichen Richtigkeit auf, ergänzen Sie Ihre Ausarbeitungen und korrigieren Sie Fehler.
7. Bewerten Sie Ihre Präsentationen anhand Ihres Kriterienkatalogs mithilfe eines Brainstormings oder einer Kartenabfrage und ziehen Sie Schlüsse für zukünftige Präsentationen.
8. Reflektieren Sie Ihr Verhalten in Ihrer Arbeitsgruppe und überlegen Sie, wie Sie Ihre Verhaltensweisen verbessern könnten.

2.1 Preisbildung in verschiedenen Marktformen

EINSTIEGSSITUATION

In der Berufsschule bekommen Nora und Marie Braun folgendes Schaubild vorgelegt und müssen die Fragen dazu selbstständig bearbeiten.

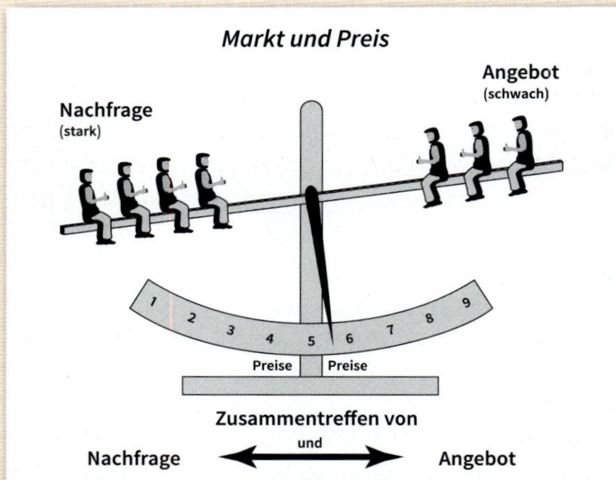

1. Erläutern Sie die Bedeutung von Angebot und Nachfrage für die Preisbildung.
2. Zählen Sie einige Faktoren auf, die die angebotene bzw. nachgefragte Menge auf dem Kraftfahrzeugmarkt beeinflussen.
   Tipp: Führen Sie eine Kartenabfrage durch. Regeln zur Kartenabfrage finden Sie unter BuchPlusWeb.
3. Schätzen Sie die Position Ihres Ausbildungsbetriebs im Markt ein.

Sie unterstützen die Auszubildenden.

Web

2.1.1 Markt und Marktfunktionen

Der Markt ist der Ort, an dem sich Nachfrager und Anbieter treffen.

Die Anbieter wollen möglichst viele Güter zu möglichst hohen Preisen verkaufen. Die angebotene Menge wird im Wesentlichen von den Produktionskosten und den Gewinnerwartungen bestimmt. Die Nachfrager möchten möglichst viele Güter zu möglichst günstigen Preisen erwerben, um ihren Bedarf zu decken. Die nachgefragte Menge wird im Wesentlichen vom verfügbaren Einkommen und den Zukunftserwartungen bestimmt.

Die unterschiedlichen Interessen der Marktteilnehmer werden am Markt über den Preis zum Ausgleich gebracht (**Ausgleichsfunktion** des Marktpreises).

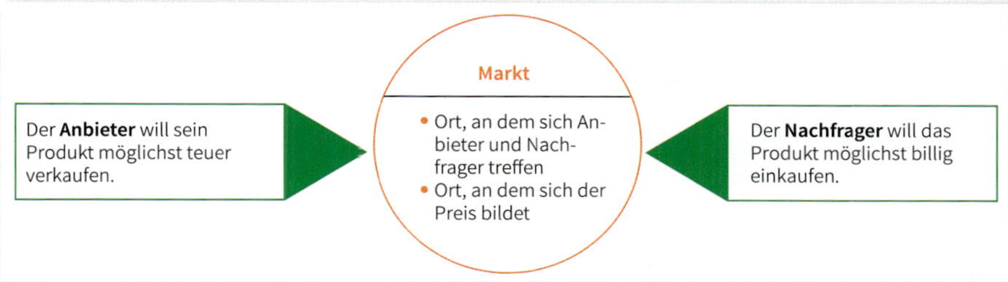

Hohe Preise

- signalisieren den Marktteilnehmern, dass das Gut relativ knapp ist (**Signalfunktion**);
- reizen die Anbieter an, dieses Gut vermehrt zu produzieren; sie lenken ihre Produktionsfaktoren auf diese lukrativen Märkte (**Lenkungsfunktion**);
- erzwingen den sparsamen Umgang mit diesen knappen Gütern (**Erziehungsfunktion**).

2.1.2 Modell des vollkommenen Marktes

Modelle haben die Aufgabe, komplizierte Zusammenhänge der Wirklichkeit vereinfacht nachzubilden. Sie sind vereinfachte Ausschnitte der Realität. So ist z. B. der vom Architekten gezeichnete Grundriss eines Gebäudes nur ein vereinfachtes Abbild des tatsächlich vorhandenen Gebäudes.

Das Modell des vollkommenen Marktes geht von folgenden **Annahmen** aus:

Gleichartige (homogene) Güter	gleiche (einheitliche) Aufmachung und Qualität der Güter; z. B. gleiches Modell einer Automarke, Bücher einer bestimmten Auflage, Kaffee einer bestimmten Marke und Herkunft
Keine Bevorzugungen (keine Präferenzen)	keine Präferenzen räumlicher Art (z. B. In- und Ausland, Standortunterschiede), zeitlicher Art (z. B. Haupt- und Nebensaison), persönlicher Art (z. B. Sympathie und Antipathie) oder sachlicher Art (z. B. Mengenrabatte, Serviceunterschiede)
Vollkommene Marktübersicht (Markttransparenz)	Marktteilnehmer kennen ihre Preis- und Mengenvorstellungen; sie sind zur gleichen Zeit am gleichen Ort (zentraler bzw. Punktmarkt) und können daher sehr schnell auf Preisänderungen reagieren

Nur wenn die genannten Bedingungen des **vollkommenen Marktes** erfüllt sind, kann sich ein **einheitlicher Marktpreis** für ein bestimmtes Gut (Einheitsgut) bilden. In der Realität kommen alle zentral organisierten Märkte (z. B. Waren-, Wertpapierbörse, Messen) diesem Marktmodell am nächsten. Aber auch hier lassen sich Präferenzen aufgrund unzureichender Informationen der Marktteilnehmer nicht ausschließen.

Sobald eine der Modellannahmen des vollkommenen Marktes fehlt, spricht man von einem **unvollkommenen Markt**. Diese Unvollkommenheit hat zur Folge, dass das gleiche Gut zu **unterschiedlichen Preisen** angeboten bzw. nachgefragt wird.

Nach der Zahl der Anbieter werden folgende Marktformen unterschieden:

Anbieter / Nachfrager	Einer	Wenige	Viele
Viele	Angebotsmonopol	Angebotsoligopol	Polypol
Beispiele	Gas-, Wasserwerke	Mineralöl-, Automarkt, Fluggesellschaften, Zigarettenmarkt	Waren-, Wertpapierbörsen, Bäckereien

2.1.3 Preisbildung im Polypol

Polypol auf einem vollkommenen Markt

Im Polypol[1] **steht einer sehr großen Anzahl von Nachfragern eine sehr große Zahl von Anbietern gegenüber.**

Die nachgefragte Menge hängt vom Preis ab und ist umso größer, je niedriger der Preis ist. Umgekehrt wird das Angebot um so größer sein, je höher der erzielbare Preis ist. Ein niedriger Preis regt den Konsum, ein hoher Preis die Produktion an.

Beispiel

Preisbildung im Polypol auf einem vollkommenen Markt
An einer Warenbörse liegen dem Makler folgende Aufträge vor:

Nachfrage			Angebot		
Käufer	Höchstpreis je kg in €	Nachgefragte Menge in kg	Verkäufer	Mindestpreis je kg in €	Angebotene Menge in kg
A	8,50	500	E	7,90	750
B	8,30	500	F	8,10	1 000
C	8,10	750	G	8,30	500
D	7,90	1 000	H	8,50	250

1 polýs (griech.) = viel; Pólis (griech.) Stadt, Markt

Der Makler erstellt aus den Kauf- und Verkaufsaufträgen die folgende Übersicht:

Preis	Nachfrage in kg					Angebot in kg				
	A	B	C	D	Insgesamt	E	F	G	H	Insgesamt
7,90	500	500	750	1 000	2 750	750	–	–	–	750
8,10	500	500	750	–	1 750	750	1 000	–	–	1 750
8,30	500	500	–	–	1 000	750	1 000	500	–	2 250
8,50	500	–	–	–	500	750	1 000	500	250	2 500

Daraus ermittelt der Makler folgende Notierung (= Einheitspreis):

Preis €/kg	Nachfrage (N) kg	Angebot (A) kg	Verhältnis zwischen A und N	Preistendenz kg	Verkaufte Menge
7,90	2 750	750	N > A	steigend	750
8,10	**1 750**	**1 750**	**N = A**	**konstant**	**1 750**
8,30	1 000	2 250	N < A	fallend	1 000
8,50	500	2 500	N < A	fallend	500

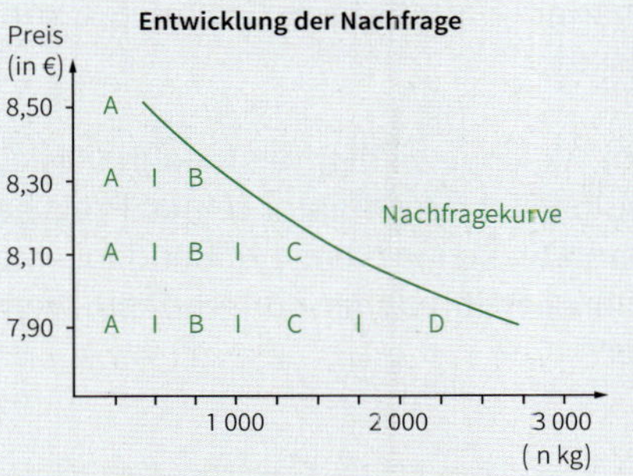

Wenn der Preis **steigt**, dann **sinkt** die nachgefragte Menge.
Wenn der Preis **sinkt**, dann **steigt** die nachgefragte Menge.

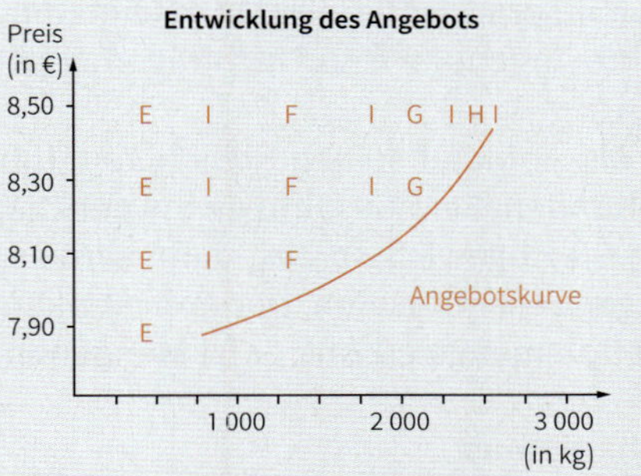

Wenn der Preis **steigt**, dann **steigt** die angebotene Menge.
Wenn der Preis **sinkt**, dann **sinkt** die angebotene Menge.

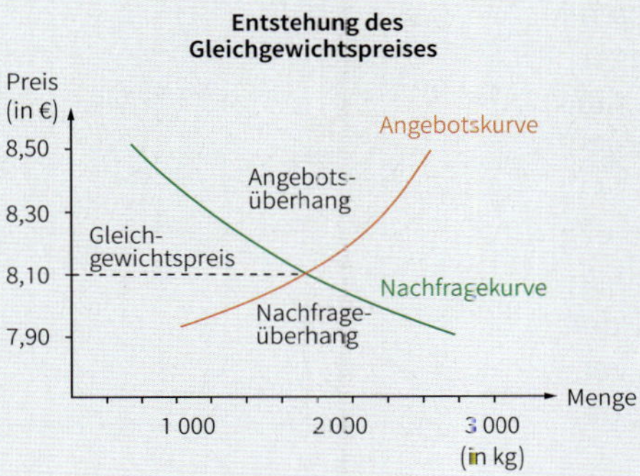

Beim **Gleichgewichtspreis** sind die geplanten Angebots- und Nachfragemengen gleich.
Es gelten folgende Bedingungen:
(1) angebotene = nachgefragte Mengen
(2) verkaufte Menge ist maximal

Alle Kaufaufträge, die mit 8,10 € und darüber limitiert sind, werden ausgeführt (die Nachfrager A, B, C kommen zum Zug) ebenso alle Verkaufsaufträge, die mit 8,10 € und darunter limitiert sind (Anbieter E, F). Außerdem werden alle „billigst" und „bestens" erteilten Aufträge ausgeführt (solche Aufträge lagen in diesem Beispiel nicht vor).

Unterhalb des Gleichgewichtspreises besteht ein **Nachfrageüberhang (Angebotslücke)**, da lediglich der Anbieter E bereit gewesen wäre, die Ware auch unter 8,10 € abzugeben, während alle Nachfrager zu diesem Preis gekauft hätten. Oberhalb des Gleichgewichtspreises liegt ein **Angebotsüberhang (Nachfragelücke)** vor, da hier auch die Anbieter G und H konkurrenzfähig wären, jedoch nur die Nachfrager A, B bereit gewesen wären, diesen höheren Preis zu zahlen. Alle Nachfrager, die bereit gewesen wären, einen höheren Preis zu zahlen als den Gleichgewichtspreis, haben eine **Konsumentenrente** (hier: A mit 8,50–8,10 = 0,40 €/kg und B mit 8,30–8,10 = 0,20 €/kg). Entsprechend haben alle Anbieter, die einen niedrigeren Preis gefordert hätten, eine **Produzentenrente** (hier: E mit 8,10–7,90 = 0,20 €/kg).

Der Preis, bei dem Angebots- und Nachfragemengen gleich sind und die umgesetzte Menge am größten (maximal) ist, wird als **Gleichgewichtspreis** bezeichnet. Der Gleichgewichtspreis räumt daher den Markt. Im Beispiel würden sich beim Preis von 8,10 € Nachfrage und Angebot mit je 1 750 kg entsprechen. Die verkaufte Menge ist hier am höchsten (1 750 kg).

Auf einem vollkommenen Markt bildet sich für das entsprechende Gut ein einheitlicher Preis, den weder ein einzelner Anbieter noch ein einzelner Nachfrager beeinflussen kann, da deren Marktanteile (Marktmacht) aufgrund der großen Zahl der Marktteilnehmer zu gering sind. Der Gleichgewichtspreis ist für alle Marktteilnehmer daher ein Datum (feste Größe). Sie können lediglich ihre Angebots- bzw. Nachfragemenge anpassen.

Setzt z. B. ein Anbieter seinen Preis herauf (über den Gleichgewichtspreis), dann verliert er alle seine Kunden. Sein Gesamtgewinn geht gegen null. Setzt ein Anbieter seinen Preis herab (unter den Gleichgewichtspreis), dann wird er seine relativ kleine Menge reißend los, macht aber weniger Gesamtgewinn. Der Anbieter kann seinen Gewinn daher nur erhöhen, wenn er seine Angebotsmenge erhöht; er ist **Mengenanpasser**.

Preismechanismus

Änderung der Nachfragesituation

Steigt das Niveau der Nachfrage (z. B. wegen steigender Einkommen oder steigender Zahl der Nachfrager) bei unverändertem Angebot, dann verschiebt sich die Nachfragekurve nach rechts (N_1); der Gleichgewichtspreis steigt (P_1).

Sinkt das Niveau der Nachfrage (z. B. wegen rückläufiger Nettoeinkommen oder sinkender Zahl der Nachfrager) bei unverändertem Angebot, dann verschiebt sich die Nachfragekurve nach links (N_2); der Gleichgewichtspreis sinkt (P_2).

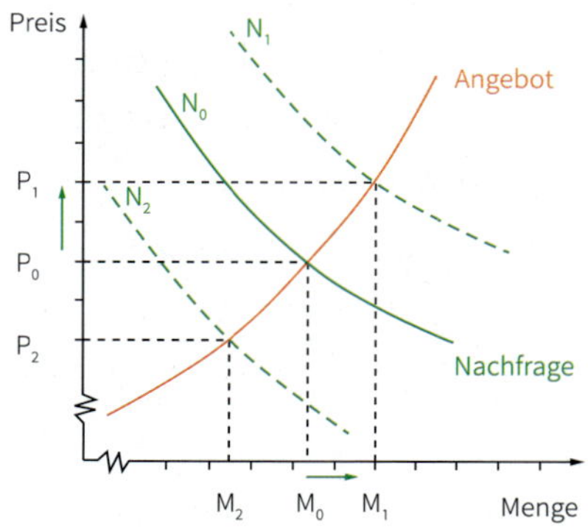

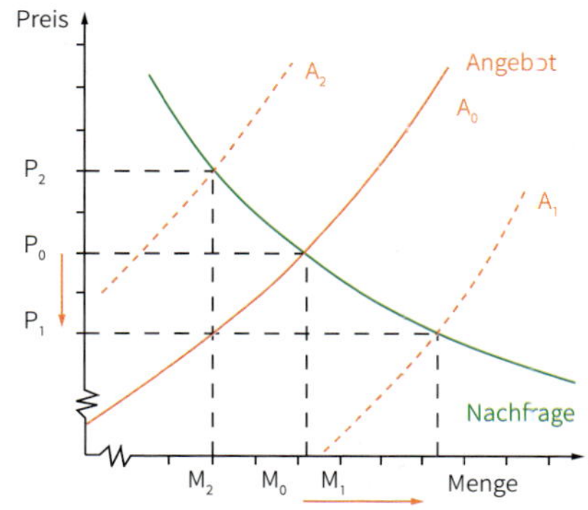

Änderung der Angebotssituation
Steigt das Niveau des Angebotes (z. B. wegen guter Auftragslage und steigender Zahl der Anbieter) bei unveränderter Nachfrage, dann verschiebt sich die Angebotskurve nach rechts (A_1); der Gleichgewichtspreis sinkt (P_1).

Sinkt das Niveau des Angebotes (z. B. wegen negativer Gewinnerwartungen und sinkender Zahl der Anbieter) bei unveränderter Nachfrage, dann verschiebt sich die Angebotskurve nach links (A_2); der Gleichgewichtspreis steigt (P_2).

Es ergeben sich folgende „**Preisgesetze**":

Bei gleichbleibendem Angebot führt eine **Nachfragesteigerung** zu steigenden Preisen, ein Nachfragerückgang zu sinkenden Preisen.

Bei gleichbleibender Nachfrage führt eine **Angebotserhöhung** zu sinkenden Preisen, ein Angebotsrückgang zu steigenden Preisen.

Polypol auf einem unvollkommenen Markt

Auf unvollkommenen Märkten gibt es für ein bestimmtes Gut unterschiedliche Preise.

Die Gründe für die Unvollkommenheit der Märkte sind **Präferenzen** der Nachfrager (z. B. Bequemlichkeit, Markentreue) oder Anbieter (z. B. Geschäftslage, Kundendienst), verschiedene **Aufmachungen** und **Qualitäten** der Ware oder **fehlende Marktübersicht** der Nachfrager.

Die unvollkommene Markttransparenz erlaubt den Anbietern, innerhalb einer bestimmten **Bandbreite** die Preise zu verändern, ohne dass sie dabei alle Kunden verlieren bzw. gewinnen. Auf der anderen Seite haben auch die Nachfrager oft keine eindeutige Vorstellung über den Preis einer Ware. Ein Nachfrager ist z. B. bereit, für eine Tafel Schokolade etwa 0,80 € bis 1,30 € auszugeben.

Preisspielraum auf einem unvollkommenen Polypol

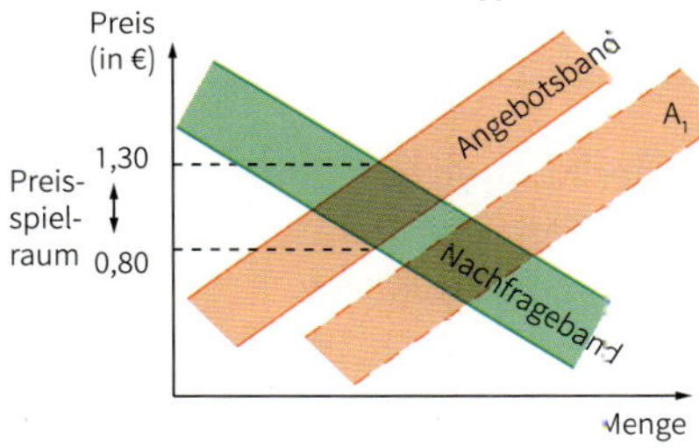

Preisabsatzfunktion eines einzelnen Anbieters auf einem unvollkommenen Polypol

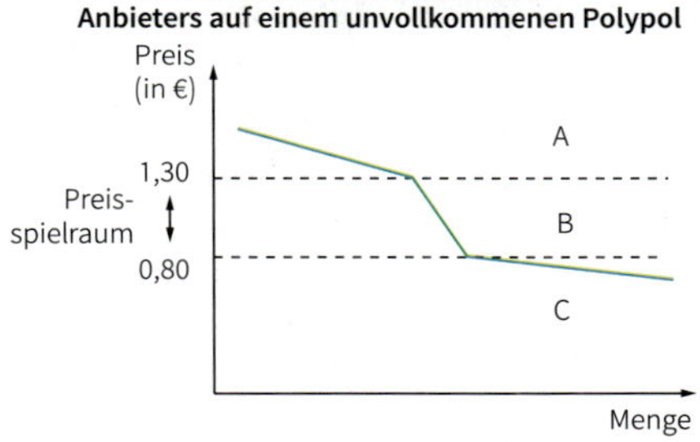

Auf unvollkommenen polypolistischen Märkten sind die Preisgesetze jedoch nicht vollkommen außer Kraft gesetzt. Überschreitet ein Anbieter seinen **Preisspielraum** (Bereich B), dann verliert er schlagartig seine Kunden an die Konkurrenz (Bereich A). Unterschreitet er seinen Preisspielraum, dann verzeichnet er zwar starke Kundenzuläufe, aber er kann seine Kosten nicht mehr decken (Bereich C).

Auf dem **Gesamtmarkt** führt eine starke Angebotserhöhung (A_1) zu einem Angebotsüberhang mit der Tendenz zu Preissenkungen. Umgekehrt führt ein Nachfrageüberhang auch auf unvollkommenen polypolistischen Märkten zu einem steigenden Preisniveau.

2.1.4 Preisbildung im Angebotsoligopol

Im Angebotsoligopol beherrschen wenige Anbieter den Markt. Ihnen stehen viele Nachfrager gegenüber.

Im Unterschied zum Polypol müssen die Oligopolisten bei ihrer Preisbildung nicht nur

- die **Reaktion der Nachfrager,** sondern auch
- die **Reaktion der Konkurrenten** berücksichtigen.

Oligopol auf dem vollkommenen Markt

Beim **vollkommenen Oligopol** verkaufen alle Anbieter gleichartige (homogene) Güter. Würde ein Oligopolist den Preis senken, dann würden ihm alle Kunden zuströmen, falls seine Konkurrenten nicht reagieren. Zum einen könnte er aufgrund seiner begrenzten Kapazitäten diesen Nachfragezuwachs gar nicht bewältigen, zum anderen müsste er mit Gegenmaßnahmen (Preissenkungen) der Konkurrenz rechnen. Am Ende hätten alle Anbieter weniger Gewinn, da sich die Gesamtnachfrage nur unwesentlich erhöhen würde. Würde ein Oligopolist den Preis erhöhen, dann würde er alle seine Kunden an die Konkurrenz verlieren.

Dies erklärt, dass auf vollkommenen Oligopol-Märkten **Preisstarrheit** herrscht (**„Schlafmützenwettbewerb“**). Da preispolitische Maßnahmen für alle Oligopolisten nur Nachteile bringen, versuchen sie den Markt unvollkommen zu machen.

Oligopol auf einem unvollkommenen Markt

Auf dem unvollkommenen Markt können aufgrund von Präferenzen und der fehlenden Markttransparenz für dasselbe Gut unterschiedliche Preise verlangt werden.

Die Oligopolisten sind bestrebt, ihre Güter in den Augen der Kunden von denen der Konkurrenz zu unterscheiden. Dies erreichen sie durch intensive Werbung, Beratung, Serviceleistungen, Imagepflege, Öffentlichkeitsarbeit, Sponsoring, Markenpolitik, usw.

Überblick über mögliche Verhaltensweisen der Oligopolisten

Aggressive Strategie (unkooperatives Verhalten)

Preiskampf („Preiskrieg“) bzw. Verdrängungswettbewerb	Weisen die Oligopolisten unterschiedliche Produktions- und Kostenstrukturen auf, könnte sich für den kostengünstiger arbeitenden Oligopolisten ein Preiskrieg lohnen, wenn er dadurch seine Konkurrenten vom Markt verdrängen und deren Marktanteile übernehmen könnte. Er muss jedoch beachten, dass seine Konkurrenten ebenfalls mit Preissenkungen reagieren könnten und ein Preisunterbietungswettbewerb einsetzt, der für alle ruinös enden kann. Zudem werden staatliche Marktüberwachungsbehörden (z. B. Kartellamt) auf den Plan gerufen, die den Machtmissbrauch verhindern und das „Fairplay“ auf den Märkten sicherstellen sollen. Beispiele: Lebensmittel-, Smartphone-Markt

Friedliche Strategien (kooperatives, „abgestimmtes“ Verhalten)

Preisstarrheit	Da preispolitische Maßnahmen mit erheblichen Risiken einhergehen, verändern sich auf den meisten oligopolistischen Märkten die Preise kaum („Schlafmützenwettbewerb“). Senkt ein Anbieter seinen Preis, dann macht er weniger Gewinn bzw. dann senken die anderen Anbieter den Preis ebenfalls – sodass am Ende alle Anbieter Gewinneinbußen haben („ruinöser Wettbewerb“). Erhöht ein Anbieter den Preis, dann verliert er Marktanteile, wenn die anderen Anbieter nichts tun.
Preisführerschaft	Ein Anbieter erhöht den Preis zuerst („Preisführer“) und gibt damit den übrigen Anbietern das Signal, ebenfalls die Preise zu erhöhen. Bei jeder Preisrunde kann derjenige Anbieter wechseln, der mit der Preisänderung beginnt, da dieser aufgrund der Reaktion der Nachfrager Marktanteile verliert, bis seine Konkurrenten nachgezogen haben. Beispiele: Auto-, Tankstellenmarkt
Preisabsprache	Um den Wettbewerb zu begrenzen bzw. auszuschalten, stimmen sich die Oligopolisten in ihrer Preispolitik ab. Dabei werden Preise, Geschäftsbedingungen und/oder Mengen entweder vertraglich oder ohne vertragliche Vereinbarung („Frühstückskartell“) gemeinsam festgelegt. Preisabsprachen sind nach § 1 GWB verboten.

2.1.5 Preisbildung im Angebotsmonopol

Stehen einem einzigen Anbieter viele Nachfrager gegenüber, dann liegt ein Angebotsmonopol vor.

Der Monopolist ist daher in der **Preisfestsetzung frei**. Allerdings wird die nachgefragte Menge um so geringer, je höher der Preis steigt. Bei maßlosen Preisforderungen kann unter Umständen die Nachfrage sogar ganz ausbleiben.

Die Nachfrager können nur darüber entscheiden, ob sie das Gut zum gegebenen Preis kaufen, ob sie sich einschränken oder – wenn möglich – auf Substitutionsgüter (Ersatzgüter) ausweichen, z. B. von Heizöl auf Gas, Kohle, Solarenergie.

Andererseits kann der Monopolist auch die **Absatzmenge festlegen**, z. B. Fördermengen beim Erdöl. Er wird so viel verkaufen, dass sein **Gewinn am größten** ist. Dies ist dann gegeben, wenn der Unterschied zwischen dem Umsatzerlös (Produkt aus Menge und Preis) und den dabei anfallenden Gesamtkosten am größten ist. Hierin liegt eine Begründung dafür, dass bei sehr großen Ernten oft ein Teil vernichtet wird, damit die Preise nicht zu sehr absinken, z. B. bei Kaffee, Aprikosen, Tomaten.

Beispiel

Die Computer GmbH hat ein neues Computerspiel „Telestar" entwickelt. Die Produktionsplanung geht von folgender Kostensituation aus:

Fixkosten[1]: 15,00 Mill. € (15 000 T€) **Variable Kosten:** 50,00 € pro Stück

Die Preis-Absatz-Funktion (Nachfrageverhältnis) ist das Ergebnis einer Marktanalyse. Aus diesen Daten errechnet die Geschäftsleitung folgende Gewinnprognose:

Preis in €	Menge in Tsd. Stück	Umsatz in T€	Kosten in T€	Gewinn in T€
350,00	0	0	15 000	– 15 000
300,00	50	15 000	17 500	– 2 500
250,00	100	25 000	20 000	5 000
200,00	150	30 000	22 500	7 500
150,00	200	30 000	25 000	5 000
100,00	250	25 000	27 500	– 2 500
50,00	300	15 000	30 000	– 15 000

Ergebnis: Der optimale Monopolpreis für das neue Computerspiel „Telestar" liegt bei 200,00 €. Dieser Preis garantiert der Computer GmbH den höchstmöglichen Gewinn.

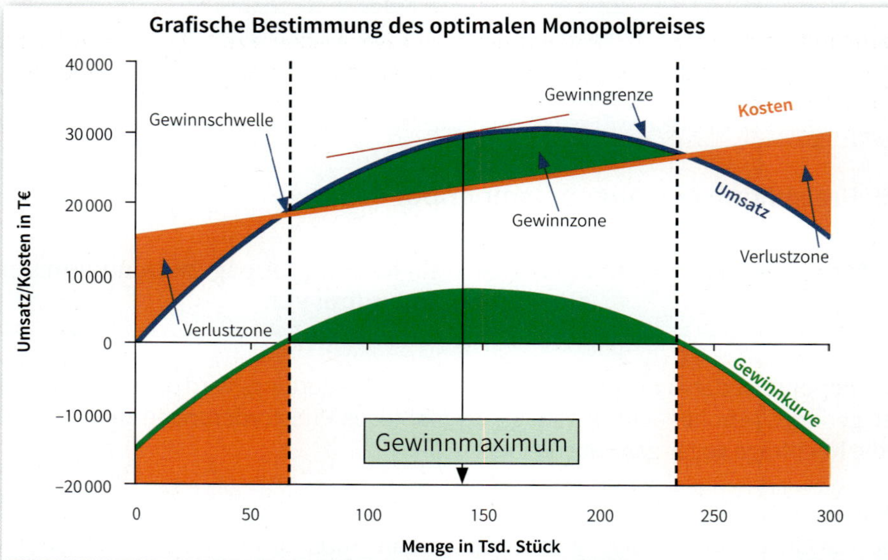

1 **Fixkosten** entstehen unabhängig von der Produktions- bzw. Verkaufsmenge (z. B. Miete, Abschreibungen, Gehälter).

Im Gewinnmaximum ist der Unterschied zwischen der Umsatzerlöskurve und der Gesamtkostenkurve am größten. Hier sind die Steigungen beider Kurven gleich (siehe rote Tangente an der Umsatzerlöskurve). Es fällt auf, dass das Gewinnmaximum bei einer geringeren Stückzahl erreicht wird als das Umsatzmaximum. Das liegt daran, dass nach dem Gewinnmaximum der zusätzliche Umsatz, der durch eine weitere Stückzahlerhöhung entsteht, geringer ist als die zusätzlich anfallenden Gesamtkosten. Die Gewinnkurve sinkt also, bevor das Umsatzmaximum erreicht ist.

Der Monopolist muss beachten, dass sich unter dem Schutzmantel hoher Preise neue Anbieter formieren, die ähnliche Güter (Ersatz- bzw. Substitutionsgüter) herstellen. Überhöhte Monopolpreise können daher dem Monopolisten gefährlich werden.

Angebotsmonopole können sein:

- **natürliche Monopole**, z. B. aufgrund von Bodenschätzen wie Erdöl, Uran, Gold
- **staatliche Monopole**, wenn der Staat es ausschließlich übernimmt, bestimmte Versorgungsleistungen sicherzustellen, z. B. Versorgung mit Gas, Wasser
- **gesetzliche Monopole**; durch Patent- und Gebrauchsmusterschutz können – zumindest auf bestimmte Zeit – Monopole entstehen. Allerdings regen Patente oft zur Erfindung von Konkurrenzprodukten an.
- **vertragliche Monopole**, wenn Wettbewerber zusammenarbeiten

2.2 Merkmale der Sozialen Marktwirtschaft

EINSTIEGSSITUATION

Marie und Nora Braun beschäftigen sich in der Berufsschule zurzeit mit dem Thema „Merkmale der Sozialen Marktwirtschaft“ und sollen Stellung zu der nachfolgenden Grafik nehmen.
Sie unterstützen die Azubis dabei.

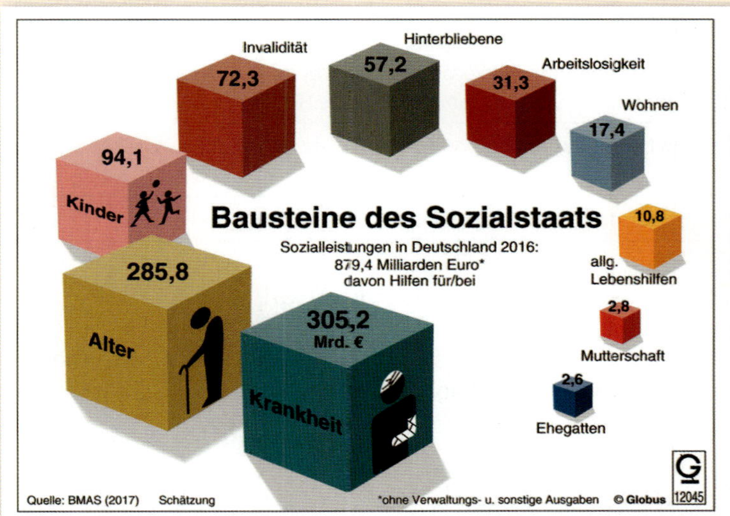

2.2.1 Begriff der Sozialen Marktwirtschaft

Der Wirtschaftswissenschaftler Alfred Müller-Armack (1901–1978) prägte 1946 den Begriff Soziale Marktwirtschaft. Er verstand darunter eine Wirtschaft, die nicht sich selbst überlassen, sondern bewusst sozial gesteuert wird. Der politische Vater der sozialen Marktwirtschaft war **Ludwig Erhard** (1897–1977). Er war federführend an der Währungsreform 1948 beteiligt und setzte die Wirtschaftsordnung der Sozialen Marktwirtschaft gegen erhebliche politische Widerstände durch. Ludwig Erhard wurde 1949 Bundeswirtschaftsminister, war von 1963 bis 1966 Bundeskanzler und gilt als der „Vater des Wirtschaftswunders" in den 1950er- und 1960er-Jahren. 1957 erschien sein Buch „Wohlstand für alle".

Die Soziale Marktwirtschaft ist eine Wirtschaftsordnung, die das freie Spiel des Wettbewerbs auf den Märkten mit den Ansprüchen persönlicher Freiheit und sozialer Gerechtigkeit verbindet.

Ludwig Erhard betonte, dass soziale Leistungen nur aus einer Quelle schöpfen: das ist die Arbeit des Volkes in einer freien Wirtschaft und Gesellschaft. Die wirtschaftliche Leistung allein sichert den sozialen Fortschritt. Sozialpolitik kann gegenüber der Wirtschaftspolitik daher niemals vorrangig sein.

2.2.2 Freiheitliche Rahmenbedingungen der Sozialen Marktwirtschaft

Das **Grundgesetz** sichert die persönlichen Freiheitsrechte durch Einschränkung staatlicher Eingriffe.

Freiheitliche Ordnungsvorstellungen des Grundgesetzes
Artikel 2 Abs. 1: Jeder hat das Recht auf die freie Entfaltung seiner Persönlichkeit [...]
Artikel 9 Abs. 3: Das Recht zur Wahrnehmung und Förderung der Arbeits- und Wirtschaftsbedingungen Vereinigungen zu bilden, ist für jedermann und für alle Berufe gewährleistet. [...]
Artikel 12 Abs. 1: Alle Deutschen haben das Recht, Beruf, Arbeitsplatz und Ausbildungsstätten frei zu wählen. [...]
Artikel 14 Abs. 1: Das Eigentum und das Erbrecht werden gewährleistet. [...]

2.2.3 Sozialstaatsprinzip – Solidarität und Subsidiarität

Das Grundgesetz geht von einem verantwortungsvollen Gebrauch der Freiheitsrechte und von einem solidarischen Verhalten aller mit den sozial Benachteiligten der Gesellschaft aus.

Soziale Ordnungsvorstellungen des Grundgesetzes
Artikel 14 Abs. 2: Eigentum verpflichtet. Sein Gebrauch soll zugleich dem Wohle der Allgemeinheit dienen.
Artikel 15: Grund und Boden, Naturschätze und Produktionsmittel können zum Zwecke der Vergesellschaftung durch ein Gesetz, das Art und Ausmaß der Entschädigung regelt, in Gemeineigentum [...] überführt werden. [...]
Artikel 20 Abs. 1: Die Bundesrepublik Deutschland ist ein demokratischer und sozialer Bundesstaat.
Artikel 28 Abs. 1: Die verfassungsmäßige Ordnung in den Ländern muss den Grundsätzen des [...] sozialen Rechtsstaates im Sinne dieses Grundgesetzes entsprechen. [...]

Aufgaben des Sozialstaats im Überblick	
Soziale Sicherheit und sozialer Schutz	Der Staat schützt seine Bürger vor Armut und ermöglicht ihnen ein menschenwürdiges Dasein. Sozial Schwächere (Alte, Kranke, Arbeitnehmer, Mieter, Konsumenten usw.) nimmt der Staat in Schutz (z. B. Sozialversicherung, Mieter-, Verbraucher- und Arbeitsschutzvorschriften).
Soziale Gerechtigkeit (sozialer Ausgleich)	Der Staat nimmt von den Leistungsstarken höhere Steuern und Sozialversicherungsbeiträge und verteilt diese auf weniger leistungsstarke Bevölkerungsgruppen. Er sorgt dafür, dass auch sozial Benachteiligte am allgemeinen Wohlstand teilhaben.
Soziale Gleichheit	Der Staat sorgt dafür, dass alle Bürger, unabhängig von ihrer Zugehörigkeit zu einer bestimmten gesellschaftlichen Schicht, gleiche Lebens-, Berufs- und Bildungschancen haben.
Sozialer Frieden	Der Staat verhindert tiefgreifende gesellschaftliche Konflikte zwischen Arm und Reich, Inländern und Ausländern usw. durch Eingliederung von Minderheiten (z. B. Ausländer, Behinderte).

Hinter dem **Sozialstaatsprinzip** steckt der Grundgedanke der solidarischen Verbundenheit des Einzelnen mit der Gemeinschaft.

Solidarität meint sowohl die Hilfe des Einzelnen durch die Solidargemeinschaft als auch die Unterstützung der Gemeinschaft durch den Einzelnen. Eine Solidargemeinschaft kann ihre Mitglieder nur so weit unterstützen, wie sie von diesen dazu in die Lage versetzt wird.

Beispiel

Die gesetzliche Krankenversicherung zahlt die Behandlungskosten, wenn ein Beitragszahler erkrankt ist. Andererseits zahlt der Beitragszahler in die gesetzliche Krankenversicherung ein.

Um Staatseingriffe zu begrenzen, gilt das **Subsidiaritätsprinzip**, wonach die Gemeinschaft nur die Aufgaben übernimmt, die der Einzelne oder bestimmte Gruppen nicht selbst in Eigenverantwortung übernehmen können.

Beispiel

Wenn der Verdienst eines Arbeitnehmers die Versicherungspflichtgrenze übersteigt, dann kann er aus der gesetzlichen Krankenversicherung austreten und in eine private Krankenversicherung wechseln, deren Leistungen er durch eine freie Tarifwahl selbst aussuchen kann.

2.2.4 Lösung der Grundfragen in der Sozialen Marktwirtschaft

Grundfragen	Lösungsansatz in der Sozialen Marktwirtschaft
Wer plant das Wirtschaftsgeschehen?	Produzenten **entscheiden selbst**, was sie herstellen (Angebot), und Konsumenten bestimmen selbst, was sie kaufen (Nachfrage), ohne dass sich der Staat einmischt. Auch die Löhne werden von den Tarifpartnern (Gewerkschaften und Arbeitgeberverbände) **ohne Einmischung des Staates** ausgehandelt. Der Staat setzt lediglich die Rahmenbedingungen (z. B. Garantie der Freiheitsrechte, Schutzrechte). Er kann auch selbst Leistungen anbieten (z. B. öffentlicher Nahverkehr) oder nachfragen (Auftraggeber für öffentliche Bauten).
Wer steuert und kontrolliert das Wirtschaftsgeschehen?	Anbieter und Nachfrager kommen auf dem Markt zusammen. Hier entscheidet der Preis darüber, wer seine Pläne durchsetzen kann. Ein steigender Marktpreis zeigt an, dass das betreffende Gut knapp ist. Steigende Preise versprechen Gewinnchancen. Das lockt weitere Anbieter an, sodass sich das Angebot erhöht und die Marktlücke (Angebotslücke) ausgeglichen wird. Der Marktpreis sinkt (Lenkungsfunktion des Preises). Damit dieser **Preismechanismus** und der **freie Wettbewerb** erhalten bleiben, verhindert der Staat Machtballungen auf der Angebots- oder Nachfrageseite (Wettbewerbspolitik).
Wem gehören die Produktionsmittel?	Produktionsmittel sind Maschinen, Gebäude und Rohstoffe, die für den Leistungsprozess verwendet werden. Sie befinden sich vorwiegend in privater Hand. Der Staat garantiert das **Privateigentum**, da es zur Leistung motiviert und Produzenten und Konsumenten zum sparsamen Verbrauch knapper Güter (Ressourcen) anregt. Um die Grundversorgung im Bereich der Infrastruktur zu sichern und die öffentliche Sicherheit aufrechtzuerhalten, gibt es auch Staatseigentum (z. B. Straßen, Schulen, Abwasserkanäle, Polizei, Bundeswehr).
Welches Ziel hat das Wirtschaften?	Die Produzenten wollen auf lange Sicht **Gewinn erwirtschaften**, die privaten Haushalte streben nach möglichst hohem Wohlstand. Dieser **Eigennutz der Einzelnen** sorgt dafür, dass sich das Wirtschaften zum Nutzen aller (Gemeinnutz, Gesamtwohl) auswirkt. Wenn es jedem Einzelnen gut geht, dann geht es allen gut. Der Staat sorgt dafür, dass soziale und ökologische Belange nicht zu kurz kommen.

2.2.5 Aufgaben des Staates und Staatseingriffe

Aufgaben des Staates in der Sozialen Marktwirtschaft

Zu den Hauptaufgaben des Staates in der Sozialen Marktwirtschaft gehören die

- Gewährleistung der **freiheitlichen Grundordnung** (Garantie der Eigentums-, Gewerbe-, Vertragsfreiheit),

- Sicherung der **Grundausrüstung** der Wirtschaft (Rechtsordnung, Geldwesen, Infrastruktur usw.),
- Sicherung des **Sozialstaatsprinzips** (soziale Sicherung, sozialer Ausgleich usw.) gemäß den Grundsätzen der Solidarität und Subsidiarität,
- Aufrechterhaltung eines **funktionierenden Wettbewerbs** (Garantie des freien Marktzugangs, Verhinderung von Machtzusammenballungen),
- Sicherung der **natürlichen Lebensgrundlagen** (Umweltschutz),
- Korrektur **wirtschaftlicher Fehlentwicklungen** durch wirtschaftspolitische Eingriffe (z. B. Steuerpolitik, Gesundheits-, Arbeits-, Verbraucherschutz, Struktur-, Außenwirtschafts- und Wettbewerbspolitik) und Aufsichtsorgane (Bundesämter für Umweltschutz, Finanzdienstleistungsaufsicht, Gesundheit, Kartellbehörden).

Marktkonforme und marktkonträre Staatseingriffe

In einer Sozialen Marktwirtschaft muss der Staat in das Marktgeschehen korrigierend eingreifen, wenn das Sozialstaatsprinzip gefährdet ist.

Staatliche Markteingriffe sind geboten, wenn z. B.

- die Ausgleichs-, Signal-, Lenkungs- oder Erziehungsfunktion des Marktpreises aufgrund von **Machtballungen** auf der Angebots- oder Nachfrageseite außer Kraft gesetzt werden und größere gesellschaftliche Gruppen (Wettbewerber, Arbeitnehmer, Verbraucher) sozial benachteiligt bzw. ausgebeutet werden;
- **Anreize** für Anbieter oder Nachfrager gegeben werden sollen, damit sie ein sozial gewünschtes Verhalten zeigen (z. B. Verteuerung von Alcopops, Umsatzsteuerbefreiung von Exportgütern) oder der technische Fortschritt beschleunigt werden soll (z. B. Förderung erneuerbarer Energien);
- die wirtschaftlichen und sozialen Härten des **Strukturwandels** abgefedert werden sollen (z. B. Subventionen für Agrarprodukte);
- sich die internationalen Rahmenbedingungen abrupt ändern (z. B. den Wettbewerb verzerrende Subventionen im Ausland) und die heimische **Wirtschaft geschützt** werden muss (z. B. Importzölle auf Schuhe aus China), um soziale Härten zu vermeiden.

Durch marktkonforme Staatseingriffe bleibt der Prozess der freien Marktpreisbildung (Preismechanismus) in Kraft.

Man spricht auch von **indirekter Marktlenkung**. Hier beeinflusst der Staat die Preisbildung, indem er dafür sorgt, dass die Marktnachfrage bzw. das Marktangebot ansteigt bzw. abnimmt.

Marktkonträre Staatseingriffe setzen den Preismechanismus außer Kraft.

Hier legt der Staat selbst die Angebots- bzw. Nachfragemengen per Gesetz fest oder er schreibt den Marktpreis vor. Solche **direkten Markteingriffe** widersprechen dem Wesen einer Marktwirtschaft.

Marktkonforme Staatseingriffe	Marktkonträre Staatseingriffe
• **Erhöhung der Nachfrage** (z. B. Bau-, Forschungsaufträge des Staates, Verbesserung der Abschreibungsmöglichkeiten, Steuersenkungen) • **Senkung der Nachfrage** (z. B. Steuererhöhungen, Zollerhöhungen) • **Erhöhung des Angebots** (z. B. Subventionen wie Investitionszuschüsse, Senkung von Importzöllen) • **Senkung des Angebots** (z. B. Kürzung von Subventionen, Erhöhung von Importzöllen)	• **Festsetzung der Angebotsmengen** (z. B. Milchquoten der EU) • **Festsetzung der Nachfragemengen** (z. B. Rationierung von Lebensmitteln) • **Festsetzung von Höchstpreisen** unterhalb des Gleichgewichtspreises zum Schutz der Verbraucher (z. B. Höchstmieten bei Sozialwohnungen) • **Festsetzung von Mindestpreisen** über dem Gleichgewichtspreis zum Schutz der Produzenten (z. B. Mindestpreise für Getreide in der EU)

Marktkonträre Staatseingriffe durch Höchst- bzw. Mindestpreis

Höchstpreis

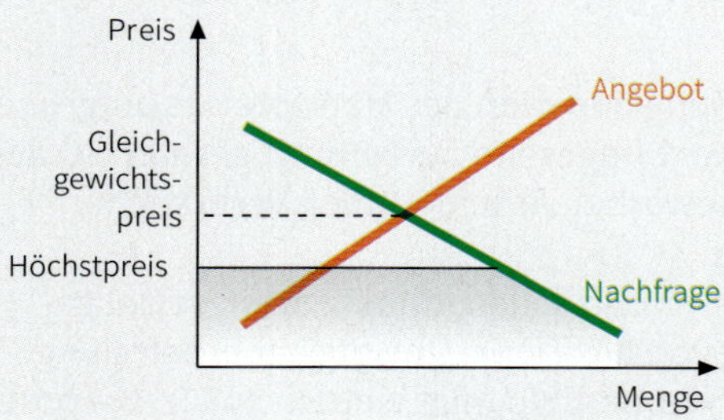

Der Preis kann nicht mehr steigen. Ein Teil der Produzentenrente geht an die Nachfrager. **Folge:** Nachfrageüberhang, Staat muss rationieren, Entstehung eines **„schwarzen Marktes“** (Nachfrager überbieten den Höchstpreis heimlich)

Mindestpreis

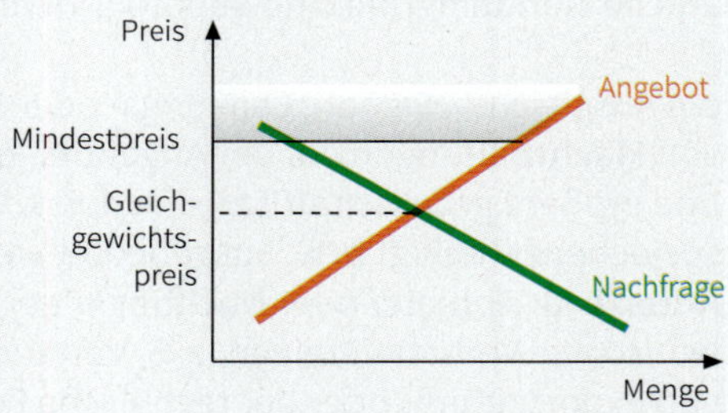

Der Preis kann nicht mehr sinken. Ein Teil der Konsumentenrente geht an die Anbieter. **Folge:** Angebotsüberhang, Staat muss Überschuss aufkaufen, Entstehung eines **„grauen Marktes“** (Anbieter unterbieten den Mindestpreis heimlich)

2.2.6 Mängel des staatlichen Sozialsystems

Um den Sozialstaat und damit den sozialen Frieden zu retten, muss an den Mängeln des Sozialsystems angesetzt werden. Im Wesentlichen sind folgende Mängel anzuführen:

- **Unübersichtlichkeit und mangelnde Kontrollierbarkeit:** Zu viele auszahlende und verwaltende Stellen (Behörden und Versicherungsträger) erschweren die Erfolgskontrolle und begünstigen den Missbrauch von Sozialleistungen.
- **Mangelnder Wettbewerb unter den zuständigen Stellen:** Bei den Leistungsanbietern (z. B. staatlichen Krankenhäusern, Kassenärzten) und den Kostenträgern (z. B. Kranken-, Pflegekassen) sind der Leistungsgedanke und das Kostenbewusstsein wenig ausgeprägt.

- **Mangelnde Eigenverantwortung und Eigenvorsorge:** Angesichts des dicht gewobenen sozialen Netzes halten viele Bürger die Eigenvorsorge für überflüssig. Andererseits wird der finanzielle Spielraum für die Eigenvorsorge immer geringer, wenn der Staat dem Bürger immer tiefer in die Tasche greift. Die Abhängigkeit des Bürgers vom Staat ist umso bedenklicher, da der Staat die Sozialleistungen aus laufenden Einnahmen finanziert und ebenfalls keine nennenswerten Rücklagen bildet.
- **Enge Kopplung der Mittelaufbringung an den Arbeitsvertrag:** Die Beitragssätze der Sozialversicherungszweige beziehen sich auf das Bruttoentgelt der Arbeitnehmer/-innen. Dies verteuert die Arbeitskraft, vermindert die Lohnkaufkraft und verschlechtert die Wettbewerbsfähigkeit arbeitsintensiver Branchen. Andere Einkommensarten (z. B. Zins-, Miet-, Spekulationseinkommen) werden nicht mit Sozialabgaben belastet.

2.3 Beeinflussung des Wettbewerbs und Wettbewerbsrecht

EINSTIEGSSITUATION

Die Hausaufgabe für die Berufsschule ist zu erledigen und die nachfolgenden Fragen zu beantworten.

1. Erläutern Sie den Aussagegehalt der Karikatur.
   Tipp: Regeln zur Karikaturen-Analyse finden Sie unter BuchPlusWeb.
2. Schlagen Sie einige Maßnahmen zur Verbesserung der Wettbewerbsposition Ihres Ausbildungsbetriebs auf dem Kraftfahrzeugmarkt vor.
   Tipp: Führen Sie eine Kartenabfrage durch. Regeln zur Kartenabfrage finden Sie unter BuchPlusWeb.

Sie geben Frau Braun Hilfestellung.

2.3.1 Funktionen des Wettbewerbs

Wirtschaftlicher Wettbewerb findet statt, wenn viele voneinander unabhängige Anbieter auf einem Markt versuchen, durch ein besseres Leistungsangebot das Interesse möglichst vieler Nachfrager auf sich zu lenken.

In der Sozialen Marktwirtschaft nimmt der Wettbewerb bei der Steuerung und Koordination des Marktgeschehens eine zentrale Rolle ein. Nur der Wettbewerb stellt sicher, dass die Preisfunktionen (Signal-, Lenkungs-, Ausgleichs- und Erziehungsfunktion) zum Zuge kommen, also der Markt funktioniert.

Wichtige Funktionen des Wettbewerbs	
Wohlstandsfunktion	Der Wettbewerb sorgt für ein reichhaltiges Güterangebot auf allen Märkten.
Steuerungsfunktion	Der Wettbewerb zwingt die Unternehmen dazu, immer bessere Produkte und Produktionsverfahren zu entwickeln, die den Wünschen der Verbraucher möglichst nahe kommen.
Fortschrittsfunktion	Jene Unternehmen, die grundlegende Neuerungen bei ihren Produktionsverfahren oder Produkten zuerst einführen, erhalten Pioniergewinne durch ihren Wettbewerbsvorsprung. Dies veranlasst die Konkurrenten ebenso in die Forschung und Entwicklung zu investieren, um selbst die Nase vorne zu haben oder zumindest gegen die Gefahr eines plötzlichen Wettbewerbsvorsprungs des Konkurrenten gewappnet zu sein.
Kostenkontrollfunktion	Der Wettbewerb zwingt im unternehmerischen Einzelinteresse zum sparsamen Einsatz knapper Ressourcen. Das Unternehmen, das billiger anbietet, ist am Markt erfolgreich. Gleichzeitig bleibt dem Konkurrenten keine andere Wahl, als auch seinen Betrieb zu rationalisieren. Dadurch kommt es insgesamt zu einer optimalen Kombination der Produktionsfaktoren und zu Kostensenkungen, die sich wiederum in Preissenkungen niederschlagen.
Entmachtungsfunktion	Die Entmachtungsfunktion des Wettbewerbs sorgt dafür, dass ein Wettbewerbsvorsprung nicht ewig andauert. Früher oder später werden die Wettbewerber ihrerseits mit Neuerungen nachziehen. Aufgrund der Gewinnchancen werden neue Anbieter auf diese lukrativen Märkte gelockt, sodass sich die Anbietermacht allmählich auflöst und die Nachfrager wieder Auswahlmöglichkeiten vorfinden.

Aufgabe des Staates ist es, den **freien Marktzutritt**, also den freien Wettbewerb, sicherzustellen, indem er den Missbrauch der wirtschaftlichen Freiheit auf der Angebots- und Nachfrageseite verhindert. Dadurch schützt der Staat Wettbewerber und Verbraucher und stellt die uneingeschränkte Güterversorgung der Bürger sicher.

Damit der Wettbewerb nicht ausartet, bedarf es der **Zügelung des Wettbewerbs** durch wettbewerbsrechtliche Vorschriften, die das „Fairplay“ sicherstellen. Beschränkungen des Wettbewerbs beschneiden nicht nur die wirtschaftlichen Freiheitsrechte, sondern gefährden das Sozialstaatlichkeitsprinzip und die Marktwirtschaft als Ganzes. Deshalb ist der Staat aufgefordert, für Wettbewerbsregeln und deren Einhaltung zu sorgen. Direkte staatliche Markteingriffe sind in einer Marktwirtschaft grundsätzlich nur vorübergehend zur Behebung von Not- oder Missständen zulässig.

2.3.2 Formen der Kooperation und Konzentration

Zusammenschlüsse von Unternehmen entstehen entweder auf der Grundlage von **Verträgen** (**Kooperation**) oder aufgrund von **Kapitalbeteiligungen** (**Konzentration**), wie Konzern und Trust.

Kooperationsformen – vertragliche Grundlage

Die Zusammenarbeit mehrerer Unternehmen auf vertraglicher Basis heißt Kooperation.

Die beteiligten Unternehmen bleiben dabei **rechtlich und wirtschaftlich selbstständig**, d. h., sie behalten ihre Firma und ihre unumschränkte Geschäftsführungs- und Vertretungsbefugnis.

Kartell – vertragliche Absprachen
Unternehmen, die den Wettbewerb untereinander durch vertragliche Absprachen über Preise, Geschäftsbedingungen, Rabattregelungen usw. zu beschränken versuchen, bilden ein **Kartell**. Da sich die beteiligten Unternehmen auf der gleichen Wirtschaftsstufe befinden, sind Kartelle eine Form der **horizontalen Kooperation**.

Kartellarten im Überblick	
Preiskartelle	Die Kartellmitglieder legen einheitliche Verkaufspreise fest.
Gebietskartelle	Die Kartellmitglieder teilen das Absatzgebiet untereinander auf, sodass jedes Mitglied in seinem Gebiet eine monopolartige Stellung hat.
Quotenkartelle	Das Verkaufsvolumen des Marktes wird nach einem vereinbarten Schlüssel auf die Kartellmitglieder verteilt.
Rabattkartelle	Die Kartellmitglieder verabreden, gegenüber ihren Abnehmern gleiche Rabatte zu gewähren.
Ausfuhrkartelle	Exporteure regeln das gemeinsame Vorgehen auf den Auslandsmärkten bezüglich der Preise und sonstigen Bedingungen, um ihre Verhandlungsmacht gegenüber den ausländischen Abnehmern zu stärken.
Einfuhrkartelle	Importeure legen gleichartige Preise oder Bedingungen für den Import fest, um ihre Verhandlungsmacht gegenüber den ausländischen Lieferanten zu stärken.
Normen- bzw. Typenkartelle	Es werden Vereinbarungen und Beschlüsse getroffen, die die einheitliche Anwendung von Normen oder Typen zum Gegenstand haben. Die Normung hat die Vereinheitlichung von Einzelteilen eines Produkts in Bezug auf Abmessungen, Materialeigenschaften usw. zum Gegenstand, um die Vielfalt von Kleinteilen zu reduzieren. Bei der Typung geht es um die Vereinheitlichung ganzer Produkte, um Massenproduktionseffekte zu nutzen.
Spezialisierungskartelle	Es werden Vereinbarungen und Beschlüsse getroffen, die die Rationalisierung wirtschaftlicher Vorgänge durch Spezialisierung zum Gegenstand haben. Spezialisierung ist die Beschränkung der Angebotsvielfalt auf einige wenige Produkttypen oder auf ein einziges Erzeugnis. Durch Spezialisierung werden Wirtschaftlichkeit und Leistungsfähigkeit technischer, wirtschaftlicher oder organisatorischer Abläufe verbessert.

Kartellarten im Überblick	
Mittelstandskartelle	Sie dienen zur Verbesserung der Wettbewerbsfähigkeit kleiner oder mittlerer Unternehmen, z. B. Vereinbarungen und Beschlüsse über den gemeinsamen Einkauf von Waren.
Rationalisierungskartelle	Sie sollen die Leistungsfähigkeit oder Wirtschaftlichkeit der beteiligten Unternehmen in technischer, betriebswirtschaftlicher oder organisatorischer Beziehung wesentlich heben und dadurch die Befriedigung des Bedarfs verbessern. Der Rationalisierungserfolg muss in einem angemessenen Verhältnis zu der damit verbundenen Wettbewerbsbeschränkung stehen. Dabei sind Preisabreden oder gemeinsame Vertriebs- oder Beschaffungseinrichtungen zulässig, wenn der Rationalisierungszweck auf andere Weise nicht erreicht werden kann.
Strukturkrisenkartelle	Sie werden für Hersteller, be- und verarbeitende Unternehmen erlaubt, wenn sie einen Absatzrückgang ausgleichen wollen, der von einer nachhaltigen Veränderung der Nachfrage herrührt. Die Kartellmitglieder müssen eine planmäßige Anpassung der Kapazität an den Bedarf herbeiführen. Die Wettbewerbsbedingungen in den betroffenen Wirtschaftszweigen müssen bei den Vereinbarungen berücksichtigt werden.

Kartelle, die den Wettbewerb aufheben, einschränken oder verfälschen, sind verboten.

Eine besondere Form des Rationalisierungskartells ist das **Syndikat**. Dabei handelt es sich um eine gemeinsame zentrale Einkaufs- oder Verkaufsorganisation für die angeschlossenen Unternehmen. Die Syndikatsmitglieder können sich auf die Herstellung ihrer Produkte konzentrieren, während sich das Syndikat um die Beschaffung der dazu notwendigen Rohstoffe bzw. Handelswaren oder, im Falle des Verkaufssyndikats, um den Vertrieb der Fertigprodukte bzw. Handelswaren kümmert.

Weitere Kooperationsformen

Weitere verbreitete Kooperationsformen sind:

- **Einkaufsverbände** und **Einkaufsgenossenschaften**: Mit dem Beitritt in einen Einkaufsverband nutzen mehrere kleinere Unternehmen Einkaufsvorteile, indem sie gemeinsam bei einem Hersteller bzw. Großhändler einkaufen.
- **Arbeitsgemeinschaften**, **Generalunternehmerschaft** und **Konsortium**: Hier führen mehrere Unternehmen ein Großprojekt gemeinsam durch. Die Zusammenarbeit ist zeitlich begrenzt.
- **Interessengemeinschaften**: Mehrere Unternehmen nutzen z. B. gemeinsam eine Forschungseinrichtung, um ein Patent auszuwerten, finanzieren gemeinsam eine Werbeanzeige (Werbegemeinschaft) oder beteiligen sich an einem unternehmensübergreifenden Recycling- und Entsorgungssystem.

Die Zusammenarbeit kann von einem losen Erfahrungsaustausch über Verhaltensabsprachen bis hin zu einem gemeinsam gegründeten und geführten Gemeinschaftsunternehmen (**Joint Venture**) gehen. Arbeiten mehrere **multinationale Großunternehmen** auf bestimmten Gebieten zusammen, dann spricht man von **strategischen Allianzen**. Ein Beispiel ist die Übernahme des Nokia-Kartendienstes HERE durch die Autobauer Audi, BMW und Daimler, die diese in die Lage versetzt, mit hochpräzisen Daten auch selbstfahrende Fahrzeuge zu navigieren.

Beispiel: Strategische Allianz

Osram und Conti leuchten gemeinsam

Zulieferer planen Joint Venture für intelligente Lichtlösungen, das 2018 an den Start gehen soll

MÜNCHEN. Der Lichtkonzern Osram und der Zulieferer Continental haben eine Absichtserklärung für ein Joint Venture vereinbart. Dieses soll Lichttechnologien mit Elektronik und Software kombinieren und intelligente Lichtlösungen für die Autoindustrie entwickeln, produzieren und vermarkten. Osram hatte bereits Mitte Juli bekannt gegeben, mit Continental über eine Zusammenarbeit bei digitalen Lichtsystemen zu verhandeln.

Beide Unternehmen werden zu jeweils 50 Prozent an dem Joint Venture mit Namen Osram Continental GmbH beteiligt sein, es wird aber voll in der Bilanz von Osram konsolidiert. Rund 1500 Mitarbeiter an weltweit 17 Standorten soll das Gemeinschaftsunternehmen haben und einen Jahresumsatz im mittleren dreistelligen Millionen-Euro-Bereich erzielen.

Boomender Markt

Osram steht erst seit Kurzem komplett auf eigenen Füßen. Vor vier Jahren hatte Siemens Osram abgespalten und schließlich im Oktober die restlichen 17.5 Prozent an der früheren Tochter verkauft.

Nun will Osram vom boomenden Markt bei halbleiterbasierten Lichtlösungen profitieren. Laut Marktstudien wächst der weltweite Markt für halbleiterbasierte Frontbeleuchtungen jährlich zweistellig. Bereits im Jahr 2025 könnte demnach mehr als jedes zweite Neufahrzeug mit dieser Technologie ausgestattet sein.

Vorbehaltlich der kartellrechtlichen Genehmigungen soll das Gemeinschaftsunternehmen im kommenden Jahr an den Start gehen. Geführt wird das Joint Venture von Osram-Manager Dirk Linzmeier als Vorstandschef und Continental-Manager Harald Renner als Finanzchef.

Osram steuert sein automobiles, halbleiterbasiertes Lichtmodul-Geschäft bei. Continental bringt sein Lichtsteuerungsgeschäft aus dem Bereich Body & Security ein.

Das neue Unternehmen kann damit komplette Lichtlösungen bieten, für den Einsatz im Frontscheinwerfer sowie bei Rückleuchten. Dank der Zusammenarbeit soll zudem die Entwicklungsgeschwindigkeit zulegen und Produkte so schneller auf den Markt gelangen, erhoffen sich die Zulieferer. *Klaus-Dieter Flörecke*

(Quelle: Flörecke, Klaus-Dieter: Osram und Conti leuchten gemeinsam. In: Automobilwoche, 13.11.2017, Seite 6.)

In manchen Ländern wie der Volksrepublik China sind Joint Ventures mit einheimischen Firmen oft die einzige Möglichkeit für ausländische Firmen, auf dem jeweiligen Markt Fuß zu fassen.

Eine neue Form der Kooperation ist das **virtuelle Unternehmen.** Dabei arbeiten Teile verschiedener Unternehmen (z. B. Forschungsabteilung des Unternehmens A mit Forschungsabteilung des Unternehmens B), verbunden durch Computernetzwerke, auf der Basis gemeinsam vereinbarter Regeln („Plattform“) auf genau bestimmten Gebieten zeitlich begrenzt zusammen. Bei veränderter Zielsetzung formiert sich das Netzwerk neu, d. h., es scheiden einige Unternehmen aus und/oder es kommen neue hinzu.

Konzentrationsformen – kapitalmäßige Verflechtung

Die kapitalmäßige Verflechtung mehrerer Unternehmen zu größeren Unternehmensgebilden heißt Konzentration.

Zumindest eines der beteiligten Unternehmen **verliert die wirtschaftliche Selbstständigkeit**, indem es sich einer einheitlichen Leitung unterstellt. Je nach Ausprägungsgrad der Kapitalverflechtung kann auch die rechtliche Selbstständigkeit verloren gehen.

Konzern – Unternehmen bleiben rechtlich selbstständig

Schließen sich rechtlich selbstständig bleibende Unternehmen unter einer einheitlichen Leitung zusammen, dann entsteht ein Konzern.

Die beteiligten Unternehmen können sich auf

- der gleichen Wirtschaftsstufe einer Branche befinden (**Horizontalkonzern**), z. B. Lebensmittelgroßhändler A schließt sich mit Lebensmittelgroßhändler B zusammen;
- verschiedenen Wirtschaftsstufen einer Branche befinden (**Vertikalkonzern**), z. B. Lebensmittelgroßhändler schließt sich mit Nahrungsmittelhersteller zusammen;
- gleichen oder verschiedenen Wirtschaftsstufen verschiedener Branchen befinden (**Diagonalkonzern oder anorganischer Konzern**), z. B. Lebensmittelgroßhändler schließt sich mit Elektrogeräteherstеller zusammen.

Nach der Abhängigkeit zwischen den beteiligten Unternehmen werden Unter- und Gleichordnungskonzerne unterschieden.

Handelt es sich um eine **einseitige Beherrschung** verschiedener Tochtergesellschaften durch eine Muttergesellschaft, dann liegt ein **Unterordnungskonzern** vor. Die Beherrschung kann auf einem Beherrschungs- oder einem Gewinnabführungsvertrag (**Vertragskonzern** nach § 18 i. V. m. § 291 AktG) beruhen. Liegt kein Vertrag vor, dann kann die Beherrschung vermutet werden, wenn die Kapitalbeteiligung der Mutter an ihrer Tochter mehr als 50 % beträgt oder wenn die Führung beider Gesellschaften in einer Hand liegt (**faktischer Konzern** nach § 17 AktG).

Beispiel: Unterordnungskonzern

Beteiligen sich Unternehmen gegenseitig am Kapital des anderen Unternehmens (Kapitalverflechtung durch Austausch der Kapitalanteile) und besteht keine gegenseitige Abhängigkeit zwischen den beteiligten Unternehmen, dann liegt ein **Gleichordnungskonzern** vor. Die einheitliche Leitung der Schwestergesellschaften erfolgt durch eine von den beteiligten Unternehmen getragene Gesellschaft (Dach- oder Holdinggesellschaft).

Beispiel 1: Gleichordnungskonzern

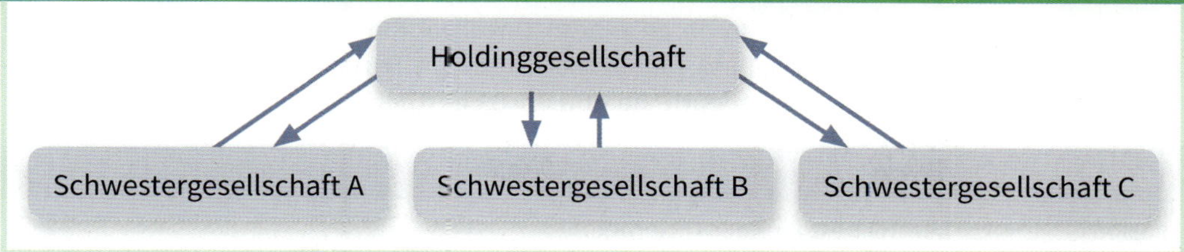

Beispiel 2: VW-Konzern

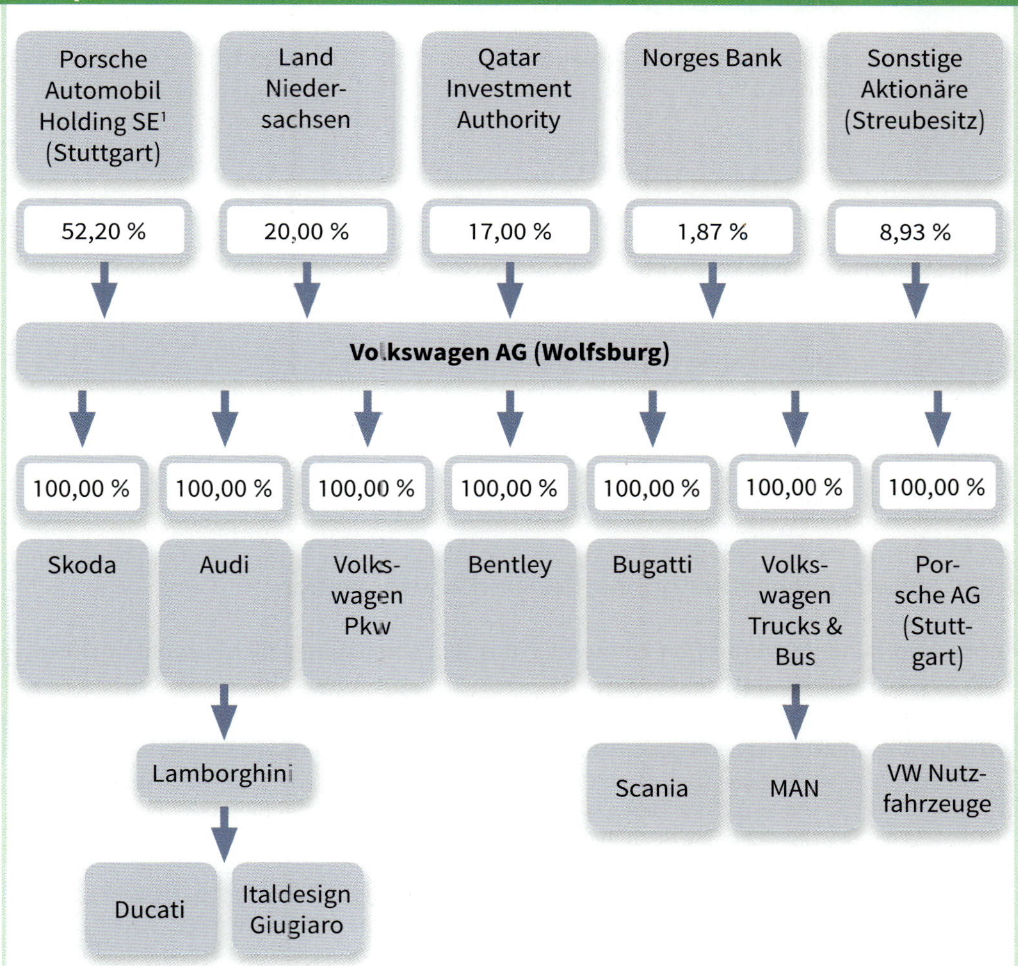

(Quelle: Fasse, Markus; Stefan Menzel; Martin W. Buchenau; Wolfsburg ohne Piëch, Handelsblatt, 04.04.2017, S. 18 f.)

1 Porsche GmbH in Salzburg (14,6 %) und Familien Ferdinand Porsche (51,7 %), Michael Piëch (14,7 %, Josef Ahorner (4,3 %), Ferdinand Piëch (14,7 % - dieser Anteil wurde 2017 an die anderen Familien verkauft),

Trust – Aufnahme oder Neubildung

Schließen sich mehrere Unternehmen **zu einem Unternehmen mit einheitlicher Leitung zusammen** (Verschmelzung bzw. Fusion), dann entsteht ein **Trust**. Mindestens eines der beteiligten Unternehmen **gibt seine rechtliche und wirtschaftliche Selbstständigkeit auf.**

Arten der Fusion		
Fusion durch Aufnahme	Ein **bereits bestehendes Unternehmen** übernimmt das Vermögen der aufgenommenen Gesellschaft als Ganzes. Die Gesellschafter der untergegangenen (aufgenommenen) Gesellschaft werden durch Anteilsrechte an der übernehmenden Gesellschaft abgefunden. **Beispiel:** Horten und Kaufhof fusionierten im Jahr 1994 zu Kaufhof.	Unternehmen **A** + Unternehmen **B** gehen auf in bisheriges Unternehmen **A**
Fusion durch Neubildung	Ein **neu gegründetes Unternehmen** übernimmt das Vermögen der zu verschmelzenden Gesellschaften als Ganzes. Die Gesellschafter der untergegangenen Gesellschaft werden durch Anteilsrechte an der neuen Gesellschaft abgefunden. **Beispiele:** Aventis (vormals Höchst) und Sanofi-Synthélabo fusionierten im Jahr 2004 zu Sanofi-Aventis, Veba und Viag fusionierten im Jahr 2000 zu E.ON.	Unternehmen **A** + Unternehmen **B** bilden ein neues Unternehmuen **C**

2.3.3 Auswirkungen der Kooperation und Konzentration

Kooperation und Konzentration können für das Wirtschaftsgeschehen sowohl positive als auch negative Auswirkungen haben.

Auswirkungen von Kooperation und Konzentration	
Positive Auswirkungen	• Kostensenkung durch **Größenvorteile** bei Beschaffung (Mengenrabatte, günstige Zahlungs- und Lieferungsbedingungen), Produktion (Automatisierung lohnt sich aufgrund der höheren Stückzahlen), Finanzierung (günstige Konditionen durch hohe Kreditwürdigkeit), Absatz (Kosteneinsparung durch gemeinsame Verkaufseinrichtungen, Kundendienstnetze, gemeinsame Werbung), Verwaltung (gemeinsame Buchhaltung und Computernetzwerke, leichtere Beschaffung qualifizierter Arbeits- und Führungskräfte) und dadurch höhere **Konkurrenzfähigkeit** im nationalen und globalen Wettbewerb • Teure **Forschungs- und Entwicklungsprojekte** können leichter finanziert werden oder sind überhaupt erst finanzierbar. Produktionsverfahren und Produkte können ständig weiterentwickelt und verbessert werden. Markt- und Haftungsrisiken bei der Einführung neuer Produktionsverfahren bzw. Produkte werden aufgrund der **Risikoverteilung** auf mehrere bzw. größere Unternehmen vermindert.

Auswirkungen von Kooperation und Konzentration	
Positive Auswirkungen	• Durch Kooperation können kleine und mittelständische Unternehmen (KMU) auf der Nachfrageseite ihre **Verhandlungsposition** gegenüber Anbietern mit großer Angebotsmacht („Branchenriesen") **verbessern**. Den Herausforderungen auf globalen Märkten (hoher Ressourcen- und Finanzbedarf, hohe Anforderungen an die fachliche und unternehmerische Kompetenz) mit internationaler Konkurrenz sind kooperierende Unternehmen und große Konzerne besser gewachsen, da sie Know-how und **Ressourcen bündeln**, ihre Stärken verstärken bzw. Schwächen kompensieren können. Mit den richtigen Partnern können auch die KMU ihre **Schnelligkeit und Flexibilität ausspielen** und dem wachsenden Konkurrenz- und Kostendruck durch multinationale Großkonzerne im globalen Wettbewerb begegnen.
Negative Auswirkungen	• Kostenvorteile werden nicht an die Nachfrager weitergegeben (z. B. durch niedrigere Preise), da diese aufgrund der geringeren Zahl von Anbietern **weniger Ausweichmöglichkeiten** (Alternativen) haben. Zudem besteht für große Unternehmenseinheiten mangels Konkurrenz **kein Zwang zur Kostensenkung**. • Der Wettbewerbsvorsprung durch Entwicklung neuer Produktionsverfahren und Produkte wird zur Ausschaltung der Wettbewerber missbraucht. Neue Produkte werden mangels Konkurrenz zu **überhöhten Preisen** verkauft. Zudem besteht für große Unternehmenseinheiten mangels Konkurrenz kaum Veranlassung, sich um Innovationen zu bemühen. • Durch Kooperationen und Bildung von Konzernen entsteht eine starke **wirtschaftliche Machtstellung** der beteiligten Unternehmen. Die Gefahr einer missbräuchlichen Ausnutzung dieser Machtballung ist naheliegend. Der Wettbewerb kann sowohl auf der Angebotsseite als auch auf der Nachfrageseite beschränkt oder ganz ausgeschaltet werden. Noch vorhandene Konkurrenten werden, z. B. mittels Preiskrieg, Abwerbung qualifizierten Personals oder Übernahme, gezielt aus dem Markt gedrängt. Die Größenvorteile werden nicht mehr an die Verbraucher weitergegeben, überhöhte Preise erlauben es, auch **unwirtschaftlich arbeitende Betriebe aufrechtzuerhalten**. Hinzu kommt u. U. eine einseitige Begünstigung der Großunternehmen bei politischen und wirtschaftspolitischen Entscheidungen, da sie **Druck auf Politiker** ausüben können.

2.3.4 Gesetz gegen Wettbewerbsbeschränkungen

Wesentliche Regelungen des GWB im Überblick	
Kartellverbot (§ 1 GWB, Art. 101 Abs. 1 AEUV)	Alle Vereinbarungen zwischen Unternehmen, Beschlüsse von Unternehmensvereinigungen und aufeinander abgestimmte Verhaltensweisen, die eine Verhinderung, Einschränkung oder Verfälschung des Wettbewerbs bezwecken oder bewirken, sind verboten. Wettbewerbsbeschränkende Vereinbarungen sind nicht verboten, wenn sie unter angemessener Beteiligung der Verbraucher an dem entstehenden Gewinn zur **Verbesserung der Warenerzeugung oder -verteilung** oder zur **Förderung des technischen oder wirtschaftlichen Fortschritts** beitragen (**Legalausnahme** nach § 2 GWB und Art. 101 Abs. 3 AEUV).

Missbrauchs-aufsicht (§ 19 GWB, Art. 102 AEUV)	Die missbräuchliche Ausnutzung einer marktbeherrschenden Stellung durch ein oder mehrere Unternehmen ist verboten. Wenn ein Unternehmen als Anbieter oder Nachfrager einer bestimmten Art von Waren oder gewerblichen Leistungen keinen wesentlichen Wettbewerber hat oder gegenüber seinen Wettbewerbern eine überragende Marktstellung besitzt, dann liegt **Marktbeherrschung** vor. Bei einem Marktanteil von mindestens einem Drittel wird vermutet, dass Marktbeherrschung vorliegt (§ 19 Abs. 2, 3 GWB).
Zusammen-schlusskontrolle	Die Kartellbehörden kontrollieren Unternehmenszusammenschlüsse, wenn die beteiligten Unternehmen im letzten Geschäftsjahr vor dem Zusammenschluss zusammen weltweit mehr als 500 Mio. € Umsatz haben oder mindestens ein beteiligtes Unternehmen im Inland mehr als 25 Mio. € Umsatz hat (**Aufgreifkriterien** nach § 35 GWB). Zusammenschlüsse sind beim Bundeskartellamt anzumelden, das innerhalb von vier Monaten über die Freigabe entscheidet (§§ 39, 40 GWB).

Zuständig sind die Kartellbehörden. Das sind das Bundeskartellamt, das Bundesministerium für Wirtschaft und Energie (BMWi) und die zuständigen obersten Landesbehörden (§ 48 GWB). Ein vom Bundeskartellamt untersagter Zusammenschluss kann vom BMWi auf Antrag erlaubt werden (**Ministererlaubnis** nach § 42 GWB), wenn die gesamtwirtschaftlichen Vorteile überwiegen oder ein überragendes Interesse der Allgemeinheit vorliegt.

2.3.5 Fusionskontrollverordnung der Europäischen Union

Die **EU-Fusionskontrollverordnung**[1] soll den wirksamen Wettbewerb auf dem Gebiet der Europäischen Union wahren. Die Kommission der Europäischen Union („Wettbewerbskommissariat") prüft alle Zusammenschlüsse von gemeinschaftsweiter Bedeutung. Dies ist nach Art. 1 E-FKVO der Fall, wenn folgende Umsätze erzielt werden:

- weltweiter Gesamtumsatz aller beteiligten Unternehmen von zusammen mehr als 5 Mrd. € und
- gemeinschaftsweiter Gesamtumsatz von mindestens zwei beteiligten Unternehmen von jeweils mehr als 250 Mio. €.

Keine gemeinschaftsweite Bedeutung liegt vor, wenn die beteiligten Unternehmen jeweils mehr als zwei Drittel ihres gemeinschaftsweiten Gesamtumsatzes in ein und demselben Mitgliedsstaat erzielen.

Zusammenschlüsse von gemeinschaftsweiter Bedeutung sind **nach Vertragsabschluss,** nach Veröffentlichung des Übernahmeangebotes oder nach Erwerb der Beteiligung und **vor ihrem Vollzug** bei der Kommission anzumelden (Art. 4 E-FKVO, **Anmeldepflicht**). Stellt die Kommission fest, dass ein Zusammenschluss unter die Fusionskontrollverordnung fällt, so veröffentlicht sie die Anmeldung.

1 Verordnung (EG) Nr. 139/2004 des Rates vom 20.01.2004 über die Kontrolle von Unternehmenszusammenschlüssen („EG-Fusionskontrollverordnung")

Bahn und Bundeswehr klagen

Über die Feiertage werden die Richter am Landgericht München nicht an Arbeitsmangel leiden. 19 prall gefüllte Kisten mit Klageschriften und Belegen wurden am Mittwochmorgen bei ihnen abgeladen. Absender ist die „DB Competition Claims GmbH“, eine Tochtergesellschaft des Staatskonzerns Deutsche Bahn. Bei dem Inhalt der umfangreichen Sendung handelt es sich um die Klage von Bahn, Bundeswehr und 40 Unternehmen gegen das Lkw-Kartell aus DAF, Daimler, Iveco, MAN und Volvo/Renault. Darin fordern die Beteiligten Schadensersatz in Millionenhöhe.

Die EU-Kommission hatte den Mitgliedern des Kartells 2016 ein Rekord-Bußgeld von 3,8 Milliarden Euro aufgebrummt, weil die Unternehmen nach Erkenntnissen der Brüsseler Behörde zwischen 1997 und 2011 Preise abgesprochen hatten. Vereinbarungen gab es darüber hinaus, neue Technologien zur Emissionsabsenkung später einzuführen.

MAN hatte sich in dem Verfahren als Kronzeuge bereitgestellt und war deshalb straffrei ausgegangen. Das ändert allerdings nichts an den jetzt eingeleiteten zivilrechtlichen Schadensersatzansprüchen, die gerichtlich durchgesetzt werden sollen.

Wie zuvor schon beim Cargokartell in der Luftfracht hat sich die Bahn als Sammelstelle für Schadensersatzkläger angeboten. So müssen die Betroffenen nicht einzeln vor Gericht ziehen. Sie treten ihre Ansprüche an die DB Competition Claims ab.

Unter anderem hat sich auch die Bundeswehr der Klage gegen das Lkw-Kartell angeschlossen. Die Deutsche Bahn sagt, es gehe um unerlaubte Absprachen beim Verkauf von rund 35 000 Lastkraftwagen mit einem Einkaufsvolumen von über zwei Milliarden Euro. Allein die Bundeswehr ist dem Verteidigungsministerium zufolge mit bis zu 10 000 Fahrzeugen betroffen. Die Bahn-Tochter DB Schenker – der größte Landspediteur Europas – spricht von mehreren Tausend Lastwagen. Die Höhe des Schadens werde noch geprüft.

Auch Hausfeld sammelt Schadensersatzansprüche

Die Bahn erklärte, unter den Unternehmen, die ihre Ansprüche an die Bahn abgetreten hätten, seien Betreibergesellschaften der deutschen Flughäfen sowie große Handels- und Logistikfirmen. Mit der Klage wolle man auch eine mögliche Verjährung der Ansprüche verhindern.

Auch die US-amerikanische Kanzlei Hausfeld will noch in diesem Jahr Schadensersatzklage im Namen von mehr als 3 000 Speditionen gegen die Lkw-Hersteller einreichen, berichtet die „Wirtschaftswoche“. Die Speditionen sind nicht selbst Mandanten der Kanzlei, sondern haben ihre Ansprüche an ein Inkassounternehmen abgetreten. Hausfeld vertritt ihre Interessen vor Gericht. Sammelklagen nach US-Muster gibt es in Deutschland nicht. Eine Personalie eint die Kläger-Claims allerdings. Chef von Hausfeld in Deutschland ist Christopher Rother. Zuvor hatte Rother die Kartell-Taskforce der Bahn aufgebaut.

(Quelle: Fockenbrock, Dieter: Bahn und Bundeswehr klagen. In: Handelsblatt vom 21.12.2017, Seite 19.

2.3.6 Gruppenfreistellungsverordnungen im Kraftfahrzeugmarkt

LF 1 Kap. 1.5.8

Das allgemeine Verbot wettbewerbsbeschränkender Vereinbarungen greift nicht, wenn diese aufgrund einer Gruppenfreistellungsverordnung (GVO) der Europäischen Kommission der EU erlaubt sind. Deutsche Kartellbehörden und Gerichte müssen hier das europäische Wettbewerbsrecht anwenden (Vorrang des europäischen Wettbewerbsrechts).

Zusammenfassung

Markt, Marktfunktionen, Marktformen, Preisbildung

- **Markt** = Ort, an dem sich Nachfrage und Angebot treffen
- **Marktformen:** Nach der Zahl der Anbieter werden Polypol (viele Anbieter), Angebotsoligopol (wenige Anbieter) und Angebotsmonopol (nur ein Anbieter) unterschieden.
- **Bedingungen des vollkommenen Markts:** gleichartige (homogene) Güter, keine Präferenzen (Bevorzugungen), vollkommene Markttransparenz
- Wenn der Preis des Gutes A steigt, dann sinkt die Nachfragemenge nach Gut A (**Gesetz der Nachfrage**) und steigt die Angebotsmenge von Gut A (**Gesetz des Angebots**).
- **Polypol auf dem vollkommenen Markt:** Es bildet sich ein einheitlicher Marktpreis für ein Gut (Gleichgewichtspreis), bei dem die Nachfragemenge der Angebotsmenge entspricht und die abgesetzte Menge maximal ist. Ein Nachfrageüberhang liegt vor, wenn die Nachfragemenge die Angebotsmenge übersteigt (dies führt zu einem Verkäufermarkt). Ein Angebotsüberhang liegt vor, wenn die Angebotsmenge die Nachfragemenge übersteigt (dies führt zu einem Käufermarkt). Bei unverändertem Angebot steigt (bzw. sinkt) der Gleichgewichtspreis, wenn die Nachfrage steigt (bzw. sinkt). Bei unveränderter Nachfrage steigt (bzw. sinkt) der Gleichgewichtspreis, wenn das Angebot sinkt (bzw. steigt).
- **Angebotsoligopol:** Im vollkommenen Oligopol herrscht Preisstarrheit. Im unvollkommenen Oligopol können die Anbieter eine aggressive Strategie (Preiskampf, Verdrängungswettbewerb) oder friedliche Strategien (Preisstarrheit, Preisführerschaft, Preisabsprache) wählen.
- **Angebotsmonopol:** Grundsätzlich kann der Monopolist seinen Preis frei bestimmen. Er wählt den Preis so, dass sein Gewinn maximiert wird (Gewinn = Umsatz – Kosten).

Funktionsweise der Sozialen Marktwirtschaft

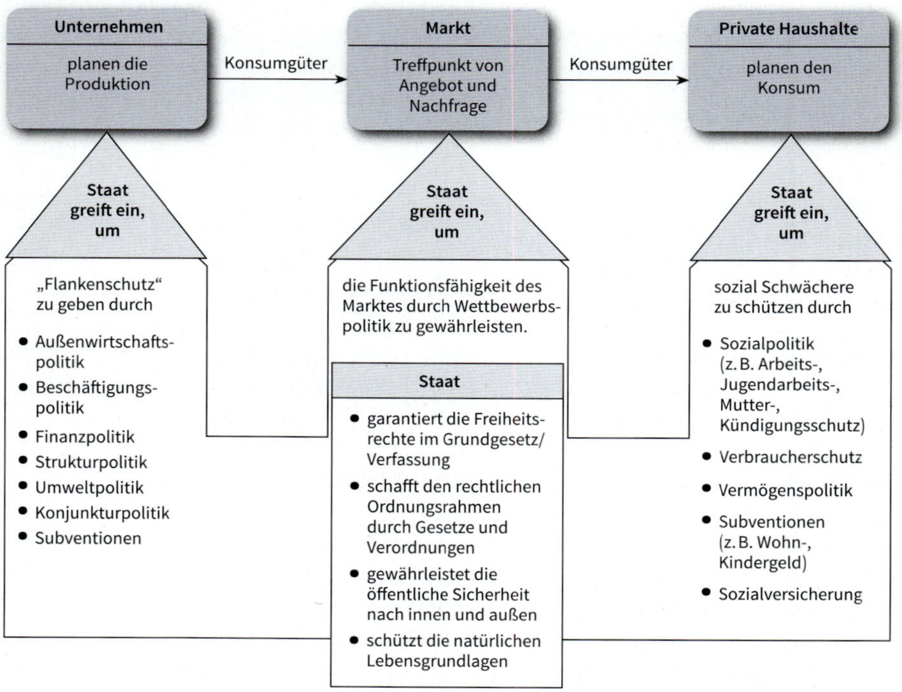

Wettbewerbsbeschränkungen durch Kooperation und Konzentration

- **Funktionen des Wettbewerbs:** Wohlstands-, Steuerungs-, Fortschritts-, Kostenkontroll- und Entmachtungsfunktion
- **Kooperation** = vertragliche Zusammenarbeit, bei der die wirtschaftliche und rechtliche Selbstständigkeit der Beteiligten erhalten bleiben, z. B. Kartell (horizontale Kooperation), Einkaufsverband, Arbeitsgemeinschaft, Konsortium, Joint Venture, strategische Allianz
- **Konzentration** = kapitalmäßige Verflechtung, bei der die wirtschaftliche Selbstständigkeit immer verloren geht und, im Falle des Konzerns, die rechtliche Selbstständigkeit erhalten bleibt, im Falle des Trusts (Fusion) von allen Beteiligten (Neubildung) oder von mindestens einem der Beteiligten (Aufnahme) hingegen aufgegeben wird.

Gesetz gegen Wettbewerbsbeschränkungen (GWB)

- **Verbot wettbewerbsbeschränkender Vereinbarungen = Kartellverbot**
- **Grundsatz der Legalausnahme**, wenn die Warenerzeugung und -verteilung verbessert oder der technische bzw. wirtschaftliche Fortschritt gefördert werden
- **Missbrauchsaufsicht über marktbeherrschende Unternehmen**
- **Zusammenschlusskontrolle:** Wenn die beteiligten Unternehmen mehr als 500 Mio. € Umsatz weltweit und mehr als 50 Mio. € Gewinn im Inland haben (Aufgreifkriterien) muss der Zusammenschlusses beim Bundeskartellamt angemeldet werden.
- **Ministererlaubnis:** Der Bundesminister für Wirtschaft und Energie kann einen vom Kartellamt untersagten Zusammenschluss erlauben, wenn die gesamtwirtschaftlichen Vorteile überwiegen und ein überragendes Interesse der Allgemeinheit vorliegt.
- Aufgreifkriterien der **EU-Fusionskontrollverordnung** (E-FKVO), wenn alle beteiligten Unternehmen mehr als 5 Mrd. € Umsatz weltweit und zwei beteiligte Unternehmen jeweils mehr als 250 Mio. € Gewinn innerhalb der EU haben.

Aufgaben

Preisbildung in verschiedenen Marktformen

1. Ergänzen Sie Ihre Lernkartei um die Begriffe des Themengebiets „Markt und Preisbildung".

2. Bilden Sie drei **Expertengruppen** A, B und C mit je sechs Mitgliedern. Die Gruppe A befasst sich mit den Fragen/Aufgaben a) bis d), die Gruppe B mit e) bis h), die Gruppe C mit i) bis l). Tauschen Sie anschließend Ihre Informationen in sechs **Puzzlegruppen** aus. Die Puzzlegruppen bestehen aus je einem Mitglied jeder Expertengruppe A, B und C; dieses berichtet jeweils über die Ergebnisse seiner Expertengruppe. Anschließend beantworten zwei Puzzlegruppen im Wechsel die Fragen bzw. präsentieren ihre Lösungen der Aufgaben vor der Klasse und stellen sich der Kritik.

   Fragen/Aufgaben:
   a) Erklären Sie den Begriff Markt.
   b) Erläutern Sie die Funktionen des Marktes.
   c) Beschreiben Sie die Modellannahmen des vollkommenen Marktes.
   d) Unterscheiden Sie Marktformen nach der Zahl der Anbieter.
   e) Welcher Zusammenhang besteht zwischen dem Preis eines Gutes und seiner Nachfragemenge?

f) Welcher Zusammenhang besteht zwischen dem Preis eines Gutes und seiner Angebotsmenge?
g) Erklären Sie die Begriffe Nachfrageüberhang und Angebotsüberhang.
h) Was versteht man unter dem Gleichgewichtspreis?
i) Von welchen Einflussgrößen hängt die Nachfrage ab?
j) Nennen Sie einige Bestimmungsgründe des Angebots.
k) Beschreiben Sie die Preisgesetze beim vollkommenen Polypol.
l) Begründen Sie die Aussage „Polypolisten auf einem vollkommenen Markt sind Mengenanpasser; der Preis ist für sie ein Datum!".

3. a) Welche Folgen hat (1) die Erhöhung der Nachfrage, (2) die Erhöhung des Angebots für den Gleichgewichtspreis?
b) Weisen Sie die Veränderungen anhand einer Grafik nach.
c) Wie wirken sich folgende Zeitungsmeldungen auf den Gleichgewichtspreis auf den entsprechenden Märkten aus?
1. Missernte bei Kaffee erwartet: Unwetter in Brasilien
2. Verbraucherschützer warnen vor Energiegetränken: Kraftbrausen sind teuer und ungesund
3. Japanische Stereoanlagen überschwemmen den deutschen Markt
4. Skihersteller setzen auf Snowboards: hohe Gewinne zu erwarten

4. Einem Makler an der einzigen Warenbörse einer Volkswirtschaft liegen von verschiedenen Auftraggebern folgende Kauf- und Verkaufsaufträge für ein Produkt vor:

Kaufaufträge			Verkaufsaufträge		
Käufer	Mengen in Tonnen (t)	Höchstens zu €/t	Verkäufer	Mengen in t	Mindestens zu €/t
A	50 t	80,00 €	W	30 t	80,00 €
B	20 t	96,00 €	X	45 t	96,00 €
C	30 t	108,00 €	Y	30 t	108,00 €
D	25 t	120,00 €	Z	50 t	120,00 €

a) Berechnen Sie bei den oben genannten Preisen die Angebotsmenge, die Nachfragemengen und die jeweils maximal erzielbaren Umsätze unter Verwendung des folgenden Lösungsschemas:

Preise €/t	Nachfrage t	Angebot t	Umsätze €

b) Begründen Sie, welchen Preis der Makler festlegen wird.
c) Welche Aufträge können bei dem vom Makler festgesetzten Preis berücksichtigt werden?
d) Wie viel Euro beträgt die Konsumentenrente des Käufers D insgesamt?
e) Welche Anbieter erhalten im Allgemeinen eine Produzentenrente?
f) Bei welchen Preisen liegt ein Angebotsüberhang vor?
g) Bei welchen Preisen besteht ein Nachfrageüberhang?

5. Der deutsche Betriebswirt Eugen Schmalenbach schildert in seinem Buch „Der freien Wirtschaft zum Gedächtnis“[1] die Situation des Verbrauchers auf einem unvollkommenen Markt: „Ich brauchte seinerzeit einen neuen Regenschirm. Es war zu überlegen, wie ich in meiner Rolle als Abnehmer die in der freien Marktwirtschaft mir obliegende Pflicht am besten treffen könnte. In Köln gibt es, so nahm ich an, etwa 50 Läden, in denen man einen Regenschirm kaufen kann. Diese müsste ich pflichtgemäß alle aufsuchen ... Dann gibt es schätzungsweise 200 Sorten Regenschirme für Herren. Da es ein schwarzer Regenschirm mit gebogener Krücke sein sollte, mag sich die Sortenzahl auf 100 ermäßigen. Nun aber geht es mir um einen möglichst dauerhaften Regenschirm, dessen Stoff, Stock und Mechanik lange halten und auch bei starkem Wind brauchbar bleiben. Ich fand bald heraus, dass, allein um die Güte der Regenschirmstoffe auf Haltbarkeit und Wasserdurchlässigkeit zu prüfen, ein Kursus nötig sei, den ein Freund auf vier Wochen Dauer schätzte ... Auch die Mechanik sei, so meinte er, in ihrer Qualität verschieden, und man müsse schon etwas davon verstehen, wenn man eine sachkundige Auswahl treffen wolle. Diese Überlegungen führten dahin, dass ich, um mich und meine Familie mit dem nötigen Hausrat und der nötigen Bekleidung zu versehen, meinen Beruf aufgeben und dazu noch einen Assistenten anstellen müsse. Dieses bedenkend, verzichtete ich auf jede Konkurrenzprüfung, ging in den nächsten Laden und kaufte unter zehn vorgelegten Schirmen einen ohne lange Prüfung und zahlte dafür, was gefordert wurde.“

a) Machen Sie Vorschläge, wie die Verbraucher ihre Stellung auf dem Markt verbessern könnten.
b) Überlegen Sie, ob auch der Anbieter eine schwache Position auf dem Markt haben kann.
c) Wodurch können sich Anbieter auf einem unvollkommenen Polypol Preisspielräume schaffen?
d) Beweisen Sie, dass auch auf unvollkommenen polypolistischen Märkten die Preisgesetze gelten.

6.

„Da kann ich nichts machen. Das ist keine unzulässige Absprache; das ist ihre Art zu grüßen.“

1 Schmalenbach, Eugen: Der freien Wirtschaft zum Gedächtnis, Westdeutscher Verlag, Köln/Opladen, 1958, Seite 58.

a) Welche oligopolistische Verhaltensweise ist in der Karikatur dargestellt?
b) Beschreiben Sie weitere Verhaltensweisen von Oligopolisten gegenüber Konkurrenten.
c) Begründen Sie, warum auf oligopolistischen Märkten ein „Schlafmützenwettbewerb" herrscht.
d) Welche Folgen kann ein Preiskrieg zwischen den Oligopolisten für Verbraucher und Konkurrenten haben?
e) Weshalb schreitet der Staat bei Preiskämpfen unter Oligopolisten meistens ein?

7. Die Theaterleitung möchte den Eintrittspreis für eine Uraufführung bestimmen. Sie verfügt über folgendes Zahlenmaterial:

Fixkosten	30 000,00 € pro Jahr
Variable Kosten	20,00 € pro Besucher

Ergebnisse der Marktforschung

Preis (€)	75,00	60,00	45,00	30,00	15,00
Besucherzahl	0	1 000	2 000	3 000	4 000

a) Wie geht die Theaterleitung bei der Preisbildung vor? (Nennen Sie vier Schritte.)
b) Bestimmen Sie den optimalen Monopolpreis tabellarisch und grafisch. Übernehmen Sie dazu den folgenden Tabellenkopf in Ihr Kalkulationsprogramm.

Preis in €	Besucherzahl	Umsatz in €	Kosten in €	Gewinn in €

c) Wie viele Karten bleiben bei diesem Preis unverkauft?
d) Welche Folgen nimmt der Monopolist in Kauf, wenn er seinen Preis zu hoch festsetzt?
Tipp: Verwenden Sie ein Tabellenkalkulationsprogramm.

8. Aufgrund eigener Marktuntersuchungen stellt Spielehersteller Klos fest, dass die Käufer des soeben „patentierten" Brettspiels „GO-HAH" auf Preisänderungen wie folgt reagieren:

Preis in € je Stück	32,00	30,00	28,00	26,00	24,00	22,00	20,00	18,00
Absetzbare Menge in Stück	0	500	1 000	1 500	2 000	2 500	3 000	3 500

Unternehmensinterne Ermittlungen ergaben folgende Kosten:
variable Kosten je Spiel 15,00 €, fixe Kosten 10 000,00 €
Alle Zahlen gelten für ein Geschäftsjahr.

a) Bestimmen Sie den optimalen Monopolpreis tabellarisch und grafisch. Übernehmen Sie dazu den folgenden Tabellenkopf in Ihr Kalkulationsprogramm.

Preis in €/Stück	Menge in Stück	Umsatz in €	Kosten in €	Gewinn in €
(bis 14,00 €)	(bis 4 000)			

b) Zu welchem Preis sollte Klos das Spiel verkaufen, wenn folgende Zielsetzungen verfolgt werden (Begründen Sie Ihre Entscheidungen):
   1. Gewinnmaximierung
   2. Umsatzmaximierung
   3. maximaler Absatz bei kostendeckendem Preis

c) Begründen Sie, welcher Zielsetzung Sie aufgrund der gegebenen Zahlen den Vorzug geben würden.

Merkmale der Sozialen Marktwirtschaft

9. Ergänzen Sie Ihre Lernkartei um die Begriffe des Themengebiets „Soziale Marktwirtschaft".

10. Bilden Sie **Expertengruppen**. Jede Gruppe befasst sich mit einem Teil der Fragen (z. B. Gruppe A mit den Fragen/Aufgaben a) bis b) usw.). Tauschen Sie anschließend Ihre Informationen in Puzzlegruppen aus. Die Puzzlegruppen bestehen aus je einem Mitglied jeder Expertengruppe, das jeweils über die Ergebnisse seiner Expertengruppe berichtet. Anschließend beantworten zwei **Puzzlegruppen** im Wechsel die Frage bzw. präsentieren ihre Lösungen der Aufgaben vor der Klasse und stellen sich der Kritik.

Web

a) Erklären Sie den Begriff Soziale Marktwirtschaft.
b) Beschreiben Sie wichtige freiheitliche und soziale Ordnungsvorstellungen des Grundgesetzes.
c) Erläutern Sie einige Aufgaben des Sozialstaates.
d) Erklären Sie die Begriffe Solidarität und Subsidiarität.
e) Erläutern Sie, wie die wirtschaftlichen Grundfragen in der Sozialen Marktwirtschaft gelöst werden.
f) Beschreiben Sie die Rolle des Staates in der Sozialen Marktwirtschaft.
g) Erläutern Sie einige Mängel des Sozialsystems.
h) Welche Vorschläge werden zur Rettung des Sozialstaats gemacht?

11.

Die volkswirtschaftliche Bedeutung des Eigentums

„Eigentumsrechte und damit die Möglichkeit, andere vom Gebrauch einer Sache auszuschließen, sind eine Bedingung für die rationelle Nutzung knapper Ressourcen Man nehme als Beispiel den Fischfang: Solange es nicht möglich ist, eindeutige Eigentumsrechte an Fischbeständen zu vergeben, und alle in den gleichen Gebieten fischen, so lange besteht für den einzelnen Fischer kaum ein Anreiz, bei seiner Fangquote auf die langfristige Sicherung der Fischbestände zu achten, da er nicht mit Sicherheit davon ausgehen kann, von den langfristig positiven Auswirkungen zu profitieren. Es kommt zur Überfischung zum Nachteil aller Beteiligten. Würde man den Fischern eindeutige Eigentumsrechte in bestimmten Fanggebieten zuweisen, dann würden die einzelnen Fischer ihre Fangquoten so einrichten, dass sie auf lange Sicht erfolgreich ihrer Tätigkeit nachgehen können."

(Quelle: Kaminski, Hans: Wenn Fischer zu viele Fische fangen, in: Handelsblatt – Ökonomie und Bildung, 02.07.2004, Seite 3)

Belegen Sie anhand des Beispiels von den Fischern, dass der Schutz des Privateigentums eine tragende Säule der Sozialen Marktwirtschaft ist.

12. Trotz des steigenden Wohlstands hat der Staat das soziale Netz Jahr für Jahr weiter ausgebaut. Die staatlichen Sozialleistungen betragen mit über 750 Mrd. € inzwischen über 30 % der gesamten Wirtschaftsleistung. Obwohl der Lebensstandard 1950 erheblich niedriger war, betrugen damals die Sozialleistungen nicht einmal 20 Mrd. € und die Sozialleistungsquote lag bei 15 %. Weite Kreise der Bevölkerung sind heute auf staatliche Unterstützung (z. B. Arbeitslosengeld II, Wohngeld, Sozial-, Kindergeld, Ausbildungsförderung) angewiesen bzw. haben sich im sozialen Netz eingerichtet.

Diskutieren Sie über Für und Wider staatlicher Sozialleistungen.

13. a) Nennen Sie Gründe für Staatseingriffe in die Wirtschaft.
b) Diskutieren Sie über staatliche Eingriffe in die Wirtschaft aus der Sicht

- der Verbraucher,
- der Arbeitnehmer,
- der Arbeitgeber.

14. Der Anteil der Sozialleistungen am Bruttoinlandsprodukt liegt bei über 30 %. Damit ist der Sozialstaat für viele Unternehmen zu einem Standortproblem geworden. Diskutieren Sie darüber.

15. Das freie Spiel der Marktkräfte muss nicht immer zu zufriedenstellenden Ergebnissen in der Wohnungsversorgung führen. Deshalb gehört es zu den Aufgaben des Staates, die Voraussetzungen für eine angemessene Versorgung der Bürger mit Wohnraum zu schaffen.
a) Durch marktkonforme Maßnahmen kann der Staat zur Verbesserung der Situation für Vermieter und Mieter bei der Versorgung mit Wohnungen beitragen.

- Nennen Sie je eine solche Maßnahme auf der Seite des Mieters und des Vermieters, und erläutern Sie die jeweilige Auswirkung.
- Warum werden diese staatlichen Eingriffe als marktkonform bezeichnet?

b) Weshalb gelingt es nicht, durch marktkonträre Maßnahmen, z. B. durch Mietpreisbegrenzung, die Wohnungssituation zu verbessern?
c) Beschreiben Sie an Beispielen, warum die Funktionen des Preises durch eine Mietpreisbegrenzung ausgeschaltet werden können.

16. Für ein landwirtschaftliches Produkt liegt folgende Marktsituation vor:

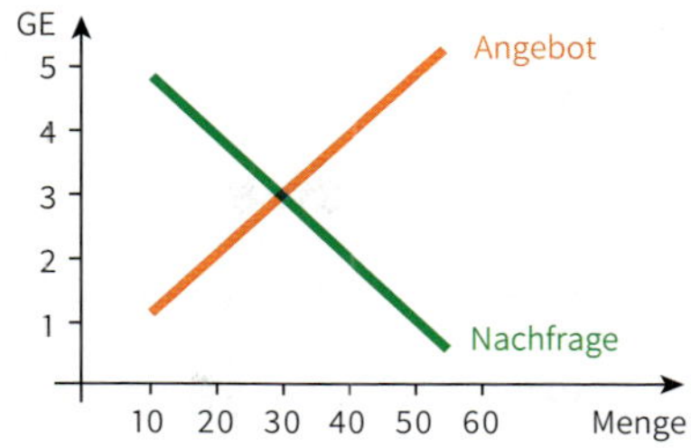

Zur Unterstützung der Landwirtschaft hat die Regierung die Einführung eines Mindestpreises beschlossen, der eine Geldeinheit (GE) über dem Marktpreis liegen soll.

a) Begründen Sie, weshalb es nicht sinnvoll wäre, den Mindestpreis unterhalb des Marktpreises festzusetzen.

b) Der Staat kauft die entstehenden Überschüsse auf.

- Ermitteln Sie anhand der obigen Skizze, in welcher Höhe dafür Haushaltsmittel bereitgestellt werden müssen.
- Welche weiteren Folgen können sich aus dem Aufkauf der Überschüsse ergeben?
- Berechnen Sie die Erlöse der Landwirte vor Festsetzung des Mindestpreises und die Erlöse, die sie erzielen würden, wenn der Staat bei dem oben genannten Mindestpreis die Überschüsse nicht aufkaufen würde.
- Zum Abbau der Überschüsse werden von der Regierung Anbaubeschränkungen beschlossen. Danach dürfen die Anbieter nicht mehr als 30 Mio. t zu dem Mindestpreis anbieten. Wie wirkt sich diese Maßnahme finanziell für den Staat und die Anbieter aus?

c) Das angestrebte Ziel der Einkommenserhöhung in der Landwirtschaft könnte z. B. auch durch Subventionspolitik erreicht werden.

- Wie ist diese Art des Markteingriffs gegenüber einer Mindestpreisfestsetzung ordnungspolitisch zu beurteilen?
- Vergleichen Sie die Subventionspolitik mit der Mindestpreisfestsetzung hinsichtlich des Umfangs der Aufrechterhaltung der verschiedenen Preisfunktionen.

Beeinflussung des Wettbewerbs und Wettbewerbsrecht

17. a) Ergänzen Sie Ihre Lernkartei um die Begriffe des Themengebiets „Wettbewerbsbeschränkungen und Wettbewerbsrecht“, z. B.

> Kooperation (Begriff), Kooperationsformen (Beispiele), Kartell, Mittelstandskartell, Rationalisierungskartell, Syndikat, Joint Venture, Konzentration (Begriff), Konzentration (Beispiele), Horizontalkonzern, Vertikalkonzern, Diagonalkonzern, Unterordnungskonzern, Gleichordnungskonzern, Trust (Begriff), Trust (Arten), Wettbewerb (Funktionen), Kartellverbot, Legalausnahme, Missbrauchsaufsicht, Marktbeherrschung, Zusammenschlusskontrolle (Aufgreifkriterien, Verfahren), Ministererlaubnis, Aufgreifkriterien der EU-Fusionskontrollverordnung, Gruppenfreistellungsverordnung (GVO)

b) Sortieren Sie die Begriffskärtchen nach den Kriterien „weiß ich“ oder „weiß ich nicht“.

c) Bilden Sie mit Ihren Mitschülern/Mitschülerinnen Kleingruppen und erklären Sie sich gegenseitig die „Weiß-ich-nicht"-Kärtchen. Schlagen Sie die ungeklärten Begriffe im Lehrbuch nach.

d) Fügen Sie die DIN-A-6-Kärtchen mit der Vorderseite zu einer sinnvollen Struktur zusammen. Die Struktur kann durch Pfeile, Farben, Symbole, Texte (z. B. Überschriften), Bilder oder weitere Begriffe ergänzt werden.

18. Welche Kartellart bietet sich in folgenden Fällen an? Begründen Sie jeweils Ihre Ansicht und beurteilen Sie diese aus wettbewerbsrechtlicher Sicht.

a) Die Reifen-Großhändler in Deutschland wollen künftig ihre Erzeugnisse nur gegen 2 % Skonto innerhalb von 10 Tagen oder gegen 30 Tage Ziel absetzen.

b) Die Fahrrad-Hersteller vereinbaren, für Herrenräder nur noch 28-Zoll-Räder, für Damenräder nur noch 26-Zoll-Räder anzubieten.

c) Die Hersteller von Autobatterien beschließen, künftig die Preise gegenseitig anzupassen und jeweils nur in für jedes Unternehmen festgelegte Regionen zu liefern.

d) Die Autohersteller VW, Daimler, BMW und Ford wollen ein europäisches Schnellladenetz für Elektroautos aufbauen und dafür Millionenbeträge investieren.

e) Die wichtigsten Anbieter von Elektroautos wollen in naher Zukunft einen einheitlichen Ladestandard anbieten.

19. Die Auszubildenden Carl Löffler und Marie Braun unterhalten sich im Pausenraum der Autohaus Köppel GmbH über eine Zeitungsmeldung.

Carl Löffler: „Bei den Sitzherstellern tut sich einiges. Der bayerische Sitzhersteller Grammer AG kämpft gegen die feindliche Übernahme durch die Firma Cascade. Cascade ist Großaktionär bei der Grammer AG und gehört der bosnischen Familie Hastor. Hier steht, dass diese Familie auch den Küchenhersteller Alno übernommen hat."

Marie Braun: „Den Hastors gehört auch die Firma Prevent. Die haben doch im vergangenen Jahr wegen eines Streits um Lieferkonditionen für Sitzbezüge die Produktion des VW Golfs tagelang lahmgelegt. Die kleine Firma Prevent konnte ihre Vorstellungen weitgehend durchsetzen. Soviel ich weiß, liegt Prevent auch mit Daimler im Clinch."

Carl Löffler: „Mit den Sitzen von Grammer und den Sitzbezügen von Prevent wären die Hastors ein bedeutender Anbieter für den Auto-Innenraum, der für die Autohersteller immer wichtiger wird. Die größten Kunden von Grammer sind VW und Daimler. Die können sich schon mal warm anziehen."

Marie Braun: „Hier steht, dass auch die Politiker besorgt sind. Die Sprecherin des Wirtschaftsministeriums bestätigte, dass eine feindliche Übernahme nicht im Sinne von Grammer und des Standortes Amberg sei. Grammer hat deutschlandweit 2 500 Arbeitsplätze und ist in der strukturschwachen Region Oberpfalz einer der wichtigsten Arbeitgeber."

a) Verfassen Sie ein Handout mit den wichtigsten Vor- und Nachteilen eines Unternehmenszusammenschlusses aus der Sicht der beteiligten Unternehmen, der Kunden und der Konkurrenten.

b) Erstellen Sie eine Vergleichstabelle, in der Sie die Begriffe Kartell, Konzern und Trust nach der wirtschaftlichen und rechtlichen Selbstständigkeit der beteiligten Unternehmen und der Richtung der Zusammenarbeit bzw. des Zusammenschlusses unterscheiden.

c) Welche Konzentrationsformen nach der Richtung der Zusammenarbeit und der Abhängigkeit der beteiligten Unternehmen liegen im vorliegenden Fall vor?

d) Weshalb kann es dem Staat nicht gleichgültig sein, wenn kleine Unternehmen durch größere übernommen werden? Welche negativen Folgen kann eine zu starke Machtzusammenballung von Unternehmen bringen und weshalb sollte der Staat eingreifen? Verfassen Sie dazu ein Kurzreferat.

e) Suchen Sie in der Wirtschaftspresse nach Beispielen für die Zusammenarbeit bzw. den Zusammenschluss von Unternehmen. Welche Gründe bzw. positiven Folgen für die beteiligten Betriebe und die Volkswirtschaft werden angeführt?
Verfassen Sie dazu Kurzberichte und präsentieren Sie diese im Klassenverband.

20. Verfassen Sie eine kurze Stellungnahme zu den geheim gehaltenen Empfehlungen eines großen Einzelhandelskonzerns für die Zusammenarbeit mit seinen Lieferanten.

Auszug aus den Empfehlungen für die Zusammenarbeit mit Lieferanten [...]

Eintrittsgelder: Die Lieferanten müssen die Aufnahme ihrer Waren in das Sortiment bezahlen mit der Gratislieferung der Erstausstattung und/oder mit Pauschalen.

Regalmieten: Die Lieferanten müssen Mieten für die Auslage ihrer Produkte zahlen, z. B. für 60 Flaschen 120,00 € plus Mehrwertsteuer oder für Regalkopfplätze 5 000,00 € jährlich.

Werbekosten- und Investitionszuschüsse: Der Lieferant hat Zuschüsse für die Werbung zu leisten, für Kataloge, Anzeigen und sonstige Werbeträger bzw. für Neu- und Erweiterungsinvestitionen. Kostenbeteiligungen der Lieferanten an der Geschäftseinrichtung und zinsgünstige Darlehen sind anzustreben.

Sonderleistungen bei Neueröffnungen: Lieferanten sollten Umstellungsrabatte, besonders lange Zahlungsziele, Sonderangebote, Werbekostenbeteiligungen, Einführungsrabatte u. ä. Sonderkonditionen einräumen.

Regalpflege: Die Lieferanten haben die Regale nicht nur aufzubauen, sondern die Ware auch regelmäßig einzuräumen, die Preise mit den hauseigenen Geräten auszuzeichnen, alte Ware umzustapeln und auszuräumen sowie die Regale sauberzuhalten.

Inventurhilfen: Der Lieferant hat Arbeitskräfte für die Inventur nach Bedarf zu stellen. [...]

21. Lesen Sie die Zeitungsmeldung im Lehrbuch auf Seite 309.
Verfassen Sie ein Handout mit folgenden Gliederungspunkten:

a) Ziele des Lkw-Kartells
b) Gründe für die Zuständigkeit der Europäischen Kommission
c) Folgen für die Kartellmitglieder
d) Fluch und Segen von Whistleblowing (hier: MAN als Hinweisgeber)

3 Konjunkturbeeinflussung durch Staat und Europäische Zentralbank

AUSGANGSSITUATION

Im Pausenraum der Autohaus Köppel GmbH unterhalten sich Marie Braun (Auszubildende zur Automobilkauffrau) und Laura Tannert (Verkaufsleiterin).

Laura Tannert: „Ich weiß nicht, was in letzter Zeit los ist. Unsere Kunden halten sich schon seit Wochen mit Bestellungen zurück. Ich mache mir langsam Sorgen um unsere Arbeitsplätze."

Marie Braun: „Sie machen mir Hoffnung. Ich möchte bald übernommen werden."

Laura Tannert: „Keine Sorge, wir leben ja in einer Sozialen Marktwirtschaft. Unsere Regierung sagt, dass es mit der Konjunktur weiter aufwärts geht. Wir müssen jetzt den Winter irgendwie überstehen."

Marie Braun: „Kann der Staat nichts machen, dass unser Geschäft wieder brummt?"

Laura Tannert: „Hat er ja schon. Nur die Kaufprämie für Elektroautos wirkt noch nicht so recht. Jedenfalls hält die Europäische Zentralbank die Zinsen schon ziemlich lange auf 0 %. Das muss doch irgendwann die Nachfrage anregen."

Konjunkturschwankungen

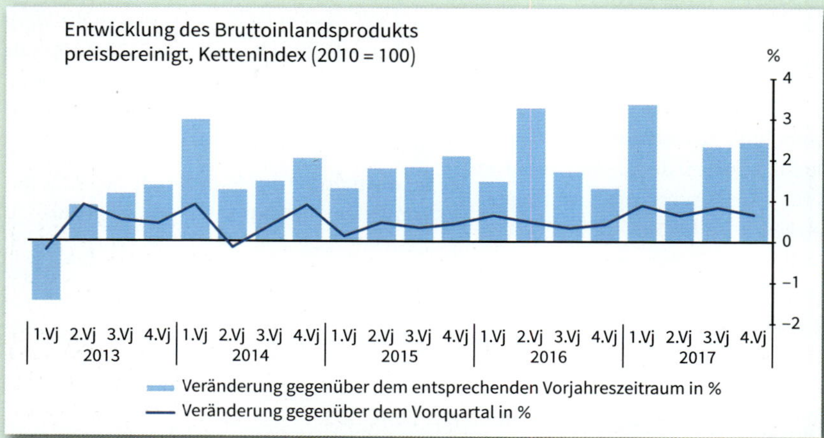

(Quelle: Fachserie 18, Reihe 1.2 – 4. / https://www.destatis.de/DE/Publikationen/Thematisch/VolkswirtschaftlicheGesamtrechnungen/Inlandsprodukt/InlandsproduktsberechnungVjPDF_2180120.pdf?__blob=publicationFile (gekürzt). © Statistisches Bundesamt (Destatis), 2018)

ARBEITSAUFTRÄGE

1. Informieren Sie sich über Ihren Themenbereich.
2. Beschreiben Sie die Konjunkturschwankungen in der Vergangenheit und erklären Sie den Maßstab „reales Bruttoinlandsprodukt".
3. Verfassen Sie Kurzreferate zu den folgenden Themen:
   - Konjunktur und Konjunkturpolitik
   - wirtschaftspolitische Ziele des Staates
   - Geldpolitik der Europäischen Zentralbank

Tipps: Bilden Sie thementeilige Arbeitsgruppen und lesen Sie die folgenden Kapitel im Lehrbuch. Einen Methoden- und Präsentationspool finden Sie unter BuchPlusWeb.

Web

4. Wählen Sie für die Darstellung Ihrer Ergebnisse geeignete Präsentationsformen und Medien aus, z. B. Protokolle, Handouts, Plakatwände, PowerPoint. Beachten Sie dabei die von Ihnen bei anderen Präsentationen erarbeiteten Präsentationsregeln.
5. Präsentieren Sie Ihre Ausarbeitungen im Klassenverband und reagieren Sie dabei auf Fragen und Anmerkungen Ihrer Mitschüler/-innen.
6. Nehmen Sie Kritikpunkte auf zur Vorgehensweise, Vollständigkeit und inhaltlichen Richtigkeit, ergänzen Sie Ihre Ausarbeitungen und korrigieren Sie Fehler.
7. Bewerten Sie Ihre Präsentationen anhand Ihres Kriterienkatalogs mithilfe eines Brainstormings oder einer Kartenabfrage und ziehen Sie Schlüsse für zukünftige Präsentationen.
8. Reflektieren Sie Ihr Verhalten in Ihrer Arbeitsgruppe und überlegen Sie, wie Sie Ihre Verhaltensweisen verbessern könnten.

3.1 Konjunktur und Konjunkturpolitik des Staates

EINSTIEGSSITUATION

Nora Braun möchte von ihrem Mitauszubildenden Pascal Palm wissen: „Was für Gründe gibt es für die Schwankungen bei der Entwicklung der Besitzumschreibungen und den Pkw-Neuzulassungen?“

Sie antworten der Auszubildenden.

Gute und schlechte Zeiten auf dem Automobilmarkt

Pkw-Neuzulassungen und Pkw-Besitzumschreibungen

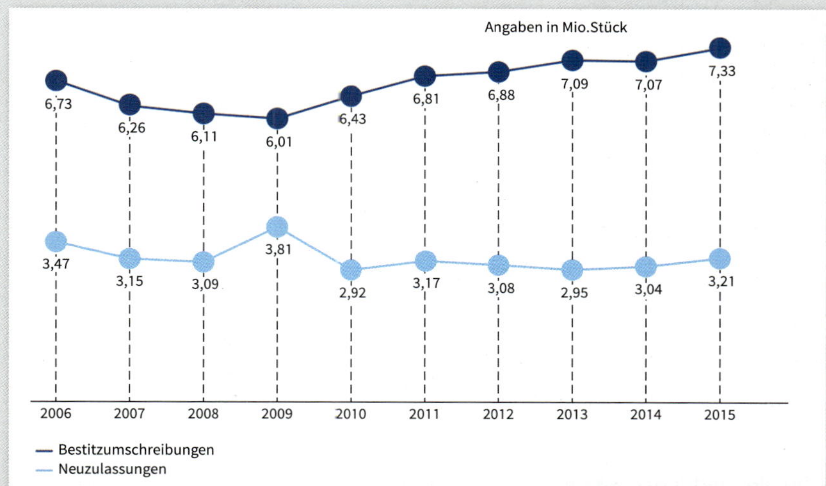

(Quelle: DAT-Report 2016, Seite 14)

3.1.1 Konjunktur – Auf und Ab der Wirtschaft

Mit dem Begriff Konjunktur[1] wird die Lage der Gesamtwirtschaft beschrieben. Maßstab für die Wirtschaftslage ist das reale Bruttoinlandsprodukt. Der regelmäßige Wechsel von Zeiten guter und schlechter Lage der Gesamtwirtschaft wird als Konjunkturzyklus bezeichnet.

Der Konjunkturzyklus dauert etwa **fünf bis zehn Jahre** und durchläuft die **vier Konjunkturphasen** Konjunkturtief (Krise, Depression), Aufschwung (Expansion), Hochkonjunktur (Boom) und Abschwung (Rezession). Dabei ist die langfristige wirtschaftliche Entwicklung (Wachstumstrend) stets aufwärtsgerichtet. Die momentane Wirtschaftslage lässt sich mithilfe von Konjunkturindikatoren[2] feststellen.

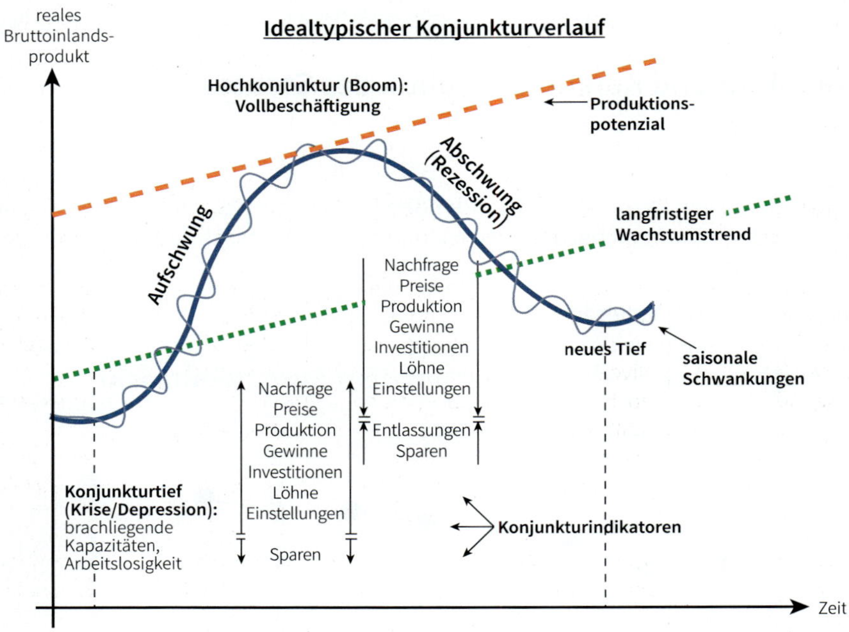

Konjunkturzyklus (fünf bis zehn Jahre)

Mithilfe von **Konjunkturindikatoren** können Wirtschaftsforschungsinstitute die aktuelle Konjunkturlage feststellen (Konjunkturdiagnose) und die zukünftige Richtung der Konjunkturlage voraussagen (Konjunkturprognose). **Frühindikatoren** kündigen schon sehr

1 coniunctio (lat.) = Verbindung, Zusammentreffen mehrerer Ereignisse

2 Siehe Kapitel 3.2.1, Seite 336, Abschnitt Stetiges Wirtschaftswachstum – nicht unter 3 %
indicare (lat.) = anzeigen; indicere = ansagen, ankündigen

früh die künftige Wirtschaftslage an („Wettervorhersage"), **Gegenwartsindikatoren** zeigen die aktuelle Wirtschaftslage an („tatsächliches Wetter") und **Spätindikatoren** bestätigen die Wirtschaftslage des vorangegangenen Zeitabschnitts („Wetterfolgen", z. B. Trockenheit).

Beschreibung der Konjunkturphasen mit den Konjunkturindikatoren

Konjunkturphasen Konjunkturindikatoren	Tiefstand (Depression)	Aufschwung (Expansion)	Hochkonjunktur (Boom)	Abschwung (Rezession)
Frühindikatoren				
• Auftragseingänge	auf niedrigem Niveau verharrend	zunehmend	auf hohem Niveau verharrend	abnehmend
• Geschäftsklima	pessimistisch	optimistisch	optimistisch	pessimistisch
• Investitionsneigung	abwartend	zunehmend	nachgebend	abnehmend
• Zinserwartungen	fallende Zinssätze	gleichbleibend	steigende Zinsen	nachgebend
• Wachstums-prognose	abnehmend	zunehmend	gleichbleibend	abnehmend
• Aktienkurse	fallend	steigend	gleichbleibend	nachgebend
• Rohstoffpreise	fallend	anziehend	steigend	nachgebend
Gegenwartsindikatoren				
• Kapazitätsauslastung	gering	zunehmend	Engpässe	abnehmend
• Lagerbestände	hoch	abnehmend	niedrig	zunehmend
• Nachfrage (Export, Konsum)	niedriges Niveau	anziehend	hohes Niveau	nachgebend
• Staatsausgaben	hoch (antizyklisch)	abnehmend	niedrig (antizyklisch)	zunehmend
• Lohnentwicklung	niedrige Zuwächse	hohe Zuwächse	hohe Zuwächse	niedrige Zuwächse
Spätindikatoren				
• Inflationsrate	relativ niedrig	anziehend	relativ hoch	nachgebend
• Arbeitslosenquote (konjunkturell bedingt)	relativ hoch	nachgebend	relativ niedrig	zunehmend
• BIP-Wachstumsrate	niedrig	zunehmend	hoch	abnehmend
• Staatshaushalte	Defizite	Defizitabbau	Überschuss	Defizitaufbau

3.1.2 Konjunkturpolitik – nachfrage- oder angebotsorientiert

Alle Maßnahmen des Staates zur Beeinflussung der Wirtschaftslage werden als Konjunkturpolitik bezeichnet. Dazu zählen vor allem die Einnahmen- und Ausgabenpolitik (Haushalts-/Fiskal- bzw. Finanzpolitik) aber auch die Sozialpolitik und die Wettbewerbspolitik.

Nachfrageorientierte Konjunkturpolitik

Die nachfrageorientierte bzw. **antizyklische Konjunkturpolitik** verfolgt das Ziel, Konjunkturschwankungen zu glätten. In Zeiten mit einer guter Wirtschaftslage tritt der Staat auf die Bremse und senkt seine Ausgaben. Er verwendet die steigenden Steuereinnahmen zur Schuldentilgung und Bildung von Konjunkturrücklagen.

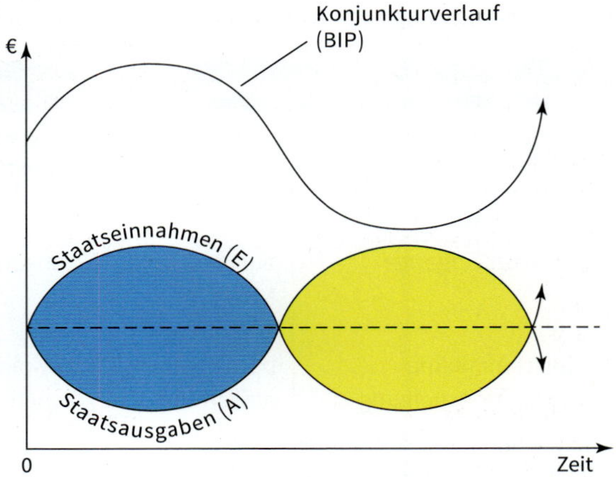

Verschlechtert sich die Wirtschaftslage, dann tritt der Staat aufs Gas, erhöht seine Ausgaben und löst die Konjunkturrücklagen auf bzw. nimmt Haushaltsdefizite in Kauf, um mit kreditfinanzierten Staatsaufträgen die Wirtschaft anzukurbeln (Deficit-Spending).

Einnahmen und Ausgaben des Staates

Jahr	2013	2014	2015	2016	2017
Staatseinnahmen in Mrd. €	1 252,5	1 308,3	1 354,3	1 414,2	1 474,9
Staatsausgaben in Mrd. €	1 256,2	1 298,8	1 334,9	1 388,6	1 438,0
Finanzierungssaldo (– = Defizit)	**– 3,7**	**9,5**	**19,4**	**25,7**	**36,6**
Bruttoinlandsprodukt in Mrd. €	2 826,2	2 923,9	3 043,7	3 144,1	3 263,4
Finanzierungssaldo in % des BIP	**– 0,1**	**0,3**	**0,6**	**0,8**	**1,1**
Schuldenstand in Mrd. €	2 189,2	2 187,0	2 156,6	2 140,0	1 972,5
Schuldenquote in % des BIP	**77,5**	**74,8**	**70,9**	**68,1**	**60,4**
Staatsquote (Staatsausgaben in % des BIP)	44,4	44,4	43,9	44,2	44,1

(Quelle: Deutsche Bundesbank: Monatsbericht, Februar 2018, Statistischer Teil, Seite 58)

Die Maßnahmen der nachfrageorientierten staatlichen Konjunkturpolitik sind im Gesetz zur Förderung der Stabilität und des Wachstums der Wirtschaft (**Stabilitätsgesetz,** StabG) geregelt. Die Bundesministerien der Finanzen und für Wirtschaft und Energie schlagen die erforderlichen Maßnahmen vor.

Wirkungsweise der antizyklischen Konjunkturpolitik des Staates

Rezession/Krise	⇐ Konjunkturlage ⇒	Boom/Inflation
expansive Konjunkturpolitik „Erhöhung der Nachfrage" ⇓	**Konjunkturpolitik** (antizyklische Finanzpolitik) ⇓	restriktive Konjunkturpolitik „Dämpfung der Nachfrage" ⇓
Senkung der Steuersätze um bis zu 10 % für längstens ein Jahr	**Einnahmenpolitik** (§ 26 StabG)	**Erhöhung der Steuersätze** um bis zu 10 % für längstens ein Jahr
Erhöhung der Staatsausgaben durch Auflösung einer Konjunkturausgleichsrücklage, Aufnahme von Krediten (Deficit-Spending)	**Ausgabenpolitik** (§§ 5, 6, 15, 19 StabG)	**Kürzung der Staatsausgaben** durch Bildung einer Konjunkturausgleichsrücklage, Rückzahlung von Krediten
Verbesserung der Abschreibungsmöglichkeiten bzw. Zahlung von Investitionsprämien (bis zu 7,5 % der Investitionsausgaben der privaten Wirtschaft) oder **Investitionszulagen**	**Investitionspolitik** (§ 26 StabG)	**Verschlechterung der Abschreibungsmöglichkeiten** bzw. **Rücknahme von Investitionsprämien** oder Investitionszulagen
Erhöhung der Kreditaufnahme, um Staatsausgaben vorzuziehen oder zu beschleunigen	**Haushaltspolitik** (§§ 6, 19 StabG)	**Senkung der Kreditaufnahme** und Verschiebung der Staatsausgaben auf späteren Zeitpunkt
⇓	⇓	⇓
Investitionsnachfrage steigt, Konsumnachfrage steigt	**Wirkung am Gütermarkt**	Investitionsnachfrage sinkt, Konsumnachfrage sinkt
⇓	⇓	⇓
Wachstum, hoher Beschäftigungsstand	**Ergebnis**	**Preisniveau sinkt, „Abkühlung" des Booms**

Kritiker der nachfrageorientierten Konjunkturpolitik führen folgende **Kritikpunkte** an:

- Die Maßnahmen greifen oftmals zu spät oder zu früh (Timing-Problem).
- Fehleinschätzungen führen zu einer Über- oder Untersteuerung (Dosierungsproblem).
- Die Handlungsspielräume werden durch die anhaltend hohe Verschuldung (Haushaltsdefizite) der öffentlichen Haushalte immer geringer.
- Politiker wählen häufig den Weg des geringsten Widerstandes und sind nicht bereit, unpopuläre Maßnahmen zu verantworten, z. B. Steuererhöhungen.
- Die Koordinierung der fiskalpolitischen Interessen von Bund, Ländern und Gemeinden ist oft sehr schwierig.
- Der Staat kann bei seinen fiskalpolitischen Mitteln die Auslandsnachfrage nur unzureichend beeinflussen.
- Subventionen des Staates verzerren den Leistungswettbewerb, bremsen das Wirtschaftswachstum, führen zu Mitnahmeeffekten, hemmen den Anpassungs- und Innovationsdruck und verlagern das unternehmerische Risiko auf die Allgemeinheit.

Angebotsorientierte Konjunkturpolitik

Aus den genannten Gründen wird die nachfrageorientierte Konjunkturpolitik zunehmend durch eine angebotsorientierte Wirtschaftspolitik abgelöst. Diese setzt auf der Angebotsseite an und will durch langfristige Verbesserungen des Produktions- und Investitionsklimas Konjunkturschwankungen bekämpfen. Ziel ist die Verstetigung der Wirtschaftspolitik (Abkehr vom „Stopp and Go") durch mehr Markt und weniger Staat. Es scheint sich zunehmend die Erkenntnis durchzusetzen, dass eine hohe Staatsverschuldung den finanzpolitischen Spielraum in den öffentlichen Haushalten beschränkt und den nachfolgenden Generationen zusätzliche Lasten (Zinszahlungen, Tilgung) aufbürdet.

Merkmale einer angebotsorientierten Konjunkturpolitik im Überblick

Finanzpolitik	• Konsolidierung (Ausgleich) der Haushaltsdefizite • Erhöhung der staatlichen Investitionen zulasten der Konsumausgaben und Subventionen • Reform des Steuersystems (Steuervereinfachung) • Privatisierung der öffentlichen Unternehmen (Subsidiaritätsprinzip)
Sozialpolitik	• Betonung der Eigenverantwortung des Einzelnen • Beschränkung leistungshemmender Regelungen, z. B. darf jemand, der von Sozialleistungen lebt, nicht besser gestellt sein als derjenige, der durch „eigener Hände Arbeit" seinen Lebensunterhalt bestreitet
Wettbewerbspolitik	• Förderung des Wettbewerbs durch Abbau von Handelshemmnissen • Förderung der Forschungs- und Entwicklungstätigkeit zur Zukunftssicherung • Erleichterung von Existenzgründungen • Abbau behördlicher Hemmnisse durch vereinfachte Bau-, Verfahrensgenehmigungen • Deregulierung der Märkte (z. B. Gas-, Strom-, Telekommunikations-, Arbeitsmarkt, Personen-, Kapital- und Güterverkehr)

Um die Handlungsfähigkeit des Staates sicherzustellen, darf die geplante Kreditaufnahme des Staates nicht höher sein als die geplanten Investitionsausgaben (Art. 115 GG). Diese „goldene Regel" verhindert, dass eine Generation auf Kosten der nächsten Generation lebt, die diese Schulden wieder zurückzahlen muss. Ausnahmen sind nur zulässig zur Abwehr einer Störung des gesamtwirtschaftlichen Gleichgewichts.

Im Grundgesetz (Art. 109, 115 GG) wurde für den Bund eine Obergrenze für die Kreditaufnahme von 0,35 % des BIP (**Schuldenbremse**) verankert. Die Bundesländer dürfen ab 2020 keine neuen Schulden machen.

Zur Bekämpfung der Schuldenkrise haben sich die Euroländer und neun weitere EU-Staaten verpflichtet, in ihren Verfassungen eine Obergrenze für neue Schulden von 0,5 % des Bruttoinlandsprodukts festzuschreiben (**Fiskalpakt**). Finanzhilfen aus dem Europäischen Stabilitätsmechanismus (ESM) können nur Mitgliedsstaaten erhalten, die den Fiskalpakt ratifiziert haben. Für Staaten mit „übermäßigem" Haushaltsdefizit sind automatische Sanktionen und Durchgriffsrechte der EU-Kommission vorgesehen, z. B. Geldbußen bis 0,5 % des BIP (Art. 126 AEUV).

Die Neuverschuldung eines Mitgliedslandes der Europäischen Währungsunion darf nur für eine kurze Dauer über der Schwelle von 3 % des Bruttoinlandsprodukts liegen. Außerdem schreibt der **Europäische Stabilitäts- und Wachstumspakt** vor, dass die Schuldenquote der öffentlichen Haushalte den Referenzwert von 60 % nicht überschreiten darf. Werden diese Grenzwerte überschritten, dann kann die EU-Kommission eine Geldbuße in angemessener Höhe (0,2 % bis 0,5 % des BIP) verhängen (Art. 126 AEUV).

Die angebotsorientierte Konjunkturpolitik erfordert einen langen Atem, Unbeirrbarkeit und eine hohe Widerstandskraft gegenüber populistischen Forderungen. Widerstände gegen die Angebotspolitik erwachsen insbesondere aus der unterschiedlichen Betroffenheit und dem unterschiedlichen politischen Gewicht der gesellschaftlichen Gruppen. Viele Maßnahmen zur Verbesserung der Rahmenbedingungen werden seitens einzelner Bevölkerungsgruppen als sozialpolitisch „ungerecht" und verteilungspolitisch schädlich empfunden („Verteilung von unten nach oben").

Die Streichung von Steuerprivilegien und Subventionen ist in der Realität schwer durchsetzbar. **Subventionen** sind Begünstigungen des Staates für bestimmte Gruppen von Unternehmen und privaten Haushalten. Sie werden als Finanzhilfen, Steuerermäßigungen oder -befreiungen gewährt (§ 12 StabG) und sollen die Wirtschaftstätigkeit beeinflussen oder korrigieren. Nach den **Subventionsgrundsätzen** sollen Subventionen „grundsätzlich befristet werden", wobei „eine im Zeitablauf abnehmende Gestaltung der Anreize und Begünstigungen anzustreben ist", „in der Höhe begrenzt bleiben", „möglichst als Anpassungs- und Produktivitätshilfen ausgestaltet werden, weil diese – anders als Erhaltungssubventionen – eher dazu beitragen, den notwendigen Strukturwandel zu fördern".

3.2 Wirtschaftspolitische Ziele des Staates

EINSTIEGSSITUATION

Nora Braun fragt ihre Mitauszubildende Marie Braun: „Kannst du mir bei der Hausaufgabe für die Berufsschule helfen?", „Ja klar, die machen wir zusammen", antwortet Marie.

Erinnerungen von Zeitzeugen der Weimarer Republik:

Geldvernichtung 1923					
Preis für 1 kg Brot in Mark					
Dez.	1921	4,00	Juni	1923	1 428,00
Dez.	1922	163,00	Juli	1923	3 465,00
Jan.	1923	250,00	Aug.	1923	69 000,00
Febr.	1923	389,00	Sept.	1923	1 512 000,00
März	1923	463,00	Okt.	1923	174 300 000,00
April	1923	474,00	Nov.	1923	201 000 000 000,00
Mai	1923	482,00			

„... Ich will nicht verschweigen, dass wir zunächst Nutznießer der fürchterlichen Geldvernichtung waren. Meine Großeltern hatten sich 1922 kurzfristig entschlossen, ein fast fertiggestelltes Haus in der Melberger Kronprinzenstraße, auf der Westseite von Bad Oeynhausen, zu kaufen. Kostenpunkt: 800 000 Mark. Als wir am 1. April 1923 einzogen, war das ein Betrag, der selbst sensible Gemüter nicht mehr zu beunruhigen vermochte. Ein Griff in die Westentasche genügte, um alle Verbindlichkeiten aus der Welt zu schaffen. Leider war das Haus erst halb fertig. Inzwischen arbeiteten die Handwerker nur noch gegen Naturalien. Damit konnten wir natürlich nicht dienen, und das Geld, das Großvater ausbezahlt bekam, zuletzt zweimal täglich, reichte gerade für das nackte Leben. Was die Ablösung der kaputten Reichsmark durch die Rentenmark im November 1923 bedeutete, lässt sich heute nicht mehr ermessen. Es war, als wenn ein Ertrinkender, in einer Springflut von Papiergeld fast schon versunken, plötzlich Boden unter den Füßen verspürte ...“

Quelle: Rudolf Pörtner (Hg.), Alltag in der Weimarer Republik. Erinnerungen an ein unruhige Zeit, Düsseldorf, Econ Verlag, 1990, S. 360 f.

1. Welche Folgen hatte die Geldvernichtung im Jahr 1923 für die Menschen? Wer waren die Gewinner, wer waren die Verlierer?
2. Interpretieren Sie die Karikatur.
3. Weshalb kann dem Staat die wirtschaftliche Entwicklung nicht gleichgültig sein?

Sie unterstützen die beiden Auszubildenden.

3.2.1 Ziele des Stabilitätsgesetzes – Magisches Viereck

Das **Oberziel** der staatlichen Wirtschaftspolitik ist im Gesetz zur Förderung der Stabilität und des Wachstums der Wirtschaft (§ 1 StabG) formuliert: Bund und Länder haben bei ihren wirtschafts- und finanzpolitischen Maßnahmen die Erfordernisse des gesamtwirtschaftlichen Gleichgewichts zu beachten. Das **gesamtwirtschaftliche Gleichgewicht** ist erreicht, wenn alle verfügbaren Produktionsfaktoren (Natur, Arbeit, Kapital) eingesetzt sind und die Märkte (z. B. Arbeits-, Kredit-, Gütermärkte) weder einen Nachfrage- noch einen Angebotsüberhang aufweisen, also ausgeglichen sind.

Die Maßnahmen sind so zu treffen, dass sie gleichzeitig zur Stabilität des Preisniveaus, zu einem hohen Beschäftigungsstand und außenwirtschaftlichem Gleichgewicht bei stetigem und angemessenem Wirtschaftswachstum beitragen. Diese vier wirtschaftspolitischen Hauptziele werden als **Magisches Viereck** bezeichnet, weil wirtschaftspolitische Zauberei (Magie) notwendig wäre, um diese Ziele tatsächlich immer gleichzeitig zu erreichen.

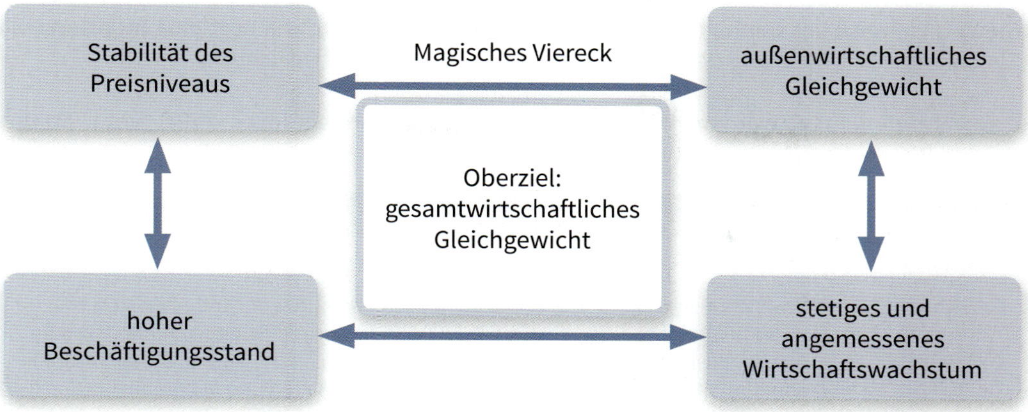

Nach Ansicht des **Sachverständigenrates**[1] sind die wirtschaftspolitischen Hauptziele gleichrangig. Es soll aber immer jenes Ziel vorrangig verfolgt werden, das in der jeweiligen wirtschaftlichen Lage am stärksten gefährdet ist. Das ist zurzeit zweifelsohne das Ziel eines hohen Beschäftigungsstandes.

Der Markt allein kann die Erreichung dieser Hauptziele der Wirtschaftspolitik nicht sicherstellen. In der Sozialen Marktwirtschaft muss der Staat deshalb globale Rahmenbedingungen für die Wirtschaft setzen (**Globalsteuerung**). Dabei darf er nicht direkt in die marktwirtschaftliche Ordnung (also in die Entscheidungen der einzelnen Unternehmen und privaten Haushalte) eingreifen.

Stabilität des Preisniveaus – knapp unter 2 %

Das Preisniveau drückt den Durchschnitt aller Preise für Güter und Dienstleistungen aus. **Absolute Preisstabilität** liegt vor, wenn sich das Preisniveau nicht verändert. Dabei können sich jedoch die Preise einzelner Güter durchaus verändern, wenn sich eine Preiserhöhung bei einem Gut A durch Preissenkungen bei anderen Gütern ausgleicht.

Die absolute Preisstabilität ist unerreichbar. Deshalb streben Wirtschaftspolitiker und die Europäische Zentralbank eine **relative Preisstabilität** an.

Preisstabilität ist erreicht, wenn die allgemeine Preissteigerungsrate unter, aber nahe 2 % gegenüber dem Verbraucherpreisindex des Vorjahresmonats liegt.

1 Der Sachverständigenrat (die **„Fünf Weisen“**) wird vom Bundespräsidenten auf Vorschlag der Bundesregierung für fünf Jahre ernannt. Seine Mitglieder dürfen weder Bundes- oder Landesregierungen noch Arbeitgeber- oder Arbeitnehmerorganisationen angehören. Die „Fünf Weisen“ erstellen jährlich das sogenannte **Sachverständigengutachten**, das sie bis zum 15.11. des jeweiligen Jahres der Bundesregierung vorlegen. Dort stellen sie dar, inwieweit die wirtschaftspolitischen Ziele erreicht sind. In ihrem **Jahreswirtschaftsbericht** muss die Bundesregierung zu diesem Gutachten Stellung nehmen.

Steigt das Preisniveau anhaltend mit Raten von 2 % und mehr, dann liegt eine **Inflation** vor. Ein anhaltender Rückgang des Preisniveaus wird als **Deflation** bezeichnet.

Preisveränderungen werden mithilfe des **Verbraucherpreisindexes (VPI)** vom Statistischen Bundesamt (Destatis), Wiesbaden, monatlich gemessen.

Vorgehensweise zur Berechnung des Verbraucherpreisindex (VPI)	
Indexhaushalt	Dem Preisindex liegt ein **durchschnittlicher Haushalt** zugrunde.
Gewichteter Warenkorb (Wägungsschema)	Das Statistische Bundesamt (Wiesbaden) stellt das von den Indexhaushalten gekaufte **typische Gütersortiment** (700 Güterarten) zu einem Warenkorb zusammen. In diesem Warenkorb sind alle Waren entsprechend ihrem Verbrauchsanteil enthalten **(Wägungsschema)**. So haben z. B. die Mieten und Mietnebenkosten einen Anteil von rund 31,7 %, Verkehr 13,5 %, Freizeit, Unterhaltung und Kultur 11,5 % und Nahrungsmittel und alkoholfreie Getränke 10,3 %.
Basisjahr	Der Gesamtwert des Warenkorbs des **Basisjahres** (zurzeit 2010) **wird gleich 100 gesetzt**. Alle fünf Jahre wird der Warenkorb neu zusammengestellt, sodass Änderungen der Verbrauchsgewohnheiten berücksichtigt werden können. Dazu zeichnen 60 000 Indexhaushalte ihre Ausgaben für einige Monate freiwillig auf.
Messung der Preisveränderungen	Der Gesamtpreis für den Warenkorb wird monatlich gemessen. Dazu erfragen 600 Preiserheber in 188 Berichtsgemeinden jeweils in denselben Geschäften die Preise für die Produkte des Warenkorbs. Preissteigerungen (dabei können durchaus die Preise einzelner Güter gefallen sein) verteuern den Warenkorb und führen zu einem höheren **Preisindex**.

Die **Kaufkraft des Geldes (Geldwert)** drückt aus, welche Menge an Gütern (Warenkorb) mit einem bestimmten Geldbetrag gekauft werden kann. Erhöht sich der Preisindex, bedeutet dies gleichzeitig eine niedrigere Kaufkraft des Geldes. Steigt der Preisindex z. B. um 25 %, dann vermindert sich die Kaufkraft um 20 %. Übersteigen die Lohnerhöhungen (Steigerung der Nominaleinkommen) die Preiserhöhungen, dann steigen die Realeinkommen. Das Realeinkommen bzw. der Reallohn drückt die **Kaufkraft des Lohnes** aus, da es angibt, welche Gütermenge mit dem vorhandenen Einkommen (Nominaleinkommen) gekauft werden kann.

Die **Inflationsrate** (Veränderung des Preisniveaus) errechnet sich als prozentualer Unterschied des Preisindex im Berichtsmonat zum Preisindex des gleichen Monats im Vorjahr. Die Kaufkraftveränderung des Geldes errechnet sich als prozentualer Unterschied des Preisindex im gleichen Vorjahresmonat zum Preisindex des Berichtsmonats.

$$\text{Inflationsrate (in \%)} = \frac{\text{Index (Berichtsmonat)} - \text{Index (Vorjahresmonat)}}{\text{Index (Vorjahresmonat)}} \cdot 100$$

$$\text{Kaufkraftveränderung des Geldes (in \%)} = \frac{\text{Index (Vorjahresmonat)} - \text{Index (Berichtsmonat)}}{\text{Index (Berichtsmonat)}} \cdot 100$$

$$\text{Kaufkraftveränderung des Lohnes (in \%)} = \text{Lohnerhöhungen (\%)} - \text{Inflationsrate (\%)}$$

Entwicklung des VPI, der Inflationsrate, der Kaufkraft und des Reallohnes

Entwicklung des VPI, der Inflationsrate, der Kaufkraft und des Reallohnes					
Jahr (Basisjahr: 2010)	2013	2014	2015	2016	2017
Verbraucherpreisindex	105,7	106,6	106,9	107,4	109,3
Inflationsrate (in %)	1,5	0,9	0,3	0,5	1,8
Kaufkraft des Geldes (in %)	– 1,5	– 0,8	– 0,3	– 0,5	– 1,7
Lohnindex (Arbeitnehmer)	108,4	111,4	114,5	117,3	118,6 (3. Vj)
Erhöhung der Nominallöhne (in %)	2,1	2,8	2,8	2,4	1,1
Kaufkraft des Lohnes (in %)	0,5	1,9	2,5	2,0	– 0,7

(Quelle: Deutsche Bundesbank, Monatsbericht Februar 2018, Statistischer Teil, S. 70 f.)

Die Kaufkraft des Lohnes kann auch mit der **aufgewendeten Arbeitszeit für den Kauf eines bestimmten Gutes** oder eines bestimmten Warenkorbs ausgedrückt werden. Je weniger Arbeitszeit aufgewandt werden muss, um eine bestimmte Gütermenge zu kaufen, desto höher ist die Lohnkaufkraft.

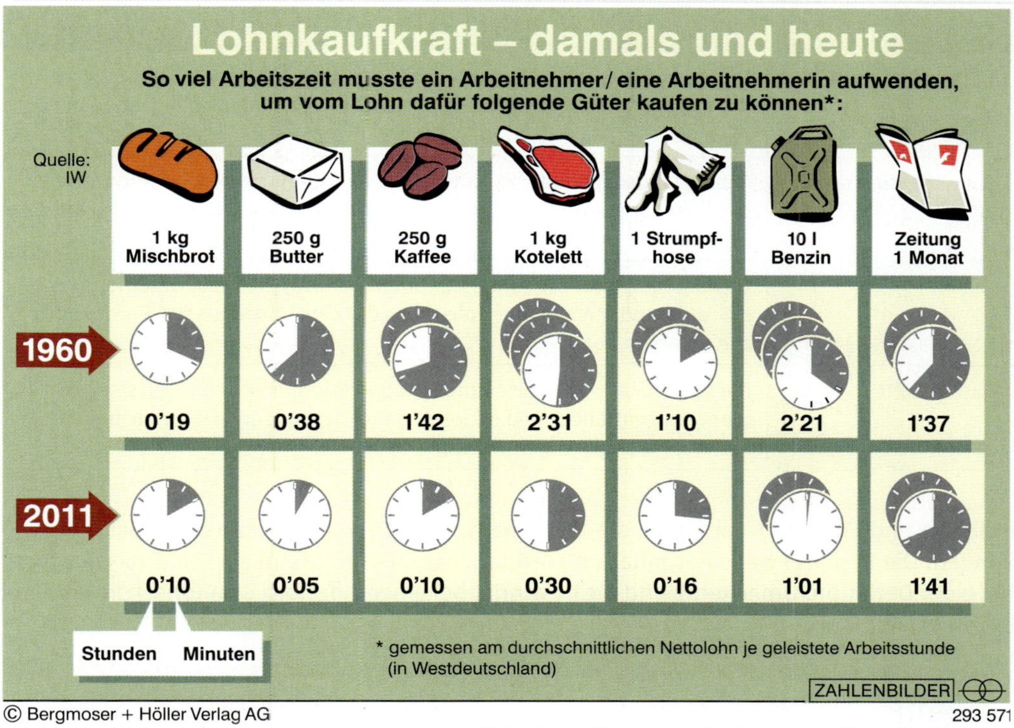

Die Europäische Zentralbank verwendet den Verbraucherpreisindex für die Europäische Währungsunion (VPI-EWU) als Maßstab für die Preisstabilität des Euro. Der VPI-EWU wird aus den nationalen **harmonisierten Verbraucherpreisindizes (HVPI)** der Mitglieder der Europäischen Währungsunion berechnet. Für diese Zwecke berechnet das **Statistische Bundesamt** zusätzlich zum Verbraucherpreisindex für Deutschland (VPI) auch den HVPI für Deutschland. So sind z. B. im Warenkorb des deutschen VPI Mieten für Wohneigentum enthalten, im deutschen HVPI jedoch nicht.

Wenn Gütermenge (Angebot) und Geldmenge (Nachfrage) in einer Volkswirtschaft über längere Zeit hinweg aus dem Gleichgewicht geraten, entstehen Inflation oder Deflation.

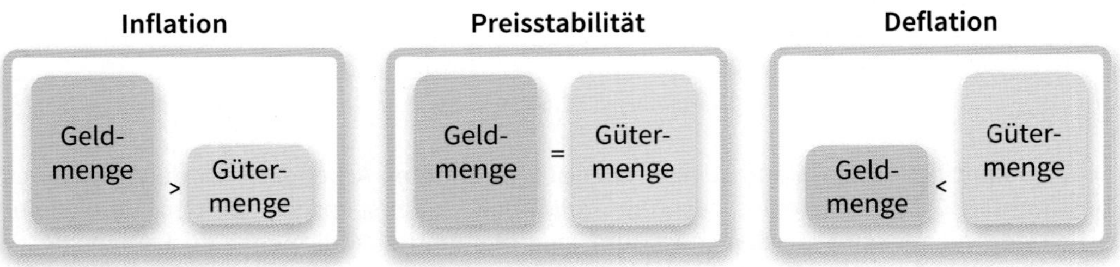

Ursachen der Inflation	
Inlandsnachfrage	Die Nachfrage nach Gütern übersteigt das Angebot, weil z. B. die Einkommen stärker ansteigen als die Preise oder die Nachfrager steigende Preise erwarten.
Auslandsnachfrage	Die Auslandsnachfrage (Exporte) steigt aufgrund von Wettbewerbsvorteilen des Inlands, wenn z. B. die Preise im Ausland stärker steigen als im Inland **(importierte Inflation)**.
Angebot	Das Güterangebot liegt unter der Güternachfrage, weil die Unternehmen z. B. aufgrund mangelnder Rohstoffe oder Einkaufspreise ihre Produktion zurückfahren.
Marktmacht	Die Anbieter arbeiten zusammen (Kooperation) oder schließen sich zusammen (Konzentration) und erlangen dadurch genügend Marktmacht, um Preissteigerungen durchzusetzen.

Inflation und Deflation haben für die Wirtschaftssubjekte jeweils unterschiedliche Auswirkungen. Die Verlierer bei einer Inflation (Verbraucher, Sparer, Gläubiger) sind die Gewinner bei einer Deflation. Umgekehrt sind die Gewinner bei einer Inflation (Schuldner) die Verlierer bei einer Deflation.

Wirtschaftliche Folgen von Inflation und Deflation

Auswirkungen	einer Inflation	einer Deflation
auf die Gesamtwirtschaft	Anhaltende Preissteigerungen bedeuten zunächst steigende Gewinne, wenn die Kosten nicht in gleicher Höhe steigen. Dies führt im ungünstigsten Fall zu überhöhten Lohnnachschlägen (**Lohn-Preis-Spirale**), die auf globalen Märkten nicht voll auf die Preise übergewälzt werden können. Die Wettbewerbsnachteile führen zu sinkenden Absätzen und steigender Arbeitslosigkeit.	Anhaltende Preisrückgänge führen zu sinkenden Gewinnen, wenn die Kosten nicht entsprechend gesenkt werden können. Dies führt zu Unternehmenspleiten, rückläufiger Investitionsbereitschaft und damit zu steigender Arbeitslosigkeit.
auf Verbraucher und Arbeitnehmer	Die Kaufkraft des Geldes und der Löhne bzw. der Wohlstand sinkt, wenn die Inflationsrate höher ist als die prozentuale Steigerung der Löhne und Gehälter (sinkende Reallöhne); im ungünstigsten Fall kommt es zu **„Hamsterkäufen“** aus Furcht vor weiteren Preissteigerungen (galoppierende Inflation).	Die Kaufkraft des Geldes und der Löhne bzw. der Wohlstand steigt, wenn die Preissenkungen höher sind als die Lohnkürzungen (steigende Reallöhne); im ungünstigsten Fall kommt es zu Nachfrageverzögerungen in Erwartung weiterer Preissenkungen.
auf Sparer und Gläubiger	Der Wert der Ersparnisse sinkt, wenn die Inflationsrate höher ist als die effektiven Zinssätze für Kapitalanlagen; im ungünstigsten Fall kommt es zu einer **Flucht in Sachwerte** (z. B. Gold, Immobilien), da deren Wert parallel zur Preisentwicklung steigt, was die Inflation jedoch weiter anheizt. Die Gläubiger geben heute Geld mit hoher Kaufkraft („gutes Geld“) und erhalten später Geld mit niedrigerer Kaufkraft („schlechtes Geld“) zurück.	Der Wert der Ersparnisse steigt, wenn die Preissenkungen bei den Sachwerten höher sind als die Zinssenkungen bei Kapitalanlagen; im ungünstigsten Fall kommt es zu einer Flucht in Finanzanlagen (z. B. Wertpapiere), was die Deflation weiter verschärft. Die Gläubiger geben heute Geld mit niedriger Kaufkraft („schlechtes Geld“) und erhalten später Geld mit höherer Kaufkraft („gutes Geld“) zurück.
auf Schuldner	Der Wert der Schulden (und damit der Rückzahlungen) sinkt. Die Schuldner erhalten heute Geld mit hoher Kaufkraft („gutes Geld“) und zahlen später Geld mit niedrigerer Kaufkraft („schlechtes Geld“) zurück.	Der Wert der Schulden (und damit der Rückzahlungen) steigt. Die Schuldner erhalten heute Geld mit niedriger Kaufkraft („schlechtes Geld“) und zahlen später Geld mit höherer Kaufkraft („gutes Geld“) zurück.
auf den Staat	Die Steuereinnahmen des Staates steigen mit steigenden Gewinnen, Löhnen und Preisen. Auf der anderen Seite führen die Preissteigerungen auch zu steigenden Staatsausgaben. Als Schuldner steht der Staat jedoch auf der Gewinnerseite.	Die Steuereinnahmen des Staates sinken mit sinkenden Gewinnen, Löhnen und Preisen. Auf der anderen Seite führen die Preissenkungen auch zu sinkenden Staatsausgaben. Als Schuldner steht der Staat jedoch auf der Verliererseite.

Weit schwerwiegender als die wirtschaftlichen Folgen einer Inflation bzw. Deflation können die **sozialen Folgen** sein. Durch die radikale Umverteilung des Vermögens während Inflations- bzw. Deflationszeiten zwischen Gläubigern und Schuldnern entstehen zwangsläufig **soziale Spannungen** zwischen Gewinnern und Verlierern. Insbesondere neigen die Verlierer dazu, für ihre Wohlstandseinbußen den Staat verantwortlich zu machen. Sie suchen Sündenböcke und laufen den links- und rechtsradikalen Parteien zu, die meist schnelle Besserung versprechen. Nicht zuletzt ist die Weimarer Republik (1919 bis 1933) an den sozialen Spannungen in den Zeiten der galoppierenden Inflation 1923 und der Deflation 1929 bis 1933 gescheitert.

Hoher Beschäftigungsstand – nicht mehr als 3 % Arbeitslose

Wenn alle zur Verfügung stehenden Arbeitskräfte und Produktionsmittel (z. B. Maschinen, Gebäude) in Arbeit bzw. zu 100 % ausgelastet sind, dann ist die Wirtschaft vollbeschäftigt. Da man den Ausnutzungsgrad einer Wirtschaft nicht feststellen kann, beurteilt man die Beschäftigungslage anhand der Arbeitslosenquote und der Zahl der offenen Stellen.

Wenn die Arbeitslosenquote nicht mehr als 3 % beträgt, spricht man von Vollbeschäftigung, im anderen Fall von Unterbeschäftigung. Im Falle der Überbeschäftigung übersteigt die Zahl der offenen Stellen die Arbeitslosenzahl.

Nach §§ 136–138 SGB III gilt als arbeitslos, wer weniger als 15 Wochenstunden arbeitet, sich bei der Agentur für Arbeit arbeitslos gemeldet hat und wer den Vermittlungsbemühungen der Agentur für Arbeit zur Verfügung steht.

$$\textit{Arbeitslosenquote} = \frac{\text{registrierte Arbeitslose} \cdot 100}{\text{zivile Erwerbspersonen}}$$

Zu den zivilen Erwerbspersonen gehören alle Arbeitslosen und Beschäftigten einschließlich Beamten und Selbstständigen, nicht jedoch Soldaten.

Die Arbeitslosenstatistik der Bundesagentur für Arbeit erfasst lediglich die gemeldeten Arbeitslosen (**offene Arbeitslosigkeit**). Die folgenden Personenkreise zählen nicht zu diesen offenen Arbeitslosen: Bezieher von Vorruhestands-, Altersteilzeit-, Kurzarbeitergeld, Teilnehmer an beruflichen Weiterbildungsmaßnahmen. Man spricht in diesem Zusammenhang von der **verdeckten Arbeitslosigkeit**. Kurzarbeiter sind Erwerbstätige, die Anspruch auf Kurzarbeitergeld haben. Ein Anspruch besteht, wenn in einem Betrieb ein unvermeidbarer vorübergehender Arbeitsausfall eingetreten ist, der bei der Arbeitsagentur angezeigt wurde.

Entwicklung der Arbeitslosenzahl und -quote in Deutschland

	2013	2014	2015	2016	2017
Arbeitslosenzahl in Tsd.	**2950**	**2898**	**2795**	**2691**	**2533**
Empfänger Arbeitslosengeld I in Tsd.	970	933	859	822	855
zivile Erwerbspersonen in Tsd.	42754	43254	43672	44115	44439
Arbeitslosenquote (%)	**6,9**	**6,7**	**6,4**	**6,1**	**5,7**

(Quelle: Deutsche Bundesbank, Monatsbericht Februar 2018, Statistischer Teil, S. 69)

Arten und Ursachen der Arbeitslosigkeit

Kurzfristige Arbeitslosigkeit	**Friktionelle Arbeitslosigkeit** entsteht durch den sich ständig vollziehenden Arbeitsplatzwechsel aufgrund von Firmenwechsel, Karriereplanung, Umzug, Qualifizierungsmaßnahmen usw. **Saisonale Arbeitslosigkeit** ist jahreszeitlich bedingt, wenn bestimmte Arbeiten im Winter (z. B. Bauarbeiten) bzw. im Sommer (z. B. Skikurse) nicht ausgeübt werden können.
Mittelfristige Arbeitslosigkeit	**Konjunkturelle Arbeitslosigkeit** entsteht in der Abschwungsphase eines Konjunkturzyklus (siehe Seite 322) infolge einer rückläufigen Nachfrage und damit sinkender Beschäftigungsmöglichkeiten. Im folgenden Aufschwung können die freigesetzten Arbeitskräfte wieder ihre Arbeitsplätze einnehmen, wenn diese nicht technologisch veraltet sind.
Langfristige Arbeitslosigkeit	**Strukturelle Arbeitslosigkeit** zeigt sich als • **regionalspezifische Arbeitslosigkeit** aufgrund des ungleichmäßigen Wachstums in den einzelnen Wirtschaftsregionen, • **branchenspezifische Arbeitslosigkeit** aufgrund des ungleichmäßigen Wachstums in den einzelnen Wirtschaftsbranchen durch technischen Fortschritt und Produktivitätssteigerungen, • **berufs- bzw. qualifikationsspezifische Arbeitslosigkeit** wegen Missverhältnissen *bei den nachgefragten und angebotenen Qualifikationen (Mismatch)*, • **geschlechts- und altersspezifische Arbeitslosigkeit,** z. B. erhöhte Arbeitslosigkeit bei Frauen, Jugendlichen und älteren Menschen, • **globale Arbeitslosigkeit** durch Kostennachteile des deutschen Standortes gegenüber Ländern mit niedrigeren Bürokratie-, Umwelt- und Sozialstandards.

Die Arbeitslosigkeit hat menschliche und gesellschaftliche Probleme zur Folge.

Folgen der Arbeitslosigkeit

für den Einzelnen	• **materielle Sorgen** durch geringeres Einkommen (Arbeitslosengeld I bzw. II); Konsumwünsche müssen zurückgestellt werden, Kapitalrücklagen („Spargroschen") für die eigene Zukunftsvorsorge müssen aufgelöst werden • **seelische Belastungen** durch Zukunftsängste, fehlende Lebensfreude, geringeres Ansehen, wegbrechende Kontakte zu Arbeitskollegen, Rückzug aus dem gesellschaftlichen Leben, fehlende berufliche Aufgabe („Sinn durch Arbeit")

Folgen der Arbeitslosigkeit	
für die Gesellschaft	• **Wohlstandsverlust** durch fehlende Produktivkräfte (geringere Wachstumsmöglichkeiten) und geringere Konsumnachfrage • **Belastung des Staatshaushalts** durch höhere Sozialleistungen (z. B. Entgeltersatzleistungen, Übernahme der Renten-, Kranken-, Pflegeversicherung), geringere Steuereinnahmen • **Beitragsausfall bei den sozialen Sicherungssystemen** durch niedrigere Sozialabgaben und zunehmende demografische Schieflage • **soziale Spannungen** durch beschränkte Teilhabe der Arbeitslosen (vor allem der Langzeitarbeitslosen) am gesellschaftlichen Leben und die damit verbundene Lebensunzufriedenheit; hinzu kommt der gesellschaftliche Erwartungsdruck („wer sich bemüht, der findet auch Arbeit")

Stetiges Wirtschaftswachstum – nicht unter 3 %

Das **Bruttoinlandsprodukt (BIP)** gibt die wirtschaftliche Gesamtleistung eines Landes an. Dazu fasst das Statistische Bundesamt den Wert aller innerhalb eines Kalenderjahres **im Inland** produzierten Waren und geleisteten Dienste zusammen. Vorleistungen (z. B. bezogene Reifen eines Autoherstellers) werden verrechnet, sodass nur die echte Wertschöpfung der Betriebe erfasst wird. Der Wert eines Autoreifens zählt also nicht doppelt – einmal beim Reifenhersteller und noch einmal beim Autohersteller.

Unter Wirtschaftswachstum ist das **Ansteigen des realen Bruttoinlandsprodukts** gegenüber dem Vorjahr zu verstehen. Das reale Bruttoinlandsprodukt (BIP) ergibt sich, indem man die Preissteigerungsrate aus dem nominellen Bruttoinlandsprodukt zu jeweiligen Preisen herausrechnet.

Das Wachstumsziel ist erreicht, wenn die Zunahme des realen Bruttoinlandsprodukts gegenüber dem Vorjahr nicht weniger als 3 % beträgt.

Entwicklung des Wirtschaftswachstums

	2013	2014	2015	2016	2017
Bruttoinlandsprodukt in Mrd. € nominelles Wachstum in %	2 826,2 2,8	2 923,9 3,5	3 043,7 4,1	3 144,1 3,3	3 263,4 3,8
BIP preisbereinigt (2005 = 100 %)	104,4	106,4	108,6	110,7	113,1
reales Wirtschaftswachstum in %	0,3	1,9	2,1	1,9	2,2
Bevölkerung (Einwohner) in Mio.	80,6	81,0	81,7	82,5	82,8
BIP pro Kopf	35 065	36 098	37 255	38 110	39 413

(Quelle: Deutsche Bundesbank, Monatsbericht Februar 2018, Statistischer Teil, Seite 65)

Bestimmungsgrößen des Wachstums	
Produktionsmöglichkeiten und Produktivität[1]	Die Produktionsmöglichkeiten (Produktionspotenzial) einer Volkswirtschaft werden von ihren Ressourcen (z. B. Rohstoffvorkommen, Kapitalausstattung, Qualifikation der Arbeitskräfte, Infrastruktur) bestimmt und davon, in welchem Maße es gelingt, diese Ressourcen auszunutzen (Produktivität).
Gewinnerwartungen und Investitionsbereitschaft	Gewinnerwartungen sind maßgeblich dafür, dass Unternehmen investieren. Nehmen sie Erweiterungsinvestitionen vor (z. B. Bau eines neuen Zweigwerks), dann erhöht sich das Produktionspotenzial. Rationalisierungsinvestitionen (z. B. das Ersetzen einer veralteten durch eine moderne Maschine) erhöhen die Produktivität.
Zinsniveau und Kapitalbildung	Niedrige Zinssätze fördern die Aufnahme von Krediten, um damit Investitionen oder Konsumgüter zu finanzieren. Ein niedriges Zinsniveau ist deshalb wachstumsfördernd. Voraussetzung für die Vergabe von Krediten sind jedoch private Ersparnisse (Kapitalbildung), also ein Konsumverzicht der Sparer.
Nachfragebereitschaft	Die Nachfrage der inländischen Verbraucher (Binnennachfrage) und des Auslandes (Exportnachfrage) hängt vor allem von tatsächlichen und erwarteten Einkommenssteigerungen ab.
Verlässliche Rahmenbedingungen	Wichtige Voraussetzungen für das Wachstum sind verlässliche politische Rahmenbedingungen (z. B. Bildungs-, Sozial-, Umweltpolitik, „sozialer Frieden"), funktionierende öffentliche Verwaltungen, funktionierende Kapitalmärkte und eine gut ausgebaute und intakte Infrastruktur.

Wirtschaftswachstum bedeutet zunächst **Wohlstandsmehrung**. Alle bekommen etwas mehr vom Kuchen, der Lebensstandard steigt, die Sozial- und Umweltstandards können weiter ausgebaut werden. Ein rein **quantitatives Wirtschaftswachstum** wird jedoch zunehmend kritisch gesehen, da die gesellschaftlichen Nachteile wie Umweltbelastungen und abnehmende Lebensqualität (Landschaftsverbrauch, Verkehrslärm, Staus, Waldsterben usw.) immer deutlicher werden.

Qualitatives Wachstum ist dadurch gekennzeichnet, dass das Bruttoinlandsprodukt ansteigt und zugleich der Flächen-, Rohstoff- und Energieverbrauch (durch sparsameren Einsatz) sowie die Umweltbelastungen zurückgehen. Dies gelingt durch den technischen Fortschritt (z. B. durch neue Produktideen, Kommunikations-, Transporttechniken, Herstellungsverfahren) und das umweltbewusste Verhalten von Unternehmen, privaten Haushalten und Staat.

Außenwirtschaftliches Gleichgewicht

Unter Außenwirtschaft versteht man die Gesamtheit der wirtschaftlichen Beziehungen zwischen verschiedenen Staaten. Dazu zählen vor allem der Warenverkehr (Außenhandel) und der Dienstleistungsverkehr (z. B. grenzüberschreitende Versicherungen, Forschung und Entwicklung, Lizenzvergaben, Reise- und Güterverkehr). Innerhalb des EU-Binnenmarktes spricht man von der europäischen Binnenwirtschaft.

1 Die **Produktivität** ist ein Maß für die Ergiebigkeit eines Produktionsfaktors (z. B. Arbeit). Sie wird berechnet aus dem Verhältnis von Ausbringungsmenge (Output) zu Einsatzmenge (Input). Wenn z. B. fünf Mitarbeiter 100 Stück eines Produkts herstellen, dann beträgt die Arbeitsproduktivität 20 Stück pro Mitarbeiter.

Fließen inländische Güter (Waren, Dienstleistungen) ins Ausland ab (Werteabfluss), liegt ein **Export** (Ausfuhr) vor. Aus den Erlösen für die exportierten Güter entsteht ein Geldzufluss vom Ausland ins Inland (Wertezufluss). Fließen dem Inland Güter aus dem Ausland zu (Wertezufluss), dann liegt ein **Import** (Einfuhr) vor. Die importierten Güter müssen bezahlt werden – dadurch entsteht ein Geldabfluss vom Inland ins Ausland (Werteabfluss).

Wenn in einem Kalenderjahr der Wert der ins Ausland gelieferten Güter (Waren und Dienstleistungen) dem Wert der von dort bezogenen Güter entspricht, dann liegt ein **außenwirtschaftliches Gleichgewicht** vor. In diesem Fall können die Geldabflüsse (Importausgaben) ins Ausland mit den Geldzuflüssen (Exporteinnahmen) aus dem Ausland finanziert werden. Der Unterschied zwischen Exporteinnahmen und Importausgaben, der **Außenbeitrag**, sollte also null sein.

Das außenwirtschaftliche Gleichgewicht gilt als erreicht, wenn die Außenbeitragsquote den Zielwert von 1,5 % nicht übersteigt.[1]

$$\textbf{Außenbeitragsquote} = \frac{(\text{Exporte} - \text{Importe}) \cdot 100}{\text{Bruttoinlandsprodukt}}$$

Entwicklung des Außenbeitrages und der Außenbeitragsquote

	2013	2014	2015	2016	2017
Exporte in Mrd. €	1 284,7	1 334,8	1 426,7	1 450,0	1 542,1
– Importe in Mrd. €	1 116,4	1 144,1	1 183,4	1 199,4	1 293,7
Außenbeitrag in Mrd. €	**168,3**	**190,7**	**243,3**	**250,6**	**248,3**
Bruttoinlandsprodukt (BIP) in Mrd. €	2 826,2	29 23,9	3 043,7	3 144,1	3 263,4
Außenbeitragsquote in %	**6,0**	**6,5**	**8,0**	**8,0**	**7,6**
Exportquote in %	**45,5**	**45,7**	**46,9**	**46,1**	**47,3**
Importquote in %	**39,5**	**39,1**	**38,9**	**38,1**	**39,6**

(Quelle: Deutsche Bundesbank, Monatsbericht Februar 2018, Statistischer Teil, S. 65)

Exportüberschüsse bewirken Geldzuflüsse vom Ausland ins Inland. Dadurch steigt die Geldmenge im Inland. Die Folge ist ein steigendes Preisniveau im Inland, die sogenannte **importierte Inflation.** Weiter bewirken Exportüberschüsse Importüberschüsse in einem anderen Land

1 Ein Außenhandelsüberschuss eines Mitgliedsstaates der Europäischen Union gegenüber den anderen EU-Staaten wird als stabilitätsgefährdend eingestuft. Als Obergrenze wurde von der EU 6 % des Bruttoinlandsprodukts im Durchschnitt der letzten drei Jahre festgelegt oder 3 %, wenn der Staatshaushalt zugleich ein Defizit vorweist.

(Land B). Das Land, das Exportüberschüsse verzeichnet, finanziert damit einen Teil des Lebensstandards des Landes B mit. Anders ausgedrückt verzichtet das Land A auf einen Teil seines Wohlstandes im Vertrauen darauf, dass in Zukunft mehr Güter wieder vom Land B zurückfließen. Eine Außenbeitragsquote von 100 % würde für das Land A den vollständigen **Verzicht auf Konsum** bedeuten, weil alle erstellten Güter ins Ausland abfließen würden. Aus wirtschaftlichen Abhängigkeiten werden dann schnell politische Abhängigkeiten.

Ursachen von Exportüberschüssen	
Schwache Inlandsnachfrage	Sie kann eine **geringere Auslastung** inländischer Betriebe zur Folge haben. Um Entlassungen zu vermeiden, erhöhen die Betriebe ihre Exportanstrengungen und produzieren mehr Güter, als sie im Inland absetzen können. So wird fast jedes zweite in Deutschland produzierte Auto im Ausland verkauft.
Wettbewerbs- und Standortvorteile	Die Ausnutzung von Faktoren wie Klima, Bodenschätze, verkehrsgeografische Lage, gute Infrastruktur, hohe Qualifikation der Bevölkerung, Know-how schlägt sich in einer höheren Produktivität, Spezialisierung und Innovationskraft inländischer Unternehmen und höherer Qualität der Produkte nieder.
Abwertung der inländischen Währung	Sinkt der Wechselkurs (z. B. von 1,30 USD für 1,00 EUR auf 1,10 USD für 1,00 EUR), dann muss der ausländische Käufer für ein Auto (Preis: 10 000,00 EUR) vor der Abwertung des Euro 13 000,00 USD bezahlen und danach nur noch 11 000,00 USD. Ausländische Käufer haben also Preisvorteile und kaufen mehr.

Umgekehrt können durch hohe Auslastung inländischer Betriebe, starker Inlandsnachfrage, Wettbewerbs- und Standortnachteile (z. B. mangelnde Rohstoffvorkommen) und durch eine anhaltende Aufwertung der inländischen Währung **Importüberschüsse** entstehen.

3.2.2 Weitere Ziele der Wirtschaftspolitik – Magisches Sechseck

Im Laufe der Zeit wurden die vier Hauptziele des Stabilitätsgesetzes um umwelt- und sozialpolitische Ziele ergänzt. Hinzu kamen die Erhaltung einer lebenswerten Umwelt und die gerechte Einkommens- und Vermögensverteilung. Aus dem magischen Viereck entstand somit ein **magisches Sechseck.**

Erhaltung einer lebenswerten Umwelt – Nachhaltigkeit

Das Umweltschutzziel ist im Art. 20a GG festgeschrieben. Danach ist der Staat für den Schutz der natürlichen Lebensgrundlagen (Boden, Pflanzen, Tiere, Wasser, Luft) auch für die künftigen Generationen verantwortlich.

Eine dauerhaft umweltgerechte (nachhaltige) Entwicklung verlangt, dass ökologisch begründete Forderungen deren ökonomische und soziale Auswirkungen beachten. Ebenso müssen sich ökonomische Ziele an ihrer ökologischen und sozialen Verträglichkeit messen lassen.

Zieldreieck einer nachhaltigen Entwicklung (sustainable development)

Umwelt (Ökologie)

- geringe Abfallmengen
- niedrige Umweltverschmutzung
- Erhaltung der Ökosysteme und Artenvielfalt
- geringe Entnahme von nicht erneuerbaren Ressourcen
- Verbesserung des Umweltschutzes

Wirtschaft (Ökonomie)

- angemessener privater Verbrauch
- gleichmäßige Verteilung der Arbeit
- hoher regionaler Selbstversorgungsgrad
- ausgeglichene Wirtschaftsstruktur
- solide öffentliche Haushalte
- stabiles Preisniveau

Gesellschaft/Soziales

- gleichmäßige Einkommens- und Vermögensverteilung
- hohes Bildungsniveau
- ausgewogene Bevölkerungs- und Siedlungsstruktur
- sozial- und umweltverträgliche Mobilität
- hohes soziales Sicherheitsniveau
- hohes Gesundheitsniveau

Begründet wird das Nachhaltigkeitsziel aus der Erkenntnis heraus, dass der Mensch zunehmend an die Grenzen seines Lebensraums stößt – sei es durch seine Lebensweise in den Industrieländern, sei es durch den Bevölkerungsdruck in den Entwicklungsländern. Wachsender Verbrauch begrenzt vorhandener Rohstoffe und zunehmende Umweltbelastungen durch wachsende Volkswirtschaften zwingen im Zeitalter der Globalisierung zu **international abgestimmtem Handeln**.

Das Wirtschaften soll die Befriedigung der Bedürfnisse der heutigen Generation auf der ganzen Erde ermöglichen, **ohne die Möglichkeiten künftiger Generationen zu gefährden**.
Eine nachhaltige Entwicklung soll auch dazu beitragen, die großen Unterschiede zwischen armen und reichen Staaten zu verringern. Dabei darf der Wohlstand der industrialisierten Länder nicht zulasten der natürlichen Lebensgrundlagen und auf Kosten der Bevölkerung der Dritten Welt erwirtschaftet werden.

Strategien einer nachhaltigen Entwicklung	
Effizienzstrategie	„Mehr für weniger" ist die Devise. Ernst Ulrich von Weizsäcker drückte es wie folgt aus: „Beim **Faktor 4** geht es um eine Vervierfachung der Ressourceneffizienz. Aus einem Fass Öl oder einer Tonne Erdreich wollen wir viermal so viel Wohlstand herausholen als bisher. Dann können wir den Wohlstand verdoppeln und gleichzeitig den Ressourcenverbrauch halbieren." Auch **Langlebigkeit** der Produkte durch reparier- und demontierbare Bestandteile und austauschbare Module statt „Ex und hopp" erhöht die effiziente Ressourcennutzung.
Konsistenzstrategie	Die Nutzung der Umwelt soll ohne nachhaltige Beeinträchtigung der Ökosysteme geschehen. Natürliche Ressourcen sollen regenerationsfähig (erneuerbar) und verfügbar bleiben.
Suffizienzstrategie	Sie zielt auf das individuelle Verhalten und setzt auf Genügsamkeit und Bescheidenheit. Die Menschen sollen ihre nicht gerade umweltförderlichen Lebensstile überdenken. Das heißt nicht weniger Lebensqualität, sondern „lebe von deinen Zinsen, ohne das Kapital anzugreifen". Dadurch bleibt die Erde auch für nachfolgende Generationen bewohnbar und nutzbar.

Gerechte Einkommens- und Vermögensverteilung

Das **Einkommen** ist die Summe aus den **laufenden Einnahmen** (z.B. Arbeitsentgelte, Gewinne, Zins-, Mieteinnahmen), die den Bevölkerungsgruppen in einem Jahr zufließt.

Unter **Vermögen** ist das **Geldvermögen** (z.B. Bankguthaben) und **Sachvermögen** (z.B. Wohneigentum) der Bevölkerung zu verstehen. Vermögen wird durch Anlage des Einkommens gebildet, kann aber selbst wiederum eine Einkommensquelle sein (z.B. Zins-, Mieteinnahmen). Eine gerechte Verteilung des Einkommens und des Vermögens trägt zur Erhaltung des sozialen Friedens bei.

Das gesamte Einkommen bzw. Vermögen einer Volkswirtschaft wäre dann gerecht verteilt, wenn z.B. 50 % der Einkommensbezieher bzw. Vermögensbesitzer auch etwa 50 % des Gesamteinkommens zufließen würde, bzw. 50 % des Gesamtvermögens besitzen würden.

Von einer gleichmäßigen Einkommens- und Vermögensverteilung ist Deutschland weit entfernt. Die **80/20-Relation** zählt zu den Leitindikatoren des Wohlstands und gibt das Verhältnis zwischen dem Gesamteinkommen des einkommensstärksten Fünftels der Bevölkerung (oberes Fünftel) zum einkommensschwächsten Teil der Bevölkerung (unteres Fünftel) an. Das Statistische Bundesamt gibt für Deutschland einen Wert von 4,6 (Stand: 2016) an. Das bedeutet, dass das oberste Fünftel der Einkommensbezieher ein um den Faktor 4,6 höheres Einkommen erzielte als das unterste Fünftel. Im Jahr 2012 betrug der Faktor noch 4,3, die USA haben einen Wert von 8,5. Ziel muss es sein, diesen Quotienten möglichst niedrig zu halten. Die unteren 50 % der Haushalte beziehen 22,6 % des gesamten Nettoeinkommens (Bruttoeinkommen abzüglich Steuern und Sozialabgaben), die oberen 10 % erhalten 36,8 % des Nettoeinkommens. Die restlichen 40,6 % beziehen die übrigen 40 % der Einkommensbezieher.

Bei der Vermögensverteilung sieht es nicht besser aus. Das private Geldvermögen beläuft sich auf rund 5 Billionen €, das Sachvermögen auf rund 6 Billionen €. Davon sind 1,5 Billionen an Kreditschulden abzuziehen, sodass sich ein **Nettovermögen** von rund 9,5 Billionen € errechnet. Die unteren 50 % der Haushalte besitzen 2,5 % dieses Nettovermögens, den 10 % wohlhabendsten Haushalte gehören dagegen 59,8 %. Den Rest (37,7 %) teilen sich die übrigen 40 % der Haushalte.

Bei seiner **Verteilungspolitik** versucht der Staat eine Mischung aus Leistungs-, Bedarfs- und Gleichheitsprinzip zu verwirklichen.

Der Staat besteuert die Bezieher höherer Einkommen (also die Leistungsstarken) stärker als die Bezieher niedriger Einkommen (Leistungsschwache). So bringen die 10 % Besserverdiener rund 55 % der gesamten Einkommensteuer auf. Dadurch korrigiert der Staat die Einkommen, wie sie sich nach der Leistungsfähigkeit ergeben würden **(primäre Einkommensverteilung)**.

Mit diesen Geldmitteln unterstützt der Staat die leistungsschwächeren Bevölkerungsgruppen (z. B. Arbeitslose, kinderreiche Familien) durch z. B. Arbeitslosengeld II, Kindergeld, Wohngeld. Durch diese **sekundäre Einkommensverteilung** (Umverteilung) können die sozial Benachteiligten auch ihren Bedarf decken und am allgemeinen Wohlstand teilhaben. Dennoch lebt zurzeit jeder siebente Haushalt unterhalb der **Armutsgrenze**[1]. Ursachen dafür sind Arbeitslosigkeit, unzureichende Ausbildung, fehlender Bildungsabschluss, gesundheitliche Beeinträchtigungen und Behinderungen.

Verteilung des Nettovermögens und des Nettoeinkommens der privaten Haushalte im Jahr 2014 in %

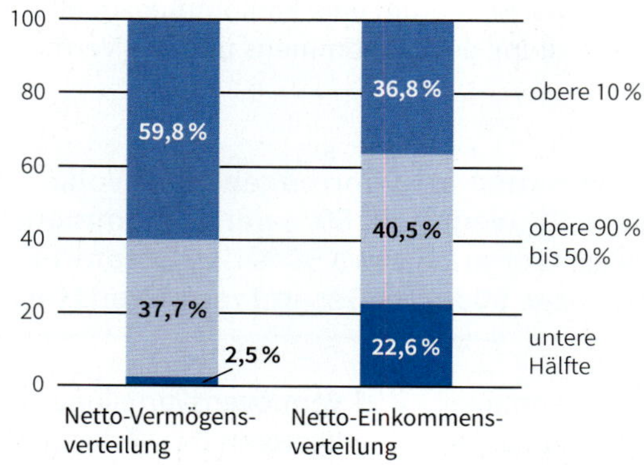

(Quelle: Deutsche Bundesbank, Monatsbericht März 2016, S. 67)

1 **Armut** liegt vor, wenn ein Haushalt weniger als 60 % des durchschnittlichen Nettoeinkommens verdient. Zurzeit gilt ein Einpersonenhaushalt bei einem monatlichen Nettoeinkommen von 917,00 € als armutsgefährdet (Stand: 2017).

3.2.3 Beziehungen zwischen den wirtschaftspolitischen Zielen

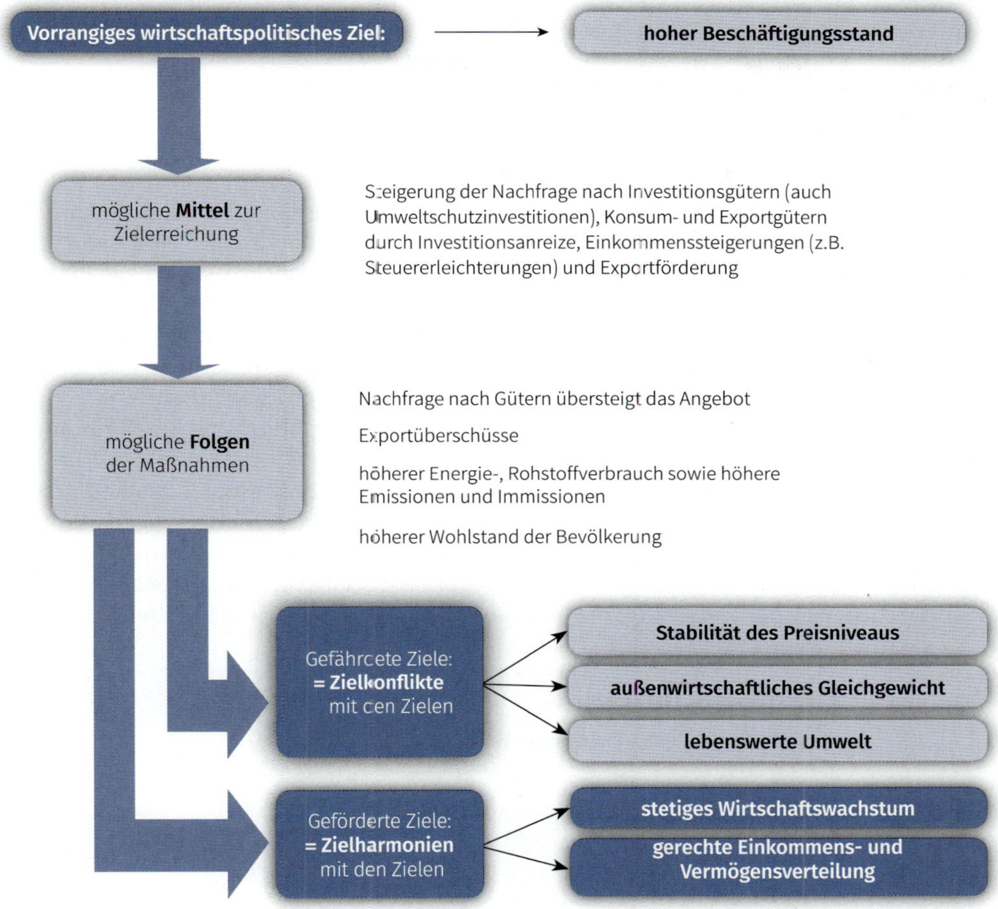

Wenn die Verfolgung eines wirtschaftspolitischen Ziels (z. B. stetiges Wirtschaftswachstum) das Erreichen eines anderen Ziels (z. B. Vollbeschäftigung) fördert, dann liegt eine Zielharmonie vor.

Gefährdet die Verfolgung eines Ziels (z. B. stetiges Wirtschaftswachstum) das Erreichen eines anderen Ziels (z. B. Preisstabilität), dann besteht zwischen diesen Zielen ein Zielkonflikt.

Besteht zwischen den Zielen keine Beziehung, dann spricht man von Zielneutralität (z. B. außenwirtschaftliches Gleichgewicht und lebenswerte Umwelt).

3.3 Geldpolitik der Europäischen Zentralbank

EINSTIEGSSITUATION

Carl Löffler und Marie Braun haben soeben ihre Lohnabrechnung erhalten.

Carl: „Super! Fast 10,00 € mehr. Das verdanken wir unserer Gewerkschaft."

Marie: „Was du nicht sagst. Schau doch mal unten. Netto bleiben dir von deinen 10,00 € gerade mal 8,00 €. Die Abzüge für die Sozialversicherung sind höher geworden. Wenn wir noch Steuern zahlen müssten, hätten wir höchstens 5,00 € mehr."

Carl: „Besser als gar keine Lohnerhöhung ist es ja. Das reicht für eine zusätzliche große Pizza im Monat."

Marie: „Die Pizza hast du letztes Jahr noch für 6,00 € bekommen. Jetzt musst du 10,00 € dafür hinlegen. Und wenn du die Erhöhung der Eintrittspreise für das Kino und die Disco noch dazurechnest, dann zahlst du noch drauf."

Carl: „Du hast recht! Preiserhöhungen gehören allgemein verboten. Wer kümmert sich eigentlich darum, dass die Preise stabil bleiben?"

Marie: „Da sind die Bundesbank und die Europäische Zentralbank zuständig. Mir wäre es schon recht, wenn die Löhne genauso steigen würden wie die Preise. Dann würden wir wenigstens nicht draufzahlen."

Carl: (blättert im Wirtschaftsteil der Tageszeitung) „Da schau mal die Statistik an!"

Marie: „In welcher Weise tragt die EZB zur Erhaltung der Preisstabilität bei?"

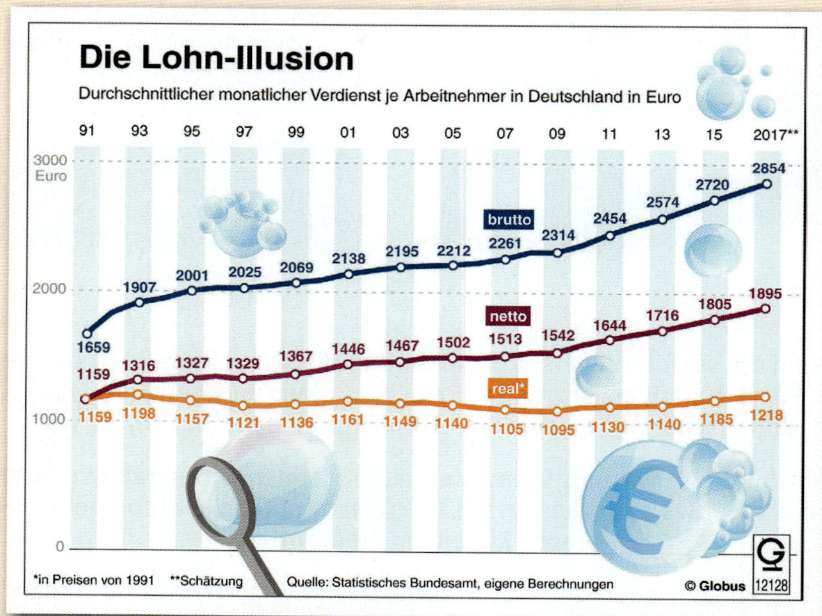

Sie beantworten Maries Frage.

3.3.1 Aufbau, Ziele und Aufgaben der Europäischen Zentralbank

Aufbau der Europäischen Zentralbank

Die Europäische Zentralbank (EZB, Sitz: Frankfurt am Main) und die 19 rechtlich selbstständigen nationalen Zentralbanken (NZBen) der Teilnehmerstaaten der Europäischen Währungsunion (EWU) bilden zusammen das Eurosystem.

Oberstes Leitungs- und Entscheidungsorgan des Eurosystems ist der EZB-Rat. Ihm gehören die sechs Mitglieder des Direktoriums[1] der EZB und die 19 Präsidenten der nationalen Zentralbanken der Mitgliedstaaten an. Der **EZB-Rat** legt insbesondere die Geldpolitik innerhalb der Eurozone fest und erlässt hierfür die notwendigen Leitlinien und Entscheidungen. Das **Direktorium** ist ermächtigt, die Geldpolitik gemäß den Leitlinien und Entscheidungen des EZB-Rats auszuführen.

Davon zu unterscheiden ist das **Europäische System der Zentralbanken** (ESZB). Dieses umfasst die EZB und die NZBen **aller 27 Mitgliedstaaten** der Europäischen Union (EU ohne Großbritannien). Das ESZB wird vom EZB-Rat, dem Direktorium der EZB und dem **Erweiterten Rat** als drittem Beschlussorgan geleitet. Der Erweiterte Rat setzt sich aus dem Präsidenten, dem Vizepräsidenten und den Zentralbankpräsidenten aller 27 NZBen zusammen.

Organe des Eurosystems

<table>
<tr><td colspan="3">Europäisches System der Zentralbanken (ESZB)</td></tr>
<tr><td colspan="2">Eurosystem</td><td></td></tr>
<tr><td>Europäische Zentralbank (EZB)</td><td>Nationale Zentralbanken (NZB) der 19 Euroländer</td><td>Nationale Zentralbanken (NZB) der 8 übrigen EU-Staaten</td></tr>
<tr><td>↓</td><td>↓</td><td></td></tr>
<tr><td>Direktorium
(EZB-Präsident und Vizepräsident + weitere 4 Mitglieder)</td><td>NZB-Präsidenten der 19 Euroländer</td><td>NZB-Präsidenten aller 27 EU-Staaten + EZB-Präsident und Vizepräsident</td></tr>
<tr><td colspan="2">bilden</td><td>bilden</td></tr>
<tr><td colspan="2">EZB-Rat
= Beschlussorgan über die Geldpolitik</td><td>Erweiterter Rat
= Beratungsorgan</td></tr>
</table>

1 Das **Direktorium** besteht aus dem EZB-Präsidenten, dem Vizepräsidenten und vier weiteren von den Staats- und Regierungschefs der Mitgliedstaaten ernannten Mitgliedern.

Eurosystem und ESZB nehmen ihre Tätigkeit nach Maßgabe des Vertrags über die Arbeitsweise der Europäischen Union (AEUV) und der Satzung des Europäischen Systems der Zentralbanken und der Europäischen Zentralbank (ESZB/EZB-Satzung) wahr.

Ziele, Aufgaben und Stellung der Europäischen Zentralbank

Oberstes Ziel der EZB ist die Sicherung der **Stabilität des Preisniveaus** im Euroraum. Dabei soll die EZB die **allgemeine Wirtschaftspolitik der Mitgliedstaaten unterstützen**, soweit dies möglich ist, ohne die Preisstabilität zu beeinträchtigen (Art. 127 AEUV).

Zu den **Aufgaben der EZB** gehören vor allem die Festlegung und das Ausführen der gemeinsamen Geldpolitik, die Durchführung von Devisengeschäften[1], das Halten und Verwalten der Währungsreserven der Mitgliedstaaten und das Fördern des reibungslosen Funktionierens der Zahlungssysteme.

Bei der Wahrnehmung der Aufgaben dürfen die EZB, die NZBen oder Mitglieder ihrer Beschlussorgane **keine Weisungen** von Organen oder Einrichtungen der Europäischen Union, von Regierungen der Mitgliedstaaten oder anderen Stellen einholen oder entgegennehmen (Art. 130 AEUV). Die EZB bzw. NZBen dürfen für Organe oder Einrichtungen der Europäischen Union oder für Regierungen der Mitgliedstaaten **keine Mittel zur Haushaltsfinanzierung** (No-Bailout-Klausel) bereitstellen oder von diesen Schuldpapiere erwerben (Art. 123 AEUV). Die EU-Finanzminister verpflichten sich, den Europäischen Stabilitäts- und Wachstumspakt einzuhalten. Dabei soll die wirtschaftliche Konvergenz[2] weiterhin in allen Mitgliedstaaten die Basis für ein beständiges, nicht inflationäres Wachstum sein. Mitglieder mit besonders hoher Staatsverschuldung müssen dabei verstärkte Anstrengungen unternehmen.

Die Einhaltung der sogenannten Konvergenzkriterien war Voraussetzung für die Aufnahme eines EU-Mitglieds in die Währungsunion. Die **Konvergenzkriterien** im Einzelnen:

Stabiles Preisniveau	Gesunde Staatsfinanzen	Stabile Wechselkurse	Wirtschaftliche Konvergenz
Die Inflationsrate liegt höchstens 1,5 Prozentpunkte über dem Durchschnitt der drei „stabilsten" EU-Mitgliedstaaten.	Das jährliche Defizit beträgt höchstens 3 %, die gesamte Staatsschuld höchstens 60 % des Bruttoinlandsprodukts.	Die Teilnahme am Wechselkursverbund des Europäischen Währungssystems verläuft seit mindestens zwei Jahren ohne große Kursschwankungen.	Die langfristigen Zinsen liegen höchstens 2 Prozentpunkte über dem Durchschnitt der drei „stabilsten" EU-Mitgliedstaaten.

Die nationalen Zentralbanken des Eurosystems beschränken ihre Tätigkeit weitgehend darauf, die Beschlüsse des EZB-Rates in ihren Ländern durchzuführen. Da sich die Verantwortung des EZB-Rates auf den gesamten Währungsraum konzentriert, dürfen die nationalen Notenbankpräsidenten im EZB-Rat auch keine Anwälte nationaler Interessen sein.

1 **Devisen** sind bargeldlose Zahlungsmittel (z. B. Verrechnungsschecks), die auf ausländische Währung lauten und im Ausland fällig sind, und täglich fällige Guthaben bei ausländischen Kreditinstituten.

2 **Konvergenz** (lat.) = Annäherung, Übereinstimmung

Anzumerken ist, dass die nationalen Zentralbanken der EU-Mitgliedstaaten, die den Euro nicht eingeführt haben (sogenannte **„Pre-ins"**), ihre währungspolitischen Befugnisse nach innerstaatlichem Recht behalten und damit in die gemeinsame Geldpolitik nicht einbezogen sind.

3.3.2 Geldpolitische Instrumente der Europäischen Zentralbank

Orientierungsgrößen der Geldpolitik

Die geldpolitische Strategie der EZB besteht aus folgenden Elementen:

- **Quantitative Festlegung des Preisstabilitätsziels:** Danach ist Preisstabilität definiert als Anstieg des Harmonisierten Verbraucherpreisindex (HVPI)[1] für das Euro-Währungsgebiet von nicht mehr als knapp unter 2 % gegenüber dem Vorjahr.
- **Stabilitätsbewusste Geldmengenorientierung:** Die EZB verkündet jährlich ein quantitatives Geldmengenziel, zurzeit 4,5 %, das die Ausweitung der Geldmenge im Rahmen hält, das Preisstabilitätsziel absichert und zugleich am erwarteten Wachstum der Wirtschaft ausgerichtet ist. Das Geldmengenziel ist für die EZB eine Kontrollmöglichkeit für den Erfolg ihrer Geldpolitik und dient den Wirtschaftssubjekten als Orientierungshilfe. Messgröße ist die Geldmenge M3 im Euro-Währungsgebiet.

	Zusammensetzung der Geldmenge M3 (Angaben in Mrd. €)	2016	2017
+	Bargeldumlauf der Nichtbanken (Münzen und Banknoten)[2]	1 073	1 112
	täglich fällige Einlagen der Nichtbanken (Girokonten)	6 116	6 676
=	**Geldmenge M1 („eng gefasste Geldmenge")**	**7 189**	**7 788**
+	Einlagen mit vereinbarter Laufzeit bis zu zwei Jahren	1 321	1 193
+	Einlagen mit vereinbarter Kündigungsfrist bis zu drei Monaten	2 177	2 218
=	**Geldmenge M2 („mittlere Geldmenge")**	**10 687**	**11 199**
+	erhaltene Beträge aus Repogeschäften[3]	70	76
+	Geldmarktfondsanteile	519	514
+	Schuldverschreibungen mit einer Laufzeit von bis zu zwei Jahren	96	80
	Geldmenge M3 („weit abgegrenzte Geldmenge")	10 372	11 869

- **Beurteilung der künftigen Preisentwicklung** auf der Grundlage möglichst vieler wirtschaftlicher und finanzieller Größen und Indikatoren. Neue Entwicklungen oder Störungen in der Wirtschaft können auf diese Weise angemessen berücksichtigt werden.

---

1 Zu HVPI siehe Seite 332.

2 Im Bargeldumlauf sind die Kassenbestände der monetären Finanzinstitute (MFIs, Geldinstitute, z. B. Banken) nicht enthalten.

3 **Repos** von engl. repurchasing options: Verkauf mit gleichzeitiger Rückkaufsvereinbarung zwischen Banken bzw. Banken und Nichtbanken

Außerdem wird vermieden, dass die Geldpolitik „mechanistisch“ auf die Änderung einer einzigen wirtschaftlichen Größe reagiert. Die EZB wird sich auch an Inflationszielen orientieren, diese aber nicht veröffentlichen, um keine Signale zu setzen.

Grundbegriffe der Geldpolitik

- **Kreditmarkt:** Er gliedert sich in Geldmarkt und Kapitalmarkt.

Geldmarkt	Markt für **kurzfristige** Kredite und Geldanlagen • Handel mit Tages- und ein- bis dreimonatlichen Termingeldern (Zentralbankguthaben) • Handel mit Geldmarktpapieren (zentralbankfähige Wertpapiere mit kurzer Laufzeit)
Kapitalmarkt	Markt für **langfristige** Kredite und Geldanlagen • Effektenmarkt: Handel mit festverzinslichen Wertpapieren (Rentenmarkt) und Aktien • Hypothekenmarkt: Markt für langfristige, durch Grundpfandrechte gesicherte Kredite

- **Geschäftspartner:** Zum Kreis der Geschäftspartner der EZB gehören alle mindestreservepflichtigen Institute. Daraus folgt, dass alle Geschäftspartner ihren Sitz im Euro-Währungsraum haben müssen. Für die Teilnahme an Feinsteuerungsgeschäften kann die EZB eine begrenzte Anzahl von Geschäftspartnern auswählen. Die NZBen (Nationale Zentralbanken) stellen bei der Auswahl ihrer Partner auf besondere Geldmarktaktivitäten ab.
- **Refinanzierungsfähige Sicherheiten:** Wenn die Geschäftspartner Geld benötigen, dann wenden sie sich an die EZB, d. h., sie **refinanzieren** sich, um wiederum ihren eigenen Kunden Kredite geben zu können. Auf diese Weise kann die EZB die Liquidität und die Zinssätze auf dem Geldmarkt beeinflussen. Die Geschäftspartner müssen für alle Kreditgeschäfte mit der EZB ausreichende Sicherheiten stellen.

Merkmale der refinanzierungsfähigen Sicherheiten im Überblick		
Kriterien	Sicherheiten der Kategorie 1	Sicherheiten der Kategorie 2
Art der Sicherheit	Schuldverschreibungen und sonstige **marktfähige** Schuldtitel des ESZB, der öffentliche Hand, des privaten Sektors und internationaler Institutionen mit erstklassiger Einstufung (Rating AAA)	**marktfähige** Schuldtitel (z. B. Schuldverschreibungen mit niedriger Einstufung) und **nicht marktfähiger** Schuldtitel (z. B. Handelswechsel, Kreditforderungen) der öffentlichen Hand oder des privaten Sektors und an einem geregelten Markt gehandelte Aktien

Instrumente der Geldpolitik der EZB

Instrumente der Geldpolitik im Überblick	
Offenmarkt-politik	• **Hauptrefinanzierungsgeschäfte:** Die EZB kauft über die Nationalen Zentralbanken (NZBen) Wertpapiere von den Kreditinstituten mit der Verpflichtung, diese nach Ablauf **einer Woche** wieder zurückzukaufen. Die Wertpapiere werden bei der EZB sozusagen in Pension gegeben. Pensionsgeschäfte werden im **Tenderverfahren** abgewickelt. Die Kreditinstitute erhalten also Geld von der EZB (sie refinanzieren sich) und zahlen dafür Zinsen. Der Refinanzierungszinssatz ist der **Leitzinssatz** der EWU. • **Längerfristige Refinanzierungsgeschäfte** (Pfandkredite): Die Kreditinstitute geben der EZB Wertpapiere als Pfand und erhalten dafür liquide Mittel. Sie müssen die verpfändeten Wertpapiere in der Regel nach **drei Monaten** wieder einlösen. • **Definitive Käufe bzw. Verkäufe:** Die EZB kauft bzw. verkauft marktfähige Wertpapiere am Markt. Diese Maßnahme dient zur Feinsteuerung der Liquiditätsbereitstellung bzw. -abschöpfung. • **Ausgabe von Schuldverschreibungen:** Die EZB gibt Schuldverschreibungen aus, um dem Geldmarkt Liquidität zu entziehen. Bei der späteren Tilgung der Schuldverschreibungen wird dem Geldmarkt wieder Liquidität zugeführt.
Ständige Fazilitäten[1]	Die Kreditinstitute können bei der EZB bis zum nächsten Geschäftstag übriges Geld zum **Einlagefazilitäts-Zinssatz** anlegen. Umgekehrt können sie einen Spitzenbedarf über Nacht zum **Spitzenrefinanzierungsfazilitäts-Zinssatz** ausleihen. Der Zinssatz für die Einlagefazilität bildet die **Untergrenze**, der Zinssatz für die Spitzenrefinanzierungsfazilität bildet die **Obergrenze** des Tagesgeldsatzes.
Mindestreser-venpolitik	Die EZB verlangt, dass die Kreditinstitute Mindestreserven auf Konten der NZBen unterhalten. Sie kann diese Mindestreserven (zurzeit 1 % der reservepflichtigen Verbindlichkeiten) erhöhen oder herabsetzen.

Abwicklung von Pensionsgeschäften im Tenderverfahren[2]

Wertpapierpensionsgeschäfte (Hauptrefinanzierungsgeschäfte) der EZB werden von den NZBen im Tenderverfahren als Mengentender oder Zinstender durchgeführt.

Bei beiden Verfahren kann die EZB Bietungshöchstbeträge als betragsmäßige Obergrenze für Gebote von einzelnen Geschäftspartnern festsetzen. Der Hauptrefinanzierungssatz (**Pensionssatz**), zu dem zugeteilt wird, ist der entscheidende **Leitzinssatz** der EZB.

Beim **Mengentender** (Festsatztender) gibt die EZB den Zinssatz vor. Die Geschäftspartner geben Gebote über den Betrag ab, den sie zu diesem vorgegebenen Zinssatz kaufen oder verkaufen wollen.

Die Zuteilung erfolgt mit einer einheitlichen Zuteilungsquote zum vorgegebenen Einheitszinssatz.

1 Fazilität [facilitas (lat.) = Leichtigkeit] ist die von einer Bank ihren Kunden eingeräumte Möglichkeit, innerhalb festgelegter Grenzen kurzfristig Kredite in Anspruch zu nehmen oder Guthaben anzulegen.
2 Tender = Ausschreibungsverfahren, bei dem EZB-Geld versteigert wird

Beispiel 1: Liquiditatszuführende befristete Transaktion über Mengentender

Annahme: Die EZB will 105 Mio. € zuteilen.

Gebote der Geschäftspartner		Zuteilungsergebnis	
Geschäftspartner	Gebot (Mio. €)	Zuteilungsquote	Zuteilung (Mio. €)
Bank A	30	75 %	22,5
Bank B	40	75 %	30,0
Bank C	70	75 %	52,5
Insgesamt	140	75 %	105,0

Zuteilungsquote: 105 · 100 : 140 = 75 %

Beim **Zinstender** (Tender mit variablem Zinssatz) geben die Geschäftspartner Gebote über die Beträge und die Zinssätze ab.

Beim **holländischen Verfahren** werden alle Gebote einheitlich zum marginalen Zinssatz zugeteilt.

Beim **amerikanischen Verfahren** werden die Gebote zu den individuellen Bietungssätzen zugeteilt. Bei beiden Verfahren werden nur die Gebote quotiert, die mit dem marginalen Zinssatz übereinstimmen, alle anderen Gebote werden voll zugeteilt.

Beispiel 2: Liquiditatszuführende befristete Transaktion mittels Zinstender (Angaben in Mio. €)

Annahme: Die EZB will 100 Mio. € zuteilen.

Zinssatz	Bank A	Bank B	Bank C	Insgesamt	Kumuliert
3,25 %	–	10	10	20	20
3,20 %	10	20	15	45	65
3,15 %	20	30	20	70	135
3,10 %	30	40	35	105	240
Gebote	60	100	80	240	–
Zuteilungsergebnis	**20**	**45**	**35**	**100**	**–**

Zuteilung nach dem holländischen Verfahren: Alle Gebote mit einem Zinssatz über 3,15 % werden voll zugeteilt; d. h., 65 Mio. € werden voll zugeteilt. Beim marginalen Zinssatz von 3,15 % ergibt sich folgende prozentuale Zuteilungsquote: (100 – 65) · 100 : 70 = 50 %; damit erhält Bank A: 10 + 20 · 50 % = 20 Mio. €, Bank B: 10 + 20 + 30 · 50 % = 45 Mio. €, Bank C: 10 + 15 + 20 · 50 % = 35 Mio. €.

Nach dem holländischen Zuteilungsverfahren beträgt der Zinssatz für alle den Geschäftspartnern zugeteilten Beträge einheitlich 3,15 %.

Nach dem **amerikanischen Zuteilungsverfahren** wird kein einheitlicher Zinssatz angewandt: Bank B erhielte z. B. 10 Mio. € zu 3,25 %, 20 Mio. € zu 3,20 % und 15 Mio. € zu 3,15 %.

Entwicklung der Leitzinsen der Europäischen Zentralbank

Zinssatz für	Änderungs-datum	11.06.2014	10.09.2014	09.12.2015	16.03.2016
Spitzenrefinanzierungsfazilität	Obergrenze	0,40	0,30	0,30	0,25
Hauptrefinanzierungsgeschäfte	Leitzinssatz	0,15	0,05	0,05	0,00
Einlagenfazilität	Untergrenze	–0,10	–0,20	–0,30	–0,40

Wirkungsweise der Geldpolitik

Rezession/Krise	⇐ Konjunkturlage ⇒	Boom/Inflation
expansive Geldpolitik „Politik des billigen Geldes“	**geldpolitisches Instrument**	restriktive Geldpolitik „Politik des knappen Geldes“
EZB erhöht die betragsmäßige Obergrenze für Refinanzierungs-geschäfte und **senkt** den Leit-zinssatz; EZB erhöht definitive Wertpapierkäufe	**Offenmarktpolitik**	EZB senkt die betragsmäßige Obergrenze für Refinan-zierungsgeschäfte und **erhöht** den Leitzinssatz; EZB erhöht definitive Wertpapierverkäufe
EZB **senkt** die Zinssätze für ständige Fazilitäten	**ständige Fazilitäten**	EZB **erhöht** die Zinssätze für ständige Fazilitäten
EZB **senkt** Mindestreservesatz	**Mindestreservenpolitik**	EZB **erhöht** Mindestreservesatz
⇓	⇓	⇓
Liquidität der Banken steigt, allgemeines Zinsniveau sinkt ⇓ Kreditnachfrage steigt	**Wirkung am Geldmarkt**	Liquidität der Banken sinkt, allgemeines Zinsniveau steigt ⇓ Kreditnachfrage sinkt
⇓	⇓	⇓
Investitionsnachfrage steigt, Konsumnachfrage steigt, Auslandsnachfrage steigt	**Wirkung am Gütermarkt**	Investitionsnachfrage sinkt, Konsumnachfrage sinkt, Auslandsnachfrage sinkt
⇓	⇓	⇓
Wachstum, hoher Beschäftigungsstand	**Ergebnis**	**Preisniveau sinkt, „Abkühlung“ des Booms**

3.3.3 Deutsche Bundesbank im Eurosystem

Aufgaben der Deutschen Bundesbank

Die **Deutsche Bundesbank** (Sitz: Frankfurt am Main) ist als Zentralbank der Bundesrepublik Deutschland Bestandteil der EWU. Sie hilft der EZB bei der Umsetzung der Geldpolitik.

Weitere Aufgaben der Bundesbank sind die Refinanzierung der Kreditinstitute im Rahmen der Geldpolitik der EZB, die bankmäßige Abwicklung und die Sicherung der Stabilität der Zahlungs- und Verrechnungssysteme, die Versorgung der Wirtschaft mit Bargeld, die Verwaltung der nationalen Währungsreserven, die Bankenaufsicht (§ 7 Kreditwesengesetz) und die Mitwirkung bei der Kreditaufnahme des Bundes und der Länder („Fiscal Agent").

Aufbau und Stellung der Deutschen Bundesbank

Die Deutsche Bundesbank ist als Zentralbank der Bundesrepublik Deutschland integraler Bestandteil des Europäischen Systems der Zentralbanken (§ 3 BBankG).

Bei der Erfüllung der Aufgaben des ESZB handelt der Vorstand der Deutschen Bundesbank im Rahmen der Leitlinien und Weisungen der Europäischen Zentralbank (§ 6 BBankG).

Der **Vorstand der Deutschen Bundesbank** kann seinen Präsidenten zwar beraten, für seine Stimmabgabe im EZB-Rat darf er jedoch keine bindenden Vorgaben machen, denn die Unabhängigkeit der Mitglieder des EZB-Rates gilt auch gegenüber den Gremien ihrer eigenen Zentralbanken.

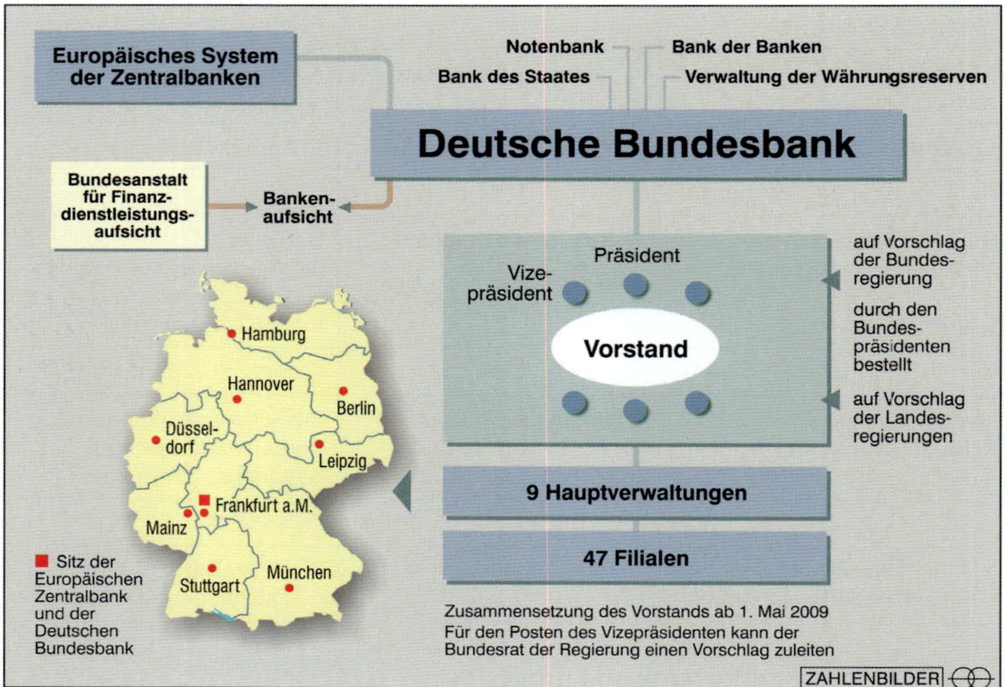

© Erich Schmidt Verlag 459 120

Zusammenfassung

Konjunktur

Phasen:
- Depression→
- Expansion →
- Boom→
- Rezession

Indikatoren:
- Früh- →
- Gegenwarts-→
- Spät-indikatoren

Konjunkturpolitik

Stop and Go:

nachfrage-orientiert
- Einnahmen-
- Ausgaben-
- Investitions-
- Haushalts-politik

Verstetigung:

angebots-orientiert
- Haushaltskonsolidierung
- Deregulierung
- Subsidiarität

Wirtschaftspolitische Ziele

Magisches Sechseck (Zielkonflikte, Zielharmonien):

- **Stabilität des Preisniveaus** – Inflation unter, nahe 2 %
- **Außenwirtschaftliches Gleichgewicht** – Außenbeitrag ≤ 1,5 %
- **Hoher Beschäftigungsstand** – Arbeitslosenquote ≤ 3 %
- **Lebenswerte Umwelt** – ökologisch verträgliche Entwicklung
- **Stetiges Wirtschaftswachstum** – Reales BIP ≥ 3 %
- **Gerechte Einkommens-/Vermögensverteilung** – 80/20-Relation konstant

Geldpolitik

Ziele:
- Stabilität des Preisniveaus
- Unterstützung der Wirtschaftspolitik

Instrumente:
- Offenmarktpolitik
- Ständige Fazilitäten
- Mindestreservenpolitik

Wirkungsweise in der Krise

Leitzinssätze ↓ → Zinsniveau ↓ → Kreditnachfrage ↑ → Investitionen ↑ → Konsum ↑

Aufgaben

Konjunktur und Konjunkturpolitik des Staates

1. Schreiben Sie jeden der folgenden Begriffe auf die Kopfzeile eines DIN-A-6-Kärtchens:

   Konjunktur (Begriff), Konjunkturzyklus (Phasen), Konjunkturindikatoren, Konjunkturpolitik (Begriff), antizyklische Konjunkturpolitik, Deficit-Spending, Goldene Regel der Konjunkturpolitik, Europäischer Stabilitäts- und Wachstumspakt (Ziele), Konjunkturpolitik (Wirkungsweise in einer Krise), angebotsorientierte Konjunkturpolitik, Subventionen (Begriff), Subventionsgrundsätze, Subventionen (Ziele bzw. Arten), Subventionen (Kritik)

   a) Sortieren Sie die Begriffskärtchen nach den Kriterien „weiß ich" und „weiß ich nicht".
   b) Bilden Sie Kleingruppen mit höchstens drei Mitgliedern. Erklären Sie sich gegenseitig die „Weiß-ich-nicht"-Kärtchen. Schlagen Sie dabei die ungeklärten Begriffe im Lehrbuch nach oder nehmen Sie Kontakt zu einer anderen Kleingruppe auf.
   c) Schreiben Sie die Begriffserklärungen auf die Rückseite Ihrer Kärtchen und ordnen Sie die Kärtchen unter der Leitkarte „Marktregulierung" alphabetisch in Ihren Lernkartei-Behälter ein.

2. Bilden Sie Teams mit jeweils drei Mitgliedern (Stammgruppen). Schreiben Sie jeden der Begriffe aus Aufgabe 1 auf ein separates Stück Papier und fügen Sie diese Papierkärtchen zu einer sinnvollen Struktur zusammen. Die Struktur kann durch Pfeile, Farben, Symbole, Texte (z. B. Überschriften), Bilder oder weitere Begriffe ergänzt werden.

3. Ordnen Sie den in 1. bis 11. beschriebenen Zuständen der Wirtschaft die entsprechende Konjunkturphase zu.
   1. zunehmende Vollbeschäftigung
   2. rege Kreditnachfrage
   3. Lohn-Preis-Spirale
   4. sinkendes Steueraufkommen
   5. Güterangebot > Güternachfrage
   6. Güternachfrage > Güterangebot
   7. Rückgang der Unternehmerinitiative
   8. überhöhte Lohnforderungen
   9. Steigerung der Nachfrage nach Luxusgütern
   10. Zunahme des politischen Radikalismus
   11. Nachlassen der allgemeinen Bautätigkeiten

4. a) Weshalb ergibt sich zwangsläufig die „Berg- und Talfahrt" der Konjunktur (volkswirtschaftliche Gesetzmäßigkeiten)?
   b) In welcher Konjunkturphase befindet sich die Bundesrepublik Deutschland gegenwärtig? Nennen Sie die Merkmale und mögliche Ursachen.
   c) „Die Depression birgt bereits die Ursachen für die Gesundung der Wirtschaft." Versuchen Sie, diesen Satz volkswirtschaftlich zu begründen.
   d) Weshalb fallen in der Krise die Aktienkurse?

- e) Weshalb fallen in der Krise die Zinsen?
- f) Theoretisch müssen in einer Krise die Löhne sinken. Wer wird sich dagegen wehren? Welche volkswirtschaftlichen Folgen ergeben sich aus dieser Situation?

5. Die Arbeitslosigkeit führt zu Problemen für den Einzelnen und für die Gesellschaft. Begründen Sie diese Feststellung.

6. Erläutern Sie die Kernaussagen der beiden Karikaturen.

7.

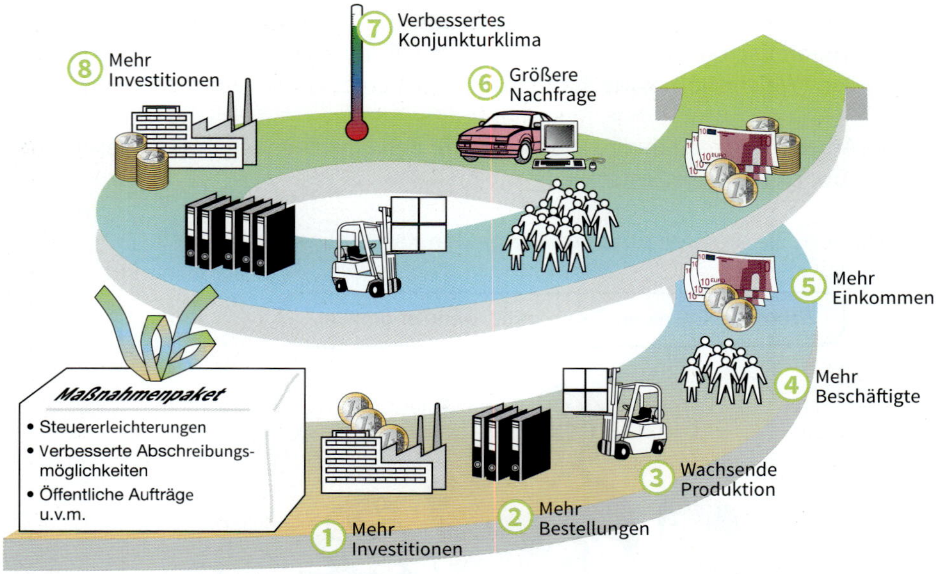

a) Vollziehen Sie die in obiger Grafik dargestellte Wirkungskette nach.
b) Angenommen, der Staat will gegen eine Inflation vorgehen. Schlagen Sie eine Maßnahme vor und stellen Sie die damit beabsichtigte Wirkungskette dar.

8.

Der Kobra-Effekt

Indien zu Zeiten der englischen Kolonialzeit: Das Land leidet unter einer Kobra-Plage. Um diesem Übel Herr zu werden, setzt der Gouverneur eine Prämie für jeden abgelieferten Kobra-Kopf aus. Statt jedoch möglichst viele Kobras zu fangen und abzuliefern, züchteten die Inder massenhaft neue Kobras, um deren Köpfe abzuliefern und die Prämie zu kassieren.

a) Erläutern Sie den Kobra-Effekt und äußern Sie Ihre Meinung dazu.
b) Übertragen Sie Ihre Erkenntnisse auf die heutige Wirtschaftspolitik, die Anreize gibt und ihre gesteckten Ziele oft trotzdem nicht erreicht.
c) „Die gesamte Geschichte der Entwicklung öffentlicher Einrichtungen ist eine Geschichte fortwährenden Kampfes, besondere Gruppeninteressen daran zu hindern, den Regierungsapparat zum Nutzen des Kollektivinteresses dieser Gruppen zu missbrauchen. Dieser Kampf ist gewiss nicht mit der gegenwärtigen Tendenz beendet, alles als Gemeininteresse zu definieren, wofür sich eine Mehrheit, die sich aus einer Koalition organisierter Interessen bildet, entscheidet". (Zitat von Friedrich von Hayek).
Nehmen Sie zu dieser Aussage Stellung.

9. a) Erläutern Sie die Grenzen der nachfrageorientierten (antizyklischen) Konjunkturpolitik.
   b) Unterscheiden Sie die nachfrageorientierte (antizyklische) Konjunkturpolitik von der angebotsorientierten Konjunkturpolitik.
   c)

	Deutschland Mrd. Reichsmark				Schweden Mio. schwedische Kronen			
	1929	1930	1931	1932	1929	1930	1931	1932
Volkseinkommen	75,9	70,2	57,5	45,2	8220	8137	7387	6841
Öffentliche Ausgaben	20,9	20,4	17,0	14,5	757	783	858	912

Beurteilen Sie die Konjunkturpolitik der deutschen und der schwedischen Regierung zur Zeit der Weltwirtschaftskrise.

Wirtschaftspolitische Ziele des Staates

10. Schreiben Sie jeden der folgenden Begriffe auf die Kopfzeile eines DIN-A6-Kärtchens:

Gesamtwirtschaftliches Gleichgewicht, Magisches Viereck, Magisches Sechseck, Sachverständigenrat, absolute Preisstabilität, relative Preisstabilität, Inflation, Deflation, Verbraucherpreisindex (Ermittlung), Inflationsrate, Kaufkraft des Geldes, Kaufkraft des Lohnes, Realeinkommen, Inflationsursachen, Inflationsgewinner, Inflationsverlierer, Vollbeschäftigung, Unterbeschäftigung, Überbeschäftigung, Arbeitslosenquote, verdeckte Arbeitslosigkeit, Arbeitslosigkeit (Ursachen, Folgen), Bruttoinlandsprodukt, Wirtschaftswachstum (Maßstab), Wachstum (Bestimmungsgrößen), Wachstum (Grenzen), qualitatives Wachstum, Außenwirtschaft, außenwirtschaftliches Gleichgewicht, Außenbeitrag und Außenbeitragsquote, Exportüberschuss (Ursachen), importierte Inflation, Exportüberschuss (Folgen), Umweltschutzziel (Art. 20 a GG), nachhaltige Entwicklung (Begriff, Ziele, Strategien), Einkommensverteilung, Vermögensverteilung, primäre und sekundäre Einkommensverteilung, Verteilungsprinzipien, Zielharmonie, Zielkonflikt

   a) Sortieren Sie die Begriffskärtchen nach den Kriterien „weiß ich“ und „weiß ich nicht“.
   b) Bilden Sie Kleingruppen mit höchstens drei Mitgliedern. Erklären Sie sich gegenseitig die „Weiß-ich-nicht“-Kärtchen. Schlagen Sie dabei die ungeklärten Begriffe im Lehrbuch nach oder nehmen Sie Kontakt zu einer anderen Kleingruppe auf.
   c) Schreiben Sie die Begriffserklärungen auf die Rückseite Ihrer Kärtchen und ordnen Sie die Kärtchen unter der Leitkarte „Wirtschaftspolitische Ziele“ alphabetisch in Ihren Lernkartei-Behälter ein.

11. Bilden Sie Teams mit jeweils drei Mitgliedern (Stammgruppen). Schreiben Sie jeden der Begriffe aus Aufgabe 10 auf ein separates Stück Papier und fügen Sie diese Papierkärtchen zu einer sinnvollen Struktur zusammen. Die Struktur kann durch Pfeile, Farben, Symbole, Texte (z. B. Überschriften), Bilder oder weitere Begriffe ergänzt werden.

12. a) Welche Gesetze enthalten die wirtschaftspolitischen Zielvorstellungen und sind damit Richtschnur für die Konjunkturpolitik des Staates?
    b) Erstellen Sie eine Übersicht mit den quantitativen und qualitativen Zielen der Wirtschafts politik und ihren Maßstäben zur Zielerreichung.
    c) Nehmen Sie Stellung zu folgenden Behauptungen:
    - „Wir haben viele Millionen Ausländer in Deutschland. Würde man sie nach Hause schicken, dann gäbe es kein Arbeitslosenproblem."
    - „Alle vorhandenen Arbeitsplätze sollten auf die Arbeitswilligen gerecht verteilt werden. Dazu muss die Arbeitszeit so verkürzt werden, dass die vorhandene Arbeit für alle Arbeitswilligen reicht."
    - „Am gerechtesten wäre es, wenn alle Erwerbspersonen das gleiche Einkommen erhalten würden. Dann würde der Sozialneid verschwinden."

13. „Die Ziele der Wirtschaftspolitik gleichzeitig zu verwirklichen, gleicht dem Bemühen, einem vierbeinigen Tisch auf unebenem Boden das Wackeln abzugewöhnen. Als die Wirtschaft in der Vergangenheit expandierte und Vollbeschäftigung erreichte, stimmte es meist mit den Preisen nicht. Wenn eine Dämpfung des Preisanstiegs gelang, gab es oft zu viele Arbeitslose oder das Wachstum war nur gering. Was das außenwirtschaftliche Gleichgewicht betrifft, so war dieses nur deshalb lange Zeit keine dramatische Frage, weil permanente Überschüsse in der Zahlungsbilanz eher ein Problem für unsere Handelspartner waren als für uns."
    a) Prüfen Sie anhand der Zahlenangaben im Lehrbuch in den Abschnitten Stabilität des Preisniveaus bis außenwirtschaftliches Gleichgewicht, ob diese wirtschaftspolitischen Ziele in letzter Zeit erreicht worden sind.
    b) Welche Zielkonflikte sind in diesem Text angesprochen?
    c) Beschreiben Sie die Zielkonflikte zwischen
       1. Wachstum und lebenswerter Umwelt,
       2. Vollbeschäftigung und Preisstabilität,
       3. außenwirtschaftlichem Gleichgewicht und Preisstabilität.

    d) Sind Ihrer Meinung nach die qualitativen Ziele lebenswerte Umwelt und gerechte Einkommens- und Vermögensverteilung erreicht? Schlagen Sie Maßstäbe zur Messung dieser Ziele vor und diskutieren Sie darüber

14. Interpretieren Sie die folgende Netzstruktur.

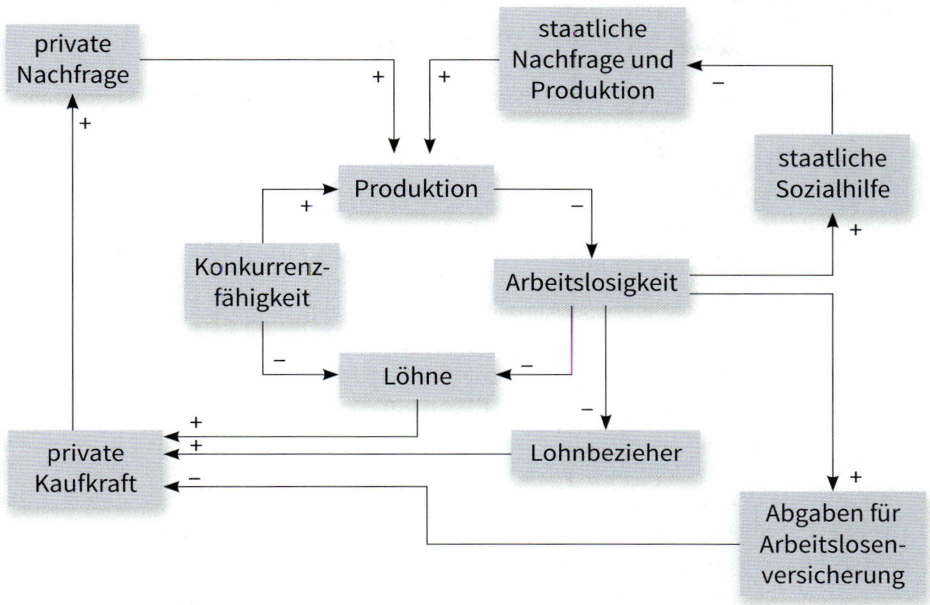

+ = **gleichgerichtete Beziehung:** je größer … desto größer; je kleiner … desto kleiner;
– = **entgegengesetzte Beziehung:** je größer … desto kleiner; je mehr … desto weniger

15.

a) Welches Problem der Einkommens- und Vermögensverteilung ist in den Karikaturen auf der Vorseite ausgedrückt?
b) Nehmen Sie zum Lösungsvorschlag des Karikaturisten Stellung.
c) Welches Dilemma des Wachstums wird im letzten Bild gezeigt?

16. Berechnen Sie die Veränderungen des Preisniveaus und der Kaufkraft (von Jahr zu Jahr und insgesamt).

	Jahr 01	Jahr 02	Jahr 03	August Jahr 03	August Jahr 04
Preisindex	107,7	110,6	112,5	112,9	114,5

17. Die Problematik der Arbeitslosigkeit wird von den betroffenen Bevölkerungsgruppen unterschiedlich diskutiert. Zeigen Sie in einem Rollenspiel (z. B. als Podiumsgespräch) die unterschiedlichen Sichtweisen eines Arbeitslosen, einer Unternehmerin, eines Gewerkschafters und einer Wissenschaftlerin auf.

Bilden Sie hierzu für jede Rolle eine Gruppe und erarbeiten Sie die gängigen Positionen, Argumente und Lösungsvorschläge. Wählen Sie jeweils einen Rollenspieler, der die jeweilige Bevölkerungsgruppe vertritt.
Tipp: Regeln zum Rollenspiel siehe BuchPlusWeb.

18.

Die täglichen Spuren der Menschen
Jeden Tag hinterlassen die Menschen ihre Spuren auf der Erde. 99 Millionen Tonnen Kohlendioxid belasten täglich die Atmosphäre und treiben den Klimawandel voran. Gleichzeitig werden 35 600 Hektar Wald vernichtet. Aufgrund von Dürre und Bodenverschlechterung gehen jährlich rund zwölf Millionen Hektar Ackerland verloren; das sind 33 000 Hektar Flächenverlust täglich. Auf dieser Fläche hätten 20 Millionen Tonnen Getreide angebaut werden können. 2,6 Milliarden Menschen sind nach Angaben der Vereinten Nationen direkt von der Landwirtschaft und fruchtbaren Böden abhängig. Immer knapper werden die Ressourcen an Trinkwasser und Fisch. Die Ernährungs- und Landwirtschaftsorganisation der Vereinten Nationen (FAO) beziffert den Fischfang für das Jahr 2014 auf 93,4 Millionen Tonnen. Für die Tagesbilanz bedeutet das, dass täglich 256 000 Tonnen Fisch aus den Meeren und Seen gezogen werden. Und der Müllberg wächst jeden Tag um 3,6 Millionen Tonnen. Allerdings bildet die Grafik nur eine Seite der Umweltbelastung ab.

(Copyright dpa-infografik)

a) Äußern Sie sich zu der Grafik.
b) Erläutern Sie mögliche Ursachen der Umweltprobleme.
c) Machen Sie Vorschläge, wie jeder Einzelne, die Unternehmen und der Staat zum nachhaltigen Wirtschaften beitragen können.

Geldpolitik der Europäischen Zentralbank

19. Ergänzen Sie Ihre Lernkartei um die Begriffe des Themengebiets „Geldpolitik".

20. **Gruppenturnier:** Bilden Sie mehrere Arbeitsgruppen und erläutern Sie folgende Begriffe:
a) Eurosystem,
b) ESZB
c) EZB-Rat
d) „Pre-ins"
e) Unabhängigkeit der EZB
f) Geldmenge M3
g) Geldmarkt
h) Geschäftspartner des ESZB
i) Refinanzierung
j) Mindestreserve
k) Fazilität
l) Pensionsgeschäft
m) Tenderverfahren

21. **Gruppenpuzzle:** Beantworten/Bearbeiten Sie in den Experten- bzw. Puzzlegruppen folgende Fragen/Aufgaben:
a) Worin unterscheiden sich Eurosystem und ESZB?
b) Nennen Sie die Ziele der EZB.
c) Beschreiben Sie einige Aufgaben der EZB.
d) Wie wird die Unabhängigkeit der EZB sichergestellt?
e) Beschreiben Sie die Orientierungsgrößen für die Geldpolitik der EZB.
f) Unterscheiden Sie zwischen Kategorie-1- und Kategorie-2-Sicherheiten.
g) Nennen Sie die geldpolitischen Instrumente der EZB.
h) Zählen Sie die Instrumente der Offenmarktpolitik auf.
i) Unterscheiden Sie befristete Transaktionen und definitive Käufe/Verkäufe.
j) Unterscheiden Sie zwischen Mengentender und Zinstender.
k) Skizzieren Sie die Wirkungsweise der Offenmarktpolitik.
l) Erläutern Sie die Wirkungsweise der Mindestreservenpolitik.
m) Unterscheiden Sie zwischen Einlagefazilität und Spitzenrefinanzierungsfazilität.
n) Beschreiben Sie den Begriff Leitzinsen des Eurosystems.
o) Erläutern Sie die Aufgaben der Deutschen Bundesbank.

22. Stellen Sie die Wirkungsweise der geldpolitischen Instrumente dar.

Rezession	← Konjunkturlage →	Boom/Inflation
?	geldpolitisches Instrument	?

23. a) Wie wird mithilfe der Offenmarktpolitik eine Expansion der Geldmenge bewirkt?
b) Warum ist mithilfe der Offenmarktpolitik eine Vergrößerung der Geldmenge leichter zu erreichen als eine Verringerung der Geldmenge?

24. Die EZB beabsichtigt, den Wirtschaftssubjekten im Euroraum über einen Mengentender Liquidität in Höhe von 150 Mio. € zuzuführen. Nehmen Sie die Zuteilung vor, wenn von den Geschäftspartnern folgende Gebote vorliegen:

Gebote der Geschäftspartner		Zuteilungsergebnis	
Geschäftspartner	Gebot (in Mio. €)	Zuteilungsquote	Zuteilung (in Mio. €)
Bank A	70	?	?
Bank B	80	?	?
Bank C	50	?	?
Insgesamt	?	?	?

25. Die EZB beabsichtigt, den Wirtschaftssubjekten im Euroraum über einen Zinstender Liquidität in Höhe von 180 Mio. € zuzuführen. Nehmen Sie die Zuteilung vor, wenn von den Geschäftspartnern folgende Gebote vorliegen (Angaben in Mio. €):

Zinssatz	Bank A	Bank B	Bank C	Insgesamt	Kumuliert
3,15 %	–	20	10	?	?
3,10 %	20	30	20	?	?
3,05 %	30	40	30	?	?
3,00 %	40	50	40	?	?
Gebote	?	?	?	?	–
Zuteilung	?	?	?	?	–

26. Auszug aus einem Vortrag des Notenbankchefs eines Eurolandes:

„... Die in jüngster Zeit geäußerte Forderung, die Geldpolitik solle ihre ‚Zügel lockern', um die Beschäftigung zu fördern, ist ebenso wie der Ruf nach einer expansiveren Finanzpolitik weder hilfreich noch angemessen. Diese Vorschläge gehen schlicht an den Ursachen des Problems vorbei. Vor der Therapie steht immer noch die Diagnose.

Lassen Sie mich hierzu auf den jüngsten Bericht des Internationalen Währungsfonds IWF hinweisen. Der IWF führt die Arbeitsplatzvernichtung zum großen Teil auf den erheblichen Anstieg der Arbeitskosten zurück. Er stellt fest, dass von dem Beschäftigungsrückgang vor allem die geringer bezahlten und weniger gut ausgebildeten Arbeitnehmer betroffen waren. Er fordert neben einer Politik der Senkung der Lohnzusatzkosten insbesondere umfassende Reformen des Arbeitsmarktes.

Um die strukturell bedingt hohe Arbeitslosenquote dauerhaft zu verringern, sind Strukturanpassungsmaßnahmen unabdingbar. Nicht die Geldpolitik, sondern die Tarifpolitik sowie die Struktur-, Sozial- und Finanzpolitik sind gefordert. Strukturelle Verkrustungen lassen sich nicht durch monetäre Mittel beseitigen.

Der Euro kann die notwendigen internen Reformen im Bereich der öffentlichen Haushalte, in den Sozialversicherungssystemen, im Steuersystem und am Arbeitsmarkt nicht ersparen. Im Gegenteil: Strukturelle Defizite werden durch den Euro deutlicher und zwingen eher noch zu rascherem Handeln. Die Geldpolitik kann nicht das geradebiegen, was in der nationalen Finanz-, Sozial- und Arbeitsmarktpolitik verbogen wurde. ..."

Nach Ansicht des Redners ist die Lockerung der Geldpolitik (= expansive Geldpolitik) kein geeignetes Mittel zur Bekämpfung der Arbeitslosigkeit.

a) Was versteht man unter einer expansiven Geldpolitik?
b) Wie begründet der Redner seine Meinung?
c) Weshalb fordern Politiker eine Lockerung der Geldpolitik?

27. a) Zählen Sie die EU-Länder auf. Welche dieser EU-Länder sind zugleich Euroländer?
b) Welche Vorteile versprechen sich die Euroländer von der gemeinsamen Währung?

28. Zur Lösung der Staatsschuldenkrise und um die Inflationsraten auf den Zielwert anzuheben, kauft die EZB zunehmend Staats- und Unternehmensanleihen. Bilden Sie sich eine eigene Meinung zu dieser geldpolitischen Maßnahme anhand des nachstehenden Kommentars und der Auszüge aus dem Vertrag über die Arbeitsweise der Europäischen Union (AEUV). Erläutern Sie in diesem Zusammenhang die Begriffe Haushaltsdefizit, Fiskalpakt, Europäischer Stabilitäts- und Wachstumspakt, Bail-Out-Verbot.

Notenbanken am Scheideweg – Feuerwehr oder Brandbeschleuniger?

Der Wirtschaftsausblick für das kommende Jahr ist positiv und die Inflationsrate nähert sich dem Preisstabilitätsziel der EZB. Damit wird es Zeit, allmählich aus der lockeren Geldpolitik auszusteigen.

Zurzeit tendieren die Akteure dazu, die Geldpolitik zu überfordern. Etwa indem sie erwarten, die Geldpolitik könne die Wachstumsprobleme im Euro-Raum lösen, oder indem sie fordern, sie solle sich aus Rücksicht auf die Staatsfinanzen oder die Finanzmärkte länger als nötig expansiv ausrichten. Die Notenbanken werden damit zum Gefangenen der Märkte oder der Fiskalpolitik. Einige der geldpolitischen Maßnahmen, insbesondere die anhaltenden Staatsanleihekäufe, bergen die Gefahr, die Grenze zwischen der Geld- und der Fiskalpolitik zu verwischen, und führen zu Preis- und Haushaltsstabilitätsrisiken. Manche Staaten reißen schon zum x-ten Mal die Grenzwerte für das Haushaltsdefizit, des Fiskalpaktes und des Europäischen Stabilitäts- und Wachstumspaktes. Es stellt sich die Frage: Gibt es noch eine Bindungswirkung der verabredeten Haushalts- und Maastricht-Regeln? Sind die Notenbanken zurzeit Feuerwehr oder Brandbeschleuniger?

„Feuerwehr" spielt die EZB seit Herbst 2008, nach dem Kollaps von Lehman Brothers. Die Banken misstrauten sich gegenseitig und wollten sich nicht mit Liquidität aushelfen – das Bankensystem drohte zusammenzubrechen. Die Notenbanken haben den Banken in dieser Finanzkrise großzügig Liquidität bereitgestellt. Die Staaten halfen ihren angeschlagenen Banken und verschuldeten sich selbst immer mehr. Seit 2010 kam es deshalb zu einer Staatsschuldenkrise – einigen Staaten drohte die Insolvenz. Die EZB begann deshalb, gezielt Anleihen bonitätsschwacher Mitgliedsstaaten zu kaufen. Diese Maßnahme war innerhalb des EZB-Rates umstritten und warf grundlegende Fragen über die Grenzen der Geldpolitik auf, wie sie im Vertrag über die Arbeitsweise der Europäischen Union (AEUV) festgehalten sind. Die Notenbanken wurden die größten Gläubiger ihrer Staaten.

Durch die historisch niedrigen Spar- und Kreditzinsen verlieren die Versicherungen und Banken zunehmend ihre Geschäftsgrundlage. Hinzu kommt, dass die Euroländer die niedrigen Zinsen nur unzureichend genutzt haben, um ihre Haushalte zu konsolidieren – die durchschnittliche Staatsschuldenquote liegt immer noch bei rund 90 % des BIP. Wie jeder weiß, wirken hohe Schuldenquoten wachstumsdämpfend, da sie eines Tages zurückgezahlt werden müssen und so Investitionen verhindern. Nach wie vor vermindern Hilfspakete und Rettungsprogramme den Druck auf die Krisenländer, ihre Sozialsysteme zu reformieren und ihre Wirtschaftsstrukturen wettbewerbsfähiger zu machen. Nichtsdestotrotz tritt der EZB-Präsident in Zeiten steigender Inflationsraten weiter aufs Gaspedal und kauft neben Staatsanleihen auch noch Unternehmensanleihen auf den Kapitalmärkten und wird somit zu einem „Brandbeschleuniger".

Auszüge aus dem Vertrag über die Arbeitsweise der Europäischen Union (AEUV)

Art. 123 AEUV (Bail-out-Verbot): Überziehungs- oder andere Kreditfazilitäten bei der EZB oder den Zentralbanken der Mitgliedstaaten [...] für Organe oder Einrichtungen der Gemeinschaft, Zentralregierungen, regionale oder lokale Gebietskörperschaften oder andere öffentlich-rechtliche Körperschaften, sonstige Einrichtungen des öffentlichen Rechts oder öffentliche Unternehmen der Mitgliedstaaten sind ebenso verboten wie der unmittelbare Erwerb von Schuldtiteln von diesen durch die EZB oder die nationalen Zentralbanken. [...]

Art. 125 AEUV (Haftungsausschluss): Die Union haftet nicht für die Verbindlichkeiten der Zentralregierungen, der regionalen oder lokalen Gebietskörperschaften oder anderen öffentlich-rechtlichen Körperschaften, sonstiger Einrichtungen des öffentlichen Rechts oder öffentlicher Unternehmen von Mitgliedstaaten und tritt nicht für derartige Verbindlichkeiten ein; dies gilt unbeschadet der gegenseitigen finanziellen Garantien für die gemeinsame Durchführung eines bestimmten Vorhabens. Ein Mitgliedstaat haftet nicht für die Verbindlichkeiten der Zentralregierungen, eines anderen Mitgliedstaats und tritt nicht für derartige Verbindlichkeiten ein; dies gilt unbeschadet der gegenseitigen finanziellen Garantien für die gemeinsame Durchführung eines bestimmten Vorhabens.

Art. 126 AEUV (1) Die Mitgliedstaaten vermeiden übermäßige öffentliche Defizite.

(2) Die Kommission überwacht die Entwicklung der Haushaltslage und der Höhe des öffentlichen Schuldenstands in den Mitgliedstaaten im Hinblick auf die Feststellung schwerwiegender Fehler. Insbesondere prüft sie die Einhaltung der Haushaltsdisziplin anhand von zwei Kriterien, nämlich daran,

a) ob das Verhältnis des geplanten oder tatsächlichen öffentlichen Defizits zum Bruttoinlandsprodukt einen bestimmten Referenzwert überschreitet, [...]

b) ob das Verhältnis des öffentlichen Schuldenstands zum Bruttoinlandsprodukt einen bestimmten Referenzwert überschreitet,

Die Referenzwerte werden in einem den Verträgen beigefügten Protokoll über das Verfahren bei einem übermäßigen Defizit im Einzelnen festgelegt.

Art. 127 AEUV (Aufgabe der EZB): Das vorrangige Ziel des ESZB (Europäisches System der Zentralbanken, d. Red.) ist es, die Preisstabilität zu gewährleisten. Soweit dies ohne Beeinträchtigung des Zieles der Preisstabilität möglich ist, unterstützt das ESZB die allgemeine Wirtschaftspolitik in der Gemeinschaft, um zur Verwirklichung der in Art. 2 festgelegten Ziele der Gemeinschaft beizutragen.

Art. 129 AEUV (Unabhängigkeit der EZB): Bei der Wahrnehmung der ihnen durch diesen Vertrag und die Satzung des ESZB übertragenen Befugnisse, Aufgaben und Pflichten darf weder die EZB noch eine nationale Zentralbank, noch ein Mitglied ihrer Beschlussorgane Weisungen von Organen oder Einrichtungen der Gemeinschaft, Regierungen der Mitgliedstaaten oder anderen Stellen einholen oder entgegennehmen.

29. In vielen Staaten versuchen die Notenbanken die Inflationserwartungen mit Negativzinsen anzuheizen. Damit wollen sie eine höhere Kreditvergabe der Banken erzwingen, das Wachstum durch höhere Investitionen und Konsum ankurbeln und die derzeit zu niedrigen Inflationsraten auf das mittelfristige Ziel von knapp unter 2 % anheben. Es wird sogar erwogen, frisch gedruckte Banknoten in Helikopter zu laden und über Städten abzuwerfen („Helikoptergeld“).
Bilden Sie sich eine eigene Meinung zur Wirkung dieser geldpolitischen Maßnahme und zu der vorgeschlagenen Alternative des Helikoptergeldes.

Lernfeld 12

Kommunikationspolitische Maßnahmen gestalten

1 Marktforschung

AUSGANGSSITUATION

Matti Köppel trifft sich mit den Mitarbeitern der Verkaufsabteilung. Auch die Auszubildenden sind anwesend.

Matti Köppel:	„Liebe Kolleginnen und Kollegen, wie Sie ja mitbekommen haben, gibt es in unserem Bereich ‚Lifestyle' Absatzprobleme. Die Kunden bemängeln, dass wichtige Produkte fehlen und das Design der vorhandenen Artikel sehr ‚verstaubt' wirkt."
Herr Giglione:	„Wir sollten da einfach mal modernere Artikel einkaufen und anbieten. Und vielleicht auch die jungen Käufer ansprechen."
Nora Braun:	„Aber wir wissen doch gar nicht, ob unsere Kunden mit der dann vorgenommenen Sortimentsveränderung einverstanden sind."
Herr Giglione:	„Stimmt. Aber wie kommen wir an die Informationen ran, die wir von unseren Kunden zur Sortimentsumstellung benötigen?"
Matti Köppel:	„Ich habe mir überlegt, dass wir ein Marktforschungsinstitut beauftragen könnten. Allerdings ist dies mit erheblichen Kosten verbunden. Und dann kam mir der Einfall, dass unsere Auszubildenden diese Aufgabe in einer Art Projekt übernehmen könnten. Was meinen Sie dazu?"
Nora Braun:	„Diese Idee finde ich gut. Das machen wir."

ARBEITSAUFTRÄGE

1. Informieren Sie sich über den Themenbereich „Marktforschung" und halten Sie stichpunktartig wichtige Informationen fest.
2. Überlegen Sie, wie Sie Informationen von Ihren Kunden oder angehenden Kunden für Ihren Lifestyle-Bereich erhalten können und notieren Sie Ihre Ergebnisse.
3. Schlagen Sie geeignete Produkte und Designs vor und begründen Sie Ihre Entscheidungen (was ist gerade „In", wohin geht der Trend usw.).
4. Bereiten Sie sich auf die Präsentation vor.
5. Präsentieren Sie Ihre Ergebnisse und erläutern Sie, was Marktforschung ist und wie diese für Ihr Autohaus umgesetzt werden kann. Gehen Sie dabei auch auf den Sinn der Marktforschung ein.
6. Stellen Sie die gefundenen Produkte für den Lifestyle-Bereich vor und begründen Sie, warum die Aufnahme dieser Artikel in das Sortiment passend sein kann.
7. Prüfen Sie die Ergebnisse auf Vollständigkeit und Richtigkeit und geben Sie sich gegenseitig ein Feedback.
8. Nutzen Sie Ihr neu gewonnenes Wissen für die Zukunft.

Ohne hinreichende Kenntnisse über

- die Kunden,
- die Mitbewerber und
- das Umfeld des Unternehmens

ist es für Unternehmen und natürlich auch ein Autohaus unmöglich, Marketingmaßnahmen erfolgreich durchzuführen und sich gegen Konkurrenzunternehmen durchzusetzen. Es benötigt Informationen, um das Marktgeschehen zu verstehen und eine Grundlage für begründete Entscheidungen zu haben. Deshalb ist das systematische Sammeln und Auswerten sowie Interpretieren von Daten erforderlich. Dieser Vorgang wird als Marktforschung bezeichnet.

Marktforschung ist die systematische Beschaffung von Informationen über den Markt, auf deren Grundlage später Marketingentscheidungen getroffen werden sollen.

Nicht zu verwechseln mit der Marktforschung ist die **Markterkundung**. Hier werden gelegentlich – also von Fall zu Fall – und unsystematisch Informationen zusammengetragen.

Beispiele

- Messebesuche
- Gespräche mit Kunden
- Weiterbildungsseminare

Dies ist in der Regel kostengünstiger als das systematische, planvolle und umfassende Vorgehen bei der Marktforschung. Diese wiederum stellt aber die besseren Ergebnisse zur Verfügung.

Entscheidungen im Bereich der Marktforschung

Unternehmen, die Marktforschung betreiben möchten, müssen verschiedene Entscheidungen treffen:

- Was soll untersucht werden?
- Über welchen Zeitraum sollen die gesammelten Informationen Auskunft geben?
- Welche Methoden der Informationsgewinnung sollen angewandt werden?

Ein Marktforschungsprojekt läuft normalerweise in mehreren Schritten ab. Die Arbeit der Marktforschung beginnt mit der Definition des Problems und endet mit einem Bericht und eventuellen Handlungsempfehlungen an den Auftraggeber.

- Das Problem muss formuliert, Ziele müssen definiert werden.
- Was ist das Ziel der Untersuchung (z. B. Analyse der Kundenzufriedenheit)?
- Die Untersuchungsart muss festgelegt werden. Mit welcher Marktforschungsmethode kann das Ziel erreicht werden?
- Die Zielgruppe wird festgelegt. Welchen Umfang soll die Untersuchung haben?
- Das Erhebungsinstrument wird gestaltet. Wie soll die Untersuchung im Detail durchgeführt werden?
- Die Untersuchung wird durchgeführt. Welche Besonderheiten sind hierbei zu beachten?
- Die erhobenen Daten werden analysiert und interpretiert. Welche Analyseverfahren werden angewendet?
- Die Ergebnisse werden dargestellt. Es erfolgt die Berichterstellung mit den wesentlichen Ergebnissen, den Schlussfolgerungen sowie Handlungsempfehlungen an den Auftraggeber.

Problemlösungsprozess im Bereich der Marktforschung

↓

1. **Ausgangslage**
   - Erkennen der Problemstellung
   - Formulierung von Hypothesen

↓

2. **Beschaffung und Auswertung von Sekundärmaterial**

↓

3. **Festlegung des Ziels der Marktuntersuchung**

↓

4. **Bestimmung der Maßnahmen**
   - Informationsträger
   - Erhebungsmethode

↓

5. **Mitteleinsatz**
   - Träger der Durchführung
   - Budget

↓

6. **Vorbereitung der Durchführung**
   - detaillierte Ausgestaltung der Erhebung (Interviewfragen, Fragebogen, Testmaterial)
   - Pretest
   - Schulung der Befrager, Tester

↓

7. **Durchführung der Erhebung**

↓

8. **Datenaufbereitung und Auswertung**

↓

9. **Erstellen des Schlussberichts mit Resultaten**

↓

10. **Überprüfung der Zielerreichung**

Erstellt in Anlehnung an: Thommen, Jean-Paul: Managementorientierte Betriebswirtschaftslehre, Zürich, Versus Verlag, 2004, S. 222

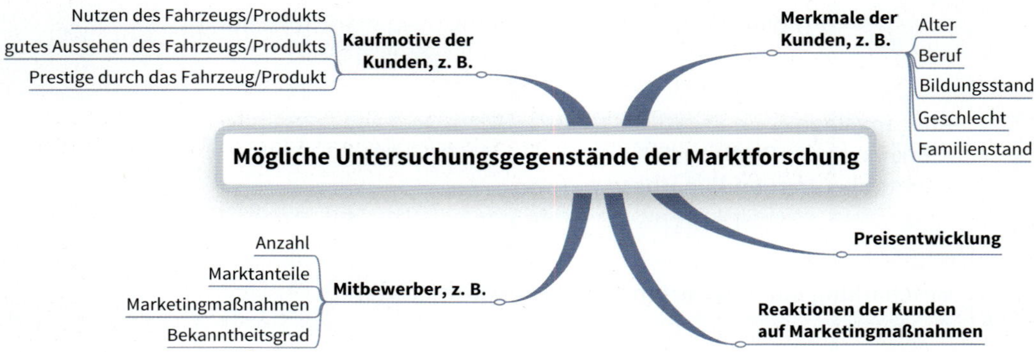

Unterscheidung Marktpotenzial, Marktvolumen, Absatzpotenzial und Marktanteil

Unter **Marktpotenzial** in Verbindung mit einem Autohaus versteht man den **möglichen** Gesamtumsatz aller Autohändler am Markt – also: Was gibt der Markt her, was ist möglich?

Das **Marktvolumen** ist der **tatsächlich realisierte** Umsatz aller Autohändler, also: Was wurde tatsächlich umgesetzt?

Der vom Autohaus **anvisierte** Anteil am Gesamtumsatz wird als **Absatzpotenzial** bezeichnet, also: Welches Potenzial hat die Autohaus Köppel GmbH?

Als **Marktanteil** wird der Umsatz des Autohauses bezeichnet, der tatsächlich im Vergleich zum Marktvolumen erzielt wurde, also: Wie hoch ist der Umsatz der Autohaus Köppel GmbH im Vergleich mit dem Marktvolumen?

1.1 Bereiche der Marktforschung

EINSTIEGSSITUATION

Matti Köppel liest einen interessanten Artikel zum Thema „Bereiche der Marktforschung". Er möchte die Auszubildenden in der monatlichen Azubirunde für diesen Themenbereich sensibilisieren.

Marktanalyse, Marktbeobachtung und Marktprognose unterscheiden sich zeitbezogen.

Marktanalyse

Bei der Marktanalyse beschränkt sich die systematische Untersuchung des Marktes auf einen bestimmten Zeitpunkt: Die Marktsituation und -struktur wird nur punktuell – also nur einmal (oder intervallmäßig, in bestimmten Abständen) – dargestellt. Informationen über Kundengruppen, den Standort des Autohändlers, die vorhandenen Wettbewerber usw. werden dabei gesammelt und ausgewertet.

Beispiel

Frau Köppel teilt der Auszubildenden Nora Braun Folgendes mit:
„Frau Braun, ich stelle seit Längerem fest, dass die Anzahl unserer Konkurrenten im Trierer Raum abnimmt. Allerdings haben die noch vorhandenen Konkurrenten eine gute Sortimentspolitik und betreiben ansprechende Marketingmaßnahmen, was für uns eine Gefahr darstellen könnte."

Marktbeobachtung

Da sich Marktverhältnisse häufig ändern, reicht eine Marktanalyse oft nicht aus und es wird eine ständige Marktbeobachtung notwendig. Die Marktbeobachtung ist eine fortlaufende Beobachtung der Entwicklung und Veränderung des Marktes in einem bestimmten Zeitraum. Dabei werden unter anderem

- Veränderungen im Markt (Nachfrage der Kunden, Produktlebenszyklus),
- Veränderungen in Bezug auf die Konkurrenz,
- Veränderungen in der gesamtwirtschaftlichen Lage,
- Trends am Markt

beobachtet.

Marktprognose

Mithilfe des vorliegenden Datenmaterials aus der Marktanalyse und der Marktbeobachtung wird versucht, die zukünftige Marktentwicklung richtig abzuschätzen und vorauszuberechnen.

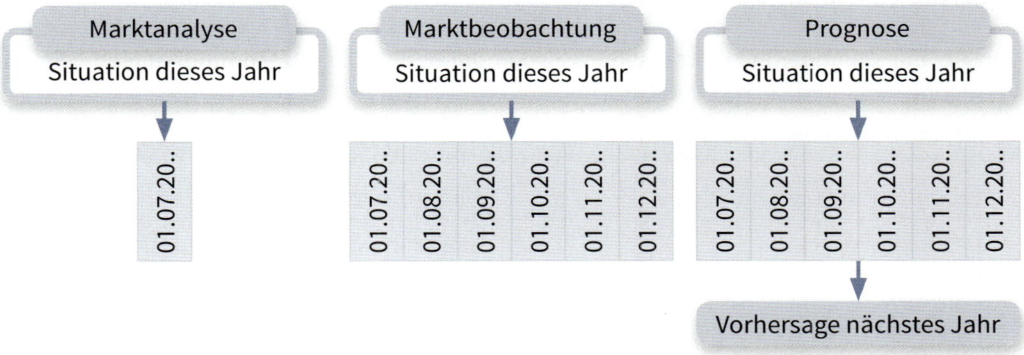

1.2 Methoden der Marktforschung

EINSTIEGSSITUATION

Nora Braun unterhält sich mit ihrer Vorgesetzten Frau Köppel. Sie stellt die Frage: „Welche Methoden gibt es eigentlich bei der Marktforschung?"

Sie antworten ihr.

Bezieht sich die Marktforschung auf eine „Sache“, wird dies als ökoskopische Marktforschung bezeichnet. Die Sache, z. B. der jeweilige Artikel, steht dabei im Vordergrund. Faktoren wie Qualität, Nutzungsdauer und Eigenschaften werden untersucht.

Von demoskopischer Marktforschung spricht man, wenn der Mensch bzw. dessen Kaufverhalten im Vordergrund steht. Die dafür notwendigen Daten müssen natürlich beschafft werden. Dabei unterscheidet man zwischen zwei verschiedenen Vorgehensweisen: der primären und der sekundären Marktforschung. Diese bedienen sich verschiedener Informationsquellen.

1.2.1 Sekundäre Marktforschung

Weil sie schnell und kostengünstig zu Ergebnissen führt, wird oft zunächst die sekundäre Marktforschung angewendet.

Bei der sekundären Marktforschung liegen die Daten bereits vor.

Beispiel

Frau Köppel erläutert Nora und Pascal die Sekundärforschung: „Bei der sekundären Marktforschung verwenden wir das uns bereits vorliegende Datenmaterial. Intern bezeichnen wir dies als „Schreibtischforschung“

Die Daten wurden für andere Zwecke erhoben, werden jetzt aber für den Untersuchungsgegenstand der Marktforschung neu aufbereitet und interpretiert. Das Datenmaterial kann entweder aus betriebsinternen oder externen (betriebsfremden) Quellen entstammen.

Vorteile der sekundären Marktforschung liegen darin, dass das Datenmaterial jederzeit zur Verfügung steht und auch schnell und leicht ausgewertet werden kann.

Beispiel

Betriebsinterne Quellen	Externe Quellen
• Auftragseingänge • Absatzstatistiken • Bilanzen • Lagerstatistiken • Inventuren • Vertriebskostenrechnungen, Reklamationen • Besuchsberichte des Außen- und Kundendienstes • Kundendateien • eigene Datenbanken	• amtliche Statistiken (Bund, Länder und Gemeinden) • Informationen der Wirtschaftsorganisationen und -verbände • wirtschaftswissenschaftliche Institute und Marktforschungsinstitute • Nachschlagewerke • Fachliteratur • Zeitungen und Zeitschriften • Messe- und Ausstellungskataloge • Geschäftsberichte • Presseveröffentlichungen

Informationsgewinnung durch sekundäre Marktforschung für einzelne Marketingaktivitäten

Information über / Informationsquellen	Absatzwege		Absatzform		Produkt und Sortimentsgestaltung		Preisgestaltung		Lieferungs- und Zahlungsbedingungen		Werbung, PR, Verkaufsförderung		Kundendienst	
	Konkurrenz	Eigene	Konkurrenz	Eigene	Konkurrenz	Eigene	Konkurrenz	Eigene	Konkurrenz	Eigene	Konkurrenz	Eigene	Konkurrenz	Eigene
I. Intern														
1. Umsatzstatistik		x		x		x		x		x		x		x
2. Auftragsstatistik		x		x		x		x				x		
3. Kostenrechnung						x		x				x		x
4. Kundenkartei				x		x				x		x		x
5. Kundenkorrespondenz		x		x		x		x		x		x		x
6. Absatzmittlerkartei		x				x		x		x				x
7. Vertreterbereich	x	x	x	x	x	x	x	x	x	x	x	x	x	x
8. Kundendienstberichte					x	x						x	x	x
9. Berichte des Einkaufs	x	x	x		x	x			x		x			
II. Extern														
10. Amtliche Statistik, Umsätze					x									
11. Amtliche Statistik, Preis							x							
12. Prospekte, Kataloge	x		x		x		x		x		x		x	
13. Geschäftsberichte	x		x		x				x					
14. Wirtschaftszeitungen	x		x		x		x		x		x		x	
15. Fachzeitschriften	x	x			x						x		x	
16. Adress-, Handbücher usw.		x		x							x	x		
17. Adressenbüros		x		x								x		
18. Messekataloge und -besuche	x		x		x		x		x		x		x	

Quelle: Meffert, Heribert/Burmann, Christoph/Kirchgeorg, Manfred: Marketing, Wiesbaden, Gabler, 2008, Seite 154

Als nachteilig kann sich auswirken, dass das Datenmaterial nicht unbedingt exklusiv ist. Es passt auch nicht immer zu der zu lösenden Problemstellung. Daher wird nach der sekundären Marktforschung oft auch ein Verfahren der primären Marktforschung angewandt.

1.2.2 Primäre Marktforschung

Die primäre Marktforschung gewinnt Informationen direkt an ihrem Entstehungsort.

Die primäre Marktforschung bedient sich folgender Methoden:

- Befragung
- Beobachtung
- Experiment

Befragung

Die Befragung ist die meist genutzte Erhebungsmethode in der Marktforschung. Sie bietet sich für eine Vielzahl an Fragestellungen und Zielgruppen an. Befragt werden können Kunden, andere Marktteilnehmer oder Mitarbeiter/-innen.

Mündliche Befragung
Sie ist sehr zeitaufwendig und teuer, da die Fragen direkt von einem Interviewer gestellt werden.

Telefonische Befragung
Bei telefonischen Befragungen erfolgt das Interview im Rahmen eines Telefongesprächs. Anfahrtszeit und -kosten entfallen zwar für den Interviewer, dennoch sind die Befragungskosten noch relativ hoch.

Schriftliche Befragung
Hierzu wird ein gedruckter Fragebogen verschickt. Schriftliche Befragungen sind insgesamt günstiger als mündliche oder telefonische Befragungen, lediglich Versandkosten und -zeit fallen an. Im Vergleich ist jedoch die Rücklauf- und Antwortquote deutlich geringer.

Onlinebefragungen
Bei Onlinebefragungen wird ein Fragebogen auf einer Internetseite zur Verfügung gestellt. Der Link kann per E-Mail an die Kunden, die befragt werden sollen, versendet werden. Bei einer anderen Variante wird der Fragebogen per E-Mail verschickt.

Panel
Ein Panel ist eine Sonderform einer standardisierten Befragung. Dieser Begriff bezeichnet die mehrmalige Befragung einer identischen Gruppe von Personen bzw. Personengruppen zum selben Thema. Dadurch lassen sich schnell und leicht Veränderungen im Verhalten oder in der Meinungsbildung einer Zielgruppe erkennen. Wichtige Arten sind:

- **Handelspanel**
  Handelspanels bestehen überwiegend aus Handelsunternehmen als Mittlern zwischen Industrie und Konsumenten. Sie untersuchen Lagerbestände sowie An- und Verkäufe bestimmter Artikel kontinuierlich über eine bestimmte Zeitperiode (z. B. ein Jahr lang alle zwei Monate). Die zentrale Fragestellung lautet: Über welche Absatzwege werden welche Waren in welchen Mengen verkauft?
- **Verbraucherpanel**
  Verbraucherpanels erfassen, welche Käufe hauptsächlich von Einzelpersonen getätigt werden (Individualpanel) und welche Einkäufe sich auf den gesamten Haushalt beziehen (Haushaltspanel). Sie haben die zentrale Fragestellung: Welcher Konsument bzw. Personenkreis kauft welche Güter?

Nicht standardisierte Befragungen können einen sehr freien Gesprächsverlauf nehmen, der sehr in die Tiefe bzw. in die Breite gehen kann. Dem Fragenden steht dabei nur ein Leitfaden zur Verfügung, der das Ziel des Interviews und eine Themengruppe enthält.

Beobachtungen

Eine Beobachtung wird immer nonverbal durchgeführt. Sie ist daher im Gegensatz zu einer Befragung von der Auskunftsbereitschaft der am Marktgeschehen beteiligten Personen unabhängig. Zielgerichtet wird das Verhalten interessierender Personen erfasst. Sinnlich wahrnehmbare Phänomene werden untersucht und aufgezeichnet. Gegenstand der Beobachtung können Eigenschaften und Verhaltensweisen

- von Personen (z. B. Beobachten des Kaufverhaltens, von Passanten, von Lesern) oder
- von Sachen (Platzierung von Produkten in Regalen, Gerätebenutzung)

sein.

Experiment

Mit Experimenten können Zusammenhänge zwischen Ursache und Wirkung erschlossen werden. Es werden gezielt bestimmte Bedingungen hergestellt und deren Auswirkungen beobachtet. So wird beispielsweise eine Versuchsanordnung mit vorgegebenen Rahmenbedingungen geschaffen. Dann verändert man einen ganz bestimmten Einflussfaktor, um die Reaktion darauf als Wirkung zu messen.

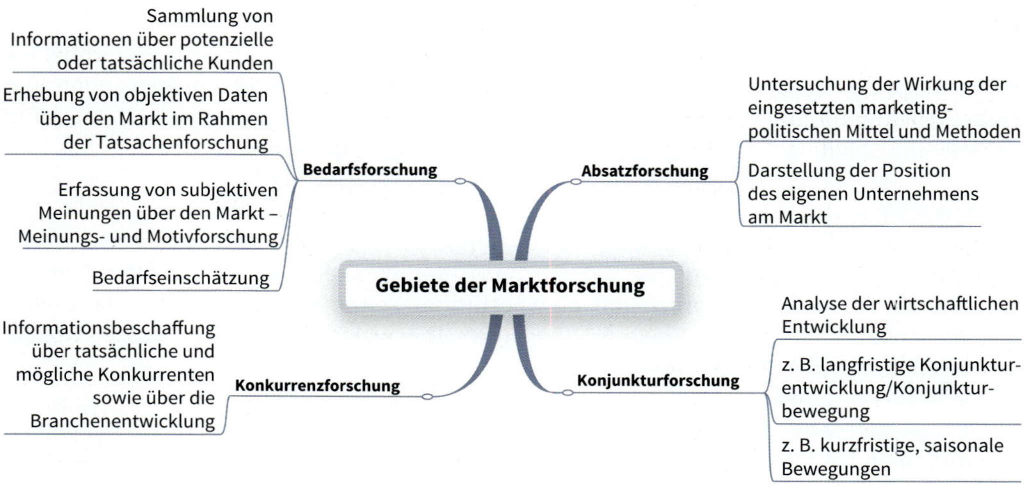

1.3 Kundendaten mithilfe von Fragebögen erfassen und auswerten

EINSTIEGSSITUATION

„Wie zufrieden sind unsere Kunden nach Serviceterminen ihrer Automobile?“

Diese Frage sollen Nora Braun und Pascal Palm klären und für die Kunden zu diesem Themenbereich einen Fragebogen entwickeln.

Sie unterstützen die beiden Auszubildenden.

Hat sich ein Unternehmen im Rahmen der primären Marktforschung dazu entschieden, seine Kunden oder angehende Kunden zu einem bestimmten Themenbereich zu befragen, können individuelle Fragebögen entwickelt werden.

Soll dies in Form einer Onlineumfrage geschehen, bietet sich wie oben bereits angeführt, das Versenden von Links per E-Mail oder das Versenden von Onlinefragebögen an.

Diese Varianten haben den Vorteil, dass die Auswertung schnell und einfach erfolgen kann. Das „manuelle Auswerten“ durch Sichtung und Zusammentragen der Antworten ist nicht erforderlich.

Mögliche Inhalte der Umfragen können sein:

- Kundenzufriedenheit nach dem Kauf
- Kundenzufriedenheit für den Bereich Service
- Kundenzufriedenheit nach einem Werkstatttermin/Servicetermin des Fahrzeugs usw.

Dabei sind verschiedene Kriterien zu berücksichtigen:

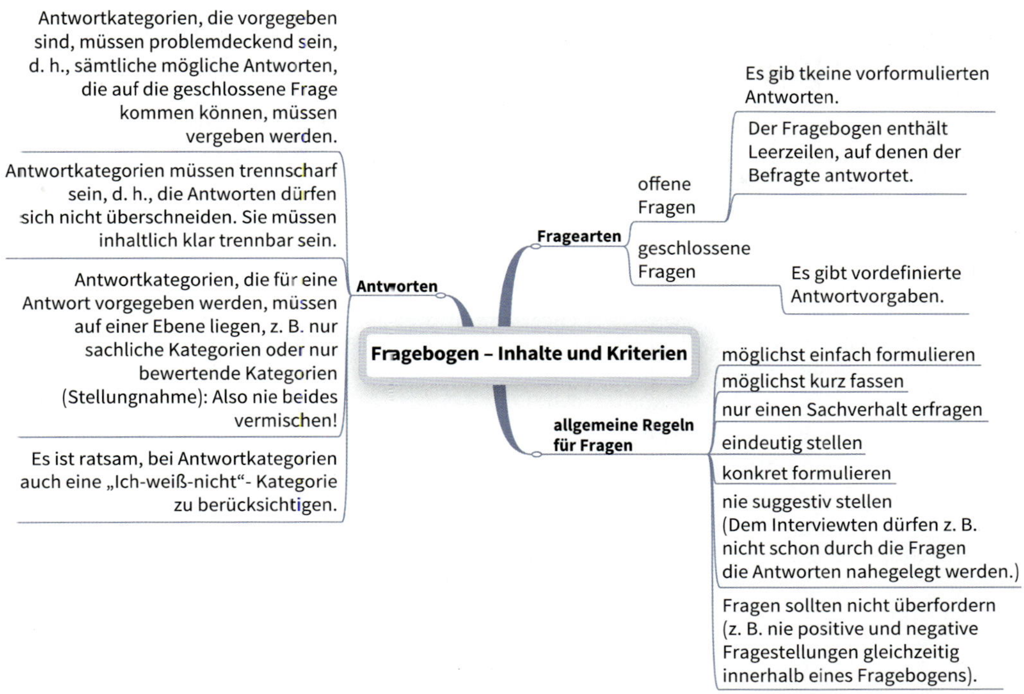

Zusammenfassung

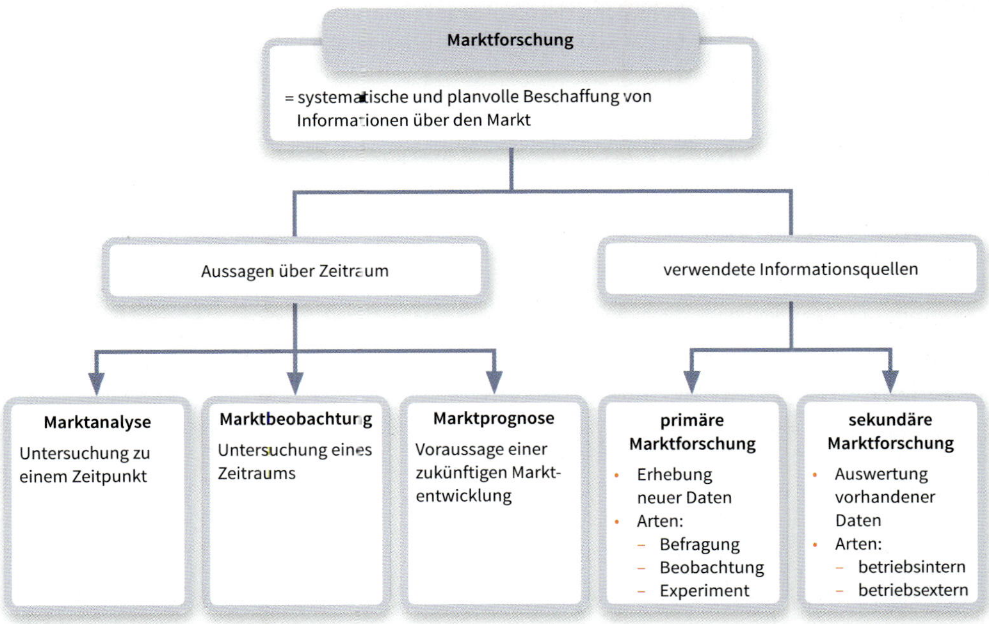

Aufgaben

1. Welche Methoden der Marktforschung unterscheiden sich hinsichtlich des Zeitraums der Erhebung?

2. Erläutern Sie den Unterschied zwischen Primär- und Sekundärforschung und führen Sie Beispiele für Informationsquellen der sekundären Marktforschung an.

3. Welche der unten stehenden Antworten ist ein Beispiel für Sekundärforschung?
   a) Fieldresearch
   b) Neues Zahlenmaterial wird gesammelt und ausgewertet.
   c) Bereits vorhandenes Zahlenmaterial wird ausgewertet.
   d) Neues Zahlenmaterial für eine bestehende Marktuntersuchung wird benötigt.
   e) Kundenbefragung

4. Sie werden gebeten, externe Datenquellen auszuwerten. Was verstehen Sie unter betriebsexternen Datenquellen?
   a) Messeberichte
   b) Lagerbestandslisten, Warenpreislisten
   c) Berichte von Außendienstmitarbeitern
   d) Jahrbücher, Zeitungsberichte, Geschäftsberichte
   e) Bilanzen

5. Geben Sie für die folgenden Beispiele an, um welches Verfahren der Marktforschung es sich handelt.
   a) Die Marfor GmbH – ein renommiertes Marktforschungsinstitut – untersucht laufend die Kundengewohnheiten auf dem Automobilmarkt.
   b) In diesem Bericht gibt die Marfor GmbH Trendempfehlungen für das nächste Jahr.

6. Erkunden Sie für Ihr Autohaus, wie und für welchen Bereich dort Marktforschung betrieben wird, und stellen Sie Ihre Ergebnisse vor.

2 Marketing und Marketinginstrumente

AUSGANGSSITUATION

Die Auszubildenden der Autohaus Köppel GmbH haben sich intensiv mit dem Themenbereich „Marktforschung" beschäftigt. Auch in der Berufsschule wurde dieses Gebiet besprochen.

Heute Morgen liest Matti Köppel einen interessanten Artikel zum Thema „Social Media Marketing". Er leitet diesen an die Auszubildenden der Autohaus Köppel GmbH per E-Mail weiter und bittet sie, sich mit dem Bereich Marketing und den Marketinginstrumenten zu beschäftigen. Die Ergebnisse sollen in einem Handout zusammengefasst werden und als Grundlage für kommende Auszubildende der Autohaus Köppel GmbH dienen. Auch im Hinblick auf die bevorstehende Abschlussprüfung soll das Handout nützlich sein.

Social Media – Unbegrenzte Möglichkeiten

Artikel verfasst von Rebecca Waldkind

Beim Social Media Marketing spielt es keine Rolle, ob der Kunde eine Familienkutsche, ein sportliches Cabrio oder eine Luxuslimousine erwerben möchte. Es wird immer wichtiger – gerade im Bereich der Automobilindustrie.

Ein gelungener Onlineauftritt beeinflusst die Kunden positiv und die Kaufentscheidung fällt diesen oft leichter. Ziel des Social Media Marketing ist es, neue Kunden zu generieren, viele agierende Follower zu gewinnen und seinen Bekanntheitsgrad, die Teilnahme an Events, eine höhere Reichweite und natürlich auch den eigenen Umsatz zu steigern.

Da sich immer mehr und vor allem unterschiedliche Kunden online über Automobile, Ausstattungspakete, Zubehörteile und natürlich auch über die dazugehörigen Preise informieren, ist es für die Automobilindustrie wichtig, einen guten Mix an Social Media Seiten zu bedienen. So sprechen sie diverse Kundengruppen an und erzeugen einen positiven Bezug zur Automarke.

Meist „offline" findet dann die endgültige Kaufentscheidung im Autohaus statt. Trotzdem ist der Spruch „Social Media sells" nicht von der Hand zu weisen.

Die nachfolgende Übersicht zeigt, welche Social-Media-Seiten für die Automobilbranche genutzt werden:

Abschließend ist zu sagen:

Bleiben Sie als Autohaus auf „Kurs" und im Bereich Social Media aktiv.

ARBEITSAUFTRÄGE

1. Informieren Sie sich über Ihren Themenbereich.
2. Fragen Sie in Ihrem Ausbildungsbetrieb nach, wie dort Marketing betrieben wird und welche Faktoren dabei eine Rolle spielen. Notieren Sie Ihre Ergebnisse.
3. Erstellen Sie das geforderte Handout mit allen wichtigen Informationen. Nutzen Sie ggf. Mindmaps zur Veranschaulichung und fügen Sie sinnvolle Grafiken ein.
4. Gehen Sie auch auf den Themenbereich „Social Media in der Automobilbranche" ein und beschreiben Sie, warum dieser Trend immer wichtiger wird.
5. Bereiten Sie sich auf die Präsentation vor.
6. Präsentieren Sie Ihre Ergebnisse und prüfen Sie diese auf Vollständigkeit und Richtigkeit.
7. Geben Sie sich gegenseitig ein Feedback und nutzen Sie Ihr neu gewonnenes Wissen für die Zukunft.

Was sind Verkäufer- bzw. Käufermärkte

In den letzten Jahrzehnten wandelte sich der Markt vom Verkäufer- zum Käufermarkt. Dadurch sind Unternehmen immer mehr gezwungen, sich mit den Problemen, Wünschen und Bedürfnissen der potenziellen Kunden auseinanderzusetzen. Vor diesem Hintergrund ist es für erfolgreiche Unternehmen von größter Wichtigkeit, dass sich jeder Mitarbeiter über die besondere Bedeutung absatzpolitischer Maßnahmen bewusst ist.

Verkäufermärkte
Nach dem Zweiten Weltkrieg agierten die Unternehmen zunächst auf einem Verkäufermarkt.

Kennzeichen eines Verkäufermarkts ist eine Marktsituation, in der die Nachfrage größer als das Angebot ist.

Die Unternehmen mussten sich nicht an den spezifischen Bedürfnissen des Marktes orientieren, da der Absatz der von ihnen angebotenen Waren aufgrund der Knappheit nach dem Krieg problemlos war. Im Mittelpunkt der Unternehmenstätigkeit stand die Versorgung der Kunden und der Bevölkerung mit Waren. Die Unternehmen versuchten, die Waren auf den damals sehr engen Märkten zu beschaffen bzw. zu produzieren. Hatten sie damit Erfolg, boten sie die Artikel an und konnten sicher sein, die dringend nachgefragten Waren auch abzusetzen. Die Kunden und letztlich die Verbraucher waren froh, überhaupt etwas kaufen zu können. Absatzpolitische Maßnahmen waren überhaupt nicht notwendig.

Käufermärkte
In den 1950er-Jahren begann die Zeit des Wiederaufbaus und des Wirtschaftswachstums. Die mit dem Käufermarkt einhergehende Mangelwirtschaft hatte ein Ende. Ab 1960 setzte in der Bundesrepublik der Wandel vom Verkäufermarkt zum Käufermarkt ein. Immer mehr Unternehmen boten immer mehr Waren an, sodass es schwieriger wurde, Käufer für die angebotenen Artikel zu finden. Die Unternehmen waren daher zunehmend gezwungen, verkaufsorientiert anzubieten.

Ein Käufermarkt zeichnet sich dadurch aus, dass die Käufer gegenüber den Anbietern eine starke Marktposition haben. Auf einem solchen Markt überwiegt das Angebot die Nachfrage.

Für die Unternehmen bzw. Autohäuser ist mittlerweile nicht mehr die Beschaffung der Engpass, sondern der Verkauf von Waren. Erfolgreich sind die, die versuchen, den Markt aktiv zu beeinflussen.

Für den Geschäftserfolg reicht es heute also nicht aus, nur qualitativ hochwertige Ware anzubieten.

Ein Autohaus steht heute einer großen Konkurrenz in Form vieler anderer Unternehmen gegenüber. Bleiben die Kunden aus, ist schnell die Existenz gefährdet. Deshalb ist es wichtig,

- einerseits auf den Märkten kundenorientiert aufzutreten,
- dort andererseits Marketing zu betreiben.

Marketing

Unter Marketing versteht man alle – bewusst und systematisch angewandten – Maßnahmen eines Autohauses, die darauf ausgerichtet sind, den Absatz der Fahrzeuge, Artikel und Dienstleistungen zu fördern.

Beim Marketing geht es um das aktive Bearbeiten des Marktes mit dem Ziel, einen möglichst großen Gewinn zu erwirtschaften. Vor allem die Kunden sollen entsprechend der Unternehmensziele beeinflusst werden. Alle Handlungen des Autohauses werden systematisch und geplant auf die Wünsche der Kunden hin ausgerichtet.

Kundenorientierung

Was ist ein Kunde?

Ein Kunde ist die wichtigste Persönlichkeit für das Autohaus – gleichgültig, ob persönlich anwesend oder außerhalb dieses.

Ein Kunde ist nicht nur von dem Autohaus abhängig, sondern dieses von ihm.

Ein Kunde ist nicht nur die Unterbrechung der Arbeit, sondern ihr Zweck.

Ein Kunde ist ein wesentlicher Teil des geschäftlichen Daseins.

Die Zeit des Verteilens auf einem Verkäufermarkt ist für Unternehmen lange vorbei. In den letzten Jahrzehnten hat sich in der Wirtschaft damit aus absatzpolitischer Sicht eine Neuorientierung in der Denkhaltung durchgesetzt. Statt eines klassischen Fahrzeugs mit Grundausstattung wurden zunehmend die Bedürfnisse der aktuellen und potenziellen Kunden in den Mittelpunkt der Betrachtung gestellt und viele Features als wählbare Sonder-/Zusatzausstattung hinzugefügt. Nur die Anbieter können dabei im Wettbewerb dauerhaft bestehen, denen es gelingt, die Bedürfnisse der Kunden besser zu befriedigen als die Konkurrenz.

Mit dem Käufermarkt hat für die Wirtschaft das Zeitalter der Kundenorientierung begonnen. Kundenzufriedenheit stellt in Zukunft den wesentlichen Erfolgsfaktor des langfristigen

Geschäftserfolgs eines Autohauses dar. Nur zufriedene Kunden kommen wieder und kaufen erneut, bezahlen für Fahrzeuge, Dienstleistungen und Produkte auch einen angemessenen Preis.

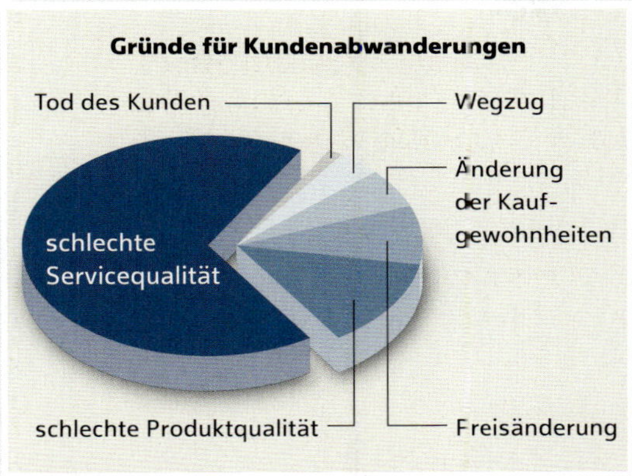

nach Zahlenwerten aus: Bruhn, Manfred, Kundenorientierung. Bausteine eines exzellenten Unternehmens, dtv, 2. Aufl., München

Um Kunden für das Autohaus zu gewinnen bzw. sie zu halten, müssen sie nicht nur durch das Sortiment und die angebotenen Fahrzeuge und Dienstleistungen oder die Preisgestaltung, sondern auch durch den Service zufriedengestellt werden. Wenn der Kunde also den Erfolg eines Autohauses bestimmt, dann hat nicht er sich auf dessen Angebot einzustellen, sondern die Mitarbeiter des Autohauses haben auf den Kunden, seine Fragen und Wünsche einzugehen. Die zentrale Frage, die gestellt werden muss, lautet: „Was muss ich tun, damit der Kunde bei mir kauft?“

Es gibt verschiedene Merkmale, durch die die Kundenorientierung eines Unternehmens charakterisiert wird.

Elemente der Kundenorientierung

Marketinginstrumente

Zur Erreichung der Marketingziele kann ein Unternehmen unterschiedliche Marketinginstrumente einsetzen. Dies sind alle Maßnahmen, die es dem Unternehmen ermöglichen, auf den Markt einzuwirken. Zu den Marketinginstrumenten zählen:

- Produktpolitik
- Sortimentspolitik
- Preis- und Konditionenpolitik
- Distributionspolitik
- Kommunikationspolitik

2.1 Produktpolitik

EINSTIEGSSITUATION

Nora Braun unterhält sich mit ihrem Kollegen, Herrn Giglione. Sie möchte gerne wissen, inwieweit die Produktpolitik Auswirkungen auf den Umsatz hat.

Sie beantworten die Frage.

Unter den Begriff **Produkt** fallen vor allem Güter. Aber auch Dienstleistungen können als Produkt verstanden werden. Die Produktpolitik beinhaltet alle Entscheidungen, die ein Unternehmen von der Produktidee über die Entwicklungsphase des Produkts bis hin zur Eliminierung des Produkts vom Markt trifft.

Die Produktpolitik ist vielleicht der entscheidende Parameter in der Marketingpolitik, denn nur mit innovativen und qualitativ hochwertigen Produkten kann das Unternehmen seinen Marktanteil und seine Gewinnmargen halten bzw. verbessern.

Gerade im Automobilbereich ist der Erfolg eines Herstellers und Händlers wesentlich von der Produktpolitik abhängig. Innovative Produkte unter Berücksichtigung von aktuellen Trends sowie ansprechende Designs sind Garanten für den Erfolg eines Autohauses.

Art und Charakter eines Automobils werden bestimmt durch:

- Design (Interieur, Exterieur)
- Qualität
- Ausstattungsmerkmale
- funktionale, ergonomische und ästhetische Form
- ökologische Aspekte
- Wiedererkennungswert, z. B. Einsatz des Markenlogos

Im Zuge der Produktpolitik müssen auch die nachfolgenden Punkte Berücksichtigung finden:

- Verschärfung der gesetzlichen Regelungen, was die Produkthaftung der Hersteller betrifft
- Handel auch über den deutschen Markt hinaus; hier spielt die Produkthaftung ebenfalls eine zentrale Rolle
- Steigerung des Umweltbewusstseins der Autofahrer (Umdenken in Bezug auf den Kraftstoff usw.)
- gesetzliche Regelungen zum Umweltschutz, die auch in Zukunft verschärft werden sollen (z. B. Umweltschutzplakette, ein eventuelles Fahrverbot für Dieselfahrzeuge in Großstädten usw.)
- Hersteller-Kundenbeziehung und der Stellenwert der Marke innerhalb der anderen Hersteller
- Ansprüche der Kunden an die Leistungsfähigkeit und Ausstattung der Fahrzeuge in Kombination mit dem Preis
- die zunehmenden Qualitätsansprüche der Kunden, die sich unter anderem auch in der Verlängerung der Garantiezeiten widerspiegelt

2.2 Sortimentspolitik

EINSTIEGSSITUATION

Frau Köppel liegt der nachfolgende Bericht vor. Mithilfe von diesem möchte sie nun das bestehende Sortiment der Autohaus Köppel GmbH kontrollieren.

Dabei stellt sich ihr die Frage: Welche Entscheidungen sollten in Bezug auf das Sortiment getroffen werden, wenn dieser Bericht zugrunde liegt?

Artikelbericht (Auszug)

ART.-BERICHT VON 6. FEBRUAR BIS 12. FEBRUAR 20.. WARENGRUPPE:

WARENART 1 ***** ALUFELGEN *****

ARTIKEL-NR. INTERNE NR.	BEZEICHNUNG	VK-PREIS EK-PREIS	VK-ST. BESTAND	BESTAND VK BESTAND EK	UMSATZ GEWINN	KALK. % ERZ. %	ABV.%
70200	BETTY JORDAN	369,00	5	369,00	1.845,00	54,6	83,3
10001		187,40	1	187,42	1.008,00	54,6	
70400	DECO INTERN	359,00	2	718,00	718,00	52,8	50,0
10004		169,50	2	339,00	379,00	52,8	
70410	KTM	256,60	5	2.042,80	1.283,00	52,4	38,4
20001		126,10	8	1.008,80	652,50	52,4	
70000	STEIGER	179,00	4	358,00	716,00	55,6	66,6
10002		78,50	2	157,00	402,00	55,6	

WARENART 2 ***** REIFEN *****

ARTIKEL-NR. INTERNE NR.	BEZEICHNUNG	VK-PREIS EK-PREIS	VK-ST. BESTAND	BESTAND VK BESTAND EK	UMSATZ GEWINN	KALK. % ERZ. %	ABV.
70400	DECO INTERN	205,00	3	1.230,00	615,00	56,2	33,3
30001		89,89	6	537,34	345,33	56,2	
70410	KTM	198,00	5	396,00	990,00	57,1	71,4
30003		84,90	2	169,80	565,50	57,1	

Sortimentspolitik ist die bewusste, planmäßige Gestaltung des Sortiments. Ziel der Sortimentspolitik ist es, Inhalt und Umfang des Sortiments so zu gestalten, dass die geplanten Umsätze und Gewinne erreicht werden (Produktmix).

Das Sortiment ist die Gesamtheit aller Waren und Dienstleistungen, die ein Unternehmen anbietet.

Die Sorte ist die kleinste Einheit des Sortiments. Gleichartige Sorten, die sich nur nach der Menge, Größe, Farbe und Musterung unterscheiden, bilden einen Artikel. Verschiedene, aber ähnliche Artikel werden zu Warenarten und Warengruppen zusammengefasst.

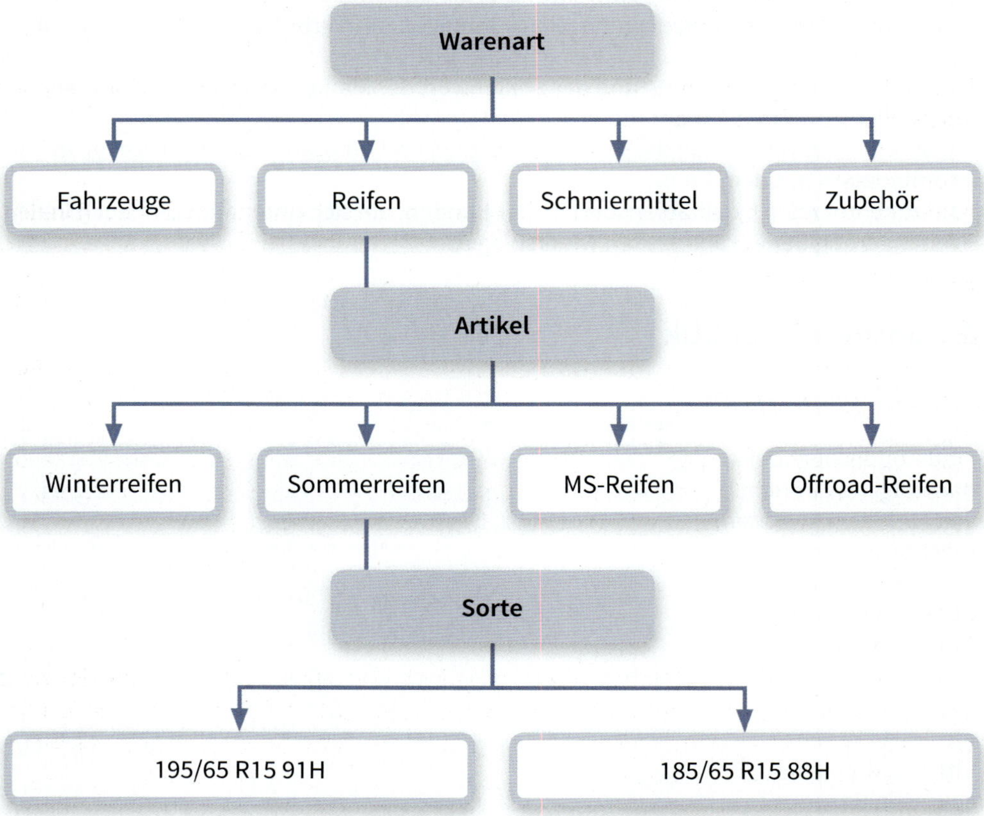

Sortimentsumfang

Der Sortimentsumfang eines Unternehmens wird mit den Begriffen **Sortimentsbreite** und **Sortimentstiefe** beschrieben.

Sortimentsbreite

Die Sortimentsbreite wird durch die Zahl der Warenarten und Warengruppen bestimmt. Je mehr Warenarten und Warengruppen in einem Unternehmen angeboten werden, umso breiter ist sein Sortiment. Ein breites Sortiment enthält viele Warenarten und Warengruppen. Ein schmales Sortiment besteht nur aus einer oder wenigen Warenarten.

Sortimentstiefe
Die Sortimentstiefe wird durch die Artikel- und Sortenzahl bestimmt. Je mehr Artikel und Sorten innerhalb einer Warenart bzw. Warengruppe angeboten werden, umso tiefer ist ein Sortiment. Ein Unternehmen führt ein tiefes Sortiment, wenn es innerhalb der einzelnen Warenarten und Warengruppen viele Artikel und Sorten anbietet. Werden innerhalb der einzelnen Warenarten und Warengruppen nur wenige Artikel und Sorten angeboten, spricht man von einem flachen Sortiment.

Kern- und Randsortiment

Nach der Bedeutung für den Gesamtumsatz kann man das Sortiment eines Unternehmens unterteilen in Kern- und Randsortiment.

Kernsortiment
Das Kernsortiment ist der Sortimentsteil, auf den sich die Haupttätigkeit des jeweiligen Unternehmens erstreckt. Es erbringt in der Regel den überwiegenden Umsatzanteil. Im Automobilbereich sind dies die Fahrzeuge selbst.

Randsortiment
Das Randsortiment wird zur Abrundung des Kernsortiments geführt. Es erbringt in der Regel den geringeren Umsatzanteil.

Beispiel

Zum Kernsortiment der Autohaus Köppel GmbH zählen die verschiedenen Fahrzeuge.
Im Randsortiment werden die Zubehörteile geführt (Tuningteile usw.).

Kundendienstleistungen

Kundendienstleistungen sind Nebenleistungen eines Unternehmens, die es zusätzlich zu seiner Hauptleistung, dem Verkauf von Waren, erbringt. Dazu gehören Leistungen, die in unmittelbarem Zusammenhang mit den Produkten stehen, und produktunabhängige Leistungen, die der Bequemlichkeit des Kunden dienen.

Warenbezogene Dienstleistungen von Autohäusern sind z. B.:

- Produktberatung und Informationen rund um die Fahrzeuge
- Benutzerhandbücher
- Garantiegewährung
- Reparaturservice
- Inspektions- und Wartungsservice
- Ersatzteildienst
- Ersatzfahrzeugbereitstellung im Falle der Reparatur oder Wartung

Nicht warenbezogene Dienstleistungen, die von Unternehmen angeboten werden können, sind z. B.:

- Übernahme von betrieblichen Funktionen der Kunden (Rechnungswesen, Werbung usw.)
- Überlassung von EDV-Kapazitäten
- Unternehmensberatung
- Personalschulung
- Finanzierungshilfen

Die zunehmende Bedeutung des Kundendienstes hat ihre Ursachen in

- dem steigenden Wettbewerb auf immer mehr gesättigten Märkten;
- der Schaffung von Wettbewerbsvorteilen;
- den ständig komplizierter werdenden Produkten und Fahrzeugen;
- dem wachsenden Wunsch der Kunden nach Problemlösungen, die sehr häufig Produkt und Dienstleistung einschließen;
- dem steigenden Wettbewerb zwischen gleichartigen Massengütern und dem sich daraus ergebenden Wunsch der Händler, sich von der Konkurrenz abzuheben.

Einflussfaktoren der Sortimentspolitik

Die Sortimentspolitik eines Autohauses wird durch verschiedene Einflussfaktoren bestimmt.

Diese sind z. B.:

- **Lieferanten:**
  - Welche Fahrzeuge werden aktuell zu welchem Preis angeboten (Listenpreise)?
  - Welche Preisnachlässe werden gewährt und wie „marktgerecht" sind diese (Rabattstaffelungen)?
  - Welche Lieferzeiten gelten (bilden sich unter anderem durch die Nachfrage)?
  - Wie zuverlässig ist der Lieferant?
- **Kunden:**
  - aktuelle Trends
  - durchschnittliches Kundenalter
  - familiäre Situationen der Kunden
  - Wirtschaftsstandort, an dem sich das Autohaus befindet (welche Kaufkraft haben die Kunden?)
- **Lagerfläche:**
  - Die zur Verfügung stehende **Lagerfläche** begrenzt die Zahl der in einem Sortiment geführten Artikel.
- **Kapital:**
  - Zu einer Begrenzung des Sortimentsumfangs kann ebenfalls das zur Verfügung stehende **Kapital** führen.
- **Konkurrenz:**
  - Bei der Sortimentsgestaltung muss das Unternehmen auch die Zusammensetzung der **Sortimente der Konkurrenz** beachten.

Der **Bedarf des angesprochenen Kundenkreises** ist eine wesentliche Einflussgröße für die Sortimentsgestaltung. Wenn Unternehmen keine Umsatz- und Gewinneinbußen erleiden wollen, müssen sie ihr Sortiment an Änderungen des Kundenbedarfs anpassen.

In der Bevölkerung hat das **Umweltbewusstsein** in den letzten Jahren stark zugenommen. Dies hat Auswirkungen auf ihr Kaufverhalten. Autohäuser tragen diesem Bewusstseinswandel durch die Aufnahme umweltschonender Fahrzeuge in ihr Sortiment Rechnung. Sie können z. B. auch Artikel, deren Herstellung, Verwendung oder Beseitigung die Gesundheit und Umwelt belasten, aus ihrem Sortiment herausnehmen und durch umweltverträgliche Artikel ersetzen.

Sortimentskontrolle

Durch eine ständige Kontrolle des Sortiments werden artikelgenaue Informationen über Sortimentslücken, Umsatz- und Absatzentwicklung sowie die Umschlagshäufigkeit gewonnen. Dazu können insbesondere folgende Methoden angewendet werden.

Fehl- und Nichtverkaufskontrolle
Von **Fehlverkäufen** wird gesprochen, wenn Artikel, die grundsätzlich im Sortiment geführt werden, zum Zeitpunkt der Nachfrage durch den Kunden nicht auf Lager waren.

Von **Nichtverkäufen** spricht man, wenn Kunden Artikel nachfragen, die im bestehenden Sortiment nicht geführt werden.

Sortimentskontrolle durch die kurzfristige Erfolgsrechnung
Die kurzfristige Erfolgsrechnung (KER) ist ein Teilgebiet des handelsbetrieblichen Rechnungswesens. Sie kann manuell oder mithilfe der elektronischen Datenverarbeitung (EDV) durchgeführt werden. Die mithilfe der EDV durchgeführte kurzfristige Erfolgsrechnung liefert u. a. warengruppen- und artikelgenaue Informationen über Umsatz, Abverkauf, Lagerbestand, Lagerumschlagshäufigkeit und Roherträge. Die Auswertung der kurzfristigen Erfolgsrechnung hilft, wirtschaftliche und unwirtschaftliche Artikel im Sortiment aufzuspüren.

Beispiel

Aus dem Artikelbericht der Autohaus Köppel GmbH kann Frau Köppel für jeden Artikel den Verkaufspreis (VK-Preis) und Einkaufspreis (EK-Preis) pro Stück, die in der Zeit vom 06.02.–12.02. verkauften Stück (VK-Stück), den Lagerbestand in Stück (Bestand), den Lagerbestand bewertet zu Verkaufspreisen (Bestand VK) und zu Einkaufspreisen (Bestand EK), den Umsatz in der Zeit vom 06.02.–12.02., den Rohertrag in Euro (Gewinn) und in Prozent (ERZ %) sowie den Abverkauf in Prozent (ABV %) entnehmen.

Aus dem Artikelbericht können eine sogenannte **Renner-** und eine **Pennerliste** erstellt werden. Die Rennerliste enthält alle Artikel aus dem Artikelbericht, die gut verkauft wurden. Die Pennerliste listet die Artikel auf, die wenig verkauft wurden.

RENNER-PENNER-BERICHT

WARENART 1 ***** **ALUFELGEN** ***** ABVERKAUF BESSER 60 %

ARTIKEL-NR. INTERNE NR.	BEZEICHNUNG	VK-PREIS EK-PREIS	VK-ST. BESTAND	BESTAND VK BESTAND EK	UMSATZ GEWINN	KALK. % ERZ. %	ABV. %
70200 10001	BETTY JORDAN	369,00 187,40	5 1	369,00 187,40	1845,00 1008,00	54,6 54,6	83,3
70000 10002	STEIGER	179,00 78,50	4 2	358,00 157,00	716,00 402,00	55,6 55,6	66,6

BERICHTSENDE

RENNER-PENNER-BERICHT FILIALE: 001

WARENART 1 ***** **ALUFELGEN** ***** ABVERKAUF SCHLECHTER 60 %

ARTIKEL-NR. INTERNE NR.	BEZEICHNUNG	VK-PREIS EK-PREIS	VK-ST. BESTAND	BESTAND VK BESTAND EK	UMSATZ GEWINN	KALK. % ERZ. %	ABV. %
70400 10004	DECO INTERN	359,00 169,50	2 2	718,00 339,00	718,00 379,00	52,8 52,8	50,0
70410 20001	KTM	256,60 126,10	5 8	2042,80 1008,80	1283,00 652,50	52,4 52,4	38,4

BERICHTSENDE

Effektive Sortimentskontrolle
Neben der reinen Bestandsaufnahme werden Faktoren wie Zeit, Filialen und Branchen verglichen und dienen somit als Grundlage für Sortimentsentscheidungen.

Möglichkeiten der Sortimentsveränderung bzw. der Sortimentsanpassung

Wenn durch Sortimentskontrollen Sortimentslücken oder nicht beziehungsweise schwer verkäufliche Artikel festgestellt werden, sind Veränderungen im Sortiment des Unternehmens erforderlich. Durch Bereinigung und Erweiterung versuchen Unternehmen, ihr Sortiment an das veränderte Nachfrageverhalten der Kunden anzupassen. Dadurch soll die Leistungsfähigkeit des Unternehmens erhöht werden.

Sortimentsbereinigung
Bei einer Sortimentsbereinigung werden bestimmte Artikel und Sorten aus dem Sortiment gestrichen. Dadurch wird der Sortimentsumfang verringert.

Sortimentserweiterung
Bei einer Sortimentserweiterung werden zusätzliche Artikel und Sorten in das Sortiment aufgenommen. Die Aufnahme zusätzlicher Artikel und Sorten in schon bestehende Warenarten und Warengruppen führt zu einer Vertiefung des Sortiments. Die Aufnahme zusätzlicher Warengruppen führt zu einer Sortimentsverbreiterung.

Eine besondere Form der Sortimentserweiterung ist die Diversifikation.

Diversifikation

Diversifikation bedeutet die Aufnahme bedarfsverwandter oder sonstiger Waren und Leistungen, die in keinem direkten Zusammenhang mit dem bisherigen Betätigungsfeld des Unternehmens stehen.

Dabei kann zwischen horizontaler, vertikaler und lateraler Diversifikation unterschieden werden.

- **Horizontale Diversifikation:**
  Bei der horizontalen Diversifikation dehnt das Unternehmen seine Aktivitäten auf Bereiche aus, die auf derselben Wirtschaftsstufe liegen. Mit den neu aufgenommenen Waren und Dienstleistungen wendet sich das Unternehmen i. d. R. an bereits vorhandene Kunden oder an Abnehmer, die sich auf derselben Wirtschaftsstufe wie diese befinden.

Beispiel

Die Autohaus Köppel GmbH nimmt Motorräder in ihr Sortiment auf.

- **Vertikale Diversifikation:**
  Bei der vertikalen Diversifikation werden Produkte der vor- oder nachgelagerten Wirtschaftsstufen in das Sortiment aufgenommen.

Beispiel

Die Autohaus Köppel GmbH kauft eine Autowaschanlage.

- **Laterale Diversifikation:**
  Bei der lateralen Diversifikation werden Produkte in das Sortiment aufgenommen, die in überhaupt keinem Zusammenhang zum bisherigen Sortiment stehen.

Beispiel

Die Autohaus Köppel GmbH nimmt Schlüsselanhänger in ihr Sortiment auf, die an der Kasse präsentiert werden.

Sortimentssubstitution

Hierbei werden Artikel durch andere Artikel ersetzt, der Umfang des Sortiments bleibt jedoch erhalten. Möglichkeiten sind hierbei die qualitative Anhebung (Trading-up) oder die qualitative Senkung (Trading-down) des Sortiments.

Sortimentsverjüngung

Durch stetige Neuerungen und den schnellen technischen Wandel in der Automobilindustrie ist es erforderlich, „veraltete“ Artikel durch aktuelle Artikel zu ersetzen.

2.3 Preis- und Konditionenpolitik

EINSTIEGSSITUATION

Die Autohaus Köppel GmbH bietet aktuell für das Fahrzeug Spiders-Cabrio folgendes Ausstattungspaket an:

- Klimaautomatik
- Sportlenkrad mit Lederbezug
- 8-fach-Bereifung
- Bluetooth-Schnittstelle

Der Preisvorteil gegenüber der Zubehörpreisliste beträgt 2 200,00 €.

Nora Braun möchte von Herrn Köppel wissen, warum die Autohaus Köppel GmbH dieses Angebot für die Kunden gewährt.

Sie beantworten ihre Frage.

Die Preis- und Konditionenpolitik umfasst alle Entscheidungen, die sich mit der Festsetzung der Preise und der Lieferungs- und Zahlungsbedingungen für die vom Unternehmen angebotenen Leistungen beschäftigen.

Einflussgrößen

Bei der Preisgestaltung muss die Kostensituation des Unternehmens berücksichtigt werden. Grundsätzlich müssen die Verkaufspreise langfristig die Gesamtkosten (Einstandspreise zuzüglich Handlungskosten) decken.

Bei der Preisgestaltung muss der Unternehmer neben seiner innerbetrieblichen Kostensituation eine Reihe außerbetrieblicher Einflussgrößen beachten. Dazu gehören besonders:

- Beschaffungskosten (kostenorientierte Preisgestaltung)
- Preisempfehlungen der Hersteller
- Konkurrenzsituation (konkurrenzorientierte Preisgestaltung)
- Verhalten der Kunden (nachfrageorientierte Preisgestaltung)
- gesetzliche Bestimmungen, z. B. Regelungen des Gesetzes gegen den unlauteren Wettbewerb (rechtliche Preisbestimmungen)

Kostenorientierte Preisgestaltung
Bei der kostenorientierten Preisgestaltung kalkuliert das Autohaus die Preise unter Berücksichtigung aller anfallenden Kosten für ein Produkt oder ein Fahrzeug. Dies hat den Nachteil, dass man u. U. mit dem kalkulierten Preis am Markt nicht konkurrenzfähig ist. Man spricht in diesem Zusammenhang auch von einem „marktfernen Preis“.

Wird für ein Fahrzeug oder Produkt ein Umsatzrückgang verzeichnet, müssten z. B. die anfallenden Fixkosten auf die niedrigere Stückzahl umgelegt werden, was zu einer Preiserhöhung führen würde. Steigt der Absatz jedoch, würde sich der Preis reduzieren, da die Fixkosten entsprechend auf mehr Produkte umgelegt werden können.

Aus kaufmännischer Sicht ist diese Vorgehensweise in der Praxis weniger sinnvoll. Jedoch sollten die entsprechenden Kalkulationen vorgenommen werden, damit das Autohaus abschätzen kann, ob es auf lange Sicht für das entsprechende Produkt konkurrenzfähig ist oder nicht. Wäre der kalkulierte Preis beispielsweise im Vergleich mit der Konkurrenz zu hoch, muss überprüft werden, inwieweit Kosten, die in Zusammenhang mit dem Produkt anfallen, gesenkt werden können. Ist dies nicht möglich, sollte nach einem günstigeren Ersatzprodukt gesucht und das ursprüngliche Produkt vom Markt genommen werden.

Preisempfehlungen des Herstellers

Preisempfehlungen des Herstellers sind unverbindliche Empfehlungen an den Handel, zu diesen Preisen zu verkaufen. Der Händler ist an diese Empfehlung nicht gebunden.

Unverbindliche Preisempfehlungen (UVP) sind gesetzlich zulässig. Eine verbindliche Preisbindung durch den Hersteller ist gesetzlich nur bei Verlagserzeugnissen sowie bei verschreibungspflichtigen Pharmaerzeugnissen erlaubt.

Konkurrenzsituation (konkurrenzorientierte Preisgestaltung)

Die Preispolitik eines Autohauses wird von der Konkurrenzsituation auf dem Markt beeinflusst.

Auf einem Markt können Waren von vielen, wenigen oder nur einem Anbieter angeboten und von vielen, wenigen oder nur einem Nachfrager nachgefragt werden.

Häufige Marktformen sind die vollständige Konkurrenz und das Angebotsoligopol.

Unternehmen machen ihre preispolitischen Maßnahmen oft von den erwarteten Preisreaktionen der Konkurrenten (Mitwettbewerber) abhängig. So verzichten sie teilweise auf Maßnahmen der Preispolitik, wenn damit zu rechnen ist, dass die Konkurrenten eine Preissenkung nachvollziehen, um ihren Marktanteil zu halten.

Bei der vollständigen Konkurrenz ist der Einfluss des einzelnen Anbieters auf das zustandekommen des Marktpreises so gering, dass von ihm vorgenommene Preisänderungen keine Auswirkungen auf die Mitwettbewerber haben.

Beim Angebotsoligopol ist der Marktanteil eines Anbieters so groß, dass seine preispolitischen Maßnahmen den Absatz der Mitanbieter fühlbar beeinflussen. In diesem Fall muss der Anbieter damit rechnen, dass seine Mitanbieter seine preispolitischen Maßnahmen mit Gegenmaßnahmen (z. B. ebenfalls mit Preissenkungen) beantworten.

Verhalten der Kunden (nachfrageorientierte Preisgestaltung)

Das Verhalten der Nachfrager auf Preisänderungen ist abhängig von der Art der Waren. Bei Waren des Grund- und Gewohnheitsbedarfs (z. B. Fleisch, Gemüse, Milch) und Produktionsgütern reagieren Kunden wesentlich stärker auf Preisänderungen als bei Prestigewaren (z. B. Schmuck) oder Waren des Hobbybedarfs. Im Bereich der Automobilindustrie haben die Kunden „Preisvorstellungen", die in Verbindung mit der entsprechenden Marke stehen. Dementsprechend sind die Kunden bereit, für ein bestimmtes Fahrzeug einen entsprechenden Preis zahlen.

Maßnahmen der Preis- und Konditionenpolitik

Sonderangebote

Bei Sonderangeboten werden einzelne normal kalkulierte Waren und Dienstleistungen für kurze Zeit zu vergleichsweise niedrigen Preisen angeboten.

Sonderangebote dienen dazu,

- die Preiswürdigkeit des Sortiments des Anbieters zu verdeutlichen,
- den Verkauf von möglichen Ladenhütern zu beschleunigen und damit zusätzliche Kosten (Lagerkosten, Kapitalbindung, Verderb) zu vermeiden.

Gelegentlich werden Sonderangebote auch dazu benutzt, um die Liquiditätslage des Anbieters kurzfristig zu verbessern.

Beispiel

Im November bietet die Autohaus Köppel GmbH einen Wintercheck für 29,00 € zuzüglich anfallender Kosten für evtl. auszutauschende Teile an. Normalerweise wird dieser Service für 49,00 € angeboten.

Preisdifferenzierung

Preisdifferenzierung liegt vor, wenn ein Unternehmen die gleiche Ware oder Dienstleistung zu unterschiedlichen Preisen anbietet.

Ziel der Preisdifferenzierung ist es, sich mit der Preisstellung unterschiedlichen Marktgegebenheiten anzupassen.

Formen der Preisdifferenzierung			
Räumliche	Personelle	Zeitliche	Mengenmäßige
Die gleiche Ware wird an verschiedenen Orten zu verschiedenen Preisen angeboten.	Die gleiche Ware wird unterschiedlichen Kundengruppen zu unterschiedlichen Preisen angeboten.	Die gleiche Ware oder Dienstleistung wird zu verschiedenen Zeiten zu unterschiedlichen Preisen angeboten.	Bei Abnahme größerer Mengen einer Ware wird ein günstigerer Preis gewährt.
Beispiel: Ein Filialunternehmen bietet seine Produkte und Dienstleistungen an Orten mit vielen Konkurenzbetrieben günstiger an als an Orten ohne Konkurrenzbetriebe.	**Beispiel:** Ein Händler gibt Fahrzeuge an Unternehmensinhaber preiswerter ab als an andere Kunden.	**Beispiel:** Zur zeitlichen Preisdifferenzierung gehören verbilligte Angebote von Saisonwaren außerhalb der Saison (z. B. günstigere Preise für Fahrradgepäckträger im Winter).	**Beispiel:** Die Autohaus Köppel GmbH gibt das Scheibenreinigungsmittel mit Gefrierschutz ab einem Kauf von 5 Litern für 2,00 € pro Liter anstelle von 2,50 € pro Liter ab.

Rabattgewährung

Rabatte sind Nachlässe von einheitlich festgelegten Bruttopreisen. Der einmal von einem Anbieter festgelegte Preis für ein Produkt oder eine Dienstleistung kann durch die Gewährung von Rabatten oder Naturalrabatten verändert werden.

Sie können u. a. gewährt werden

- für die Abnahme größerer Mengen (Mengenrabatt),
- an langjährige Kunden (Treuerabatt),
- an Händler und Produktionsbetriebe (Wiederverkäuferrabatt),
- an Betriebsangehörige (Personalrabatt),
- für vorzeitige Zahlung (Skonto),
- wenn der Kunde am Ende eines Jahres einen bestimmten Mindestumsatz erreicht oder überschritten hat (Bonus).

Naturalrabatte sind Rabatte, die in Form von Waren/Produkten gewährt werden. Sie können als Draufgabe oder Dreingabe gewährt werden. Bei der Draufgabe muss der Kunde die bestellte Ware bezahlen und erhält zusätzliche Ware gratis. Bei der Dreingabe muss der Kunde nur einen Teil der gewünschten Ware bezahlen, der Rest ist gratis.

Beispiel

Ein Kunde kauft 15 Liter Öl. Der Großhändler gewährt einen Naturalrabatt von einem Liter.

Draufgabe →	Kunde wünscht:	15 Liter Öl
	Kunde erhält:	16 Liter Öl
	Kunde bezahlt:	15 Liter Öl
Dreingabe →	Kunde wünscht:	15 Liter Öl
	Kunde erhält:	15 Liter Öl
	Kunde bezahlt:	14 Liter Öl

Konditionengewährung

Konditionen sind die Lieferungs- und Zahlungsbedingungen, die zwischen Verkäufer und Käufer vereinbart werden.

Die Preis- und Konditionenpolitik umfasst auch sämtliche Maßnahmen, die sich auf die Gestaltung der Lieferungs- und Zahlungsbedingungen beziehen.

Autohäuser bieten kundenfreundliche Konditionen an, um

- neue Kunden zu gewinnen,
- Kunden dauerhaft als Stammkunden zu erhalten,
- den Absatz mit bestehenden Kunden zu erhöhen.

Absatzfördernde Lieferungs- und Zahlungsbedingungen sind:

- schnelle und kostenfreie Zustellung der gekauften Artikel mit betriebseigenen und betriebsfremden Fahrzeugen, mit der Post oder mit der Bahn
- Übernahme des Transportrisikos durch den Anbieter
- Vereinbarung, dass gebrauchte Fahrzeuge in Zahlung genommen werden
- Einräumung von Zahlungsbedingungen, die dem Kunden eine nachträgliche Bezahlung der Ware erlauben

Beispiele

- **Teilzahlungsverkäufe:** Der Käufer kann den Kaufpreis in Raten begleichen.
- **Zielverkäufe:** Der Käufer zahlt den Kaufpreis bis zu einem bestimmten Zeitpunkt, z. B. innerhalb von 30 Tagen.
- **Valutierung:** Bei der Valutierung wird die Rechnung vordatiert. Das bedeutet, dass auch die Zahlung erst zu einem späteren Zeitpunkt erfolgen muss und die Laufzeit für Skonto (= Preisnachlass für vorzeitige Zahlung) erst ab dem vordatierten Rechnungsdatum beginnt.

Durch die Einräumung von Zahlungsbedingungen, die eine nachträgliche Bezahlung der Ware erlauben, gewährt der Anbieter seinen Kunden einen Kredit.

Da kleine Absatzmengen dem Anbieter nahezu die gleichen Absatzkosten verursachen wie größere Absatzmengen, vereinbaren Anbieter mit ihren Abnehmern häufig Mindestabnahmemengen oder Mindestauftragswerte. Für den Fall, dass ein Kunde eine geringere Menge bestellt, wird ihm von dem Anbieter ein Mindermengenzuschlag berechnet.

2.4 Distributionspolitik

EINSTIEGSSITUATION

Die Autohaus Köppel GmbH plant, ihre Fahrzeuge zukünftig auch im angrenzenden Luxemburg anzubieten. Überlegt wird, wie man mögliche luxemburgische Kunden am besten erreichen kann. Sie sammeln Ideen und präsentieren diese.

Mit den Instrumenten der Distributionspolitik steuert ein Unternehmen den Weg des fertigen Produkts zum Kunden[1].

Früher konzentrierten sich die meisten Unternehmen auf einen einzigen Absatzweg. Dies wird Single-Channel-Distribution genannt. Heute benutzen – auch gefördert durch die Verbreitung des Internets – immer mehr Unternehmen mehrere Absatzwege gleichzeitig. Der Fachausdruck dafür ist Multi-Channel-Distribution. Im Rahmen der Distributionspolitik hat ein Unternehmen grundsätzlich die Wahl zwischen Möglichkeiten des direkten und des indirekten Absatzes.

Beispiel

Die Geschäftsleitung der Autohaus Köppel GmbH entscheidet sich, nicht nur im Showroom zu verkaufen, sondern auch über ihren Internetshop und sonstige Onlineplattformen. Gleichzeitig werden alle Großkunden mit Reisenden besucht.

1 In diesem Kapitel wird eine sehr enge Definition der Distributionspolitik verwendet. Dabei geht es nur um die Gestaltung der Vertriebssysteme. In weiter gefassten Auslegungen der Distributionspolitik geht es auch um die logistischen Lager- und Transporttätigkeiten bis zur Auslieferung der Endprodukte an den Kunden. Darauf wird hier nicht eingegangen.

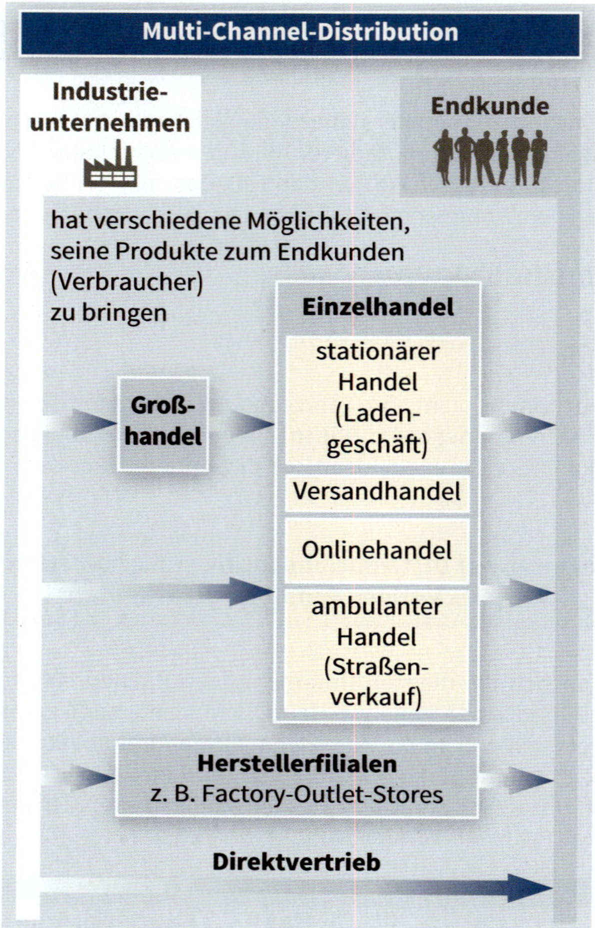

Direkter Vertrieb

Kennzeichen des Direktvertriebes ist es, dass das Produkt genau einmal den Eigentümer wechselt: Das Produkt wird also unmittelbar an einen Abnehmer verkauft. Der Absatz erfolgt über betriebseigene Vertriebssysteme oder über Absatzhelfer.

Der direkte Absatz kann einem Unternehmen verschiedene **Vorteile** bringen:

- Es fallen die Kosten und Gewinnspannen der Zwischenhändler weg.
- Man begibt sich nicht in die Abhängigkeit von Handelsbetrieben.
- Man ist sehr nah am Kunden.
- Kunden können sehr schnell beliefert werden, da der Weg über Zwischenhändler entfällt.

Der direkte Absatz kann aber auch **Nachteile haben:**

- Es fallen erhöhte Vertriebskosten an.
- Der Hersteller muss die Lagerhaltung (Hauptaufgabe des Handels ist nämlich die Überbrückung des Zeitraums zwischen Produktion und Verkauf) übernehmen.
- Der Hersteller muss sich Marktkenntnisse verschaffen, die ortsansässige Händler schon haben.
- Ein direkter Absatz belastet die Liquidität: Der Handel dagegen kauft in größeren Mengen auf Vorrat, wodurch dem Hersteller frühzeitig größere Geldbeträge zur Verfügung stehen.

Betriebseigene Vertriebssysteme

Betriebseigene Vertriebssysteme gehören dem Unternehmen an.

- **Geschäftsleitung:**
  Dem Vertrieb kommt als letztes Glied der betrieblichen Wertschöpfungskette in Zeiten weithin gesättigter Märkte (Käufermärkte) eine entscheidende Rolle für das gesamte Betriebsergebnis des Unternehmens zu. Daher ist immer mindestens eine Person aus der Geschäftsleitung für diesen Bereich zuständig und verantwortlich. Hier werden die distributionspolitischen Zielvorgaben festgelegt. In die eigentlichen Absatzbemühungen schalten sich Mitglieder der Geschäftsleitung aber nur bei komplexen und sehr wichtigen Aufträgen ein.

- **Verkaufsabteilungen:**
  In der Verkaufsabteilung erfolgt die zielgerichtete Steuerung des Absatzes eines Unternehmens. Hier wird der Verkaufsvorgang gestaltet.

- **Niederlassungen:**
  Eine Verkaufsabteilung agiert zentral in der Regel vom Unternehmenssitz aus. Um aber in dem entsprechenden Markt besser und ständig präsent zu sein, können die Verkaufsbemühungen auch dezentral erfolgen. Hat ein Unternehmen regionale oder nationale Niederlassungen, gewinnt es eine größere Kundennähe.

- **Reisende:**

Der Reisende ist Angestellter des Unternehmens und somit weisungsgebunden. Seine Aufgabe ist es, für das Unternehmen Geschäfte zu vermitteln und abzuschließen.

Dazu betreut er den bestehenden Kundenstamm durch Besuche vor Ort, versucht aber auch, neue Kunden zu gewinnen. Ein Reisender erhält ein festes Grundgehalt und eine erfolgsabhängige Provision.

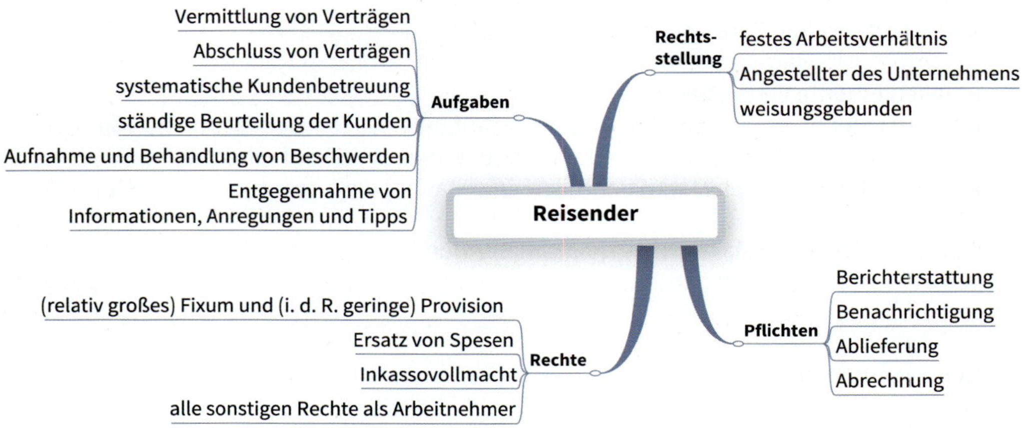

Absatzhelfer

Absatzhelfer sind betriebsfremde Vertriebssysteme, die einen direkten Absatz ermöglichen. Sie vermitteln Aufträge, erwerben aber kein Eigentum an den Produkten.

- **Handelsvertreter:**
  Ein Handelsvertreter ist ein selbstständiger Gewerbetreibender, der ständig aufgrund einer vertraglichen Vereinbarung damit betraut ist, Geschäfte für ein anderes Unternehmen zu vermitteln oder sogar in dessen Namen abzuschließen.

  Ein Handelsvertreter ist für ein (oder mehrere) Unternehmen in fremden Namen und auf fremde Rechnung tätig.

  Häufig haben Handelsvertreter Gebietsschutz: Ihnen wird ein Gebiet zugeteilt, für das sie allein zuständig sind. Neben der Vermittlung von Verträgen können sie in einigen Fällen auch die folgenden Aufgaben übernehmen:

  - Lagerhaltung
  - Auslieferung der Waren
  - Service und Kundendienst
  - Übernahme des Zahlungsausfallrisikos: Durch eine schriftliche Vereinbarung (und eine höhere Provision) kann der Handelsvertreter die Zahlungsfähigkeit des Kunden garantieren.

  Handelsvertreter stehen ständig in Beziehung zu ihren Kunden. Sie besuchen diese oft und kennen sie daher gut. Ein Handelsvertreter bekommt eine im Vergleich zum Reisenden erheblich höhere Provision (nur in Ausnahmefällen ein – geringes – Fixum).

- **Handelsmakler:**

  Handelsmakler stellen den Kontakt zwischen mehreren möglichen Käufern und Verkäufern her, sodass diese die Chance zu einem Vertragsabschluss erhalten.

Ein Handelsmakler führt also Angebot und Nachfrage zusammen. Im Gegensatz zum Handelsvertreter schließt er aber nicht selbst die Verträge ab. Handelsmakler sind nur fallweise tätig. Zum Nachweis seiner Tätigkeiten führt er ein Tagebuch. In der Regel bekommt er von beiden Vertragspartnern eine Courtage genannte Provision. Beide Vertragspartner bekommen nach Abschluss des Geschäfts vom Handelsmakler eine Schlussnote, die alle wichtigen Angaben zum Geschäft enthält.

- **Handelskommissionär:**

Ein Kommissionär führt Geschäfte in eigenem Namen, aber auf Rechnung eines Dritten aus.

Er ist also ein selbstständiger Gewerbetreibender, der gegen Provisionen Waren verkauft (manchmal auch einkauft). Die von ihm geknüpften Geschäftsbeziehungen werden nicht aufgedeckt.

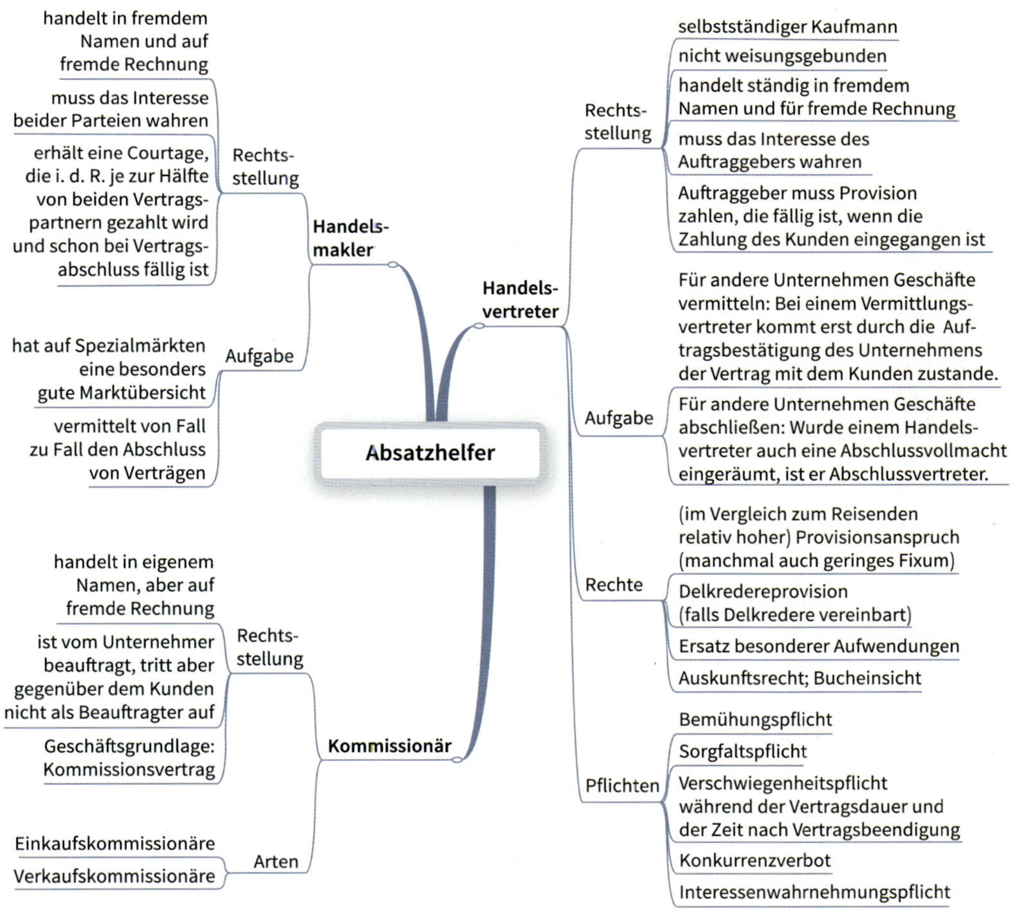

Eine Entscheidung, die häufig getroffen werden muss:
Soll ein Unternehmen einen Reisenden einstellen oder einen Handelsvertreter beauftragen?

Ein Reisender hat üblicherweise, weil er zum Unternehmen gehört, höhere Betriebs- und Produktkenntnisse. Er setzt sich in der Regel mehr für das Produkt ein. Der Handelsvertreter hat dagegen größere Ortskenntnisse und verfügt über vielfältige Abnehmerbeziehungen. Wessen Einsatz wirtschaftlich eher vertretbar ist, kann berechnet werden.

Beispiel

Die Autohaus Köppel GmbH plant, auch in Luxemburg ihre Fahrzeuge an Großabnehmer zu verkaufen. Überlegt wird, entweder Reisende oder Handelsvertreter einzusetzen. Dazu werden erst einmal die Kosten ermittelt.

Kosten für den Reisenden:
- 4 000,00 € Gehalt/Monat
- 2 % Umsatzprovision
- 500,00 € monatliche Spesen

Kosten für den Handelsvertreter:
- 8 % Umsatzprovision
- 500,00 € monatliche Spesen

Dann wird der kritische Umsatz berechnet, indem man die Kosten des Reisenden denen des Handelsvertreters gegenüberstellt.

Kosten des Reisenden	=	Kosten des Handelsvertreters	
4 000,00 € + 500,00 € + 0,02x	=	500,00 € + 0,08x	| – 0,02x
4 500,00 €	=	500,00 € + 0,06x	| – 500,00 €
4 000,00 €	=	0,06x	| : 0,06
66 666,66 €	=	x	

Beim kritischen Umsatz von 66 666,66 € sind die Kosten für einen Reisenden oder Vertreter gleich. Oberhalb dieses Betrags lohnt sich der Reisende, bei Beträgen unterhalb eher der Handelsvertreter.

Indirekter Vertrieb

Beim indirekten Vertrieb werden zwischen produzierendem Unternehmen und Abnehmer externe, rechtlich selbstständige Unternehmen eingeschaltet.

Dies sind einerseits betriebsfremde Vertriebsorgane wie Groß- und Einzelhandel. Diese sind rechtlich und wirtschaftlich unabhängig. Daneben gibt es noch betriebsfremde, aber unternehmensgebundene Absatzorgane wie Vertragshändler und Franchiseunternehmen, die zwar rechtlich selbstständig, aber wirtschaftlich an den Hersteller gebunden sind.

Nach der Herstellung wechselt das Produkt also mehrfach den Eigentümer auf dem Weg zum endgültigen Abnehmer.

Vorteile des indirekten Absatzes:

- Man braucht sich als Hersteller nur auf einige wenige – z. B. Handelsunternehmen – konzentrieren, die dann allerdings die Betreuung des gesamten Marktes übernehmen.
- Dadurch fallen auch geringere Distributionskosten an.
- Der Hersteller hat geringere Kosten, da die Handelsunternehmen die überwiegende Lagerhaltung und Beratung übernehmen.
- Da als Vertriebsweg Groß- und Einzelhandelsunternehmen eingeschaltet werden, benötigt die eigene Vertriebsabteilung nur eine einfache Organisation.

Nachteile des indirekten Absatzes:

- Die Gewinnspanne des Herstellers sinkt.
- Es kann zu einer Abhängigkeit von Handelsunternehmen kommen.
- Bei Produkten, die vom Endverbraucher gekauft werden, besteht die Gefahr einer Marktferne. Neue Entwicklungen und Tendenzen werden eventuell zu spät erkannt.

Unternehmensgebundene Absatzorgane
Hier arbeitet ein Hersteller mit Unternehmen zusammen, die durch spezielle Verträge in seine Marketing- und Vertriebsstrategie eingebunden sind.

- **Vertragshändler:**

  Ein Vertragshändler hat einen Vertrag mit einem Hersteller abgeschlossen, in dem er sich langfristig verpflichtet, die Produkte dieses Herstellers zu führen und deren Absatz zu fördern.

  Vertragliche Vereinbarungen, auf den Vertrieb von Konkurrenzprodukten zu verzichten, stehen im Widerspruch zur Wettbewerbspolitik innerhalb der Europäischen Union. Wie ein Handelsvertreter ist der Vertragshändler in das Vertriebssystem des Herstellers eingebunden. Er kauft bei ihm die Produkte im eigenen Namen und verkauft sie dann ebenfalls im eigenen Namen an seine Kunden. Vertragshändler bekommen oft das Alleinvertriebsrecht für eine bestimmte Region vom Hersteller eingeräumt. Die Hersteller haben dafür gewisse Kontrollrechte: Die Vertragshändler müssen beispielsweise Kundendaten oder Umsatzzahlen weiterleiten.

- **Franchising:**

  Beim Franchising erlaubt ein Unternehmen (der sogenannte Franchisegeber) anderen Unternehmen (den Franchisenehmern), unter seinem Namen Produkte oder Dienstleistungen auf eigenes Risiko zu vertreiben.

Der Franchisenehmer ist sehr stark an den Hersteller (Franchisegeber) gebunden. Er ist zwar rechtlich und wirtschaftlich selbstständig, muss aber zulassen, dass große Teile der Absatzpolitik durch den Franchisegeber gestaltet werden. Er darf üblicherweise nur Produkte des Franchisegebers zu einheitlichen Preisen verkaufen.

Der Franchisegeber bietet ein umfassendes Leistungspaket an:

- Verwendung des Firmennamens
- Verkauf oder Herstellung von Waren nach bestimmten Verfahren und Standards
- Einbindung in das umfassende Marketingkonzept des Herstellers (Der Hersteller übernimmt z. B. die Werbung.)
- Personalschulung
- Einrichtung der Verkaufsräume nach vorgegebenen Kriterien des Herstellers

Im Gegenzug muss der Franchisenehmer dem Franchisegeber in der Regel eine Gebühr in Form einer Umsatzbeteiligung bezahlen.

Franchise-Wirtschaft in Deutschland – Entwicklung

	1999	2009	Wachstum
Mitarbeiter	330 000	459 000	+ 39 %
Franchise-Nehmer	34 000	61 000	+ 79 %
Franchise-Geber	720	980	+ 36 %
Umsatz (Mrd. €)	20	44	+ 120 %

Branchenverteilung

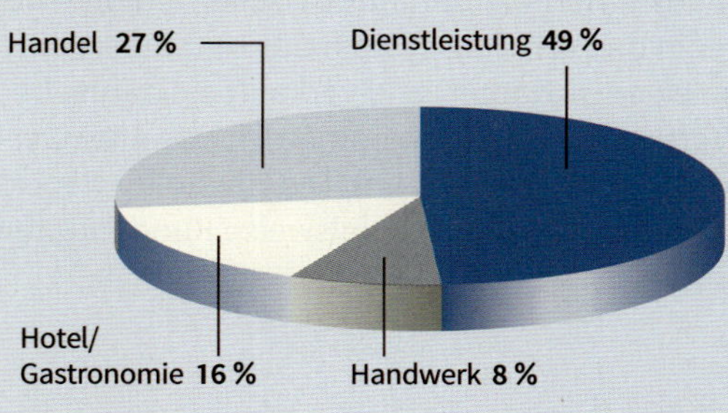

2.5 Kommunikationspolitik

EINSTIEGSSITUATION

Nora Braun und Pascal Palm unterhalten sich in der Pause. Für die Berufsschule sollen sie ein übersichtliches Handout mit allen wichtigen Inhalten zum Thema „Kommunikationspolitik" erstellen.

Sie unterstützen beide.

Die Kommunikationspolitik plant und steuert die Verständigung zwischen dem Unternehmen, also dem Autohaus, und seiner Umwelt bzw. Teilen davon (= Zielgruppen).

Zur Kommunikationspolitik gehören die Teilinstrumente:

1. Absatzwerbung
2. Verkaufsförderung (Sales Promotion)
3. Direktwerbung
4. Öffentlichkeitsarbeit (Public Relations)
5. Sponsoring
6. Human Relations
7. Product-Placement
8. persönlicher Verkauf

2.5.1 Absatzwerbung

Absatzwerbung – im normalen Sprachgebrauch auch Werbung genannt – stellt die von einem Unternehmen gesteuerte und geplante Form der Käuferbeeinflussung zur Erreichung der unternehmerischen Absatzziele dar. Werbung ist eine Kommunikationsform, die

- **unpersönlich (richtet sich grundsätzlich an alle) und**
- **in räumlicher Distanz vom Verkaufsort durchgeführt wird.**

Die Absatzwerbung verfolgt zunächst einmal vier aufeinander aufbauende Ziele:

- **Bekanntmachung:** Potenziellen Kunden wird die Existenz des Produkts bewusst gemacht.
- **Information:** Den Kunden werden Produktmerkmale (technische Daten, Preise usw.) mitgeteilt.
- **Imagebildung:** Produkt oder Unternehmen sollen bei der Zielgruppe positiv aufgenommen werden.
- **Handlungsauslösung:** Die Kunden sollen zum Kauf bewegt werden.

Die Absatzwerbung ist das Bindeglied zwischen den Anbietern (den anbietenden Unternehmen) und den Nachfragern von Produkten (den Kunden). Sie nimmt gezielt Einfluss auf die Kaufentscheidungen.

> „Wer nicht wirbt, stirbt!"
>
> Henry Ford

Grundlage dieser zielgerichteten Kommunikation ist die ausgesendete Botschaft des Verkäufers, mit dem Ziel, die Bedürfnisse des Käufers für ein bestimmtes Produkt zu wecken. Um dieses Ziel zu erreichen, muss die Werbung „werbewirksam" bei den Nachfragern ankommen (Einwirkung auf Sinne, Aufmerksamkeit, Gedächtnis, Vorstellung, Gefühl). Damit dies geschieht, muss eine Werbemaßnahme genau geplant werden. Hierfür wird ein Werbeplan aufgestellt, der die Details für die Durchführung der Werbemaßnahme enthält.

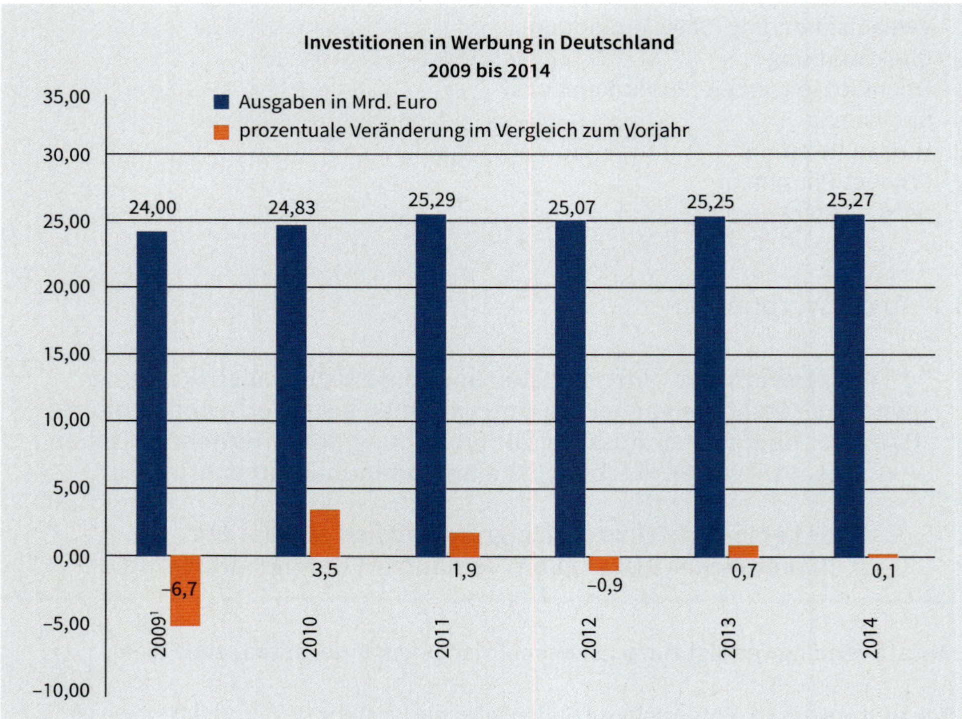

Nach Zahlen des Zentralverbands der deutschen Werbewirtschaft ZAW

1 Der Rückgang in 2009 lässt sich auf die Finanzkrise zurückführen.

Werbeplan

Im Werbeplan sind folgende Aspekte enthalten:

- **Wer?**
  z. B. ein Unternehmen, ein Verbund von Unternehmen oder eine Werbeagentur

- **(Sagt) was?**
  Inhalt der Werbebotschaft

- **Mit welchem Ziel?**

  - ökonomische Werbeziele, z. B. Erhöhung des Marktanteils, Umsatzsteigerung
  - vorökonomische (kommunikative) Werbeziele, z. B. Erhöhung der Bekanntheit/des Images einer Marke

- **Wann?**
  Bedacht werden sollte der günstigste Zeitpunkt der Werbemaßnahme:

  - Streuzeit (Werbezeit), z. B. eine bestimmte Jahreszeit
  - Beginn und Dauer der Werbemaßnahme

- **Wem?**
  Die Zielgruppe (Streukreis) muss bestimmt werden: Der umworbene Personenkreis wird festgelegt.

- **Wo?**
  Streugebiet (= geografischer Raum/Einsatzgebiet), z. B. lokal, international

- **Wie?**
  Bestimmung der Werbemittel und Werbeträger

Der Werbeplan ist abhängig vom Werbeetat des Unternehmens. Dies ist der Betrag, der dem Unternehmen für Werbemaßnahmen zur Verfügung steht. Die Höhe des Werbeetats kann abhängen von

- den Werbezielen,
- der finanziellen Lage des Unternehmens,
- den Werbemaßnahmen der Konkurrenten.

Werbegrundsätze

Steht der Werbeplan, werden die Werbemaßnahmen durchgeführt. Damit die Werbung effektiv ist, sollten die vier Werbungsgrundsätze beachtet werden:

- **Werbewirksamkeit:** Werbeträger und -mittel sind so auszuwählen, dass sie den Konsumenten in Übereinstimmung mit den angestrebten Werbezielen optimal beeinflussen.

- **Werbewahrheit:** Die Werbung wird unglaubwürdig, wenn sie nicht sachlich informiert oder sogar irreführend und täuschend ist. Werbung darf zudem nicht gegen die „guten Sitten“ verstoßen, wie sie im Gesetz gegen den unlauteren Wettbewerb[1] formuliert sind.
- **Werbeklarheit:** Werbeaussagen müssen von allen Konsumenten schnell und leicht verstanden werden können.
- **Werbewirtschaftlichkeit:** Der Erfolg der Absatzwerbung muss in einem vernünftigen Verhältnis zu den aufgewendeten Kosten stehen. Dies zu überprüfen ist Gegenstand der Werbeerfolgskontrolle.

Wird gegen mehrere oder gegen einen dieser Werbungsgrundsätze verstoßen, ist der Erfolg der Werbemaßnahme stark gefährdet.

Arten der Werbung

Nach verschiedenen Kriterien können unterschiedliche Werbearten unterschieden werden.

Werbearten nach dem Gegenstand der Werbung
Geht man vom Gegenstand der Werbung aus, kann die Werbung in Sachwerbung und Firmenwerbung unterteilt werden.

- **Sachwerbung:** Die Sachwerbung bezieht sich auf ein einzelnes Produkt. Der Name des anbietenden Unternehmens bleibt weitgehend im Hintergrund oder tritt gar nicht in Erscheinung.

Beispiel
Werbung für das Waschmittel Ariel

- **Firmenwerbung:**
  Die Firmenwerbung bezieht sich auf das Unternehmen als solches oder auf dessen gesamtes Produktionsprogramm. Stark in den Vordergrund gerückt wird deshalb der Name des Unternehmens. Im Gegensatz zu den Public Relations[2] ist jedoch noch ein gewisser Produktbezug vorhanden.

Beispiel
Fernsehspot für Audi-Automobile

Werbearten nach Anzahl der Werbenden
Nach der Anzahl der Werbenden wird unterschieden in Alleinwerbung, Sammelwerbung und Gemeinschaftswerbung.

1 Siehe Kap. 3.1
2 Siehe Kap. 2.5.4

- **Alleinwerbung:** Die Alleinwerbung geht von einem einzelnen Unternehmen aus, weswegen sie oft auch Einzelwerbung genannt wird. Der Anbieter bewirbt seine eigenen Produkte.

Beispiel

Die Autohaus Köppel GmbH wirbt in einer Fachzeitschrift.

- **Sammelwerbung:** Bei der Sammelwerbung werben mehrere Unternehmen gemeinsam. Da dabei die Namen der jeweiligen Unternehmen genannt werden, ist jeweils klar erkennbar, wer wirbt.

Beispiel

Die Einzelhandelsunternehmen einer Straße in der Innenstadt entscheiden sich für eine gemeinsame Anzeige in der örtlichen Tageszeitung.

Maßnahmen der Sammelwerbung bleiben hinsichtlich der Effizienz hinter der Alleinwerbung zurück, können diese jedoch auf wirksame und preiswerte Art unterstützen.

Beispiel

Die Kosten der Anzeige werden geteilt. Es ist in der Anzeige jedoch nicht möglich, auf das Sortiment jedes Geschäfts speziell einzugehen.

- **Gemeinschaftwerbung:** Auch bei der Gemeinschaftswerbung werben mehrere Unternehmen gemeinsam. Sie treten dabei namentlich aber nicht in Erscheinung. Oft wird für Produkte eines bestimmten Wirtschaftszweiges geworben. Häufig werden dabei Werbesprüche (Slogans) verwendet, die sich bei den Zielpersonen der Werbung tief ins Gedächtnis einprägen sollen.

Beispiele

- Butter ist durch nichts zu ersetzen – außer durch Butter.
- Trinkt mehr Milch.
- Milch macht müde Männer munter.
- Aus deutschen Landen frisch auf den Tisch.

Werbearten nach Anzahl der Umworbenen
Hinsichtlich der Anzahl der Umworbenen kann eine Einteilung in Direktwerbung und Massenwerbung getroffen werden.

- **Direktwerbung:** Bei der Direktwerbung wendet man sich unmittelbar an namentlich bekannte einzelne Personen oder Zielgruppen. Wegen der gestiegenen Bedeutung der Direktwerbung[1] wird diese zunehmend als eigenständiges Instrument der Kommunikationspolitik neben der Absatzwerbung aufgefasst.

---

1 Siehe Kap. 2.5.3

- **Massenwerbung:** Normalfall der Werbung ist die Massenwerbung. Sie richtet sich an einen anonymen und großen Personenkreis. Der Vorteil dieser Werbeform liegt in der sehr großen Breitenwirkung bei verhältnismäßig geringen Kosten. Als Nachteil kann angesehen werden, dass es zu großen Streuverlusten kommen kann.

Werbearten im Hinblick auf den Produktlebenszyklus
Abhängig vom zeitlichen Auftritt im Produktlebenszyklus gibt es die folgenden Werbearten:

- **Einführungswerbung**
  Ziel: Ein neuer Artikel soll auf dem Markt bekanntgemacht werden.

- **Expansionswerbung**
  Ziel: Der Umsatz eines schon bekannten Produkts soll gesteigert werden.

- **Erinnerungswerbung**
  Ziel: Der Bekanntheitsgrad eines bereits gut auf dem Markt eingeführten Produkts soll erhalten werden.

Nicht immer, aber häufig werben Unternehmen **antizyklisch:** Steigen die Umsätze, wird die Intensität von Werbemaßnahmen zurückgefahren. Sinken die Umsätze dagegen, werden die Werbemaßnahmen ausgeweitet. Dadurch können saisonale Absatzschwankungen ausgeglichen werden. Zudem erhält man eine relativ ausgeglichene Kapazitätsauslastung.

Werbemittel und Werbeträger

Besondere Bedeutung kommt der Auswahl der Werbemittel und der Werbeträger in der Werbung zu.

Werbemittel

Werbemittel sind alle in der Werbung eingesetzten Instrumente, um eine Werbebotschaft an die Zielgruppe zu bringen, wie Anzeigen, Prospekte, Plakate, Brief, Funkspots, Fernsehspots, Filme.

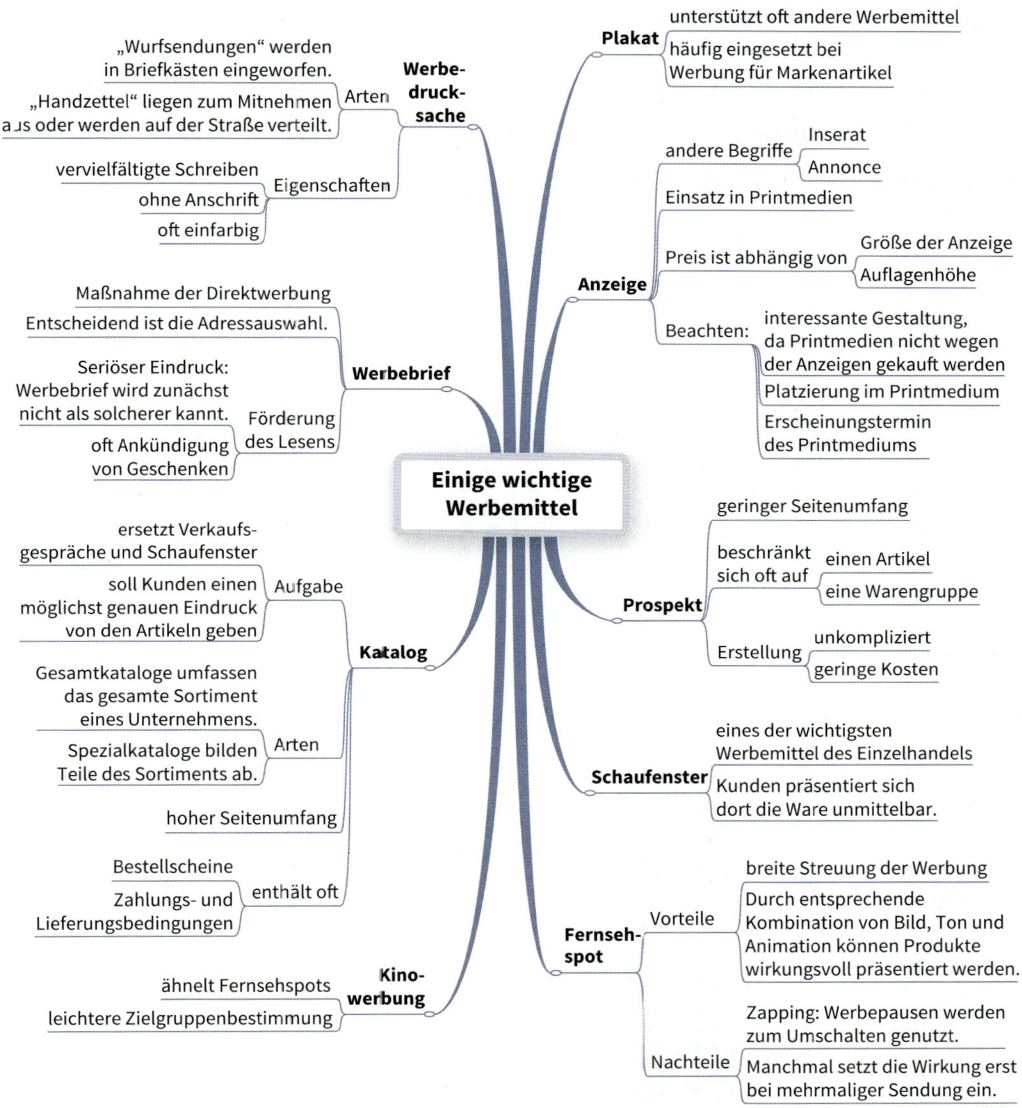

Werbeträger

Unter einem Werbeträger wird das Medium verstanden, durch das ein Werbemittel an die Umworbenen herangetragen wird, z. B. Fernsehsendungen, Litfaßsäulen, Zeitungen und Zeitschriften.

Den Unternehmen stehen viele Werbeträger zur Verfügung. Sie werden nach Produkt und Zielgruppe ausgesucht.

Beispiel

Die Autohaus Köppel GmbH hat sich entschieden, ihre Werbebotschaft mit dem Instrument (= Werbemittel) Anzeige an potenzielle Kunden zu bringen. Entschieden werden muss jetzt noch, durch welches Medium (= Werbeträger) die Anzeige den Kunden bekanntgemacht wird. Zur Auswahl stehen eine Anzeige in der Fachzeitung Auto Style oder eine Anzeige in einer Beilage (Supplement), die verschiedenen Fachzeitschriften beigelegt wird.

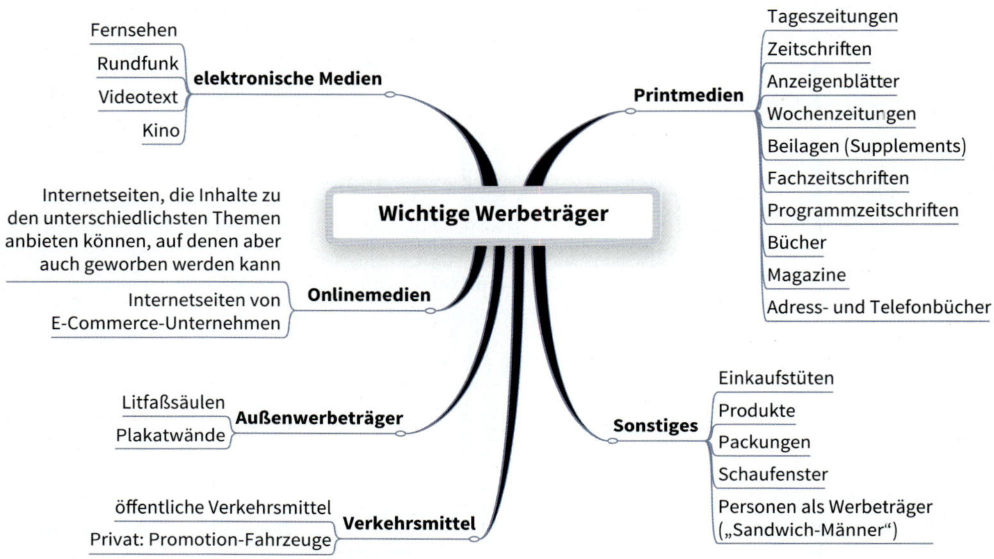

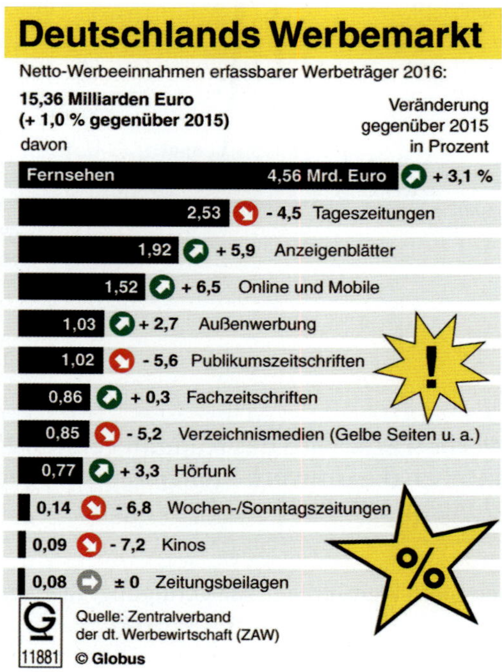

Übersicht über die wichtigsten Werbemittel und ihre potenziellen Werbeträger	
Werbemittel	**Werbeträger**
Inserate	Tages- und Wochenzeitungen, Anzeigeblätter, Illustrierte, Fachzeitschriften, Veranstaltungsprogramme
Banner (Internet)	Homepage (Internet)
Außen- und Innenplakate	Anschlagflächen an Verkehrswegen, Bauzäunen, öffentlichen Verkehrseinrichtungen (Bahnhöfen, U-Bahnhöfen, Zügen, Straßenbahnen usw.), Veranstaltungszentren (Sportstadien), Ladengeschäften, Messen und Ausstellungen
permanente Außen- und Innenwerbung mittels Leuchtschriften, Signeten und Dauerplakaten	private und öffentliche Gebäude, Veranstaltungszentren, Verkehrsmittel, Ladengeschäfte, Messen und Ausstellungen
Kataloge, Prospekte, Postkarten	Postversand, Hausverteilungsorganisationen, Verteilung auf Straße, an Veranstaltungen, Messen, Ausstellungen, durch Außendienstpersonal, als Beilage zum Schriftverkehr der Firma, in Produktpackungen, in Einzelhandelsgeschäften
individuell zu tragende Abzeichen und Signete, Abziehbilder und Kleber Kleidungsstücke, Startnummern usw.	firmenangehöriges Personal, Käufer und Verwender, irgendwelche Dritte, Fahrzeuge, Teilnehmer an Sportveranstaltungen
Einpackpapier, Tragetaschen	Käufer und Besucher von Einzelhandelsgeschäften, Veranstaltungen usw.
Werbegeschenke wie Taschen- und Wandkalender, Arbeitstabellen, Werkzeuge, Taschenrechner, Fachbücher, Etuis usw.	Käufer und Verwender der Produkte, Händler und Absatzhelfer
Diapositive und Werbefilme	Kinos, Theater, Veranstaltungen
Fernsehspots	verschiedene Fernsehanstalten, eventuell auch verbilligte Abgabe von DVDs für Unterrichtszwecke
gesprochene und vertonte Werbetexte	Radiosender, Sport- und Unterhaltungsveranstaltungen, Einzelhandelsgeschäfte, Autos mit Lautsprechereinrichtungen

Quelle: Thommen, Jean-Paul: Managementorientierte Betriebswirtschaftslehre, Zürich, Versus Verlag, 2004, Seite 324

<table>
<tr><th>Werbemittel</th><th>Werbeträger</th></tr>
<tr><td>

= Erscheinungsform der Werbebotschaft

Beispiel

</td><td>

= Medien, die die Werbebotschaft an die Zielpersonen herantragen

Beispiel

</td></tr>
</table>

Wirksamkeit von Werbemaßnahmen

Die Werbewirksamkeit einer Werbemaßnahme hängt davon ab, ob es dem Werbenden gelingt, die Werbebotschaft so auszusenden, dass sich die umworbene Person (Personenkreis) angesprochen fühlt. Dies bedeutet, dass deren Bedürfnisse geweckt werden und diese schließlich zum Kaufentschluss veranlasst wird. Dieser Verarbeitungsprozess kann mithilfe der AIDA-Formel dargestellt werden.

AIDA-Prinzip		
Attention = Aufmerksamkeit	Es muss ein erster Blick des möglichen Kunden gewonnen werden.	Aufmerksamkeit kann durch Hingucker erzielt werden: • nackte Haut • schöne Frauen/Männer • niedliche Tiere, Kinder • Fangfoto, das etwas zeigt, das neugierig macht • grelle Farben, große Sprüche • schiere Größe
Interest = Interesse	Der erste Blick des Betrachters soll gehalten werden.	Das Interesse des möglichen Kunden für die Werbung soll gebunden werden: Er soll vor der Werbung verweilen und sich mit ihr beschäftigen.
Desire = Verlangen	Das Verlangen des Betrachters nach dem beworbenen Produkt soll sowohl rational als auch emotional geweckt werden.	Der Betrachter bekommt Gründe dafür genannt, warum er das beworbene Produkt kaufen sollte: • rationale (= vernünftige) Gründe; Nennen der Vorteile des Artikels, z. B. günstiger Preis, Bestandteile • emotionale (= gefühlsmäßige) Gründe Das Produkt bekommt ein bestimmtes Image zugewiesen, das auf den Käufer abfärben soll: Wenn das Produkt „cool" ist, dann soll diese Eigenschaft auch auf den Käufer übergehen.

Action = Handlung	Die Kaufhandlung soll ausgelöst und erleichtert werden.	Werbung soll den Kunden drängen, möglichst umgehend zu kaufen. Zur Kaufhandlung kann durch folgende Maßnahmen hingeführt werden: • Produktabbildung • Kontaktinformationen • befristete Sonderangebote • Drängen durch „jetzt“, „sofort“ oder andere Aufforderungen

Beispiel

Stressfrei zum optimalen „Wunschfahrzeug“

Unser Team:
- berät kompetent und zielgerichtet
- bietet für jeden Kunden das passende Fahrzeug an
- hält vereinbarte Termine und kalkulierte Preise

Autohaus Köppel GmbH • Diedenhofener Str. 6
54294 Trier • Tel.: 0651 7155-0 • Fax: 0651 7155-23
www.autohaus-koeppel.de • info@autohaus-koeppel.de

I = Interest: Das Interesse der umworbenen Person wird durch das Versprechen geweckt, dass das Wunschfahrzeug stressfrei konfiguriert und nach den individuellen Wünschen des Kunden ausgestattet wird.

A = Attention: Die Fotos machen auf die Anzeige aufmerksam.

A = Action: Der Adressat der Werbung soll einfach und schnell mit der Firma Kontakt aufnehmen können.

D = Desire: Der Wunsch, genau in diesem Autohaus sein Fahrzeug zu erwerben, wird unterstützt durch die Zusicherung von Kompetenz und Zuverlässigkeit.

Werbeerfolgskontrolle

Jedes Unternehmen, das wirbt, möchte auch wissen, ob sich der Einsatz von Werbemaßnahmen – und der damit verbundene finanzielle Aufwand – auch gelohnt hat. In diesem Zusammenhang überprüft die Werbeerfolgskontrolle, ob die Ziele der Werbung erreicht wurden.

„Fünfzig Prozent bei der Werbung sind immer rausgeworfenes Geld.
Man weiß aber nicht, welche Hälfte das ist.“
Henry Ford

Ein großes Problem der Werbeerfolgskontrolle ist, dass die ermittelten Kennzahlen nicht eindeutig auf die Wirkung von Werbemaßnahmen zurückzuführen sind. Nicht auszuschließen ist der Einfluss anderer Marketinginstrumente.

Es gibt verschiedene Verfahren, die im Rahmen der Werbeerfolgskontrolle Anwendung finden.

Ermittlung der Werberendite

Mit der Ermittlung der Werberendite versucht man, die Wirtschaftlichkeit der Werbung zu messen. Hier wird der ökonomische Erfolg ermittelt. Der durch die Werbung erzielte Umsatzzuwachs wird dabei ins Verhältnis zu den Werbekosten gebracht

Formel:

$$\textbf{Werberendite} = \frac{\textbf{Umsatzzuwachs} \cdot \textbf{100}}{\textbf{Werbekosten}}$$

Beispiel

Eine Werbemaßnahme der Autohaus Köppel GmbH für die neuen SUVs kostet 75 000,00 €. Der Jahresumsatz vor der Werbemaßnahme betrug 525 000,00 €, nach der Werbemaßnahme 750 000,00 €.

$$\text{Umsatzzuwachs} = 750\,000{,}00\,€ - 525\,000{,}00\,€ = 225\,000{,}00\,€$$

$$\text{Werberendite} = \frac{225\,000{,}00\,€ \cdot 100}{75\,000{,}00\,€} = 300\,\%$$

Für jeden Euro, den die Autohaus Köppel GmbH in die Werbemaßnahme investiert hat, bekam sie 3,00 € zusätzlichen Umsatz.

Ermittlung des außerökonomischen Werbeerfolgs

Ein außerökonomischer Werbeerfolg – der sich also nicht wie bei der Werberendite in positiven Auswirkungen auf den Umsatz niederschlägt – kann mit dem Recall- oder dem Recognitionverfahren gemessen werden.

- **Recallverfahren:** Beim Recallverfahren (Erinnerungsverfahren) stellt man durch eine Befragung fest, ob sich Personen an eine Werbung erinnern können und welche Details sie behalten haben.

- **Recognitionverfahren:** Im Rahmen des Recognitionverfahrens (Wiedererkennungsverfahrens) werden den teilnehmenden Personen z. B. einzelne Anzeigen aus Zeitungen, Zeitschriften oder Werbespots präsentiert, um zu ermitteln, was – in welchem Umfang – sie schon einmal gesehen haben.

Kritik an der Werbung

Im Idealfall liegt eine rein informierende Werbung vor. Oft geht die Absatzwerbung jedoch darüber hinaus. Das grundsätzliche Ziel der Werbung – die Absatzsteigerung – soll dann mit Methoden der **Suggestion** und **Manipulation** erreicht werden. Dadurch gerät die Absatzwerbung häufig in die Kritik. Der Umworbene soll mit psychologischen Methoden zum Kauf von Produkten gebracht werden, ohne dass dies für ihn erkenntlich ist. Durch den Aufbau von Stimmungen, das Wecken von Sehnsüchten, das Hervorrufen von Schuldgefühlen sollen Bedürfnisse erzeugt werden, die ohne die Werbung nicht da wären. Erst die Werbung verleiht also manchen Artikeln ihre Bedeutung. Ohne die Werbung wären viele Artikel nicht gefragt. Unterschwellige Werbung verleitet Konsumenten, Produkte zu kaufen, die sie normalerweise nicht kaufen würden, da sie sie eigentlich nicht brauchen.

Eine andere Kritik an der Werbung zielt auf deren mangelhaftes Niveau. Oft ist in diesem Zusammenhang auch von **Reklame** die Rede. Darunter versteht man heutzutage

- schlechte,
- marktschreierische,
- übertriebene oder sogar
- unwahre Werbung.

AUFWACHEN!!!
AUFWACHEN!!!

Aus geplatzten Aufträgen bieten wir noch wenige

NIEGELNAGELNEUE

Fertiggaragen

zu absoluten Schleuderpreisen

www.garagen-fast-gratis.de

DAS IST DER TOTALE WAHNSINN!!!
DAS IST DER HAMMER!!!

Werbung, Reklame, PR – alles dasselbe?

Nein! Im heutigen Sprachgebrauch werden zwar sowohl das Wort Werbung, Reklame als auch PR (Public Relations) als ein Synonym angesehen, dies ist aber nicht so.

Das Wort Public Relations bedeutet nichts anderes als Öffentlichkeitsarbeit. Das bedeutet, dass ein Unternehmen für die Öffentlichkeit Informationen zur Verfügung stellt, ohne dabei ein eigenes Produkt zu bewerben. Hier zwei Beispiele, um PR zu veranschaulichen:

Wenn eine Computerzeitung beschließt, Handys zu testen, fragt diese bei dem Hersteller nach Informationen über das Gerät an und bekommt zusätzlich ein Gerät zur Verfügung gestellt, um dieses zu testen. Danach veröffentlicht die Zeitung das Ergebnis. Dieser Artikel ist dann PR.

Rach der Restauranttester, eine Sendung von Rtl, ist auch eine PR-Sendung. Hierbei testet ein Koch ein Restaurant und verbessert dieses, richtet es neu ein und erstellt eine neue Speisekarte. Dabei wird jedoch nicht gesagt, dass man nun in das Restaurant essen gehen soll, jedoch regt es eventuell einige Menschen an, in diesem Restaurant essen zu gehen.

Das Wort Reklame ist in den 50er-Jahren durch das Wort Werbung ersetzt worden. Heute gibt es jedoch einen bedeutenden Unterschied dieser beiden Worte.

Bei Reklame umwirbt der Verkäufer den Kunden nicht, sondern stellt lediglich sich selbst dar, ohne dabei darauf zu achten, wie er es tut. Ziel ist es nur, bekannt zu geben, dass man dieses Produkt verkauft.

(Quelle: Mertens, Patrick: Werbung, Reklame, PR – alles dasselbe?, veröffentlicht am 19.01.2009 unter: http://azubileben.blogspot.de/2009/02/werbung-reklame-pr-alles-das-selbe.html)

2.5.2 Verkaufsförderung

Die Verkaufsförderung (Salespromotion) ist eine oft wirkungsvolle Ergänzung der klassischen Absatzwerbung. Ihr Ziel ist es, den am Absatz Beteiligten das Verkaufen zu erleichtern.

Beispiel

Nora Köppel erläutert Pascal Palm den Unterschied zwischen Werbung und Verkaufsförderung: „Grob und salopp gesagt, soll Werbung die Kunden zur Ware bringen, Verkaufsförderung dagegen die Ware zum Kunden."

Kurzfristig soll mithilfe von Verkaufsförderungsaktionen der Absatz am Ort des Verkaufs erhöht oder die Bekanntmachung und Profilierung neuer Produkte erzielt werden.

Beispiel

Die Kunden werden bei der Autohaus Köppel GmbH auf die neuen Dachboxen aufmerksam gemacht oder zum Kauf angeregt. Umsatzsteigerungen sollen erreicht werden durch:
- Gewinnspiele
- Produktproben
- Warengutscheine
- Produktvorführungen

Abhängig von der Zielgruppe, an die sich die Verkaufsförderung jeweils richtet, können drei Arten der Verkaufsförderung unterschieden werden:

2.5.3 Direktwerbung

Im Gegensatz zur anonymen Massenwerbung werden bei der Direktwerbung die Zielpersonen direkt und individuell angesprochen. Die direkte Ansprache schafft Vertrauen und verbindet. Diese Form der Werbung hat an Bedeutung stark zugenommen. Hierbei kommen beispielsweise folgende Instrumente zur Anwendung:

- personalisierte Briefe (adressierte oder unadressierte postalische Werbeansprache)
- telefonische oder faxgestützte Werbeansprache
- E-Mail
- SMS

Beispiel

Die Autohaus Köppel GmbH schreibt alle Eltern von 17-jährigen Jugendlichen vor Ort an und bietet Einsteigerfahrzeuge mit wenig PS zum Sonderpreis inklusive einem kostenlosen Fahrsicherheitstraining im neuen Fahrzeug.

Die Direktwerbung erlaubt es, genau festgelegte Zielgruppen anzusprechen. Im Vergleich zur eher anonymen Absatzwerbung kommt es daher zu geringeren Streuverlusten. Über die Rückläufe kann sehr schnell der Erfolg der Maßnahme kontrolliert werden. Als problematisch kann angesehen werden, dass Direktwerbung von den Angesprochenen eventuell als aufdringlich und nervend empfunden wird.

2.5.4 Öffentlichkeitsarbeit

Im Mittelpunkt der Öffentlichkeitsarbeit (Public Relations, kurz: PR) steht die Bereitschaft des Unternehmens, umfassend über seine vielfältigen Aktivitäten zu informieren und mit der Öffentlichkeit in einen Dialog einzutreten. Damit soll die Einstellung der Öffentlichkeit zum Unternehmen positiv beeinflusst werden, was sich letztendlich auch auf die Erreichung der ökonomischen Kommunikationsziele (Umsätze, Marktanteile) auswirken soll.

Es wird nicht das Produkt, sondern das Unternehmen dargestellt. Bei der Öffentlichkeitsarbeit geht es einem Unternehmen darum, permanent und systematisch positive Beziehungen zu den Kunden und den Lieferanten aufzubauen. Die Öffentlichkeit soll von der Glaubwürdigkeit der Aussagen des Unternehmens überzeugt werden. Das Unternehmen zeigt auf, dass es sich seiner gesellschaftlichen Verpflichtungen bewusst ist. Auf diese Weise soll in der Öffentlichkeit ein positives Image geschaffen werden. Dies ist gerade in Zeiten eines harten Konkurrenzkampfes sowie ausgeprägter Käufermärkte besonders wichtig, denn es hat sich gezeigt, dass ein positives Unternehmensimage eine absatzfördernde Wirkung hat.

„Öffentlichkeitsarbeit (PR) ist die Kunst, etwas dafür zu tun, ohne viel Aufwand ins (wenn es denn geht) gute Gerede zu kommen!“
Sven Lehmann

Mögliche PR-Maßnahmen sind u. a.:

- Einrichtung von Pressestellen
- Auftreten von Unternehmensvertretern in der Öffentlichkeit (z. B. in Interviews)
- Veranstaltungen und Ausstellungen (z. B. Informationstage)

- Besichtigungen, Tag der offenen Tür (Aktivitäten für ausgewählte Zielgruppen)
- Zeitschriften und Broschüren (z. B. Werks- und Kundenzeitschriften, Jubiläumsschriften)
- Maßnahmen zur Förderung des Allgemeinwohls (z. B. Stiftungen, Spenden)
- Internet-PR; sie nimmt stark zu und reicht von E-Mail-Newslettern bis zu Unternehmens-Homepages.

Besondere Bedeutung gewinnt die Öffentlichkeit in Krisenzeiten für das Unternehmen.

Beispiel

Nach Bekanntwerden der BSE-Problematik startete die Fleischindustrie mehrere Maßnahmen zur Öffentlichkeitsarbeit.

Der PR-Gedanke wird bei der Gestaltung einer Corporate Identity (Unternehmensidentität) aufgegriffen. Ein einheitliches Bild des Unternehmens nach außen, eine Unternehmenskultur soll geschaffen werden. Dies geschieht z. B. durch Schaffung von einheitlichen Zeichen (Symbolen) des Unternehmens, die sich auf Briefbögen, Visitenkarten, Firmen-Pkws und -Lkws wiederfinden. Auch besondere Verhaltensregeln, die von den Mitarbeiterinnen und Mitarbeitern gegenüber Kunden, Lieferanten und der Öffentlichkeit einzuhalten sind, tragen zu einem einheitlichen Unternehmensbild bei.

Unterschiede zwischen Public Relations, Werbung und Verkaufsförderung

	bezogen auf das Unternehmen	bezogen auf das Produkt
Information	Public Relations	Absatzwerbung
Aktion (über Information hinaus)		Salespromotion

2.5.5 Sponsoring

Sponsoring beruht auf dem Prinzip von Leistung und Gegenleistung. Das Unternehmen (der Sponsor) unterstützt durch Finanz-, Sach- oder Dienstleistungen Personen, Organisationen oder Institutionen (Gesponserte) und erwartet dafür bestimmte Gegenleistungen (z. B. besondere Werbemöglichkeiten), die vertraglich abgesichert sind und zur Erreichung der Marketingziele beitragen sollen.

Mithilfe des Sponsorings versucht das Unternehmen, das positive Image des Gesponserten auf sich zu übertragen. Die Sponsoring-Aktivitäten erreichen auch Zielgruppen, die sich mit herkömmlichen Mitteln der Kommunikationspolitik nicht oder kaum ansprechen lassen.

Ziel aller Sponsoring-Aktivitäten ist

- die Erzielung und Aufrechterhaltung von Kontakten zu bestimmten Zielgruppen,
- die Steigerung des Bekanntheitsgrades,
- die individuelle Gestaltung des Produkt- und/oder Unternehmensimages.

Sponsoring ist in fast allen Bereichen der Kommunikationspolitik möglich. Es kann in drei Bereichen erfolgen:

- **Sportsponsoring**

Beispiel

Die Autohaus Köppel GmbH unterstützt die C-Jugend eines örtlichen Fußballvereins. Auf den Spielertrikots erscheint der Namenszug Autohaus Köppel GmbH.

- **Kultursponsoring**

Beispiel

Die Autohaus Köppel GmbH sponsert das örtliche Stadttheater. Im Programmheft wird jedes Theaterstück angekündigt mit „Die Autohaus Köppel GmbH präsentiert ...“.

- **Sozialsponsoring**

Beispiel

Die Autohaus Köppel GmbH spendet für das Sommerfest eines Kinderheims.

Seit Anfang der 1970er-Jahre gewinnt Sponsoring an Bedeutung. Ein Grund hierfür ist z. B., dass klassische Werbeformen bei manchen Verbrauchern mehr und mehr abgelehnt werden.

2.5.6 Human Relations

Unter Human Relations versteht man die Pflege zwischenmenschlicher Beziehungen innerhalb eines Unternehmens.

Die Maßnahmen der Human Relations dienen der Verbesserung der internen Kommunikation und fördern den Informationsaustausch und die Kommunikation mit den Mitarbeitern. Sie richten sich nicht nur an Mitarbeiter, sondern auch an deren Angehörige sowie an frühere und potenzielle Mitarbeiter. Ihr Ziel ist die Verbesserung der zwischenmenschlichen Beziehungen, der Motivation und des allgemeinen Betriebsklimas innerhalb eines Unternehmens. Der Human-Relations-Ansatz geht von der Annahme aus, dass durch die

Interaktion der Mitarbeiter deren Arbeitszufriedenheit und Motivation gesteigert werden und es dadurch auch zu einer Verbesserung der Leistung des Unternehmens kommt, z. B. im Absatzbereich.

2.5.7 Product-Placement

Werden Waren oder Dienstleistungen bewusst in Kinofilme oder Fernsehsendungen integriert, so spricht man von Product-Placement.

Markenartikel werden dabei so platziert, dass sie vom Zuschauer nicht als Werbemaßnahme erkannt werden können. Die beworbenen Produkte tauchen als Requisiten in der Handlung auf und werden vom Zuschauer unbewusst wahrgenommen. Im Mittelpunkt des Product-Placements steht also im Gegensatz zu Public-Relations-Maßnahmen das Produkt, nicht das Unternehmen. Als Gegenleistung für die Platzierung stellt das Unternehmen, dessen Artikel in dem Medienprogramm untergebracht werden, Geld- oder Sachleistungen in Form von Produkten zur Verfügung.

Angewandt wird Product-Placement häufig bei sehr hochwertigen Markenartikeln. Kritisiert wird oft eine Irreführung der Verbraucher. Als problematisch wird ebenfalls die Gefahr eines Verstoßes gegen das Wettbewerbsrecht angesehen.

2.5.8 Persönlicher Verkauf

Viele Unternehmen bieten heute komplizierte Produkte an, die einen hohen Erklärungsbedarf haben. Die Absatzwerbung kann dies allein nicht leisten. Deshalb haben persönliche Beratungsgespräche zwischen Verkäufern und Kunden heute eine große Bedeutung.

Phasen in Verkaufsgesprächen

Kontaktaufnahme zum Kunden
↓
Ermittlung des Kaufwunschs
↓
Vorlegen der Ware
↓
Verkaufsargumentation
↓
Preisnennung
↓
Behandlung von Einwänden
↓
Herbeiführen des Kaufabschlusses
↓
Abschluss der Verkaufshandlung

Dieser Teil der Kommunikationspolitik versucht mit geschulten Verkäufern gezielt auf die Bedürfnisse der Kunden einzugehen, ihnen den Nutzen der Artikel zu verdeutlichen und sie somit zur Kaufentscheidung zu bringen.

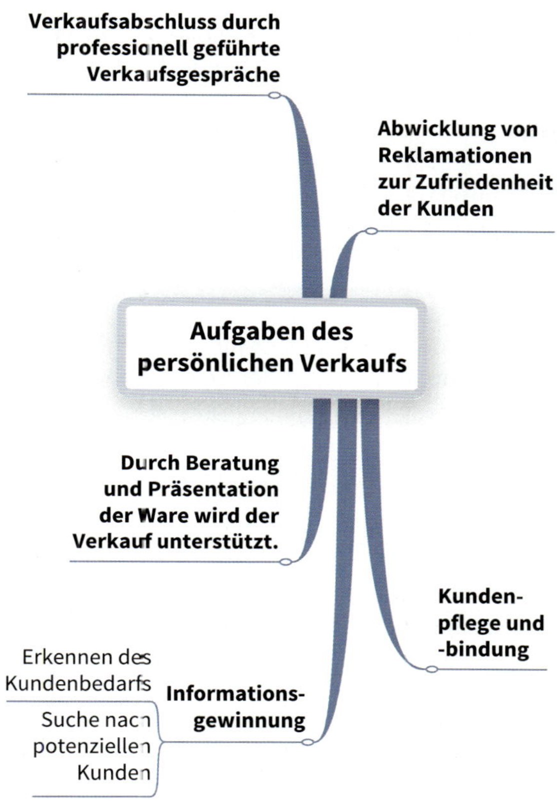

2.5.9 Customer-Relationship-Management

Lange Zeit stand im Bereich der Kommunikationspolitik die Werbung im Sinne einer möglichst breiten Streuung der Werbebotschaft an potenzielle Konsumenten im Mittelpunkt der Marketingaktivitäten der Unternehmen. Deren vornehmliches Ziel war es, neue Kunden zu gewinnen. Die Reichweite der Werbemaßnahmen und die Anzahl der Kundenkontakte waren Ausdruck erfolgreich durchgeführter Marketingaktionen. Dieser offensiven Gewinnung neuer Kunden wird nun bewusst die defensive Marketingstrategie der Bindung bestehender Kunden an das Unternehmen gegenübergestellt. Der Verlust von Kunden stellt für ein Unternehmen durch den Verlust von Umsätzen einen enormen wirtschaftlichen Schaden dar. Einen neuen Kunden zu gewinnen kostet bis zu fünfmal mehr, als bestehende Kunden im Kundenstamm zu halten. Daher muss es das Ziel der Unternehmen sein, eine hohe Kundenbindung zu erreichen. Eine solche Bindung kann durch ein starkes **Beziehungsmarketing** (Customer-Relationship-Management) erreicht werden, bei dem die Kundenwünsche erfasst und zur Zufriedenheit des Kunden erfüllt werden.

Customer-Relationship-Management bedeutet den positiven Ausbau der geschäftlichen Beziehungen zu Kunden, um eine anhaltende und stabile Partnerschaft zu gewährleisten.

Das Beziehungsmarketing spielt vor allem im Einzelhandel eine große Rolle. Momentan gewinnen Marketingmaßnahmen in diesem Bereich jedoch auch in Großhandels- und Industrieunternehmen sowie Dienstleistungsunternehmen eine zunehmend größere Bedeutung.

Um dieser anspruchsvollen Aufgabe gerecht zu werden, müssen Unternehmen ihre Prozesse entsprechend **kundenorientiert ausrichten** und **bedürfnisgerechte Servicedienstleistungen** anbieten. Zentrale Zielgröße ist dabei die Kundenzufriedenheit, die einen Indikator für die Kundenbindung und somit auch einen wesentlichen Einflussfaktor auf den langfristigen Unternehmenserfolg darstellt.

Eine hohe Kundenbindung ist der Erfolgsgarant für anhaltendes Wachstum. Je länger eine Kundenbeziehung dauert, desto höher steigt der Gewinn je Kunde und Jahr für das Unternehmen.

Aftersales-Services

Die Aftersales-Services sind ein Teilgebiet des Beziehungsmanagements. Unter einem Aftersales-Service versteht man produktbegleitende Dienstleistungen, die ein Kunde nach Abschluss des Kaufvertrags in Anspruch nehmen kann.

Der Zeitraum nach der eigentlichen wirtschaftlichen Tätigkeit wird also für zusätzliche Marketinganstrengungen genutzt, um die Kundenzufriedenheit sowie die Kundenbindung zu steigern. Diese Art des Marketings beruht auf der Erkenntnis, dass die Kundenbeziehung nicht mit dem Geschäftsabschluss endet, sondern über die gesamte Nutzungsdauer eines Produkts oder einer Dienstleistung weiter bestehen bleibt.

Grundsatz: „Nach dem Kauf ist vor dem Kauf".

Durch einen umfassenden Aftersales-Service kann sich ein Unternehmen daher einen entscheidenden Vorteil gegenüber der Konkurrenz verschaffen und durch diese Serviceleistungen seine Kunden dauerhaft an sich binden.

Instrumente

Die normalen Instrumente des Aftersales-Service sind Service und Wartung, Ersatzteilbeschaffung, Reparatur und das Beschwerdemanagement.

Aber auch die folgenden Instrumente gewinnen zunehmend an Bedeutung:

- One-to-one-Marketing
- Kundenkarten
- Kundenklubs
- Kundenzeitschriften
- Events
- Couponing

Serviceleistungen
Der Service des Unternehmens bezieht sich im Bereich Aftersales-Services unmittelbar auf das verkaufte Produkt.

- **Technische Serviceleistungen:** Sie umfassen alle Maßnahmen, die der Gewährleistung oder Wiederherstellung der einwandfreien Funktion einer Ware dienen.

Beispiele

Reparaturservice für Fahrzeuge oder Zubehörteile (Dachboxen), Inspektions- und Wartungsservice

- **Kaufmännische Serviceleistungen:** Sie umfassen Beratungs- und Zustellungsdienste sowie Gefälligkeiten aller Art, individuelles Entgegenkommen und Hilfsbereitschaft in vielfältigen Ausprägungen.

Beispiel

Garantiegewährung, Kulanz, Entsorgung (z. B. von Altöl, defekten Reifen)

One-to-one-Marketing
Entscheidend für eine erfolgreiche Kundenbindung ist der ständige Dialog zwischen Unternehmen und Kunde, damit die Kundenbindung weiter wächst. Der Kunde wird direkt vom Unternehmen angesprochen (One-to-one-Marketing). Dies geschieht überwiegend über:

- Briefe
- Postwurfsendungen
- E-Mails
- SMS

Dieser Dialog darf nicht abbrechen oder ins Stocken geraten. Dabei geht es darum, den Kunden mit Informationen zu ihn interessierenden Produkten zu versorgen. Ziel soll dabei aber immer der Gang in die Filiale und dort der Dialog mit den Mitarbeitern sein.

Um den Kunden direkt ansprechen zu können, ist die Ermittlung der Kundendaten notwendig. Daten wie

- Name,
- Kontaktmöglichkeiten,
- Kaufverhalten (Was mag der Kunde?),
- Nichtkaufverhalten (Was mag der Kunde nicht?),
- Kontaktgründe,
- Kontaktversuche und die Reaktion darauf

müssen in einer Kundendatenbank festgehalten werden. Schnell werden verlorene Kunden in einer gut gepflegten Datenbank aufgedeckt und können durch Rückgewinnungsmaßnahmen wieder reaktiviert werden.

One-to-one-Marketing basiert auf der einfachen Idee: „Behandle unterschiedliche Kunden auf unterschiedliche Weise!“. Das Kaufverhalten einzelner Kunden wird sehr genau beobachtet und der Dialog mit den Kunden gesucht, um von ihnen selbst zu erfahren, was sie wirklich wollen. Das Ziel einer One-to-one-Beziehung mit dem Kunden: Es geht nicht darum, möglichst viele Kunden für ein Produkt zu finden, sondern möglichst viele Produkte für einen Kunden. Dabei soll sich jeder Kunde so fühlen, als ob er von dem Unternehmen mit einem direkt auf ihn zugeschnittenen persönlichen Angebot beliefert wird.

Events[1]
Zur Kundenbindung dient ebenfalls das Eventmarketing. Als Marketingstrategie auf dem gesättigten Käufermarkt wird dabei die Erlebnisvermittlung als Strategie eingesetzt.

Gutes Eventmarketing sollte immer etwas Emotionales und Einzigartiges sein. Gute Events sind unterhaltsam, aber auch informativ und marketingwirksam.

Events können

- institutionalisiert sein, wie beispielsweise Legoland,
- regelmäßig geplant werden,
- sporadisch stattfinden, wie beispielsweise Jubiläen oder Produkteinführungen.

Events sind eine nicht zu unterschätzende organisatorische Herausforderung. Sie machen vor allem dann Sinn, wenn sie als Highlight in ein strategisches Kommunikationskonzept des Unternehmens eingebunden sind.

Weitere Möglichkeiten, um den Kontakt zu den Kunden zu intensivieren und persönlicher zu machen, sind **Kundenabende** und **Filialfeste**.

2.5.10 E-Commerce

Unter E-Commerce wird die elektronische Geschäftsabwicklung über das Internet verstanden. Dazu zählen also alle Formen des Einkaufs und Verkaufs von Produkten und Dienstleistungen auf der Basis von Rechnernetzen.

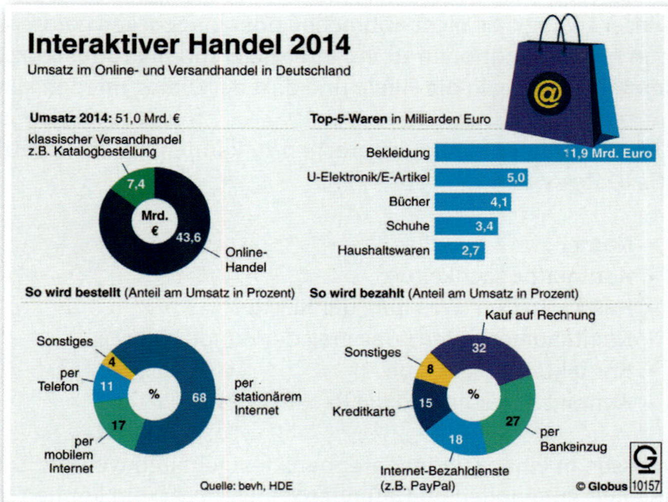

1 Events = Ereignisse

Es gibt zwei Arten des E-Commerce.

- **Business-to-Business (B2B)**
- **Business-to-Consumer (B2C)**

Business-to-Business (B2B)

Darunter versteht man alle Formen des elektronischen Handels zwischen Unternehmen.

Business-to-Business kann in verschiedenen Erscheinungsformen auftreten:

- WWW-Informationssysteme
- B2B-Shop
- EDI (Electronic Data Interchange)

WWW-Informationssysteme
Ein Unternehmen informiert lediglich im Internet über Unternehmensdaten und Produktangebot.

B2B-Shop
Ein Unternehmen bietet anderen Firmen Produkte und Dienstleistungen im Internet an. Bestellungen und Statusmeldungen beim Einkaufsprozess erfolgen über E-Mail oder über einen eigenen, nur dem Kunden zugängigen Bereich im Internetshop.

EDI
EDI (Electronic Data Interchange) ist die rechnergestützte Zusammenarbeit von Geschäftspartnern, die sich immer mehr von anderen Formen der Datenübertragung ins Internet verlagert. Hier findet ein elektronischer Dokumentenaustausch über Geschäftstransaktionen zwischen Betrieben statt. Daten, wie z. B. Bestellungen, Rechnungen, Überweisungen, Warenerklärungen, werden in Form von strukturierten, nach vereinbarten Regeln formatierten Nachrichten übertragen. Der Empfänger kann die Daten dann direkt – ohne eigene Erfassungsarbeiten – sofort in seinen Anwendungsprogrammen weiterverarbeiten.

Vorteile von EDI:

- viele manuelle Tätigkeiten (mehrfaches Erfassen, Nachfragen, Klären) entfallen
- automatisches Sammeln, Verteilen, Archivieren von Dokumenten
- unternehmensinterne Laufzeiten bei Kunde und Händler entfallen
- Postweg entfällt
- Erreichbarkeit der anderen Person ist nicht notwendig
- Missverständnisse und Sprachbarrieren entfallen
- keine wiederholten Erfassungsfehler (Flüchtigkeitsfehler)

Business-to-Consumer (B2C)
Hierunter versteht man die elektronischen Handelsbeziehungen zu Endkunden. Erscheinungsformen sind:

- WWW-Informationssysteme für internetgestützte Marketingmaßnahmen, die Konsumenten z. B. über neue Produkte informieren
- Webshops: Onlineangebot von Produkten an Endverbraucher, die über das Internet Waren bestellen können (mobile.de, autoscout24.de usw.)

Der heutige Kunde möchte

- seine Wünsche schneller als bisher erfüllt haben,
- die Produkte billiger einkaufen,
- bessere Qualität für Produkte und Dienstleistungen bekommen.

Durch die Möglichkeit, diese Forderung zu erfüllen, werden E-Commerce und das Internet populär. Auf die Unternehmen hat dies mit Sicherheit große Auswirkungen.

Electronic Commerce im Bereich Business-to-Consumer	
Vorteile	
für den Kunden	für Unternehmen
• Bestellung „vom Sofa aus“ • stets aktuelle elektronische Kataloge, eventuell in multimedialer Form • variable Präsentationsformen • Sonderwünsche: einfache Artikulation und rasche Beantwortung • einfachere Angebotsvergleiche • Transparenz und Preis • ständige Verfügbarkeit der Waren • Kaufen rund um die Uhr (keine Ladenschlusszeiten) • kein Gedränge und Warten an den Kassen und Service-Points • kein Stau und keine Parkplatzprobleme • Bei Waren immaterieller Natur: Auslieferung elektronisch	• Möglichkeit, neue Märkte zu erschließen • direkte Ansprache der Zielgruppe der Internetnutzer • optimale Information und Angebotspräsentation durch die vielfältigen multimedialen Möglichkeiten des Internets • optimale Kundenorientierung durch die Interaktivität • Verkürzung und weitgehende Automatisierung der Vertriebsprozesse • Kundenprofile und Vertriebsdaten: – lassen sich kontinuierlich und automatisch sammeln – stehen aufbereitet jederzeit aktuell zur Verfügung

Nachteile	
für den Kunden (entsprechen jenen des Versandhandels)	für Unternehmen
• Produkte können nicht real betrachtet und physisch geprüft werden • Einkaufsspaß geht verloren • Impulskäufe werden provoziert • unzureichende Schutzmaßnahmen gegen Irreführung und Missbrauch	Die erhöhte Markttransparenz führt zu einer Erhöhung des Wettbewerbs.

Fernabsatzrecht

Für den Bereich E-Commerce gelten oft besondere rechtliche Regelungen. Das Fernabsatzrecht gilt für Verträge, die zwischen Unternehmern und Verbrauchern abgeschlossen werden, ohne dass die Vertragsparteien in direktem, persönlichen Kontakt stehen. Dieses gilt für alle Unternehmen, die Waren (und Dienstleistungen) an Konsumenten verkaufen. Neben reinen Internetshops sind also auch der klassische Versandhandel und Teleshopping-Angebote vom Fernabsatzrecht betroffen.

Entscheidend ist in allen Fällen die Nutzung von Telekommunikationsmitteln.

Beispiele

Websites im Internet, E-Mails, Telefaxe, Telefonanrufe, Fernsehen, Hörfunk, Kataloge

Das ins BGB aufgenommene Fernabsatzrecht gilt u. a. nicht beim Abschluss von

- Verträgen über die Lieferung von Gegenständen des täglichen Bedarfs, die von den Unternehmen in regelmäßigen und häufigen Fahrten geliefert werden (z. B. Pizzadienst),
- Versicherungsverträgen,
- Verträgen über Grundstücksgeschäfte,
- Verträgen über Fernunterricht,
- Verträgen über Dienstleistungen, die zu einem bestimmten Zeitpunkt zu erbringen sind (z. B. Unterbringung, Beförderung, Tourismus, Freizeitgestaltung).

Im Fernabsatzrecht gibt es zwei wesentliche Regelungen: die Informationspflicht des Unternehmers und das Widerrufsrecht des Verbrauchers.

Informationspflicht des Unternehmers

Ein Unternehmer, der Fernabsatzverträge abschließen möchte, muss bereits bei der Produktwerbung den Verbraucher umfangreich informieren. Aufgeführt werden sollten:

- die vollständige Anschrift des Unternehmers
- die wesentlichen Merkmale der angebotenen Waren (bzw. Dienstleistungen)
- der Preis (einschließlich aller Steuern, Versand- und Lieferkosten)
- das Bestehen eines Widerrufs- oder Rückgaberechts
- Liefervorbehalte
- der Zeitpunkt des Zustandekommens des Vertrags
- die Gültigkeitsdauer befristeter Angebote

Vernachlässigt ein Unternehmen seine Informationspflicht, kann es von Konkurrenzunternehmen oder Verbraucherschutzverbänden kostenträchtig abgemahnt oder auf Unterlassung verklagt werden. Verbraucher können zudem den Fernabsatzvertrag unbegrenzt widerrufen, wenn beispielsweise die Widerrufsbelehrung fehlt oder fehlerhaft ist.

Widerrufsrecht des Verbrauchers

Der Verbraucher kann innerhalb von 14 Tagen den Fernabsatzvertrag ohne Angabe von Gründen widerrufen. Er ist dann nicht mehr an den Vertrag gebunden.

Diese Regelung gilt u. a. nicht bei Fernabsatzverträgen zur Lieferung von

- Frischeartikeln, z. B. Lebensmittel, Blumen;
- Presseartikeln;
- Waren, die ersteigert wurden;
- Produkten, die entweder nach Kundenspezifikationen angefertigt wurden oder sich nicht für die Rücksendung eignen;
- Software, wenn sie vom Käufer entsiegelt wurde;
- Video- und Audioaufzeichnungen.

Generell gilt zunächst einmal, dass die Widerrufsfrist beginnt, wenn der Verbraucher eine ordnungsgemäße Widerrufsbelehrung erhalten hat. Verpflichtend vorgeschrieben ist, dass der Verkäufer den Käufer auf ein Musterformular für einen Widerruf hinweist, das der Käufer im Bedarfsfall nutzen kann. Er kann aber auch auf andere Weise widerrufen:

- per Brief
- per Fax
- per E-Mail
- per Telefon (Hier ist auf die Beweisbarkeit zu achten.)

Das Fernabsatzrecht legt zusätzlich fest, dass bei Warenlieferungen die Frist bei Erhalt der Ware beginnt, bei Dienstleistungen beim Vertragsabschluss.

Das Widerrufsrecht wird nicht dadurch ausgeschlossen, dass der Verbraucher die Ware ausprobiert oder benutzt hat. Grundsätzlich trägt der Käufer die Kosten der Rücksendung. Ausnahmen davon gibt es nur, wenn er nicht über die Pflicht, die Rücksendekosten zu übernehmen, informiert wurde.

2.5.11 Onlinemarketing

Onlinemarketing umfasst alle Marketingmaßnahmen im Internet. Onlinemarketing ist für immer mehr Unternehmen ein mittlerweile nicht wegzudenkendes Werkzeug, um den Vertrieb der Produkte zu steigern bzw. zu ermöglichen. Das Internet bietet dazu viele Möglichkeiten.

- **Website des Unternehmens**
  Von zentraler Bedeutung für das Onlinemarketing eines Unternehmens ist zunächst einmal die gelungene Gestaltung der Unternehmenswebsite. Auch der thematische Aufbau muss stimmig sein, wenn man neue Kunden gewinnen möchte bzw. bestehende Kunden fester an das Unternehmen binden möchte.

- **E-Mail-Marketing**
  Um Neukunden zu gewinnen oder Bestandskunden für neue Entwicklungen zu sensibilisieren, werden durch direkte E-Mails gezielt Kunden angeschrieben. Beispielsweise können Kunden über **Newsletter** (elektronische Rundschreiben, die oft die Funktion von Kundenzeitschriften haben) über neue Angebote informiert werden. Wegen der geringen Versandkosten, der hohen Versandgeschwindigkeit und den unterschiedlichsten Gestaltungsmöglichkeiten nimmt E-Mail-Marketing eine wichtige Rolle innerhalb des Onlinemarketings ein. Allerdings besteht die Gefahr, dass die E-Mails von den Spamfiltern der Adressaten ausgesondert und evtl. gelöscht werden. Zudem unterliegt die Versendung von E-Mails zu Werbe- und Informationszwecken besonderen gesetzlichen Beschränkungen: Unerwünschte Werbe-E-Mails sind nach dem Gesetz gegen den unlauteren Wettbewerb (UWG) als „unzumutbare Belästigung" grundsätzlich wettbewerbswidrig. Eine unzumutbare Belästigung ist immer dann gegeben, wenn

  - die Einwilligung des Adressaten für das Versenden der E-Mail fehlt,
  - der Absender seine Identität verschleiert oder verheimlicht und
  - die E-Mail keine gültige Adresse enthält, unter der der Empfänger das künftige zusenden von E-Mails untersagen beziehungsweise sich austragen kann (unsubscribe).

- **Display-Marketing (Bannerwerbung)**
  Ein Werbebanner ist eine Grafik- oder Animationsdatei mit Werbetext, die in eine Website eingebunden ist und dort als Hyperlink auf die Webseite des Anbieters verweist. Diese kann man mittels Klick dann direkt erreichen. In sehr vielen Fällen verdienen die Betreiber der Internetseite einen bestimmten Geldbetrag, wenn das Werbebanner eingeblendet wird. Manchmal fließt erst Geld, wenn Besucher den Werbebanner anklicken oder eine bestimmte Aktion ausgelöst wird (z. B. eine Bestellung).

- **Online-Video-Advertising**
  Häufige Anwendung findet auch das Online-Video-Advertising: Ähnlich wie bei klassischen Werbebannern werden werbliche Videoclips auf Internetseiten platziert.

- **Affiliate-Marketing**
  Eine Sonderform ist das Affiliate-Marketing: Betreiber von Websites empfehlen die Website eines Anbieters. Sie platzieren Produktempfehlungen auf ihren Websites, verlinken diese zu dem entsprechenden Anbieter und werden nach Vertragsabschluss erfolgsbasiert für ihre Empfehlung vergütet. Der Vorteil für den Anbieter liegt darin, dass er nur im Erfolgsfall zahlt. Häufig finden sich die Anbieter von Produkten und Dienstleistungen und die Webseitenbetreiber in Affiliate-Netzwerken zusammen. Der Anbieter hat dort eine Vielzahl von Partnern (engl. affiliates), um seine Dienstleistungen oder seine Produkte zu vermarkten.

- **Suchmaschinenmarketing**
  Beim Suchmaschinenmarketing wird dafür gesorgt, dass kommerzielle Anzeigen in den Suchergebnislisten von Suchmaschinen platziert werden. Ziel ist die Steigerung der Sichtbarkeit der Unternehmenswebsite zur Umsatz- und Absatzsteigerung.

- **Suchmaschinenoptimierung**
  Mit der Suchmaschinenoptimierung wird versucht, das Ranking einer Website in der organischen Trefferliste nachhaltig positiv zu beeinflussen. Bei der Eingabe relevanter Keywords (Suchbegriffe) bei einer Suchmaschine soll das Unternehmen so weit wie möglich vorne – nach Möglichkeit unter den „top ten" – erscheinen.

- **Mobiles Marketing**
  Mobiles Marketing gilt als einer der Trends im Onlinemarketing, da die mobile Nutzung des Internets steigt: Handys, Smartphones oder andere tragbare Geräte werden als Überbringer von Werbung eingesetzt.

- **Social-Media-Marketing**
  Immer bedeutender wird in der letzten Zeit das Social-Media-Marketing. Dabei geht es um die Nutzung sozialer Netzwerke zu Marketingzwecken.

Social-Media-Marketing im Web 2.0

Im traditionellen World Wide Web hatten normale Internetnutzer lediglich die Rolle eines nur lesenden und Informationen konsumierenden Individuums inne. Das Einstellen von Inhalten in das Netz war nur mit (relativ) großen Fachkenntnissen möglich. Seit einiger Zeit gibt es durch die Weiterentwicklung von technischen Möglichkeiten eine neue Internetentwicklungsstufe: Man spricht vom **Web 2.0.** Nun benötigen Internetnutzer durch Anwendung einfachster Werkzeuge keine (großen) Kenntnisse mehr, um multimediale Inhalte im Internet veröffentlichen zu können. Die Nutzer im Web 2.0 konsumieren Inhalte also nicht nur, sie können diese auch ohne großen Aufwand produzieren und im Netz verbreiten. Zudem haben die Nutzer nun durch interaktive Anwendungen die Möglichkeit, sich untereinander zu vernetzen. Damit kann die kollektive Intelligenz der Internetgemeinschaft genutzt werden. Die sich daraus ergebenden Möglichkeiten werden im Rahmen des Social-Media-Marketings für Marketingzwecke benutzt.

Unter Social-Media-Marketing versteht man den Einsatz von sozialen Netzwerken und Netzgemeinschaften im Internet zu Umsatz- und Absatzsteigerungen.

Bei dieser Marketingart stehen also Internetplattformen im Vordergrund, die dem gegenseitigen Austausch von Meinungen, Erfahrungen und Eindrücken dienen.

Aus Marketingsicht interessant sind u. a. folgende Möglichkeiten:

- Durch kompetentes Auftreten in sozialen Netzen können die Bekanntheit der Produkte bzw. Dienstleistungen sowie das Image des Unternehmens gestärkt werden.
- Da die in sozialen Netzwerken ausgewiesenen Profile oft sehr detailliert sind, können Unternehmen dort sehr viel über ihre Zielgruppen erfahren.
- Der neueste Trend im Social-Media-Marketing ist das **virale Marketing**. Darunter versteht man das gezielte Auslösen und Kontrollieren von Mundpropaganda im Internet zum Zwecke der Vermarktung von Unternehmen bzw. deren Leistungen und Produkten. Durch verschiedene Maßnahmen sollen potenzielle Kunden animiert werden, Informationen und positive Meinungen über Produkte und Dienstleistungen aus eigenen Stücken weiterzuverbreiten. Wie ein Virus sollen Informationen über ein Produkt oder eine Dienstleistung innerhalb kürzester Zeit in den sozialen Netzwerken des Internets von Mensch zu Mensch weitergegeben werden.

Social-Media-Marketing im Web 2.0

- **Ziele**
  - Verbesserung des Unternehmens- oder Marken-Images (Onlinereputation)
  - Steigerung der Bekanntheit des Unternehmens oder der Marke (Social Branding)
  - Akquise von Kunden und somit die Umsatzsteigerung (Social Sales)
  - Steigerung der Besucherzahlen auf der Website
  - Verbesserung der Suchmaschinenergebnisse
  - Verbesserung der Qualität von Service und Support
  - Weiter- und Neuentwicklung von Produkten unter Einbeziehung einer Onlinecommunity (Crowdsourcing oder Co-Creation)
- **Auswahlkriterien für die Wahl der passenden Social-Media-Plattform**
  - Welcher für die Zielgruppe interessante Content (= Inhalt), der einen sinnvollen Bezug zum eigenen Produkt oder zur eigenen Dienstleistung hat, existiert bereits im Unternehmen?
  - Passen unterschiedliche Nutzerstrukturen und technische Möglichkeiten zu den Inhalten?
  - Welche Themen können aktiv besetzt werden und über eine Auseinanderset-zung mit diesen Themen der Dialog mit den (potenziellen) Kunden gefördert werden?
  - Auf welche Weise können weitere Inhalte generiert werden, die für die Social Media Nutzer eine so hohe Relevanz haben, dass durch sie ein Dialog zwischen Kunden und Unternehmen entsteht?
- **Soziale Netzwerke im Internet bieten den Nutzern u. a. folgende Möglichkeiten:**
  - Erstellung eines Profils,das Auskunft darüber gibt, wer man ist und was man macht.
  - verschiedene weitere Kommunikative Möglichkeiten (Meinungsaustausch, Veranstaltung von Wettbewerben usw.)
  - Man kann Gleichgesinnte finden, neue Bekanntschaften schließen und mit Freunden in Kontakt bleiben.
  - Anderen Nutzern können sowohl private als auch öffentliche Nachrichten hinterlassen werden.
- **Probleme**
  - Datenschutz: Jeder sollte prüfen, was er bereit ist, im Internet persönlich preiszugeben.
  - Digitale Haltbarkeit: „Das Netz vergisst nichts!“
  - In kommerziellen sozialen Netzwerken bestimmen die dahinter stehenden Unternehmen, welche Inhalte zu welchen Konditionen veröffentlicht werden können.
  - Bei kommerziellen sozialen Netzwerken, die kostenlos sind, ist der Nutzer selbst das Produkt: Es geht um die Sammlung und Auswertung seiner persönlichen Daten.
- **Beim Einstieg in das Social-Media-Marketing muss das Unternehmen klären:**
  - Wie steige ich ein in Social Media?
  - Wie kann ich meine Kunden besser verstehen und ihnen Hilfe/Service bieten?
  - Welche Anforderungen stelle ich an die Mitarbeiter, die für Social Media verantwortlich sind?
  - Wie werden meine Produkte in den Social Medias besprochen?
  - Welche Bedeutung soll Social Media in meinem Unternehmen erhalten?
  - Wie nutzen meine Wettbewerber Social Media?

Einige Social-Media-Plattformen		
Plattform	**Erläuterung**	**Beispiele für Marketingmöglichkeiten**
Foren	Foren sind die älteste Form der sozialen Medien. Es gibt eine Vielzahl von Foren für unterschiedlichste Zielgruppen und zu den unterschiedlichsten Themenbereichen. Als Nutzer hat man die Möglichkeit, ein Thema zu beginnen oder sich an bereits bestehenden Diskussionen zu beteiligen.	• Beobachtung von Diskussionen, um wichtige Informationen über eigene Produkte und Dienstleistungen zu bekommen • Beantwortung von Fragen zu eigenen Leistungen
Blogs	Von Einzelpersonen, Gruppen oder Unternehmen betriebene Websites, die mithilfe einfach zu verstehender Programme schnell und ohne großen Aufwand erstellt und im Netz veröffentlicht werden. Der Blogger (der Besitzer der Website) kann über verschiedenste Themen schreiben. Leser können darauf mit Kommentaren reagieren.	• Gezielte Vermarktung von Produkten und Dienstleistungen: Blogs ermöglichen gut platziert eine direkte Zielgruppenansprache. • Unternehmen stellen ihre Kompetenz zu einem bestimmten Thema heraus. • Blogs können ein weiterer Weg sein, um aus Produkten Marken werden zu lassen. • Blogs ersetzen die **Frequently Asked Questions** (FAQ) als Kundenbindungsinstrument für eine serviceorientierte Kommunikation.
Facebook	• beliebtes und schnell wachsendes soziales Netzwerk • weltweit ca. 1,5 Milliarden Nutzer • viele Zusatzfunktionen wie Messenger, Fotoupload usw.	• Das Unternehmen erstellt eine eigene Facebook-Website (facebookpage). • Aufbau einer Fangemeinschaft z. B. durch den Like-Button • In Facebook können auch Werbeanzeigen gebucht werden (facebook ads).
Google +	• Konkurrenzprodukt zu Facebook • geringere Nutzerzahl als Facebook	• positive Auswirkung auf das Ranking bei der Google-Suche • effektive Integration anderer Google-Angebote
Twitter	Die Mitglieder (Follower) von Twitter folgen bestimmten Personen, für deren Informationen, Meinungen bzw. Aktivitäten sie sich interessieren. Von den Autoren bekommt man Tweets (kurze Nachrichten mit maximal 280 Zeichen). Auf diese kann man antworten.	• Information der Follower über die aktuelle Entwicklung eines neuen Produkts • Bekanntgabe von Terminen, z. B. Events im Rahmen des Eventmarketings • Suche, ob Kunden in Tweets Beschwerden geschrieben haben • Reaktion auf Tweets von Kunden
Instagram	• beliebtes und schnell wachsendes soziales Netzwerk, bei dem sich alles um Videos, Fotos und Grafiken dreht • Fotos können bearbeitet, hochgeladen, geteilt und kommentiert werden • je mehr „Follower", umso größer ist die „Reichweite" der Bilder und Videos, die hochgeladen werden	• Buchen von Werbeanzeigen möglich • Verknüpfung mit vorhandenem Facebook-Account möglich und so größere Werbereichweite • Kunden können immer über aktuelle Trends und Produkte auf dem Laufenden gehalten werden • Aufbau einer „Follower-Fangemeinde" möglich • Interessen von Followern können analysiert und genutzt werden

E-Business-Trends in der Wirtschaft

Durch die zunehmende Digitalisierung verändert sich die Wirtschaft grundlegend. Die Wirtschaft nutzt immer mehr das Internet. Daten sind der Rohstoff des E-Business. Die bisherigen Arbeitsabläufe verändern sich grundlegend. In diesem Zusammenhang sind verschiedene Trends zu beobachten.

Crowdsourcing
Mit Crowdsourcing kann ein Unternehmen mithilfe des Internets jeden mit seinen Ideen an der Lösung eines Problems beteiligen. So kann ein Unternehmen Kunden, Kreative oder schlicht jedermann bei der Produktentwicklung mitarbeiten lassen.

Crowdfunding
Mit dieser alternativen Art der Geldbeschaffung lassen sich über das Internet Projekte, Produkte oder die Umsetzung von Geschäftsideen mit Fremdkapital versorgen. Die Kapitalgeber sind eine Vielzahl von Personen, bestehend aus Internetnutzern, die zum Crowdfunding im World Wide Web aufgerufen werden. Mit dem Crowdfunding können also relativ kleine Beiträge von vielen Internetnutzern zu einer großen Summe für den Start eines Unternehmens oder Unternehmensprojekts gesammelt werden.

Cloud Working
Cloud Working ist eine Weiterentwicklung der Telearbeit: Ein Cloudworker geht mithilfe des Internets und der Datencloud unabhängig von Zeit und Ort seiner Arbeit nach. Digitale Arbeiten, die in Unternehmen anfallen, werden in kleinere Arbeitspakete unterteilt, die von vielen Leuten (häufig Selbstständige, die sich darum bewerben) parallel bearbeitet werden.

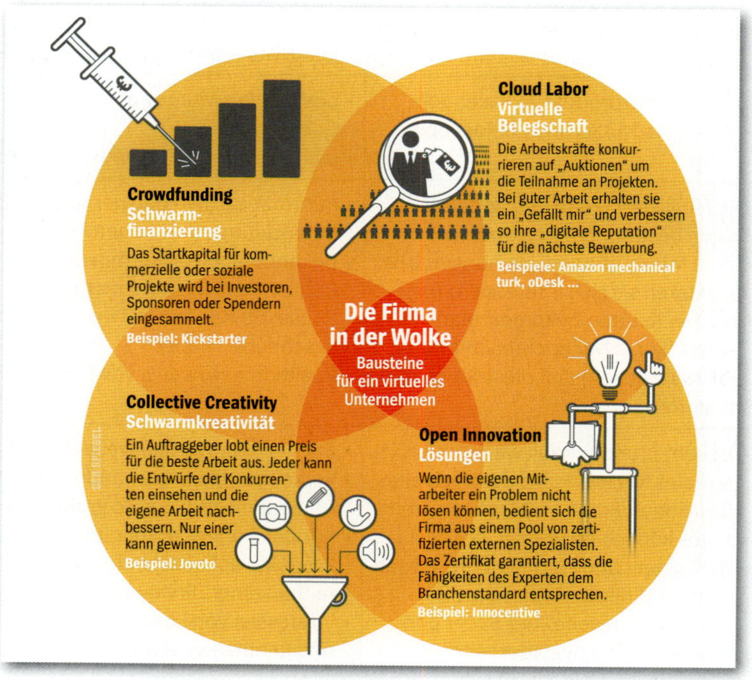

(Quelle: DER SPIEGEL, 17/2014, S. 73)

2.5.12 Maßnahmen zur Effizienzverbesserung der Marketinginstrumente

Mit der Marktsegmentierung kann die Effizienz der verschiedenen Marketinginstrumente deutlich verbessert werden. Was Marktforschung ist und wie diese betrieben werden kann, wurde bereits im Kapitel 1 dieses Lernfelds erläutert.

Marktsegmentierung

Bei allen Marketingbemühungen eines Unternehmens steht der Absatz im Vordergrund. Jedes Unternehmen muss den Kreis an Personen und anderen Unternehmen bestimmen, die generell als Abnehmer infrage kommen sollen.

Eine mögliche Vorgehensweise kann nun sein, alle möglichen Abnehmer als Kunden zu gewinnen: Der Absatzmarkt wird „mit der Gießkanne besprengt", die Marketingaktivitäten zielen in einheitlicher Weise auf alle Abnehmer. Durch dieses engmaschige Abnehmernetz ergeben sich in einigen Fällen Rationalisierungsvorteile bei der Kundenbearbeitung und -belieferung.

Bei der Marktsegmentierung wird dagegen der – i. d. R. unübersichtliche – Markt nach bestimmten Gesichtspunkten in nach Möglichkeit einheitliche (homogene) Untergruppen eingeteilt. Diese nennt man Marktsegmente. Die Marktsegmente können dann mithilfe direkt auf sie zugeschnittener Marketingmaßnahmen bearbeitet werden.

Vorteile der Marktsegmentierung:

- Durch speziell zugeschnittene Marketingaktivitäten fällt es leichter, neue Kunden zu gewinnen bzw. alte Kunden stärker zu binden.
- Wird der Einsatz der jeweiligen Marketinginstrumente auf die Zielgruppe genau abgestimmt, erfolgt dies effizient: Streuverluste werden vermieden.

Beispiel: Kundensegmentierung bei Endverbrauchern

Es gibt sehr viele Kundentypologien. Eine sehr bekannte Kundentypologie stellt die der Sinus-Milieus dar. Die Kunden werden nach ihrem Lebensstil unterschieden und den einzelnen Milieus zugeordnet.

Von oben nach unten:

nach sozialer Lage in Schichten, auf der Grundlage von Alter, Bildung, Beruf und Einkommen

Von links nach rechts:

nach der Grundorientierung, in einem Spannungsbogen von traditionell bis postmodern

Oben sind die gesellschaftlichen Leitmilieus angesiedelt, am linken Rand die traditionellen Milieus, in der Mitte die Mainstream-Milieus und rechts die hedonistischen (am Genuss orientierten) Milieus.

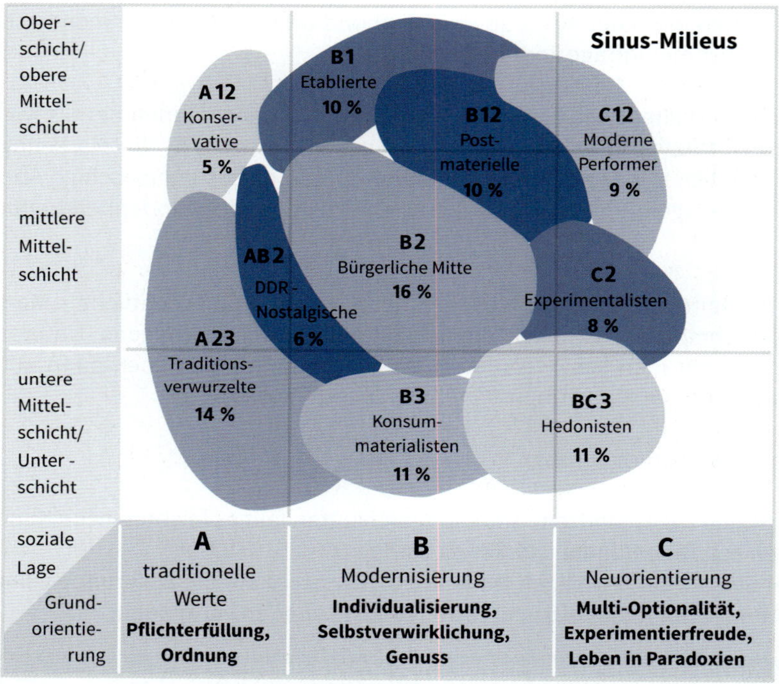

Kundenselektion

Die Marktsegmentierung kann auch zur Kundenselektion führen: Ein gut geführtes Unternehmen wird immer auch die Frage prüfen, inwieweit es sinnvoll ist, mit allen möglichen Kunden zusammenzuarbeiten. Sinn und Ziel einer Geschäftsbeziehung ist schließlich die Erzielung eines Gewinns. Die Praxis zeigt jedoch, dass dieses Ziel in zahlreichen Kunden-Lieferanten-Beziehungen nicht erreicht wird. Die Geschäftsbeziehung hat keinen wirtschaftlichen Erfolg. Für ein Unternehmen können also Nachteile auftreten, wenn jeder Auftrag angenommen werden würde. Viele dieser Aufträge verursachen nämlich mehr Kosten als Gewinn.

Beispiel

Bei Kunden, die eine schlechte Zahlungsmoral haben, fallen oft zusätzliche Kosten des Geldeinzugs an.

Die Prüfung der Kunden unter Ergebnisaspekten und die anschließende Entscheidung, zu welchen potenziellen Kunden Geschäftsbeziehungen aufgenommen werden, wird als Kundenselektion bezeichnet. Der Kreis der möglichen Abnehmer wird damit eingeengt.

Ziel der Kundenselektion ist die Bestimmung einer Zielgruppe unter Aussonderung unrentabler Kunden. Die Marketingaktivitäten werden dann gezielt auf die gewinnversprechenden Kunden gelenkt.

Beispiel

Die Autohaus Köppel GmbH hat festgestellt, dass sich die neuen Dachboxen als gewinnbringende Produkte erwiesen haben. Jedoch sind die Kunden meist Fahrer von Fahrzeugen aus dem höheren Preissegment. Ausschließlich diese Kunden sollen nun in einer Werbeaktion angeschrieben werden.

Werden der Absatz und die Absatzbemühungen planmäßig und bewusst nur auf gewinnbringende Kunden beschränkt, so liegt eine selektive Absatzpolitik vor. Für Kunden ohne ausreichenden Vertriebserfolg bieten sich die folgenden Instrumente an:

- **Vernachlässigung** der Kunden durch die Intensitätsabstufung der Geschäftsbeziehungen: Die Absatzbemühungen wie Verkaufsförderung, Werbung usw. werden gezielt auf Kunden verlagert, die vergleichsweise bessere Erfolgsbeiträge bringen.
- **Ausschaltung** von Kundengruppen
  - Direkt durch Abbruch der Geschäftsbeziehungen: Beliefert werden nur noch die Kunden, die zur Wirtschaftlichkeit und Rentabilität beitragen und die Liquidität nicht belasten.
  - Indirekt durch ungünstige Konditionen: Für bestimmte Kundengruppen werden z. B. die Preise angehoben oder die Lieferungs- und Zahlungsbedingungen verschlechtert.

Kriterien für die Marktsegmentierung

Für die Marktsegmentierung kann das Unternehmen grundsätzlich alle jene Merkmale heranziehen, auf die aus absatzpolitischen Gründen besonderen Wert gelegt wird. Sie versprechen Vorteile bei der Zusammenarbeit. Kunden können z. B. ausgewählt werden nach:

- **Jahresumsatz:**
  - Es werden Umsatzgrößenklassen gebildet (z. B. bis 20 000,00 €; bis 100 000,00 €; über 100 000,00 € Jahresumsatz).
  - Es erfolgt eine Einteilung nach Losgrößen (5 000 Stück, 10 000 Stück usw.).
- **Umsatz nach ABC-Analyse:**
  - A-Kunden: Da mit ihnen am meisten Umsatz gemacht wird, sind dies die wichtigsten Kunden.

- B-Kunden: Diese haben eine mittlere Bedeutung für das Unternehmen.
- C-Kunden: Sie steuern am wenigsten zum Umsatz bei.

- **Durchschnittliche Auftragsgröße:** Einzelaufträge, Kleinabnehmer, Großabnehmer
- **Zahlungsmoral:** Kunden, die gemahnt wurden; Kunden innerhalb des Zahlungsziels; Kunden innerhalb der Skontofrist
- **Geschäftstyp:** Fachhandel, Discounter usw.
- **Dauer der Beziehung mit einem Kunden:**

  - Neukunden schließen zum ersten Mal mit dem Unternehmen einen Vertrag ab.
  - Bestandskunden haben in der Vergangenheit mindestens schon einmal mit dem Unternehmen ein Geschäft abgeschlossen.
  - Stammkunden fragen regelmäßig Waren oder Dienstleistungen beim Unternehmen nach.

- **Absatzgebiete:** z. B. Entfernungszonen, die kostengünstig oder -ungünstig zu beliefern sind

Während das eigentliche Marketing (Marketing im engeren Sinn) auf die Kunden des Unternehmens zielt, sind **Wettbewerbsstrategien** auf andere Konkurrenzunternehmen ausgerichtet. Mit Wettbewerbsstrategien verschaffen sich Unternehmen Wettbewerbsvorteile gegenüber Mitbewerbern und sichern diese ab. Die drei bekanntesten Wettbewerbsstrategien sind:

- Bei der Differenzierungsstrategie versucht das Unternehmen seine Produkte oder Dienstleistungen so zu gestalten, dass potenzielle oder aktuelle Kunden diese als absolut einzigartig ansehen.
- Mit der Strategie der Kostenführerschaft strebt ein Unternehmen einen Kostenvorsprung vor anderen konkurrierenden Unternehmen an.
- Bei der Nischenstrategie konzentriert sich das Unternehmen auf Marktnischen, z. B. auf

  - eine bestimmte Kundengruppe,
  - einen bestimmten Teil des Produktionsprogramms/Sortiments,
  - einen örtlich abgegrenzten Markt.

Dieser Schwerpunkt wird dann so effizient wie möglich mit Marketingmaßnahmen bearbeitet.

2.6 Servicepolitik

EINSTIEGSSITUATION

Fin Schneider liest einen interessanten Artikel zum Thema „Servicepolitik – ein Marketinginstrument der Zukunft“ und ist von dessen Inhalt total begeistert.

Nun möchte er auch seine Mitauszubildenden von der Wichtigkeit dieser Thematik überzeugen und ein kleines Handout für die nächste Azubisitzung erstellen.

Sie unterstützen Herrn Schneider.

Das Thema „Service“ steht gerade im Bereich des Verkaufs von Produkten und Dienstleistungen an erster Stelle. Neben dem reinen Service am Fahrzeug zählen im Autohaus auch

1. Beratungsgespräche,
2. Hol- und Bring-Service,
3. Leihwagen-Service,
4. gut ausgestattete und gemütliche Warteecke mit WLAN, Zeitschriften und Getränken,
5. Kundentoiletten,
6. verlängerte Öffnungszeiten,
7. 24-Stunden-Terminal
8. usw.

dazu. Bereits im 2. Ausbildungsjahr wurde auf diese Thematik ausführlich eingegangen.

Meist werden Serviceangebote vom Kunden als „selbstverständlich“ angesehen. Um dem Kunden zu suggerieren, dass das Autohaus **besondere** Serviceleistungen anbietet, können diese in Form von verschiedenen Maßnahmen „präsentiert“ werden und stellen so einen Teil des Marketings dar.

Beispiel

Die Autohaus Köppel GmbH wirbt mit kompetenten Mitarbeitern, die in intensiven Beratungsgesprächen das bestmögliche Fahrzeug gemeinsam mit den Kunden finden.

Damit die Mitarbeiter diesem Anspruch gerecht werden, nehmen sie regelmäßig an verschiedenen Schulungen und Fortbildungsveranstaltungen teil. Die entsprechenden Zertifikate werden in den Verkaufsräumen der Autohaus Köppel GmbH für die Kunden sichtbar ausgehängt und geben dem Kunden so ein Gefühl von Sicherheit und schaffen Vertrauen in die vorliegenden Kompetenzen.

Weiterhin kann das Autohaus seine Serviceleistungen in Fachzeitschriften veröffentlichen oder an entsprechenden Wettbewerben, bei denen es um den Themenbereich „Service“ geht, teilnehmen.

Die freiwillige Teilnahme an „Tests“, die von externen Unternehmen durchgeführt und deren Ergebnisse ebenfalls in Fachzeitschriften veröffentlicht werden, kann auch sinnvoll sein.

Beispiel

Bei der Autohaus Köppel GmbH wurde ein Fahrzeug zum Servicetermin gebracht, das diverse Fehler aufwies.

Der Werkstattleiter, Herr Michaeli, hat zusammen mit seinen Kollegen das Fahrzeug begutachtet, da die Menge der aufgetretenen Fehler eher ungewöhnlich war. Gemeinsam wurde eine Fehlerliste erstellt, der Kunde informiert und nach dem „OK“ durch den Kunden die Fehler behoben.

Am Abholtermin wurden mit dem Kunden die Fehler nochmals genau durchgegangen und die Reparaturen besprochen. Im Kundengespräch stellte sich dann heraus, dass das Fahrzeug für die Autohaus Köppel GmbH präpariert wurde, um den Umgang mit Kunden in solchen Situationen und die Kompetenz der Werkstatt zu testen.

Das positive Ergebnis für die Autohaus Köppel GmbH wurde in einem Testbericht zusammengefasst und veröffentlicht.

Außerdem hat die Autohaus Köppel GmbH eine entsprechende Urkunde verliehen bekommen, die nun im Bereich der Serviceannahme hängt.

2.7 Marketingmix

EINSTIEGSSITUATION

Nora Braun soll einen Fachvortrag zum Thema „Marketingmix“ halten. Sie helfen ihr und entwerfen einen Einstieg für den Fachvortrag.

Die unterschiedlichen Marketinginstrumente werden gemeinsam eingesetzt. Diese Kombination nennt man Marketingmix.

Der Marketingmix ist die für einen bestimmten Zeitraum getroffene Auswahl von Marketingmaßnahmen auf ihrem qualitativen und quantitativen Niveau.

Bei der Planung des Marketingmix geht es somit um die Frage, welche Marketinginstrumente wie auszugestalten und mit welcher Intensität einzusetzen sind, um die Marketingziele zu erreichen.

Dabei können die einzelnen Marketinginstrumente nicht unabhängig voneinander eingesetzt werden. Zum einen stehen für den Einsatz der einzelnen Instrumente normalerweise Budgets zur Verfügung, die Teile eines Gesamtbudgets für den Marketingmix sind. Zum anderen bestehen zwischen den einzelnen Marketinginstrumenten vielfältige Wechselbeziehungen und Abhängigkeiten. So hat z. B. der Kommunikationsmix Auswirkungen auf die Preisgestaltung für das angebotene Produkt.

Auch können zeitliche Abhängigkeiten vorliegen. Dies ist z. B. der Fall, wenn die Wirkung eines Marketinginstruments in zeitlich nachgelagerte Perioden hineinreicht oder erst mit einer Zeitverzögerung eintritt.

Bei den Wechselbeziehungen und Abhängigkeiten der Marketinginstrumente lassen sich substitutionale Interdependenzen, komplementäre Interdependenzen und konkurrierende Interdependenzen unterscheiden:

- Von **substitutionaler Interdependenz** sprichtman, wenn der Mehreinsatz eines Marketinginstruments den Mindereinsatz eines anderen Instruments ermöglicht.
- Von **komplementärer Interdependenz** spricht man, wenn die eingesetzten Marketinginstrumente nur gemeinsam die angestrebte Wirkung erreichen.
- Von **konkurrierender Interdependenz** spricht man, wenn sich die Wirkungen von zwei Marketinginstrumenten gegenseitig beeinträchtigen.

Einflussfaktoren für die Gestaltung des Marketingmix sind

- die Art des Produkts,
- das Marktsegment,
- die Phase des Produktlebenszyklus,
- die Konjunkturphase[1].

Marketingkonzept/-strategie

Marketingmaßnahmen werden nur dann erfolgreich sein, wenn sie systematisch und sorgfältig geplant, durchgeführt und anschließend kontrolliert werden. Dieses Vorgehen wird durch konsequentes Aufstellen eines Marketingkonzeptes unterstützt, das alle für eine Marketingmaßnahme wichtigen Informationen enthält.

Stufen eines Marketingkonzeptes

Marketingerfolg

Marketing-controlling	Es findet eine umfassende und systematische Kontrolle aller Marketingmaßnahmen statt.
Marketing-maßnahmen	Hier werden die Einzelmaßnahmen der kommunikationspolitischen Instrumente detailliert beschrieben.
Marketing-strategie	Es wird der Weg zu den Zielen festgelegt: Jetzt ist beispielsweise klar, welche Zielgruppen auf welchen Märkten mit welchen Marketinginstrumenten mit welchem Etat in den Blickpunkt des Vorgehens treten.
Marketing-ziele	Kennt man die Marktsituation, können die Marketingziele formuliert werden. Unterschieden wird zwischen quantitativen (Absatz, Umsatz, Gewinn, Marktanteil usw.) und qualitativen Zielen (Image, Bekanntheit usw.).
Situationsanalyse	Die aktuelle Lage wird z. B. durch Marktforschung ausgewertet.

1 Siehe Lernfeld 11, Kap. 3.1.1

Beispiel

Gliederung eines Marketingkonzeptes

I. Ausgangslage – Ist-Situation
1. Unternehmensdarstellung (Zahlen, Daten, Fakten, Historie)
2. Sortiment, Positionierung, Zielgruppe(n), Vertriebssystem
3. Marktumfeld, Wettbewerber, Preise, Kommunikationspolitik
4. Stärken, Schwächen (Geschäftsstärke)

II. Darstellung der Marketingidee
1. Kurzbeschreibung des neuen Produkts/Sortiments/Linie
2. USP
3. Vorteil/Nutzen für den Kunden
4. Prognose Markt, Umwelt
5. Zielmarkt (Größe, Mengen), Zielgruppen
6. Chancen, Risiken (Marktattraktivität)
7. Positionierung und Wettbewerber
8. Auswirkungen auf das Gesamtsortiment

III. Marketingziele
1. Umsatz, Mengen, Marktanteile, Wachstum, Plangewinn
2. strategische Komponenten

IV. Marketingkonzeption
1. Produkt, Sortiment (Breite, Tiefe), Beschreibung
2. Form, Farbe, Material, Verzierungen (Visualisierung, Proben)
3. Kosten-/Mengenschätzung
4. Zielgruppenbeschreibung
5. an wen, wo
6. geografische, demografische, Verhaltens-, psychografische Merkmale
7. Zielgruppenquantifizierung, Anzahl potenzieller Käufer · Kaufhäufigkeit
8. Distribution
9. Lieferung, Versand
10. Handelsstufe
11. Preispolitik
12. Verkaufspreise, Konditionen
13. Einkaufs-, Fertigungs- und Verkaufskalkulation
14. Kommunikationspolitik
15. Image, Logo, Slogan
16. Werbung (Aktion, Was, Wann, Wie)
17. persönlicher Verkauf (Aktion, Was, Wann, Wie)
18. VKF (Aktion, Was, Wann, Wie)
19. PR (Aktion, Was, Wann, Wie)
20. Kommunikationsbudget

V. Übersicht Timetable

VI. Abschlussbemerkungen

(Quelle: Schulze, Thomas: Gliederung eines Marketingkonzeptes, Zugriff am 27.04.2015 unter: www.bilanzanalysen.de/marketing/mark1/mark1.html)

2.8 Marketingcontrolling

EINSTIEGSSITUATION

Die Auszubildenden der Autohaus Köppel GmbH haben sich nun intensiv mit dem Themenbereich „Marketing“ auseinandergesetzt.

Herr Köppel fragt die Azubis während der Azubisitzung: „Ist es eigentlich wichtig, dass wir unseren Marketingerfolg kontrollieren?“

Sie beantworten diese Frage.

Wie bereits in Kapitel 2.7 aufgeführt, ist es wichtig, den Erfolg und die Wirksamkeit sowie die Effizienz von Marketingmaßnahmen bzw. Marketinginstrumenten zu kontrollieren. Diese Aufgabe übernimmt das Marketingcontrolling.

Beispiel

Die Autohaus Köppel GmbH führt einen Soll-Ist-Vergleich in Bezug auf die Absatzzahlen des neuen SUV-Modells durch.

Außerdem legt das Controlling der Geschäftsleitung gegenüber Rechenschaft ab, ob sich die Mitarbeiterinnen und Mitarbeiter auch so verhalten haben, dass die Marketingziele erreicht werden können bzw. konnten.

Liegt beim Soll-Ist-Vergleich eine extreme Abweichung vor, muss geklärt werden, warum diese entstanden ist (Waren die gesteckten Ziele zu hoch, zu niedrig, wurde falsch geplant, liegen Fehler in der Durchführung vor? usw.).

Geeignete Maßnahmen sind ferner die Werbeerfolgskontrolle, auf die bereits im vorherigen Kapitel eingegangen wurde.

In der nachfolgenden Grafik ist das Marketingcontrolling mit seinen Funktionen nochmals zusammenfassend dargestellt:

Planungsfunktion

Die stategische und operative Planung des Marketings wird unterstützt.

Informationsfunktion

Versorgung mit Informationen in Bezug auf Marktforschung und Marktaccounting

Marketingcontrolling

Die marktorientierte Unternehmensführung wird mithilfe des Controllings sichergesetellt und die getroffenen Maßnahmen auf Effektivität und Effizienz geprüft.

Koordinationsfunktion

Projektcontrolling und Kooperationscontrolling, zusätzlich zu „normalen“ Marketingaufgaben können Mitarbeiter gecoacht und beraten werden

Kontrollfunktion

Durch Marketingkontrollen und Marketing-Audits werden die Marketingmaßnahmen und das gesamte Marketing überwacht und kontrolliert.

Zusammenfassung

Sortiment

= Gesamtheit der angebotenen Waren und Dienstleistungen

- **Gliederung**
  - Warengruppe, Warenart, Artikel, Sorte
- **Umfang**
  - Sortimentsbreite (breites und schmales Sortiment)
  - Sortimentstiefe (tiefes und flaches Sortiment
- **Bedeutung für den Gesamtumsatz**
  - Kernsortiment
  - Randsortiment
- **Kundendienstleistungen**
  - warenbezogene Dienstleistungen
  - nicht warenbezogene Dienstleistungen

Sortimentsgestaltung

Bestimmungsgrößen

- Branche
- Lagerfläche
- Kapital
- Sortiment der Konkurrenz
- Bedarf des Kundenkreises
- Umweltverträglichkeit der Waren

Sortimentskontrolle

durch:

- Fehl- und Nichtverkaufskontrolle
- kurzfristige Erfolgsrechnung
  - manuell
  - mithilfe der EDV

Sortimentsveränderungen

- Sortimentsbereinigung: Aufgabe einzelner Artikel und Sorten
- Sortimentserweiterung: Aufnahme zusätzlicher Artikel und Sorten
- Diversikation: Aufnahme von Warengruppen, die mit dem bisherigen Sortiment keine oder nur geringe Verwandtschaft aufweisen

---

Einflussgrößen der Preispolitik

sind

- Beschaffungskosten
- Kostensituation des Unternehmens
- Verhalten der Konkurrenten und Nachfrager
- Preisempfehlungen der Hersteller
- gesetzliche Bestimmungen

Maßnahmen der Preispolitik

sind

Sonderangebote

= Angebot einzelner Artikel zu reduzierten Preisen ohne Fristsetzung

Preisdifferenzierung

= Angebot gleicher Waren und Dienstleistungen zu unterschiedlichen Preisen:
- räumliche Preisdifferenzierung
- personelle Preisdifferenzierung
- zeitliche Preisdifferenzierung
- mengenmäßige Preisdifferenzierung

Rabattgewährung

= Gewährung von Preisnachlässen:
- Mengenrabatt (Bar- und Naturalrabatt)
- Wiederverkäuferrabatt
- Treuerabatt
- Personalrabatt
- Skonto
- Bonus

Konditionengewährung

- Zahlungsbedingungen
- Lieferungsbedingungen

Distributionspolitik

= steuert den Weg der Ware zum Kunden

Direkter Absatz
- unmittelbarer Verkauf an den Abnehmer
- Produkt wechselt einmal den Eigentümer

Betriebseigene Vertriebssysteme
- Verkaufsabteilungen
- Niederlassungen
- Reisende
- Geschäftsleitung

Absatzhelfer
- Handelsvertreter
- Handelsmakler
- Handelskommissionär

Indirekter Absatz
- Externe und rechtlich selbstständige Unternehmen werden zwischen Hersteller und Abnehmer geschaltet.
- Das Produkt wechselt auf dem Weg zum Abnehmer mehrfach den Eigentümer.

Handel
- Großhandel
- Einzelhandel

Unternehmensgebundene Absatzorgane
- Vertragshändler
- Franchising

Absatzwerbung

= soll mögliche Verkäufer veranlassen, Bedürfnisse und Wünsche in Kaufhandlungen umzusetzen

Arten

Gegenstand der Werbung
- Sachwerbung
- Firmenwerbung

Anzahl der Werbenden
- Alleinwerbung
- Sammelwerbung
- Gemeinschaftswerbung

Anzahl der Umworbenen
- Direktwerbung
- Massenwerbung

Zeitlicher Auftritt im Produktlebenszyklus
- Einführungswerbung
- Expansionswerbung
- Erinnerungswerbung

abhängig vom **Werbeetat**

Werbeplan
legt Einzelheiten der Werbemaßnahme fest

u. a.

Werbemittel
die in der Werbung eingesetzten Instrumente, um eine Werbebotschaft an die Zielgruppe zu bringen

Werbeträger
das Medium, durch das ein Werbemittel an die Umworbenen herangetragen wird

Für eine möglichst große Wirksamkeit der Maßnahmen sollte beachtet werden:

AIDA-Prinzip

Attention | **I**nterest | **D**esire | **A**ction

Wirksamkeit wird überprüft durch die **Werbeerfolgskontrolle**

Instrumente der Kommunikationspolitik

Product-Placement
Ein Produkt wird in Medienprogramme integriert, um den Absatz zu fördern.

Human Relations
Über die Förderung der Motivation der Mitarbeiter soll der Absatz gesteigert werden.

Public Relations
Öffentlichkeitsarbeit zur Imagepflege des Unternehmens

Persönlicher Verkauf
Der Verkäufer berät den Kunden persönlich.

Sponsoring
Personen, Institutionen oder Veranstaltungen werden systematisch unterstützt, um eine Verbesserung des Images oder Bekanntheitsgrades zu erhalten.

Salespromotion
Förderung des Absatzes am Verkaufspunkt

Direktwerbung
Mit personalisierten Werbebotschaften wendet man sich direkt an den Kunden.

Absatzwerbung
Sie soll durch Produktinformationen Nachfrage nach einem bestimmten Produkt erzeugen.

Customer-Relationship-Management (CRM)

- Ausbau der Beziehung zum Kunden

- Bestehende Kunden zu halten, ist billiger, als Neukunden zu gewinnen.

Aftersales-Services

- Teilbereich des CRM
- Nach dem Kauf eines Produkts (oder einer Dienstleistung) wird die gesamte Nutzungsdauer genutzt, um die Kundenzufriedenheit zu steigern.
- Maßnahmen zur systematischen Kundenbindung u. a.

- Beschwerdemanagement
- Couponing
- Kundenkarten
- Kundenklubs
- One-to-one-Marketing (direkte Kundenansprache)

- Events, Kundenabende und Filialfeste
- Reparatur und Wartung
- Ersatzteillogistik
- Kundenzeitschriften
- zusätzliche Serviceleistungen

Electronic Commerce

- Einkauf und Verkauf von Waren über das Internet
- bewirkt Neugestaltung traditioneller Geschäftsprozesse

Business-to-Business (B2B)

elektronischer Handel zwischen Unternehmen

Business-to-Consumer (B2C)

elektronischer Versandhandel mit Endkunden

Marketing

= systematische Einflussnahme auf den Absatzmarkt

durch

Marketingmix

= Kombination der unterschiedlichen Marketinginstrumente zur Erreichung der Unternehmensziele

Unterstützung durch
- Marktforschung
- Marktsegmentierung

Produktpolitik
- Produktgestaltung
- Verpackungsgestaltung

Sortimentspolitik
- bewusste Zusammensetzung des Waren- und Dienstleistungsangebotes
- Festlegung der Sortimentstiefe und -breite
- Maßnahmen: Sortimentskontrolle und Sortimentsveränderungen

Preispolitik
- Festlegung der Verkaufspreise
- Festlegung von Konditionen

Distributionspolitik

Festlegung der Absatzwege

Kommunikationspolitik
- Beeinflussung des Kunden
- Instrumente:
  - Absatzwerbung
  - Verkaufsförderung
  - Direktwerbung
  - Öffentlichkeitsarbeit
  - Sponsoring
  - Product-Placement
  - Human Relations

Aufgaben

1. Was versteht man unter einem Verkäufermarkt?

2. Wodurch unterscheiden sich Käufer- und Verkäufermarkt?
   a) Beim Käufermarkt ist die Nachfrage kleiner als das Angebot; beim Verkäufermarkt ist das Angebot kleiner als die Nachfrage.
   b) Beim Käufermarkt ist die Nachfrage größer als das Angebot; beim Verkäufermarkt ist das Angebot kleiner als die Nachfrage.
   c) Beim Käufermarkt ist die Nachfrage kleiner als das Angebot; beim Verkäufermarkt ist das Angebot größer als die Nachfrage.
   d) Beim Käufermarkt ist die Nachfrage größer als das Angebot; beim Verkäufermarkt ist das Angebot größer als die Nachfrage.
   e) Es gibt keine Unterschiede.

3. Welche Aufgabe hat ein Unternehmen auf einem Verkäufermarkt?

4. Was versteht man unter Marketing?

5. Warum wird Marketing für Unternehmen immer wichtiger?

6. Wodurch unterscheidet sich die Verkaufsförderung von der Absatzwerbung?

7. In Ihrem Unternehmen soll ein neues Fahrzeugmodell eingeführt werden. Sie entwerfen die Marketingstrategie und präsentieren Ihre Ergebnisse im Plenum.

8. Informieren Sie sich, ob und wie Ihr Autohaus Sponsoring betreibt. Notieren Sie Ihre Ergebnisse und präsentieren Sie diese im Plenum. Erläutern Sie, warum Ihr Autohaus gerade in diesem Bereich Sponsoring macht.

9. Was ist ein Werbeplan und welche Informationen sind in diesem enthalten?

10. Stellen Sie in einer Tabelle gegenüber, welche Eigenschaften auf Werbemittel bzw. Werbeträger zutreffen, und führen Sie Beispiele für den Einsatz dieser in Ihrem Autohaus an.

11. Eine Werbemaßnahme der Autohaus Köppel GmbH für neue Dieselfahrzeuge kostet 200 000,00 €. Der Jahresumsatz vor der Werbemaßnahme betrug 1 600 000,00 €, nach der Werbemaßnahme 4 200 000,00 €. Berechnen Sie die Werberendite.

12. Stellen Sie das Hauptproblem der Werbeerfolgskontrolle dar.

13. a) Bilden Sie in der Klasse Gruppen.
    b) Jede der Gruppen erstellt eine Wandzeitung oder eine Folie, die kurz über eines der folgenden Marketinginstrumente informiert:
       - Produktpolitik
       - Sortimentspolitik

- Preispolitik
- Distributionspolitik
- Absatzwerbung
- Verkaufsförderung
- Sponsoring
- Öffentlichkeitsarbeit

c) Beachten Sie die Regeln der Visualisierung („Ein Bild sagt oft mehr als 1 000 Worte.“).
d) Bereiten Sie sich auf die Präsentation vor und präsentieren Sie Ihre Ergebnisse.
e) Geben Sie sich gegenseitig ein Feedback.

14. Um wieder Umsatzsteigerungen zu erzielen, sollen Sie in Gruppenarbeit für die Autohaus Köppel GmbH ein Marketingkonzept erstellen. Nach Möglichkeit sollen alle Marketinginstrumente berücksichtigt werden.
a) Machen Sie für jedes Marketinginstrument Vorschläge, die die Situation der Autohaus Köppel GmbH verbessern könnten.
b) Suchen Sie aus Ihren Vorschlägen diejenigen aus, die zu einem stimmigen Marketingkonzept passen könnten.
c) Stellen Sie dieses Konzept Ihrer Klasse vor.

3 Wettbewerbsrecht

AUSGANGSSITUATION

Matti Köppel liest gerade in einer Fachzeitschrift und traut seinen Augen nicht. Ein freier Mitbewerber, der seit einem Jahr auf dem Automobilmarkt aktiv ist, hat eine große Anzeige geschaltet.

Der Werkstattleiter, Herr Michaeli, ist total erstaunt, als Herr Köppel sehr wütend zu ihm in die Werkstatt stürmt.

„Sehen Sie sich das mal an, Herr Michaeli. Das darf ja wohl nicht wahr sein! Ich rufe sofort alle Auszubildenden zusammen. Diese sollen sich mit dem Themenbereich ‚Wettbewerbsrecht' auseinandersetzen und ihre Ergebnisse am kommenden Freitag in der Mitarbeiterversammlung präsentieren. Für diesen Themenbereich muss wirklich jeder in unserem Hause sensibilisiert werden und sich in der Öffentlichkeit entsprechend verhalten bzw. Fehlverhalten von Mitbewerbern sofort bei uns melden!"

Herr Michaeli nickt zustimmend.

Autohaus Köppel GmbH

Autostyle und Cars GmbH

...
Zwei Drittel der Arbeitskräfte bei der Autohaus Köppel GmbH sind Ungelernte. Nur in unserem Hause wird Ihr Fahrzeug ordnungsgemäß gewartet und repariert.
...

ARBEITSAUFTRÄGE

1. Informieren Sie sich über den Themenbereich „Wettbewerbsrecht".
2. Notieren Sie wichtige Informationen stichpunktartig.
3. Erstellen Sie mithilfe Ihrer gefundenen Informationen eine übersichtliche PowerPoint-Präsentation, die alle wichtigen Inhalte in Bezug auf das Wettbewerbsrecht und sonstige geltenden Gesetze und Verordnungen enthält.

4. Stellen Sie fest, ob bei der vorliegenden Anzeige aus der Ausgangssituation ein Verstoß gegen das UWG vorliegt. Halten Sie Ihr Ergebnis und die Begründung ebenfalls in Ihrer Präsentation fest.
5. Bereiten Sie sich auf die Präsentation vor.
6. Präsentieren Sie Ihre Ergebnisse.
7. Geben Sie sich gegenseitig ein Feedback.
8. Erläutern Sie, wie sich die Autohaus Köppel GmbH in der vorliegenden Situation verhalten sollte.
9. Ziehen Sie aus Ihren neuen Erkenntnissen Schlüsse für Ihr zukünftiges Handeln.

Der Konkurrenzdruck – gerade im Bereich der Automobilindustrie – nimmt immer mehr zu. „Underdog-Marken“ werden plötzlich durch veränderte Produkt- und Preisstrategien für Kunden interessant.

Namhafte Unternehmen büßen Kunden aufgrund von aktuellen Skandalen oder Imageveränderungen ein.

Um am Markt weiterhin wettbewerbsfähig zu bleiben, müssen Marketingmaßnahmen getroffen werden. In welcher Form diese stattfinden können, wurde bereits im Kapitel 1 bzw. Kapitel 2 dieses Lernfelds erläutert.

Doch was ist erlaubt und was verboten? Verschiedene Gesetze und Verordnungen, die teilweise durch Gerichtsurteile konkretisiert werden, beinhalten die entsprechenden Regelungen.

Diese dienen nicht nur dem Schutz des Verbrauchers, sondern auch dem Schutz der Mitbewerber untereinander.

Grundlage für das Wettbewerbsrecht sind folgende Gesetze, Verordnungen und internationale Vereinbarungen:

1. Handelsgesetzbuch (HGB)
2. Gesetz gegen den unlauteren Wettbewerb (UWG)
3. Madrider Abkommen über die Unterdrückung falscher Herkunftsangaben auf Waren
4. Gesetz über den Widerruf von Haustürgeschäften und ähnlichen Geschäften (HTWG)
5. Gesetz über den Schutz von Marken und sonstigen Kennzeichen/Markengesetz (MarkenG)
6. Gesetz gegen Wettbewerbsbeschränkungen/Kartellgesetz (GWB)
7. Gesetz zur Regelung des Rechts der Allgemeinen Geschäftsbedingungen (AGBG)
8. Gruppenfreistellungsverordnung (GVO)
9. Preisangaben- und Preisklauselgesetz (PreisaG), Preisklauselverordnung (PrKV), Preisangabenverordnung (PAngV)
10. Ladenschlussgesetz (LadSchlG)
11. Telemediengesetz (TMG)

3.1 Gesetz gegen den unlauteren Wettbewerb (UWG)

EINSTIEGSSITUATION

Nora Braun soll sich mit dem UWG beschäftigen und wichtige Inhalte in einer Mindmap darstellen. Die Mindmap wird dann in die geforderte PowerPoint-Präsentation für die Mitarbeiterversammlung eingearbeitet.

Sie unterstützen Frau Braun.

Idealerweise sollten sich Werbemaßnahmen nur an der Qualität und dem Preis der Waren orientieren. Oft bewusst, manchmal unbewusst, verstoßen jedoch viele Unternehmen dagegen. Dadurch werden einerseits Mitbewerber um ihre Chancen betrogen und andererseits die potenziellen Kunden (andere Unternehmen, vor allem aber Verbraucher) getäuscht bzw. irregeführt.

Gegen ein solches unzulässiges Verhalten richtet sich das Gesetz gegen den unlauteren Wettbewerb (UWG). Als unlauteren Wettbewerb versteht man das unfaire Verhalten von Unternehmen, die gegen die guten Sitten im Geschäftsleben verstoßen.

Das Gesetz gegen den unlauteren Wettbewerb ist wegen seines weiten Anwendungsbereichs für jeden in der Wirtschaft tätigen relevant:

- Es muss beachtet werden, damit man sich über das eigene Verhalten nicht angreifbar macht.
- Die Kenntnis des UWG ist wichtig, um unerwünschtes wettbewerbliches Verhalten Dritter abwehren zu können.

Gegen unlautere Handlungen vorgehen können:

- Mitbewerber
- Interessenverbände von Marktteilnehmern

Beispiele

Wettbewerbsvereine, Kammern, Verbraucherschutzverbände

Verbraucher können dies jedoch nicht.

Machte das UWG in früheren Fassungen nur Angaben zu werberechtlichen Verstößen, erfasst es heute jedes wettbewerbswidrige Verhalten. Es richtet sich gegen alle geschäftlichen Handlungen, die als unlautere Geschäftspraktiken bezeichnet werden können.

Als geschäftliche Handlung gilt jedes Verhalten einer Person, das in einem tatsächlichen Zusammenhang mit der Förderung des Absatzes oder des Bezugs von Waren oder Dienstleistungen steht. Erfasst werden Verhaltensweisen der Unternehmen vor, während und nach dem Vertragsschluss.

Generalklausel des UWG

§ 3 Verbot unlauterer geschäftlicher Handlungen

(1) Unlautere geschäftliche Handlungen sind unzulässig.

Diese allgemein formulierte Generalklausel des UWG verbietet also grundsätzlich alle unlauteren geschäftlichen Handlungen, soweit es sich um keine Bagatellfälle handelt. Die in der Generalklausel genannten Wirtschaftsteilnehmer werden folgendermaßen definiert:

- **Mitbewerber:** Dies sind alle Unternehmen, die zu dem eigenen Unternehmen als Anbieter oder Nachfrager von Waren oder Dienstleistungen in einem konkreten Wettbewerbsverhältnis stehen, z. B. andere Autohäuser.
- **Verbraucher:** Darunter werden alle natürlichen Personen verstanden, die Rechtsgeschäfte abschließen, die weder beruflich noch gewerblich bedingt sind, z. B. die Kunden des Autohauses.
- **Sonstige Marktteilnehmer:** Dies sind neben Mitbewerbern und Verbrauchern alle Personen, die als Anbieter oder Nachfrager von Waren oder Dienstleistungen auftreten.

Schwarze Liste des UWG

Das UWG enthält zusätzlich einen Anhang mit stets unzulässigen Wettbewerbshandlungen. Dieser Katalog wird oft auch als schwarze Liste bezeichnet. Diese Auflistung soll zu größerer Transparenz führen und es ermöglichen, unmittelbar dem UWG zu entnehmen, welches Verhalten in jedem Fall verboten ist.

Schwarze Liste	
Sie verbietet in jedem Fall ...	Beispiele
... die unwahre Angabe eines Unternehmens, zu den Unterzeichnern eines Verhaltenskodexes zu gehören.	Ein Mitbewerber der Autohaus Köppel GmbH wirbt damit, Mitglied in der Vereinigung fair handelnder Unternehmen zu sein, ohne es tatsächlich zu sein.
... die Verwendung von Gütezeichen, Qualitätskennzeichen usw. ohne die erforderliche Genehmigung.	Ein Mitbewerber der Autohaus Köppel GmbH bringt an seinen Lifestyle-Artikeln ein Biosiegel an, obwohl ihm dieses nie verliehen wurde.
... die unwahre Angabe, dass eine öffentliche oder andere private Stelle • einen Verhaltenskodex, • eine von einem Unternehmen vorgenommene geschäftliche Handlung bzw. • eine Ware oder Dienstleistung genehmigt, bestätigt oder gebilligt hat.	Ein Mitbewerber der Autohaus Köppel GmbH wirbt mit „Unser Leistungsangebot ist staatlich zertifiziert“.

... Angebote für Waren und Dienstleistungen zu einem bestimmten Preis, • falls nicht darüber aufgeklärt wird, dass diese nicht in angemessener Menge in einem angemessenen Zeitraum bereitgestellt werden können. Diese Art Angebote nennt man Lockvogelangebote. Es sind Angebote, die man nicht halten kann. • wenn das Unternehmen in der Absicht, stattdessen eine andere Ware oder Dienstleistung abzusetzen, etwas Fehlerhaftes vorführt, sich weigert zu zeigen, was es beworben hat, oder sich weigert, Bestellungen dafür anzunehmen oder die beworbene Leistung innerhalb einer vertretbaren Zeit zu erbringen.	Lockvogelangebot: Ein Autohaus wirbt mit Winterreifen zu einem sehr günstigen Preis. Die Kundin, Frau Dillerle, nimmt einen Tag Urlaub. Gleich zur Öffnung des Autohauses betritt sie dieses. Mehrere Kunden vor ihr bestellen die beworbenen Reifen. Nun ist sie an der Reihe. Der Verkaufsmitarbeiter, Herr Giglione, sagt zu ihr: „Die Reifen sind jetzt leider ausverkauft. Der Kunde vor Ihnen hat den letzten Satz erhalten.“
... die unwahre Angabe, bestimmte Waren oder Dienstleistungen seien nur für einen sehr begrenzten Zeitraum verfügbar, um den Verbraucher zu einer sofortigen geschäftlichen Entscheidung zu veranlassen, ohne dass dieser Zeit und Gelegenheit hat, sich aufgrund von Informationen zu entscheiden.	Die Autohaus Köppel GmbH bewirbt einen Lifestyle-Artikel mit dem Slogan: „Gestern nicht! – Nur heute! – Und dann nie wieder!“ Tatsächlich ist der Artikel bereits seit zwölf Monaten im Sortiment der Autohaus Köppel GmbH.
... bei Kundendienstleistungen eine andere Sprache zu verwenden als diejenige, in der die Verhandlungen vor dem Abschluss des Geschäfts geführt worden ist. Dies gilt nicht, soweit Verbraucher vor dem Abschluss des Geschäfts darüber aufgeklärt werden, dass diese Leistungen in einer anderen als der ursprünglich verwendeten Sprache erbracht werden.	Ein französischer Onlineshop bietet Produkte auch auf Deutsch an. Als die Kundin der Autohaus Köppel GmbH, Frau Dillerle, bei einer bestellten Ware etwas reklamieren möchte, antwortet die Firma nur auf Französisch.
... die unwahre Angabe oder das Erwecken des unzutreffenden Eindrucks, eine Ware oder Dienstleistung sei verkehrsfähig.	Die Autohaus Köppel GmbH kauft von einem taiwanesischen Importeur 300 Fußmatten-Sets. Es stellt sich heraus, dass die Warenlieferung aus Billigprodukten besteht, auf denen zu Unrecht das Markensymbol angebracht wurde. Der Handel, Kauf oder Verkauf einer solchen Ware ist nicht erlaubt.
... die unwahre Angabe oder das Erwecken des unzutreffenden Eindrucks, gesetzlich bestehende Rechte stellten eine Besonderheit des Angebotes dar.	Ein Unternehmen wirbt mit „Das kann keiner unserer Konkurrenten: zwei Jahre Gewährleistung auf alle unsere Waren!“ Dies ist irreführend, weil es sich um das jedem zustehende normale Recht im Fall einer mangelhaften Lieferung handelt.
... als Information getarnte Werbung (Schleichwerbung): Nicht erlaubt ist der von Unternehmern finanzierte Einsatz redaktioneller Inhalte zu Zwecken der Verkaufsförderung, ohne dass sich dieser Zusammenhang aus dem Inhalt oder aus der Art der optischen oder akustischen Darstellung eindeutig ergibt.	Ein Angestellter der betrü GmbH schreibt einen positiven Bericht über das Sortiment des Unternehmens, das „ökologisch vorbildlich“ sein soll. Ohne dass der Bericht über die betrü GmbH als Anzeige erkennbar ist, wird er in einer überregionalen Zeitung veröffentlicht.

Schwarze Liste	
Sie verbietet in jedem Fall …	**Beispiele**
... unwahre Angaben über Art und Ausmaß einer Gefahr für die persönliche Sicherheit des Verbrauchers oder seiner Familie für den Fall, dass er die angebotene Ware nicht erwirbt oder die angebotene Dienstleistung nicht in Anspruch nimmt.	Obwohl in dieser Region die wenigsten Einbrüche in ganz Deutschland zu verzeichnen sind, wirbt ein Unternehmen der Sicherheitstechnik mit „Unser Landkreis ist das Paradies für Einbrecher und Diebe …".
... Werbung für eine Ware oder Dienstleistung, die der Ware oder Dienstleistung eines Mitbewerbers ähnlich ist, wenn dies in der Absicht geschieht, über die betriebliche Herkunft der beworbenen Ware oder Dienstleistung zu täuschen.	Es wird für Plagiate geworben.
... die Einführung, der Betrieb oder die Förderung eines Systems zur Verkaufsförderung, das den Eindruck vermittelt, allein oder hauptsächlich durch die Einführung weiterer Teilnehmer in das System könne eine Vergütung erlangt werden (Schneeball- oder Pyramidensystem).	Ein Bekannter versucht die Auszubildende, Nora Braun, zu locken, ein Finanzanlageprodukt selbst zu vertreiben und dazu eigene Vertreter anzuwerben. Für deren Umsätze werden ihr Provisionen versprochen. An jedem Verkauf verdienen in einem solchen Schneeballsystem also mehrere Personen, da dieses eine Pyramidenstruktur aufweist.
... die unwahre Angabe, der Unternehmer werde demnächst sein Geschäft aufgeben oder seine Geschäftsräume verlegen.	Ein Autohaus wirbt mit „Geschäftsaufgabe! Auf alle Fahrzeuge gewähren wir Ihnen 30 % Rabatt." 14 Tage später wird das Autohaus an einem Standort in der Nähe des alten Standortes wieder eröffnet.
... die Angabe, durch eine bestimmte Ware oder Dienstleistung ließen sich die Gewinnchancen bei einem Glücksspiel erhöhen.	Herr Köppel hat in seiner Privatpost die Nachricht: „Mit dem Kauf von Ovomaltol erhöhen sich Ihre Gewinnchancen bei unserem attraktiven Preisausschreiben."
... die unwahre Angabe oder das Erwecken des unzutreffenden Eindrucks, der Verbraucher habe bereits einen Preis gewonnen oder werde ihn gewinnen, • wenn es einen solchen Preis oder Vorteil tatsächlich gar nicht gibt, beziehungsweise • wenn die Möglichkeit, einen Preis oder sonstigen Vorteil zu erlangen, von der Zahlung eines Geldbetrags oder der Übernahme von Kosten abhängig gemacht wird.	In einem weiteren Schreiben liest Herr Köppel: „Hallo Herr Köppel, Sie haben gewonnen! Sichern Sie sich den Hauptpreis noch heute …"
... eine unwahre Angabe über die Marktbedingungen oder Bezugsquellen, um den Verbraucher dazu zu bewegen, eine Ware zu weniger günstigen Bedingungen als den allgemeinen Marktbedingungen abzunehmen.	• Obwohl die Ware in Taiwan hergestellt wurde, ist an den Artikeln „Made in Germany" angebracht. • Eine Tankstelle wirbt mit „Letzte Tankstelle vor der A1", obwohl noch drei weitere Tankstellen im Verlauf vor der A1 folgen.
... das Angebot eines Wettbewerbs oder Preisausschreibens, wenn weder die in Aussicht gestellten Preise noch ein angemessener Ersatz vergeben werden.	Ein Autohaus führt ein Preisausschreiben durch, um an Adressen von möglichen Kunden zu kommen. Ein Gewinner wird aber gar nicht ermittelt. Keiner der Einsender bekommt einen Preis.

... das Angebot einer Ware oder Dienstleistung als „gratis", „umsonst", „kostenfrei" oder dergleichen, wenn hierfür gleichwohl Kosten zu tragen sind. Dies gilt nicht für Kosten, die im Zusammenhang mit dem Eingehen auf das Waren- oder Dienstleistungsangebot oder für die Abholung oder Lieferung der Ware oder die Inanspruchnahme der Dienstleistung unvermeidbar sind.	Ein Autohaus wirbt mit „Kostenlose Wartung Ihres Fahrzeugs". Nicht offengelegt wird im Angebot, dass eine einmalige Gebühr für den Service in Höhe von 150,00 € anfällt und zusätzlich zu dieser Gebühr die anfallenden Kosten für die Arbeitsstunden und das verwendete Material berechnet werden.
... die Übermittlung von Werbematerial unter Beifügung einer Zahlungsaufforderung, wenn damit der unzutreffende Eindruck vermittelt wird, die beworbene Ware oder Dienstleistung sei bereits bestellt.	Die Autohaus Köppel GmbH bekommt ein Schreiben: „Diesen Computer bestellt ... und Sie sind glücklich". Dem Schreiben liegt ein ausgefüllter Zahlungsbeleg bei.
... die unwahre Angabe, der Unternehmer sei Verbraucher oder nicht für Zwecke seines Geschäfts, Handels, Gewerbes oder Berufes tätig.	Ein eBay-Verkäufer gibt sich als Privatmann aus, obwohl er gewerblich Waren vertreibt.
... die unwahre Angabe, es sei im Zusammenhang mit Waren oder Dienstleistungen in einem anderen Mitgliedstaat der Europäischen Union als dem des Warenverkaufs oder der Dienstleistung ein Kundendienst verfügbar.	Die Autohaus Köppel GmbH kauft eine Büromaschine bei einem englischen Hersteller, der in seiner Werbung deutlich auf den deutschen Kundendienst hinweist. Als bei einem Defekt der Kundendienst in Anspruch genommen werden soll, stellt sich heraus, dass sich die nächste Kundendienststelle in London befindet.
... die Ausübung von Druck, • indem der Eindruck erweckt wird, der Verbraucher könne bestimmte Räumlichkeiten nicht ohne vorherigen Vertragsabschluss verlassen; • indem sich bei persönlichem Besuch des Verbrauchers geweigert wird, diesen zu verlassen.	„Wenn Sie nicht unterschreiben wollen, ich kann hier noch lange warten!"
... Maßnahmen, durch die der Verbraucher von der Durchsetzung seiner vertraglichen Rechte aus einem Versicherungsverhältnis dadurch abgehalten werden soll, dass von ihm bei der Geltendmachung seines Anspruchs die Vorlage von Unterlagen verlangt wird, die zum Nachweis dieses Anspruchs nicht erforderlich sind, oder dass Schreiben zur Geltendmachung eines solchen Anspruchs systematisch nicht beantwortet werden.	Die Kundin, Frau Dillerle, reklamiert bei der Autohaus Köppel GmbH einen gestern neu angebrachten Scheibenwischer. Dieser funktioniert nicht richtig. Trotz mehrmaliger Anrufe reagiert der zuständige Mitarbeiter nicht.
... die Aufforderung an Kinder, Produkte zu kaufen oder Eltern zum Kauf zu überreden.	Ein Autohaus fordert in einer Anzeige Kinder direkt auf, ein bestimmtes Lifestyle- Produkt zu kaufen bzw. die Eltern dahingehend zu beeinflussen: „Hey Kids, nur mit unseren neuen Capes seid ihr angesagt. Sagt das euren Eltern und nervt sie!"

Schwarze Liste	
Sie verbietet in jedem Fall …	Beispiele
… die Aufforderung zur Bezahlung nicht bestellter Waren bzw. eine Aufforderung zur Rücksendung oder Aufbewahrung nicht bestellter Sachen.	Die betrü GmbH schickt Kunden unbestellte Ware zu und fordert sie einen Tag später auf, unverzüglich die Rechnung zu begleichen.
… die ausdrückliche Angabe, dass der Arbeitsplatz oder Lebensunterhalt des Unternehmers gefährdet sei, wenn der Verbraucher die Ware oder Dienstleistung nicht abnimmt.	Es klingelt an der Haustür. Die Auszubildende, Nora Braun, öffnet. Ein Mann steht vor der Tür und möchte etwas verkaufen: „Wenn ich das hier nicht loswerde, bin ich meinen Job los!“

Weitere Aussagen des UWG zur Werbung

Unabhängig davon, dass die Generalklausel des UWG bestimmte Wettbewerbshandlungen auch im Bereich der Werbung verbietet, wenn sie unlauter sind – sowie von vornherein bestimmte Werbemaßnahmen ausdrücklich im Rahmen der schwarzen Liste für nicht legal erklärt –, geht das UWG in weiteren Paragrafen noch einmal auf besondere Aspekte ein.

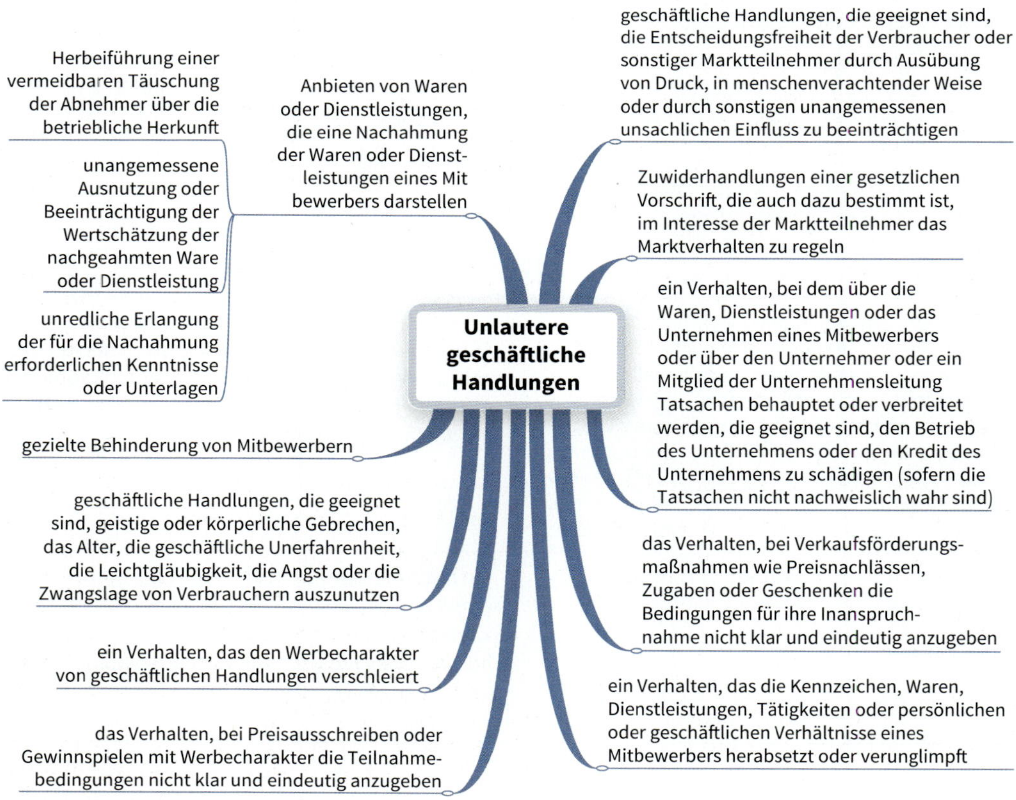

Vergleichende Werbung
Werbung, die unmittelbar oder mittelbar einen Mitbewerber oder die von einem Mitbewerber angebotenen Waren (oder Dienstleistungen) erkennbar macht, nennt man vergleichende Werbung. Diese ist in Deutschland zulässig, wenn nicht gegen bestimmte Kriterien verstoßen wird. Auch Preisvergleiche sind erlaubt. Sie müssen allerdings nachprüfbar sein.

Vergleichende Werbung ist nicht zulässig, wenn sie ...

- ... nicht objektiv auf eine oder mehrere wesentliche, relevante, nachprüfbare und typische Eigenschaften oder den Preis dieser Waren oder Dienstleistungen bezogen ist.
- ... sich nicht auf Waren (oder Dienstleistungen) für den gleichen Bedarf oder dieselbe Zweckbestimmung bezieht.
- ... eine Ware oder Dienstleistung als Imitation oder Nachahmung einer unter einem geschützten Kennzeichen vertriebenen Ware oder Dienstleistung darstellt.
- ... die Waren, Dienstleistungen, Tätigkeiten oder persönlichen oder geschäftlichen Verhältnisse eines Mitbewerbers herabsetzt oder verunglimpft.
- ... im geschäftlichen Verkehr zu einer Gefahr von Verwechslung zwischen dem Werbenden und einem Mitbewerber oder zwischen den von diesen angebotenen Waren oder Dienstleistungen oder den von ihnen verwendeten Kennzeichen führt.
- ... den Ruf des von einem Mitbewerber verwendeten Kennzeichens in unlauterer Weise ausnutzt oder beeinträchtigt.

Irreführende Werbung
Jede Werbemaßnahme muss klar und wahr sein. Es darf keine Gefahr der Irreführung von Verbrauchern entstehen. Dies kann schon zutreffen, wenn die Aussage von einem kleineren, aber nicht unbeachtlichen Teil der Verbraucher missverstanden werden kann.

Mondpreiswerbung
Ein Unternehmen darf nicht mit reduzierten Preisen werben, wenn der frühere (höhere) Preis nur für einen unangemessen kurzen Zeitraum gefordert wurde. Ziel des Verbots einer solchen Mondpreiswerbung ist es, zu verhindern, dass das werbende Unternehmen den Preis einer Ware nur deshalb einmal hoch

ansetzt, um ihn kurz darauf werbewirksam herabzusetzen. Da man normalerweise nicht weiß, wie lange die Preise gefordert wurden, muss das werbende Unternehmen den Zeitraum der Forderung der Preise beweisen, wenn dies umstritten ist.

Lockvogelangebote

Wenn ein Unternehmen den Verkauf bestimmter Waren öffentlichkeitswirksam hervorhebt und wirbt, dass das Angebot besonders günstig ist, können die Kunden erwarten, dass die Waren normalerweise in einer solchen Menge vorhanden sind, dass die zu erwartende Nachfrage gedeckt ist. Andernfalls wird der mögliche Käufer über die Leistungsfähigkeit des werbenden Unternehmens und dessen Warenvorrat irregeführt. Die Lockvogelwerbung wird dann unzulässig, wenn die beworbene Ware nicht oder nur in unzureichenden Mengen zur Verfügung steht. Das Unternehmen hat zumindest die Pflicht, darüber zu informieren, wenn es die Waren in einem angemessenen Zeitraum in einer angemessenen Menge zu den in der Werbung genannten Preisen nicht anbieten kann. Die „Angemessenheit" wird in der Rechtsprechung momentan unterschiedlich ausgelegt.

Beispiel

Ob ein Lockvogelangebot vorliegt, muss oft von einem Gericht geklärt werden.

9. Mai 2007

Gericht knöpft sich Media-Markt-Werbung vor

Von Susanne Amann

Irreführende Reklame, nichtexistente Sonderangebote: Solche Tricks werfen Verbraucherschützer dem Handelsriesen Media Markt vor. Jetzt melden sie einen ersten Teilerfolg: Ein Gericht will klären, ob mit Lockvogel-Angeboten geworben wird.

[...]

Es geht um einen DVD-Player, der zum Jahreswechsel 2005/2006 bundesweit im Fernsehen, Radio, im Internet und in Printmedien mit einem Preis von 19 Euro beworben wurde. Der Vorwurf: Das Gerät sei in verschiedenen Media-Märkten unmittelbar nach der Geschäftsöffnung schon nicht mehr erhältlich gewesen. „Wir haben stapelweise Beschwerden von Kunden aus ganz Deutschland bekommen, die aufgrund der Werbung extra in die Märkte gekommen sind", sagt Helke Heidemann-Peuser, Rechtsexpertin beim Bundesverband der Verbraucherzentrale, zu SPIEGEL ONLINE. „Aus unserer Sicht war das ein klarer Fall von zentral gesteuerter Lockvogelwerbung."

[...]

Die Werbung des Unternehmens ist nicht zum ersten Mal in der Kritik. „Die Werbung des Media Markts ist sehr aufmerksamsstark, oft laut und auffällig", sagt Volker Nickel vom Zentralverband der deutschen Werbewirtschaft. „Sie ist damit genau auf die Zielgruppe des Unternehmens ausgerichtet – auch wenn das manchem vielleicht nicht gefällt." Solange dies aber alles im Rahmen der gültigen Rechtslage stattfinde, sei dagegen nichts einzuwenden. „Wer Sonderangebote auslobt, muss die natürlich auch verfügbar haben", sagt Nickel.

[...]

(Quelle: Amann, Susanne: Gericht knöpft sich Media-Markt-Werbung vor, veröffentlicht am 09.05.2007 unter: www.spiegel.de/wirtschaft/lockvogel-angebote-gericht-knoepft-sich-media-markt-werbung-vor-a-481788.html)

Unzumutbare Belästigung
Das UWG sieht unzumutbare Belästigungen grundsätzlich als nicht erlaubt an. Hierunter fallen unter anderem:

- **Unerwünschte Werbemaßnahmen:** Diese belästigen den Kunden unzumutbar, wenn deutlich wird, dass er erkennbar die Werbung nicht möchte.

Beispiel

Sind Menschen erregt (sowohl durch Angst als auch durch freudig gespannte Erwartung), werden sie in höheren Tönen sprechen. Betonen sie etwas nachdrücklich, werden sie tiefer sprechen, was aber auch Sicherheit, Ruhe, Dominanz oder auch etwas Drohendes signalisieren kann.

- **Telefonwerbung:** Diese ist gegenüber Verbrauchern nur mit deren Einwilligung zulässig. Gegenüber Unternehmen ist sie erlaubt, wenn sie aufgrund einer vermutlichen Einwilligung erfolgt ist. Unerlaubte Anrufe können unter bestimmten Voraussetzungen mit Bußgeld geahndet werden.
- **E-Mail-Werbung:** Diese ist grundsätzlich ohne Einwilligung nicht zulässig. Hat aber ein Unternehmen z. B. im Zusammenhang mit einem Kaufvertrag die E-Mail-Adresse eines Kunden erhalten, dürfen diesem auch ohne Erlaubnis Werbe-E-Mails zu ähnlichen Waren geschickt werden. Dabei muss der Kunde darauf hingewiesen werden, dass er der Werbung auch widersprechen kann.
- **Faxwerbung:** Faxwerbung ist nur mit Zustimmung des Faxempfängers zulässig.

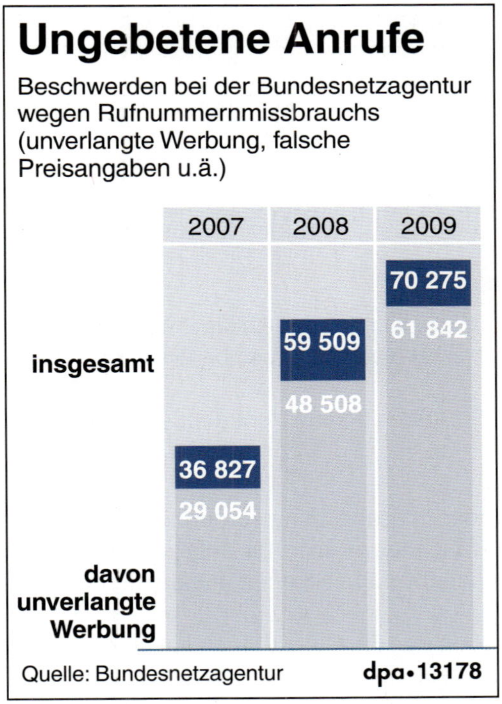

3.2 Gesetz gegen Wettbewerbsbeschränkungen (GWB)

EINSTIEGSSITUATION

Nora Braun unterhält sich mit ihrem Mitauszubildenden Pascal Palm. Sie stellt ihm die Frage: „Ist GWB und UWG nicht dasselbe?“

Sie klären Frau Braun auf.

Das Gesetz gegen Wettbewerbsbeschränkungen bezweckt einen funktionierenden und gerechten Wettbewerb zwischen den Marktteilnehmern. Es wird als Norm im Rahmen des Wettbewerbs- und Kartellrechtes angesehen.

Der Missbrauch von einer „Marktmacht" soll durch dieses Gesetz ausgeschlossen werden.

Im Gegensatz zum Gesetz gegen den unlauteren Wettbewerb, das sich vorrangig auf die Themen Sittlichkeit, Lauterkeit und Fairness im Wettbewerb bezieht, enthält das GWB konkret folgende Regelungen und Bestimmungen:

- Wettbewerbsbeschränkungen werden kontrolliert bzw. verboten (Verbot von Kartellen).
- Der Missbrauch von marktbeherrschenden Stellungen von Unternehmen wird überwacht.
- Unternehmenszusammenschlüsse werden streng kontrolliert und überwacht.
- Struktur und Aufgaben des Bundeskartellamts sowie zugehörige Verwaltungsverfahren
- Vergaberecht für öffentliche Aufträge und Konzessionen
- Koordination und Begrenzung von Wettbewerbsverhalten

In Verbindung mit dem GWB sind weitere Gesetze und Verordnungen, die die EU erlässt, zu berücksichtigen.

3.3 Preisangabenverordnung (PAngV)

EINSTIEGSSITUATION

„Wozu dient eigentlich die Preisangabenverordnung und warum müssen wir diese auch bei Marketingmaßnahmen berücksichtigen?", möchte Pascal Palm von Herrn Giglione wissen.

Sie klären den Auszubildenden auf.

In der Preisangabenverordnung ist festgelegt, dass Händler ihre Produkte ordnungsgemäß auszeichnen müssen. Die angegebenen Preise, z. B. auch für Sonderausstattungen, unterliegen generell der Preisklarheit und der Preiswahrheit und müssen für Laien nachvollziehbar sein.

Neben den Einzelpositionen auf einem Preisschild müssen im angegebenen Endpreis für ein Fahrzeug auch die Überführungsgebühr und die Umsatzsteuer enthalten sein bzw. auf dem Preisschild ausgewiesen werden. Jedes ausgestellte Fahrzeug – egal, ob im Innenbereich oder im Außenbereich eines Autohauses – muss ein Preisschild mit den o. a. Angaben enthalten.

Im Lernfeld 6 wurde bereits auf die Auszeichnung von Fahrzeugen eingegangen.

Gerade für den Marketingbereich ist das richtige Auszeichnen der Fahrzeuge sehr wichtig. Der Preis soll immer korrekt und nachvollziehbar sein, da dies dem Kunden ein Gefühl von Sicherheit, Vertrauen und Ehrlichkeit vermittelt.

Auszug aus der PAngV

§ 1 Grundvorschriften

(1) Wer Verbrauchern gemäß § 13 des Bürgerlichen Gesetzbuchs gewerbs- oder geschäftsmäßig oder wer ihnen regelmäßig in sonstiger Weise Waren oder Leistungen anbietet oder als Anbieter von Waren oder Leistungen gegenüber Verbrauchern unter Angabe von Preisen wirbt, hat die Preise anzugeben, die einschließlich der Umsatzsteuer und sonstiger Preisbestandteile zu zahlen sind (Gesamtpreise). Soweit es der allgemeinen Verkehrsauffassung entspricht, sind auch die Verkaufs- oder Leistungseinheit und die Gütebezeichnung anzugeben, auf die sich die Preise beziehen. Auf die Bereitschaft, über den angegebenen Preis zu verhandeln, kann hingewiesen werden, soweit es der allgemeinen Verkehrsauffassung entspricht und Rechtsvorschriften nicht entgegenstehen.

(2) Wer Verbrauchern gewerbs- oder geschäftsmäßig oder wer ihnen regelmäßig in sonstiger Weise Waren oder Leistungen zum Abschluss eines Fernabsatzvertrages anbietet, hat zusätzlich zu Absatz 1 und § 2 Absatz 2 anzugeben,

1. dass die für Waren oder Leistungen geforderten Preise die Umsatzsteuer und sonstige Preisbestandteile enthalten und
2. ob zusätzlich Fracht-, Liefer- oder Versandkosten oder sonstige Kosten anfallen.

Fallen zusätzliche Fracht-, Liefer- oder Versandkosten oder sonstige Kosten an, so ist deren Höhe anzugeben, soweit diese Kosten vernünftigerweise im Voraus berechnet werden können.

(3) Bei Leistungen können, soweit es üblich ist, abweichend von Absatz 1 Satz 1 Stundensätze, Kilometersätze und andere Verrechnungssätze angegeben werden, die alle Leistungselemente einschließlich der anteiligen Umsatzsteuer enthalten. Die Materialkosten können in die Verrechnungssätze einbezogen werden.

(4) Wird außer dem Entgelt für eine Ware oder Leistung eine rückerstattbare Sicherheit gefordert, so ist deren Höhe neben dem Preis für die Ware oder Leistung anzugeben und kein Gesamtbetrag zu bilden.

(5) Die Angabe von Preisen mit einem Änderungsvorbehalt ist abweichend von Absatz 1 Satz 1 nur zulässig

1. bei Waren oder Leistungen, für die Liefer- oder Leistungsfristen von mehr als vier Monaten bestehen, soweit zugleich die voraussichtlichen Liefer- und Leistungsfristen angegeben werden,
2. bei Waren oder Leistungen, die im Rahmen von Dauerschuldverhältnissen erbracht werden, oder
3. in Prospekten eines Reiseveranstalters über die von ihm veranstalteten Reisen, soweit der Reiseveranstalter gemäß § 4 Absatz 2 der BGB-Informationspflichten-Verordnung in der Fassung der Bekanntmachung vom 5. August 2002 (BGBl. I S. 3002), die zuletzt durch die Verordnung vom 23. Oktober 2008 (BGBl. I S. 2069) geändert worden ist, den Vorbehalt einer Preisanpassung in den Prospekt aufnehmen darf und er sich eine entsprechende Anpassung im Prospekt vorbehalten hat.

(6) Die Angaben nach dieser Verordnung müssen der allgemeinen Verkehrsauffassung und den Grundsätzen von Preisklarheit und Preiswahrheit entsprechen. Wer zu Angaben nach dieser Verordnung verpflichtet ist, hat diese dem Angebot oder der Werbung eindeutig zuzuordnen sowie leicht erkennbar und deutlich lesbar oder sonst gut wahrnehmbar zu machen. Bei der Aufgliederung von Preisen sind die Gesamtpreise hervorzuheben.

3.4 Ladenschlussgesetz (LadSchlG)

EINSTIEGSSITUATION

Nora Braun und Pascal Palm lesen eine Anzeige von ihrem Mitkonkurrenten. In dieser wirbt der Konkurrent mit folgendem Slogan:

„Wir haben einem 24-Stunden-Werkstattservice. Ein Meister ist immer vor Ort – besuchen Sie uns rund um die Uhr!“

„Ist das hier gesetzlich erlaubt?“, fragt Nora Braun ihren Mitauszubildenden.

Sie klären beide auf.

In Deutschland gibt es das sogenannte Ladenschlussgesetz, das die Öffnungszeiten von Verkaufsstellen regelt und sich in verschiedene Abschnitte gliedert. § 3 LadSchlG enthält folgende Angaben:

§ 3 Allgemeine Ladenschlusszeiten

Verkaufsstellen müssen zu folgenden Zeiten für den geschäftlichen Verkehr mit Kunden geschlossen sein:

1. an Sonn- und Feiertagen,
2. montags bis samstags bis 6 Uhr und ab 20 Uhr
3. am 24. Dezember, wenn dieser Tag auf einen Werktag fällt, bis 6 Uhr und ab 14 Uhr.

Verkaufsstellen für Bäckerwaren dürfen abweichend von Satz 1 den Beginn der Ladenöffnungszeit an Werktagen auf 5.30 Uhr vorverlegen. Die beim Ladenschluss anwesenden Kunden dürfen noch bedient werden.

In den weiteren Abschnitten und Paragrafen sind unter anderem „Der besondere Schutz der Arbeitnehmer“, „Bestimmungen für einzelne Gewerbezweige und für den Marktverkehr“, „Durchführung des Gesetzes“, „Straftaten und Ordnungswidrigkeiten“ und die „Schlussbestimmungen“ aufgeführt.

Beispiel

Will die Autohaus Köppel GmbH einen „verkaufsoffenen Sonntag“ durchführen, muss im Ladenschlussgesetz nachgeschaut werden, welche Regelungen für das Bundesland und die Art der Veranstaltung gelten.

Seit dem Jahr 2006 kann jedes Bundesland über die Ladenschlusszeiten selbst bestimmen. Daher müssen die Regelungen der jeweiligen Bundesländer Anwendung finden und können voneinander abweichen – siehe § 27 Ladenschlussgesetz. **Vorbehalt für die Landesgesetzgebung: Unberührt bleiben die landesrechtlichen Vorschriften, durch die der Gewerbebetrieb und die Beschäftigung von Arbeitnehmern in Verkaufsstellen an anderen Festtagen als an Sonn- und Feiertagen beschränkt werden.**

Gerade für den Bereich Marketing ist es also wichtig, die Vorschriften gem. Ladenschlussgesetz zu kennen und auch bei Marketingmaßnahmen und dem Planen von Veranstaltungen zu berücksichtigen.

Beispiel

Die Autohaus Köppel GmbH bietet von November bis Dezember verlängerte Öffnungszeiten aufgrund der Vielzahl von zu wechselnden Reifen als Serviceleistung für die Kunden an.

Als Marketingmaßnahme soll ein Flyer erstellt und an die Kunden gesendet werden. Dieser soll unter anderem auch die verlängerten Öffnungszeiten enthalten.

Zur Sicherheit informiert sich Matti Köppel im Ladenschlussgesetz, was erlaubt ist.

3.5 Verstöße gegen das Wettbewerbsrecht

EINSTIEGSSITUATION

Matti Köppel möchte von den Auszubildenden in der Azubisitzung wissen:

„Was geschieht, wenn ein Autohändler gegen Gesetze des Wettbewerbsrechts verstößt?“

Sie beantworten die Frage.

Verstößt ein Autohändler gegen das Wettbewerbsrecht, kann der Verstoß entsprechend geahndet werden – entweder strafrechtlich oder es werden in Anlehnung an die Gesetze, gegen die der Vorstoß vorliegt, Abmahnungen ausgesprochen.

3.5.1 Abmahnung

Bevor rechtliche Schritte eingeleitet werden, sollte gem. § 12 Abs. 1 UWG immer erst eine Abmahnung erfolgen und dies am besten in schriftlicher Form (Sendungsart z. B. Einschreiben mit Rückschein, um ggf. später nachweisen zu können, dass das Schreiben auch tatsächlich vom Absender versendet und dem Empfänger zugestellt wurde). Mündlich oder per E-Mail könnte die Abmahnung zwar auch ausgesprochen werden – hier gestaltet sich die Beweislage unter Umständen aber etwas schwierig.

Inhalte einer Abmahnung sind:

- detaillierte Angaben zum betreffenden Verstoß
- Angabe der Rechtsgrundlage, gegen die verstoßen wird
- Hinweis, dass in Zukunft ein solcher Verstoß zu vermeiden ist
- Schadenersatzansprüche (die ggf. für die Rechtsberatung anfallen; sonstige Kosten, die in Zusammenhang mit der Abmahnung anfallen)
- Hinweis, dass eine Unterlassungserklärung (Unterwerfungserklärung) abzugeben ist – in der Praxis ist es üblich, diese bereits vorformuliert der Abmahnung beizulegen
- Hinweis, dass bei Nichtunterzeichnung der Unterlassungserklärung rechtliche Schritte eingeleitet werden
- Hinweis, dass bei weiterhin begangenen Rechtsverstößen eine Geldsumme als Strafe fällig wird – diese muss genau beziffert werden (also der genaue Betrag im Abmahnungsschreiben aufgeführt werden)

3.5.2 Unterlassungserklärung

Bei einer Unterlassungserklärung handelt es sich um einen Vertrag, der nicht verjährt und das Unterlassen von einem genau bezeichneten Verhalten zum Inhalt hat. Wird eine Unterlassungserklärung unterzeichnet, ist das im Vertrag vereinbarte Fehlverhalten dauerhaft – also **lebenslang** zu unterlassen (vgl. BGHZ 59, BGHZ 72 und weitere). Auch eine Modifizierung (Anpassung oder Änderung) der Unterlassungserklärung ändert an dieser Tatsache nichts.

Muster für eine Unterlassungserklärung

Unterlassungserklärung

zwischen
Cars Next GmbH, Güterstr. 56, 54290 Trier

– nachfolgend Schuldner genannt –

und

Autohaus Köppel GmbH, Diedenhofener Str. 6, 54294 Trier

– nachfolgend Gläubiger genannt–

Hiermit verpflichtet sich der Schuldner gegenüber dem Gläubiger,

1. es zu unterlassen, … ;
2. für jede Zuwiderhandlung gem. Ziffer 1 eine Vertragsstrafe in Höhe von __________ € zu zahlen;
3. einen Schadenersatz an den Gläubiger in Höhe von _______ € zu zahlen;
4. jeden dem Gläubiger entstandenen Schaden, der durch Zuwiderhandlung der in Ziffer 1 aufgeführten Handlung entsteht oder entstanden ist, zu ersetzen;
5. diesem alle angefallenen Rechtsverfolgungskosten, die in Zusammenhang mit dieser Unterlassungserklärung und dem damit verbundenen Tatbestand entstanden sind, zu zahlen. Die Kosten belaufen sich auf einen Betrag von ______________ €.

Ort, Datum

Unterschrift

3.5.3 Gerichtliches Verfahren

Einigen sich Schuldner und Gläubiger nicht, kommt es zu einem gerichtlichen Verfahren. Für dieses ist das örtliche Landgericht zuständig. Welches Landgericht tatsächlich hinzuzuziehen ist, wird in § 14 UWG geregelt.

Auszug aus dem UWG

§ 14 Örtliche Zuständigkeit

(1) Für Klagen auf Grund dieses Gesetzes ist das Gericht zuständig, in dessen Bezirk der Beklagte seine gewerbliche oder selbständige berufliche Niederlassung oder in Ermangelung einer solchen seinen Wohnsitz hat. Hat der Beklagte auch keinen Wohnsitz, so ist sein inländischer Aufenthaltsort maßgeblich.

(2) Für Klagen auf Grund dieses Gesetzes ist außerdem nur das Gericht zuständig, in dessen Bezirk die Handlung begangen ist. Satz 1 gilt für Klagen, die von den nach § 8 Absatz 3 Nummer 2 bis 4 zur Geltendmachung eines Unterlassungsanspruchs Berechtigten erhoben werden, nur dann, wenn der Beklagte im Inland weder eine gewerbliche oder selbständige berufliche Niederlassung noch einen Wohnsitz hat.

Zusammenfassung

Grundlage für das Wettbewerbsrecht sind folgende Gesetze, Verordnungen und internationale Vereinbarungen:

1. Handelsgesetzbuch (HGB)
2. Gesetz gegen den unlauteren Wettbewerb (UWG)
3. Madrider Abkommen über die Unterdrückung falscher Herkunftsangaben auf Waren
4. Gesetz über den Widerruf von Haustürgeschäften und ähnlichen Geschäften (HTWG)
5. Gesetz über den Schutz von Marken und sonstigen Kennzeichen/Markengesetz (MarkenG)
6. Gesetz gegen Wettbewerbsbeschränkungen/Kartellgesetz (GWB)
7. Gesetz zur Regelung des Rechts der Allgemeinen Geschäftsbedingungen (AGBG)
8. Gruppenfreistellungsverordnung (GVO)
9. Preisangaben- und Preisklauselgesetz (PreisaG), Preisklauselverordnung (PrKV), Preisangabenverordnung (PAngV)
10. Ladenschlussgesetz (LadSchlG)
11. Telemediengesetz (TMG)

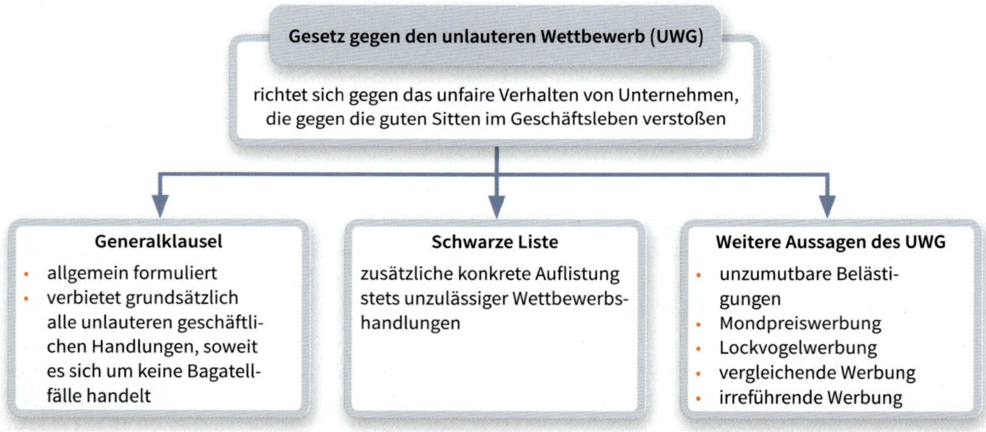

Aufgaben

1. Erstellen Sie eine kleine PowerPoint-Präsentation, die informiert über
   a) das Ziel des UWG und die Generalklausel,
   b) die schwarze Liste,
   c) weitere Aussagen, die das UWG macht.
   d) Bereiten Sie sich auf die Präsentation vor.
   e) Präsentieren Sie Ihre Ergebnisse.
   f) Prüfen Sie die Inhalte auf Vollständigkeit und Richtigkeit und geben Sie sich gegenseitig ein Feedback.

2. Erläutern Sie anhand von Beispielen für Ihr Autohaus, wie das UWG Berücksichtigung findet. Bereiten Sie sich darauf vor, Ihre Präsentation vorzustellen.

3. Welche Werbemaßnahme ist grundsätzlich nicht verboten?
   a) Mondpreiswerbung
   b) Lockvogelwerbung
   c) Benutzung fremder Firmenbezeichnungen
   d) geschäftsschädigende Behauptungen
   e) Preisgegenüberstellung

4. a) Lesen Sie den unten stehenden Artikel durch.
   b) Besuchen Sie die Internetseite der Verbraucherschutzzentrale Nordrhein-Westfalen: www.vz-nrw.de.
   c) Rufen Sie dort unter „Themen“ den Punkt „Markt+Recht“ auf und klicken Sie „Stopp dem Lockvogel“ bzw. „Werbung“ an.
   d) Suchen Sie auf dieser Se te nach Beispielen für Verstöße gegen das UWG und stellen Sie diese Ihren Mitschülern und Mitschülerinnen vor.

Das Blättern im Werbeflyer freut die Schnäppchenjäger

Ein Notebook im Sonderangebot beim Fachgeschäft und ab Montag gibt es den Rasenmäher zum kleinen Preis beim Discounter. Ein guter Grund, pünktlich vor Ort zu sein. Das will man sich schließlich nicht entgehen lassen. Doch wie häufig hört man als Kunde schon kurz nach Ladenöffnung: Die begehrten Waren sind bereits ausverkauft! Mit dem Beschwerdeforum „Stopp den Lockvogel“ unter www.lockvogel.vz-nrw.de bietet die Verbraucherzentrale NRW enttäuschten Schnäppchenjägern im Internet eine Möglichkeit, ihrem Unmut Luft zu machen. Denn eine rechtliche Handhabe gegen Unternehmen, deren Sonderangebote schnell nicht mehr vorrätig sind, gibt es nicht. Der Anbieter ist nicht verpflichtet, die angebotene Ware nachzubestellen. Eine Abmahnung über Verbraucherverbände ist zwar möglich, aber sehr aufwendig und nicht sehr effektiv. Es müssten Verfahren für jede einzelne irreführende Werbung und für jede Produktgruppe einzeln angestoßen werden. Mit dem Internetforum haben enttäuschte Kunden die Gelegenheit, vergebliche Schnäppchenjagden zu melden. So soll öffentlicher Druck auf die Anbieter erzeugt werden. In einer Datenbank werden dazu verschiedenste Informationen über die Werbetätigkeiten, das tatsächliche Angebot und die Reaktionen des Personals festgehalten. So kann festgestellt werden, ob Verbraucher systematisch mit Sonderangeboten gelockt werden, die dann jedoch nicht vorrätig sind. Keinem Unternehmen kann daran gelegen sein, hier als Lockvogel aufzufallen. Anbieter, die durch häufige Meldung auffallen, sodass die Werbepraxis auf ein strategisches Vorgehen und nicht ein einmaliges logistisches Problem schließen lässt, werden von der Verbraucherzentrale abgemahnt.

Um vor Missbrauch zu schützen, werden die Beiträge vor der Veröffentlichung auf ihre Plausibilität geprüft. Auch dürfen die genannten Unternehmen zu den Vorwürfen Stellung beziehen. Ziel ist es, die Anbieter zu motivieren, bei der Bevorratung von Aktionswaren deutlich nachzubessern. Doch auch die gesetzlichen Regelungen sollten sich auf Dauer ändern und Verbraucher besser schützen. Eine klare Regelung zu Umfang und Dauer einer angemessenen Bevorratung bei Sonderangeboten oder eine Verpflichtung der Unternehmen, beworbene Produkte ggf. zum genannten Preis zu beschaffen, sind zentrale Forderungen der Verbraucherzentrale.

(nach www.vz-nrw.de/stopp-den-lockvogel)

Englisch – Lernfeld 9

Personalwirtschaftliche Aufgaben wahrnehmen

1 Personalbeschaffung

AUSGANGSSITUATION

Im Personalbereich der Autohaus Köppel GmbH fallen viele Arbeiten an, die zu erledigen sind. Ging es um Tätigkeiten, bei denen die englische Sprache erforderlich war, hat Herr Andreas Pletz diese Aufgaben übernommen.

Damit die Auszubildenden der Autohaus Köppel GmbH als Unterstützung in diesem Bereich eingesetzt werden können, sollen sie ihre Sprachkenntnisse vertiefen und sich entsprechendes Fachvokabular aneignen.

ARBEITSAUFTRÄGE

1. Informieren Sie sich über Ihren Themenbereich.
2. Erstellen Sie ein Fachlexikon, in welchem Sie gängige Vokabeln in Bezug auf den Themenbereich Personal notieren.
3. Vergleichen Sie Ihre Ergebnisse und nehmen Sie ggf. Änderungen/Ergänzungen vor.
4. Üben Sie in einer szenischen Darstellung, die in der englischen Sprache durchgeführt wird, verschiedene Situationen aus dem Personalbereich. Fertigen Sie Musterunterlagen in englischer Sprache an, die im Personalbereich Anwendung finden können (E-Mails, Stellenanzeigen, usw.)
5. Stellen Sie Ihre Ergebnisse im Plenum vor und geben Sie sich gegenseitig ein Feedback.
6. Nutzen Sie Ihr neu gewonnenes Wissen für die Zukunft.

Die Personalbeschaffung bzw. Personalwerbung umfasst die Suche, Auswahl und Bereitstellung von Personal zur Deckung des Nettopersonalbedarfs (Ersatz- und Zusatzbedarf). Sie kann intern oder extern erfolgen.

Sollen qualifizierte Mitarbeiter aus dem angrenzenden Ausland gewonnen werden, bietet es sich an, Stellenanzeigen sowie den damit verbundenen Schriftverkehr in einer Fremdsprache zu verfassen.

1.1 Stellenanzeigen in englischer Sprache anfertigen

EINSTIEGSSITUATION

Die Verkaufsberaterin für den Neuwagenbereich, Frau Annika Fink, geht 3 Jahre in Elternzeit und es wird eine Ersatzkraft gesucht.

Da die Autohaus Köppel GmbH viele Kunden aus Luxemburg hat, soll die neue Verkaufsberaterin/der neue Verkaufsberater möglichst Luxemburgisch aber auch gut Englisch sprechen.

Frau Köppel schlägt vor, eine Stellenanzeige in einer luxemburgischen Zeitung zu schalten und diese in englischer Sprache zu formulieren. Die Auszubildenden Carl Löffler und Nora Braun sollen einen entsprechenden Entwurf anhand des vorliegenden Musters anfertigen.

Autohaus Köppel GmbH

Rund ums Auto

Autohaus Köppel GmbH
Diedenhofener Str. 6
54294 Trier

Stelle als Automobilverkäufer – Neufahrzeuge (m/w)

Sie suchen eine neue Herausforderung und legen Wert auf Weiterbildungen?

Ihnen sind gute Bezahlung und neue finanzielle Möglichkeiten wichtig?

Sie möchten in einem modernen Autohaus arbeiten und einen sicheren Arbeitsplatz haben?

Dann sind Sie bei der Autohaus Köppel GmbH genau richtig!

Besetzung der Stelle zum 01.06. c. J.

Ihr Aufgabengebiet:
- Kundengewinnung im Innen- und Außendienst
- Kundenberatung und Betreuung sowie die eigenverantwortliche Verkaufsabwicklung
- After-Sales-Management

Ihre Skills:
- Abgeschlossene Ausbildung als Automobilkaufmann/-frau
- Abschluss als geprüfter Automobilverkäufer (VDA, VDIK, ZDK)
- Luxemburgisch in Wort und Schrift sowie gute Deutsch- und Englischkenntnisse
- Fundierte Kenntnisse der Automobilbranche
- Teamfähigkeit, Engagement und Leistungsbereitschaft
- Kommunikationsfähigkeit sowie gute Kundenorientierung
- Selbstständiges und gewissenhaftes Arbeiten
- Eine positive Ausstrahlung sowie ein freundliches Wesen

Haben wir Ihr Interesse geweckt? Senden Sie uns Ihre aussagekräftigen Unterlagen auf dem Postweg oder per Mail zu. Wir freuen uns auf Sie.

Autohaus Köppel GmbH

Diedenhofener Straße 6, 54294 Trier
Ansprechpartnerin: Frau Köppel
☏ +49 0651 7155-12
Onlinebewerbung: www.autohauskoeppel.de
E-Mail: koeppel-careers@autohauskoeppel.de

Sie unterstützen die beiden und fertigen die Stellenanzeige an. Fachbegriffe ergänzen Sie in Ihrem Fachlexikon.

Soll eine Stellenanzeige in englischer Sprache verfasst werden, enthält diese alle wichtigen Inhalte, die für die Bewerbung relevant sind.

Advertising a job	
Who we are	• Our Company…
What we need	• We are looking for …. • Our company is looking for ….
Who you are	• You are interested in cars. You are friendly and able to work in a team? You have the following soft skills: ….. • and excellent English knowledge
Qualifications required	• certificate as an automobile businessman • completed vocational training
What we offer	• interesting work • work in a team • hourly payment • Training will be given to the right candidate
Contact	• Please send us your CV to … • Apply by email to …

Bei der Sprache sollte darauf geachtet werden, dass diese verständlich ist. Schachtelsätze sind zu vermeiden. Aussagekräftige Adjektive können dem angehenden Bewerber helfen, seine eigenen Skills zu prüfen. Danach kann er entscheiden, ob er für die ausgeschriebene Stelle geeignet ist und eine Bewerbung versendet, oder eben nicht.

The language

- **Use a simple language, so that the job applicants understand, what you want to have.**
- **Do not use complicated phrases or company language.**
- **Use meaningful adjectives**
- **Use short sentences**

Kaufmännische Berufsbezeichnungen

Damit man eine Stelle richtig ausschreiben kann, ist es wichtig, die korrekte Berufsbezeichnung in englischer Sprache zu kennen. Eine Übersetzung ist nicht immer ganz einfach.

Nachfolgend ist eine Übersicht der gängigen Berufe mit den entsprechenden Bezeichnungen in der englischen Sprache aufgeführt:

Deutsch	Englisch
Automobilkaufmann/Automobilkauffrau	automobile sales management assistant
Bankkaufmann/Bankkauffrau	bank business management assistant
Informatikkaufmann/Informatikkauffrau IT Kaufmann/IT Kauffrau	management assistant of informatics/ management assistant in IT Systems
Kaufmann/Kauffrau für Büromanagement	office management assistant
Kaufmann/Kauffrau im Einzelhandel	management assistant in retail business
Mechaniker	mechanic
Lagerist	warehouse worker

1.2 Bewerbungen analysieren

EINSTIEGSSITUATION

Auf die ausgeschriebene Stelle haben sich einige Bewerber gemeldet. Nora Braun soll zusammen mit Frau Köppel die eingegangenen Personalunterlagen analysieren. Sie unterstützen beide.

1.2.1 Allgemeines

Gehen Bewerbungen im Unternehmen ein, müssen diese gesichtet werden. Da die Bewerber dem Unternehmen meist nicht bekannt sind, ist die Bewerbung der erste Eindruck, den das Unternehmen vom Bewerber bekommt.

Eine Bewerbung besteht aus folgenden Bestandteilen:

- dem Anschreiben (the cover letter or letter of application)
- dem Lebenslauf (curriculum vitae)
- Anlagen in Form von Zeugnissen/Bescheinigungen (certificates and testimonials)
- Arbeitszeugnissen – diese werden im Englischen als letter of recommendation bezeichnet

Muster für ein Anschreiben in englischer Sprache

Jürgen Marx
18, Route de Wasserbillig
L - 6686 Mertert
Luxembourg

Autohaus Köppel GmbH
Diedenhofener Str. 6
54294 Trier

12 March ....

Dear Sir or Madam

Application for a work placement

I would like you to consider my application for the advertised position as an automobile sales management assistant.

As you will see from the enclosed curriculum vitae, I speak fluent Luxembourgian and German.

I am qualified as an automobile sales management assistant and would like to work for you.

Should you require further information about my person or my qualifications, I would be pleased to quote references.

I am available for an interview at any time.

Yours faithfully

Jürgen Marx

Der Lebenslauf wird in der englischen Sprache als **Curriculum Vitae (CV)** bezeichnet und kann folgendermaßen aussehen:

Curriculum Vitae

Personal details

Name:	Jürgen Marx
Address:	6686 Mertert (Luxemburg) 18 Route de Wasserbillig Tel.: 00352 1331 E-Mail: juergen.marx@luxembourg.com
Nationality:	Luxembourgian
Date of birth:	25 April, 1983
Pace of birth:	Luxembourg-Kirchberg
Marital status	single

Education/Training

1987 – 1995	primary school, L-6610 Wasserbillig
1995 – 2002	higher secondary school, L- 6719 Grevenmacher
2002 – 2005	traineeship as an office management assistant at Europe Commerce Fun SA, L-7333 Steinsel
2005	final examination traineeship
2005	state examination vocational English certificate
2007 – 2010	traineeship as an automobile sales management assistant at BMW Kronz, 180 Route de Thionville, L–2610 Luxembourg
2010	final examination traineeship

Job activities

2005 – 2007	office management assistant at Lancter Ltd., L-7333 Steinsel
2010 – today	automobile sales management assistant, at BMW Kronz, 180 Route de Thionville, L–2610 Luxembourg

Other skills	MS Office, fluent English, fluent Luxembourgian, fluent German
Personal interests	soccer, cars

1.2.2 Wie analysiere ich Bewerbungsunterlagen?

Sollen die vorliegenden Unterlagen analysiert werden, bieten sich verschiedene Möglichkeiten an.

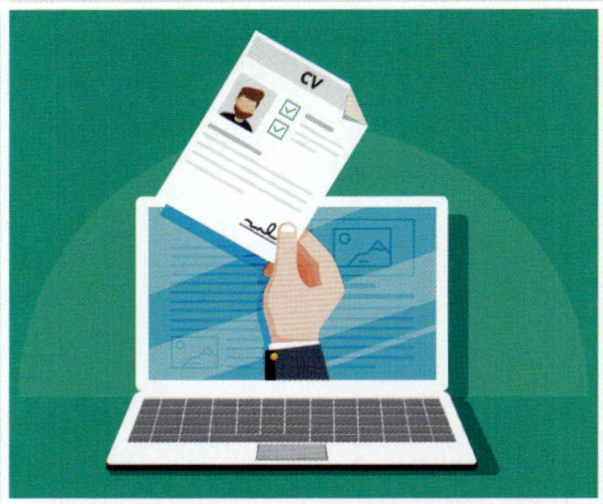

In der Praxis kommen häufig Checklisten zum Einsatz. In diesen wird dann eingetragen, welche Qualifikationen gefordert sind und welche Qualifikationen der entsprechende Bewerber nach seinen Unterlagen hat.

In einem Abgleich der Listen kann dann entschieden werden, welche Bewerber zu einem Vorstellungsgespräch, Assessment-Center usw. eingeladen werden bzw. eine Absage erhalten.

1.3 Einladungsschreiben zum Vorstellungsgespräch erstellen (invitation for an interview)

EINSTIEGSSITUATION

Nachdem die Bewerbungsunterlagen gesichtet wurden, sollen nun drei verschiedene Bewerberinnen bzw. Bewerber zu einem Vorstellungsgespräch eingeladen werden.

Nora Braun soll diese Aufgabe übernehmen. Sie unterstützen die Auszubildende.

Neben dem klassischen Postweg wählen immer mehr Kandidaten das Bewerberverfahren per E-Mail. Daher muss das Unternehmen abwägen, auf welchem Weg der Bewerber eingeladen werden soll.

Die Inhalte des Einladungsschreibens sind bei einer Einladung per Mail bzw. bei einer „klassischen Einladung“ auf dem Postweg gleich.

Soll eine Einladung zu einem Vorstellungsgespräch formuliert werden, muss diese sachlich aber auch informativ sein. Sie enthält unter anderem Angaben über den Tag und die Uhrzeit, an dem das Vorstellungsgespräch durchgeführt werden soll und ggf. Hinweise, die für den Bewerber wichtig sind.

Muster für die Einladung zum Vorstellungsgespräch

Autohaus Köppel GmbH

Rund ums Auto

Autohaus Köppel GmbH
Diedenhofener Str. 6
54294 Trier

Jürgen Marx
18 Route de Wasserbillig,
L - 6686 Mertert
Luxembourg

22 March ....

Dear Mr Marx

Invitation for an interview as an automobile sales management assistant

Thank you for your recent application for the position mentioned above.

You have been short listed to attend an interview at our company on Monday, 10th April .... at 1.15 pm.

Please call me to confirm your availability to attend the interview.

Thank you and yours sincerely

...

1.4 Vorstellungsgespräche führen

EINSTIEGSSITUATION

Insgesamt drei Kandidatinnen/Kandidaten sind zum Vorstellungsgespräch eingeladen. Dieses soll in englischer Sprache durchgeführt werden. Nora Braun bereitet das Vorstellungsgespräch vor und möchte sich über mögliche Fragen informieren. Sie unterstützen die Auszubildende.

Sind Vorstellungsgespräche zu führen, sollen sich sowohl der Bewerber als auch das Unternehmen auf dieses Gespräch vorbereiten. Zu Beginn der Unterhaltung ist es wichtig, dass dies freundlich eröffnet wird. Im Anschluss daran werden Fragen gestellt, die das Unternehmen in Bezug auf die Eignung des Kandidaten interessieren bzw. Fragen, die der Bewerber an das Unternehmen hat. Zum Schluss ist das Vorstellungsgespräch freundlich zu beenden.

Beispiele für Fragen aus Unternehmenssicht

Englisch	Deutsch
Good morning/Good afternoon, how are you? Welcome to our interview.	Guten Morgen/Guten Tag, wie geht es Ihnen. Willkommen zu unserem Vorstellungsgespräch.
How was your trip?	Sind Sie gut angereist?
Please tell me about yourself.	Bitte erzählen Sie uns etwas von sich.
What are your hobbies?	Was sind Ihre Hobbies?
What do you know about our company?	Was wissen Sie über unser Unternehmen?
What are your strengths and your major weaknesses?	Wo liegen Ihre Stärken und Schwächen?
What made you apply for this job?	Warum eigenen Sie sich für diesen Job?
What is your style of leadership?	Welchen Führungsstil pflegen Sie?
How do you prioritize your work?	Wie setzen Sie Prioritäten in Ihrer Arbeit?
How do you handle criticism?	Wie gehen Sie mit Kritik um?
Why would you like to have the job?	Warum möchten Sie den Job?
Why would you like to work here?	Warum möchten Sie hier arbeiten?
Why should we hire you?	Warum sollten wir Sie einstellen?
What job experience do you have?	Was für eine Berufserfahrung haben Sie?
What kind of knowledge could you contribute to our company?	Welches Fachwissen bringen Sie in unser Unternehmen ein?
Please tell us about your career so far.	Bitte erzählen Sie uns etwas von Ihrer bisherigen Karriere.
Can you describe yourself, please?	Bitte beschreiben Sie sich selbst.
Why are you the best person for the job?	Warum sind Sie die beste Person für die Stelle?

1.5 Zusagen bzw. Absagen anfertigen (commitment of an application/letter of acceptance, cancellation of an application)

EINSTIEGSSITUATION

Die Autohaus Köppel GmbH hat sich für einen Bewerber entschieden und möchte alle Kandidaten entsprechend informieren.

Nora Braun soll die jeweiligen Schreiben vorbereiten. Sie unterstützen die Auszubildende.

Sind Zusagen zu formulieren, sollten diese unter anderem folgende Inhalte haben:

- freundlicher Einleitungssatz
- Zeitpunkt, zu dem die Mitarbeiterin/der Mitarbeiter eingestellt wird
- ggf. einzureichende Unterlagen
- ggf. Ansprechpartner
- freundlicher Schlusssatz

Englisch	Deutsch
Thanks for the friendly interview.	Danke für das freundliche Vorstellungsgespräch.
We are glad to tell you that …	Wir freuen uns, Ihnen mitteilen zu können, …
Date of recruitment: …	Datum der Einstellung: …
Please send us …	Bitte senden Sie uns noch folgende Unterlagen zu …
Personal arch/ questionnaire	Personalbogen/Fragebogen
If you have any questions please contact …	Wenn Sie Fragen haben, wenden Sie sich bitte an …
We are looking forward to a good cooperation	Wir freuen uns auf eine gute Zusammenarbeit.

Musterschreiben für eine Zusage

Autohaus Köppel GmbH

Rund ums Auto

Autohaus Köppel GmbH
Diedenhofener Str. 6
54294 Trier

Jürgen Marx
18 Route de Wasserbillig,
L - 6686 Mertert
Luxembourg

20 April ....

Dear Mr Marx

Commitment of your application as an automobile sales management assistant

Thanks for the friendly interview. We are pleased to inform you that we would like to hire you as an automobile sales management assistant in our company.

Date of recruitment: ***01.06. JJJJ***

Please sign the enclosed employment contract and send it back. We need also the completed personal arch.

If you have any questions please contact Nora Köppel: 0049 651 7155-309.

We are looking forward to a good cooperation.

Yours sincerely

...

Bei dem Formulieren von Absagen ist darauf zu achten, dass diese möglichst neutral formuliert werden und die Bewerberin/den Bewerber nicht verletzen. Ein positiver Schlusssatz sollte dabei ebenfalls Berücksichtigung finden.

Musterschreiben für eine Absage

Autohaus Köppel GmbH

Rund ums Auto

Autohaus Köppel GmbH
Diedenhofener Str. 6
54294 Trier

Sarah Peters
12, place du Marché
L - 6460 Echternach
Luxembourg

20 April ....

Dear Mrs Peters

Cancellation to your application as an automobile sales management assistant

Thank you for the friendly interview.

We are sorry to tell you that we have given the position mentioned above to another candidate.

We would like to thank you for the interest which you have shown in our company.

Yours sincerely

...

Aufgaben

1. Notieren Sie Soft-Skills, über die Sie verfügen und notieren Sie diese in englischer und auch deutscher Sprache.

2. Formulieren Sie Sätze in englischer Sprache für ein Vorstellungsgespräch, in welchen Sie Ihre Softskills einbauen bzw. diese vorstellen.

3. Erstellen Sie einen kleinen Dialog in welchem Sie den Bewerber über erforderliche Qualfikationen informieren. Dieser kann sich als Automobilkaufmann oder als Mechatroniker in Ihrem Unternehmen beworben haben.

4. Formulieren Sie Ihren Lebenslauf in englischer Sprache.

Glossary

A	
activity	Aktivität, Tätigkeit
to add	hinzufügen
administration	Verwaltung
administrative assistant	Sekretär/in
to agree	zustimmen
anytime	jederzeit
application	Bewerbung
to apply	sich bewerben
appointment	Termin
attachment	Anhang
B	
background	Herkunft
because of	wegen
behaviour	Verhalten, Benehmen
best regards	mit freundlichen Grüßen
best wishes	mit freundlichen Grüßen
birthday	Geburtstag
bookkeeper	Buchhalter
branch	Niederlassung
building	Gebäude
business contacts	Geschäftsbeziehungen
buyer	Einkäufer
C	
candidate	Bewerber
car park	Parkplatz
car sales company	Autohandel/Autohändler
certificate	Zertifikat, Diplom, Zeugnis, Bescheinigung
certified	geprüft
comfortable	bequem
commitment	Engagement, Einsatz

to communicate	kommunizieren
competence	Kompetenz
comprehensive school	Gesamtschule
to contact sb	sich mit jemandem in Verbindung setzen, jemanden kontaktieren
contract	Vertrag
cover letter	Anschreiben
D	
Dear Sir or Madam	Sehr geehrte Damen und Herren
delay	Verspätung/Verzögerung
to depart	abreisen
detailed	detailliert
diary	Terminkalender
to dispatch	versenden
E	
eduvation	Schulbildung, Ausbildung
efficient	effizient
to employ	beschäftigen
enclosed	beigefügt, anliegend
enclosures	Anlagen
especially	besonders
expert	Fachmann
external	extern
F	
fair	Messe
feature	Eigenschaft, Besonderheit, Merkmal
field	Bereich
file	Datei
flexibility	Flexibilität
flexible	flexibel
floor manager	Abteilungsleiter
formal	förmlich

G	
gender	Geschlecht
general	allgemein
to give a result	ein Ergebnis liefern
greeting	Begrüßung
ground floor	Erdgeschoss
H	
to handel sth	mit etwas umgehen
hard-working	fleißig
Have a seat please.	Nehmen Sie Platz, bitte.
headquarters	Zentrale
heavy	schwer
higher education	Hochschulbildung
honest	aufrichtig, ehrlich
human resources	Personalabteilung
humour	Humor
I	
to improve	sich verbessern, sich bessern
including	einschließlich
independent(ly)	unabhängig, selbstständig
to inform	informieren
initiative	Initiative (Eigen)-Initiative
internship	Praktikum
interview, job	Vorstellungs-/Bewerbungsgespräch
J	
job advert	Stellenanzeige/-ausschreibung
job-seeker	Arbeitssuchende/r
K	
keyword	Schlag-/Stichwort
knowledge	Kenntnisse, Wissen

L	
leader	Führungspersönlichkeit
location	Standort, Ort
M	
main course	Haupteingang
manager	Geschäftsführer, Leiter
mechanic	Mechaniker
mechanics	Mechanik
to meet a deadline	eine Frist einhalten
mother tongue	Muttersprache
N	
necessary	nötig, notwendig
Nice to meet you.	Schön, Sie kennen zu lernen.
O	
office administration, qualification in	Abschluss als Kaufmann/-frau für Büromanagement
on time	pünktlich
operating system	Betriebssystem
organiser	Organisator
organized	organisiert
owner	Besitzer/Inhaber
P	
paperwork	Unterlagen, Papiere
past	Vergangenheit
pen	Stift
personality	Persönlichkeit
placement, work	Praktikum
polite	höflich
position	Stelle
promotion	Beförderung, Aufstieg

Q	
qualification	Abschluss, Ausbildung, Qualifikation
R	
to receive	erhalten
recommendation	Empfehlung
regard (s - best)	Mit freundlichen Grüßen
relevant	wichtig, relevant
reply, to reply (to sth)	Antwort, (auf etwas) antworten
request	Bitte, Anfrage
respectful	respektvoll
responsibility	Aufgabe, Verantwortlichkeit
S	
school leaving certificate	Abschlusszeugnis
to select	auswählen, wählen
similar	ähnlich
statement	Aussage
to support	unterstützen
summer job	Ferienjob
T	
to take over	übernehmen
to take notes	Notizen machen
time, on	pünktlich
tour	Rundgang
U	
understanding	Verständnis
urgent	dringend, eilig
V	
vocational academy	Berufsakademie
vocational college	Berufsfachschule
vocational school	Berufsschule
volunteer work	ehrenamtliche Tätigkeit

W	
wage	Lohn
weakness	Schwäche
well-being	Wohlbefinden, Wohlergehen
work environment	Arbeitsumgebung, Arbeitsumfeld
Y	
yours sincerely	Mit freundlichen Grüßen

Anhang

Muster-Betriebsabrechnungsbogen (BAB)

	A	B	C	D
1 2	**Betriebsabrechnungsbogen Autohaus Köppel GmbH** ③ ④			
3	**Konto** ①	**Kostenart** ②	**Gesamt in €** ②	**Verteilungsgrundlage/ Verteilungsschlüssel**
4	7000	Neufahrzeuge	5 198 400,00	Einzelbelege
5	7040	Gebrauchtfahrzeuge	5 503 680,00	Einzelbelege
6	7300	Teile und Zubehör	516 953,00	Einzelbelege
7	4101	produktive Löhne	88 800,00	Werkstattabrechnungen
8		Summe Einzelkosten	11 307 833,00	
9	4110	unproduktive Löhne	29 600,00	Werkstattabrechnungen
10	4200	Gehalt/Fixa, Aushilfslohn	312 000,00	Lohn- und Gehaltslisten
11	4300	Sozialaufwand gesetzlich	103 654,00	Lohn- und Gehaltslisten
12	4500	Reparaturen/Instandsetzung	78 000,00	Stellenzugehörigkeit
13	4600	Hilfsmittel/Betriebsmittel	5 800,00	Werkstatt
14	4401–4405	Heizung/Energie	26 800,00	Umbauten Raum/Verbrauch
15	4803	Büromaterial	23 000,00	laut Belegen
16	4710	Gewerbesteuer	120 000,00	Anteil am Ergebnis
17	4720	Beiträge	6 800,00	Bescheide
18	4730	Versicherungen	19 200,00	investiertes Kapital
19	4805	Rechts- und Beratungskosten	15 200,00	laut Belegen
20	4801–4802	Porto/Fax/Telefon/Internet	13 600,00	Verbrauch
21	4825	Bewirtungskosten	6 300,00	Abteilung
22	4826	Reisekosten	8 500,00	Anlass/Stellenzugeh.
23	4821	Werbekosten	198 000,00	Abteilung
24	4811	sonstige Kosten	52 000,00	laut Belegen
25	4890–4893	kalkulatorische Kosten	120 000,00	Anteil am Ergebnis
26	4921–4922	Verkaufsprovisionen	206 268,00	Gehaltslisten
27	4941–4942	Fertigmachen	6 840,00	Neufahrzeuge-Verkauf
28	4950–4963	Gewährleistungen/ Sachmängelhaftung	78 000,00	laut Belegen
29	4965	Kulanzen	6 000,00	laut Belegen
30		Summe Gemeinkosten	1 435 562,00	
31		Umlage Verwaltungskosten		Inanspruchnahme in %
32		anteilige Verwaltungskosten		
33		Summe Gemeinkosten nach Umlage der Verwaltungskosten		
34		Normal-Zuschlag in %		
35		verrechnete Gemeinkosten		
36		Kostenüber-/-unterdeckung		
37		Soll-Zuschlag in %		
38				
39				Berechnung
40				Summe Gemeinkosten
41				anteilige Verwaltungskosten
42				Summe Gemeinkosten nach Umlage der Verwaltungs-kosten
43				Normal-Zuschlag in %
44				verrechnete Gemeinkosten
45				Kostenüber-/-unterdeckung
46				Sollzuschlag in %

E	F	G	H	I	
①	①	①	①	①	
Neufahrzeugverkauf in €	**Gebrauchtfahrzeugverkauf in €**	**Lager in €**	**Kundendienst in €**	**Verwaltung in €**	
5 198 400,00					
	5 503 680,00				
		516 953,00			
			88 800,00		
5 198 400,00	5 503 680,00	516 953,00	88 800,00		
			29 600,00		
28 600,00	33 800,00	50 700,00	27 300,00	171 600,00	
26 514,00	27 220,00	10 140,00	5 460,00	34 320,00	
			78 000,00		
			5 800,00		
2 680,00	2 680,00	1 340,00	17 420,00	2 680,00	
				23 000,00	
50 0000,00	50 000,00	10 000,00	10 000,00		
				6 800,00	
4 000,00	4 000,00	2 000,00	7 200,00	2 000,00	
8 700,00	3 300,00		2 200,00	1 000,00	
4 200,00	4 000,00	200,00	600,00	4 600,00	
				6 300,00	
				8 500,00	
120 000,00	58 000,00	10 000,00	10 000,00		
				52 000,00	
40 000,00	40 000,00	20 000,00	20 000,00		
103 968,00	102 300,00				
6 840,00					
38 000,00	30 000,00		10 000,00		
5 200,00	800,00				
438 702,00	356 100,00	104 380,00	223 580,00	312 800,00	
35,00	30,00	20,00	15,00	100,00	⑤
109 480,00	93 840,00	62 560,00	46 920,00 ←		
548 182,00	449 940,00	166 940,00	270 500,00		⑥
10,00	10,00	30,00	280,00		
519 840,00	550 368,00	155 085,90	248 640,00		
−28 342,00	100 428,00	−11 854,10	−21 860,00		⑧
10,55	8,18	32,29	304,62		⑥
Summe (E9:E29)					
I30/(100·E31)					
E30+E32					
gegebener Wert aus dem Vorjahr					
E8/(100·E34)					
E35−E33					
E33/(E8·100)					

Sachwortverzeichnis

Z

Bildquellenverzeichnis

akg-images GmbH, Berlin: Bildarchiv Pisarek 380 |Bergmoser + Höller Verlag AG, Aachen: Zahlenbilder 331, 352 |fotolia.com, New York: Sven Bähren 374 |Görmann, Felix, Berlin: 381.1, 381.2, 417 |Haus der Geschichte, Bonn: Wolter, Jupp 102, 313 |Hild, Claudia, Angelburg: 383.1 |iStockphoto.com, Calgary: acilo 467; Lpstudio 468.1; stockcam 379 |Jouve Germany GmbH & Co. KG, München: 35.1, 35.2, 265.1, 265.2, 265.3, 265.4, 266, 266, 266, 266, 266, 266, 266, 266, 266, 266, 266, 266, 266, 266, 266, 266, 266, 266, 266, 266, 266, 266, 266, 266, 266, 266, 266, 266, 267, 267, 267, 267, 267, 267, 267, 267, 267, 267, 267, 267, 267, 267, 267, 267, 267, 267, 267, 267, 267, 267, 267, 267, 267, 267, 267, 267, 267, 267, 267, 267, 267, 268, 269, 270.1, 270.2, 320, 321, 367, 370, 376, 377, 383.2, 385, 390, 398, 400, 401, 404, 411, 412.1, 419, 425, 436, 440, 462, 463.2, 475, 475, 481, 484, 485 |Kühn, Gerhard, Senden: 115, 126, 153, 153, 250, 251, 261, 278, 284, 285, 287.1, 287.2, 288, 289.1, 289.2, 298.1, 298.2, 310, 317, 322, 324, 356 |Möhlmann, Peter, Kassel: 197, 199, 211.1, 211.2, 212, 213, 214, 216, 222, 223.1, 223.2, 223.3, 234, 235, 492, 493 |Panther Media GmbH (panthermedia.net), München: kasto 275 |Picture-Alliance GmbH, Frankfurt/M.: 20thCentFox/Courtesy Everett 423; Beautiful Sports 421; Brock 294; dpa-infografik 21, 54, 56, 84, 98, 113, 121, 123, 158.1, 158.2, 254, 271, 293, 344, 360, 412.2, 428, 430, 465; EMPICS_Sports_Photo_Agency 272; SvenSimon 463.1; The Advertising Archives 414.1 |pixelio media GmbH, München: Claudia Hautumm 463.3 |SPIEGEL-Verlag Rudolf Augstein GmbH & Co. KG, Hamburg: 414.2, 438 |stock.adobe.com, Dublin: 32, 179, 221, 420, 476, 477, 480; AA+W 22; Africa Studio 415.1, 415.3; ARochau 139; Berkmann, Daniel 442; CrazyCloud 468.2; domoskanonos 433; Hartung, A. 190; Ivan, Mik 83.2; kamasigns 44; Kneschke, Robert 194; Kollidas , Georgios 95; konradbak 455.1; mavar 274; NicoElNino 393; Sanders, Gina 200; Stockfotos-MG 53; Syda Productions 455.2; thingamajiggs 174; Trueffelpix 429, 431, 444; tumsasedgars 435; vectorfusionart 20; vege 415.2; Wolfilser 83.1 |Többe, Tim, Münster: 299.1, 299.2, 328, 355.1, 359 |TV-yesterday, München: 418 |Wiedenroth, Götz/www.wiedenroth-karikatur.de, Flensburg: 355.2

Cover: fotolia.com, New York: gzorgz (oben rechts); Stasique (Mitte rechts); pressmaster (unten rechts)| Shutterstock.com, New York: g-stockstudio (links)

Kontenrahmen für Kfz-Betriebe (Kurzfassung für Ausbildungszwecke) Grundlage ZDK-Kontenrahmen für Kfz-Betriebe Stand 2017

	Kontenklasse 1	Kontenklasse 2	Kontenklasse 3	Kontenklasse 4 und 5		Kontenklasse 7	Kontenklasse 8	Kontenklasse 9
ten	Finanz- und Privatkonten	Abgrenzungskonten	Wareneinkaufskonten, Vorräte (WE)	Betriebliche Aufwendungen		Verrechnete Anschaffungskosten (VAK)	Erlöskonten VE	Sonderkonten
ände schinen chinen nd iber n it-Kapital) passive RAP sten) anteil	**1000 Kasse** **1100 Postbank** **1200 Banken** **13 Besitzwechsel und Schecks** 1300 Wechsel aus Lieferungen Leistungen 1330 Schecks **14 Forderungen aus Lieferungen und Leistungen (a. LL.)** 1400 Forderungen a. LL. 1460 Zweifelhafte Forderungen 1491 Sonstige Forderungen Jahresabgrenzung **15 Sonstige Vermögensgegenstände** 1500 Sonstige Vermögensgegenstände 1510 Geleistete Anzahlungen auf Vorräte 1530 Forderungen gegen Personal 1545 Umsatzsteuerforderungen 1550 (geleistete) Darlehen 1571 abziehbare Vorsteuer 7 % 1574 abziehbare Vorsteuer aus innergemeinschaftlichem Erwerb 19 % 1576 abziehbare Vorsteuer 19 % 1588 Einfuhrumsatzsteuer 1590 Durchlaufende Posten **16 Verb. a. LL. und Schuldwechsel** 1600 Verbindlichkeiten a. LL. 1660 Schuldwechsel **17 Sonstige Verbindlichkeiten und Darlehen** 1700 Sonstige Verbindlichkeiten 1701 Sonstige Verbindlichkeiten Jahresabgrenzung 1705 (aufgenommene) Darlehen 1736 Verb. aus Steuern und Abgaben 1740 Verb. aus Lohn und Gehalt 1741 Verb. aus Lohn- und Kirchensteuer 1742 Verb. im Rahmen der sozialen Sicherung 1750 Verb. aus Vermögensbildung 1755 Lohn- und Gehaltsverrechnung 1759 Voraussichtliche Beitragsschuld Sozialversicherungsträger 1774 Umsatzsteuer innergemeinschaftlicher Erwerb 19 % 1776 Umsatzsteuer 19 % 1780 Umsatzsteuervorauszahlung 1790 Umsatzsteuer Vorjahr **18 Privatkonten Vollhafter** 1800 Privatentnahmen 1880 unentgeltliche Wertabgaben 1890 Privateinlagen **19 Privatkonten Teilhafter** 1900 Privatentnahmen 1980 unentgeltliche Wertabgaben 1990 Privateinlagen	**20 Außerordentliche, betriebs- und periodenfremde Aufwendungen** 2000 Außerordentliche Aufwendungen 2010 Betriebsfremde Aufwendungen 2020 Periodenfremde Aufwendungen **21 Zinsen und ähnliche Aufwendungen** 2100 Zinsen und ähnliche Aufwendungen 2180 Kundenskonti **22 Steueraufwendungen** 2200 Körperschaftsteuer 2208 Solidaritätszuschlag 2213 Kapitalertragsteuer 25 % 2280 Gewerbesteuernachzahlungen **23 Sonstige Aufwendungen** 2300 sonstige Aufwendungen 2310 Anlagenabgänge (Restbuchwert bei Buchverlust) 2315 Anlagenabgänge (Restbuchwert bei Buchgewinn) 2320 Verluste aus dem Abgang von Gegenständen des AV 2325 Verluste aus dem Abgang von Gegenständen des Umlaufvermögens (außer Vorräten) 2327 Verluste aus Schadensfällen 2350 Grundstücksaufwendungen 2375 Grundsteuer 2380 Spenden **24 Forderungsverluste** 2400 Forderungsverluste **25 Außerordentliche Erträge** 2500 Außerordentliche Erträge 2510 Betriebsfremde Erträge 2520 Periodenfremde Erträge **26 Zinserträge** 2650 Zinsen und ähnliche Erträge 2690 Lieferantenskonti **27 Sonstige abzugrenzende Erträge** 2700 Sonstige Erträge 2720 Erträge aus dem Abgang von Gegenständen des AV 2732 Erträge aus abgeschriebenen Forderungen 2735 Erträge aus der Auflösung von Rückstellungen 2750 Grundstückserträge **28 Gewinn- und Verlustvortrag, verrechnete kalkulatorische Kosten** 2890 Verr. kalk. Unternehmerlohn 2891 Verr. kalk. Miete 2892 Verr. kalk. Zinsen 2893 Verr. kalk. Abschreibungen 2894 Verr. kalk. Wagnisse	**30 WE, Bestand Pkw** 3000 Pkw neu 3039 Überführungs- und Zulassungskosten Pkw 3040 Pkw gebraucht (regelbesteuert) 3050 Pkw gebraucht ohne Vorsteuerabzug (differenzbesteuert) **33 WE Bestand Teile, Zubehör** 3300 Pkw Teile und Zubehör 3310 Pkw Tauschteile 3320 Pkw-Teile vom Teilegroßhändler 3350 Pkw Reifen 3360 Pkw Schmierstoffe **36 WE Fremdleistungen** 3600 Fremdleistungen Pkw	**41 Lohn** 4101 Löhne produktiv 4110 Löhne unproduktiv Kundendienst 4115 Löhne unproduktiv sonstige Abteilungen **42 Gehalt, Lohnfortzahlung VWL** 4200 Gehalt, Fixa, Aushilfslohn 4220 Lohnfortzahlung 4221 Umlage Lohnfortzahlung 4222 Erstattung Lohnfortzahlung 4270 Geschäftsführergehalt 4280 Vermögenswirksame Leistungen 4290 Fahrtkostenerstattung **43 Soziale Aufwendungen** 4300 Gesetzliche soziale Aufwendungen 4330 Aufwendungen für Altersversorgung 4340 Beitrage zur Berufsgenossenschaft 4360 Freiwillige soziale Aufwendungen 4380 Weiterbildung **44 Miete, Pacht, Leasing** 4400 Miete, Pacht Immobilien 4401 Heizung 4402 Strom 4404 Wasser 4405 sonstige Raumkosten 4450 Miete, Leasing Mobilien **45 Reparaturen, Abschreibung, Kosten des Fuhrparks, Werkzeuge** 4500 Reparaturen, Instandhaltung 4510 Abschreibungen, GWG 4511 AfA GWG Sammelposten 4520 Kosten Fuhrpark 4530 Werkzeuge **46 Hilfs- und Betriebsstoffe sonstige** 4600 Hilfs- und Betriebsstoffe 4675 Abschreibungen auf Sachanlagen 4676 Außerplanmäßige Abschreibungen auf Sachanlagen 4690 Abschreibungen auf das Umlaufvermögen **47 Steuern, Gebühren, Versicherungen, Beiträge, EDV** 4700 Steuern und Gebühren 4710 Gewerbesteuer 4711 Sonstige Betriebsteuern 4720 Beiträge 4730 Versicherungen 4752 EDV-Kosten	**48 verschiedene Kosten** 4801 Porto, Versandkosten 4802 Telefon, Telefax, Internetgebühren 4803 Büromaterial 4804 Zeitschriften 4805 Rechts- und Beratungskosten 4808 Abfallbeseitigung 4809 Nebenkosten des Geldverkehrs 4811 sonstige Kosten 4821 Werbekosten 4822 Werbegeschenke abzugsfähig 4823 Werbegeschenke nicht abzugsfähig 4824 Repräsentationskosten 4825 Bewirtungskosten **489 Kalkulatorische Kosten** 4890 Kalk. Unternehmerlohn 4891 Kalk. Miete 4892 Kalk. Zinsen 4893 Kalk. Abschreibungen **49 Verkaufsabhängige Kosten** 4921 Verkäuferprovision NW 4922 Verkäuferprovision GW 4941 Ablieferungsdurchsicht 4950 Sachmängelhaftung Neufahrzeuge 4951 Sachmängelhaftung Gebrauchtfahrzeuge 4954 Sachmängelhaftung Teile und Zubehör 4962 Garantie, Kulanz Teiledienst 4963 Garantie, Kulanz Kundendienst 4971 TÜV- und Schätzgebühren Verkauf 4981 Zulassungskosten Verkauf **50 Interner Aufwand** 5000 Interner Aufwand zu Lasten Verkauf 5010 Interner Aufwand zu Lasten Teiledienst 5020 Interner Aufwand zu Lasten Kundendienst 5030 Interner Aufwand zu Lasten Verwaltung	**70 VAK Pkw** 7000 Pkw neu 7020 Pkw Vorführwagen 7039 Überführungs- und Zulassungskosten 7040 Pkw gebraucht (regelbesteuert) 7047 Pkw gebr. steuerfrei 7050 Pkw gebr. differenzbesteuert **73 VAK Pkw Teile und Zubehör** 7300 Pkw Teile und Zubehör 7305 *Pkw Teile und Zubehör Garantie* 7309 Pkw Teile und Zubehör intern 7310 Pkw Tauschteile 7319 Pkw Tauschteile intern 7349 Sonstige Teile intern 7350 Reifen 7360 Schmierstoffe 7369 Schmierstoffe intern **76 VAK Fremdleistungen** 7630 Fremdleistungen Pkw 7639 Fremdleistungen Pkw intern **77 Boni und Verkaufshilfen** 7700 Boni Pkw 7705 Verkaufshilfen Pkw 7708 Rabatte Pkw	**80 VE Erlöse Pkw** 8000 Pkw neu 8020 Pkw Vorführfahrzeuge 8039 Überführung und Zulassung Pkw 8040 Pkw gebraucht (regelbesteuert) 8047 Pkw gebraucht umsatzsteuerfrei 8050 Pkw gebraucht differenzbesteuert 8059 Mehrerlös Gebrauchtfahrzeuge 8080 Erlösschmälerungen Pkw **83 Erlöse Teile, Zubehör** 8300 Pkw Teile und Zubehör 8305 *Pkw Teile und Zubehör Garantie* 8309 Pkw Teile und Zubehör intern 8310 Pkw Tauschteile 8315 Pkw Tauschteile Garantie 8319 Pkw Tauschteile intern 8320 Pkw Originalteile vom Teilegroßhandel 8329 Pkw-Orginalteile vom Teilegroßhandel int. 8350 Pkw Reifen 8360 Pkw Schmierstoffe 8369 Pkw Schmierstoffe intern 8380 Pkw Teile Erlösschmälerungen **86 Lohnerlöse** 8600 Lohnerlöse Instandsetzung 8609 Lohnerlöse Instandsetzung intern 8610 Lohnerlöse Lackiererei 8619 Lohnerlöse Lackiererei intern 8620 Lohnerlöse Garantie 8625 Lohnerlöse Karosserie 8629 Lohnerlöse Karosserie intern 8630 Fremdleistungen Pkw 8639 Fremdleistungen Pkw intern **89 Sonstige Erlöse** 8900 Sonstige Erlöse 8984 Sonstige Erlösschmälerungen 8985 Vermittlungsprovision Kunden-Finanzierung 8986 Vermittlungsprovision Leasing-Finanzierung 8995 Eigenverbrauch 8999 Erlössammelkonto	**90 Vortragskonten** 9000 Saldenvorträge 9008 Saldenvorträge Debitoren 9009 Saldenvorträge Kreditoren 9090 Summenvortragskonto